회사에서 바로 통하는
회사통
현장 밀착형 입문서

회사에서 바로 통하는

파워포인트
2010

한빛미디어
Hanbit Media, Inc.

저자_ 이상훈(fleeguy@naver.com, 트위터 @ilovept7)

쿨디자인 대표로 경력 15년의 프레젠테이션 컨설턴트이자 대한민국 1호 마이크로소프트 파워포인트 MVP 이다. 2009년부터 2011년까지 3년 연속 인크루트 대한민국 기업 교육 명강사로 선정되었으며, 행정안전부 와 검찰청에서 파워포인트 사이버 과정을 진행했다. 현재 성신여대에서 취업프레젠테이션 과정을 강의하고 있으며 금융감독원, 대검찰청, 외교통상부, 한국은행, 삼성전자, 삼성생명, 신한은행, SK, KT, 한국전력, 현 대건설, 현대해상, 서울대, KAIST, 포스텍, 연세대, 성균관대, 대교협, 크레듀, 한국리더십센터를 비롯한 500여 사이트에서 강연과 컨설팅을 했다. 주요 저서로는 《대한민국 No.1 프리젠터가 알려주는 파워포인트 노하우 129》, 《포토샵으로 만드는 POWERPOINT DESIGN》, 《끌리는 프레젠테이션의 아주 단순한 원리》, 《파워포인트 2007 디자인》, 《대한민국 1%로 가는 엑셀&파워포인트 2007 기본+활용》 등이 있다.

저자_ 김연희(0709yh@hanmail.net, 블로그 YeoniBird's PT http://blog.naver.com/yeonibird)

프레젠테이션 제작 전문 디자이너이며 프리랜서로 활동하고 있다. 각 기업체와 정부 부처 및 공공기관 등의 프 레젠테이션을 제작한 9년 경력의 디자이너로 주요 제작 사례로는 국무총리실의 새만금 중국 IR 프레젠테이션, 삼성물산의 대표이사 보고 프레젠테이션인 고객 Needs 분석 및 관리방안, 한국전력공사 강남전력소와 신림전 력소의 외국인과 일반인을 대상으로 한 교육홍보 프레젠테이션이 있다. 전국품질분임조 경진대회에서 한국전 력공사 '맨홀용 케이블 연선로라 개발로 시공품질 향상'과 한국가스기술공사 'GAS공급설비 부식방지방법 개선 으로 부식방지전압 부적합 감소' 프레젠테이션으로 각각 수상했다.

회사에서 바로 통하는
파워포인트 2010

지은이 이상훈, 김연희
펴낸이 김태헌
펴낸곳 한빛미디어(주)
주소 서울시 마포구 양화로 7길 83 한빛미디어(주) 실용출판부
전화 IT활용서팀 02)336-7129, 영업1팀 02)336-7114
팩스 02)336-7124
등록 1999년 6월 24일 제10-1779호
초판 발행 2011년 05월 11일
10쇄 발행 2017년 02월 06일

정가 19,800원
ISBN 978-89-7914-801-5 18000

기획 서형철
편집 배윤미
북디자인 여동일
일러스트 김세중

Published by HANBIT Media, Inc. Printed in Korea

이 책에 대한 의견을 주시거나 오탈자 및 잘못된 내용의 수정 정보는 한빛미디어(주)의 홈페이지나
아래 이메일로 연락주십시오. 잘못된 책은 구입하신 서점에서 교환해 드립니다.
http://www.hanbit.co.kr
ask@hanbit.co.kr

머리말

 이 책을 덮는 순간 여러분은 더 이상 프레젠테이션 초보자가 아닙니다!

1992년 4월 파워포인트를 처음 접하고 그 놀라운 기능에 반해 수많은 기업, 공공기관, 대학교에서 파워포인트와 프레젠테이션에 대해 강연을 하고 컨설팅을 해온 지 벌써 20년이 되었습니다. 지난 20년 동안 파워포인트를 사용하면서 확실히 깨닫게 된 것은 한 장의 사진, 한 줄의 문장으로 한 슬라이드에서 하나의 메시지만 전달하는 '스티브 잡스' 식 프레젠테이션과 실제 현장에서 사용하는 슬라이드는 아주 다르다는 것입니다. 대부분의 상사나 고객의 눈높이가 매우 높아졌기 때문에 현업에서 사용되는 문서의 품질도 중요하게 여깁니다. 내용이 모두 들어가 있으면서 디자인 역시 멋져야 한다는 것입니다. 프레젠테이션 작성자가 프로 디자이너도 아니고, 업무로 해야 할 일이 산더미처럼 쌓여 있는데 프레젠테이션의 디자인까지 신경을 쓰는 것은 쉽지 않은 일입니다. 프레젠테이션을 앞둔 많은 사람들이 이런 부담으로 불면의 밤을 보내고 있습니다.

이 책은 이러한 난관에 봉착한 사람들을 위해 만들어졌습니다. 즉, 현장에서 뛰고 있는 바쁜 직장인들이 파워포인트 2010 버전의 새로운 기능을 쉽게 익히면서, 동시에 상사나 고객의 눈높이를 만족시킬 수 있는 방법을 제시하는 것입니다.

첫 번째 파트인 1~4장은 파워포인트 2010으로 프레젠테이션을 만들 때 반드시 알아야 할 핵심 기능을 모두 담았습니다.

1장에서는 파워포인트 2010의 새로운 인터페이스를 알아보았고, 2장에서는 슬라이드를 다루는 방법과 텍스트를 다루는 주요 기능에 대해서 수록했습니다. 3장에서는 파워포인트에서 가장 많이 사용되는 도형과 이미지를 다루는 방법을 수록했으며, 4장에서는 애니메이션과 화면 전환 기능을 이용해 청중의 관심을 유도하고, 프레젠테이션 전체에 생명을 불어넣는 기법을 살펴보았습니다. 바쁘게 프레젠테이션을 작성해야 하는 사람들은 우선 이 파트를 마스터하기 바랍니다.

두 번째 파트인 5~8장에서는 첫 번째 파트에서 기본기를 다진 독자들이 문서의 품질을 더욱 높이고, 멀티미디어를 활용해 청중의 흥미를 이끌어내는 프레젠테이션을 할 때 필요한 주요 기능과 팁을 제공했습니다.

5장은 도해(Diagram)를 만드는 중요한 기법을 설명했는데, 특히 SmartArt를 도형으로 변환해 새로운 형태의 도해를 만들거나 두 개 이상의 도형을 결합해 전혀 다른 형태의 도형을 만드는 특별한 기능을 소개했습니다. 6장과 7장에서는 표와 차트의 실제 작성 예를 통해 읽기 쉬운 표와 차트를 만드는 방법부터 이미 만들어놓은 차트의 서식을 저장하여 쉽게 품질 높은 차트를 만드는 방법에 대해서 알아보았습니다. 8장은 소리, 동영상 등의 멀티미디어를 다루는 방법을 소개하고 있습니다. 특히 파워포인트 2010 버전의 새로운 기능인 동영상 편집에 대해서도 자세히 설명했습니다.

세 번째 파트에는 파워포인트 중급 수준의 사용자로 거듭날 수 있는 기능을 담았습니다.

9장에서는 파워포인트 고수만이 사용한다는 슬라이드 마스터에 대해서 알아보았습니다. 왜 슬라이드 마스터가 중요한지, 어떻게 활용해야 하는지 등을 공부하다보면 어느새 파워포인트 상위 1% 실력으로 성장한 자신을 발견하게 될 것입니다. 10장에서는 작업 속도를 빠르게 하는 여러 가지 방법인 파워포인트

필수 단축키, 실무에서 프레젠테이션을 제작할 때 꼭 알아두어야 할 실무 활용 기법을 살펴보았습니다. **마지막으로 책의 특별 부록에는 파워포인트 디자인 전문가의 경험과 노하우를 담은 '29가지 실무 지침'과 '프레젠테이션 성공 노하우'를 담았습니다.**
책의 구성 순서대로 파워포인트를 익히고 마지막 장을 덮는 순간 독자 여러분은 프레젠테이션 고수로 발돋움하게 될 것입니다.

감사의 말

한 권의 책이 나오려면 필자의 땀과 노력은 물론이고, 주변의 도움 역시 많이 필요합니다. 우선 이 책의 공동 집필자 김연희님께 감사의 말씀을 전합니다. 김연희님의 도움이 없었다면 이 책을 완성하기 어려웠을 것입니다. 전체적인 집필 방향을 알려주고, 교정, 교열 등 세세한 것까지 신경 써준 한빛미디어의 서형철 과장님께도 감사를 전하며, 꼼꼼한 진행에 경의를 표합니다. 저를 한빛미디어로 이끌어준 장미희 MVP와 임규근 부장님께 감사합니다. 이 분들이 없었다면 한빛미디어라는 훌륭한 출판사와 인연을 맺을 수 없었을 것입니다. 도움이 필요할 때 어디서든 도움을 아끼지 않은 채종서 MVP님, 수현 아빠 배준오 MVP님, 이상익님, 정동화님, 너무나 감사합니다. 정신적 지주인 안병재님과 김경태 MVP님, 커피숍 수다에서 많은 아이디어를 전해준 파사모의 우석진 시솝님, 송윤숙 총무님, 또 모든 파사모 식구들, 이제는 야인이된 전임 MVP 리드인 최재호님, 자신밖에 몰랐던 저를 사회 봉사 활동의 장으로 이끌어준 마이크로소프트의 권찬 이사님 감사합니다. 염기웅 MVP님, 결혼 축하하고, 언제나 고향 같은 오피스튜터의 전경수 사장님, 이희진 이사님을 비롯한 오튜패밀리, 그리고 회사통 엑셀 저자인 한은숙님, 누님 같은 박미정 강사님, 소셜 네트워크의 세계로 저를 인도해준 혜민 아빠 홍순성님, 서울여대의 임효창 교수님, C&A Expert의 신익상 실장님을 비롯한 식구들 모두 감사합니다. 전국의 수많은 대학 교수님과 교직원에게 파워포인트 교육을 할 수 있도록 기회를 준 한국대학교육협의회(대교협) 연수원장님과 직원들, 미래의 리더들에게 프레젠테이션 교육을 할 수 있도록 해준 포스텍의 김민정 교수님, 성신여대에서 프레젠테이션 강의를 할 수 있도록 협력해준 경력개발센터의 센터장님과 이은옥님을 비롯한 모든 관계자분, 학생들에게도 감사의 말을 전합니다.

강연이다 컨설팅이다 책 집필이다 해서 집안일에는 거의 신경을 쓰지 못했지만 일에 전력을 할 수 있도록 해준 제 인생의 최고 서포터인 아내 미영과 예쁜 딸 연재도 너무 고마워!
파워포인트 2010과 같은 좋은 책을 쓸 수 있도록 조언을 해준 모든 이들에게 깊은 감사의 말씀 전합니다. 감사합니다.

2011년 4월 창밖의 따스한 햇살이 반가운 봄의 초입에
이상훈

파워포인트 디자인 원리를 알면 발표자는 더 쉽게 전달하고 청중은 더 빨리 이해한다!

파워포인트 2010의 새로운 기능은 놀랍고 재미있기까지 합니다. 포토샵이나 일러스트레이터와 같은 그래픽 프로그램을 다루지 못하더라도 파워포인트 2010만 사용할 수 있으면 충분히 세련된 슬라이드를 만들 수 있게 된 것입니다. 기능적인 면에서 창의적으로 슬라이드를 만들 수 있는 최적의 환경을 갖추었다면, 이제 그 기능을 어떻게 효과적으로 활용할 것인지에 대해서도 함께 고민해야 합니다. 이 책은 파워포인트 2010의 기능 습득은 물론이고, 슬라이드의 완성도를 높이는 디자인 원리를 어떻게 적용할 수 있는지 역시 알려줄 것입니다.

텍스트 배열과 이미지의 크기 조절, 여백만 잘 조정해도 슬라이드의 느낌은 확연히 달라집니다. 전문가는 청중의 관점에서 슬라이드상의 요소들을 수없이 배치하고, 빼고 더하며 고민을 합니다. 구성 요소의 배열만으로도 내용이 눈에 잘 들어오거나 반대로 산만해질 수 있기 때문입니다. 이는 디자인의 기본 원리와 관련이 있습니다.

파워포인트에서 디자인은 매우 중요합니다. 그러나 단순히 슬라이드를 예쁘게 치장하는 데에 목적이 있는 것이 아니라 내용과 주제를 돋보이게 하여 청중이 명확히 이해하도록 돕는 데 디자인의 목적이 있습니다. 이렇게 완성도 높은 슬라이드를 만들기 위해 적용할 수 있는 디자인 원리는 어려운 것이 아닙니다. 그러나 이것을 알고 슬라이드에 적용했을 때와 적용하지 않았을 때의 결과는 차이가 큽니다. 제대로 된 디자인 원리를 알고 슬라이드를 구성한다면 발표자는 복잡한 내용을 더 쉽게 정리하고, 청중은 내용을 더 쉽게 이해할 수 있습니다.

책을 집필하며 항상 독자의 입장에서 어렵지 않게 파워포인트 디자인에 다가갈 수 있는 방법은 무엇일까 고민하였습니다. 저 역시 초보자로 시작하였기 때문에 많은 사람들이 어떤 부분을 어려워하고, 또 알고 싶어하는지 그 누구보다 잘 알고 있습니다. 9년간 여러 가시 시행착오를 겪으며 실무에서 터득한 경험을 바탕으로 얻은 노하우를 이 책에 담아 보여드리고 싶었습니다.

이 책이 나오기까지 힘이 되어준 작은 미술관 식구들과 영감의 원천이 되는 파워포인트 전문가 클럽, 제게 방향을 제시하고 이끌어준 한빛미디어 서형철 과장님, 그리고 사랑하는 가족과 친구들에게 고마운 마음을 전합니다.

2011년 4월
김연희

이 책의 구성

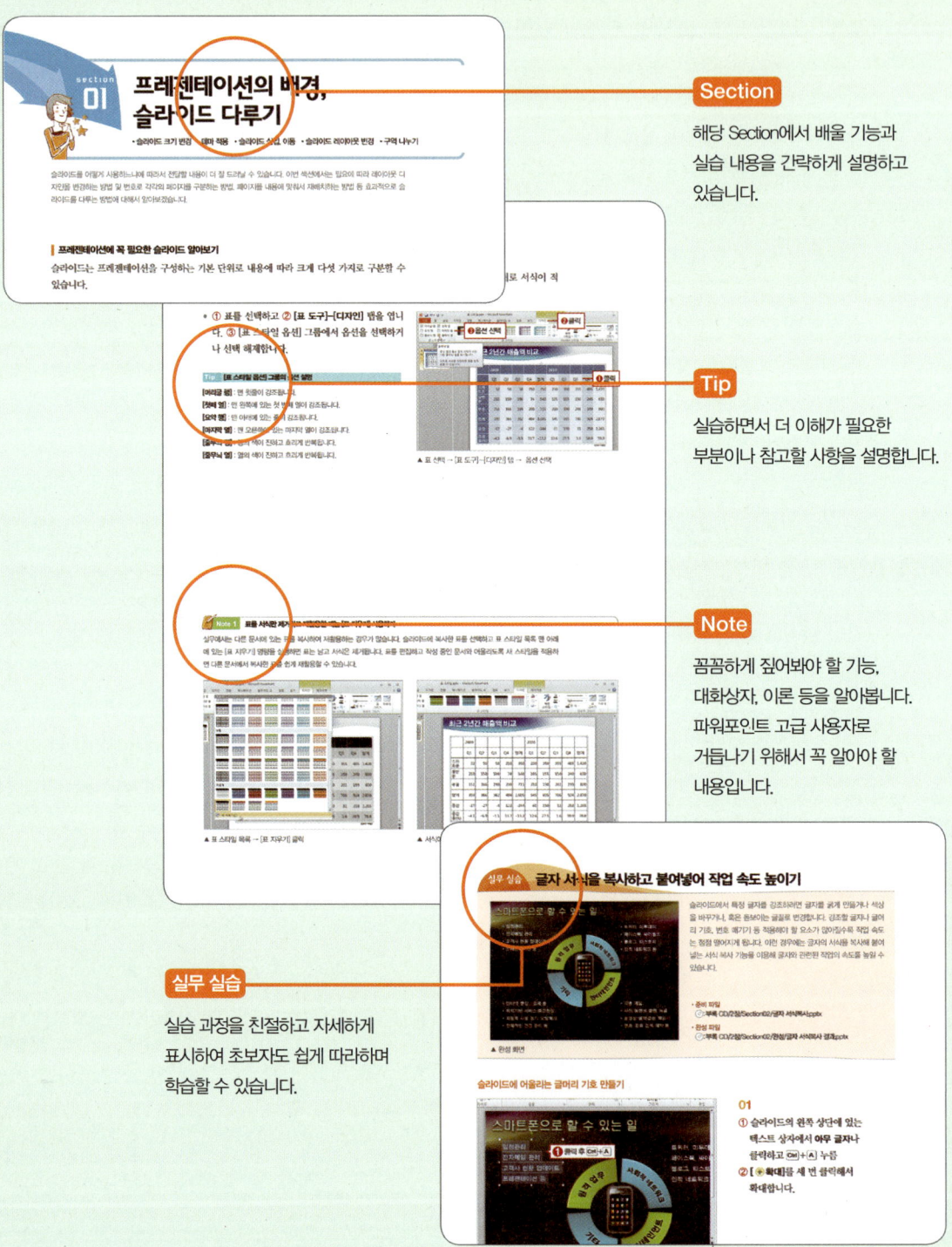

Section

해당 Section에서 배울 기능과
실습 내용을 간략하게 설명하고
있습니다.

Tip

실습하면서 더 이해가 필요한
부분이나 참고할 사항을 설명합니다.

Note

꼼꼼하게 짚어봐야 할 기능,
대화상자, 이론 등을 알아봅니다.
파워포인트 고급 사용자로
거듭나기 위해서 꼭 알아야 할
내용입니다.

실무 실습

실습 과정을 친절하고 자세하게
표시하여 초보자도 쉽게 따라하며
학습할 수 있습니다.

혼자해보기 중간 제목 슬라이드 만들기

프레젠테이션이 긴 경우에는 주제별로 중간에 주제가 바뀌었다는 것을 알려주는 슬라이드를 만들어봅니다. 중간 제목 슬라이드는 표지처럼 간략하게 제목과 멋진 이미지 정도만 사용하는 것이 좋습니다. 슬라이드에 스마트폰 그림을 삽입하고 부드러운 가장자리, 색은 그림 효과, 채도 변경 효과 등을 적용해보겠습니다.

- 준비 파일_ 부록 CD/3장/Section02/구역 슬라이드.pptx
- 완성 파일_ 부록 CD/3장/Section02/완성/구역 슬라이드 결과.pptx

1부
스마트폰이란?

▲ 완성 화면

혼자해보기

[실무 실습]에서 배운 내용을 복습합니다.
복습하다 어려우면 완성 파일을 실행한 후
비교해보고 쉽게 문제를 해결할 수 있습니다.

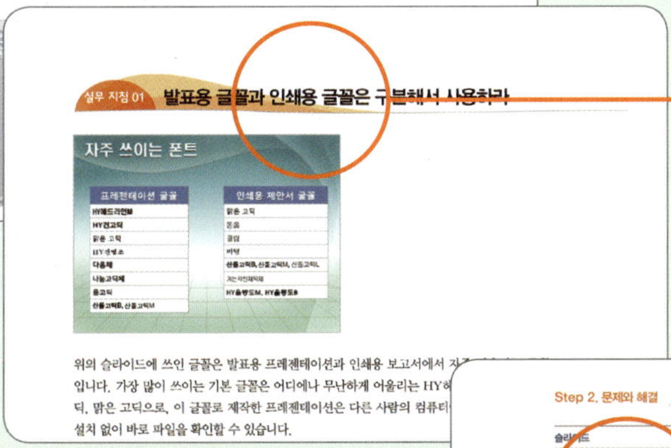

실무 지침 01 발표용 글꼴과 인쇄용 글꼴은 구분해서 사용하라

자주 쓰이는 폰트

프레젠테이션 글꼴	인쇄용 제안서 글꼴
나눔바른펜	맑은 고딕
HY견고딕	굴림
맑은 고딕	궁서
HY강M호	바탕
다음체	산돌고딕네오, 산돌고딕네오, 산돌고딕L
나눔고딕체	돋움
돋움고딕	
아홉고딕B, 산돌고딕M	HY울롱캉B.M, HY울롱캉B.B

위의 슬라이드에 쓰인 글꼴은 발표용 프레젠테이션과 인쇄용 보고서에서 자주 사용하는 글꼴입니다. 가장 많이 쓰이는 기본 글꼴은 어디에나 무난하게 어울리는 HY헤드라인다, 맑은 고딕으로, 이 글꼴로 제작한 프레젠테이션은 다른 사람의 컴퓨터에 설치 없이 바로 파일을 확인할 수 있습니다.

실무 지침

파워포인트 디자인 전문가의 노하우를
29가지 실무 지침으로 정리했습니다.
이 지침을 통해 완성도 있는 파워포인트
문서를 빠르게 작성할 수 있습니다.

Step 2. 문제와 해결

슬라이드	발표 내용
Revolutionary UI	[제목] 아이폰의 장점은 혁신적인 사용자 인터페이스입니다.
	[기존 스마트폰의 문제 제기] 여기 네 개의 스마트폰이 있습니다. 그렇죠? 모토롤라Q, 블랙베리, 팜 트레오, 노키아 E62. 일반석으로 밥이 거분네는 제품들입니다. 이들의 사용자 인터페이스 문제는 무엇일까요?

성공하는 프레젠테이션을 위한 준비

파워포인트는 프레젠테이션을 위한 도구일 뿐입니다.
프레젠테이션을 잘 진행하기 위해서는 오프닝부터 발표까지
다양한 준비가 필요합니다. 이러한 준비를 도울 수 있도록
노련한 프레젠테이션 컨설턴트의 노하우를 담았습니다.

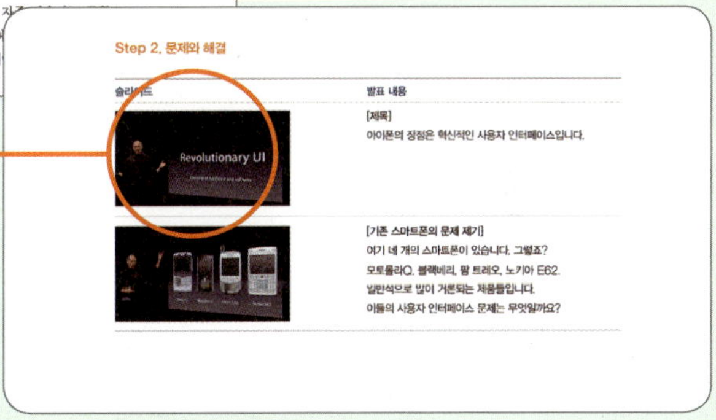

부록 CD 구성

부록 CD에는 [실무 실습], [혼자해보기]를 따라하는 데 필요한 준비 파일과 완성 파일을 모두 담았습니다. 이 책을 공부하는 동안 계속 사용할 파일이므로 컴퓨터에 복사해두고 사용하는 것이 좋습니다.
또한 특별 부록으로 '웹 오피스와 스마트폰으로 파워포인트 활용하기' 관련 PDF 파일 및 고급 디자인 템플릿 14세트와 실무 문서 6가지 유형, 디자인 소스 200여 개가 제공됩니다.

준비 파일_ 부록 CD/각 장/해당 섹션/실습 파일
완성 파일_ 부록 CD/각 장/해당 섹션/완성/완성 파일

이 책의 차례

CHAPTER 3 도형과 그림으로 슬라이드 꾸미기

CHAPTER 4 멋지게 발표하고 내 맘대로 인쇄하기

PART 2 비주얼 자료를 이용해 전달력 높이기

CHAPTER 5 SmartArt와 3차원 효과로 도해 만들기

CHAPTER 6 한눈에 읽히는 표 만들기

CHAPTER 7 전달력을 높이는 차트 작성의 법칙

CHAPTER 8 소리와 동영상으로 청중 사로잡기

PART 3 빠르고 효율적으로 발표용 슬라이드 만들기

CHAPTER 9 테마와 슬라이드 마스터로 손쉽게 만들고 재활용하기

CHAPTER 10 작업 속도를 높이는 나만의 환경 만들기

부록 1 파워포인트 작업 시 꼭 알아야 할 29가지 실무 지침

부록 2 성공하는 프레젠테이션을 위한 준비

PART 1

첫 발표용 슬라이드 만들기

파워포인트를 다룰 때 해야 할 일이 항상 많은 것은 아닙니다. 가장 먼저 파워포인트를 실행하고, 텍스트를 입력합니다. 그런 다음 필요한 도형이 있다면 만들고, 슬라이드에 페이지 번호를 붙이고, 인쇄하고, 컴퓨터를 프로젝터에 연결해 슬라이드 쇼를 합니다. 생각보다 비교적 간단한 작업이라고 할 수 있습니다. 이번 파트에서는 파워포인트의 필수 기능을 빠르게 익혀 실무에 바로 적용하는 방법에 대해서 알아보겠습니다.

CHAPTER 01

파워포인트 2010
작업 화면 한눈에
살펴보기

천 리 길도 한걸음부터 시작합니다.

발표용 슬라이드를 만들기 전에 파워포인트 2010의 작업 화면을 알아보고

슬라이드 작업 시 공간을 넓게 사용할 수 있도록

리본 메뉴와 탭을 숨기는 방법에 대해서 알아보겠습니다.

파워포인트 2010 작업 화면 메뉴 익히기

• 작업 화면 • 리본 메뉴 • 메인 탭 • 서식 탭

파워포인트 2010 기본 화면 각 요소의 명칭과 기능, 그리고 발표용 슬라이드를 만들 때 필요한 모든 명령이 포함된 리본 메뉴를 알아보겠습니다.

▌ 작업 화면 한눈에 익히기

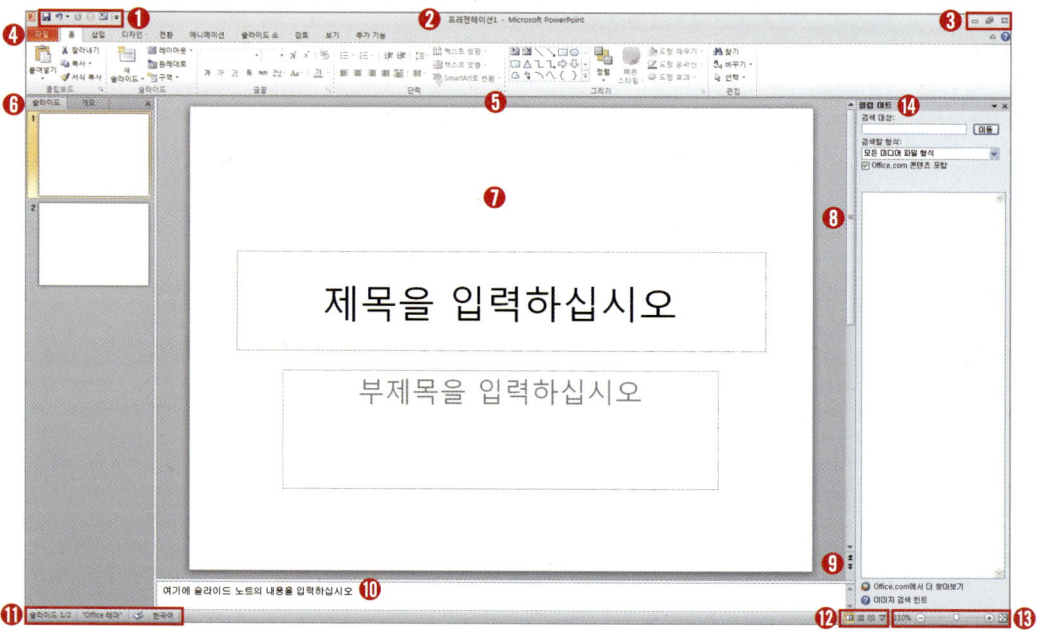

▲ 파워포인트 2010 작업 화면

① **빠른 실행 도구 모음** : 자주 사용하는 명령을 추가할 수 있습니다.

② **제목 표시줄** : 현재 프레젠테이션의 이름이 표시됩니다. 이 부분을 드래그하여 창을 이동할 수 있습니다. 더블클릭하면 창을 최대화하거나 또는 원래 크기로 복원합니다.

③ **창 최소화/최대화/닫기 버튼** : 파워포인트 2010 창을 최소화하거나 최대화합니다. 또한 현재 열려 있는 프레젠테이션을 닫을 때 클릭할 수 있습니다.

④ **[파일] 탭** : 열기, 저장, 닫기, 새 문서, 인쇄, 옵션, 도움말 등과 같은 파워포인트의 기본 명령을 실행할 수 있습니다.

⑤ **리본 메뉴** : 파워포인트 명령을 범주별로 구분해놓았습니다. 범주 이름이 있는 탭을 클릭해 해당 탭을 열고 명령을 눌러 실행합니다. 파워포인트 2010에서는 사용자가 사용하지 않는

탭을 감추거나 새로운 탭을 만들어 명령을 추가할 수 있습니다.

⑥ **[슬라이드/개요] 탭** : 슬라이드의 미리 보기 또는 개요를 볼 수 있습니다. 슬라이드 탭에서 미리 보기를 클릭하면 해당 슬라이드로 이동합니다. 마우스 오른쪽 버튼을 클릭하면 메뉴가 표시되므로 슬라이드 복제 등의 명령을 선택할 수 있습니다.

⑦ **슬라이드** : 파워포인트에서 실제 작업이 이뤄지는 곳입니다. 텍스트를 입력하거나 도형을 배치하고 표, 차트, 그림 등과 같은 개체를 삽입합니다.

⑧ **스크롤 막대** : 슬라이드가 확대된 경우에는 스크롤 막대를 위/아래로 드래그하거나 맨 위와 아래에 있는 화살표 버튼을 클릭해 슬라이드의 위와 아래를 볼 수 있습니다.

⑨ **이전/다음 슬라이드** : 이전 또는 다음 슬라이드로 이동할 때 클릭합니다.

⑩ **슬라이드 노트** : 발표할 내용이나 참조할 사항을 입력합니다. 슬라이드의 노트 인쇄 기능을 이용하면 내용을 인쇄할 수 있습니다.

⑪ **상태 표시줄** : 슬라이드 번호/전체 슬라이드 수, 프레젠테이션에 적용된 테마 이름, 한글/영문 입력 상태를 알려줍니다.

⑫ **보기 버튼** : 기본, 여러 슬라이드, 읽기용 보기, 쇼 보기 등 필요에 따라 보기를 전환해주는 4개의 버튼을 볼 수 있습니다.

⑬ **확대/축소 버튼** : 현재 커서가 있는 영역을 확대/축소할 수 있습니다. 또한 오른쪽 맨 끝에 있는 버튼을 클릭하면 슬라이드를 현재 창 크기에 맞출 수 있습니다.

⑭ **작업 창** : 기본 화면에는 나타나지 않지만 클립아트 삽입, 번역 등과 같은 명령을 실행할 때 표시됩니다. 이 창에서 부가적인 작업을 수행할 수 있습니다.

리본 메뉴 살펴보기

메인 탭 익히기

① **[홈] 탭** : 복사/붙여넣기, 슬라이드 삽입, 글꼴, 단락, 도형, 도형 채우기 색 등 파워포인트에서 가장 많이 사용하는 기능을 모아놓았습니다.

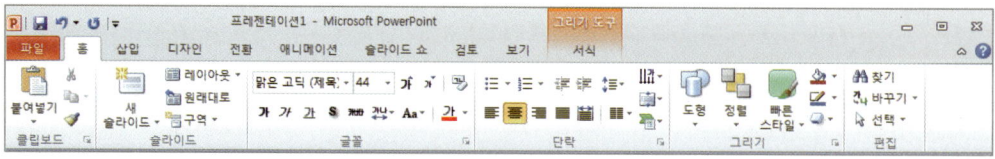

② **[삽입] 탭** : 표, 그림, 차트, 동영상 등의 개체를 파워포인트에 삽입할 수 있는 명령을 제공합니다.

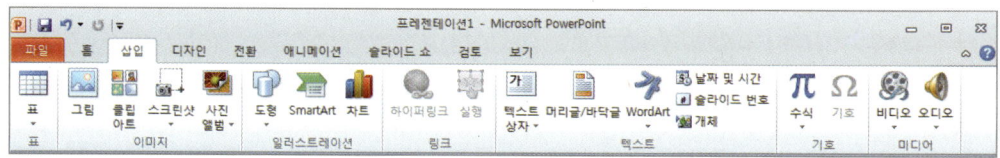

③ **[디자인] 탭** : 슬라이드 크기/방향, 템플릿, 테마, 배경 등의 슬라이드 디자인과 관련된 명령을 제공합니다.

④ **[전환] 탭** : 쇼 보기에서 슬라이드가 바뀔 때 나타나는 효과를 지정합니다. 특정 시간이 지나면 자동으로 화면이 전환되도록 설정할 수 있습니다.

⑤ **[애니메이션] 탭** : 개체에 애니메이션 효과와 순서 등을 적용할 수 있습니다.

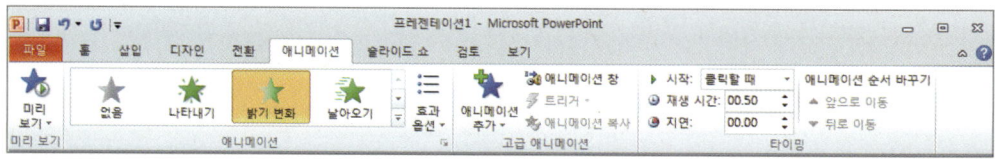

⑥ **[슬라이드 쇼] 탭** : 보기를 조정하거나 쇼 설정 변경, 예행연습(리허설), 해상도 변경 등을
작업합니다.

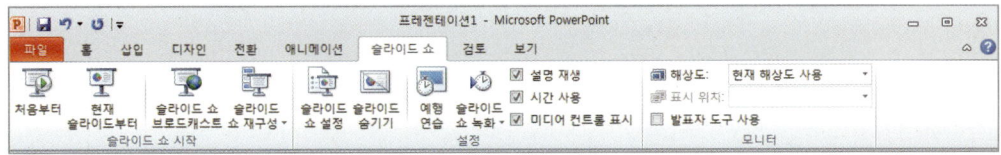

⑦ **[검토] 탭** : 맞춤법 검사, 사전, 한자, 메모 등의 유용한 도구를 실행할 수 있습니다.

⑧ **[보기] 탭** : 기본, 여러 슬라이드, 슬라이드 노트, 읽기용 보기를 선택할 수 있고 마스터 전
환, 눈금선 표시, 창 전환 등과 같이 보기와 관련된 기능을 제공합니다.

서식 탭 익히기

① **[그리기 도구]-[서식] 탭** : 텍스트나 도형을 선택했을 때 표시되는 탭으로 기본 스타일은 물론, 도형이나 텍스트의 색과 관련된 서식을 변경할 수 있습니다. 맞춤, 회전 등의 정렬 명령과 크기 역시 직접 설정할 수 있습니다.

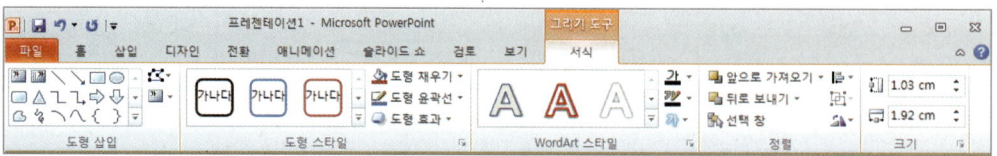

② **[표 도구] 탭** : 표 편집과 관련된 기능을 제공하는 표 도구 탭은 2개의 하위 탭을 제공합니다.
   [표 도구]-[디자인] 탭 : 표 스타일과 관련된 옵션, 표의 색, 선 스타일, 특수 효과, 표에 입력되어 있는 텍스트 서식 등을 지정할 수 있습니다. 또한 표의 테두리를 그리거나 지울 수 있습니다.

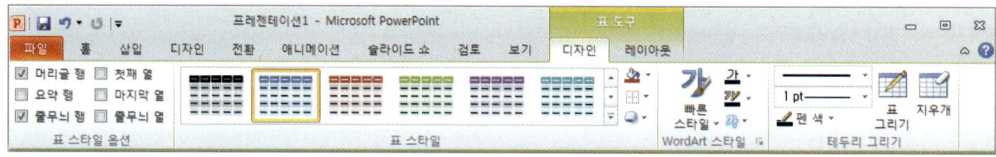

   [표 도구]-[레이아웃] 탭 : 행/열의 삽입 및 삭제, 셀 병합/분할, 셀과 표 크기 조정, 셀에서 텍스트의 위치, 여백 등을 조정할 수 있습니다.

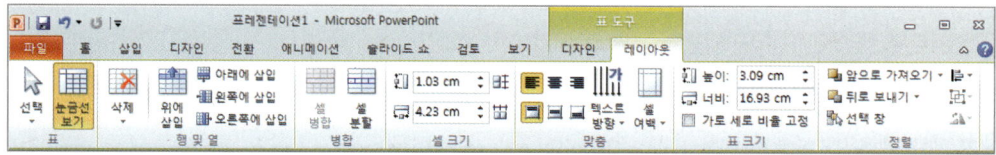

③ **[차트 도구] 탭** : 차트와 관련된 옵션과 서식을 설정할 수 있는 차트 도구 탭은 3개의 하위 탭으로 구성되어 있습니다.
   [차트 도구]-[디자인] 탭 : 차트 종류 변경, 서식 파일로 저장, 지정된 데이터 수정, 차트 레이아웃 설정, 그리고 차트 스타일을 지정할 수 있습니다.

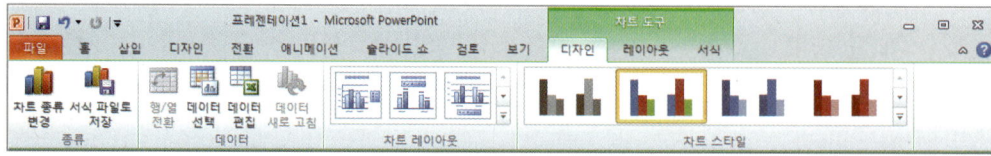

[차트 도구]-[레이아웃] 탭 : 차트의 구성 요소를 선택하고 차트, 축, 범례, 데이터 레이블 등의 각종 레이블 표시를 조정할 수 있습니다. 축, 배경, 추세선, 표준 편차 등을 설정합니다.

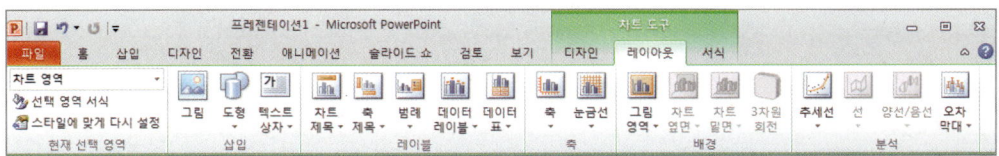

[차트 도구]-[서식] 탭 : 차트 구성 요소의 색, 윤곽선 등과 같은 서식을 변경하거나 정렬 상태, 크기를 조정할 수 있습니다.

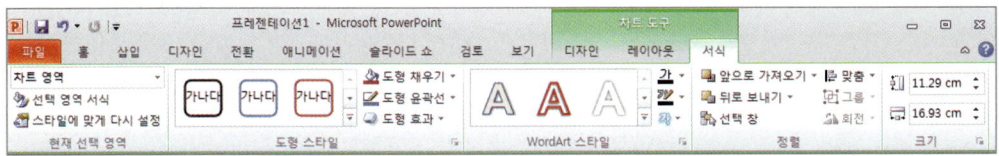

④ **[SmartArt 도구] 탭** : SmartArt의 스타일, 서식 등을 설정할 수 있는 탭으로 2개의 하위 탭을 제공합니다.

[SmartArt 도구]-[디자인] 탭 : SmartArt에 새 도형, 하위 도형을 추가하고 다른 SmartArt 종류를 선택합니다. 색이나 스타일을 변경할 수 있으며 SmartArt를 도형으로 변환할 수 있습니다.

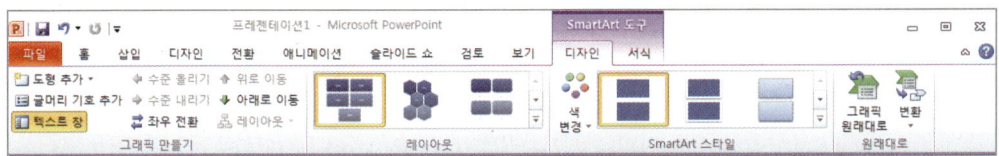

[SmartArt 도구]-[서식] 탭 : SmartArt에 있는 도형의 모양을 변경하거나 크기를 조정할 수 있습니다. 또한 도형과 텍스트의 서식을 변경할 수 있습니다.

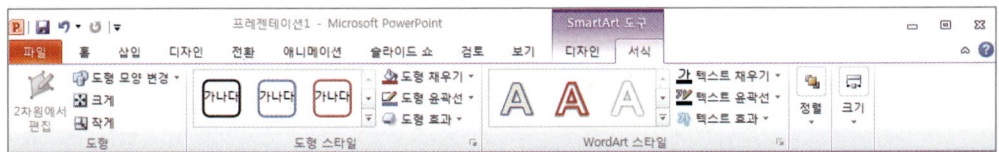

⑤ **[그림 도구]-[서식] 탭** : 그림에서 특정 부분을 제거하거나 밝기, 색 톤을 조정합니다. 포토샵의 필터, 그림자, 반사 효과, 부드러운 가장자리 등의 특별한 효과를 적용할 수 있습니다.

⑥ **[수식 도구]–[디자인] 탭** : [삽입] 탭에서 [수식]을 선택하여 수식을 삽입하고, 삽입한 수식을 클릭했을 때 표시됩니다. 수식과 관련된 세부적인 사항을 삽입하거나 설정할 수 있습니다.

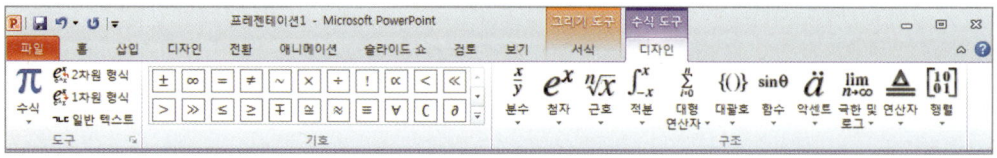

⑦ **[비디오 도구] 탭** : 동영상과 관련된 옵션을 변경하는 곳으로 2개의 하위 탭을 제공합니다.
[비디오 도구]–[서식] 탭 : 동영상의 밝기, 색, 스타일, 특수 효과 등을 설정합니다. 동영상의 시작 페이지를 설정할 수 있습니다.

[비디오 도구]–[재생] 탭 : 특정 시점에 책갈피를 추가하거나 필요 없는 특정 부분을 잘라낼 수 있습니다. 페이드 인/페이드 아웃 효과를 줄 수 있으며 동영상 관련 각종 옵션을 설정합니다.

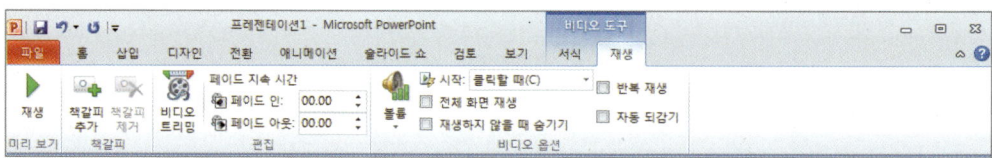

⑧ **[오디오 도구]–[재생] 탭** : 오디오를 선택했을 때 나타나는 탭으로 동영상과 마찬가지로 책갈피를 추가하거나 필요 없는 부분을 제거할 수 있습니다. 페이드 인/페이드 아웃 효과 및 각종 옵션을 설정합니다.

> 오디오는 보이는 부분이 없기 때문에 [오디오 도구] – [서식] 탭은 순서 조정 명령 외에는 큰 의미가 없음

리본 메뉴와 사이드 탭 요소 숨기기

• 리본 메뉴 숨기기 • 슬라이드 노트 숨기기 • [슬라이드/개요] 탭 숨기기

슬라이드 디자인을 하다 보면 작업 공간이 좀 더 넓었으면 하고 바랄 때가 있습니다. 이때 사용하지 않는 리본 메뉴나 다른 작업 영역은 축소하고, 슬라이드 노트 영역은 크게 확장한다면 작업이 좀 더 편하게 될 것입니다. 이와 같이 필요에 따라서 작업 화면의 구성 요소를 조정하면 작업의 효율을 더욱 높일 수 있습니다.

리본 메뉴 숨기기

슬라이드 편집 공간을 좀 더 넓혀서 작업하거나 기본 보기에서 최대한 큰 화면으로 슬라이드를 살펴볼 때 유용합니다.

1 ① 현재 열려 있는 탭 이름을 더블클릭합니다. 리본 메뉴가 감춰지고 탭 이름만 표시됩니다.

▶ 현재 열려 있는 [홈] 탭을 더블클릭해 감춰진 리본 메뉴

2 ② 리본 메뉴가 숨겨진 상태에서 어떤 명령을 실행하기 위해서 특정 탭을 클릭하면 그 탭이 열리고 명령을 실행할 수 있는 상태로 변경됩니다. 명령이 실행되면 다시 리본 메뉴가 닫힙니다.

▶ 리본 메뉴 숨김 상태에서 [삽입] 탭 클릭

3 ③ 리본 메뉴가 열린 상태로 고정하려면 아무 탭이나 더블클릭합니다.

Tip **리본 메뉴를 숨기거나 표시하는 다른 방법**

리본 메뉴를 마우스 오른쪽 버튼으로 클릭하고 표시되는 메뉴에서 [리본 메뉴 최소화]를 선택합니다.

▲ 특정 탭을 더블클릭해서 메뉴 숨김 해제

미리 보기 탭과 슬라이드 노트 숨기기

1 [슬라이드/개요] 탭과 슬라이드 노트를 숨기려면 ① [슬라이드/개요] 탭 오른쪽 상단에 있는 [✕ 닫기]를 클릭합니다.

▲ [닫기]를 클릭해서 슬라이드 탭과 슬라이드 노트 숨김

2 [슬라이드/개요] 탭을 다시 표시하려면 ② 화면 왼쪽 경계선에 마우스 포인터를 위치시키고 오른쪽으로 드래그합니다.

▲ 왼쪽 경계선을 오른 쪽으로 드래그해서 숨김 해제

3 슬라이드 노트를 다시 표시하려면 ③ 아래쪽 상태
표시줄 바로 위에 있는 수평 경계선에 마우스 포인
터를 위치시키고 위쪽으로 드래그합니다. 이런 식
으로 경계선을 드래그해 [슬라이드/개요] 탭과 슬
라이드 노트의 크기를 조정할 수 있습니다.

▲ 수평 경계선을 위로 드래그해서 숨김 해제

CHAPTER 02

슬라이드와 텍스트
내 맘대로 다루기

파워포인트로 정보를 전달할 때 가장 기본이 되는 요소는 슬라이드와 텍스트입니다.

이번 장에서는 슬라이드의 종류와 테마 적용, 그리고 이동, 변경, 보기 등과 같은

기본 사용법 및 슬라이드 내의 텍스트 상자를 다루는 방법,

입력한 텍스트에 서식을 적용하고 변경하는 방법 등을 알아보겠습니다.

프레젠테이션의 배경, 슬라이드 다루기

•슬라이드 크기 변경 •테마 적용 •슬라이드 삽입, 이동, 보기 •슬라이드 레이아웃 변경 •구역 나누기

슬라이드를 어떻게 사용하느냐에 따라서 전달할 내용이 더 잘 드러날 수 있습니다. 이번 섹션에서는 필요에 따라 레이아웃 디자인을 변경하는 방법 및 번호로 각각의 페이지를 구분하는 방법, 페이지를 내용에 맞춰서 재배치하는 방법 등 효과적으로 슬라이드를 다루는 방법에 대해서 알아보겠습니다.

▌프레젠테이션에 꼭 필요한 슬라이드 알아보기

슬라이드는 프레젠테이션을 구성하는 기본 단위로 내용에 따라 크게 다섯 가지로 구분할 수 있습니다.

표지 슬라이드

프레젠테이션의 주제, 발표자 등을 표시하는 페이지입니다. 가장 먼저 보이기 때문에 청중과 독자의 주의를 끌 수 있도록 주제와 관련된 큰 이미지, 제목, 날짜, 발표자 정보 등만 표시하는 것이 좋습니다.

▶ 표지 슬라이드 예

목차 슬라이드

프레젠테이션이 어떤 순서로 진행될 것인지 보여줍니다. 큰 줄기만 보여주면 되므로 핵심만 간단히 표시합니다.

▶ 목차 슬라이드 예

섹션 슬라이드

프레젠테이션을 몇 개의 섹션(구역)으로 나눈 경우 각 섹션의 시작과 주제를 알려주는 역할을 합니다.

▶ 섹션 슬라이드 예

본문 슬라이드

정보 전달의 기본 수단인 텍스트뿐만 아니라 도해(Diagram), 표, 차트, 그림 등을 이용해 프레젠테이션에서 전달할 내용을 표시합니다.

▲ 텍스트 이외에도 도해, 차트 등과 같은 비주얼적 요소를 함께 전달하는 슬라이드

요약 및 마무리 슬라이드

프레젠테이션 마무리의 필수 요소는 내용 전체를 정리해주는 요약(Summary) 슬라이드와 마무리(Closing) 슬라이드입니다. 요약 슬라이드에는 말 그대로 프레젠테이션의 핵심만 간단히 표시하고, 마무리 슬라이드에는 각오나 마음가짐 등을 표시해 청중에게 강한 인상을 주는 것이 좋습니다.

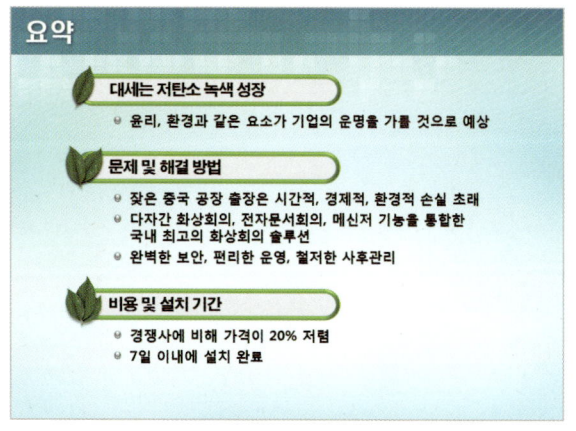

▲ 요약 슬라이드

▲ 마무리 슬라이드

슬라이드 크기 변경하기

파워포인트 슬라이드의 기본 크기는 가로 25.4cm, 세로 19.05cm로 일반 모니터의 가로, 세로 비율과 같습니다. 기본 크기의 슬라이드는 화면상에서 슬라이드를 보거나 작업을 할 때 주로 씁니다. 프레젠테이션을 보고서나 제안서로 인쇄하여 제출할 때는 슬라이드의 크기를 변경하는 경우가 많습니다. 가장 많이 쓰는 A4 용지의 크기에 맞춰 슬라이드 크기를 변경해보겠습니다.

1 ① [디자인] 탭을 열고 ② [페이지 설정]을 클릭합니다.

2 ③ 페이지 설정 대화상자의 [슬라이드 크기] 목록 클릭하고 ④ A4 용지(210x297mm)를 선택합니다. ⑤ [확인]을 클릭합니다.

1

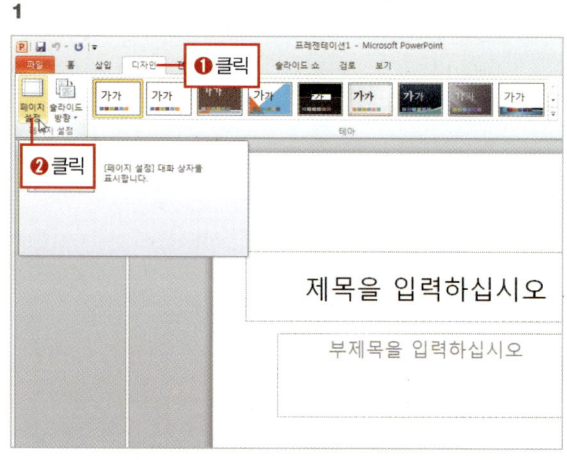

▲ 디자인 탭 → [페이지 설정] 클릭

2

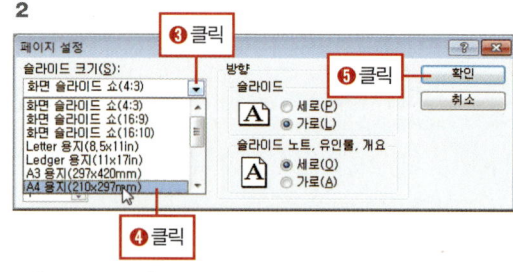

▲ [슬라이드 크기] 목록에서 [A4 용지(210x297mm)] 선택

슬라이드에 테마 적용하기

파워포인트 슬라이드는 기본적으로 흰색 배경입니다. 전문 디자이너라면 멋지게 디자인할 수 있겠지만 사실 디자인 작업이 쉬운 일은 아닙니다. 파워포인트 2010에서 제공하는 테마를 사용하면 쉽게 슬라이드를 디자인할 수 있습니다.

테마 선택하기

1 ① [디자인] 탭에서 ② [테마] 그룹의 [⧩ **자세히**]를 클릭해 목록을 엽니다.

2 ③ 원하는 테마를 선택합니다.

1

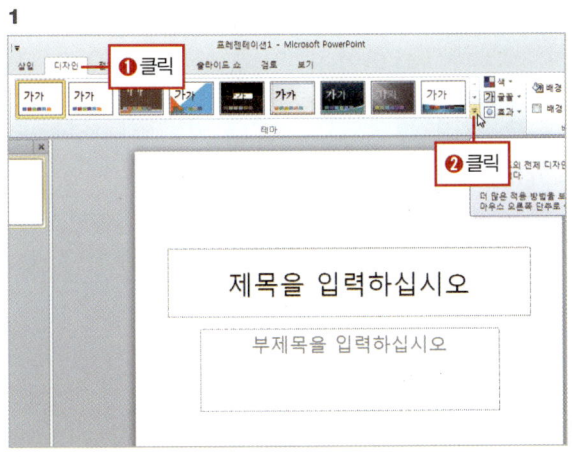

▲ [디자인] → [테마]에서 [자세히] 클릭

2

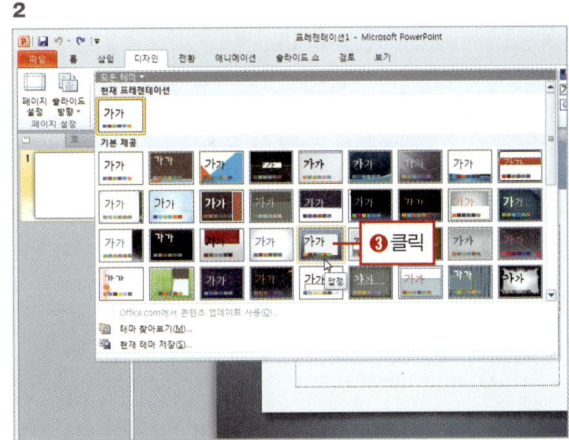

▲ [테마] 목록에서 [압정] 선택

색과 글꼴의 테마 선택하기

테마를 선택했는데 색의 톤이나 글꼴이 마음에 들지 않는 경우에는 테마 색과 테마 글꼴을 변경합니다.

1 전체 기본 색 톤을 바꾸려면 ① [색]을 클릭하고 ② 목록에서 테마 색을 선택합니다.

2 전체 기본 글꼴을 바꾸려면 ③ [글꼴]을 클릭하고 ④ 목록에서 테마 글꼴을 선택합니다.

1

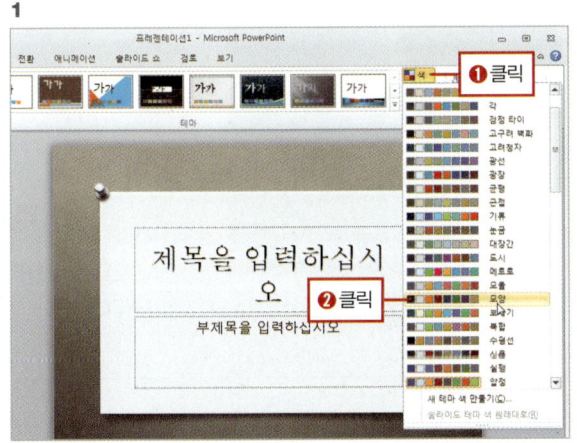

▲ [색]을 클릭하고 [모양] 선택

2

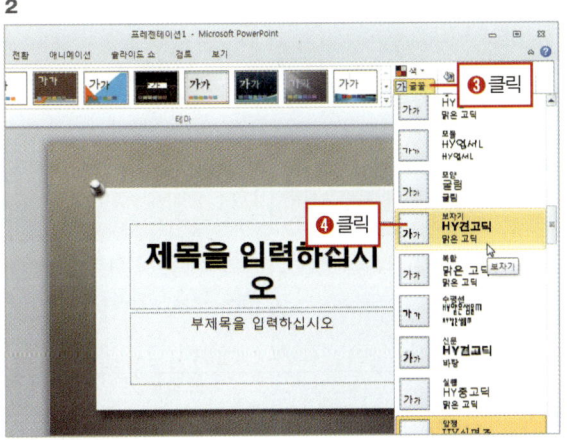

▲ [글꼴]을 클릭하고 [보자기] 선택

파워포인트 2010은 기본적으로 39종의 테마를 제공합니다. 이들은 인쇄에 적합한 타입과 발표에 적합한 타입으로 구분할 수 있습니다. 표에 있는 테마는 인쇄와 발표에 자주 사용되는 테마입니다.

	인쇄에 적합한 테마		발표에 적합한 테마
1	가을	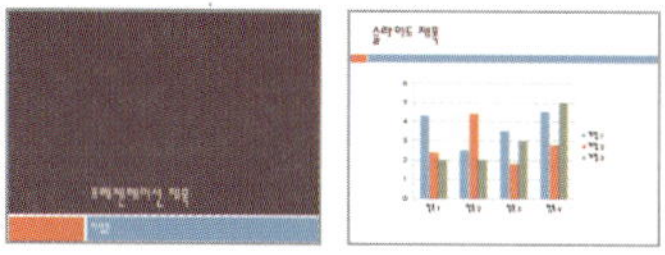 광장	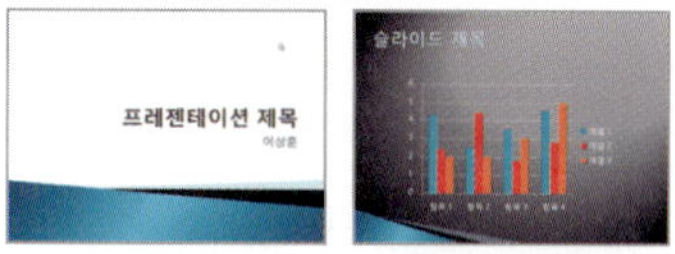
2	근접	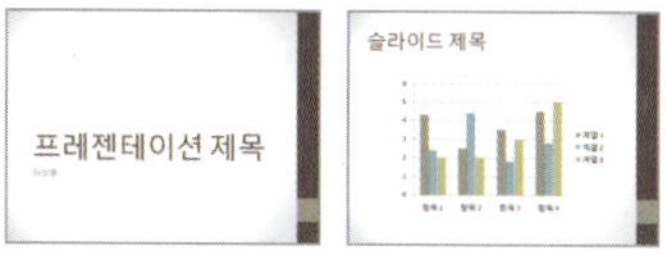 눈금	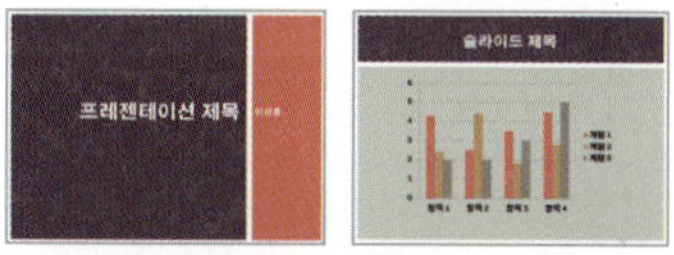
3	도시	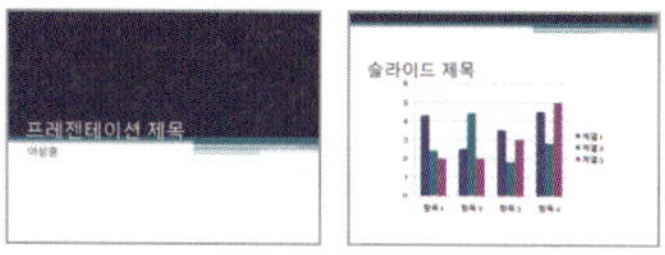 메트로	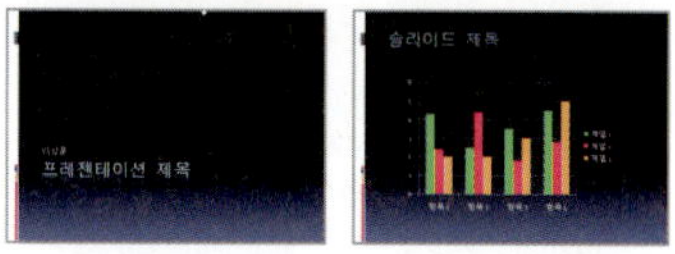
4	실행	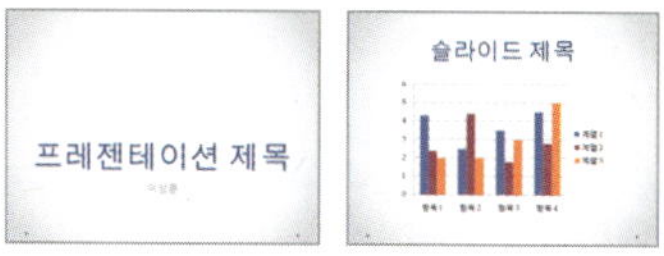 수평선	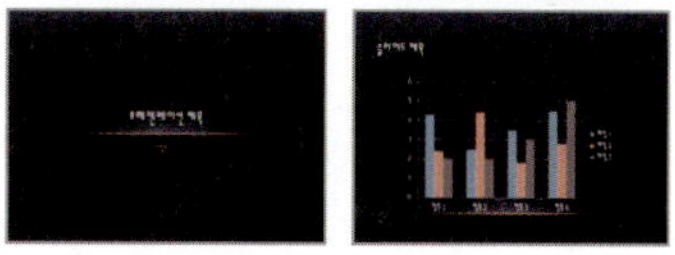
5	원본	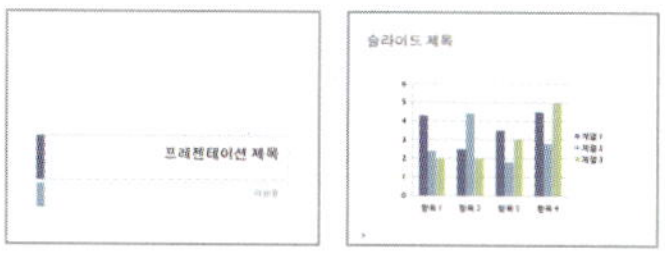 압정	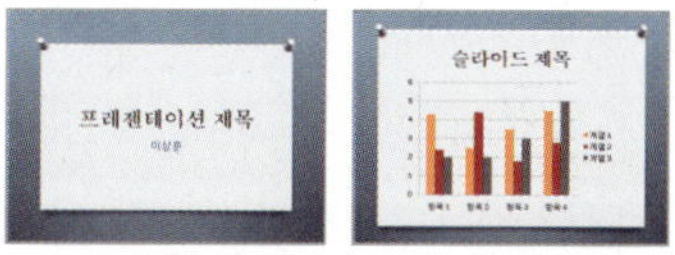
6	태양	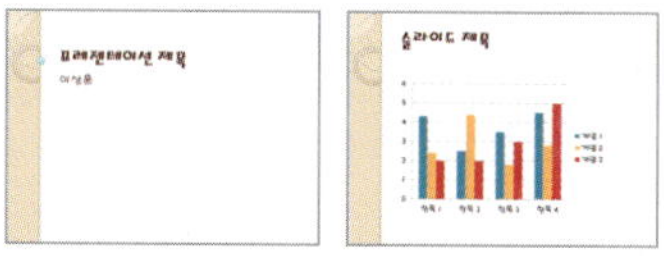 원근감	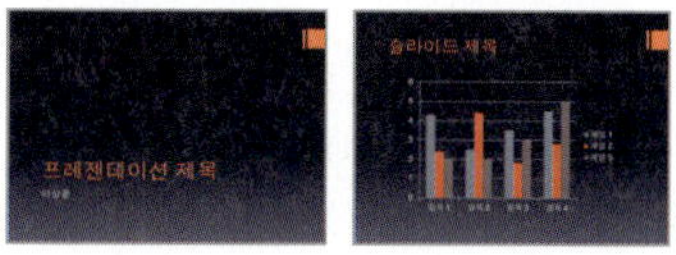
7	투명도	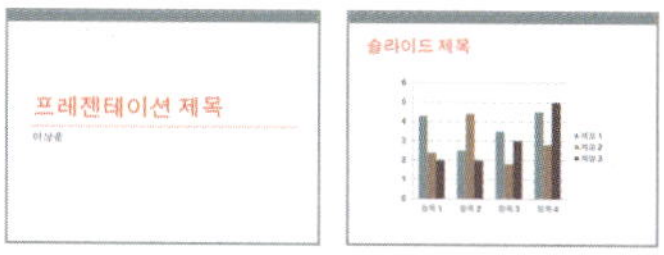 종이	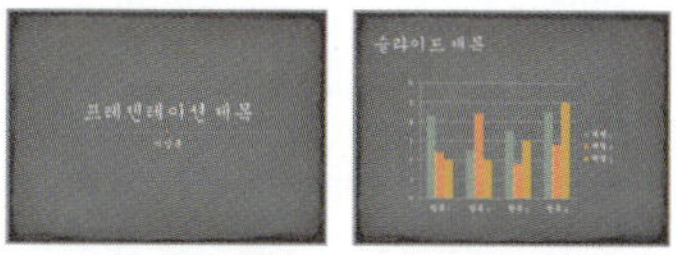
8	파형	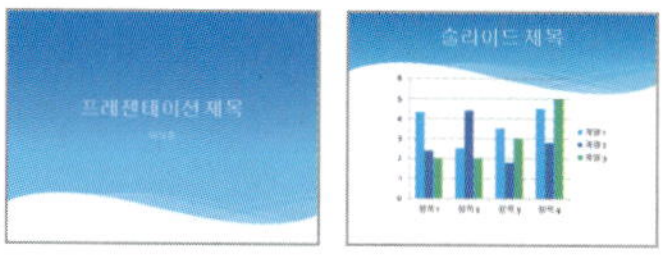 짚	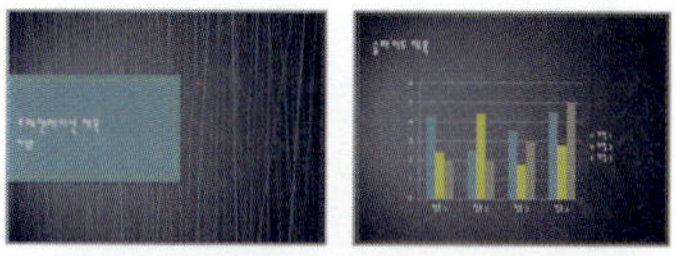
9	필수	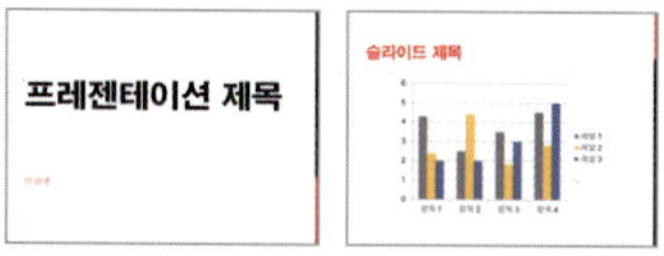 테크닉	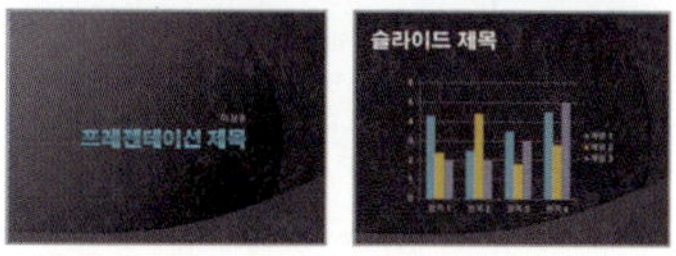
10	흐름	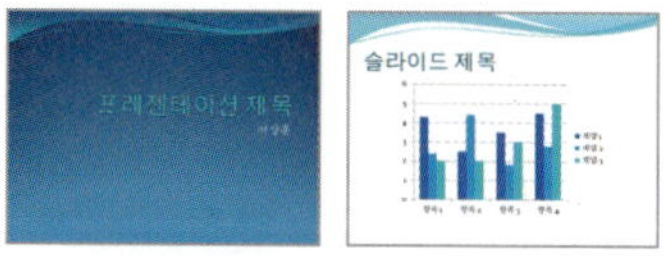 트렉	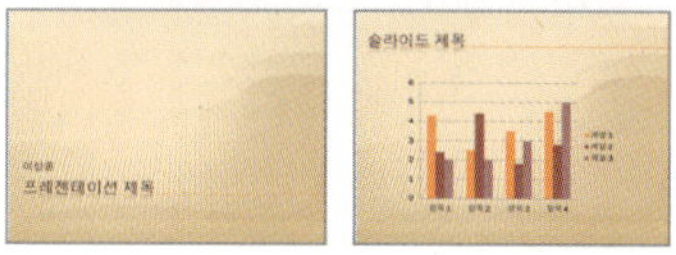

새 슬라이드 삽입하기

파워포인트를 실행하면 슬라이드가 하나만 나타납니다. 프레젠테이션 문서를 작성할 경우에는 여러 장의 슬라이드가 필요하므로 새 슬라이드 삽입 방법을 알아보겠습니다. 또한 작성된 문서를 열어 새 슬라이드를 삽입할 때도 같은 방법을 사용합니다.

- ① [홈] 탭에서 ② [새 슬라이드] 아래쪽을 클릭하고 ③ 레이아웃 목록에서 원하는 레이아웃을 선택합니다. [새 슬라이드] 위쪽을 클릭하면 현재 화면에서 보이는 슬라이드와 같은 레이아웃의 슬라이드가 추가됩니다(단축키 : Ctrl + M). 단, 제목 슬라이드는 추가되지 않습니다.

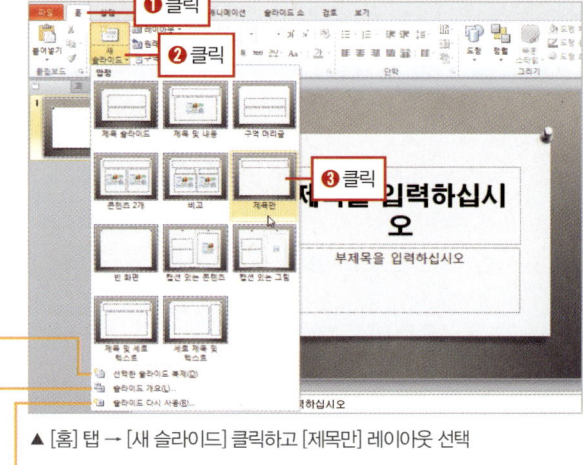

현재 슬라이드 복제

개요가 입력된 문서(*.rtf, doc, txt 등)를 불러오면 문서에 있는 텍스트가 슬라이드의 제목과 본문이 됨

다른 프레젠테이션에 있는 슬라이드를 불러옴

▲ [홈] 탭 → [새 슬라이드] 클릭하고 [제목만] 레이아웃 선택

Tip | Enter 를 눌러 새 슬라이드 추가하기

왼쪽 슬라이드 탭에서 새 슬라이드가 삽입될 부분의 위쪽 슬라이드를 클릭하고 Enter 를 누르면 클릭한 슬라이드와 똑같은 레이아웃의 슬라이드가 삽입됩니다. 단, [제목 슬라이드]를 클릭하고 Enter 를 눌렀을 때는 예외입니다. 이 경우에는 슬라이드 마스터에서 제목 슬라이드 바로 다음에 있는 슬라이드(기본적으로 제목 및 내용 슬라이드)가 삽입됩니다.

Note 2 | 이미 만들어놓은 슬라이드를 [슬라이드 다시 사용]으로 불러오기

새 슬라이드 목록 맨 아래의 [슬라이드 다시 사용]을 선택하면 화면 오른쪽에 슬라이드 다시 사용 창이 나타납니다.

1 ① 슬라이드 다시 사용 창에서 **[찾아보기]**를 클릭합니다. ② **[파일 찾아보기]**를 클릭한 후 찾아보기 대화상자에서 다른 프레젠테이션을 선택하고 **[열기]**를 클릭합니다.

2 프레젠테이션 문서에 있는 모든 슬라이드가 표시됩니다. ③ 장 맨 아래에 있는 **[원본 서식 유지]**를 체크하고 ④ 사용할 슬라이드를 클릭하면 테마의 변화 없이 원본 슬라이드가 현재 프레젠테이션에 삽입됩니다.

1

▲ [찾아보기]를 클릭하고 [파일 찾아보기] 클릭해서 파일 선택

2

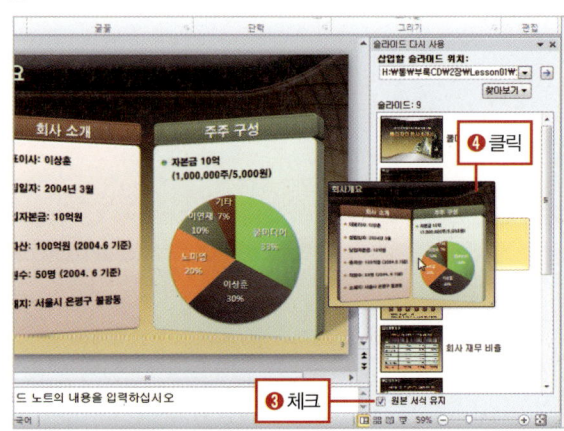

▲ [원본 서식 유지] 선택 후 슬라이드 클릭해 삽입

슬라이드 레이아웃 변경하기

- 슬라이드의 레이아웃을 변경하고 싶다면 ① [레이아웃]을 클릭하고 ② 다른 레이아웃을 선택합니다.

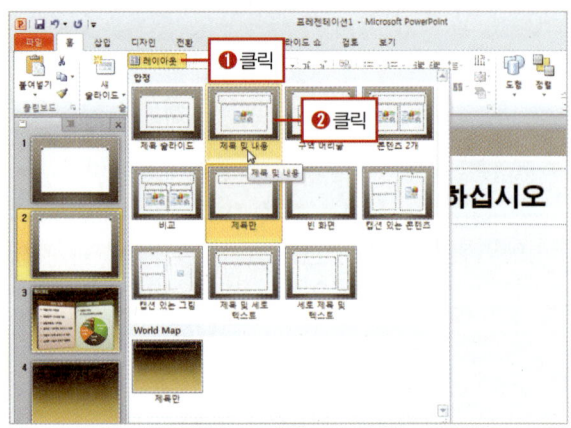

▲ [레이아웃] 클릭 → [제목 및 내용] 레이아웃 선택

슬라이드 위치 이동하기

- 왼쪽 [슬라이드] 탭에서 이동할 슬라이드를 원하는 위치로 드래그합니다.

| Tip | 슬라이드 삭제 방법 |

슬라이드 탭에서 슬라이드를 클릭하고 Delete 를 누릅니다.

▶ 원하는 위치로 드래그

구역 나누기

• **준비 파일** ◎ : 부록 CD/2장/Section01/구역 나누기.pptx   • **완성 파일** ◎ : 부록 CD/2장/Section01/완성/구역 나누기 결과.pptx

파워포인트 2010은 프레젠테이션 문서의 모든 슬라이드를 몇 개의 구역으로 나누어 표시할 수 있습니다. 구역을 나누면 구역 단위로 선택과 삭제가 가능하고, 해당 위치로 빠르게 이동할 수 있습니다. 또한 원하는 구역만 선택해서 인쇄할 수 있습니다.

1 ① 첫 번째 슬라이드를 선택합니다. ② **[홈]** 탭의 [슬라이드] 그룹에서 **[구역]**을 클릭한 후
  ③ **[구역 추가]**를 선택합니다. 새 구역이 추가됩니다.

2 ④ 다시 **[구역]**을 클릭하고 ⑤ **[구역 이름 바꾸기]**를 선택합니다.

1

▲ 슬라이드 선택 → [홈] 탭 → [구역] → [구역 추가] 선택

2

▲ [구역] → [구역 이름 바꾸기] 선택

✏️ **Note 3** **실무에서 가장 많이 사용하는 레이아웃들**

파워포인트는 11종류의 기본 레이아웃을 제공합니다. 그중 제목, 구역 머리글, 제목 및 내용, 제목만, 빈 화면을 가장 많이 씁니다.

이름	기본 화면	디자인된 레이아웃	설명
제목 슬라이드	제목을 입력하십시오	제목을 입력하십시오	새 프레젠테이션을 만들면 기본으로 나타나는 슬라이드입니다. 표지로 사용됩니다.
구역 머리글	제목을 입력하십시오	제목을 입력하십시오	프레젠테이션을 몇 개의 섹션(구역)으로 나눌 때, 해당 섹션의 수제와 시삭을 알리는 역할입니다.
제목 및 내용	제목을 입력하십시오 • 텍스트를 입력하십시오	제목을 입력하십시오 • 텍스트를 입력하십시오	슬라이드 제목과 내용을 쉽게 입력할 수 있게 해주는 레이아웃입니다. '텍스트를 입력하십시오' 부분에 텍스트를 입력하거나 각 아이콘을 클릭해 표, 차트, SmartArt, 그림, 클립아트, 동영상을 삽입합니다.
제목만	제목을 입력하십시오	제목을 입력하십시오	제목을 입력할 수 있도록 제목 텍스트 상자만 표시됩니다. 제목은 기본 레이아웃에 맞추지만 내용은 자유롭게 입력하고 디자인할 때 사용합니다.
빈 화면			말 그대로 아무것도 없는 빈 슬라이드로 자유롭게 슬라이드를 디자인할 때 사용합니다.

3 ⑥ 구역 이름 바꾸기 대화상자에서 이름을 입력하고 ⑦ [이름 바꾸기]를 클릭합니다. 구역의 이름이 변경됩니다.

4 계속해서 구역을 추가하고 이름을 변경합니다. ⑧ 이름을 표시하는 바를 클릭해 구역에 있는 모든 슬라이드를 선택할 수 있습니다. 또한 구역 바 왼쪽에 있는 삼각형 부분을 클릭해 구역을 축소하거나 확장할 수 있습니다.

3

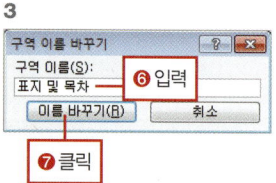

▲ 이름 입력 → [이름 바꾸기] 클릭

4

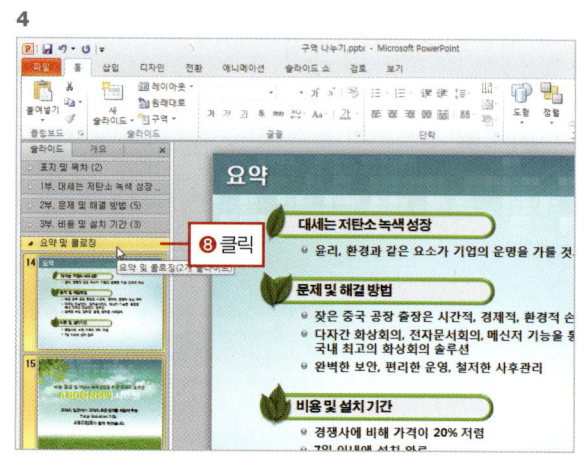

▲ 구역 바를 클릭해 구역에 있는 모든 슬라이드를 선택

Tip 구역 관련 명령 알아보기

[홈] 탭의 [슬라이드] 그룹에서 [구역]을 클릭하거나 구역 바를 마우스 오른쪽 버튼으로 클릭할 때 나타나는 명령을 알아보겠습니다.

[구역 제거] : 선택된 구역만 삭제합니다. 슬라이드는 삭제되지 않습니다.

[구역 및 슬라이드 제거] : 구역뿐만 아니라 구역 내에 포함된 슬라이드도 삭제합니다.

[모든 구역 제거] : 현재 프레젠테이션에서 설정된 구역을 모두 지웁니다.

[모두 축소] : 구역을 모두 닫습니다. 구역 바만 표시됩니다.

[모두 확장] : 구역을 모두 엽니다. 구역 바와 슬라이드 미리 보기가 표시됩니다.

Tip 구역 내의 슬라이드 전체를 빠르게 이동하기

구역 바를 위 또는 아래로 드래그해서 원하는 구역 사이에 놓으면 그 구역 내에 포함된 모든 슬라이드를 한꺼번에 이동할 수 있습니다.

Note 4 프레젠테이션 문서를 구역으로 나누어 구역 단위로 빠르게 이동 및 인쇄하기

1 슬라이드 쇼 보기에서 원하는 구역으로 빠르게 이동하기

① 슬라이드 쇼 보기에서 마우스 오른쪽 버튼을 클릭합니다. ② [구역으로 이동]으로 마우스 포인터를 이동한 후 구역 이름을 클릭하면 빠르게 이동할 수 있습니다

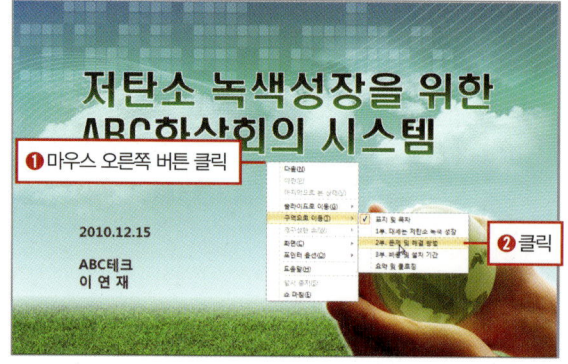

▲ 쇼 보기에서 마우스 오른쪽 버튼 클릭 → [구역으로 이동] → 구역 이름 선택

2 해당 구역만 인쇄하기

① [파일] 탭을 선택하고 ② [인쇄]를 클릭합니다. ③ [설정]에서 [모든 슬라이드 인쇄]를 클릭합니다. ④ [구역]에서 구역 이름을 선택하여 해당 구역을 미리 보거나 해당 구역만 인쇄할 수 있습니다.

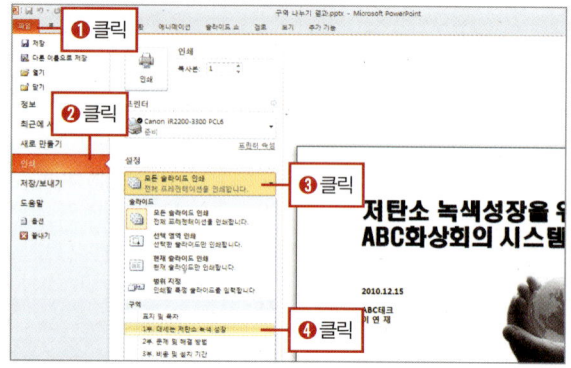

▲ [파일] 탭 → [인쇄] → [모든 슬라이드 인쇄] → 구역 이름 선택

슬라이드에 페이지 번호 표시하기

· **준비 파일** ◎ : 부록 CD/2장/Section01/페이지 번호 삽입.pptx   · **완성 파일** ◎ : 부록 CD/2장/Section01/완성/페이지 번호 삽입 결과.pptx

파워포인트 슬라이드에는 기본적으로 페이지 번호가 표시되지 않기 때문에 머리글/바닥글 대
화상자에서 옵션을 적용해야 합니다. 페이지 번호는 프레젠테이션을 할 때나 파워포인트 문서
작업을 할 때 슬라이드 진행 상황과 문서 분량을 파악할 수 있는 중요한 요소입니다.

1 ① [삽입] 탭을 열고 ② [머리글/바닥글]을 클릭합니다.

2 ③ 머리글/바닥글 대화상자가 나타나면 [슬라이드 번호]를 체크합니다. ④ [제목 슬라이드에
는 표시 안 함]을 체크한 후 ⑤ [모두 적용]을 클릭합니다. 첫 번째 제목 슬라이드를 제외한
모든 슬라이드의 오른쪽 하단에 슬라이드 번호가 표시됩니다. 새 슬라이드를 만들면 번호
가 계속해서 증가합니다.

1

▲ [삽입] 탭 → [머리글/바닥글] 클릭

2

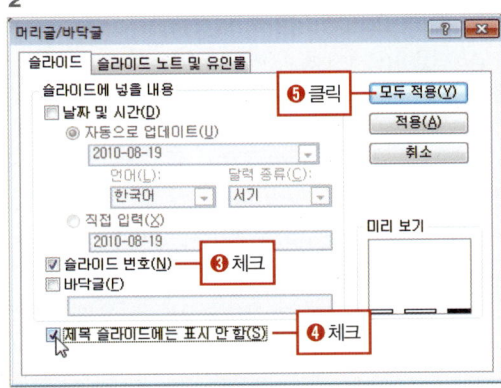

▲ [슬라이드 번호]와 [제목 슬라이드에는 표시 안 함] 체크 → [모두 적용]
클릭

> **Tip** **머리글/바닥글 대화상자 슬라이드 탭 옵션**

[날짜 및 시간] : 현재 날짜와 시간을 표시합니다. 날짜는 자동으로 표시(자동으로 업데이트)하거나 직접 입력할 수 있습니다.
[슬라이드 번호] : 슬라이드 번호를 삽입합니다.
[바닥글] : 프레젠테이션 제목이나 저작권 등과 같이 바닥글에 표시할 내용을 직접 입력합니다.

> **Tip** **슬라이드 노트 및 유인물 탭**

슬라이드 노트나 유인물 인쇄 시 머리글과 바닥글, 날짜 및 시간, 페이지 번호 등의 포함 여부를 설정합니다. 이 탭에는 슬라이드 탭의
옵션 이외에도 [머리글]이 추가되어 있습니다. [머리글]을 체크한 뒤 텍스트 상자에 입력한 내용은 모든 슬라이드의 왼쪽 상단에 표시됩
니다.

다양한 방법으로 슬라이드 보기

기본 보기

파워포인트 2010 실행 시 나타나는 화면으로 대부분은 이 기본 보기 화면에서 문서를 작성합니다.

- ① [보기] 탭을 클릭하고 ② [기본 보기]를 클릭합니다.

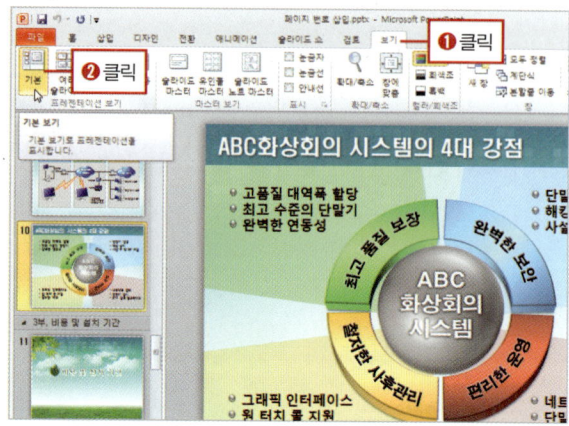

▲ [보기] 탭 → [기본 보기] 클릭

여러 슬라이드 보기

프레젠테이션의 모든 슬라이드를 한눈에 볼 수 있기 때문에 프레젠테이션 전체의 흐름을 파악할 때 유용합니다.

- ① [보기] 탭을 클릭하고 ② [여러 슬라이드 보기]를 클릭합니다. 구역이 나뉘어 있는 경우에는 구역 제목 아래에 슬라이드가 표시됩니다.

> **Tip** 여러 슬라이드 보기에서 기본 보기로 전환하는 빠른 방법
>
> 기본 보기로 전환하려는 슬라이드를 더블클릭합니다.

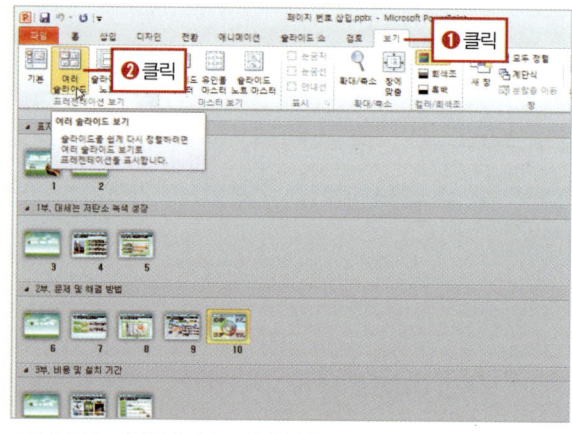

▲ [보기] 탭 → [여러 슬라이드 보기] 클릭

읽기용 보기

현재 파워포인트의 창 크기로 슬라이드 쇼를 보여주는 새 기능입니다. 프레젠테이션 파일을 두 개 이상 열어서 비교할 때 유용합니다.

1 ① [보기] 탭을 클릭하고 ② [읽기용 보기]를 클릭합니다.

2 파워포인트 창 크기로 슬라이드 쇼를 보여줍니다. 쇼 보기에서처럼 쇼를 진행할 수 있습니다. 읽기용 보기를 종료할 때는 Esc를 누릅니다.

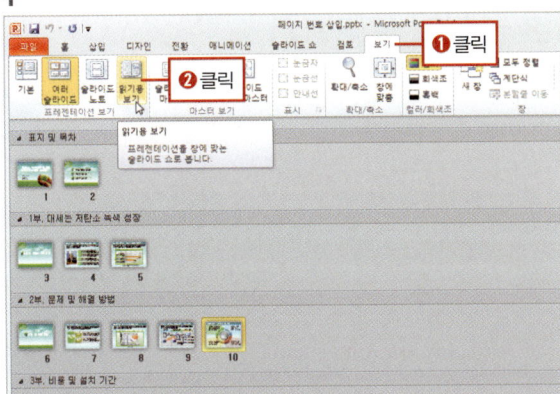

▲ [보기] 탭 → [읽기용 보기] 클릭

▲ 읽기용 보기 창으로 슬라이드 표시

슬라이드 쇼 보기

슬라이드를 모니터 화면에 꽉 차게 표시합니다. 엑셀과 같은 프로그램은 최종 결과물을 대부분 인쇄물로 확인하지만, 파워포인트는 슬라이드 쇼 보기로 확인하는 경우가 많습니다.

1 ① [슬라이드 쇼] 탭을 클릭합니다. ② 첫 슬라이드부터 슬라이드 쇼를 진행하려면 [처음부터]를 클릭합니다(단축키 : F5). 현재 작업 중인 화면부터 슬라이드 쇼를 보려면 [현재 슬라이드부터]를 클릭합니다(단축키 : Shift + F5).

2 슬라이드 쇼를 진행합니다.

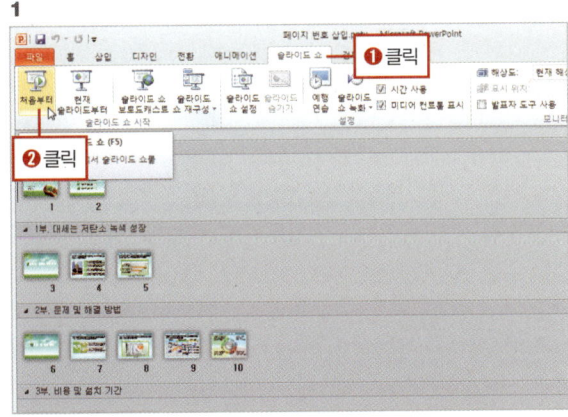

▲ [슬라이드 쇼] 탭 → [처음부터] 또는 [현재 슬라이드부터] 클릭

▲ 슬라이드 쇼 보기

> **Tip** 보기 전환 이이콘으로 보기 선택하기
>
> 파워포인트 창 오른쪽 하단에 있는 보기 전환 아이콘으로 보기 방법을 선택합니다.

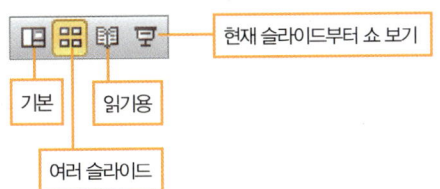

기본 / 여러 슬라이드 / 읽기용 / 현재 슬라이드부터 쇼 보기

슬라이드를 복사해서 작업 중인 문서에 붙여넣기

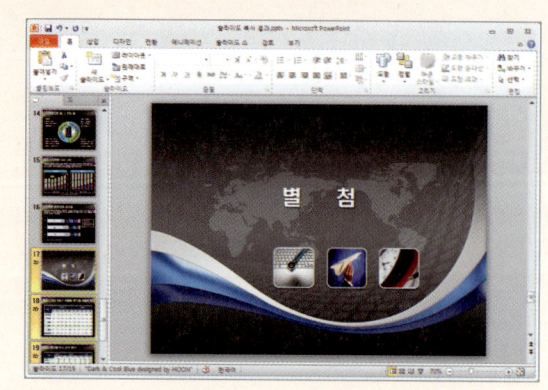

파워포인트에서 가장 많이 사용하는 기능은 복사와 붙여넣기입니다. 다른 프레젠테이션의 슬라이드를 복사해서 작성 중인 프레젠테이션에 붙여넣으면 반복 작업을 줄일 수 있으므로 빠르게 프레젠테이션을 작성할 수 있습니다.

· 준비 파일
◎ : 부록 CD/2장/Section01/매출분석 보고서.pptx, 비즈니스 전략.pptx

· 완성 파일
◎ : 부록 CD/2장/Section01/완성/슬라이드 복사 결과.pptx

▲ 완성 화면

파워포인트 업무의 시작, 파일 열기

01 윈도우의 [🏁 시작]을 클릭하고 [모든 프로그램]을 선택합니다. [Microsoft Office]를 클릭하고 [Microsoft Office PowerPoint 2010]을 선택하여 파워포인트를 실행합니다.

① [파일] 탭 클릭
② [열기]를 클릭합니다
  (단축키 : Ctrl + O).

> **Tip** 빠르게 파워포인트를 실행하는 방법
>
> 바탕화면에 [Microsoft Office PowerPoint 2010 바로가기]가 있다면 더블클릭합니다.

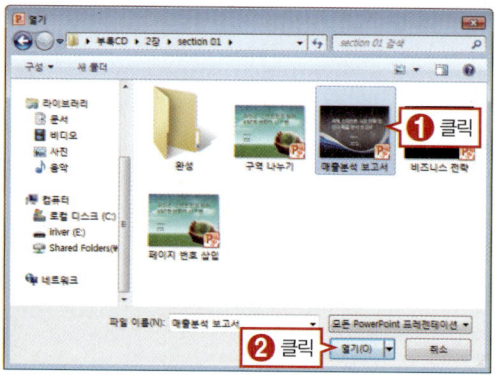

02

① 열기 대화상자에서 부록 CD/ 2장/Section01/매출분석 보고서.pptx 클릭
② [열기]를 클릭합니다.

슬라이드 복사하고 붙여넣기

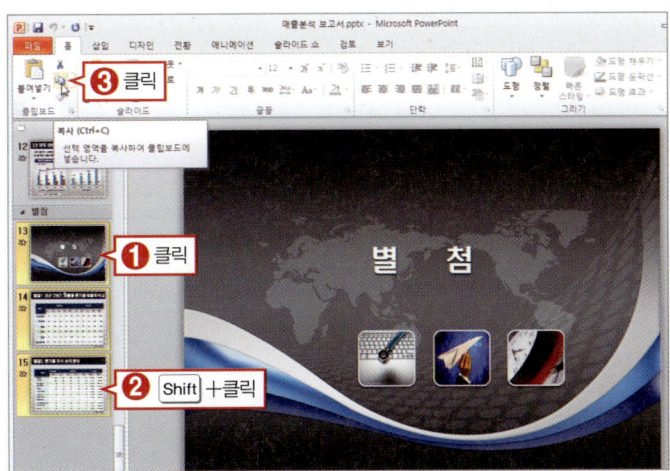

03

① 왼쪽 슬라이드 탭에서 **13번 슬라이드** 클릭

② Shift를 누른 상태로 **15번 슬라이드** 클릭

③ 홈 탭에서 [📋 **복사**]를 클릭(단축키 : Ctrl + C)합니다.

Tip 슬라이드 탭의 슬라이드를 두 개 이상 선택하기

방법 1 슬라이드 하나를 클릭하고 Ctrl을 누른 상태에서 다른 슬라이드를 클릭합니다.

방법 2 모든 슬라이드를 선택하려면 아무 슬라이드나 클릭하고 Ctrl + A를 누릅니다.

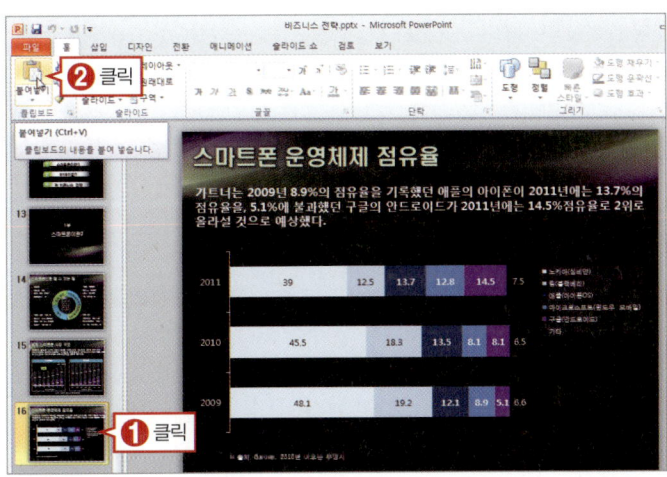

04 부록 CD/2장/Section01/**비즈니스 전략**.pptx 파일을 엽니다.

① 왼쪽 슬라이드 탭에서 붙여넣으려는 위치의 **위쪽 슬라이드** 클릭

② [홈] 탭에서 [📋 **붙여넣기**]를 클릭(단축키 : Ctrl + V)합니다.

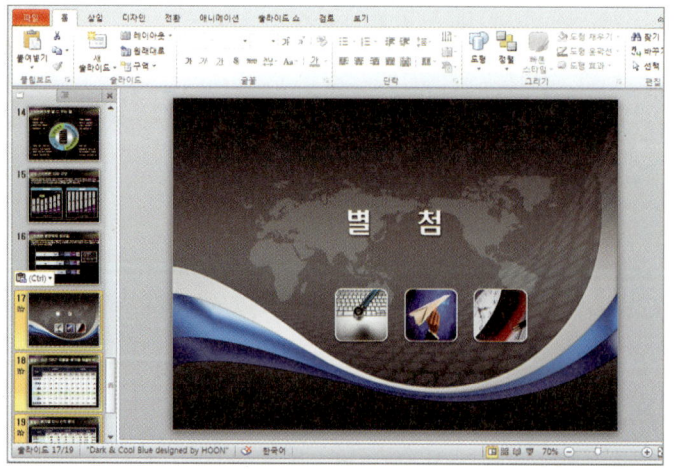

05 매출분석 보고서.pptx에서 복사한 슬라이드를 비즈니스 전략.pptx에 붙여넣었습니다.

Tip 같은 프레젠테이션에서 슬라이드를 복제하는 방법

표나 차트가 있는 슬라이드를 같은 문서 내에서도 복제하여 사용하는 경우가 종종 있습니다. 이때는 슬라이드 탭에서 복제할 슬라이드를 마우스 오른쪽 버튼으로 클릭하고 **[슬라이드 복제]**를 선택합니다(단축키 : Ctrl + D).

파워포인트 업무의 마무리, 파일 저장하기

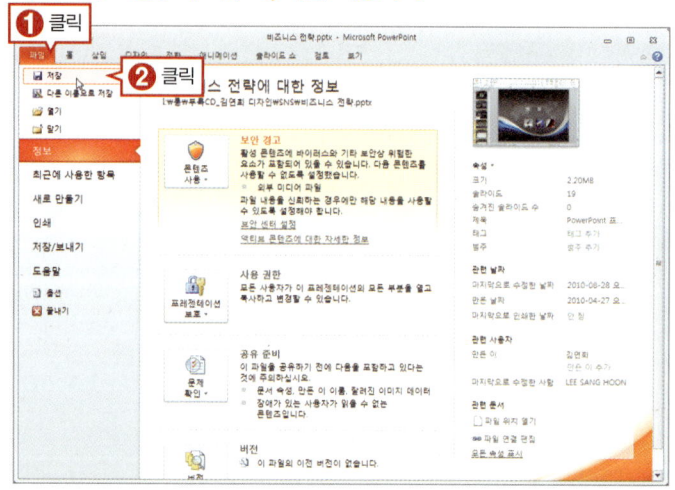

06 슬라이드에 원본과 같은 서식이 적용되었습니다. 작업을 마치고 파일을 저장합니다.

① **[파일]** 탭 클릭
② **[저장]**을 클릭(단축키 : Ctrl + S) 합니다.

Tip 빠르게 저장하는 방법

파워포인트 화면 왼쪽 상단의 **빠른 실행 도구 모음**에서 [💾 저장]을 클릭합니다.

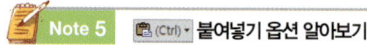

Note 5 📋(Ctrl)▼ **붙여넣기 옵션 알아보기**

슬라이드나 텍스트, 도형 등의 개체를 복사해서 붙여넣을 때 표시되는 메뉴입니다. 이 버튼을 클릭하고 표시되는 아이콘 중에서 하나를 선택하면 옵션이 적용됩니다.

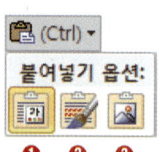

① **[대상 테마 사용]** : 현재 프레젠테이션에 적용된 테마를 적용합니다.
② **[원본 서식 유지]** : 복사했던 프레젠테이션의 서식과 테마를 적용합니다.
③ **[그림]** : 그림으로 붙여넣습니다.

❶ ❷ ❸

텍스트 삽입과 서식 지정하기

• 텍스트 삽입 • 도형에 텍스트 입력 • 텍스트 블록 선택 • 글꼴 및 단락 서식 변경

프레젠테이션의 가장 기본 요소이면서 가장 효과적으로 정보를 전달하는 수단 중의 하나가 바로 텍스트입니다. 이번 섹션에서는 텍스트를 다루는 기본 방법뿐만 아니라 텍스트의 가독성을 높이고 핵심을 명확하게 전달하는 서식 사용 방법에 대해서 알아보겠습니다.

텍스트 삽입하기

개체 틀과 텍스트 상자, 도형 사용의 세 가지 방법으로 텍스트를 입력할 수 있습니다. 개체 틀은 텍스트의 입력 위치와 글꼴 서식이 정해져 있고, 텍스트 상자는 기본 서식이 설정되어 있습니다. 도형은 도형을 클릭하면 도형 위에 바로 텍스트를 입력할 수 있습니다.

개체 틀에 텍스트 입력하기

슬라이드에서 **제목을 입력하십시오**나 **부제목을 입력하십시오**, 또는 **텍스트를 입력하십시오**라는 텍스트가 표시되는 상자가 개체 틀입니다. 한마디로 텍스트를 쉽게 입력할 수 있도록 만들어 놓은 장소입니다.

• 개체 틀에서 글자가 표시되는 부분을 클릭하고 텍스트를 입력합니다.

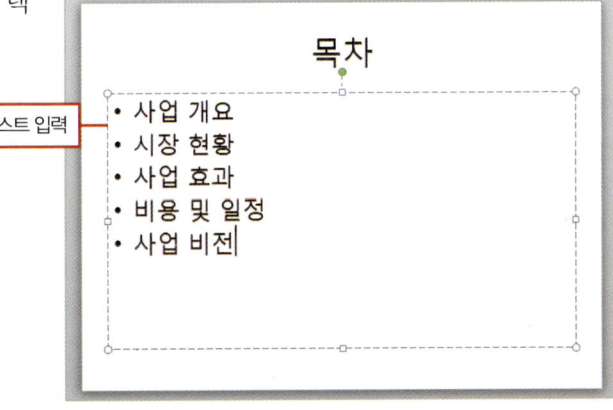

▲ 개체 틀의 안쪽을 클릭하고 텍스트 입력

텍스트 상자에 텍스트 입력하기

가로 텍스트 상자

1 텍스트 상자에 텍스트를 입력하려면 ① [삽입] 탭에서 ② [텍스트 상자]를 클릭합니다.

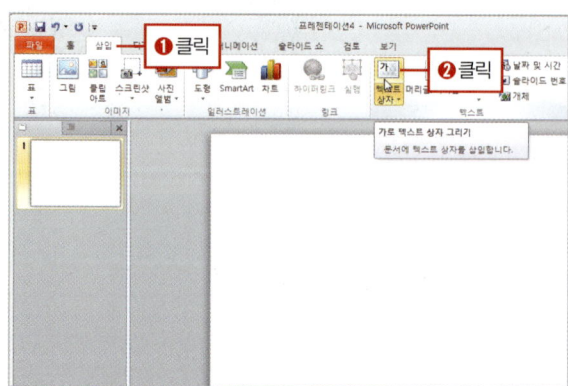

▶ [삽입] 탭 → [텍스트 상자] 클릭

2 ③ 마우스 커서 모양이 바뀌면 **화면에 드래그**해서 텍스트 상자를 만듭니다. **커서가 텍스트 상자 안에서 깜빡**입니다.

3 ④ 텍스트 상자에 글자를 입력합니다. 글자를 입력하다 텍스트가 텍스트 상자의 오른쪽 끝에 다다르면 커서가 자동으로 아래 줄로 내려갑니다. 텍스트가 두 줄로 입력됩니다.

2

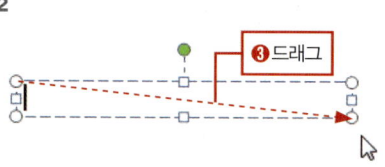

▲ 드래그해서 가로 텍스트 상자 생성

3

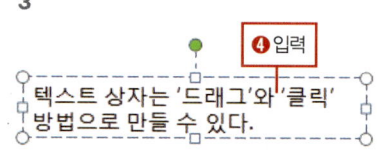

▲ 글자 입력 시 오른쪽 끝에 다다르면 커서가 자동으로 아래 줄로 바뀜

Note 1 [개요] 탭을 활용하여 프레젠테이션의 전체 흐름 만들기 1

[개요] 탭에 텍스트 입력하기

[개요] 탭에서 텍스트를 입력하면 개체 틀에도 텍스트가 입력됩니다.

1 ① [슬라이드/개요] 탭에서 [개요]를 클릭하고 [개요] 탭을 열면 개체 틀에 입력된 내용이 [개요] 탭에 그대로 표시된 것을 볼 수 있습니다.

2 ② [개요] 탭에서 텍스트를 입력할 곳을 클릭해 마우스 포인터를 위치시킵니다. 텍스트를 입력하면 입력된 내용이 개체 틀에도 표시됩니다.

1

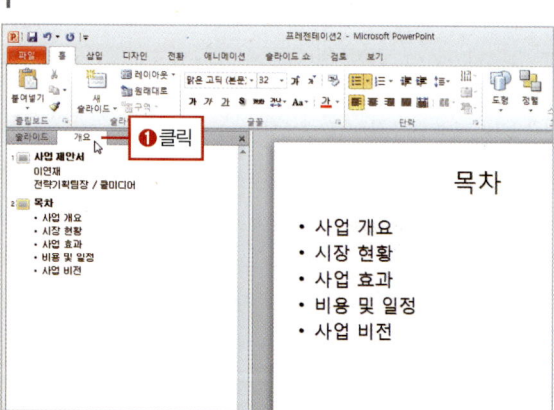

▲ [개요] 탭 클릭

2

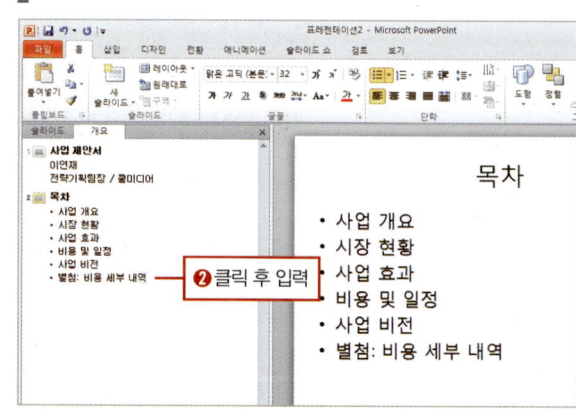

▲ [개요] 탭에서 텍스트 입력 결과

4 ⑤ **[텍스트 상자]**를 클릭합니다. 그런 다음 화면에서 드래그하지 않고 **클릭**으로 텍스트 상자
를 만듭니다.

5 ⑥ 입력된 글자가 텍스트 상자 오른쪽에 다다르면 텍스트 상자는 오른쪽으로 늘어납니다.
Enter 를 누르지 않는 한 계속 오른쪽으로 입력됩니다.

4

▲ 클릭해서 가로 텍스트 상자 생성

5

텍스트 상자는 '드래그'와 '클릭' 방법으로 만들 수 있다 ◀ ⑥ 입력

▲ 글자 입력 시 자동으로 텍스트 상자가 오른쪽으로 늘어남

세로 텍스트 상자

1 세로로 텍스트를 입력하려면 ① **[삽입]** 탭에서 ②
[텍스트 상자] 메뉴를 클릭합니다. ③ **[세로 텍스트
상자]**를 선택합니다.

▶ [삽입] → [텍스트 상자] 메뉴 → [세로 텍스트 상자] 클릭

✏️ **Note 2** [개요] 탭을 활용하여 프레젠테이션의 전체 흐름 만들기 2

[개요] 탭에 각 슬라이드 제목 입력하기

파워포인트를 제대로 사용하려면 제목은 [개요] 탭에서 입력하는 것이 좋습니다. 모든 제목을 한눈에 볼 수 있어서 프레젠테이션 전체
의 큰 흐름을 구축하기 편리합니다.

1 [개요] 탭에서 **제목을 입력**하고 Enter 를 누르면 슬라이드가 만들어집니다.

2 **제목을 입력**하고 Enter 를 누르는 작업을 반복해서 전체 제목을 입력합니다. [슬라이드] 탭을 클릭하면 세부적인 내용을 입력할 수
있습니다.

1   **2**

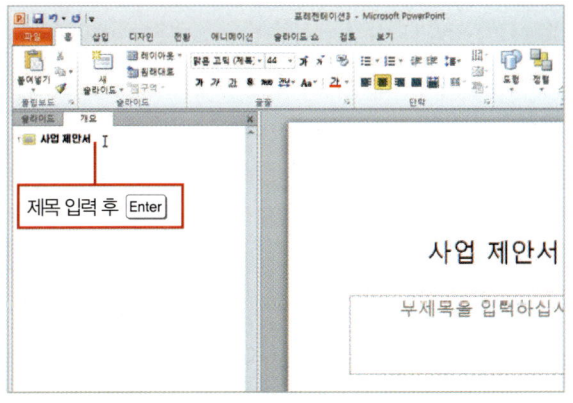

▲ [개요] 탭에서 제목 입력 후 Enter   ▲ 계속해서 제목 입력 후 Enter

2 ④ 마우스 포인터 모양이 바뀌면 가로 텍스트 상자
와 마찬가지로 **드래그**한 후 텍스트를 입력하거나
⑤ **클릭**한 후 텍스트를 입력합니다. 드래그로 만든
텍스트 상자는 텍스트가 아래쪽 끝에 다다르면 자
동으로 줄 바꿈이 되어 왼쪽으로 늘어나고, 클릭
으로 만든 텍스트 상자는 Enter 를 눌러야 줄 바꿈이
됩니다.

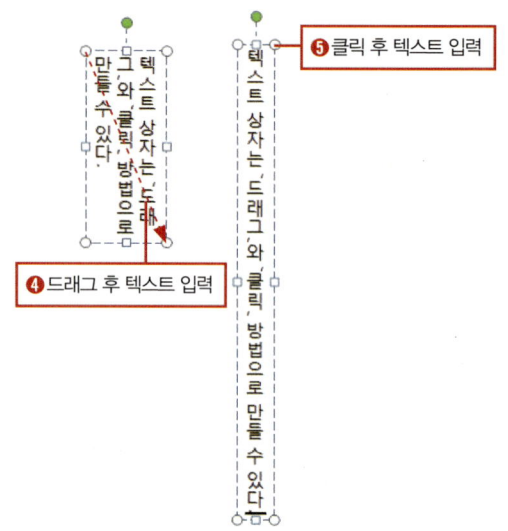

▲ 드래그해서 생성한 텍스트 상자와 클릭해서 생성한 텍스트 상자

 **Note 3** 자동 줄 바꿈이 되거나 되지 않도록 텍스트 상자의 속성 변경하기

클릭해서 만든 텍스트 상자가 자동으로 줄 바꿈이 되도록 변경

- ① 텍스트를 입력하고 ② 텍스트
  상자의 모서리를 드래그해서 크기
  를 조정합니다.

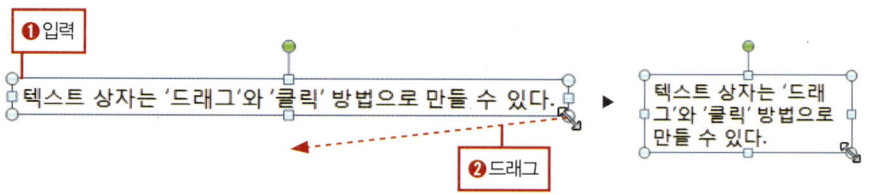

▲ 클릭해서 만든 텍스트 상자의 크기를 조정해서 속성 변경

드래그해서 만든 텍스트 상자가 자동으로 줄 바꿈이 되지 않도록 변경

1 ① 텍스트 상자를 클릭하고 ② [그리기 도구]-[서식] 탭을 선택한 후 ③
[WordArt 스타일] 그룹에서 [🔲 **대화상자 표시**]를 클릭합니다.

2 ④ 텍스트 효과 서식 대화상자에서 [**도형의 텍스트 배치**]를 체크 해제하
면 속성이 바뀝니다.

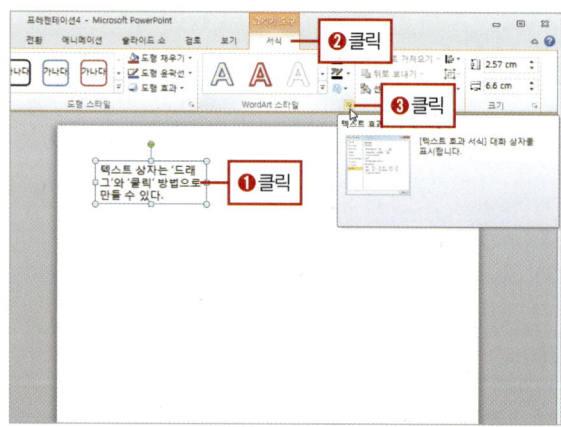

▲ 텍스트 상자 클릭 → [그리기 도구]-[서식] 탭 → [대화상자 표시] 클릭

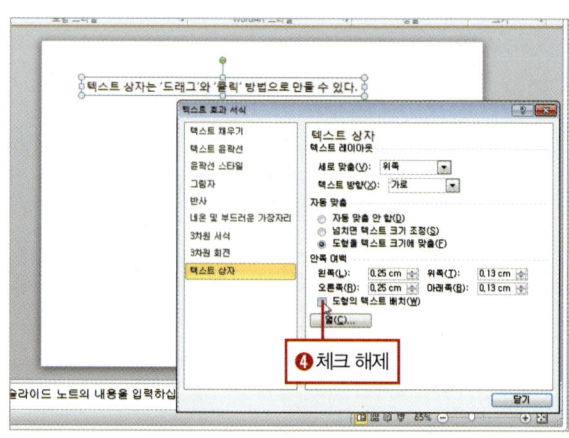

▲ [도형의 텍스트 배치] 체크 해제

도형에 텍스트 입력하기

● 도형을 클릭하고 텍스트를 입력합니다. 도형에 입력된 텍스트는 도형의 한가운데부터 입력되며 글자가 넘치면 자동으로 줄 바꿈합니다.

▶ 도형 클릭 후 텍스트 입력

텍스트 블록 선택하기

텍스트의 글꼴이나 단락 서식을 변경하려면 글자를 블록 선택해야 합니다. 텍스트 블록 선택에는 마우스로 드래그하는 방법과 키보드를 이용하는 방법이 있습니다.

일부 글자만 선택하기

마우스를 이용하여 글자 선택

● 마우스를 쓸 때는 선택할 범위를 드래그해서 블록 선택합니다.

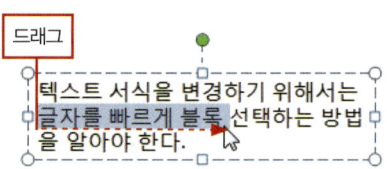

▲ 드래그해서 블록 선택

Tip	Shift 와 마우스를 이용한 블록 선택 방법

선택할 범위의 시작 부분을 클릭하고 Shift 를 누른 상태에서 선택할 범위의 끝 부분을 클릭해 블록을 만들 수 있습니다.

Note 4 입력한 텍스트에 꼭 맞도록 도형 크기 조정하기

1 도형에 입력한 텍스트에 맞게 도형의 크기를 조정하려면 ① 도형을 클릭하고 ② [그리기 도구]-[서식] 탭을 선택합니다. ③ [WordArt 스타일] 그룹에서 [대화상자 표시]를 클릭합니다.

2 ④ 자동 맞춤에서 [도형을 텍스트 크기에 맞춤]을 선택하고 ⑤ [도형의 텍스트 배치]를 체크 해제합니다.

1

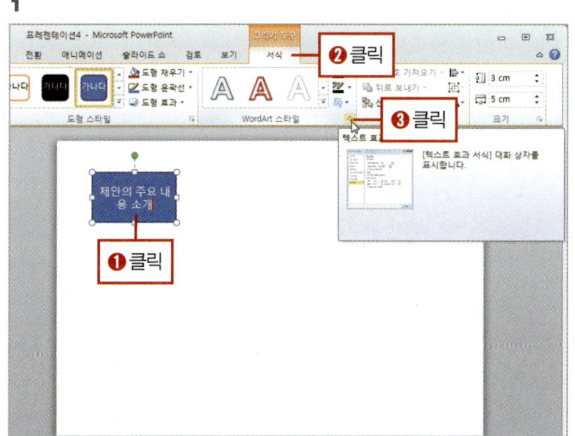

▲ 도형 선택 → [그리기 도구]-[서식] 탭 → [대화상자 표시] 클릭

2

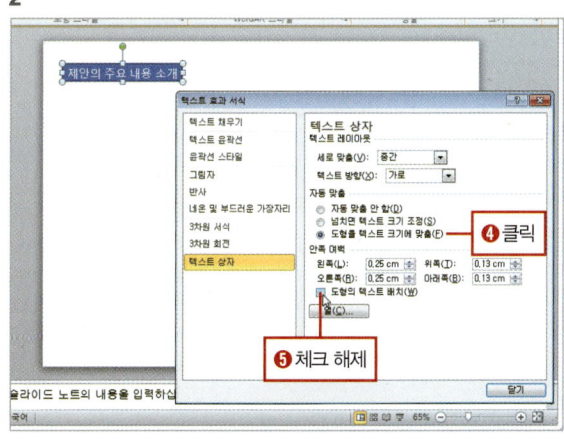

▲ [도형을 텍스트 크기에 맞춤] 체크 → [도형의 텍스트 배치] 체크 해제

방향키를 이용하여 글자 선택

● 방향키를 이용할 때는 선택할 글자의 왼쪽이나 오른쪽을 클릭해서 커서를 위치시킵니다. Shift 를 누른 상태에서 왼쪽 또는 오른쪽 방향키를 누릅니다.

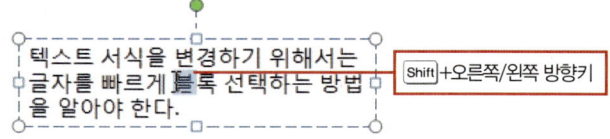

▲ Shift 를 누른 상태에서 왼쪽 또는 오른쪽 방향키를 눌러 한 글자씩 선택

Tip 방향키를 이용해 한 줄씩 블록을 선택하는 방법

Shift 를 누른 상태에서 위 또는 아래 방향키를 누르면 한 줄씩 블록을 선택할 수 있습니다.

모든 글자 선택하기

1 ① 우선 아무 글자나 클릭해서 커서를 위치시킵니다.

2 ② Esc 를 누르면 테두리가 선택되는데, 이것이 텍스트 상자에 있는 모든 글자가 블록 선택된 상태입니다.

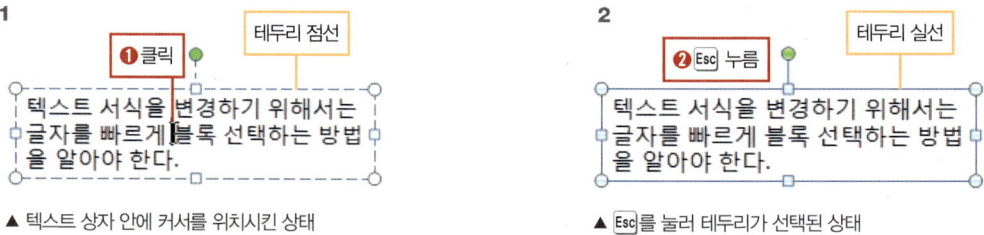

▲ 텍스트 상자 안에 커서를 위치시킨 상태   ▲ Esc 를 눌러 테두리가 선택된 상태

Tip 모든 텍스트를 선택하는 다른 방법

방법 1 마우스로 **텍스트 상자의 테두리**를 클릭합니다.

방법 2 텍스트 상자의 안쪽을 클릭해서 커서를 위치시키고 Ctrl + A 를 누릅니다.

글꼴 서식 변경하기

내용의 전달력을 높이는 방법 중에 하나는 글꼴 서식을 변경하는 것입니다. 슬라이드 내용 중에서 핵심을 담은 글자의 글꼴, 크기, 색 등을 눈에 잘 띄도록 바꿔줍니다. 이러한 서식 변경 사항을 규칙으로 만들어 모든 슬라이드에 적용하면 중요도를 쉽게 구분할 수 있습니다.

글꼴 변경하기

· **준비 파일** ⊚:부록 CD/2장/Section02/글꼴 서식 변경.pptx   · **완성 파일** ⊚:부록 CD/2장/Section02/완성/글꼴 서식 변경 결과.pptx

1 ① 변경할 텍스트를 블록 선택하고 ② **[홈]** 탭을 엽니다.

2 ③ **[글꼴]** 그룹에서 글꼴 입력상자 옆에 있는 [▾ **글꼴 목록**]을 클릭합니다. ④ 글꼴을 선택합니다.

1

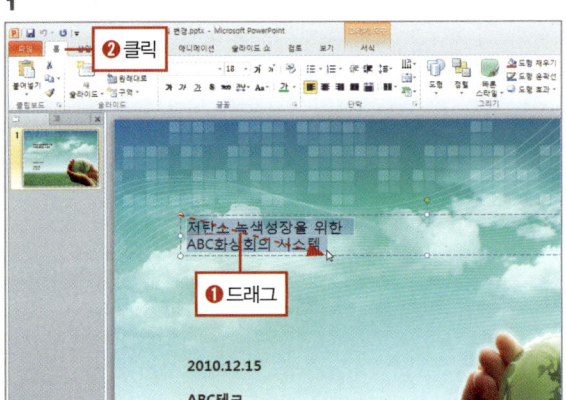

▲ 서식을 변경할 글자 블록 선택 → [홈] 탭 클릭

2

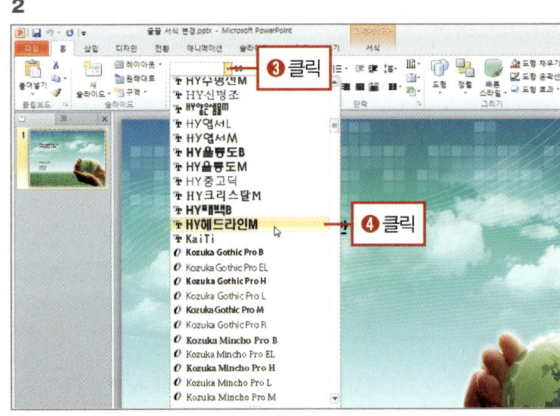

▲ [글꼴목록] 클릭 → 글꼴 선택

글꼴 크기 변경하기

● ① [홈] 탭을 열고 ② [글꼴] 그룹에서 글꼴 크기 입력상자 옆의 [▼ 글꼴 크기 목록]을 클릭합니다. ③ 원하는 크기를 선택합니다.

Tip　글꼴 크기를 변경하는 다른 방법

글꼴 크기 입력상자를 클릭하고 글꼴 크기를 직접 입력한 후 Enter를 누릅니다.

▶ [홈] 탭 → [글꼴 크기 목록] → 글꼴 크기 선택

글꼴 색 변경하기

1 ① [▼ 글꼴 색 목록]을 클릭하고 ② 색 견본 중에서 **원하는 색**을 선택합니다. ③ 견본에 없는 다른 색을 선택러면 [**다른 색**]을 클릭합니다.

2 ④ 색 대화상자에서 원하는 색을 선택합니다.

1

▲ [홈] 탭 → [글꼴 색 목록] → 색 선택

2

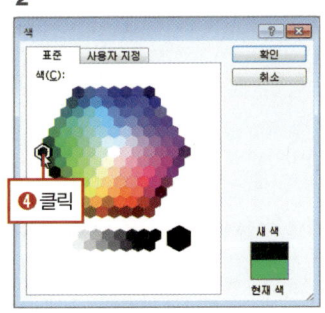

▲ [다른 색]을 클릭하고 색 선택

[글꼴] 그룹 살펴보기

▲ [글꼴] 그룹

① **[모든 서식 지우기]** : 선택된 텍스트에 적용된 모든 글꼴 서식이 지워지고 초기 상태로 되돌아갑니다(단축키 : Ctrl + Space Bar).

② **[굵게]** ③ **[기울임꼴]** ④ **[밑줄]** ⑤ **[텍스트 그림자]** ⑥ **[취소선]**

굵게   *기울임꼴*   <u>밑줄</u>   그림자   ~~취소선~~

▲ 굵게/기울임꼴/밑줄/그림자/취소선이 적용된 예

⑦ **[문자 간격]** : 글자 간의 간격을 조정합니다.

> **Tip** [기타 간격]을 이용해서 문자 간격을 세밀하게 조정
>
> 문자 간격을 좀 더 세밀하게 조정하려면 [기타 간격]을 선택합니다. 표시되는 대화상자의 [간격]에서 [넓게]나 [좁게]를 선택하고 [값]에 원하는 값을 입력합니다. [값]에는 1.5와 같은 소수점을 입력할 수 있습니다. 단위는 포인트(pt)입니다.

▲ [문자 간격]을 설정한 예

⑧ **[대/소문자 바꾸기]** : 알파벳에 적용할 수 있는 옵션으로 문장의 첫 글자를 대문자로 바꾸거나 문자 전체를 대/소문자로 바꿔줍니다. 또는 모든 단어의 첫 글자만 대문자로 바뀌도록 설정할 수 있습니다.

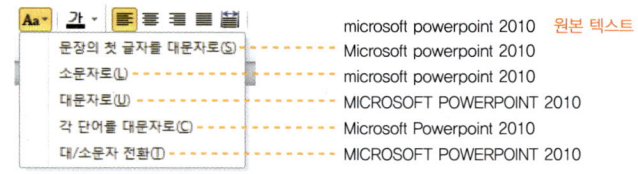

▲ [대/소문자 바꾸기]를 적용한 예

⑨ **[글꼴 대화상자 표시]** : 글꼴 대화상자가 표시되어 좀 더 세부적으로 글꼴 서식을 변경할 수 있습니다(단축키 : Ctrl + T).

[WordArt 스타일] 그룹 살펴보기

글자에 그림이나 질감을 넣고 입체 효과를 주고 싶다면 [그리기 도구]–[서식] 탭의 [WordArt 스타일] 그룹을 활용합니다.

▲ [WordArt 스타일] 그룹

① **[WordArt 스타일] 그룹** : [▼ 자세히]를 클릭하고 기본 WordArt 스타일 중에서 하나를 선택합니다. 지정한 WordArt 스타일을 지우려면 메뉴 맨 밑에 있는 [WordArt 서식 지우기]를 선택합니다.

② **[텍스트 채우기]** : [▾ 메뉴]를 클릭하고 표시되는 메뉴에서 색, 그림, 그라데이션, 질감 등을 선택합니다.

③ **[텍스트 윤곽선]** : [▾ 메뉴]를 클릭하고 윤곽선 색, 두께, 대시 스타일을 지정합니다.

④ **[텍스트 효과]** : 그림자, 반사, 네온, 입체 효과 등을 설정할 수 있습니다.

⑤ **[대화상자 표시]** : [▣ 대화상자 표시]를 클릭하고 텍스트 효과 서식 대화상자에서 텍스트와 관련된 세부 서식을 변경할 수 있습니다.

단락 서식 변경하기

가독성을 높이는 데 있어 글꼴만큼 중요한 것이 바로 줄/단락 간격입니다. 원칙적으로 관련성이 높은 내용은 줄/단락 간격을 좁히고, 관련성이 적은 내용은 줄/단락 간격을 넓힙니다.

줄/단락 간격 조정하기

● ① [홈] 탭에서 **[줄 간격]**을 클릭하고 ② **숫자**를 선택합니다. 여기서 숫자 1.0, 1.5는 100%, 150%를 의미합니다. 사용자가 직접 줄 간격이나 단락 간격을 입력하려면 **[줄 간격 옵션]**을 선택해서 조정할 수 있습니다.

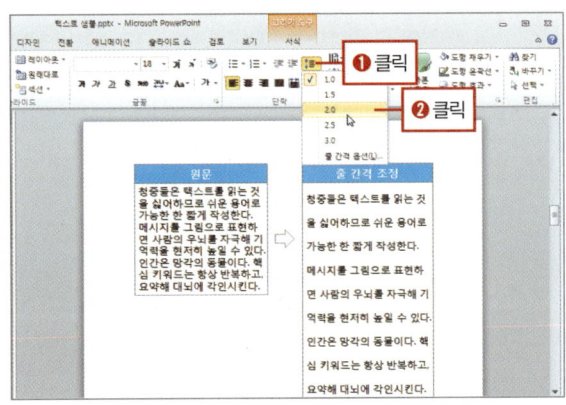

▲ [홈] 탭 → [줄 간격]을 클릭하고 숫자 선택

| Tip | 읽기 편한 줄/단락 간격 |

줄(Line)은 눈에 보이는 한 줄, 두 줄이고 단락(Paragraph)은 [Enter]를 눌렀을 때 나눠지는 부분을 말합니다. 따라서 한 단락은 한 줄이 될 수도 있고, 백 줄, 이백 줄이 될 수도 있습니다. 일반적으로 줄 간격은 좁고, 단락 간격은 넓어야 읽기가 편합니다.

✎ **Note 5** 글꼴 대화상자의 효과 옵션 살펴보기

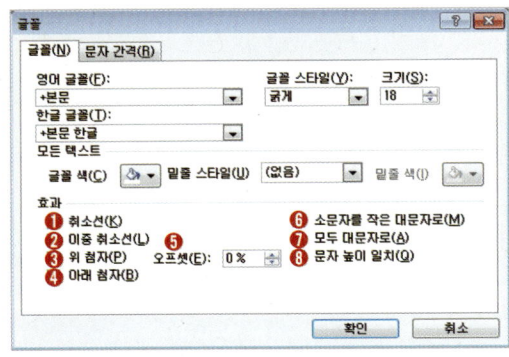

▲ 글꼴 대화상자

① **[취소선]** : 글자에 한 줄의 취소선을 그립니다.

② **[이중 취소선]** : 글자에 두 줄의 취소선을 그립니다.

③ **[위 첨자]** : 위 첨자를 만듭니다(단축키 : [Ctrl]+[Shift]+[=]).

④ **[아래 첨자]** : 아래 첨자를 만듭니다(단축키 : [Ctrl]+[=]).

⑤ **[오프셋]** : 첨자의 위치를 설정합니다. 1~100%까지 설정할 수 있으며 값이 100에 가까워질수록 위 첨자는 위쪽, 아래 첨자는 아래쪽으로 이동합니다.

⑥ **[소문자를 작은 대문자로]** : 알파벳에만 적용되는 옵션으로 소문자를 작은 대문자로 변경합니다.

⑦ **[모두 대문자로]** : 알파벳을 모두 대문자로 만듭니다.

⑧ **[문자 높이 일치]** : 알파벳의 높이를 가장 큰 글자에 맞춰 조정합니다.

❶ ~~취소선~~　❷ ~~이중 취소선~~　❸ 글꼴 ^{위첨자}　❹ 글꼴 _{아래첨자}

❻ Korea → Korea　❼ Korea → KOREA　❽ Korea → korea　◀ 글꼴 대화상자 효과 옵션 적용 예

Note 6 [줄 간격 옵션] 자세히 알아보기

[줄 간격 옵션]을 선택하면 단락 대화상자가 표시됩니다. 단락 대화상자에서 맞춤, 들여쓰기, 단락 간격을 세밀하게 조정합니다.

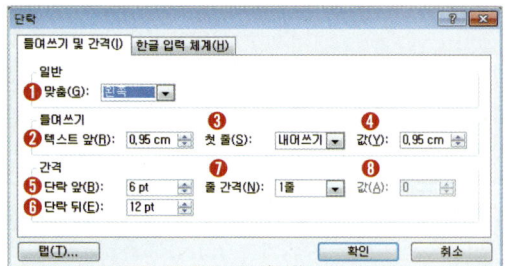

▲ 단락 대화상자

① [맞춤] : 텍스트를 왼쪽이나 가운데, 오른쪽으로 맞춤합니다. 양쪽 맞춤과 균등분할은 왼쪽, 오른쪽 여백에 텍스트나 단락을 맞춥니다.

왼쪽 맞춤	가운데 맞춤	오른쪽 맞춤	양쪽 맞춤	균 등 분 할
청중들은 텍스트를 읽는 것을 싫어하므로 쉬운 용어로 가능한 한 짧게 작성한다. 메시지를 그림으로 표현하면 사람의 우뇌를 자극해 기억력을 현저히 높일 수 있다.	청중들은 텍스트를 읽는 것을 싫어하므로 쉬운 용어로 가능한 한 짧게 작성한다. 메시지를 그림으로 표현하면 사람의 우뇌를 자극해 기억력을 현저히 높일 수 있다	청중들은 텍스트를 읽는 것을 싫어하므로 쉬운 용어로 가능한 한 짧게 작성한다. 메시지를 그림으로 표현하면 사람의 우뇌를 자극해 기억력을 현저히 높일 수 있다.	청중들은 텍스트를 읽는 것을 싫어하므로 쉬운 용어로 가능한 한 짧게 작성한다. 메시지를 그림으로 표현하면 사람의 우뇌를 자극해 기억력을 현저히 높일 수 있다.	청중들은 텍스트를 읽는 것을 싫어하므로 쉬운 용어로 가능한 한 짧게 작성한 다 메시지를 그림으로 표현하면 사람의 우뇌를 자극해 기억력을 현저히 높일 수 있 다

② [텍스트 앞] : 현재 단락의 왼쪽 들여쓰기를 조정합니다.

③ [첫 줄] : 현재 단락의 첫 줄을 들여쓰기할 것인지, 내어쓰기할 것인지 설정합니다.

④ [값] : 들여쓰기, 내어쓰기 간격을 지정합니다.

원문	들여쓰기 수정
청중들은 텍스트를 읽는 것을 싫어하므로 쉬운 용어로 가능한 한 짧게 작성한다. 메시지를 그림으로 표현하면 사람의 우뇌를 자극해 기억력을 현저히 높일 수 있다. 인간은 망각의 동물이다. 핵심 키워드는 항상 반복하고, 요약해 대뇌에 각인시킨다.	청중들은 텍스트를 읽는 것을 싫어하므로 쉬운 용어로 가능한 한 짧게 작성한다. 메시지를 그림으로 표현하면 사람의 우뇌를 자극해 기억력을 현저히 높일 수 있다. 인간은 망각의 동물이다. 핵심 키워드는 항상 반복하고, 요약해 대뇌에 각인시킨다.

▲ [텍스트 앞] 1cm → [첫 줄] 내어쓰기 → [값] 1cm를 적용한 예

⑤ [단락 앞] : 현재 단락과 앞 단락 간의 간격을 설정합니다.

⑥ [단락 뒤] : 현재 단락과 뒤 단락 간의 간격을 설정합니다.

원문	단락 간격 수정
청중들은 텍스트를 읽는 것을 싫어하므로 쉬운 용어로 가능한 한 짧게 작성한다. 메시지를 그림으로 표현하면 사람의 우뇌를 자극해 기억력을 현저히 높일 수 있다. 인간은 망각의 동물이다. 핵심 키워드는 항상 반복하고, 요약해 대뇌에 각인시킨다.	청중들은 텍스트를 읽는 것을 싫어하므로 쉬운 용어로 가능한 한 짧게 작성한다. 메시지를 그림으로 표현하면 사람의 우뇌를 자극해 기억력을 현저히 높일 수 있다. 인간은 망각의 동물이다. 핵심 키워드는 항상 반복하고, 요약해 대뇌에 각인시킨다.

▲ [단락 뒤] 12pt로 조정한 결과

⑦ [줄 간격] : 현재 단락에 있는 모든 줄의 간격을 설정합니다. 목록에서 선택할 수 있는 1줄, 1.5줄, 2줄은 각각 100%, 150%, 200%를 의미하며 이 이외의 줄 간격을 설정할 때는 [고정], 또는 [배수]를 선택합니다.

⑧ [값] : 줄 간격을 고정, 또는 배수로 선택했을 때의 간격을 입력합니다.

원문	줄 간격 수정
청중들은 텍스트를 읽는 것을 싫어하므로 쉬운 용어로 가능한 한 짧게 작성한다. 메시지를 그림으로 표현하면 사람의 우뇌를 자극해 기억력을 현저히 높일 수 있다. 인간은 망각의 동물이다. 핵심 키워드는 항상 반복하고, 요약해 대뇌에 각인시킨다.	청중들은 텍스트를 읽는 것을 싫어하므로 쉬운 용어로 가능한 한 짧게 작성한다. 메시지를 그림으로 표현하면 사람의 우뇌를 자극해 기억력을 현저히 높일 수 있다. 인간은 망각의 동물이다. 핵심 키워드는 항상 반복하고, 요약해 대뇌에 각인시킨다.

▲ [줄 간격] 배수 → [값] 1.2로 설정한 예

텍스트 위치 조정하기

맞춤을 이용한 좌우 위치 조정

- 텍스트의 좌우 위치를 조정하려면 [홈] 탭의 [단락] 그룹에서 **맞춤**을 클릭합니다. 파워포인트는 기본적으로 4가지 맞춤을 제공하며 상황에 맞게 맞춤을 조정합니다.

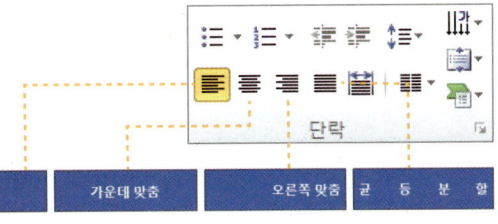

▲ [단락] 그룹에서 맞춤 선택

텍스트 맞춤을 이용한 상하 위치 조정

- 도형에 텍스트를 입력하면 텍스트의 좌우 위치는 물론 상하 위치를 조정해야 하는 경우가 있습니다. 이때는 [단락] 그룹에서 [**텍스트 맞춤**]을 클릭하고 위치를 선택합니다.

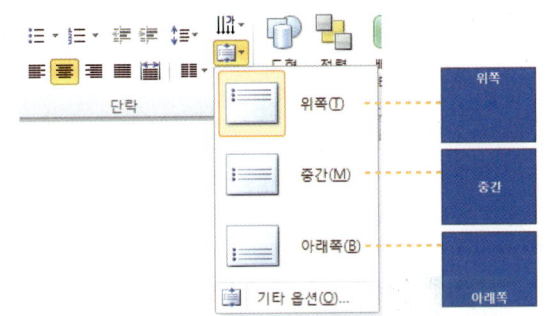

▶ [텍스트 맞춤]을 클릭하고 위치 선택

글머리 기호 설정하기

글머리 기호 삽입

어떤 주제와 관련된 여러 단락을 보여줄 때는 청중의 주목도를 높이기 위해서 글머리 기호를 설정하는 것이 좋습니다.

- ① 글머리 기호를 설정할 단락을 **블록 선택**합니다.
- ② [단락] 그룹에서 [🔳 **글머리 기호**]를 클릭합니다.

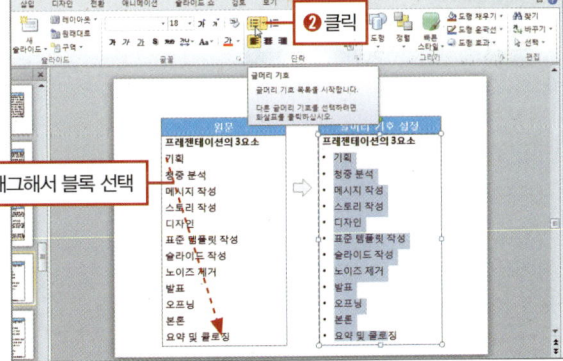

▶ 단락을 블록 선택 → [글머리 기호] 클릭

하위 단락으로 조정

하위 단락이 있을 때는 들여쓰기를 하는 것이 좋습니다. 이것을 **수준 조정 작업**이라고 합니다.

- ① 수준을 낮출 단락을 **블록 선택**하거나 글머리 기호가 설정된 **단락의 첫 글자 왼쪽**을 클릭해 커서를 위치시킵니다. ② [단락] 그룹에서 [⬚ **목록 수준 늘림**]을 클릭합니다(**단축키 : Tab**). 수준을 높이려면 [⬚ **목록 수준 줄임**]을 클릭합니다(**단축키 : Shift + Tab**).

Tip 목록 수준 늘림과 줄임의 의미

목록 수준을 늘린다는 것은 들여쓰기를 여러 번 해서 하위 단락을 만든다는 의미입니다. 반대로 목록 수준을 줄인다는 것은 들여쓰기를 적게 해서 단락 수준을 높이는 것을 의미합니다.

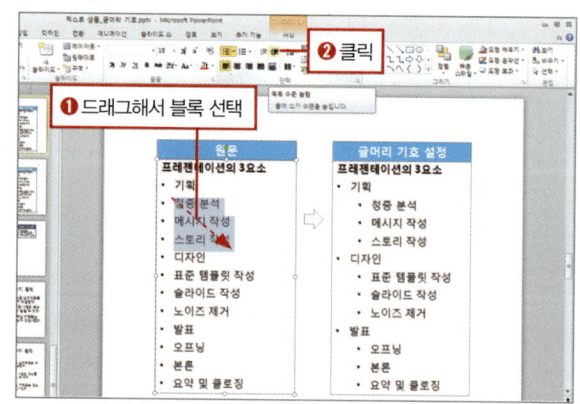

▲ 단락 블록 선택 → [목록 수준 늘림] 클릭

글머리 기호 모양 변경

수준이 다른 단락에는 다른 글머리 기호를 설정해야 청중이 쉽게 중요도를 파악할 수 있습니다. 높은 수준의 글머리 기호일수록 크고 눈에 띄는 것이 좋습니다.

- ① 글머리 기호를 변경할 단락을 **블록 선택**하거나 **단락의 첫 글자 왼쪽**을 클릭해 커서를 위치시킵니다. ② [⬚ **글머리 기호**] 오른쪽에 있는 [▾ **메뉴**]를 클릭한 후 ③ 글머리 기호를 선택합니다.

Tip 미니 바를 이용한 서식 변경

![글꼴/단락 서식 미니 바]

▲ 글꼴/단락 서식 미니 바

텍스트나 도형을 마우스 오른쪽 버튼으로 클릭하면 단축 메뉴와 함께 미니 바가 표시됩니다. 글꼴, 글꼴 크기, 들여쓰기, 순서, 글꼴 색, 채우기 색, 윤곽선 색, 서식 복사, 글머리 기호, 목록 수준 늘림 등 자주 사용되는 서식 명령을 빠르게 선택할 수 있습니다.

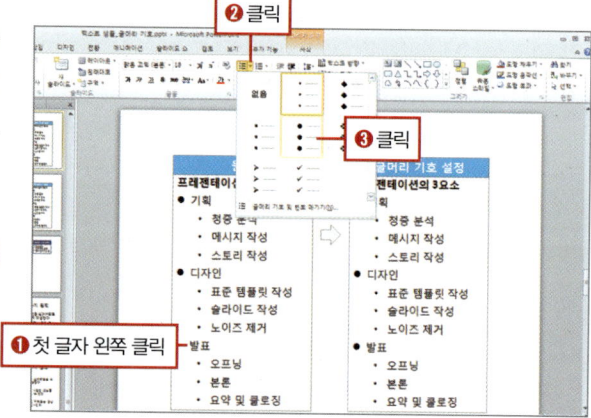

▲ 단락의 첫 글자 왼쪽 클릭 → [글머리 기호 목록] → 글머리 기호 선택

Note 7 단락에 매겨진 번호 유형 바꿔보기

- ① 번호 유형을 변경할 단락을 **블록 선택**하거나 단락의 **첫 글자에서 왼쪽**을 클릭해 커서를 위치시킵니다. ② [⬚ **번호 매기기 목록**] 오른쪽에 있는 [▾ **메뉴 표시**]를 클릭한 후 ③ 다른 번호 유형을 선택합니다.

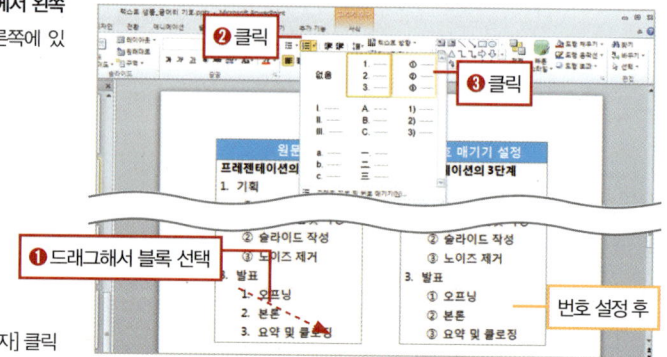

▶ 단락을 블록 선택 → [번호 매기기 목록] 클릭 → [원 숫자] 클릭

번호 매기기 설정하기

단락을 번호 순서대로 나열할 때는 번호 매기기 기능을 사용하는 것이 좋습니다.

1 ① 번호 매기기를 설정할 단락을 **블록 선택**합니다. ② [단락] 그룹에서 [**번호 매기기**]를 클릭합니다.

2 수준 조정을 해야 한다면 ③ **블록 선택**하거나 **단락의 첫 글자 왼쪽**을 클릭해 커서를 위치시킵니다. ④ [**목록 수준 늘림**]을 클릭하여 수준을 낮춥니다(단축키 : ⒯ab).

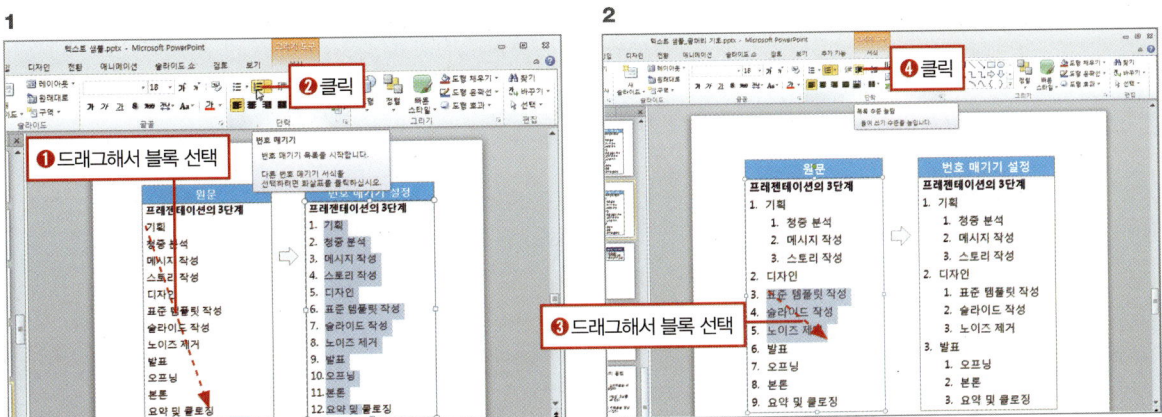

▲ 단락 블록 선택 → [번호 매기기] 클릭   ▲ 단락을 블록 선택 → [목록 수준 늘림] 클릭

한자 입력하기

파워포인트는 한자를 직접 입력하는 것이 아니라 한글을 먼저 입력한 뒤 한자로 변환하는 방법을 사용합니다.

1 ① 우선 한글을 입력하고 블록 선택을 합니다. ② [**검토**] 탭을 열고 ③ [**한글/한자 변환**]을 클릭합니다(단축키 : 한자).

2 ④ 한글/한자 변환 대화상자에서 한자를 선택하고 ⑤ [**변환**]을 클릭합니다.

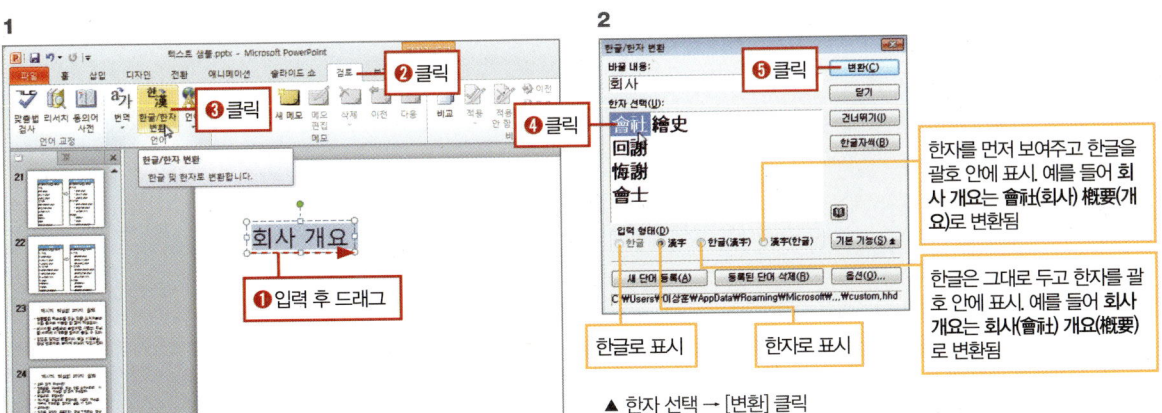

▲ [검토] 탭 → [한글/한자 변환] 클릭   ▲ 한자 선택 → [변환] 클릭

기호 삽입하기

1 ① 개체 틀, **텍스트 상자**나 **도형**에서 기호를 삽입할 위치를 클릭합니다. ② [**삽입**] 탭에서 ③ [**기호**]를 클릭합니다.

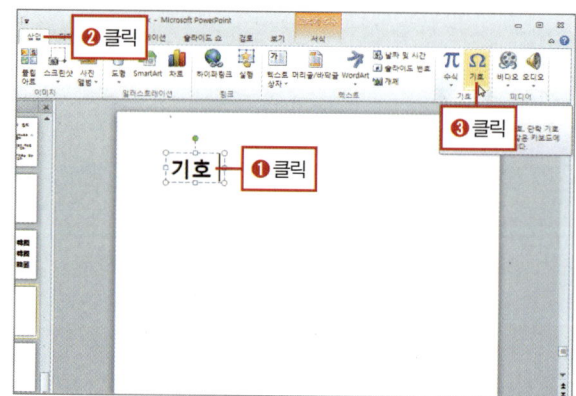

▶ [삽입] 탭 → [기호] 클릭

2 ④ 기호 대화상자에서 [▼ **글꼴 목록**]을 열고 ⑤ [**Wingdings 3**]을 선택합니다.
3 ⑥ 기호를 선택하고 ⑦ [**삽입**]을 클릭합니다. ⑧ [❌ **닫기**]를 클릭해 대화상자를 닫습니다.

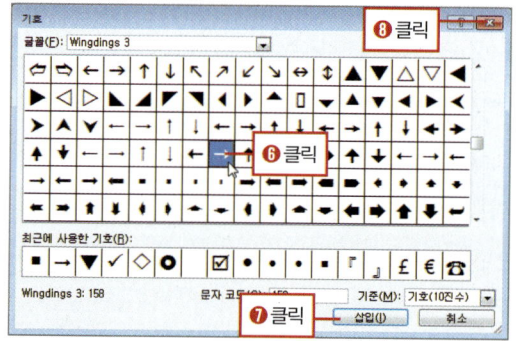

▲ [글꼴 목록]에서 [Wingdings 3] 선택   ▲ 기호 선택 → [삽입] 클릭

Tip	대표적인 기호 글꼴

기호 글꼴 중에서 가장 많이 활용되는 것은 Wingdings, Wingdings 2, Wingdings 3입니다. Webdings 글꼴도 기호를 제공합니다.

Note 8   한자를 써야 한다면 한자를 지원하는 글꼴 사용하기

글꼴 중에서 한자를 지원하지 못하는 글꼴이 있습니다. 파워포인트 2010의 기본 글꼴인 맑은 고딕, HY울릉도, HY헤드라인M 등은 많이 쓰이는 대표 글꼴이지만 한자를 지원하지 않습니다. 따라서 맑은 고딕, HY울릉도 등이 적용된 글자를 한자로 변환하면 한글 글꼴과 관계없이 모두 기본 글꼴로 바뀝니다. 슬라이드에서 한자를 사용할 때는 HY견고딕, HY견명조, 휴먼엑스포 등과 같이 한자를 지원하는 글꼴을 사용하는 것이 좋습니다.

맑은 고딕	한국 ⇨ 韓國	HY견고딕	한국 ⇨ 韓國
HY울릉도	한국 ⇨ 韓國	HY견명조	한국 ⇨ 韓國
HY헤드라인M	한국 ⇨ 韓國	휴먼엑스포	한국 ⇨ 韓國

▲ 한자를 지원하지 않는 글꼴   ▲ 한자를 지원하는 글꼴

수식 입력하기

연구 논문 등에서 많이 사용하는 수학이나 화학 공식의 입력 방법을 간단히 알아보겠습니다.

1 ① [삽입] 탭을 열고 ② [수식]을 클릭합니다. 슬라이드에 수식을 삽입할 수 있는 입력 상자가 나타납니다. 탭은 [수식 도구]–[디자인] 탭으로 변경됩니다.

2 ③ [수식 도구]–[디자인] 탭에서 ④ 입력할 형태의 수식을 선택합니다.

1

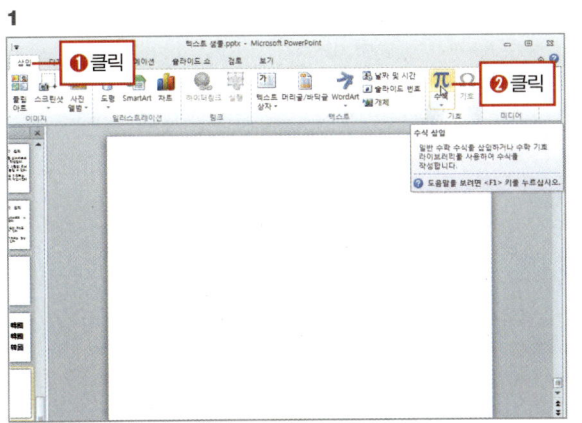

▲ [삽입] 탭 → [수식] 클릭

2

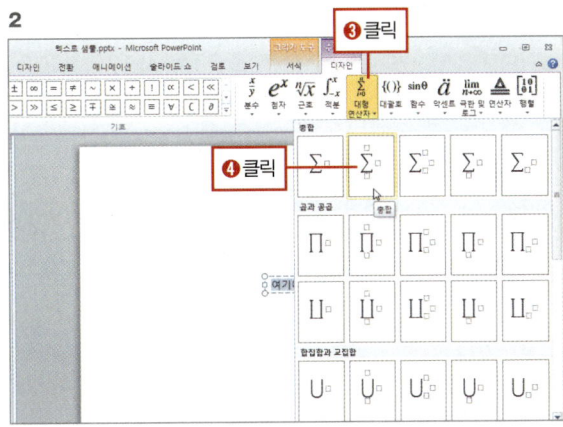

▲ [서식 도구] – [디자인] 탭 → 수식 클릭

3 ⑤ 세부 내용을 입력할 수 있는 직사각형을 클릭하고 직접 내용을 입력합니다. 계속해서 오른쪽에 수식을 입력하려면 수식 오른쪽을 클릭해 커서를 위치시키고 [수식 도구]–[디자인] 탭에서 수식을 선택합니다.

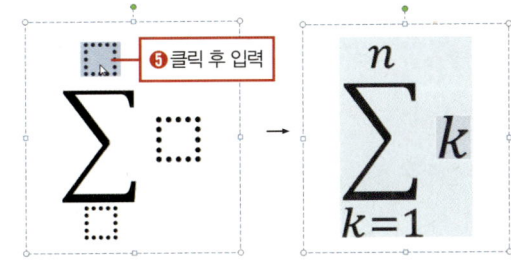

▲ 직사각형에 내용 입력

Tip **수식의 서식 변경**

수식에서 세부 내용을 블록 선택하고, 일반 글자처럼 색상이나 글꼴, 글꼴 크기를 변경할 수 있습니다. 단, 블록을 선택할 때는 드래그하는 것보다 Shift 를 누른 상태에서 방향키를 눌러 한 글자씩 선택하는 것이 더 좋습니다.

프레젠테이션 제목이 눈에 띄게 서식 적용하기

▲ 완성 화면

제목이나 특별히 강조하고 싶은 글자가 있다면 청중의 눈에 띄도록 만들어야 합니다. 텍스트에 특별한 입체 효과를 적용하여 프레젠테이션의 제목 서식이 돋보이도록 변경해보겠습니다.

• **준비 파일**
　◎:부록 CD/2장/Section02/돋보이는 글자 만들기.pptx
• **완성 파일**
　◎:부록 CD/2장/Section02/완성/돋보이는 글자 만들기 결과.pptx

01

① 슬라이드에서 **제목 텍스트**를 드래그해서 **블록 선택**
② [그리기 도구]−[서식] 탭 클릭
③ [WordArt 스타일] 그룹에서 [🔲 대화상자 표시]를 클릭합니다.

Tip 제목 텍스트를 선택하는 방법

텍스트 상자의 테두리를 마우스로 클릭하거나 텍스트 상자 안에 커서를 위치시키고 Esc를 누릅니다.

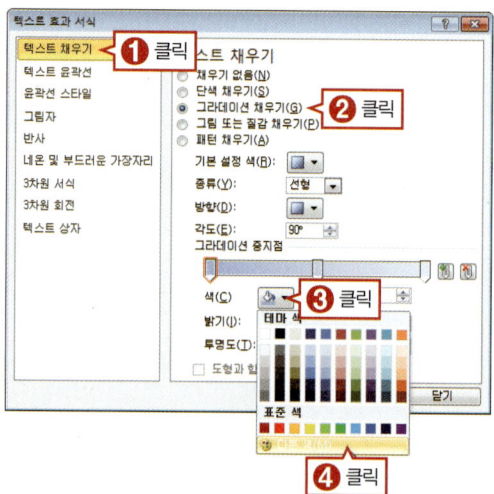

02

① 텍스트 효과 서식 대화상자의 왼쪽 목록에서 [텍스트 채우기] 클릭
② [그라데이션 채우기] 클릭
③ [색] 클릭
④ [다른 색]을 클릭합니다.

Tip 그라데이션

그라데이션이란 두 개 이상의 색이 전이되는 과정을 표현하는 것으로 단색보다 눈에 잘 띄기 때문에 강조하고 싶은 텍스트에 사용합니다. 그러나 너무 많은 글자에 사용하면 지저분하게 보일 수 있습니다.

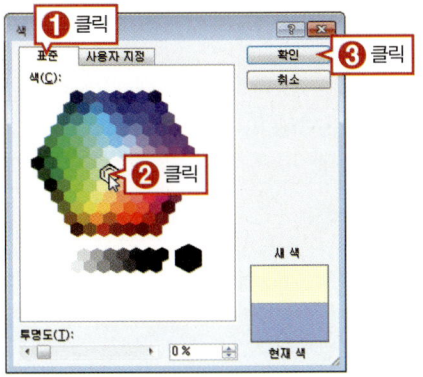

03

① [표준] 탭 클릭

② 연한 노랑 클릭

③ [확인]을 클릭합니다.

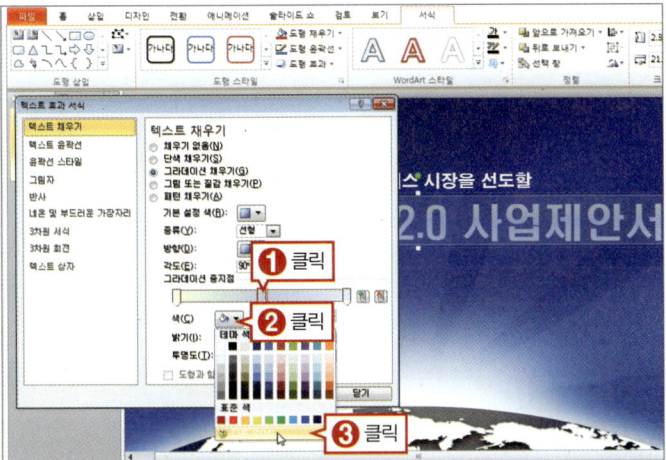

04

① 그라데이션 중지점에서
두 번째 중지점 2/3 클릭

② [색] 클릭

③ [다른 색]을 클릭합니다.

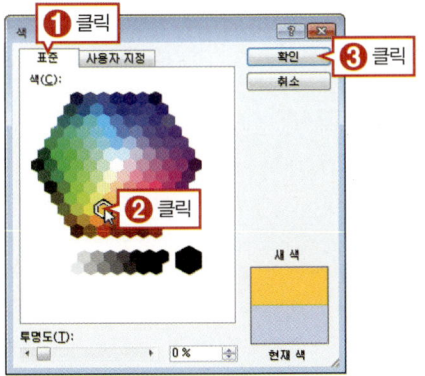

05

① [표준] 탭 클릭

② 황금색 클릭

③ [확인]을 클릭합니다.

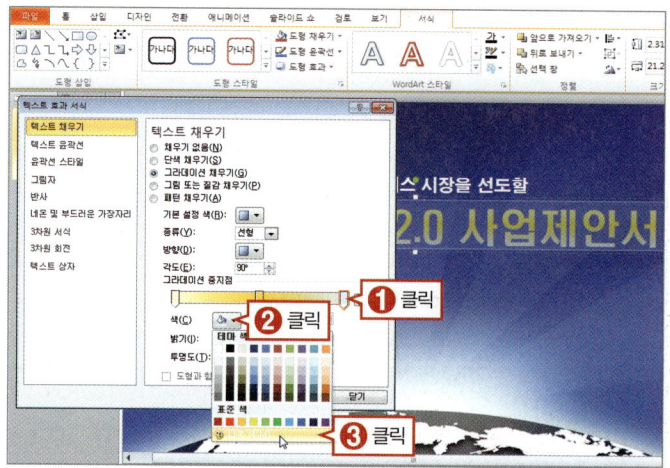

06

① 그라데이션 중지점에서 **세 번째 중지점 3/3** 클릭

② [색] 클릭

③ [다른 색]을 클릭합니다.

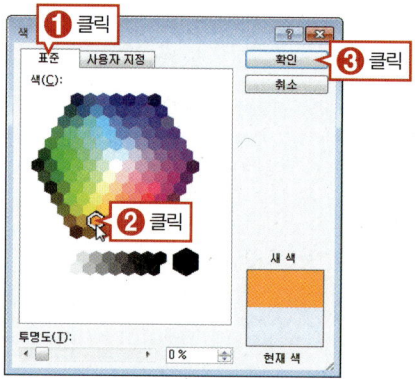

07

① [표준] 탭 클릭

② 주황색 클릭

③ [확인]을 클릭합니다.

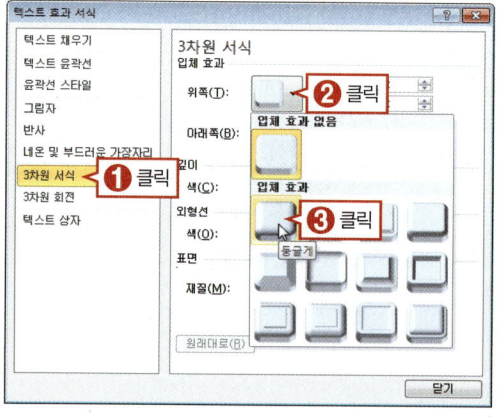

08

① 대화상자 왼쪽 목록에서 [3차원 서식] 클릭

② 입체 효과에서 [위쪽] 클릭

③ [둥글게]를 클릭합니다.

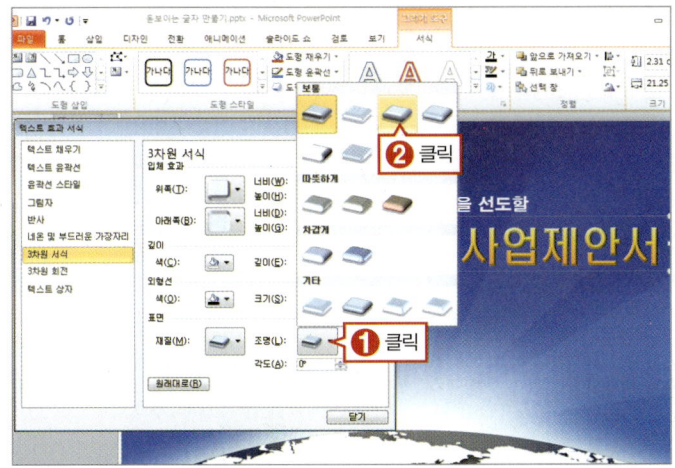

09

① [조명] 클릭

② [부드럽게]를 클릭합니다.

10

① 대화상자 왼쪽 목록에서 [그림자] 클릭

② [미리 설정] 클릭

③ [오프셋 아래쪽] 클릭

④ [닫기]를 클릭합니다.

원형 도형에 맞춰 글줄 모양 휘게 만들기

▲ 완성 화면

슬라이드에서 글자를 입력하다 보면 디자인된 개체 모양에 맞게 글줄을 변형해야 할 때가 있습니다. 특히 텍스트 뒤쪽의 도형이 원형일 때는 글줄을 휘어서 써야 합니다. 글줄의 모양을 휘게 만드는 방법에 대해서 알아보겠습니다.

· **준비 파일**
　◎ :부록 CD/2장/Section02/글자 구부리기.pptx
· **완성 파일**
　◎ :부록 CD/2장/Section02/완성/글자 구부리기 결과(네온 설정 포함).pptx

01 **최고의 품질 보장** 텍스트 상자의 테두리를 클릭합니다.

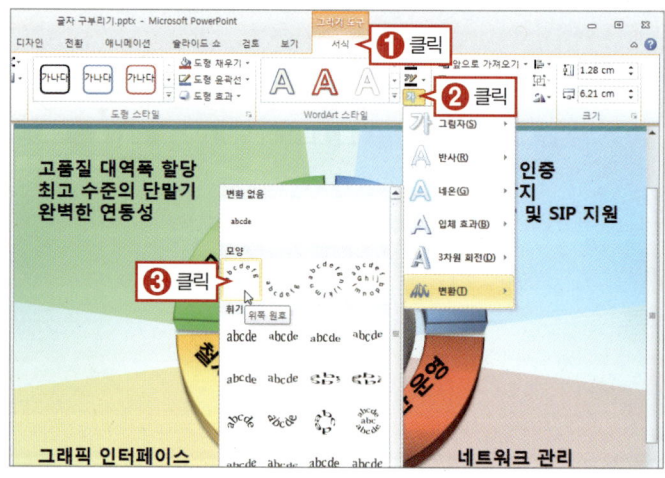

02

① [그리기 도구]–[서식] 탭 클릭

② [텍스트 효과] 클릭

③ [변환]으로 마우스 포인터를 이동하고 [위쪽 원호]를 클릭합니다.

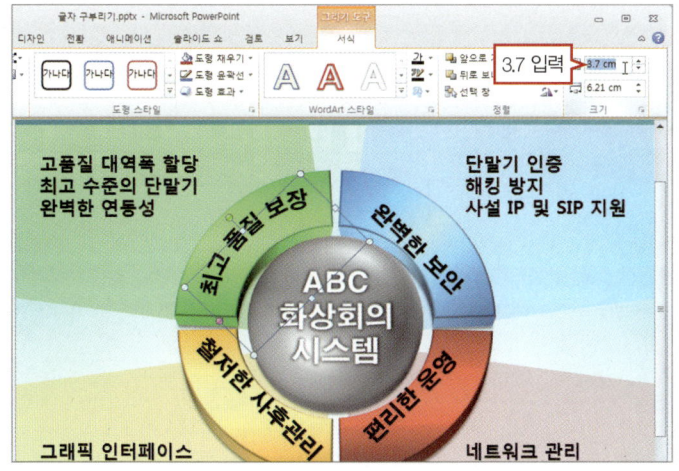

03 [높이] 입력상자에 **3.7cm**를 입력합니다.

> **Tip** 글줄을 많이 휘게 만드는 방법
>
> 텍스트 상자의 높이가 높아질수록 글줄이 많이 휘어지게 됩니다.

04 철저한 사후관리 텍스트 상자의 테두리를 클릭합니다.

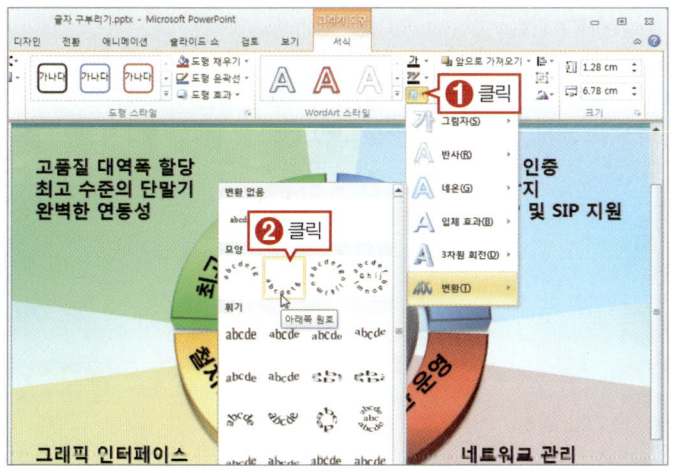

05

① [텍스트 효과] 클릭
② [변환]으로 마우스 포인터를 이동하고 [아래쪽 원호]를 클릭합니다.

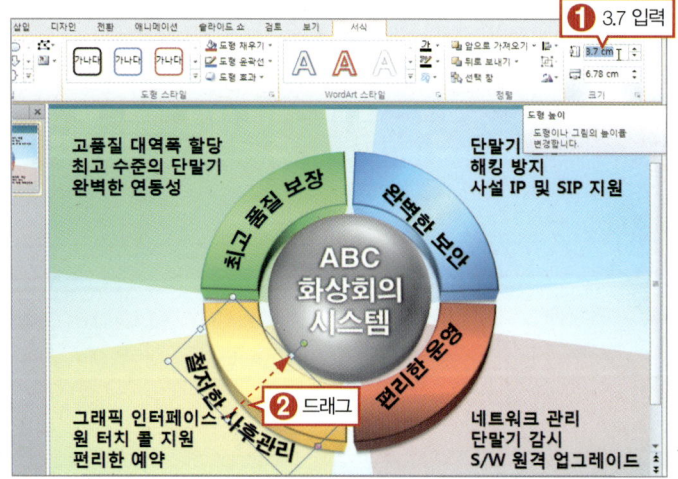

06

① [**높이**] 입력상자에 **3.7cm** 입력

② 텍스트 상자를 **드래그**해 노란색 도형 위쪽으로 이동합니다.

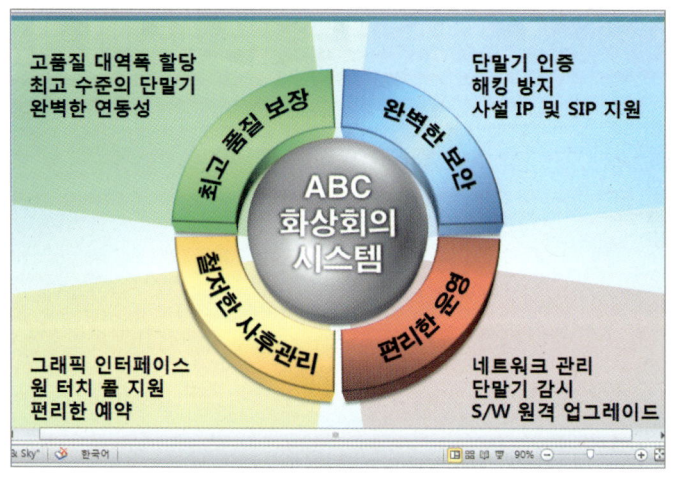

07 나머지 글줄 두 개도 같은 방법으로 휘게 만듭니다.

1 ① Shift 를 누르고 구부린 텍스트 상자를 모두 클릭합니다. ② [그리기 도구] – [서식] 탭을 열어 ③ [텍스트 효과]를 클릭합니다. ④ [네온]에서 [네온 옵션]을 클릭합니다.

2 ⑤ [색]을 클릭하고 ⑥ [흰색]을 선택합니다.

1

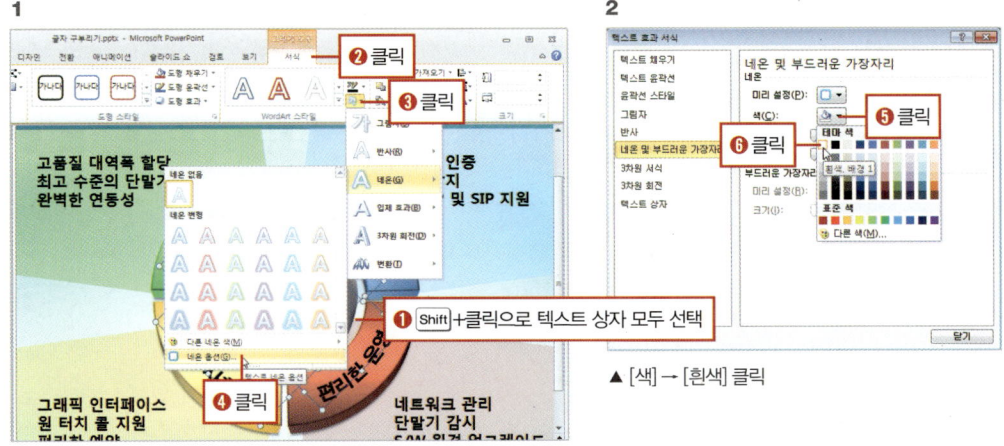

▲ 모든 텍스트 상자 선택 → [텍스트 효과] → [네온] → [네온 옵션] 클릭

2

▲ [색] → [흰색] 클릭

3 ⑦ [크기]를 3pt로 줄이고 ⑧ [투명도]를 50% 설정한 후 ⑨ [닫기]를 클릭합니다.

4 글자 주변에 흰색의 반투명 네온이 설정됩니다. 일반적으로 글자가 검은색에 가까우면 흰색 반투명 네온을, 글자가 흰색에 가까우면 검은색 반투명 네온을 설정하는 것이 좋습니다.

3

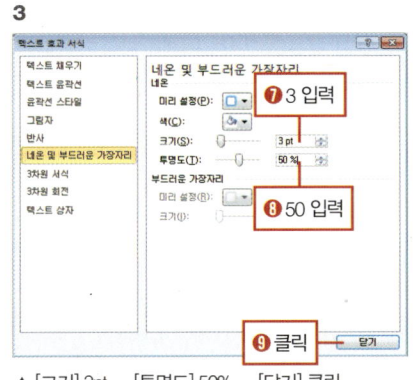

▲ [크기] 3pt → [투명도] 50% → [닫기] 클릭

4

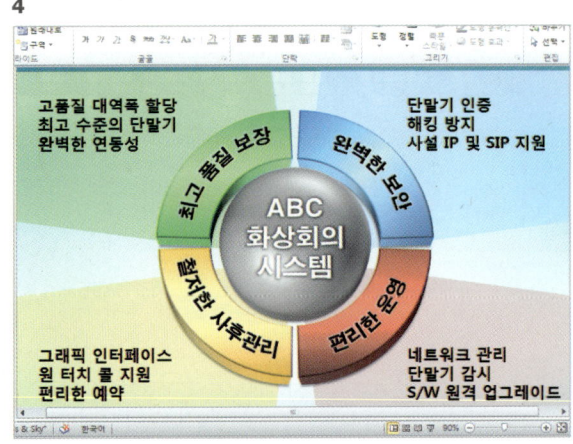

▲ 흰색의 반투명 네온을 설정한 장면

글자 서식을 복사하고 붙여넣어 작업 속도 높이기

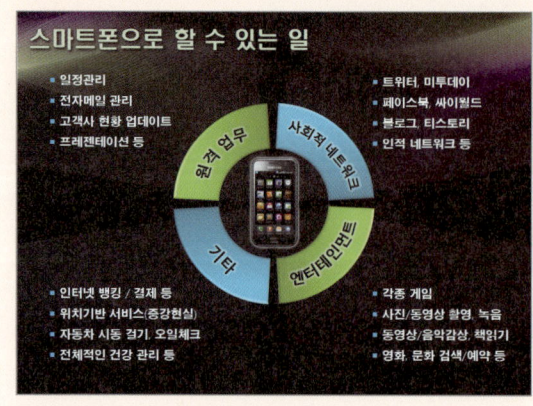

슬라이드에서 특정 글자를 강조하려면 글자를 굵게 만들거나 색상을 바꾸거나, 혹은 돋보이는 글꼴로 변경합니다. 강조할 글자나 글머리 기호, 번호 매기기 등 적용해야 할 요소가 많아질수록 작업 속도는 점점 떨어지게 됩니다. 이런 경우에는 글자의 서식을 복사해 붙여넣는 서식 복사 기능을 이용해 글자와 관련된 작업의 속도를 높일 수 있습니다.

· 준비 파일
  ◎ : 부록 CD/2장/Section02/글자 서식복사.pptx
· 완성 파일
  ◎ : 부록 CD/2장/Section02/완성/글자 서식복사 결과.pptx

▲ 완성 화면

슬라이드에 어울리는 글머리 기호 만들기

01

① 슬라이드의 왼쪽 상단에 있는 텍스트 상자에서 **아무 글자나** 클릭하고 Ctrl+A 누름
② [⊕ 확대]를 세 번 클릭해서 확대합니다.

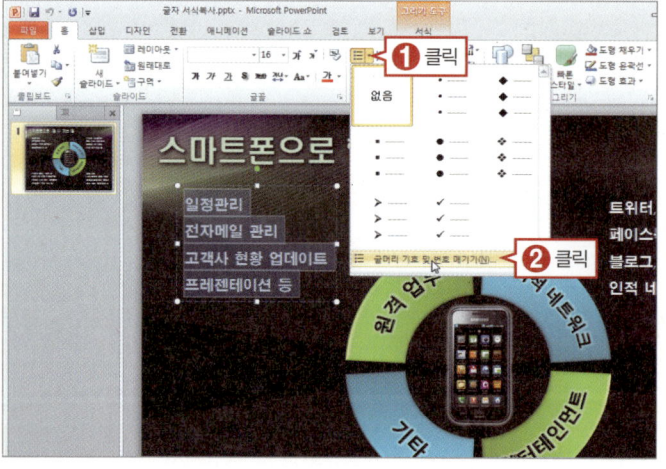

02

① [▤ 글머리 기호]의 오른쪽에 있는 [▾ 글머리 기호 목록] 클릭
② [글머리 기호 및 번호 매기기]를 클릭합니다.

> **Tip** [글머리 기호 및 번호 매기기] 실행의 다른 방법
>
> 블록 선택한 글자를 마우스 오른쪽 버튼으로 클릭하고 메뉴의 [글머리 기호]에서 [글머리 기호 및 번호 매기기]를 선택합니다.

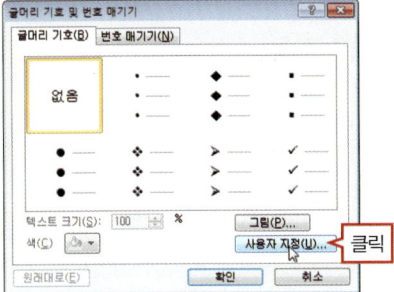

03 [사용자 지정]을 클릭합니다.

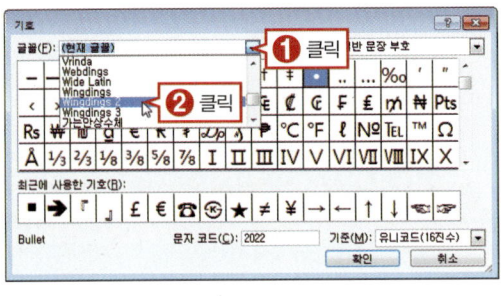

04

① [▾ 글꼴 목록] 클릭

② [Wingdings 2]를 클릭합니다.

 **Note 10**　**그림을 글머리 기호로 넣는 방법**

그림을 글머리로 사용할 때 대부분의 사용자들은 그림 삽입 기능으로 그림을 삽입한 후 글자 왼쪽으로 그림을 배치합니다. 이렇게 하
면 그림을 글머리 기호로 쓸 수 있지만 글머리 그림과 글자의 수평을 맞추는 것이 쉽지 않고 문장이 추가될 때마다 글머리 그림도 추가
해야 하는 번거로움이 있습니다. 따라서 이런 경우에는 글머리 기호 기능으로 그림을 삽입하는 것이 더 편리합니다.

기본으로 제공하는 글머리 그림 삽입하기

1 글머리 기호 및 번호 매기기 대화상자에서 [그림]을 클릭합니다.

2 그림 글머리 기호 대화상자에서 글머리 그림을 선택합니다.

3 [확인]을 클릭합니다. 선택한 그림이 글머리 기호처럼 삽입됩니다.

컴퓨터에 있는 그림을 글머리 기호로 설정하기

1 글머리 기호 및 번호 매기기 대화상자에서 [그림]을 클릭합니다.

2 그림 글머리 기호 대화상자의 왼쪽 하단에서 [가져오기]를 클릭합니다.

3 클립 추가 대화상자에서 글머리로 사용할 그림을 선택합니다.

4 [열기]를 클릭합니다.

5 그림 글머리 기호 대화상자의 위쪽에서 가져온 그림을 선택합니다.

6 [확인]을 클릭합니다. 선택한 그림이 글머리 기호처럼 삽입됩니다.

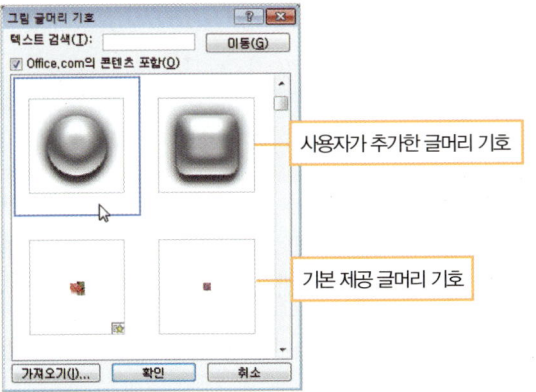

사용자가 추가한 글머리 기호

기본 제공 글머리 기호

▲ 그림 글머리 기호 대화상자

▲ 그림을 글머리 기호로 설정한 결과

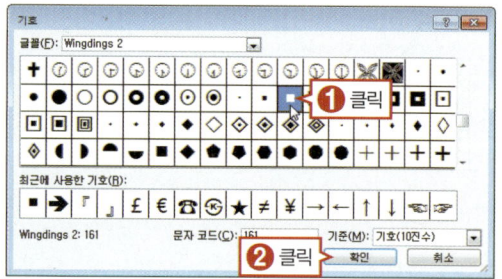

05

① 중간 크기의 **정사각형** 기호 클릭
② [확인]을 클릭합니다.

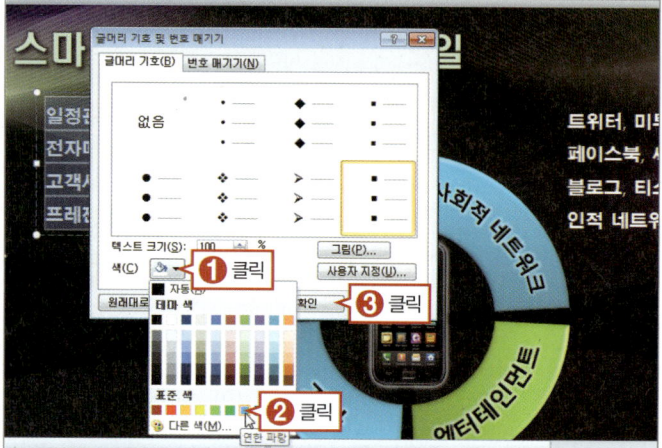

06

① 글머리 기호 및 번호 매기기 대화상자
   하단에서 [색] 클릭
② 표준 색에서 **연한 파랑** 클릭
③ [확인]을 클릭합니다.

> **Tip** **글머리 기호 크기 변경 방법**
>
> 텍스트 크기 입력상자에 비율을 입력해 글머리 기호의 크기를 변경할 수 있지만 사용하지 않는 것이 좋습니다. 크기를 조정할 경우에는 글머리 기호와 글자의 수평이 어긋나서 보기에 좋지 않기 때문입니다. 따라서 처음 기호를 선택할 때 원하는 크기를 정확하게 선택하는 것이 좋습니다.

글머리 기호와 텍스트 사이의 간격 조정하기

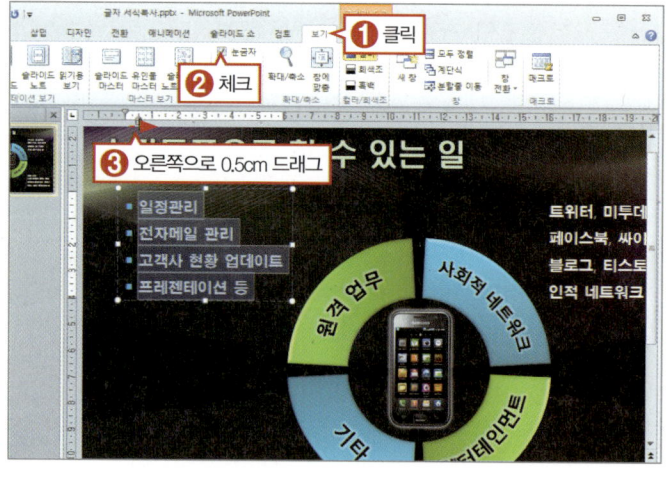

07

① [보기] 탭 클릭
② [눈금자] 클릭
③ 눈금자에서 [△내어쓰기]를
   오른쪽으로 한 칸만 드래그해
   0.5cm까지 이동하면 글머리 기호에서
   텍스트의 시작 위치가 조정됩니다.

> **Tip** **눈금자 아이콘 이름과 기능**
>
> [▽첫 줄 들여쓰기] : 글머리 기호나 번호 매기기의 시작 위치를 지정합니다. 글머리 기호가 없으면 텍스트의 첫 줄 위치를 나타냅니다.
>
> [△내어쓰기] : 글머리 기호 뒤에 있는 텍스트의 시작 위치를 지정합니다. 글머리 기호가 없으면 텍스트의 둘째 줄 및 후속 줄의 위치를 나타냅니다.
>
> [■왼쪽 들여쓰기] : [▽첫 줄 들여쓰기]와 [△내어쓰기] 간의 간격을 유지한 채 한꺼번에 이동할 수 있습니다.

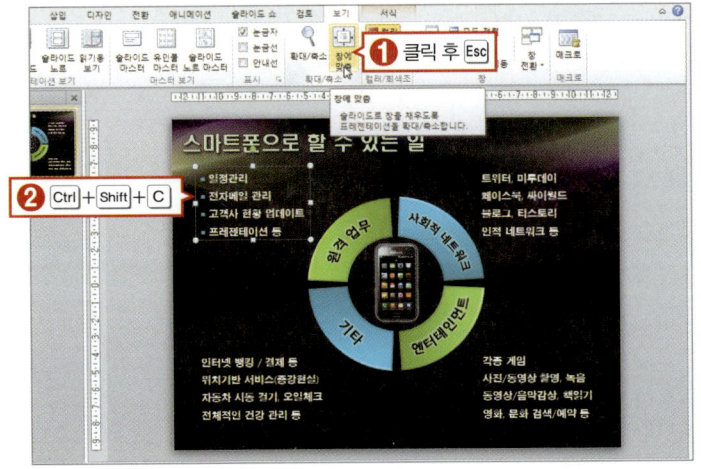

08

다른 텍스트 상자에도 똑같은 글머리
기호를 설정해야 합니다. 이런 경우에는
서식 복사 기능을 사용하는 것이 가장
좋습니다.

① [창에 맞춤] 클릭 후 Esc를 눌러 텍스트
   상자의 테두리 선택

② Ctrl + Shift 를 누른 상태에서 C를
   누르면 선택된 텍스트 상자의 서식이
   복사됩니다.

> **Tip** [창에 맞춤]을 실행하는 다른 방법
>
> 파워포인트 창의 오른쪽 하단 모서리에 있는 [🔲 창에 맞
> 춤]을 클릭합니다. 명령을 실행하면 슬라이드가 현재 창 크
> 기에 꼭 맞게 표시됩니다.

📝 **Note 11** 특정 글자의 서식을 다른 글자에 적용하는 방법

1 ① 서식을 복사할 글자를 블록 선택합니다. ② Ctrl + Shift + C를 눌러 서식을 복사합니다.

2 ③ 서식을 붙여넣을 글자를 블록 선택합니다. ④ Ctrl + Shift + V를 누릅니다. 앞서 복사해둔 서식이 붙여넣기됩니다. 계속해서 다
   른 글자를 블록 선택하고 Ctrl + Shift + V를 눌러 서식을 붙일 수 있습니다.

1

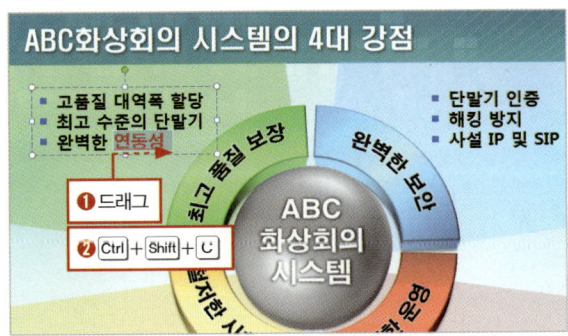

▲ 글자를 블록 선택 → Ctrl + Shift + C를 눌러 서식 복사

2

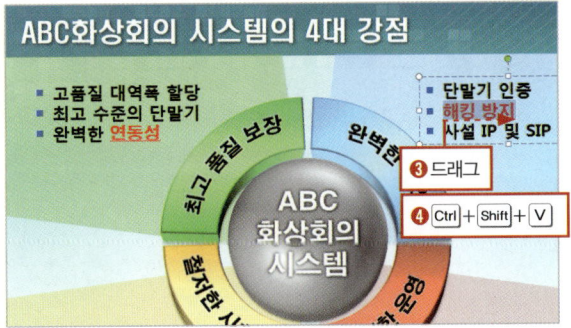

▲ 다른 글자 블록 선택 → Ctrl + Shift + V를 눌러 서식 붙여넣기

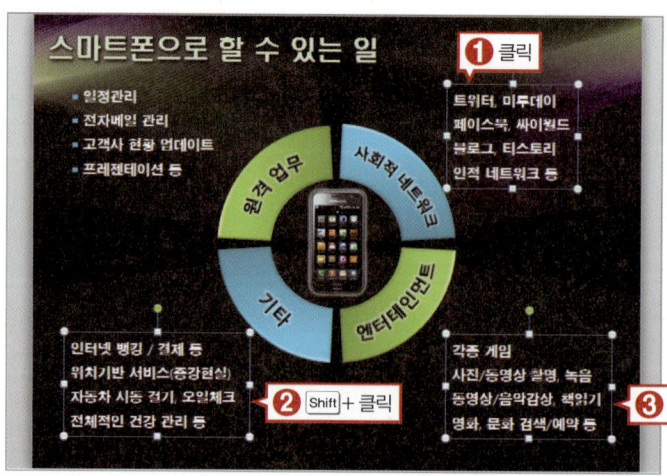

09

① 오른쪽 상단에 있는 **텍스트 상자**의 **테두리** 클릭
② Shift 를 누른 상태에서 왼쪽 하단에 있는 **텍스트 상자** 클릭
③ Shift 를 누른 상태에서 오른쪽 하단에 있는 **텍스트 상자**를 클릭합니다. 텍스트 상자 세 개가 선택됩니다.

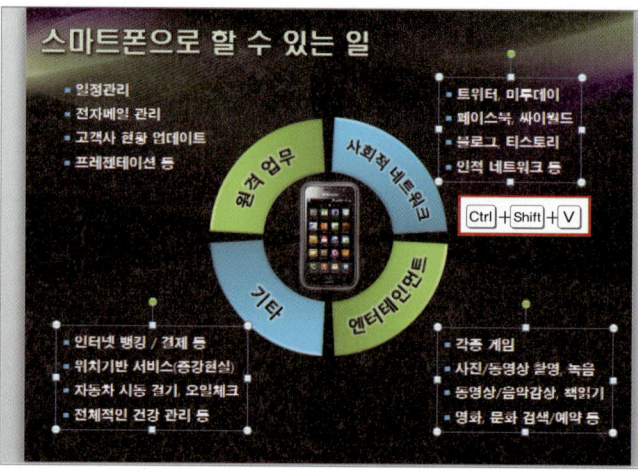

10 Ctrl + Shift 를 누른 상태에서 V 를 누릅니다. 선택된 텍스트 상자마다 복사해두었던 서식, 즉 글머리 기호가 적용됩니다.

Tip	**서식 복사/붙여넣기 단축키**

Ctrl + Shift + C : 서식 복사
Ctrl + Shift + V : 서식 붙여넣기

 혼자 해보기 **원본 서식을 유지한 상태로 슬라이드 복사해서 붙여넣기**

A.pptx의 슬라이드 몇 장을 B.pptx로 복사하면 내용은 그대로 복사되지만 디자인은 B.pptx 파일을 따라 원본하고 다르게 붙여넣기됩니다. 원본 디자인을 그대로 유지하려면 붙여넣기 옵션의 원본 서식 유지 기능을 사용합니다.

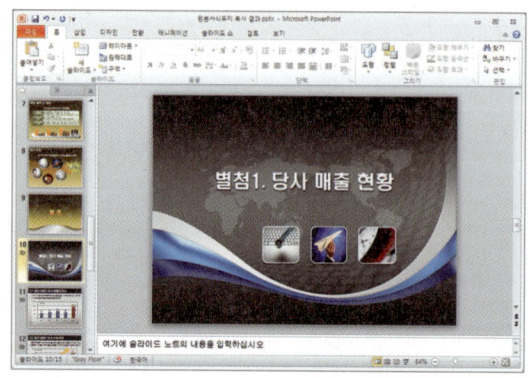

• **준비 파일** ◎:부록 CD/2장/Section02/매출분석 보고서.pptx, 회사소개서.pptx
• **완성 파일** ◎:부록 CD/2장/Section02/완성/원본서식유지 복사 결과.pptx

▲ 완성 화면

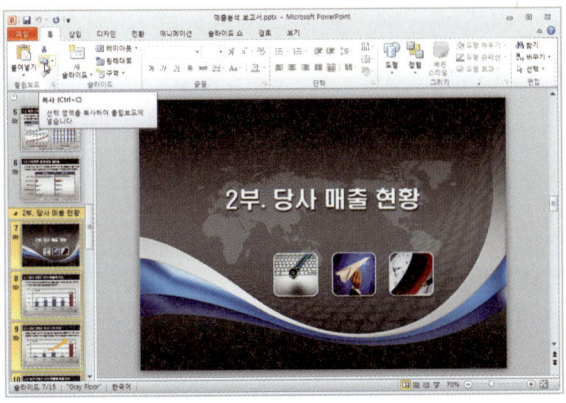

1 매출분석 보고서.pptx 파일을 열고 왼쪽 슬라이드
탭에서 [2부. 당사 매출 현황] 구역 탭을 클릭해 구역에
있는 슬라이드를 선택하고 복사 명령을 실행합니다.

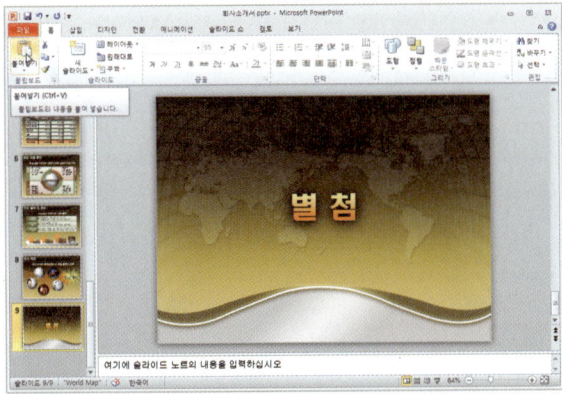

2 회사소개서.pptx 파일을 열고 맨 마지막 별첨
슬라이드를 클릭합니다. 붙여넣기 명령을 실행합니다.

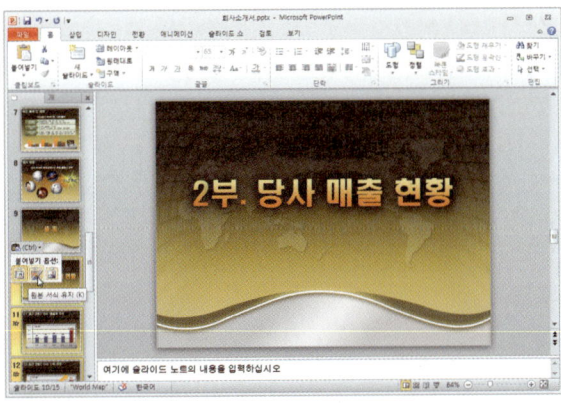

3 붙여넣기 옵션을 클릭해 메뉴을 열고
[원본 서식 유지]를 선택합니다.

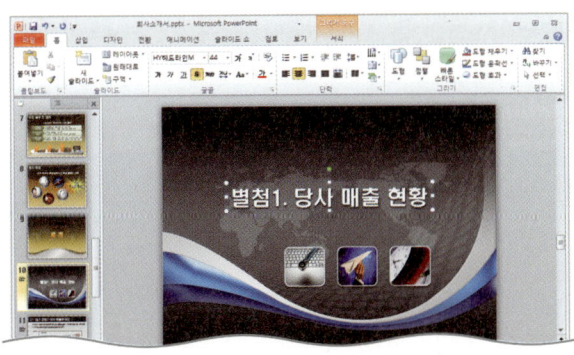

4 붙여넣은 슬라이드의 디자인이 원본으로 되돌아갑니다.
10번 슬라이드의 제목을 [별첨1. 당사 매출 현황]으로
변경합니다.

CHAPTER 03

도형과 그림으로
슬라이드 꾸미기

텍스트만 가득 찬 슬라이드를 흔히 다큐슬라이드(Docuslide)라고 표현합니다.

Documents(문서)와 Slide(슬라이드)를 합친 합성어인데,

이런 슬라이드는 시각화한 슬라이드에 비해 직관적이지 못할 뿐만 아니라

내용을 함축적으로 전달하지 못합니다.

이번 장에서는 파워포인트 2010에서 강화된 도형과 그림 편집 기능으로

슬라이드를 더욱 효과적으로 꾸미는 방법에 대해서 알아보겠습니다.

도형으로 슬라이드 꾸미기

• 도형 삽입 • 도형 모양 변경 • 도형 서식 변경 • 그라데이션 적용 • 개체 정렬

도형을 이용해 시각화한 슬라이드는 빠르고 직관적으로 정보를 전달할 수 있습니다. 이번 섹션에서는 도형을 삽입하고 변형하는 방법과 선택 · 정렬하는 방법 및 서식을 적용하는 방법에 대해서 알아보겠습니다.

도형 삽입하기

1 ① [홈] 탭에서 ② [도형]을 클릭하고 ③ 원하는 도형을 선택합니다.

2 ④ 슬라이드 위에 **드래그**해서 도형을 삽입합니다.

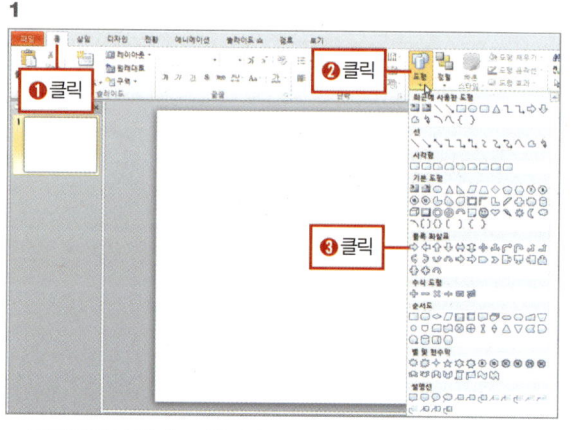

1

▲ [도형] 클릭 후 원하는 도형 선택

2

▲ 슬라이드에서 드래그

도형 모양 변경하기

모서리가 둥근 직사각형, 블록 화살표 등의 도형은 크기뿐만 아니라 모양 역시 변경할 수 있습니다.

둥근 직사각형 변경하기

1 ① [도형]을 클릭합니다. ② 사각형에서 [모서리가
둥근 직사각형]을 선택한 후 ③ 슬라이드에서 드래
그합니다.

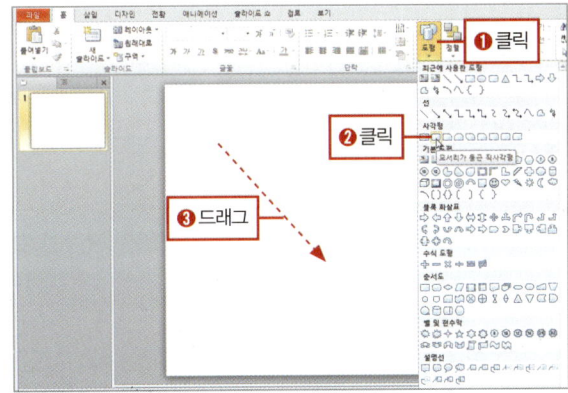

▶ [도형] → [모서리가 둥근 직사각형]을 선택하고 드래그

2 ④ ◇ 모양 조절 핸들에 마우스를 위치시킨 뒤 왼쪽으로 드래그하면 직사각형이 됩니다.

3 ⑤ ◇ 모양 조절 핸들을 오른쪽으로 드래그하면 도형의 좌우 모서리가 완전히 둥글게 됩니다.

2

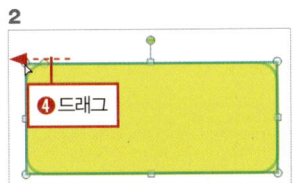

▲ 모양 조절 핸들을 왼쪽으로 드래그

3

▲ 모양 조절 핸들을 오른쪽으로 드래그

📝 **Note 1** **도형을 삽입하는 다양한 방법**

도형을 선택하고 슬라이드 위에 드래그하는 방법 이외에도 다양한 방법으로 그림을 삽입할 수 있습니다.

도형을 선택하고 슬라이드 위에 클릭

기본 크기의 정사각형, 정원, 정삼각형을 그릴 수 있습니다.

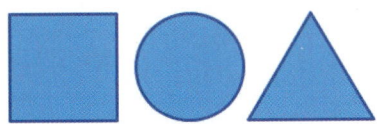

Shift 를 누른 상태에서 드래그

수평선, 수직선, 원하는 크기의 정사각형, 정원, 정삼각형을 그릴 수 있습니다.

Ctrl 을 누른 상태에서 드래그

드래그를 시작한 지점을 중심으로 도형이 그려집니다.

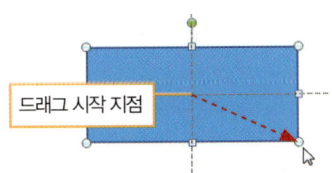

Ctrl + Shift 를 누른 상태에서 드래그

드래그를 시작한 지점을 중심으로 정사각형, 정원 등을 그릴 수 있습니다.

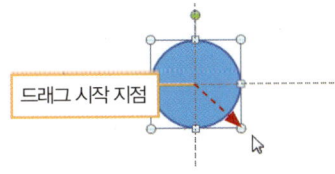

블록 화살표 변경하기

1 ① **도형**을 클릭합니다. ② [블록 화살표] 항목에서 [**오른쪽 화살표**]를 선택한 후 ③ 슬라이드에서 드래그합니다.

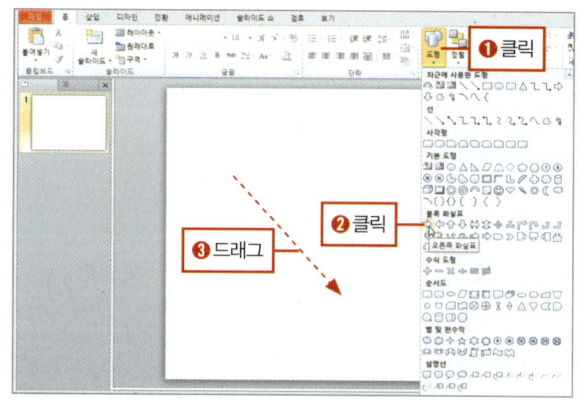

▶ [도형] → [오른쪽 화살표]를 선택하고 드래그

2 ④ 블록 화살표에는 모양 조절 핸들이 2개 있습니다. 왼쪽에 있는 모양 조절 핸들을 위, 또는 아래로 드래그하여 화살표의 몸통 두께를 조정합니다.

3 ⑤ 오른쪽 상단의 모양 조절 핸들을 왼쪽, 또는 오른쪽으로 드래그하여 뾰족한 부분의 모양을 조정합니다.

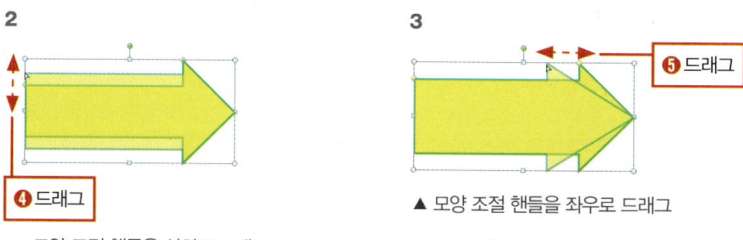

2

④ 드래그

▲ 모양 조절 핸들을 상하로 드래그

3

⑤ 드래그

▲ 모양 조절 핸들을 좌우로 드래그

▌도형 서식 변경하기

파워포인트에서 그린 도형은 기본적으로 파란색입니다. 도형은 채우기와 윤곽선으로 구분되며 도형 색, 그라데이션, 투명도 등의 서식을 변경할 수 있습니다.

도형 채우기 색 변경하기

1 ① 도형을 선택합니다. ② [**홈**] 탭의 [그리기] 그룹에서 [**도형 채우기**]를 클릭하고 ③ 색을 선택합니다. ④ 테마 색과 표준 색에 원하는 색이 없다면 [**다른 채우기 색**]을 클릭합니다.

2 ⑤ 색 대화상자의 [**표준**] 탭에서 색을 선택합니다.

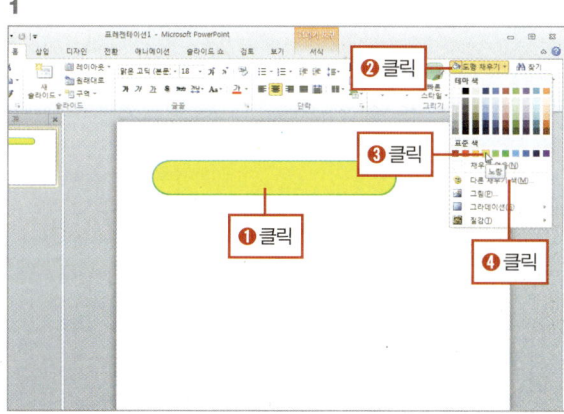

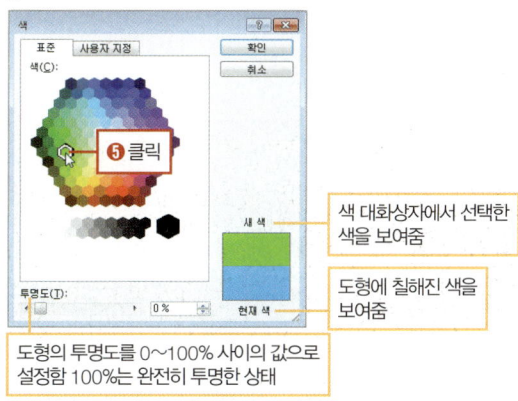

색 대화상자에서 선택한 색을 보여줌

도형에 칠해진 색을 보여줌

도형의 투명도를 0~100% 사이의 값으로 설정함 100%는 완전히 투명한 상태

▲ 도형 클릭 → [홈] 탭 → [도형 채우기] → 색 선택

▲ [다른 채우기 색] → [표준] 탭에서 색 선택

> **Tip** **색 버튼의 기본 구조**
>
> 색을 선택할 수 있는 [도형 채우기]와 [도형 윤곽선], 그리고 [글꼴 색]은 기본적으로 두 개의 버튼으로 구성됩니다.
>
> 왼쪽 버튼 : 최근에 선택된 색을 보여주며 버튼을 클릭해 설정된 색을 지정합니다.
>
> 오른쪽 버튼 : 메뉴를 열어서 다른 서식을 설정할 수 있습니다.
>
> 왼쪽 버튼 — 가 ▼ — 오른쪽 버튼   왼쪽 버튼 — 도형 채우기 ▼ / 도형 윤곽선 ▼ — 오른쪽 버튼
>
> ▲ [글꼴 색]과 [도형 채우기], [도형 윤곽선]

그라데이션 적용하기

그라데이션이란 두 개 이상의 색이 전이되는 과정을 표현하는 것으로 강조하려는 소제목 도형이나 방향을 나타내는 화살표에 주로 사용합니다. 한 슬라이드 내의 여러 도형에 그라데이션을 적용하면 자칫 지저분하게 보일 수 있기 때문에 주의해야 합니다.

- ① [도형 채우기]를 클릭하고 ② [그라데이션]에서 견본을 선택합니다. 화살표에 적용할 때는 가리키는 방향을 진하게 표시하는 것이 좋습니다.

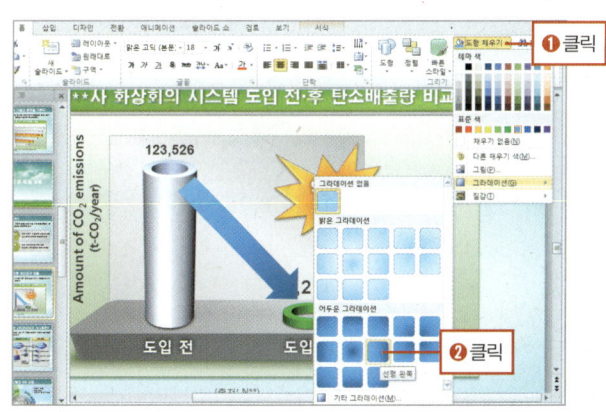

▶ [도형 채우기] → [그라데이션]에서 그라데이션 모양 선택

도형 윤곽선 변경하기

1 ① 도형이나 선의 윤곽선을 클릭합니다. ② [도형 윤곽선]을 클릭하고 ③ 색을 선택합니다. [테마 색]과 [표준 색]에 원하는 색이 없는 경우에는 [다른 윤곽선 색]을 선택하고 색 대화상자에서 색을 선택합니다. 대화상자에서 윤곽선의 투명도를 조정할 수 있습니다.

2 ④ 도형의 윤곽선이나 선의 두께를 조정하려면 [도형 윤곽선]을 클릭하고 ⑤ [두께]에서 원하는 두께를 선택합니다.

1

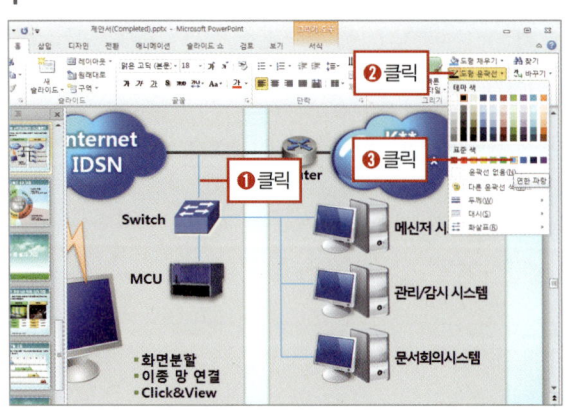

▲ [도형 윤곽선] → [표준 색] 항목에서 색 선택

2

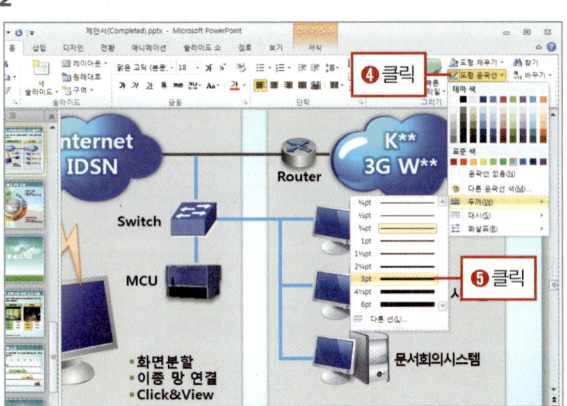

▲ [도형 윤곽선] → [두께]에서 두께 선택

3 ⑥ 도형의 윤곽선을 점선으로 변경하려면 [도형 윤곽선]을 클릭하고 ⑦ [대시]에서 점선을 선택합니다.

4 ⑧ 선의 화살표 모양을 바꾸려면 [도형 윤곽선]을 클릭하고 ⑨ [화살표]에서 화살표 스타일을 선택합니다.

3

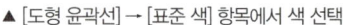

▲ [도형 윤곽선] → [대시]에서 점선 선택

4

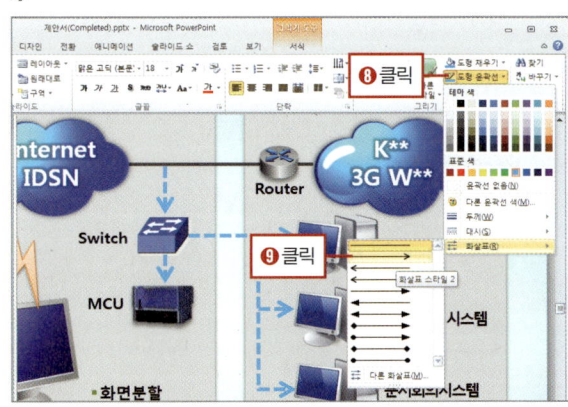

▲ [도형 윤곽선] → [화살표]에서 화살표 스타일 선택

📝 **Note 2** **채우기와 윤곽선 색을 조화롭게 설정하는 방법**

채우기와 윤곽선 색은 같은 계열의 색을 적용하고 밝기만 조정하는 것이 가장 좋습니다.

방법 1 [테마 색]에서 위/아래에 있는 색 견본 선택

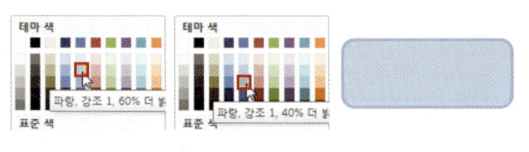

도형 채우기   도형 윤곽선   결과

방법 2 [표준 색]에서 좌/우에 있는 색 견본을 선택

도형 채우기   도형 윤곽선   결과

아직 정해지지 않았거나 상황을 예측할 때는 도형의 윤곽선을 점선으로 사용합니다. 따라서 다른 경우에는 가급적이면 점선을 사용하지 않는 것이 좋습니다.

▶ 그래프의 점선은 상황 예측을 의미함

도형 변형하기

도형을 이동, 회전하고 크기를 조정하는 것을 변형(Transform)이라고 합니다. 슬라이드에서 도형을 재배치하거나 화살표 방향을 바꾸는 등 작성한 내용을 수정할 때 주로 사용하는 기능입니다.

도형 이동하기

- 도형에 마우스 포인터를 위치시킵니다. 포인터의 모양이 **십자 화살표** 형태로 변하면 드래그합니다.

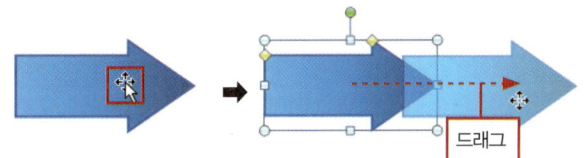

▲ 도형 위에서 포인터 모양이 변하면 드래그하여 이동

도형 크기 조정하기

- ① 도형을 클릭하고 ② 변에 표시되는 **크기 조정 핸들**을 드래그합니다.

Shift 를 누른 상태에서 개체의 모서리에 있는 크기 조정 핸들을 드래그하면 가로/세로 비율을 유지한 상태에서 도형의 크기를 변경할 수 있습니다.

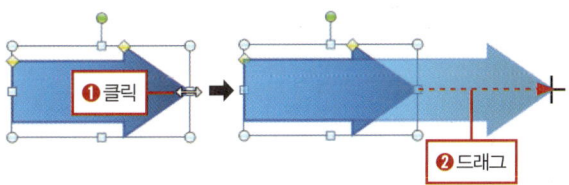

▲ 변에 있는 크기 조정 핸들을 드래그 → 해당 방향으로 크기 조정

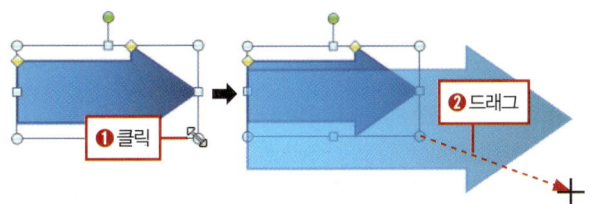

▲ 모서리의 크기 조정 핸들을 드래그 → 높이와 너비를 한꺼번에 조정

도형 회전하기

- ① 도형을 클릭합니다. ② 도형 위에 표시되는 **연두색 타원 모양의 회전 핸들**을 드래그해서 회전합니다. 왼쪽으로 드래그하면 시계 반대 방향으로, 오른쪽으로 드래그하면 시계 방향으로 회전합니다.

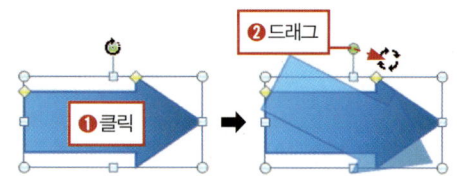

▲ 연두색 회전 핸들을 오른쪽으로 드래그해서 회전

Tip 15도씩/90도씩 회전하는 방법

15도씩 회전 : Shift 를 누른 상태에서 회전 핸들을 드래그합니다.
90도씩 회전 : [홈] 탭의 [그리기] 그룹에서 [정렬]을 클릭하고 [회전]에서 [왼쪽으로 90도 회전], 또는 [오른쪽으로 90도 회전]을 선택합니다.

Tip 숫자를 직접 입력해서 크기 및 회전 각도를 정확하게 조정하는 방법

크기 조정 : 도형을 선택하고 [그리기 도구]–[서식] 탭의 [크기] 그룹에서 직접 숫자를 입력합니다.
회전 각도 조정 : [그리기 도구]–[서식] 탭의 [크기] 그룹에서 [📭 대화상자 표시]를 클릭하고 도형 서식 대화상자의 [회전]에 직접 값을 입력합니다. 도형 서식 대화상자에서는 크기를 설정할 수 있습니다.

❘ 여러 개체 선택하기

파워포인트에서는 텍스트 상자, 도형, 그림 등의 개체를 두 개 이상 선택한 뒤 색을 바꾸거나 이동해야 하는 경우가 있습니다. 마우스와 키보드를 함께 이용하거나 마우스만 이용하여 개체를 빠르게 선택하는 방법을 알아보겠습니다.

Note 3 개체가 원하는 크기나 위치로 조정되지 않는 경우에 꼭 확인하기

개체(도형, 텍스트 상자, 그림 등)를 눈금에 맞춰 조정하도록 설정한 경우에는 개체를 이동하거나 크기를 변경할 때 정확히 조정하기가 어렵습니다. 이 설정을 해제하는 방법과 해제하지 않고도 정확히 위치와 크기를 조정하는 방법에 대해서 알아보겠습니다.

방법 1 눈금 및 안내선 대화상자 이용하기

1 ① [보기] 탭을 열고 ② [표시] 그룹에서 [📭 대화상자 표시]를 클릭합니다.

2 ③ 눈금 및 안내선 대화상자의 [맞추기]에서 [개체를 눈금에 맞춰 이동]을 체크 해제합니다.

1

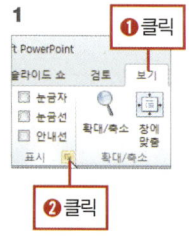

2

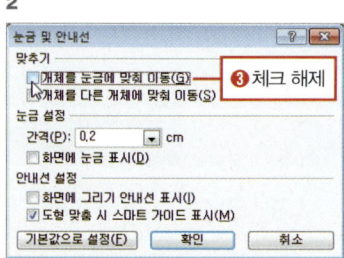

방법 2 Alt 이용하기

Alt 를 누른 상태에서 크기 조정 핸들을 드래그하면 [개체를 눈금에 맞춰 이동]이 실행되지 않습니다. Alt 에서 손을 떼면 [개체를 눈금에 맞춰 이동]이 다시 실행됩니다.

Shift 를 이용해 선택하기

● Shift 를 누른 상태에서 원하는 개체들을 클릭하여 선택합니다. 선택된 개체는 Shift 를 누른 상태에서 다시 클릭하면 선택이 해제됩니다.

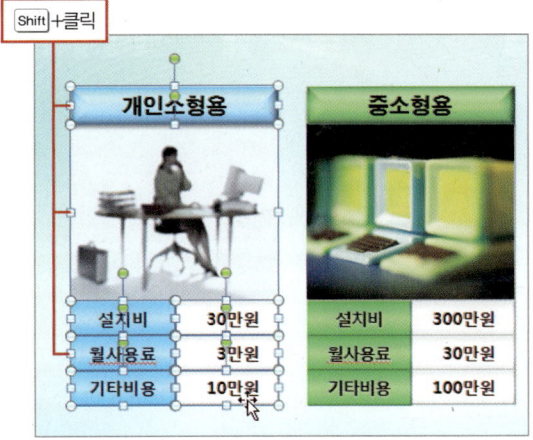

▶ Shift 를 누른 상태에서 여러 개체를 클릭해서 선택

드래그해서 선택하기

특정 지역에 몰려 있는 여러 개체를 선택할 때는 드래그로 선택하는 것이 좋습니다.

● 선택하려는 개체 부근의 슬라이드 빈 곳에서부터 **드래그**를 시작하면 화면에 반투명한 직사각형이 표시됩니다. 이것을 **선택 영역**이라고 부릅니다. 계속 드래그하여 선택하려는 개체가 선택 영역에 완전히 포함되면 마우스에서 손을 뗍니다.

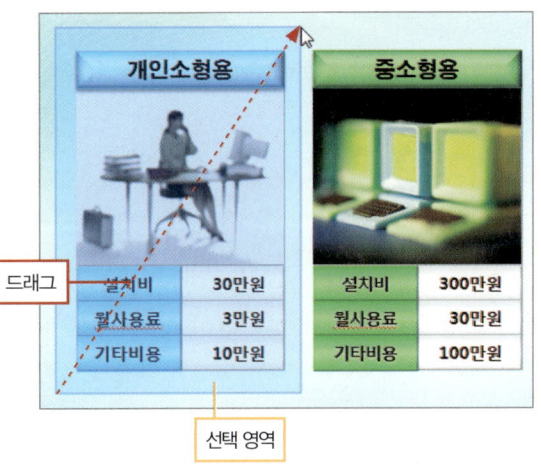

▲ 드래그해서 특정 영역의 개체를 선택

> **Tip 드래그해서 선택할 때 주의할 점**
>
> 개체 위에서 드래그를 할 경우에는 개체가 이동되기 때문에 주의해야 합니다. 만약 아무것도 없는 것처럼 보이는 곳을 드래그했을 때 개체가 선택되면 마우스의 포인터 모양을 확인합니다. ▷ 모양이 아닌 ⊹ 모양일 경우에는 화면 아래에 무엇인가가 놓여 있다는 뜻입니다.
> 슬라이드에 개체가 너무 많아서 빈 곳을 찾기 힘들 때는 슬라이드 바깥에 있는 회색 부분에서부터 드래그하여 선택 영역을 설정할 수 있습니다.

> **Tip 실수로 개체를 드래그했을 때 쓸 수 있는 작업 취소 단축키**
>
> 실수로 개체를 드래그해서 이동했다면 Ctrl + Z 를 눌러 방금했던 이동 작업을 취소합니다. 파워포인트는 20단계 전까지 순차적으로 작업 내용을 되돌릴 수 있습니다.

숨어 있는 개체 선택하기

간혹 개체가 다른 개체에 가려져서 보이지 않거나 무언가 슬라이드에 있는 듯한데 보이지 않는 경우가 종종 있습니다.

- 보이는 개체 하나를 클릭하고 [Tab]을 눌러 이동하면서 숨어 있는 개체를 찾습니다. [Tab]은 개체가 만들어진 순서대로 이동하는데 역순으로 이동하고 싶다면 [Shift] + [Tab]을 누릅니다.

Tip　숨어 있는 개체 지우기와 드러내기

지우기 : [Tab]을 눌러 찾은 개체는 [Delete]로 지웁니다.

드러내기 : [Tab]을 눌러 개체를 찾으면 방향키로 이동해서 눈에 보이도록 위치를 조정합니다. 또는 [그리기 도구]−[서식] 탭의 [그리기] 그룹에서 [정렬]을 클릭하고 [맨 앞으로 가져오기]를 선택해 맨 앞으로 이동합니다.

Tip　슬라이드에 있는 모든 개체 선택하기

슬라이드에 있는 모든 개체를 한 번에 선택할 때는 [Ctrl] + [A]를 누릅니다.

▲ [Tab]을 이용해 뒤쪽에 숨겨진 개체를 선택

개체 정렬하기

정확한 이유 없이 슬라이드가 엉성하다는 느낌이 들 때는 대개 여러 개체 간의 간격이 정확하게 맞지 않기 때문입니다. 맞춤과 스마트 안내선을 이용해서 간단하게 개체 간의 간격을 맞추는 방법에 대해서 알아보겠습니다.

맞춤을 이용해 개체 정렬하기

왼쪽 맞춤

1 ① [Shift]를 누른 상태에서 정렬할 개체를 선택합니다. ② [홈] 탭을 열고 ③ [정렬]을 클릭한 후 ④ [맞춤]에서 [왼쪽 맞춤]을 선택합니다.

2 개체가 왼쪽에 맞춰져서 정렬됩니다.

1

▲ [Shift]를 누르고 여러 개체 클릭 → [홈] 탭 → [정렬] → [맞춤]
　→ [왼쪽 맞춤] 클릭

2

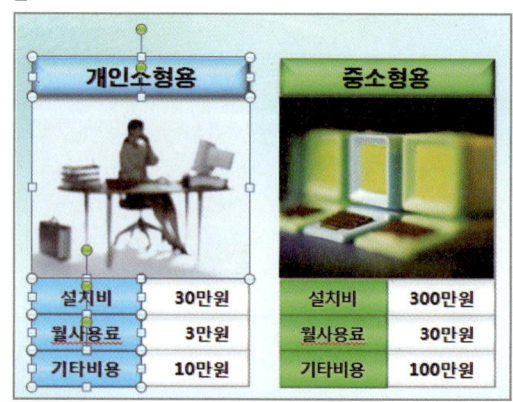

▲ 선택된 개체들이 왼쪽 맞춤됨

세로 간격을 동일하게

1 ① Shift를 누른 상태에서 정렬할 개체를 선택합니다. ② [홈] 탭을 열고 ③ [정렬]을 클릭한 후 ④ [맞춤]에서 [세로 간격을 동일하게]를 선택합니다.

2 개체의 세로 간격이 동일하게 맞춰져서 정렬됩니다.

1

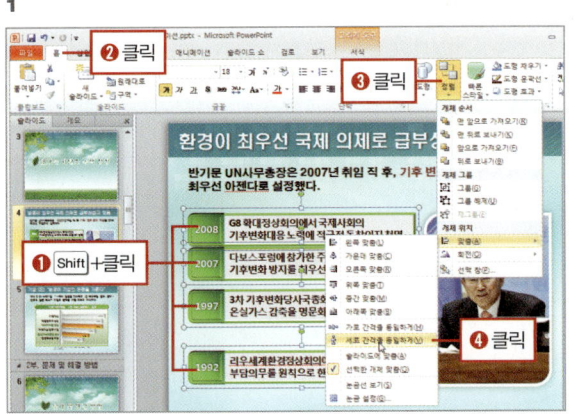

▲ Shift를 누르고 여러 개체를 클릭 → [홈] 탭 → [정렬] → [맞춤]
→ [세로 간격을 동일하게] 클릭

2

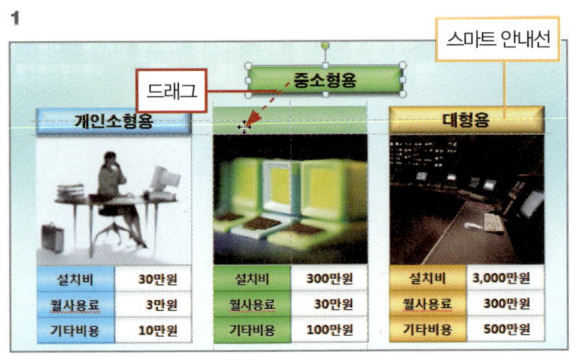

▲ 세로 간격이 동일하게 정렬됨

Tip **맞춤 명령을 실행하는 다른 방법**

도형이나 텍스트 상자 등의 개체를 선택할 때 표시되는 [그리기 도구]−[서식] 탭의 [정렬] 그룹에서 [맞춤]을 클릭한 후 명령을 선택합니다.

스마트 안내선을 이용해 개체 정렬하기

1 슬라이드에서 텍스트, 도형, 그림 등의 개체를 드래그하여 다른 개체의 중심으로 이동하면 **스마트 안내선(Smart Guideline)**이 표시됩니다. 이때 해당 개체에 중심을 맞추고 마우스에서 손을 뗍니다.

2 두 개체의 중심이 정확하게 맞춰집니다.

1

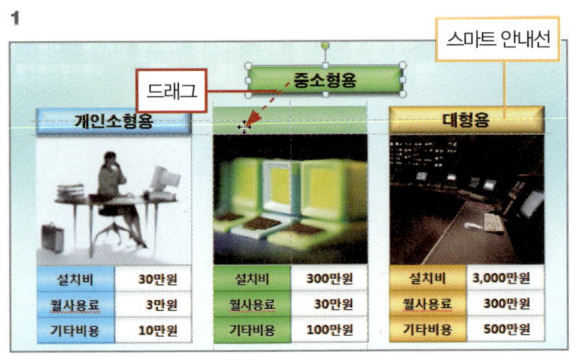

▲ 개체를 이동할 부분에 스마트 안내선 생성

2

▲ 스마트 안내선을 이용해 정확히 이동

원호 도형을 이용해 소제목 강조하기

본문 슬라이드에서 소제목은 대부분 해당 슬라이드의 핵심 키워드이므로 다양한 방법으로 강조하는 경우가 많습니다. 글꼴, 글꼴 색, 글 크기처럼 글자 서식을 변경해서 강조하거나 WordArt 스타일 등으로 소제목을 강조할 수 있지만 가장 확실한 방법은 도형을 이용하는 것입니다. 기본 도형을 이용해 소제목을 강조하는 방법에 대해서 알아보겠습니다.

· 준비 파일 ◉ : 부록 CD/3장/Section01/도형 다루기.pptx　　· 완성 파일 ◉ : 부록 CD/3장/Section01/완성/도형 다루기 결과.pptx

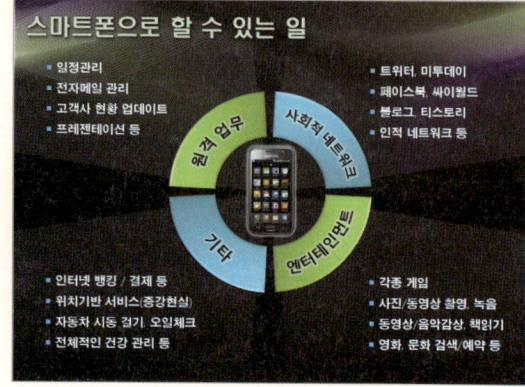

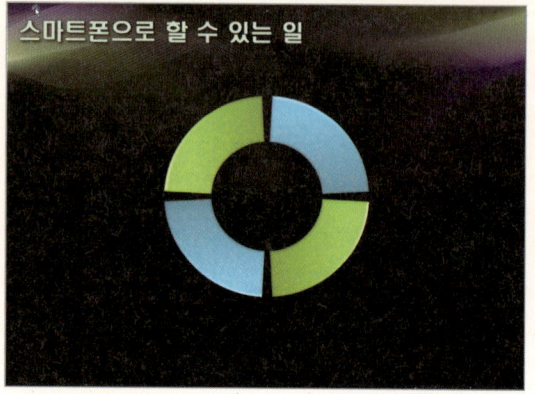

▲ 소제목을 강조한 본문 슬라이드　　　　　　　　　　　　　　▲ 완성 화면

소제목 배경 이미지로 사용할 막힌 원호 도형 만들기

01

① [홈] 탭 클릭

② [도형] 클릭

③ [기본 도형]에서 [막힌 원호]를 클릭합니다.

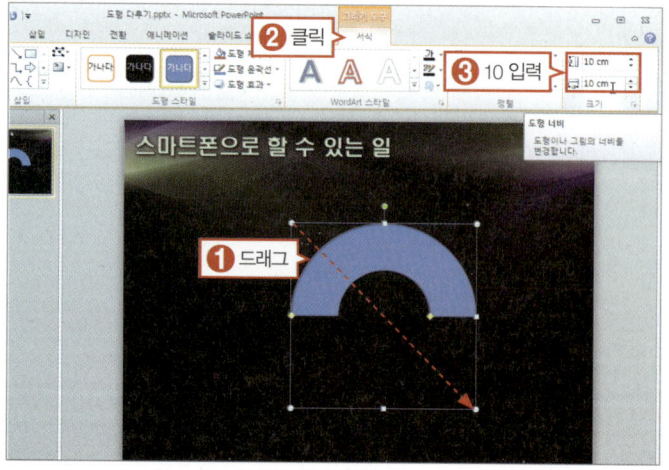

02

① 슬라이드에서 드래그

② [그리기 도구]-[서식] 탭 클릭

③ [높이]와 [너비]에 모두 10cm를 입력합니다.

Tip [그리기 도구]-[서식] 탭을 여는 다른 방법

도형을 더블클릭합니다.

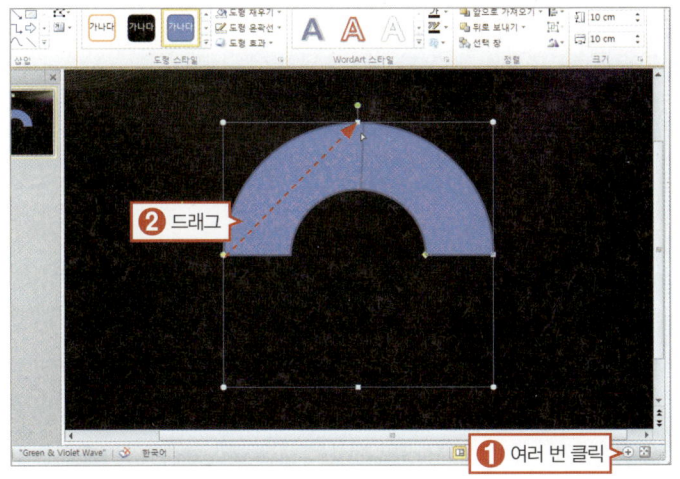

03

① [⊕ 확대]를 몇 번 눌러 슬라이드 확대

② 도형의 왼쪽에 있는

◆ **모양 조절 핸들**을 상단에 위치한

☐ 크기 조정 핸들의 약간 오른쪽까지 드래그합니다.

Tip　**확대/축소하는 다른 방법**

Ctrl을 누른 상태에서 마우스의 휠(바퀴)을 앞, 또는 뒤로 굴립니다. 마우스 휠을 앞으로 굴리면 확대, 뒤로 굴리면 축소됩니다.

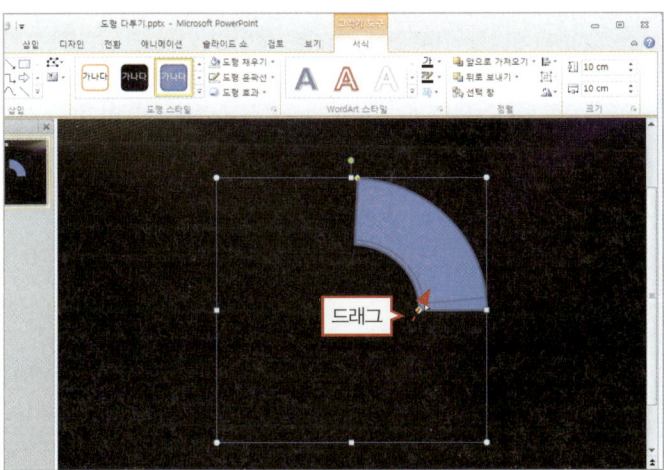

04 도형 오른쪽 안쪽에 있는

◆ **모양 조절 핸들**을 오른쪽 상단으로 약간 드래그해 도형의 두께를 조금 얇게 변경합니다.

막힌 원호를 복제해 원 모양으로 배치하기

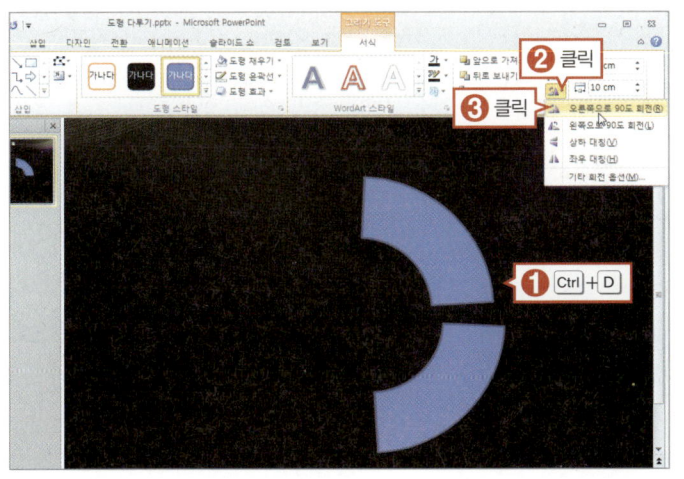

05

① Ctrl+D를 눌러 도형 복제

② [그리기 도구]-[서식] 탭에서

[⬛▾ 회전] 클릭

③ [오른쪽으로 90도 회전]을 클릭합니다.

Tip　**개체를 90도 회전하는 다른 방법**

[홈] 탭에서 [정렬]을 클릭하고 [회전] 메뉴에서 명령을 선택합니다.

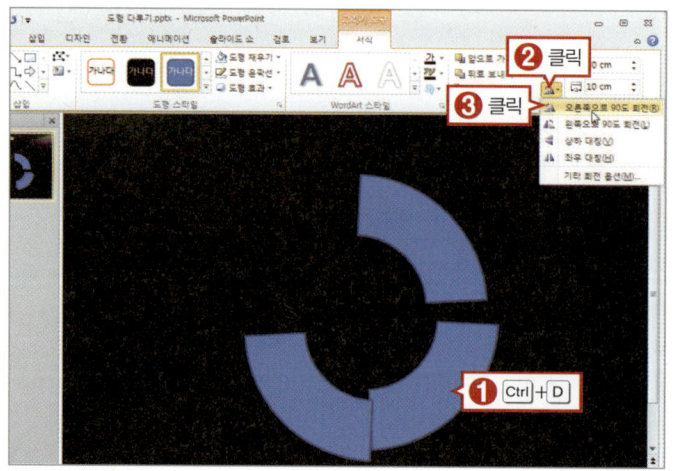

06

① Ctrl+D를 눌러 도형 복제

② [🔄 회전] 클릭

③ [오른쪽으로 90도 회전]을 클릭합니다.

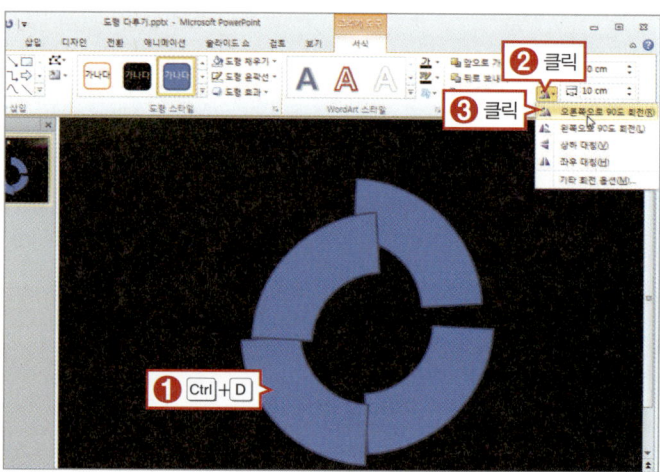

07

① Ctrl+D를 눌러 도형 복제

② [🔄 회전] 클릭

③ [오른쪽으로 90도 회전]을 클릭합니다.

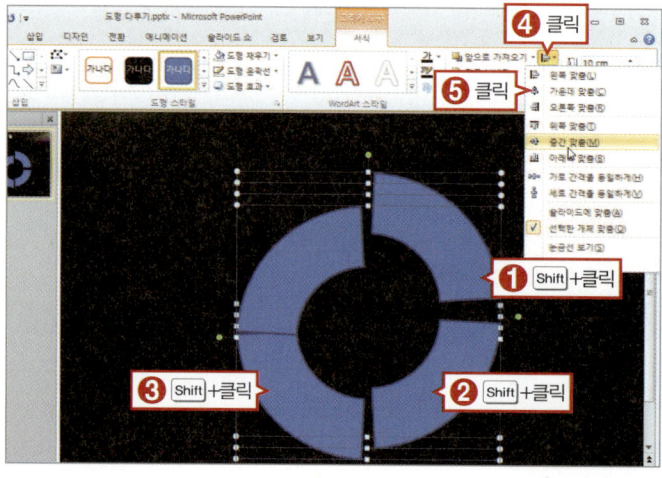

08

① Shift를 누른 상태에서 **오른쪽 상단 도형** 클릭

② Shift를 누른 상태에서 **오른쪽 하단 도형** 클릭

③ Shift를 누른 상태에서 **왼쪽 하단 도형**을 클릭하여 네 개의 도형 모두 선택

④ [📐 맞춤] 클릭

⑤ [가운데 맞춤]을 클릭합니다.

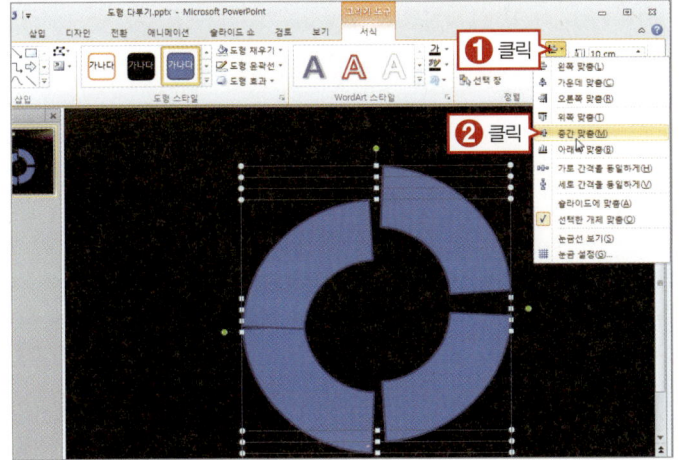

09

① [맞춤] 클릭

② [중간 맞춤]을 클릭합니다.

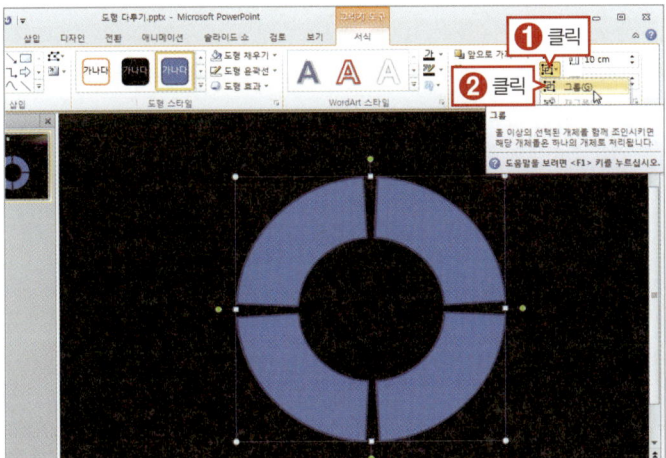

10 4개의 개체를 슬라이드 중심에 배치해보겠습니다.

① [그룹] 클릭

② [그룹]을
　클릭합니다(**단축키** : Ctrl + G).

Tip 그룹을 실행하는 다른 방법

방법 1 [홈] 탭에서 [정렬]을 클릭하고 [그룹]에서 [그룹]을
선택합니다.

방법 2 개체를 마우스 오른쪽 버튼으로 클릭하고 [그룹]에
서 [그룹]을 선택합니다.

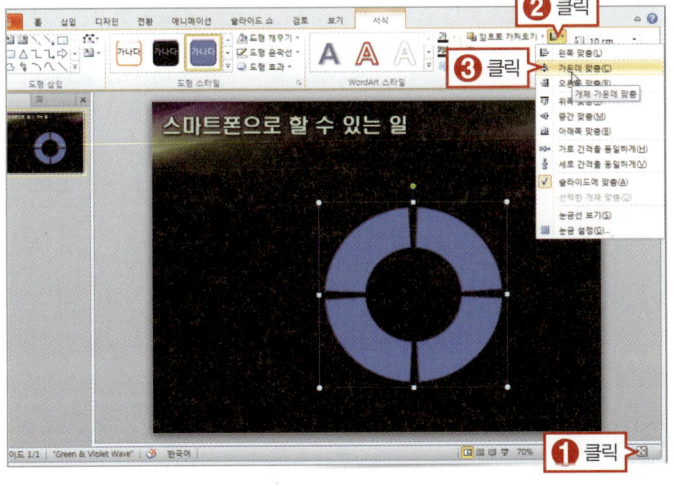

11

① 파워포인트 창 오른쪽 하단의
　[창에 맞춤]을 클릭해 슬라이드
　전체 표시

② [맞춤] 클릭

③ [가운데 맞춤]을 클릭하면 그룹 개체가
　가운데로 이동합니다.

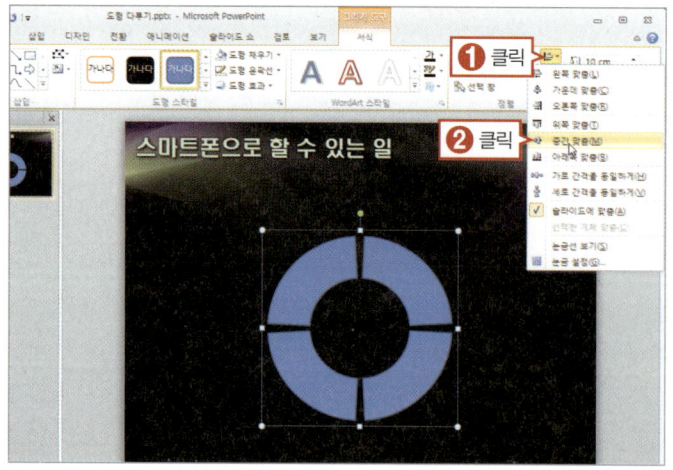

12

① [🔲▾ **맞춤**] 클릭

② [**중간 맞춤**]을 클릭하면 슬라이드의
　한가운데로 이동합니다.

눈에 잘 띄는 도형 스타일 적용하기

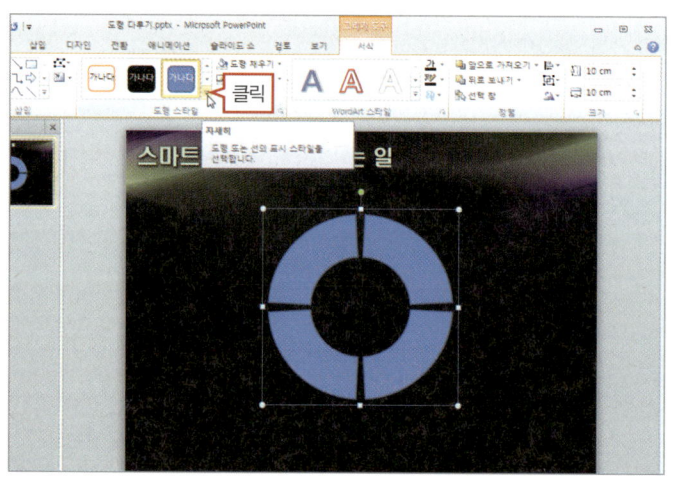

13 현재 그룹이 선택된 상태에서
[도형 스타일] 그룹의 [▾ **자세히**]를
클릭합니다.

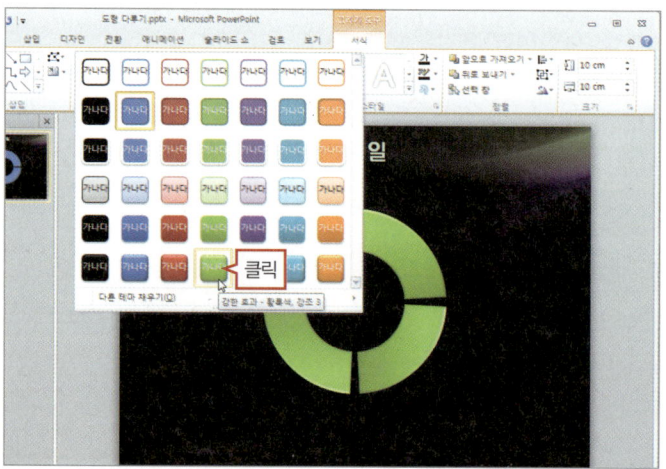

14 도형 스타일 목록에서 [**강한 효과–
황록색, 강조3**]을 클릭합니다.

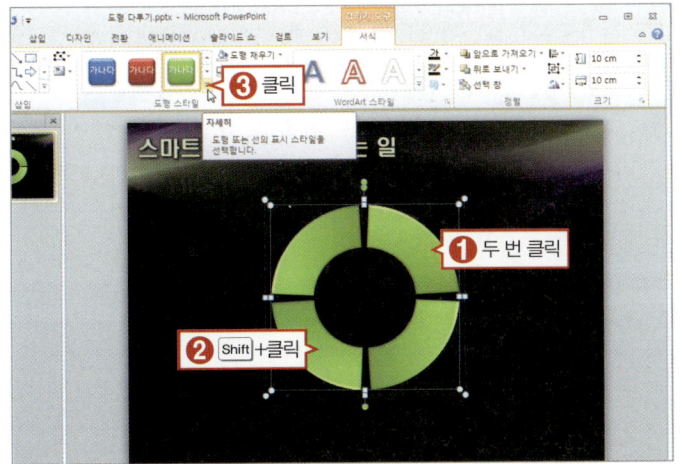

15

① 그룹 내의 **오른쪽 상단 도형** 두 번 클릭

② Shift 를 누른 상태에서 **왼쪽 하단의 도형** 클릭

③ [도형 스타일] 그룹에서 [▼ **자세히**]를 클릭합니다.

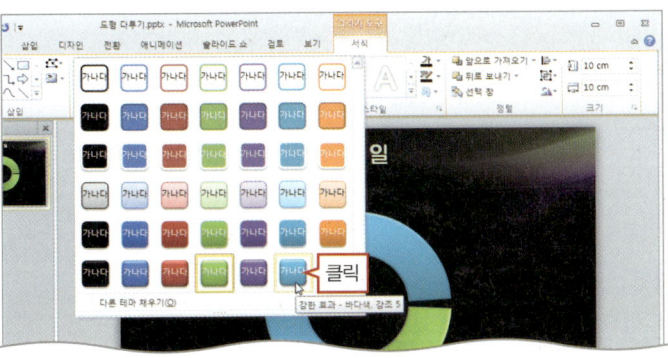

16 [**강한 효과-바다색, 강조 5**]를 클릭합니다.

> **Tip**   **그룹 해제 방법**
>
> [홈] 탭에서 [정렬]을 클릭하고 [그룹]에서 [그룹 해제]를 선택합니다(단축키 : Ctrl + Shift + G).

📝 **Note 4**   **[그리기 도구]-[서식] 탭**

[그리기 도구]-[서식] 탭은 슬라이드에서 도형이나 텍스트를 선택했을 때만 표시되는 탭으로 기본 색은 물론, WordArt 스타일, 순서, 크기 조정 등 여러 가지 중요한 기능을 제공합니다. 이 탭은 직접 클릭해서 열 수 있으며 도형이나 텍스트 상자의 테두리를 더블클릭해도 빠르게 열 수 있습니다.

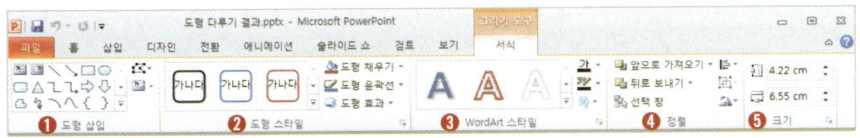

① **[도형 삽입] 그룹** : 도형이나 텍스트 상자 삽입 명령을 선택합니다. [🔧 도형 편집]을 클릭해 도형 모양을 바꾸거나 자유형 도형으로 변환할 수 있습니다.

② **[도형 스타일] 그룹** : 파워포인트에서 기본으로 제공하는 도형 스타일을 선택하거나 도형의 채우기 색, 윤곽선 색, 도형 효과 등을 적용할 수 있습니다. 이 그룹은 [홈] 탭의 [그리기] 그룹과 같습니다.

③ **[WordArt 스타일] 그룹** : 파워포인트에서 기본으로 제공하는 텍스트 스타일을 선택하거나 텍스트의 색, 윤곽선 색, 특수 효과 등을 적용할 수 있습니다.

④ **[정렬] 그룹** : 개체의 순서, 맞춤, 그룹, 회전 등을 실행할 수 있습니다. [홈] 탭의 [정렬]을 클릭하면 표시되는 메뉴에서 같은 명령을 선택할 수 있습니다.

⑤ **[크기] 그룹** : 높이와 너비를 설정합니다. [🔲 대화상자 표시]를 클릭하면 대화상자에서 좀 더 세부적으로 크기나 회전 각도를 설정할 수 있습니다.

section 02 그림으로 슬라이드 꾸미기

•그림 삽입 •클립아트 •그림 자르기 •그림의 색 톤 변경 •꾸밈 효과 적용 •그림 압축

그림은 함축적이고 직관적으로 프레젠테이션의 내용을 전달할 때 효과적입니다. 이번 섹션에서는 파워포인트 2010에서 강화된 필터와 그림 편집 기능, 그리고 그림 스타일 적용 방법에 대해서 알아보겠습니다.

▌슬라이드에 그림 삽입하기

슬라이드에 그림을 불러오는 경로는 다양합니다. 인터넷에 있는 그림을 가져오거나 컴퓨터의 하드디스크, USB 메모리 카드 등에 저장된 그림을 불러올 수 있고, 스크린 캡처를 통해 특정 장면을 가져올 수 있습니다.

Office.com에서 그림 가져오기

Office.com 사이트의 각종 문서 서식 및 그림을 자유롭게 가져와서 쓸 수 있습니다.

1 ① [삽입] 탭을 클릭하고 ② [클립아트]를 선택합니다.

2 클립아트 창에서 [Office.com 콘텐츠 포함]이 체크됐는지 확인합니다. ③ 검색 대상에 **환경**을 입력한 후 ④ [이동]을 클릭합니다. ⑤ 검색 결과 중 하나를 클릭하면 슬라이드에 그림이 삽입됩니다.

1

▲ [삽입] 탭 → [클립아트] 클릭

Tip **그림(사진)을 구하는 사이트**

클립아트 삽입 기능을 이용해 마이크로소프트에서 운영하는 www.office.com에서 사진을 찾습니다.

www.iStockPhoto.com, www.gettyimages.com, www.corbis.com에서 사진을 구입할 수 있습니다.

구글(www.google.com)의 이미지 검색을 이용해서 그림을 구하는 것도 좋은 방법입니다.

2

▲ 검색 대상에 [환경] 입력 → [이동] 클릭 → 클립아트 클릭

내 컴퓨터에 있는 그림을 슬라이드에 삽입하기

1 ① [삽입] 탭을 클릭하고 ② [그림]을 클릭합니다.

2 ③ 그림 삽입 대화상자에서 원하는 **그림**을 클릭하고 ④ [삽입]을 클릭합니다. JPG, BMP, PNG, TIF 등 대부분의 그림 파일 형식을 사용할 수 있습니다.

1

▲ [삽입] 탭 → [그림] 클릭

Tip **컴퓨터에 있는 그림을 드래그해서 슬라이드에 삽입하기**

윈도우 바탕화면이나 폴더에 있는 그림 파일을 드래그하여 슬라이드 위에 올려놓으면 그림이 슬라이드에 삽입됩니다.

2

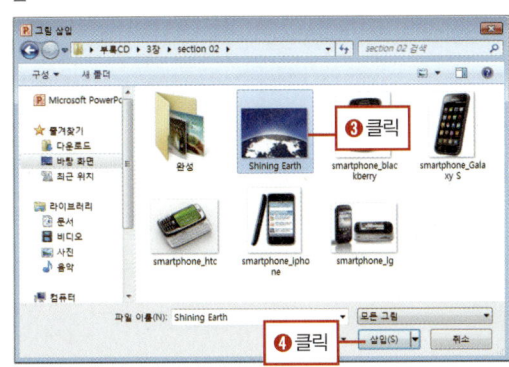

▲ 사용할 그림 클릭 → [삽입] 클릭

화면을 캡처해서 그림으로 사용하기

인터넷에 있는 특정 화면을 파워포인트로 가져오려면 스크린 샷 기능을 이용합니다.

1 ① [삽입] 탭을 클릭하고 ② [스크린샷]을 클릭합니다. ③ [화면 캡처]를 선택합니다.

2 ④ 웹 브라우저에서 사용할 부분만 드래그하면 선택한 부분이 슬라이드에 삽입됩니다.

1

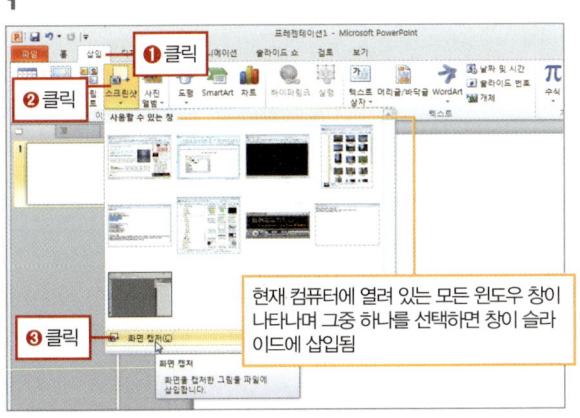

▲ [삽입] 탭 → [스크린샷] 클릭 → [화면 캡처] 클릭

2

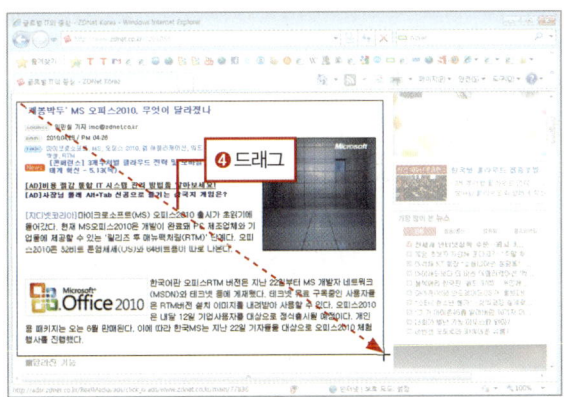

▲ 캡처할 부분만 드래그해서 선택

▌그림 자르기

그림을 다루는 기능 중 가장 자주 쓰이는 것이 자르기(Trimming)입니다. 전체 그림보다 그림의 일부만 필요한 경우가 많기 때문입니다. 예제의 이미지는 [삽입]−[클립아트]에서 '비즈니스'로 검색합니다.

1 ① 슬라이드에서 **그림**을 클릭합니다. ② [그림 도구]–[서식] 탭에서 [🔲 **자르기**]를 클릭합니다. ③ **자르기 핸들**을 드래그해 잘라낼 영역을 설정합니다.

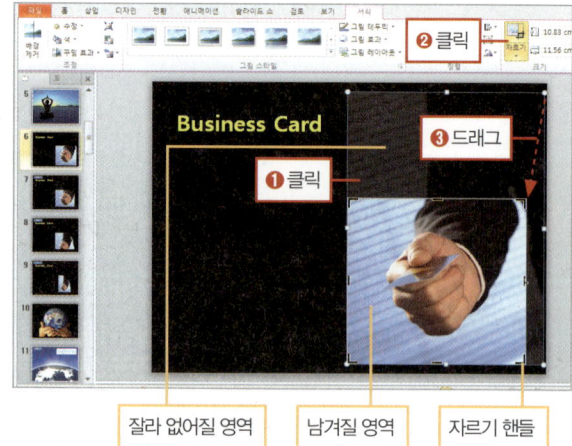

▶ 그림 클릭 → [자르기] → 자르기 핸들을 드래그하여 자를 영역 선택

잘라 없어질 영역   남겨질 영역   자르기 핸들

📝 **Note 1** **그림 여러 장을 각각의 슬라이드에 삽입하기**

여러 장의 그림이 있을 때 슬라이드 하나당 그림 하나를 삽입하려면 사진 앨범 기능을 사용합니다.

1 ① [삽입] 탭에서 [새 사진 앨범]을 클릭하고 ② 사진 앨범 대화상자에서 [파일/디스크]를 클릭합니다.

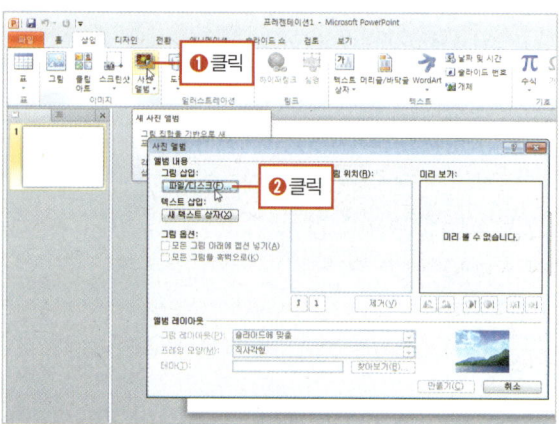

▲ [삽입] 탭 → [사진앨범] → [파일/디스크] 클릭

2 ③ 그림이 있는 폴더로 이동해서 Shift, 또는 Ctrl을 누른 상태로 그림을 클릭하고 ④ [삽입]을 클릭합니다.

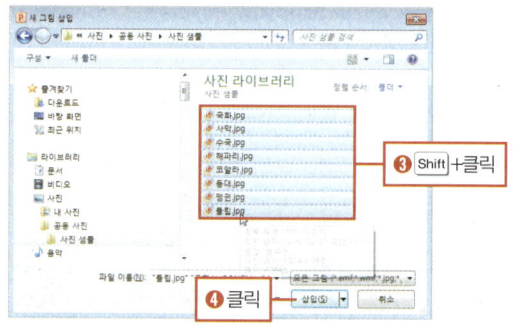

▲ Shift, 또는 Ctrl을 누르고 그림 선택 → [삽입] 클릭

3 ⑤ 사진 앨범 대화상자에서 [만들기]를 클릭합니다.

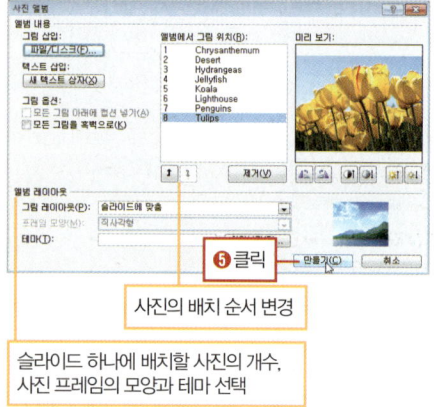

사진의 배치 순서 변경

슬라이드 하나에 배치할 사진의 개수, 사진 프레임의 모양과 테마 선택

▲ [만들기] 클릭

4 각각의 슬라이드에 그림이 삽입된 새 프레젠테이션이 열립니다.

▲ 각각의 슬라이드에 그림 삽입

2 ④ 그림에서 남길 부분을 드래그해서 자를 위치를 조정합니다.

3 ⑤ [그림 도구]–[서식] 탭에서 [🖼 자르기]를 클릭해 명령을 종료하거나 Esc 를 누르면 선택한 영역만 남기고 나머지 그림은 잘려 없어집니다.

2

▲ 그림에서 남길 영역을 드래그로 선택

3

▲ [자르기] 클릭

Tip 잘린 그림을 원본 상태로 되돌리기

그림을 원본 상태로 되돌리려면 [그림 도구]–[서식] 탭의 [조정] 그룹에서 [🖼 그림 원래대로] 오른쪽의 [▾ 메뉴]를 클릭하고 메뉴에서 [그림 및 크기 다시 설정]을 클릭합니다.

📝 **Note 2 모니터 해상도에 따라 달라지는 메뉴 모양**

모니터의 가로 크기가 1024픽셀일 때와 1280픽셀일 때 상단에 표시되는 메뉴 모양이 조금 다른 것을 볼 수 있습니다. 이 책에서는 1024픽셀 화면을 기준으로 합니다.

▲ 해상도가 1024픽셀(표준)인 경우

▲ 해상도가 1280픽셀(와이드)인 경우

[도형에 맞춰 자르기] : 하위 메뉴에서 도형을 선택하고 그 도형에 맞춰 자르기를 실행합니다. 예를 들어 타원을 선택하면 그림이 타원 형태로 잘립니다.

[가로 세로 비율] : 하위 메뉴에서 비율을 선택하면 그 비율대로 자르기를 실행합니다. 기본 슬라이드는 가로 대 세로 비율이 메뉴의 가로 항목 [4:3]과 같습니다. 예제의 이미지는 [삽입]–[클립아트]에서 '명상'으로 검색합니다.

▲ [자르기] 메뉴에서 [가로 세로 비율] –가로에서 [4:3] 선택 　　　　▲ 자르기 명령 종료 후 슬라이드에 꼭 맞게 크기 조정

[채우기] : 자르기를 실행한 후 채우기를 실행하면 원본 그림이 잘라진 영역에 표시됩니다. 단, 그림 원본의 가로/세로 비율이 맞지 않으면 넘치는 부분은 잘릴 영역으로 설정됩니다.

▲ 자르기 기능으로 크기 조정된 상태 　　　　　　　　　　　　　▲ [채우기] 명령 선택

[맞춤] : 자르기를 실행한 후 맞춤을 실행하면 원본 그림이 잘라진 영역에 표시됩니다. 단, 그림 원본의 가로/세로 비율이 맞지 않으면 여백 부분이 그림 영역 내에 표시됩니다.

▲ 자르기 기능으로 크기 조정된 상태 　　　　　　　　　　　　　▲ [맞춤] 명령 선택

선명도, 밝기, 대비 조정하기

● ① 그림을 클릭합니다. ② [그림 도구]-[서식] 탭에서 [수정]을 클릭하고 ③ [선명도 조절], [밝기 및 대비]에서 원하는 효과가 나타나는 견본을 클릭합니다. 견본 목록에서 마우스 포인터를 이동하면 실시간 미리 보기 기능이 실행됩니다. 결과는 슬라이드에서 바로 볼 수 있습니다. 예제의 이미지는 [삽입]-[클립아트]에서 '지구'로 검색합니다.

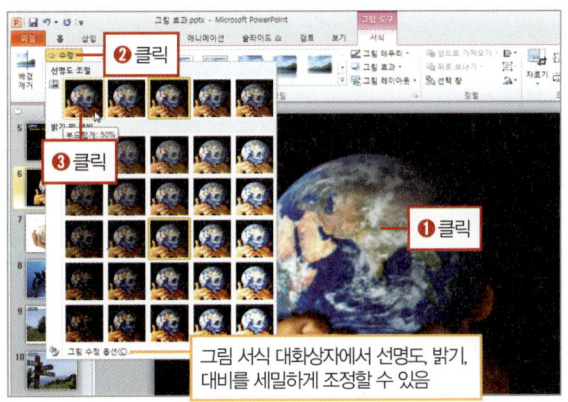

▶ [수정] → [선명도 조절], [밝기 및 대비]에서 원하는 효과 클릭

그림 서식 대화상자에서 선명도, 밝기, 대비를 세밀하게 조정할 수 있음

그림의 색 톤 변경하기

● ① 그림을 클릭합니다. ② [그림 도구]-[서식] 탭에서 [색]을 클릭하고 ③ [색 채도], [색조], [다시 칠하기]에서 원하는 효과가 나타나는 견본을 클릭합니다. 견본 목록에서 마우스 포인터를 이동하면 실시간 미리 보기 기능이 실행됩니다. 결과는 슬라이드에서 바로 볼 수 있습니다.

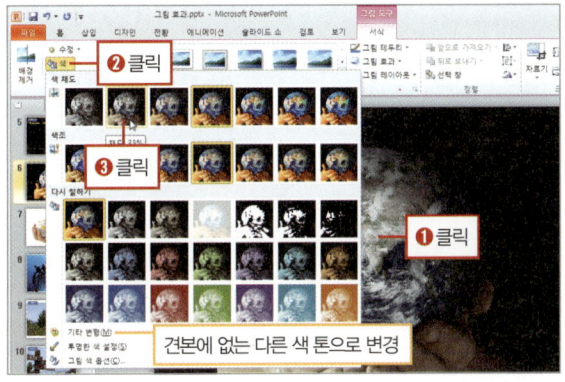

▶ [색] → [색 채도], [색조], [다시 칠하기]에서 원하는 효과 클릭

견본에 없는 다른 색 톤으로 변경

Note 4 그림에서 특정 색을 투명하게 만들어 뒷배경을 보이게 하는 방법

· 준비 파일 : 부록 CD/3장/Section02/투명한색 설정.pptx   · 완성 파일 : 부록 CD/3장/Section02/완성/투명한색 설정 결과.pptx

① 그림을 클릭하고 ② [색]을 클릭한 후 ③ [투명한 색 설정]을 클릭합니다. ④ 그림에서 투명하게 만들고 싶은 색이 있는 곳을 클릭합니다. 선택한 색이 사라집니다.

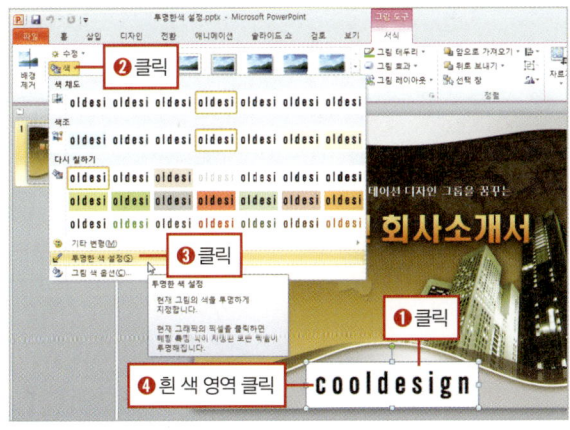

▲ [색] 클릭 → [투명한 색 설정] 클릭 → 투명하게 만들 부분 클릭

▲ 선택한 색이 그림에서 사라짐

그림 배경 제거하기

• **준비 파일** ⊙:부록 CD/3장/Section02/그림 배경 제거.pptx　　• **완성 파일** ⊙:부록 CD/3장/Section02/완성/그림 배경 제거 결과.pptx

그림에서 특정 부분만 남기고 배경을 투명하게 만들 때 사용하는 기능입니다. 예제의 이미지
는 [삽입]–[클립아트]에서 '환경'으로 검색합니다.

1 ① 슬라이드에서 배경을 제거할 **그림**을 삽입하고 ② [**그림 도구**]–[**서식**] 탭에서 [🖼 **배경 제**
　거]를 클릭합니다. 배경 제거 모드로 전환되면서 그림에서 제거할 부분을 자동으로 선택해
　보라색으로 표시합니다.

2 ③ 남길 부분이 보라색으로 표시되었다면 배경 제거 영역의 **크기 조정 핸들**을 드래그하여
　범위를 조정합니다.

1

▲ 그림 클릭 → [배경 제거] 클릭

2

▲ 배경 제거 모드로 전환

3 ④ [**배경 제거**] 탭에서 [**보관할 영역 표시**]를 클릭하고 ⑤ 배경 제거 영역 안쪽에서 보라색이
　보이는 부분 중 슬라이드에 남길 부분을 클릭합니다. 클릭한 부분에 ⊕ 표시가 나타나고 보
　라색이 제거됩니다. 반대로 제거해야 하는데 나타나는 부분이 있다면 [**제거할 영역 표시**]를
　클릭합니다. 제거할 부분을 클릭하면 ⊖ 표시가 나타납니다. ⑥ 배경 제거 작업을 실행하
　려면 [**변경 내용 유지**]를 클릭합니다.

4 설정된 것처럼 보라색 부분이 그림에서 투명하게 표시되면서 슬라이드의 뒷배경이 나타납
　니다.

3

⊕ : [보관할 영역 표시]로 보관하고 싶은 부분 클릭
⊖ : [제거할 영역 표시]로 제거하고 싶은 부분 클릭

❹ 클릭   ❻ 클릭
❺ 클릭

▲ 영역 선택 → [변경 내용 유지] 클릭

4

▲ 배경 그림이 제거되고 뒷배경이 나타나면 크기 조정 후 배치

Tip   변경 내용을 모두 취소하는 방법

[배경 제거] 탭에서 **[변경 내용 모두 취소]**를 클릭합니다.

꾸밈 효과 적용하기

• ① **그림**을 클릭합니다. ② [그림 도구]−[서식] 탭
에서 **[꾸밈 효과]**를 클릭하고 ③ 원하는 효과가 나
타나는 견본을 선택합니다. 견본 목록에서 마우스
포인터를 이동하면 실시간 미리 보기 기능이 실행
되어 결과를 확인할 수 있습니다. 예제의 이미지는
[삽입]−[클립아트]에서 '지구'로 검색합니다.

❷ 클릭

❸ 클릭

❶ 클릭

▶ [꾸밈 효과] → 원하는 효과 클릭

꾸밈 효과의 투명도와 농도를 세밀하게 조정

Note 5   잘라낸 그림을 네온 효과로 꾸며보기

• ① [그림 도구]−[서식] 탭에서 **[그림 효과]**를 클릭합니다. ② **[네온]**의
[다른 네온 색]에서 **[흰색]**을 선택하고 네온을 설정하면 흥미로운 장면
을 연출할 수 있습니다.

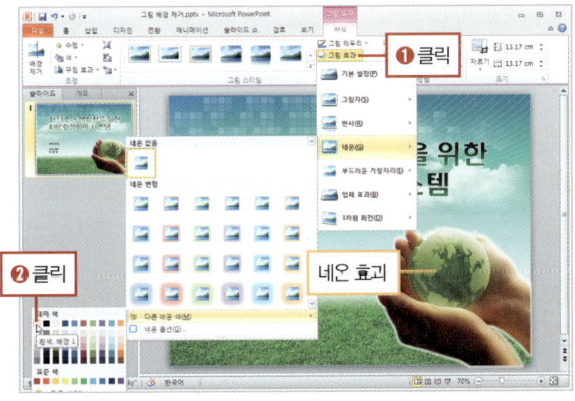

❶ 클릭

❷ 클릭

네온 효과

▶ [그림 효과] → [네온] → [다른 네온 색] → [흰색]

그림 스타일 적용하기

· **준비 파일** ◎ :부록 CD/3장/Section02/그림 스타일.pptx　　　　· **완성 파일** ◎ :부록 CD/3장/Section02/완성/그림 스타일 결과.pptx

1 ① 슬라이드에서 Shift 를 누르고 세 가지 그림을 선
택합니다. ② [그림 도구]–[서식] 탭의 [그림 스타
일] 그룹에서 [▾ 자세히]를 클릭합니다.

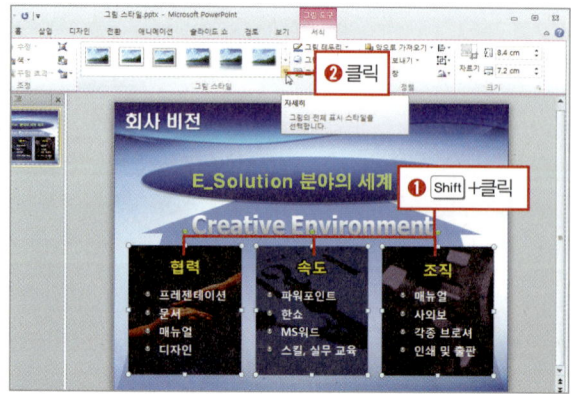

▶ [그림 도구]–[서식] 탭 → [그림 스타일] 그룹의 [자세히] 클릭

2 ③ 그림 스타일 견본 중에서 하나를 클릭합니다.

3 ④ [그림 스타일] 그룹에서 **[그림 효과]**를 클릭합니다. ⑤ 그림자, 네온, 부드러운 가장자리,
3차원 등의 세부 효과를 변경할 수 있습니다.

2

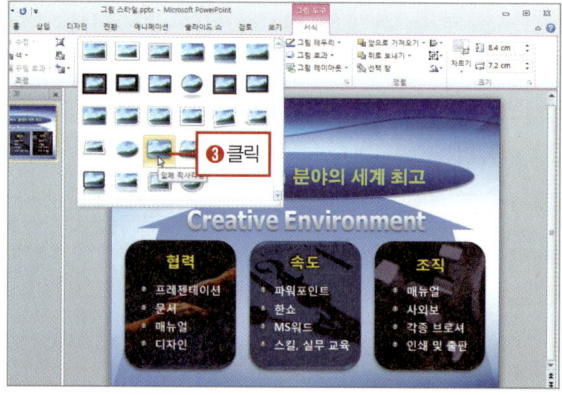

▲ 그림 스타일 견본 클릭

3

▲ [그림 효과] → 세부 효과 견본 클릭

Tip　효과를 그대로 둔 채 그림만 바꾸기

그림 효과가 적용된 그림을 클릭합니다. [그림 도구]–[서식] 탭의 [조정] 그룹에서 **[그림 바꾸기]**를 클릭하고 그림 삽입 대화상자에서
바꿀 그림을 선택합니다.

Note 6 그림을 이용해 스마트아트를 만드는 방법

● ① Shift 를 누르고 그림을 여러 개 선택합니다. ② [그림 레이아웃]을 클
릭하고 ③ 원하는 견본을 클릭합니다. SmartArt를 쉽게 만들 수 있습
니다.

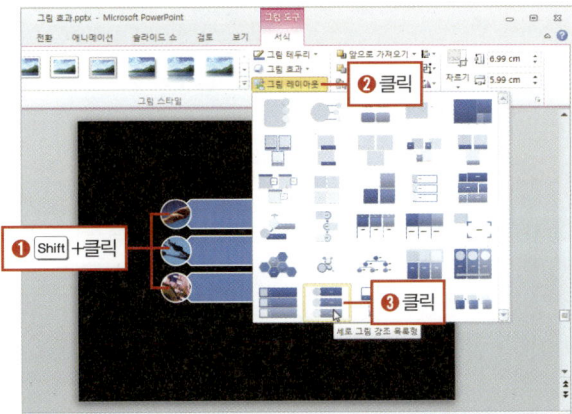

▶ [그림 레이아웃] → SmartArt의 종류 선택

Note 7 메일에 첨부할 수 있는 용량으로 프레젠테이션 파일 줄이기

프레젠테이션 파일의 크기가 너무 크면 메일을 보내거나 웹에 올릴 때 불편할 수 있습니다. 이때는 그림을 압축해서 보내는 것이 좋습
니다.

1 ① 슬라이드에서 아무 그림이나 클릭하고 ② [그림 도구]-[서식] 탭에서 **[그림 압축]**을 클릭합니다.

2 ③ 그림 압축 대화상자에서 **[이 그림에만 적용]** 체크를 해제하고 ④ 대상 출력에서 **[전자 메일(96ppi)]**을 선택합니다. ⑤ **[확인]**을
클릭합니다.

1

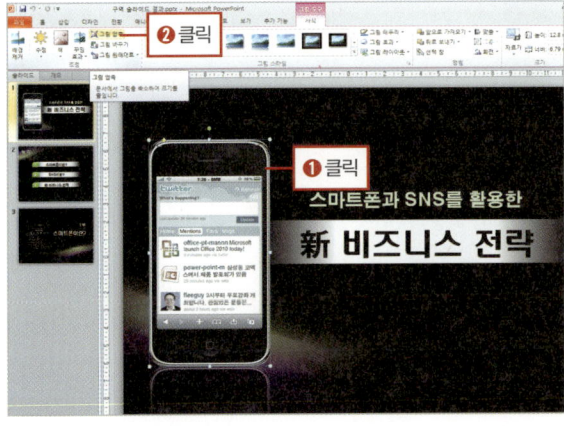

▲ 그림 선택 → [그림 압축] 클릭

2

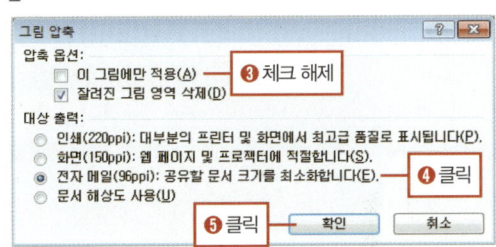

▲ [이 그림에만 적용] 체크 해제 → [전자 메일] 선택 → [확인] 클릭

제목 슬라이드에 주제와 어울리는 그림 삽입하고 편집하기

▲ 완성 화면

프레젠테이션 주제를 직관적이면서 함축적으로 보여주는 그림을 제목 슬라이드에 삽입하면 청중은 첫 슬라이드에서부터 제목과 그림을 통해 주제를 어렴풋이나마 파악할 수 있습니다. 그러면 프레젠테이션의 내용이 좀 더 쉽게 이해됩니다. 스마트폰과 SNS를 활용한 신비즈니스 전략을 소개하는 프레젠테이션 표지에는 스마트폰에서 SNS를 실행하는 그림을 삽입하고 필요 없는 부분을 잘라냅니다. 마지막으로 색을 조정하여 제목 슬라이드를 완성해보겠습니다.

• **준비 파일**
  ◎ : 부록 CD/3장/Section02/표지 그림.pptx
• **완성 파일**
  ◎ : 부록 CD/3장/Section02/완성/표지 그림 결과.pptx

삽입한 그림이 깨끗하게 담길 수 있도록 배경 제거하기

01
① [삽입] 탭 클릭
② [그림]을 클릭합니다.

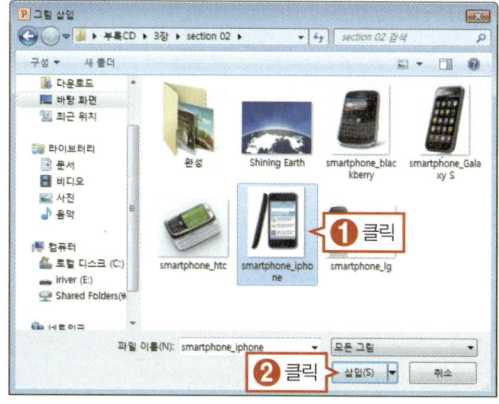

02
① 그림 삽입 대화상자에서
  부록 CD/03장/Section02/
  smartphone_iphone.jpg 클릭
② [삽입]을 클릭합니다.

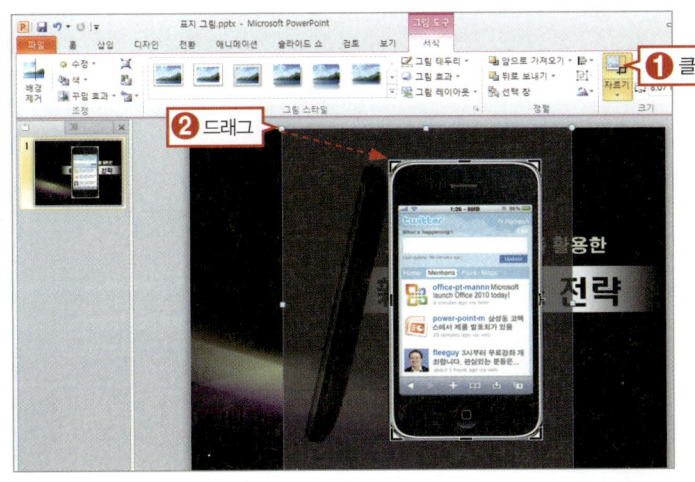

03

① [그림 도구]–[서식] 탭에서 **[자르기]**
　클릭

② 스마트폰 크기에 맞춰
　크기 조정 핸들을 드래그합니다.

Tip　크기 조정 핸들이 세밀하게 조정되지 않을 때

Alt 를 누른 상태에서 크기 조정 핸들을 드래그합니다.

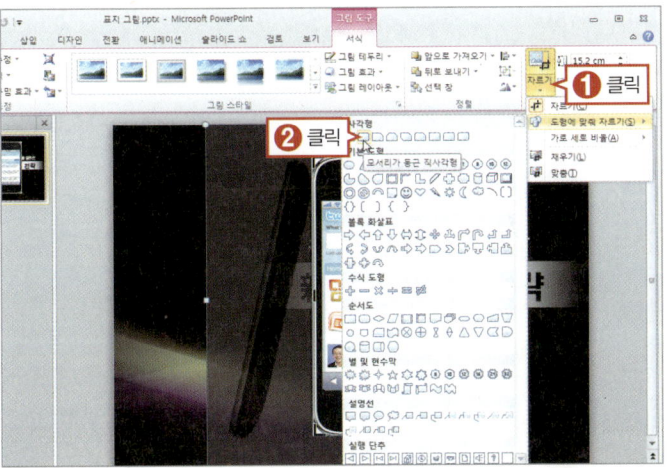

04

① [자르기 **자르기**] 메뉴 클릭

② **[도형에 맞춰 자르기]**로 마우스
　포인터를 이동하고 사각형에서
　[모서리가 둥근 직사각형]을
　클릭합니다.
　모서리가 둥근 사각형 모양으로
　그림이 잘립니다.

05 만약 모서리 부분의 모양이 그림과
다르다면 왼쪽 상단에 있는 ◆ **모양 조절
핸들**을 좌우로 드래그하여 모서리 모양을
맞춥니다.

그림이 눈에 잘 띄도록 효과 주기

06

① [그림 효과] 클릭

② [반사]로 마우스 포인터를 이동하고 반사 변형에서 [근접 반사, 터치]를 클릭합니다.

07 그림은 배경처럼 사용할 것이므로 채도를 약간 낮추는 것이 좋습니다.

① [색] 클릭

② 색 채도에서 [채도: 33%]를 클릭합니다.

> **Tip** 제목을 눈에 띄게 하고 싶을 때
>
> 제목을 눈에 더 띄게 만들고 싶다면 그림을 약간 흐릿하게 만드는 것이 좋습니다. 채도를 약간 낮추는 방법, 흑백 이미지로 만드는 방법, 색 톤을 뒤쪽에 있는 배경과 비슷하게 만드는 방법 등이 있습니다.

08 그림의 크기를 약간 줄인 뒤 슬라이드 왼쪽으로 이동해 완성합니다.

 **중간 제목 슬라이드 만들기**

프레젠테이션이 긴 경우에는 주제별로 중간에 주제가 바뀌었다는 것을 알려주는 슬라이드를 만들어봅니다. 중간 제목 슬라이드는 표지처럼 간략하게 제목과 멋진 이미지 정도만 사용하는 것이 좋습니다. 슬라이드에 스마트폰 그림을 삽입하고 부드러운 가장자리, 네온 꾸밈 효과, 채도 변경 효과 등을 적용해보겠습니다.

- **준비 파일** ⊙ : 부록 CD/3장/Section02/구역 슬라이드.pptx
- **완성 파일** ⊙ : 부록 CD/3장/Section02/완성/구역 슬라이드 결과.pptx

 ▲ 완성 화면

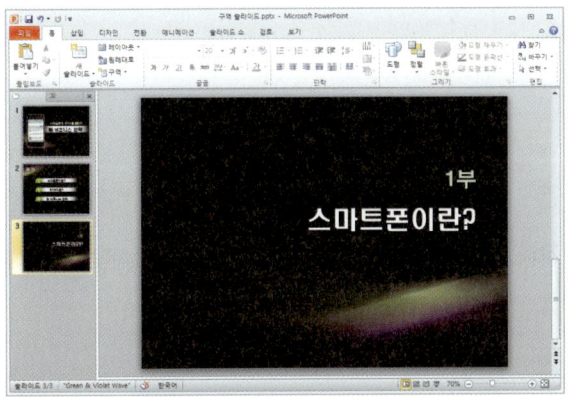

1 2번 슬라이드 뒤에 [구역 머리글 슬라이드]를 삽입하고 기본 개체 틀에 다음과 같이 입력합니다.

2 smartphone_blackberry.jpg 그림을 슬라이드에 삽입합니다.

3 [그림 도구]–[서식] 탭을 열고 [자르기] 명령으로 그림에서 필요 없는 부분을 잘라냅니다.

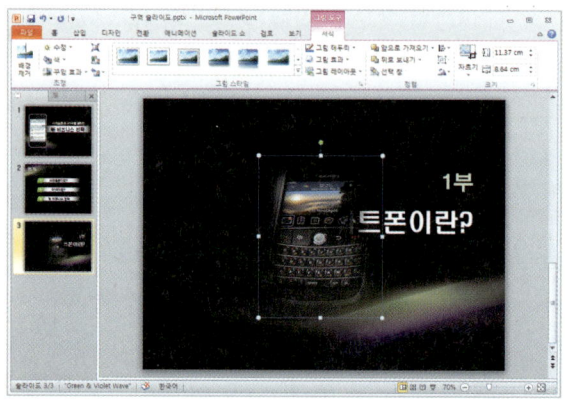

4 가장자리를 부드럽게 처리합니다. [그림 스타일] 그룹에서 [그림 효과]를 클릭하고 [부드러운 가장자리] 하위 메뉴에서 부드러운 정도를 선택합니다.

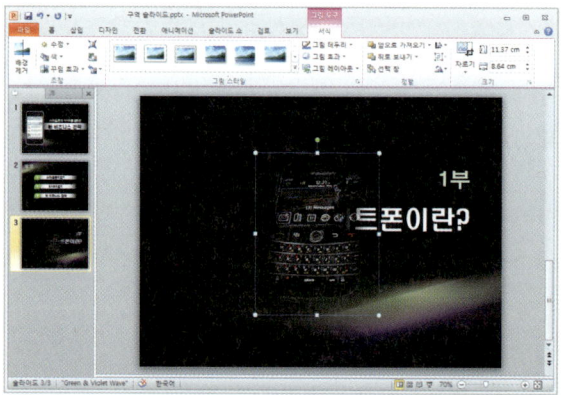

5 [조정] 그룹의 [꾸밈효과]에서 [네온 가장자리]를 설정합니다.

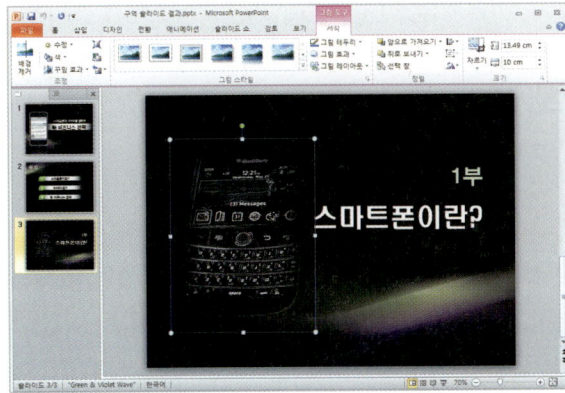

6 [채도: 0%]로 설정하고 크기를 조금 더 크게 한 후 슬라이드 왼쪽으로 이동합니다.

CHAPTER **04**

멋지게 발표하고
내 맘대로 인쇄하기

파워포인트로 만든 문서는 발표용으로 사용한 뒤에
보고서로 제출하거나 자료로 남겨두는 경우가 많습니다.
따라서 프레젠테이션에서 스크린을 보는 청중뿐만 아니라
인쇄물을 읽는 독자까지도 고려하여 문서를 제작해야 합니다.
이번 장에서는 애니메이션과 화면 전환 기능으로 청중의 시선을 모으는 방법,
슬라이드 쇼에 필요한 핵심 기술 및 보고서로 사용할 때 중요한
최적의 인쇄 방법에 대해서 알아보겠습니다.

청중의 시선을 모으는 애니메이션

• 애니메이션 적용 • 애니메이션 속성 변경 • 애니메이션 복사

텅 빈 슬라이드로 도형이 날아오거나 텍스트가 불쑥 나타나는 등 개체에 다양한 동적 변화를 주는 것이 애니메이션입니다. 개체에 애니메이션을 적용하면 프레젠테이션이 재미있어지고 청중의 주목도를 높일 수 있습니다. 또한 중요한 항목을 강조할 수 있습니다.

▌애니메이션 적용하기

• 준비 파일 ◎ : 부록 CD/4장/Section01/애니메이션01.pptx   • 완성 파일 ◎ : 부록 CD/4장/Section01/완성/애니메이션01 결과.pptx

1 ① 애니메이션을 적용할 **개체**를 선택합니다. ② **[애니메이션]** 탭을 열고 ③ **[애니메이션]** 그룹에서 [⬇ **자세히**]를 클릭합니다.

2 ④ 애니메이션 목록에서 **[닦아내기]**를 선택합니다.

1

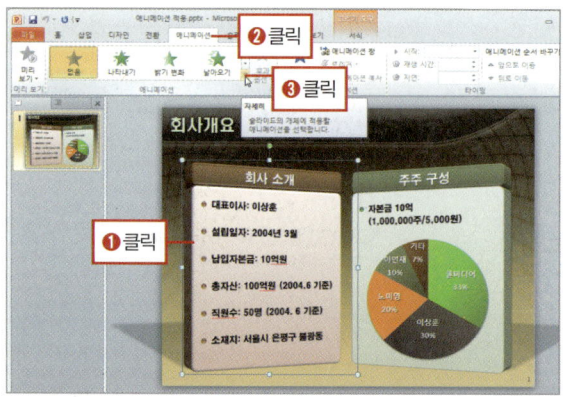

▲ 개체 선택 → [애니메이션] 탭 → [자세히] 클릭

2

▲ 애니메이션 목록에서 [닦아내기] 선택

3 애니메이션이 적용된 개체 왼쪽에 📗 이라는 라벨이 표시됩니다. 현재 슬라이드의 첫 번째 애니메이션이라는 의미로 애니메이션이 계속 적용되면 번호는 자동으로 업데이트됩니다.

4 ⑤ [⭐ **미리 보기**]를 클릭하여 애니메이션 결과를 미리 확인할 수 있습니다.

3

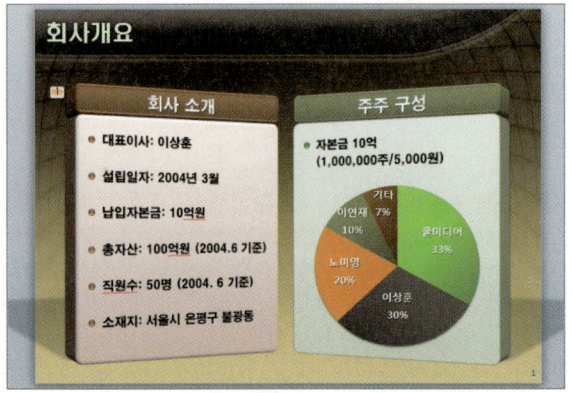

▲ 개체 왼쪽에 애니메이션 순서를 의미하는 번호가 표시됨

4

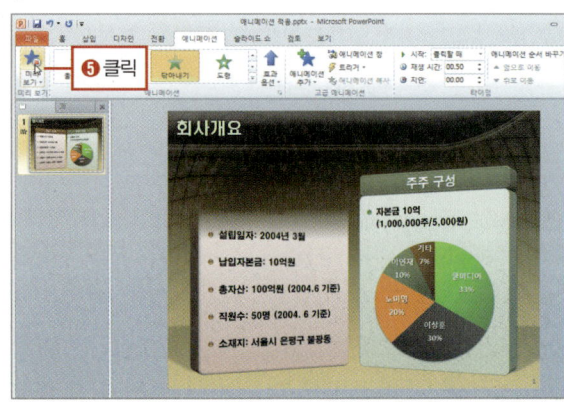

▲ [미리 보기] 클릭

애니메이션 종류 알아보기

[애니메이션] 탭의 [애니메이션] 그룹에서 [▼ 자세히]를 클릭해 애니메이션 목록을 열면 나타
내기(녹색), 강조(노랑), 끝내기(빨강), 이동 경로(선 모양) 등 파워포인트에서 기본으로 제공하
는 애니메이션이 네 가지로 나뉘어 표시됩니다.

▲ 애니메이션 목록

① **[없음]** : 개체에 적용된 애니메이션을 지우려면 그 개체를 선택하고 [없음]을 선택합니다.

② **[나타내기]** : 숨겨져 있는 상태에서 개체가 나타납니다. 가장 많이 사용되는 애니메이션으로 녹색 별 모양이 표시됩니다.

③ **[강조]** : 개체가 깜박거리거나 채우기 색이 바뀌는 등 청중의 시선을 끄는 역할을 합니다. 강조는 노란색 별 모양으로 표시됩니다.

④ **[끝내기]** : 현재 보이는 개체를 스크린에서 사라지게 만듭니다. 일반적으로 자신의 역할을 다 하고 더 이상 화면에서 보여줄 필요가 없을 때 사용합니다. 끝내기는 빨간색 별 모양으로 표시됩니다.

⑤ **[이동 경로]** : 기차가 레일을 따라 이동하는 것처럼 개체가 경로(Path)를 따라 이동하도록 합니다. 이동 경로는 다루기가 쉽지 않지만 사용자의 수준과 상상력에 따라 무궁무진한 장면을 만들어낼 수 있습니다. 이동 경로는 선(Line) 모양으로 표시됩니다.

⑥ [추가 나타내기 효과], [추가 강조하기 효과], [추가 끝내기 효과], [추가 이동 경로]

애니메이션 목록에 나타나는 기능이 파워포인트에서 제공하는 애니메이션의 전부는 아닙니다. 목록에 없는 애니메이션의 종류를 더 알고 싶다면 목록 아래쪽에 위치한 **⑥**에 해당하는 명령들을 선택합니다. 파워포인트에서 제공하는 모든 애니메이션을 보여주는 대화상자가 나타나면 원하는 애니메이션을 선택하고 **[확인]**을 클릭합니다. 애니메이션 효과가 적용됩니다.

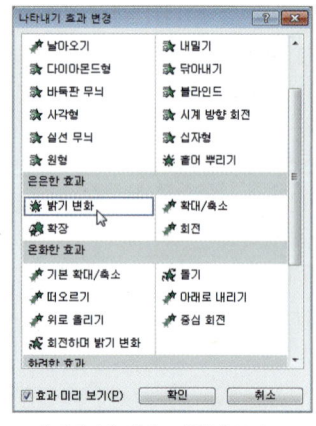

▲ 애니메이션 선택 → [확인] 클릭

> **Tip 애니메이션 실시간 미리 보기**
>
> 애니메이션 목록에서 애니메이션 종류에 마우스 포인터를 가져가면 결과가 슬라이드에서 미리 나타납니다. 이것을 **실시간 미리 보기**(Live Preview)라고 하며 애니메이션 효과를 확인하고 적용할 수 있습니다.

> **Tip 애니메이션을 적용하는 순서**
>
> 애니메이션은 발표할 내용을 강조하거나 청중의 주목을 끌기 위한 목적이 있으므로 순서가 중요합니다. 따라서 애니메이션을 어떤 순서로 보여줄 것인지를 미리 결정한 후 적용하는 것이 좋습니다. 파워포인트에서 애니메이션을 적용하는 순서는 다음과 같습니다.
>
> 1. 슬라이드에서 개체를 보여줄 순서를 정합니다.
> 2. 동시에 보여주고자 하는 개체는 가급적 그룹으로 묶습니다(단축키 : Ctrl + G). 그룹으로 개체를 묶으면 애니메이션을 적용하기가 한결 수월합니다.
> 3. 보여줄 개체에 가장 적합한 애니메이션을 선택합니다.
> 4. 속도, 방향, 시작 방법 등 애니메이션의 속성을 조정합니다.

애니메이션 탭에서 제공하는 옵션 알아보기

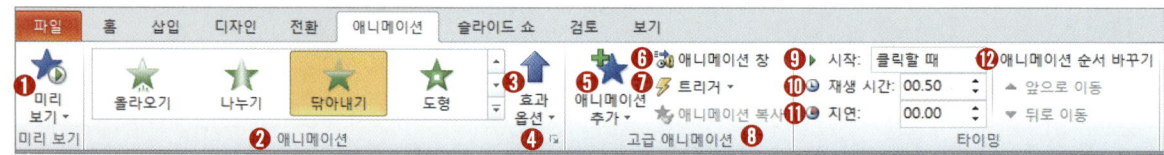

① **[미리 보기]** : 그림이 있는 부분인 ⭐ 을 클릭하면 결과를 미리 볼 수 있습니다. 미리 보기라고 쓰인 하단의 미리보기를 클릭하면 메뉴가 표시됩니다. **[내용 조금 보기]**가 선택되어 있습니다. 이 옵션을 클릭 해제하면 애니메이션 목록의 애니메이션에 마우스 포인터를 위치시켜도 실시간 미리 보기 기능이 자동으로 실행되지 않습니다. 실시간 미리 보기 기능 때문에 시간이 지연되거나 컴퓨터의 성능이 떨어지는 경우에 해제합니다.

② **[애니메이션 목록]** : 애니메이션을 지우거나 애니메이션을 선택합니다. 슬라이드에서 개체가 선택되어 있는 경우 그 개체에 적용된 애니메이션이 표시됩니다. 선택된 개체에 애니메이션이 지정되어 있지 않으면 [없음]이 표시됩니다.

③ **[효과 옵션]** : 선택된 애니메이션의 방향, 색 등과 같은 속성을 변경할 수 있습니다. 적용된 애니메이션에 따라 옵션이 달라집니다.

④ **[🖼 대화상자 표시]** : 아이콘을 클릭하면 효과나 타이밍을 설정할 수 있는 대화상자가 열립니다. 적용된 애니메이션에 따라 다른 대화상자가 열립니다.

⑤ **[애니메이션 추가]** : 선택된 개체에 애니메이션을 두 개 이상 적용할 수 있는 기능입니다. 애니메이션이 적용된 개체를 선택하고 [애니메이션 추가]를 클릭해서 애니메이션을 선택하면 기존 애니메이션을 유지한 채 애니메이션이 추가됩니다.

⑥ **[애니메이션 창]** : 애니메이션 창을 표시합니다. 이 창에서는 현재 슬라이드에 적용된 애니메이션 목록을 확인할 수 있으며 애니메이션의 순서를 바꾸거나 시작 방법을 바꾸는 등 세부 작업을 할 수 있습니다.

⑦ **[트리거]** : 슬라이드 쇼에서 어떤 개체를 클릭했을 때 다른 개체, 예를 들어 다른 애니메이션이나 동영상, 소리가 재생되도록 하는 기능입니다.

⑧ **[애니메이션 복사]** : 현재 선택된 개체의 애니메이션을 복사합니다. 이 버튼을 더블클릭하면 두 개 이상의 개체에 복사한 애니메이션을 붙여넣을 수 있습니다.

⑨ **[시작]** : 오른쪽 메뉴를 열고 시작 방법을 선택합니다.

⑩ **[재생 시간]** : 애니메이션의 속도를 조정합니다.

⑪ **[지연]** : 지연 시간을 설정합니다.

⑫ **[애니메이션 순서 바꾸기]** : 선택된 개체의 애니메이션 순서를 변경합니다.

▌애니메이션 속성 변경하기

· **준비 파일** ◎ : 부록 CD/4장/Section01/애니메이션02.pptx　　　· **완성 파일** ◎ : 부록 CD/4장/Section01/완성/애니메이션02 결과.pptx

애니메이션을 적용하고 [애니메이션] 탭에서 애니메이션의 방향, 속도 등 속성을 변경할 수 있습니다. 예를 들어 닦아내기 애니메이션의 속성을 변경해보겠습니다.

1 닦아내기 애니메이션은 기본적으로 밑에서 위로 개체를 닦아냅니다. 만약 글자를 읽는 방향인 왼쪽에서부터 오른쪽으로 닦아내기를 하고 싶다면 ① 닦아내기 애니메이션이 지정되어 있는 **개체**를 선택합니다. ② **[애니메이션]** 탭에서 **[효과 옵션]**을 클릭한 후 ③ **[왼쪽에서]**를 선택합니다.

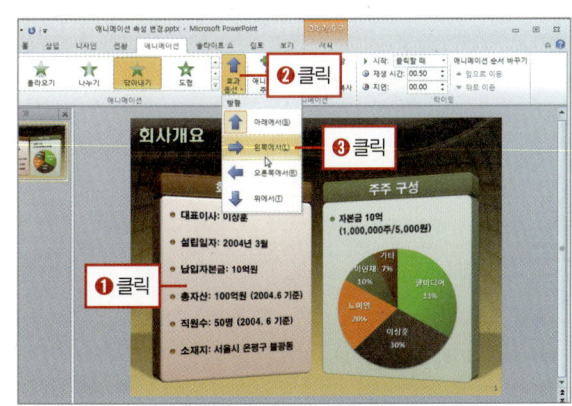

▶ [효과 옵션] 클릭 → [왼쪽에서] 선택

2 속도가 너무 빨라 조금 느리게 하려면 ④ [타이밍] 그룹에서 [재생 시간] 값을 늦춥니다.

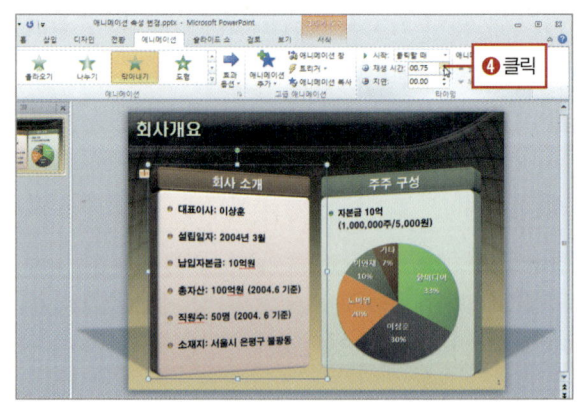

▶ [재생 시간] 조정

애니메이션 복사하기

특정 개체에 적용된 애니메이션 속성(애니메이션 종류, 시작 방법, 재생 시간 등)을 복사해서 다른 개체에 붙여넣을 수 있습니다. 이 기능은 파워포인트 2010의 새 기능입니다.

복사한 애니메이션 속성을 개체 한 개에만 붙여넣기

· 준비 파일 ◎:부록 CD/4장/Section01/애니메이션03.pptx　　· 완성 파일 ◎:부록 CD/4장/Section01/완성/애니메이션03 결과.pptx

1 ① 애니메이션이 적용된 **개체**를 선택하고 ② [고급 애니메이션] 그룹에서 [애니메이션 복사]를 클릭합니다.

2 ③ 마우스 포인터가 ⌖ 로 변경되면 마우스를 이동해 다른 개체를 클릭합니다. 복사한 애니메이션 속성이 적용됩니다. 그리고 개체 왼쪽에 [2] 라는 애니메이션 순서 표시 라벨이 나타납니다.

1

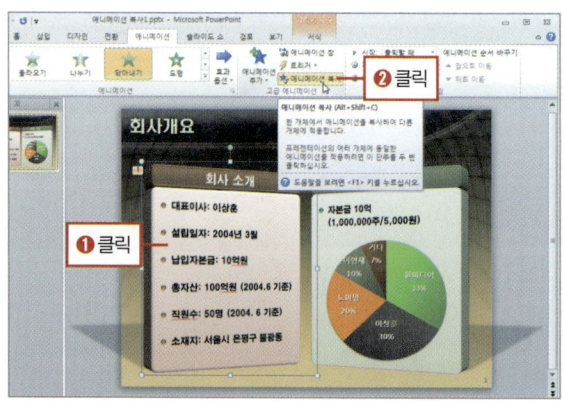

▲ 애니메이션이 적용된 개체 선택 → [애니메이션 복사] 클릭

2

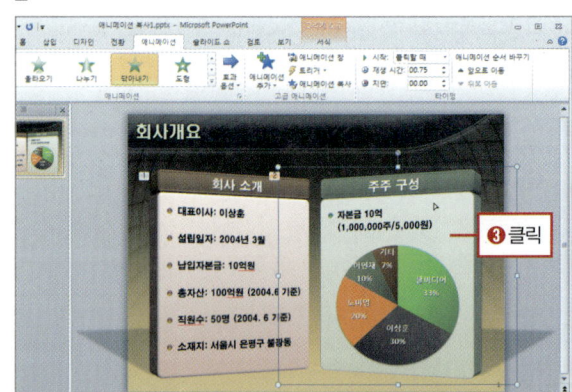

▲ 애니메이션을 적용할 개체 클릭 → 개체 왼쪽에 라벨 [2] 생성

복사한 애니메이션을 여러 개체에 붙여넣기

· **준비 파일** ◎ : 부록 CD/4장/Section01/애니메이션04.pptx   · **완성 파일** ◎ : 부록 CD/4장/Section01/완성/애니메이션04 결과.pptx

애니메이션 복사는 기본적으로 한 번만 실행됩니다. 만약 복사한 애니메이션 속성을 두 개 이상의 개체에 붙여넣으려면 더블클릭이나 단축키를 사용하는 것이 좋습니다.

1 ① 애니메이션이 적용된 **개체**를 선택하고 ② **[애니메이션 복사]**를 **더블클릭**합니다(**단축키 :** Alt + Shift + C). ③ 애니메이션을 적용할 다른 개체를 클릭합니다. 앞서 복사했던 애니메이션이 적용됩니다. 애니메이션을 붙여넣은 후에도 마우스 포인터에 ↳♣ **붓 모양**이 표시되면 붙여넣기를 계속 할 수 있다는 의미입니다.

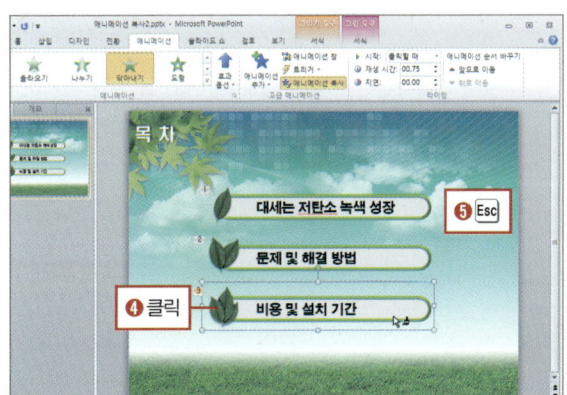

▲ 애니메이션이 적용된 개체 선택 → [애니메이션 복사] 더블클릭 → 다른 개체 클릭

2 ④ 다른 개체를 클릭합니다. 역시 애니메이션이 적용됩니다. ⑤ 애니메이션 복사 명령을 종료하려면 Esc 를 누르거나 슬라이드 빈 곳을 클릭합니다.

▲ 다른 개체 클릭 → Esc 를 눌러 명령 종료

애니메이션 창에서 제공하는 옵션 알아보기

• 준비 파일 ◎ : 부록 CD/4장/Section01/애니메이션 견본.pptx

[고급 애니메이션] 그룹에서 [애니메이션 창]을 클릭해서 열 수 있습니다. 현재 슬라이드에 적용된 애니메이션 목록을 확인할 수 있으며 애니메이션의 순서를 바꾸거나 시작 방법을 바꾸는 등 세부적인 작업을 할 수 있습니다.

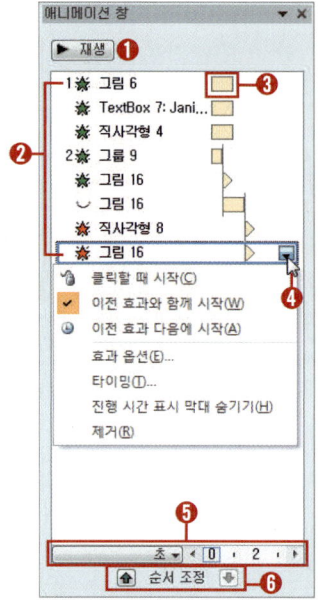

▲ 애니메이션 창

① **재생** : 현재 보기 상태에서 애니메이션 결과를 미리 보여줍니다.

② **애니메이션 목록** : 현재 슬라이드에 적용된 애니메이션 목록이 순서대로 표시됩니다.

번호는 애니메이션 효과가 재생되는 순서를 나타내고 별의 색상은 애니메이션의 종류(녹색 : 나타내기, 노란색 : 강조, 빨간색 : 끝내기, 선 모양 : 이동 경로)를, 텍스트는 적용된 개체의 이름을 나타냅니다. 번호가 붙은 것은 클릭을 해야 재생을 시작하고 붙지 않은 것은 이전 효과와 함께 시작하거나 이전 효과 다음에 시작합니다.

③ **재생 시간 표시 막대** : 애니메이션의 재생 시작 시점과 재생 시간을 알려줍니다.

④ **애니메이션 메뉴** : 애니메이션을 선택하고 오른쪽에 있는 ▾를 클릭하면 애니메이션 메뉴가 표시됩니다.

⑤ **재생 시간 표시** : 각 애니메이션 오른쪽에는 재생 시간을 표시하는 직사각형 ▭이 있습니다. 직사각형의 너비는 재생 시간에 비례합니다. [초]를 클릭하고 표시되는 메뉴에서 보기를 확대/축소할 수 있습니다.

⑥ **순서 조정 버튼** : 선택한 애니메이션의 순서를 조정하는 버튼입니다. 애니메이션 목록에서 애니메이션을 위나 아래로 드래그하여 순서를 바꿀 수 있습니다.

Tip 재생 시간 표시 막대가 삼각형인 이유

삼각형 ▷은 나타내기 범주의 [나타내기] 애니메이션과 끝내기 범주의 [사라지기] 애니메이션에만 나타나는 아이콘입니다. 이 두 애니메이션은 순간적으로 나타나고 사라지기 때문에 시간을 표시할 수 없어 삼각형 형태로 표시됩니다. 나머지 애니메이션의 경우에는 모두 직사각형 ▭으로 표시됩니다.

Note 1 **재생 시간 표시 막대로 시간을 조정하는 방법**

1 애니메이션 시작 시간 조정 : 재생 시간 표시 막대 왼쪽 경계 부분에 마우스 포인터를 위치시키고 왼쪽, 또는 오른쪽으로 드래그하여 시작 시간을 조정합니다.

2 애니메이션 끝나는 시간 조정 : 재생 시간 표시 막대 오른쪽 경계 부분에 마우스 포인터를 위치시키고 왼쪽, 또는 오른쪽으로 드래그하여 끝나는 시간을 조정합니다.

1

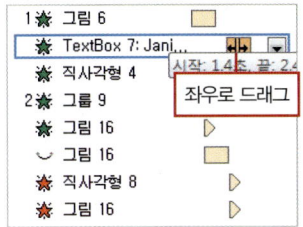

▲ 애니메이션의 시작 시간 조정

2

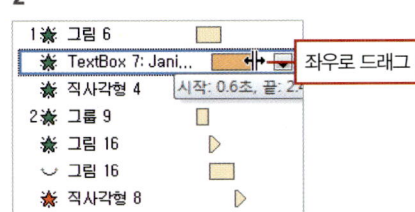

▲ 애니메이션이 끝나는 시간 조정

 **Note 2** **[▼ 애니메이션 메뉴] 알아보기**

애니메이션 오른쪽에 있는 ▼를 클릭할 때 나타나는 메뉴에서 다음과 같은 옵션을 설정할 수 있습니다.

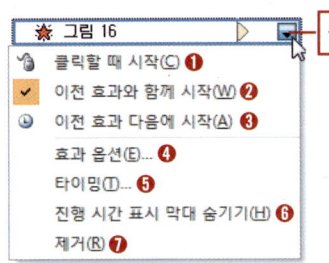

▲ 애니메이션 메뉴

① **[클릭할 때 시작]** : 개체를 표시한 후 그 개체에 대해 오랫동안 설명할 때 선택합니다.

② **[이전 효과와 함께]** : 앞 개체와 함께 표시합니다. 두 개 이상의 개체를 선택한 후 애니메이션을 적용하면 첫 번째 애니메이션은 '클릭할 때'로, 두 번째 애니메이션부터는 '이전 효과와 함께'로 설정됩니다.

③ **[이전 효과 다음에]** : 앞 개체가 표시된 후 나타납니다. 앞 개체와 같이 설명하지만 나타나는 순서가 중요할 때 사용합니다.

④ **[효과 옵션]** : 애니메이션 효과와 관련된 세부 옵션을 설정하는 대화상자가 표시됩니다.

소리 : 소리 메뉴를 열고 기본적으로 제공하는 소리를 선택하거나 맨 아래에 있는 [다른 소리]를 선택하여 소리 파일(＊.wav)을 설정할 수 있습니다.

애니메이션 후 : 애니메이션이 실행된 후 다른 색으로 변경되거나 아예 사라지도록 설정할 수 있습니다.

텍스트 애니메이션 : 텍스트에 애니메이션을 설정했을 때 텍스트의 글자 단위나 단어 단위로 애니메이션 효과가 나타나도록 설정할 수 있습니다.

⑤ **[타이밍]** : 속도, 지연 시간, 반복 등 시간과 관련된 세부 옵션을 설정할 수 있도록 대화상자가 표시됩니다.

시작 : 시작 방법을 선택합니다.

지연 : 애니메이션의 지연 시간을 설정합니다.

재생 시간 : 재생 속도를 설정합니다.

반복 : 애니메이션을 몇 번 반복할 것인지를 설정합니다.

재생이 끝나면 되감기 : 애니메이션이 실행된 후 맨 처음 상태로 되돌아갑니다.

시작 옵션 : 슬라이드에 어떤 개체를 클릭하면 현재 애니메이션이 실행되도록 설정합니다.

⑥ **[진행 시간 표시 막대 숨기기]** : 애니메이션 오른쪽에 표시되는 재생 시간 표시 막대를 숨깁니다.

⑦ **[제거]** : 현재 선택된 애니메이션을 지웁니다.

청중의 시선을 모으는 애니메이션 적용하기

애니메이션의 가장 큰 목적은 발표할 내용에 변화를 주어 재미있는 프레젠테이션으로 청중의 주목을 이끌어내는 것입니다. 이러한 결과를 얻기 위해서는 애니메이션 효과나 발표자의 말, 행동 등이 적절하게 맞아 떨어져야 합니다. 따라서 스크린에서 표시될 개체의 순서를 정한 뒤 애니메이션을 적용하는 것이 좋습니다. 만약 슬라이드에 개체 수가 많다면 개체를 몇 개 그룹으로 만들고 그룹에 애니메이션을 적용하는 것이 더 효율적입니다. 개체가 많으면 화면이 복잡하고 발표 순서를 변경해야 할 때 작업이 어려워집니다.

· **준비 파일** ⊙ : 부록 CD/4장/Section01/애니메이션05.pptx · **완성 파일** ⊙ : 부록 CD/4장/Section01/완성/애니메이션05 결과.pptx

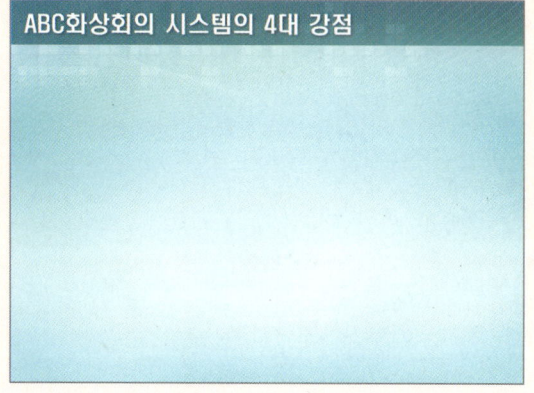

▲ 쇼 시작

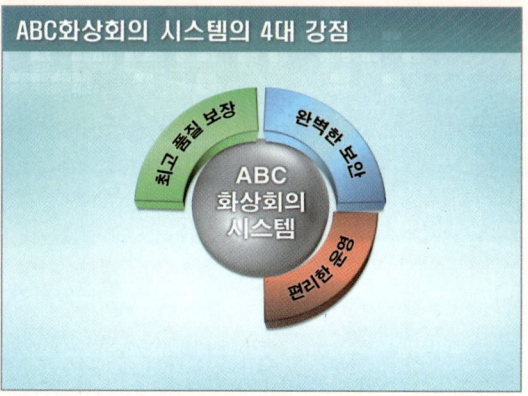

▲ 개체가 하나씩 애니메이션으로 나타남

▲ 글자가 애니메이션으로 나타남

▲ 모든 개체 표시

개체 하나에 애니메이션 적용하기

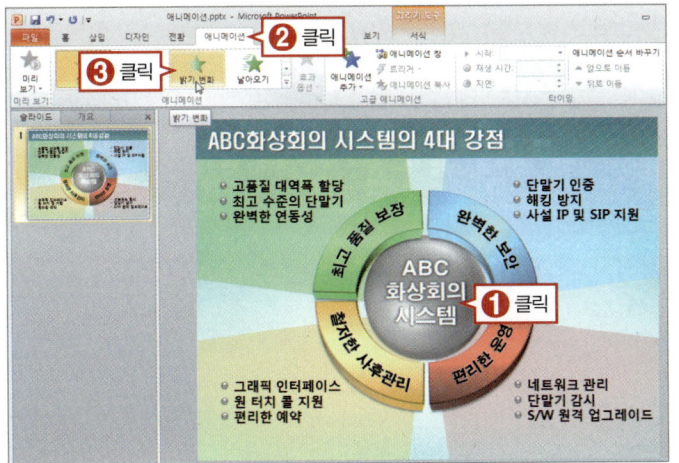

01

① **ABC 화상회의 시스템**이 입력된 원 클릭

② **[애니메이션]** 탭 클릭

③ **[애니메이션]** 그룹에서 **[밝기 변화]**를 클릭합니다.

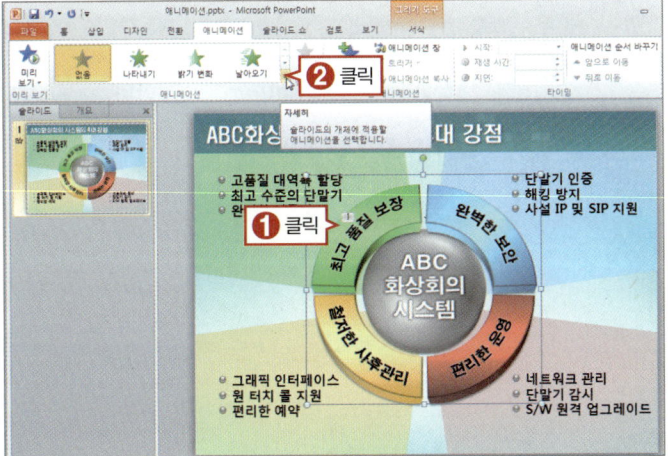

02

① 왼쪽 상단의 **최고 품질 보장**이 입력된 그룹 개체 클릭

② **[애니메이션]** 그룹에서 **[⯆ 자세히]**를 클릭합니다.

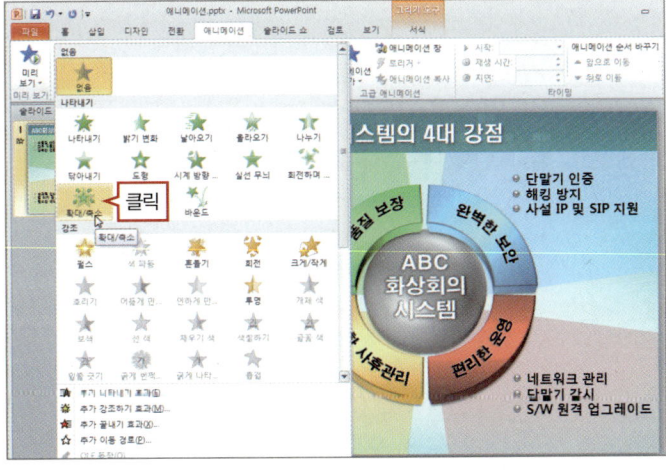

03 **[애니메이션 목록]**의 **[나타내기]**에서 **[확대/축소]**를 클릭합니다.

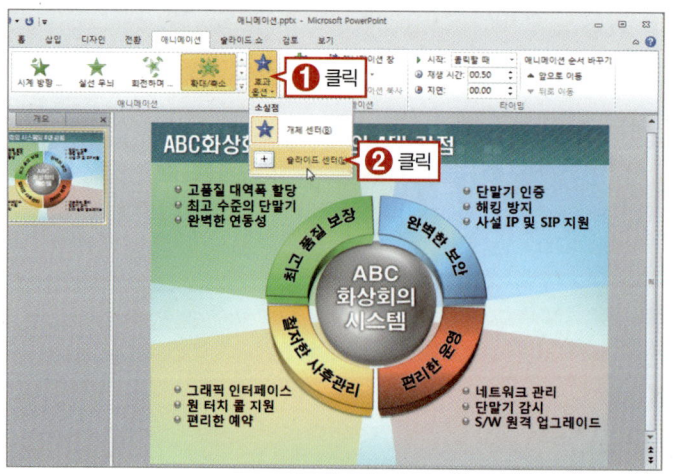

04 개체는 기본적으로 개체가 있는 위치를 중심으로 확대됩니다. 개체 중심이 아닌 슬라이드 가운데를 중심으로 확대되도록 바꿔보겠습니다.

① [효과 옵션] 클릭
② [슬라이드 센터]를 클릭합니다.

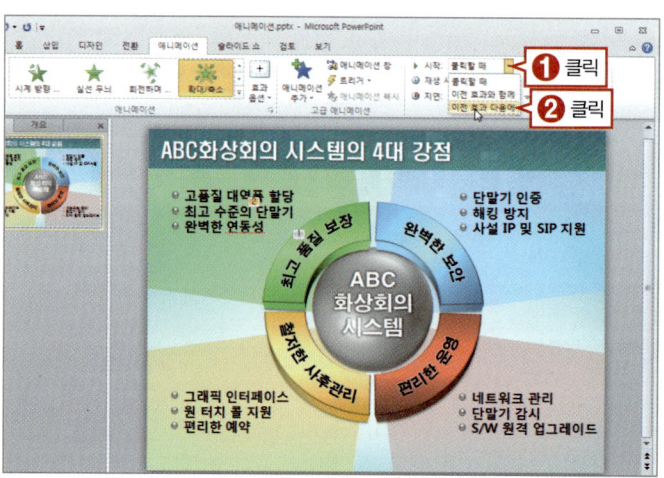

05 가운데 타원이 나타난 후 곧바로 애니메이션이 되도록 설정합니다.

① [시작]의 [메뉴] 클릭
② [이전 효과 다음에]를 클릭합니다.

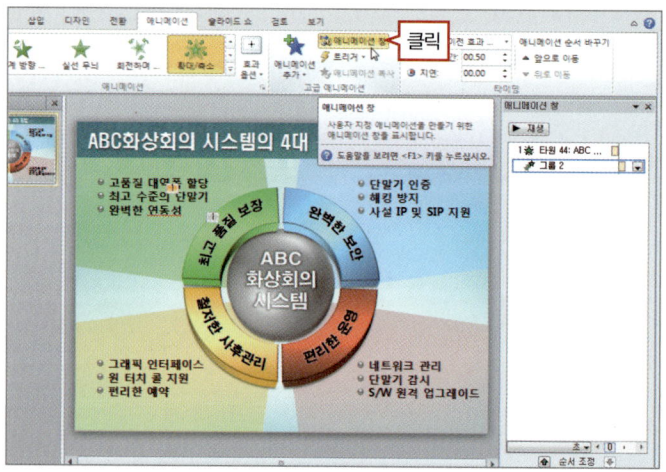

06 [애니메이션 창]을 클릭해 애니메이션 창을 열고 현재까지 적용된 애니메이션을 확인합니다.

Tip　현재 애니메이션 창 설명

첫 번째 애니메이션 : 왼쪽에 표시되는 1은 슬라이드 가운데에 있는 타원에 적용된 애니메이션으로 첫 번째 애니메이션이란 의미입니다.

두 번째 애니메이션 : 최고 품질 보장 그룹 개체에 적용된 애니메이션으로 [시작]을 [이전 효과 다음에]로 변경했으므로 왼쪽에 번호가 표시되지 않습니다. 재생 시간 표시 막대가 위에 있는 것보다 오른쪽에 표시되었으므로 위쪽 애니메이션이 실행된 후 나타날 것임을 알려줍니다.

애니메이션이 적용된 개체에서 애니메이션 복사하기

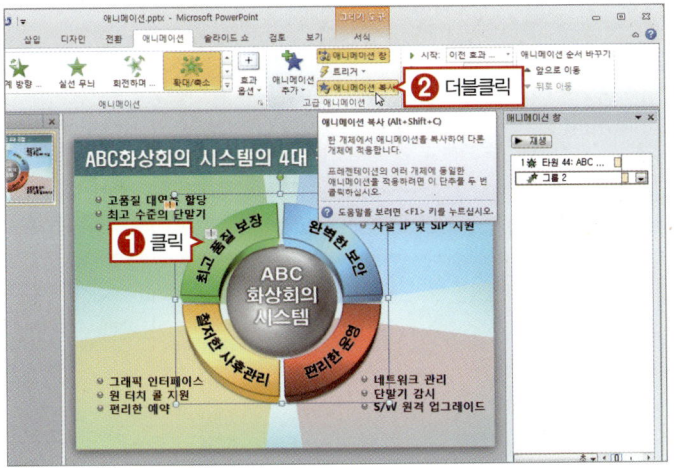

07

① 방금 애니메이션을 설정한 **최고 품질
보장 그룹 개체** 클릭

② [고급 애니메이션] 그룹에서
[애니메이션 복사]를 더블클릭(단축키 :
Alt + Shift + C)합니다.

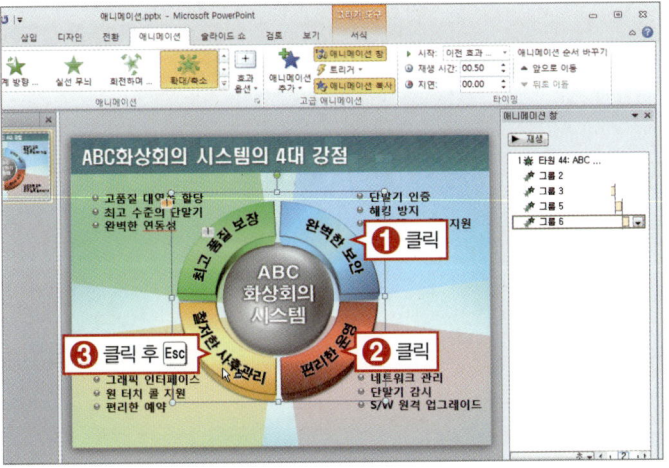

08

① **완벽한 보안 그룹 개체** 클릭

② **편리한 운영 그룹 개체** 클릭

③ **철저한 사후관리 그룹 개체**를
클릭하고 Esc를 누릅니다.

Tip 애니메이션 복사 명령을 종료하는 다른 방법

방법 1 [애니메이션 복사]를 클릭해 선택 해제합니다.

방법 2 슬라이드의 빈 곳(또는 슬라이드 바깥쪽)을 클릭합
니다.

나머지 개체에 애니메이션 적용하기

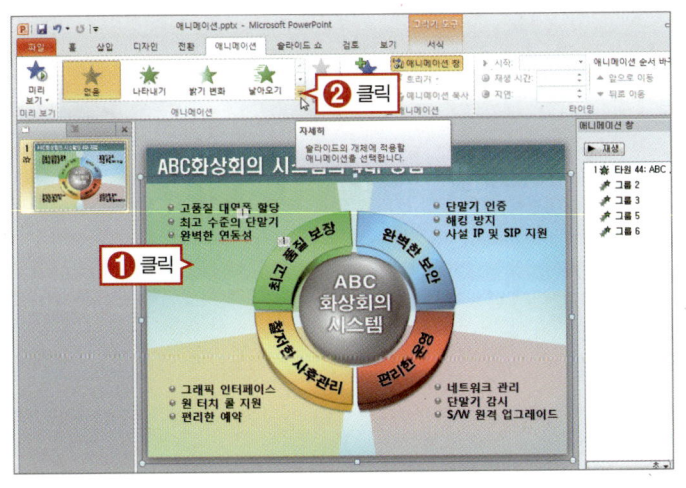

09

① 뒤에 있는 **4조각의 팬 그룹 개체** 클릭

② [애니메이션] 그룹에서 [▾ **자세히**]를
클릭합니다.

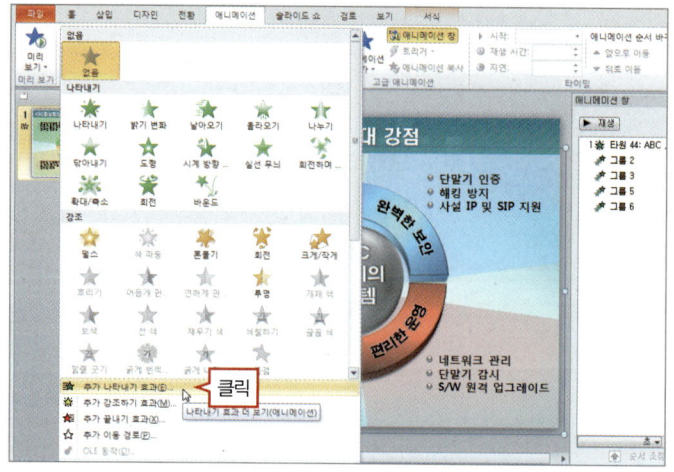

10 [애니메이션 목록]에서 [**추가 나타내기 효과**]를 클릭합니다.

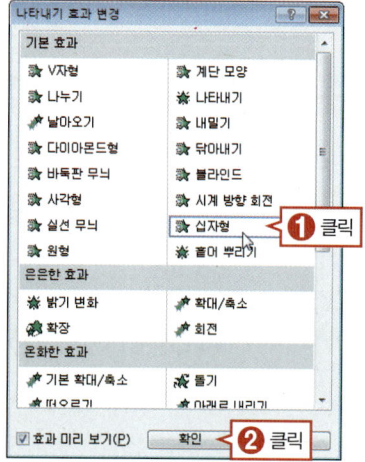

11
① [기본 효과]에서 [**십자형**] 클릭
② [**확인**]을 클릭합니다.

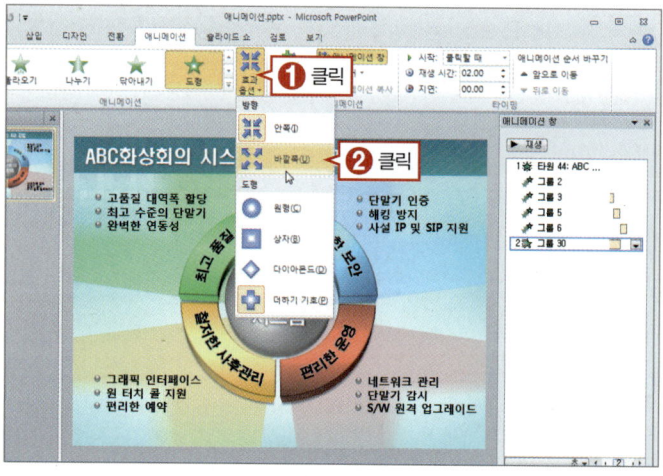

12
① [효과 옵션] 클릭
② [**바깥쪽**]을 클릭합니다.

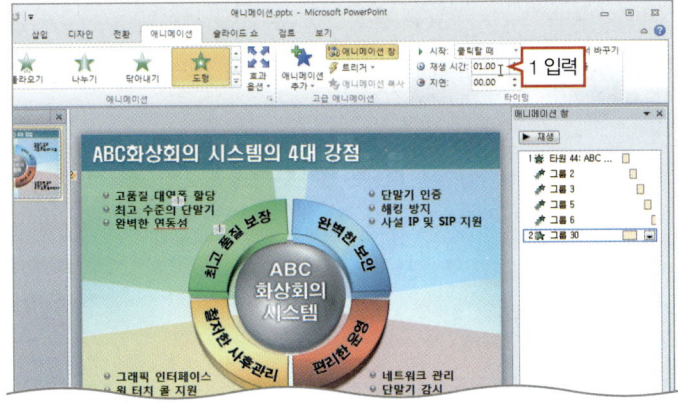

13 [재생 시간]에 **1초**를 입력합니다.

애니메이션이 너무 느린 속도로 표시되면 청중에게 지루한
느낌을 줍니다. 애니메이션 속도는 1초 안팎이 가장 적당하
므로 [재생 시간]을 0.75~1.25초 사이에서 설정하는 것이
좋습니다.

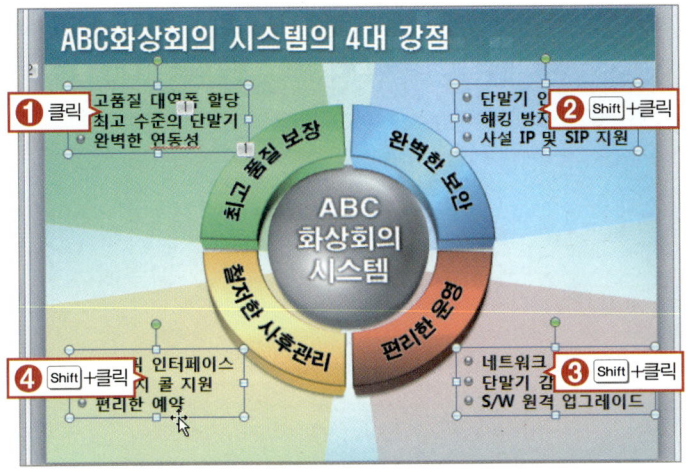

14

① 왼쪽 상단에 있는 **텍스트 상자** 클릭

② Shift 를 누른 상태에서 **오른쪽 상단
텍스트** 클릭

③ Shift 를 누른 상태에서 **오른쪽 하단
텍스트** 클릭

④ Shift 를 누른 상태에서 **왼쪽 하단
텍스트**를 클릭합니다.

Shift 를 이용해서 두 개 이상의 개체를 선택한 뒤 애니메이
션을 적용하면 선택된 개체들은 동시에 애니메이션이 실행
됩니다. 시작 방법을 [클릭할 때]나 [이전 효과 다음에]로 변
경하면 Shift 를 누른 상태에서 클릭한 순서가 애니메이션
순서가 됩니다. 따라서 개체를 선택할 때는 실제 애니메이
션이 나타나는 순서대로 클릭하는 것이 좋습니다.

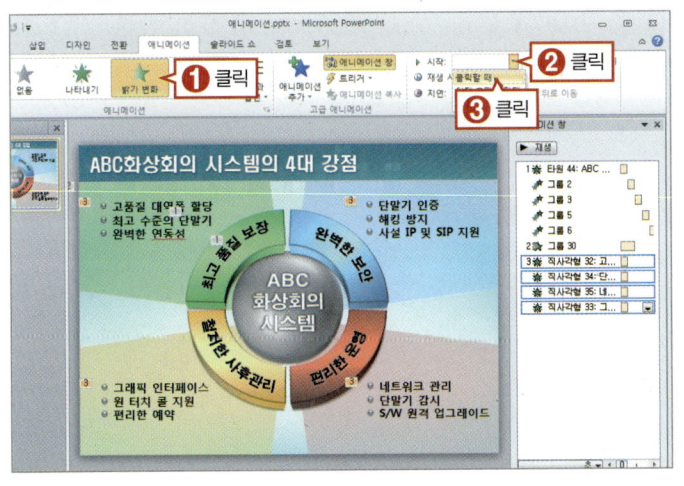

15

① [애니메이션 목록]에서 [**밝기 변화**]
클릭

② [**시작**]의 [▾ **메뉴**] 클릭

③ [**클릭할 때**]를 클릭합니다.
한 항목을 보여주면서 길게 설명해야
하기 때문에 [클릭할 때]로 설정한
것입니다.

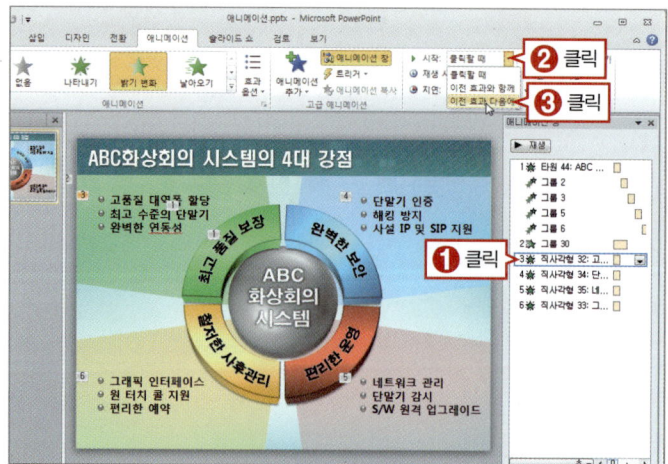

16

① 애니메이션 창에서 **3번 애니메이션** 클릭

② [시작]의 [▾ 메뉴] 클릭

③ [이전 효과 다음에]를 클릭합니다.

17 Shift + F5 를 눌러 현재 슬라이드부터 쇼 보기를 시작하고 **마우스 왼쪽 버튼을** 클릭하거나 Enter 를 눌러 애니메이션을 실행합니다.

청중들이 스크린을 볼 때 기본적으로 편안하게 느끼는 방향이 있습니다. 물론 문화에 따라 약간 다르기는 하겠지만 일반적으로 Z자 형태나 시계 방향으로 시선이 흐르게 하는 것이 좋습니다.

Z자 형태 : 가장 보편적인 시선의 흐름으로 ①이 표시된 왼쪽 상단 구역이 가장 잘 보이고 나머지는 번호 순서대로 잘 보이게 됩니다. 따라서 SWOT와 같은 행렬(Matrix)형 도해를 그릴 경우에는 S, W, O, T가 Z자 형태로 보이도록 배치합니다.

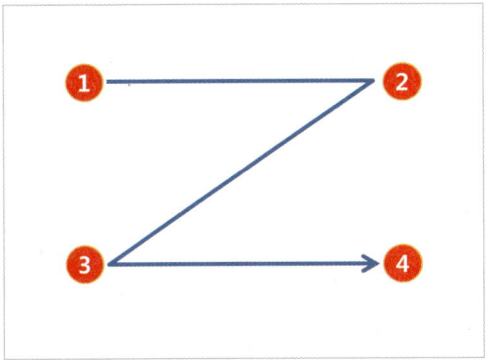 

시계 방향 : 일반적으로 기준이 되는 12시 방향에서부터 시작해서 시계 방향으로 표시합니다.

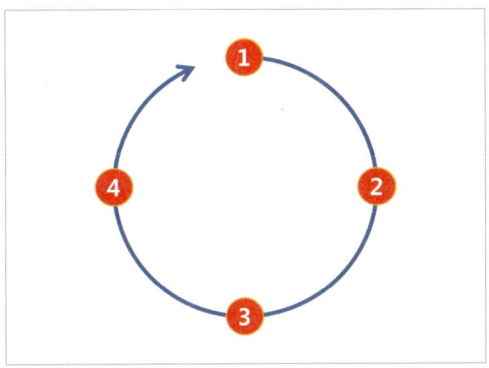 

12시가 아닌 위치에서 시작할 때는 슬라이드 왼쪽 상단 부분이 가장 잘 보이므로 가능하면 10~11시 방향에 첫 번째 개체를 표시하는 것이 좋습니다.

▲ 1~2시부터 애니메이션 시작(전통적인 방식) ▲ 10~11시부터 애니메이션 시작(가독성 측면에서 더 좋음)

핵심 내용을 애니메이션으로 강조하기

쇼 보기에서 특정 부분을 강조할 때 가장 좋은 방법 중에 하나는 그 부분을 몇 번씩 반복해서 보여주는 것입니다. 무언가가 깜박거릴 때 사람들은 위험하거나 중요한 내용이 전달된다고 인식합니다. 나타내기와 깜박이기 애니메이션을 이용해 핵심 내용을 강조하는 애니메이션을 만들어 적용해보겠습니다.

· **준비 파일** ◎ : 부록 CD/4장/Section01/애니메이션06.pptx   · **완성 파일** ◎ : 부록 CD/4장/Section01/완성/애니메이션06 결과.pptx

▲ 쇼 시작

▲ 화살표가 닦아내기 애니메이션으로 나타남

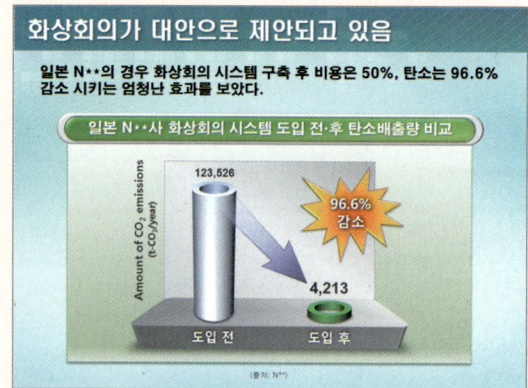

▲ 폭발 도형이 깜박이며 강조

▲ 폭발 도형이 사라짐

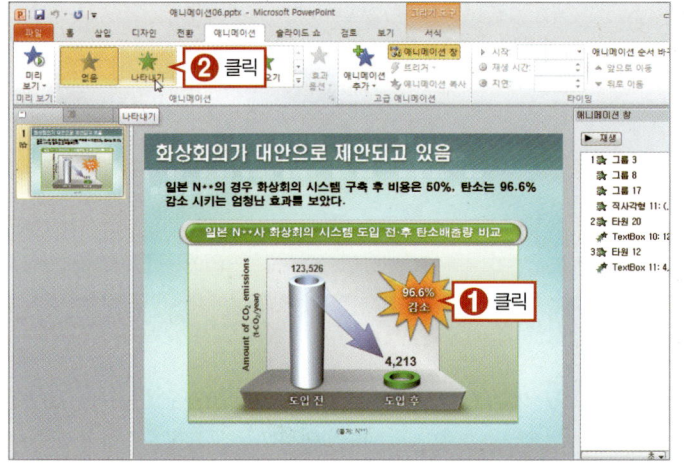

01

① 슬라이드에서 **폭발 도형** 클릭

② [**나타내기**]를 클릭합니다.

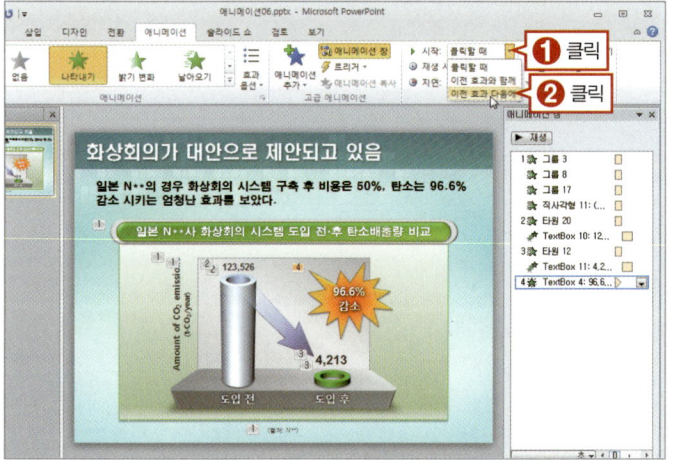

02

① [**시작**]의 [▼ 메뉴] 클릭

② [**이전 효과 다음에**]를 클릭합니다.

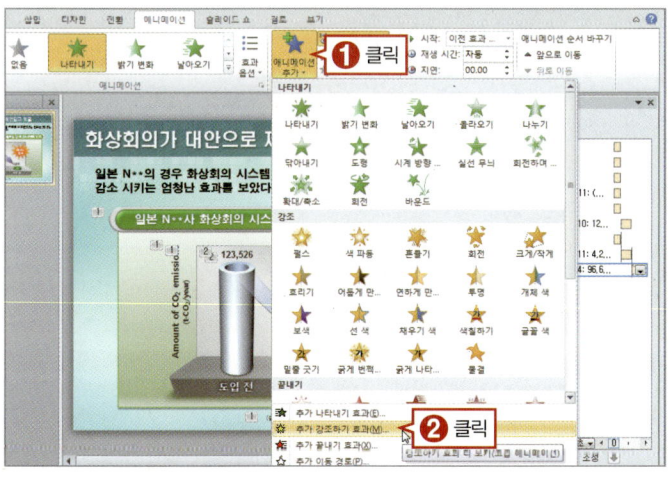

03

① [**애니메이션 추가**] 클릭

② [**추가 강조하기 효과**]를 클릭합니다.

> **Tip** 한 개체에 두 개 이상의 애니메이션을 적용할 때
>
> 두 번째 애니메이션부터는 반드시 [**애니메이션 추가**]를 클릭해 적용합니다. [애니메이션] 그룹에서 [▼ 자세히]를 클릭하고 애니메이션을 선택하는 경우에는 기존의 애니메이션은 지워지고 방금 선택한 애니메이션으로 대체됩니다.

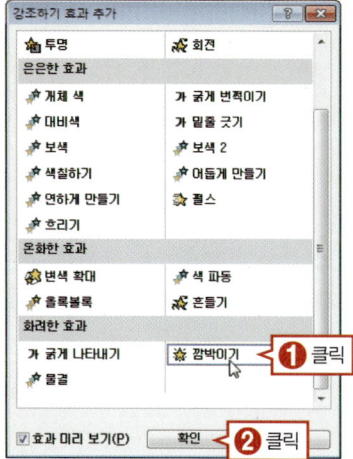

04

① [화려한 효과]에서 [**깜박이기**] 클릭

② [**확인**]을 클릭합니다.

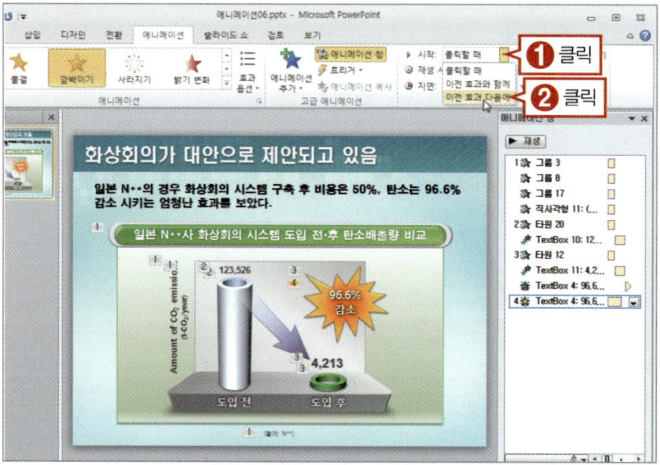

05

① [**시작**]의 [▾ 메뉴] 클릭

② [**이전 효과 다음에**]를 클릭합니다.

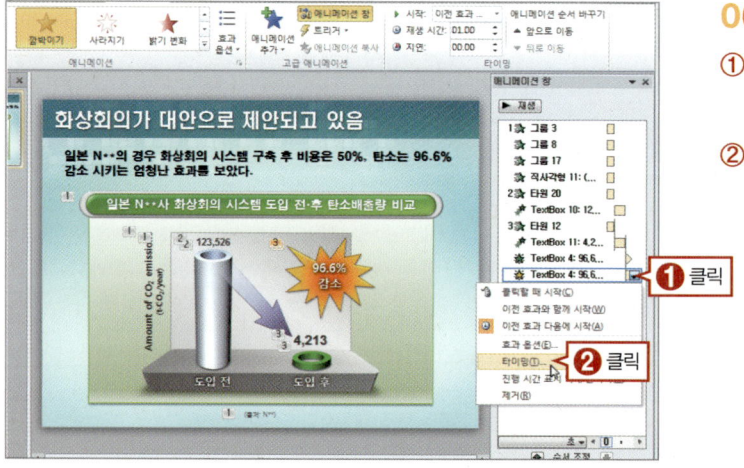

06

① 애니메이션 창에서 현재 선택된
애니메이션의 [▾ 메뉴] 클릭

② [**타이밍**]을 클릭합니다.

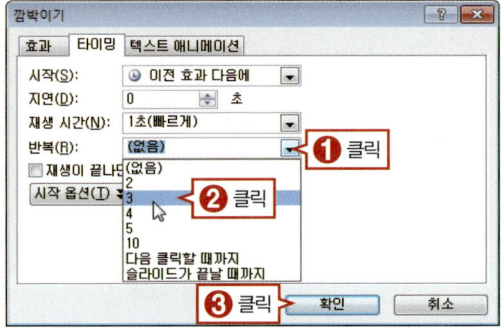

07

① [타이밍] 탭에서 [반복] 메뉴 클릭

② 3 클릭

③ [확인]을 클릭합니다.

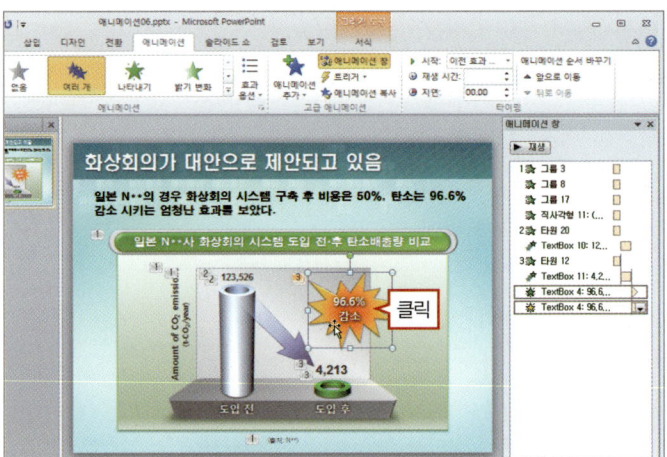

08 슬라이드에서 다시 **폭발 개체**를 클릭합니다.

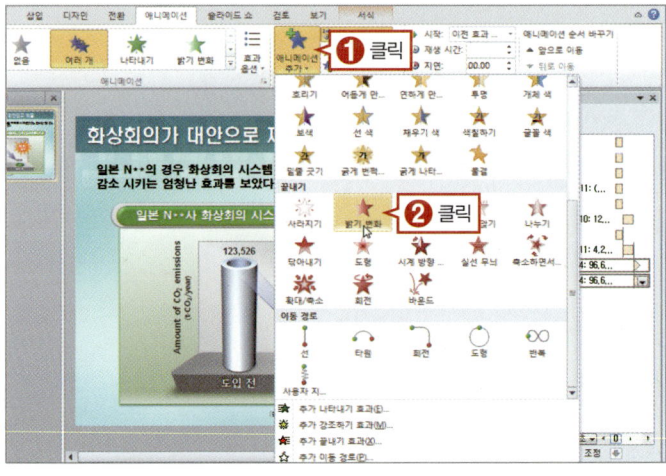

09

① [애니메이션 추가] 클릭

② [끝내기]에서 [밝기 변화]를 클릭합니다.

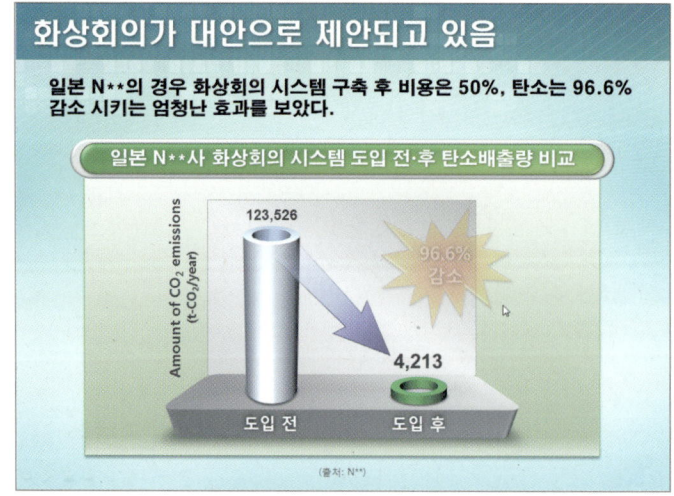

10 Shift + F5를 눌러 현재 슬라이드부터 쇼 보기를 시작합니다. **마우스 왼쪽 버튼**을 클릭하거나 Enter 를 눌러 애니메이션을 실행합니다.

Note 4 **끝내기 애니메이션을 적절하게 활용하는 방법**

끝내기 애니메이션을 잘 활용하면 멋진 장면을 연출할 수 있습니다. 부록 CD/4장/Section01/애니메이션 실전 예.pptx의 첫 번째 슬라이드의 제목 텍스트는 언뜻 보기에 하나처럼 보이지만 실제로는 똑같은 텍스트 상자 3개를 겹쳐놓은 뒤 원래 텍스트 상자에는 나타내기 애니메이션을, 복제한 두 개의 텍스트 상자에는 끝내기 애니메이션을 적용해두었습니다.

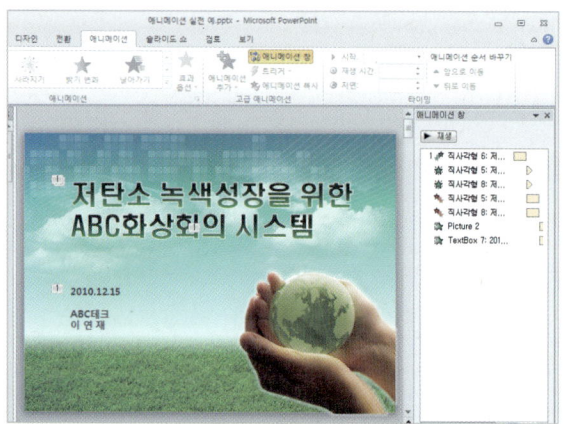
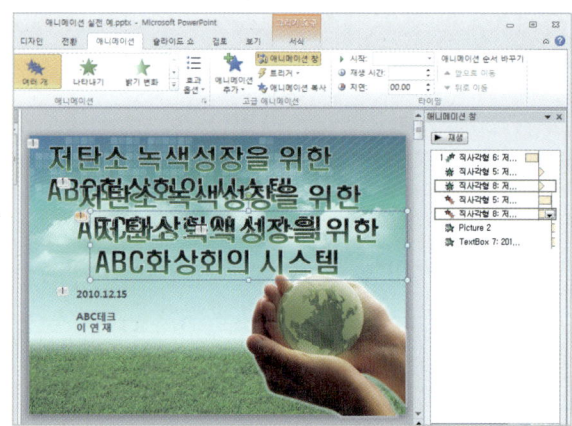

이러한 애니메이션 효과를 쇼 보기로 보면 글자가 퍼져나가는 느낌을 줍니다. 원하는 개체에 끝내기 애니메이션을 적용하면 의외로 멋진 장면을 만들 수 있습니다.

차트의 변화를 생생하게 전달하는 애니메이션 만들기

파워포인트 애니메이션의 특징 중에 하나는 텍스트, 차트, SmartArt 등의 개체에도 애니메이션을 적용할 수 있다는 것입니다. 실무에서는 엑셀에서 만든 차트를 파워포인트로 가져와 사용하는 경우가 많은데, 차트에 애니메이션을 적용하면 차트상의 변화를 보다 생생하게 전달하여 청중의 주목을 끌 수 있습니다.

・**준비 파일** ⊙ : 부록 CD/4장/Section01/애니메이션07.pptx   ・**완성 파일** ⊙ : 부록 CD/4장/Section01/완성/애니메이션07 결과.pptx

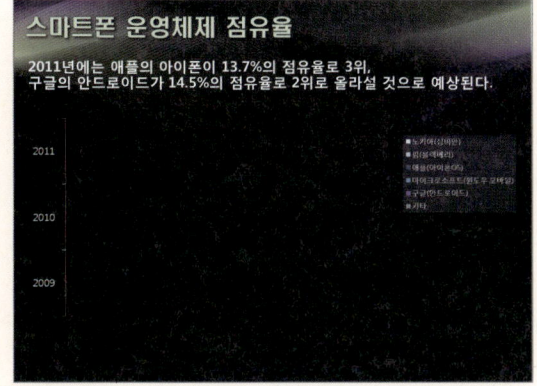

▲ 쇼 시작

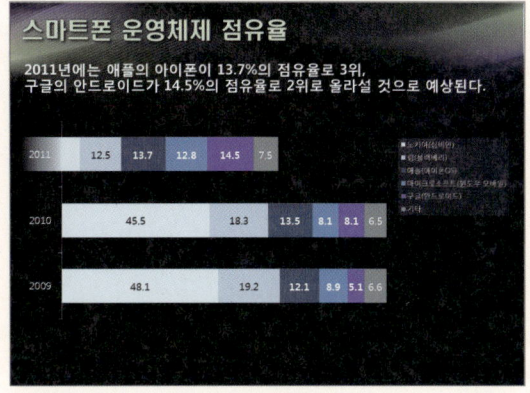

▲ 차트가 내밀기 애니메이션으로 나타남

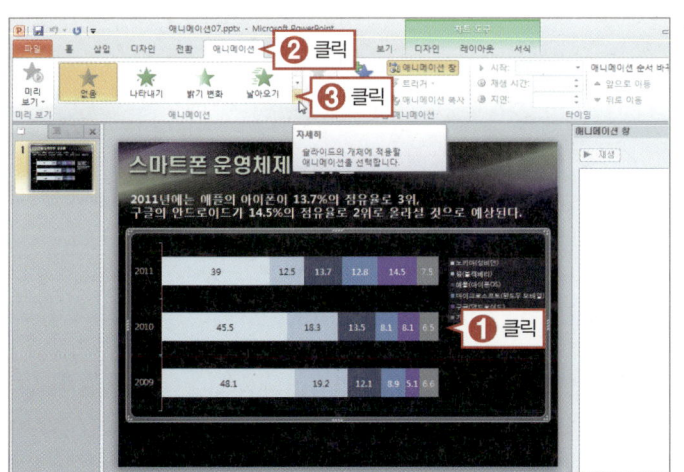

01
① 슬라이드에서 **차트** 클릭
② [애니메이션] 탭 클릭
③ [애니메이션] 그룹에서 [▾ **자세히**]를 클릭합니다.

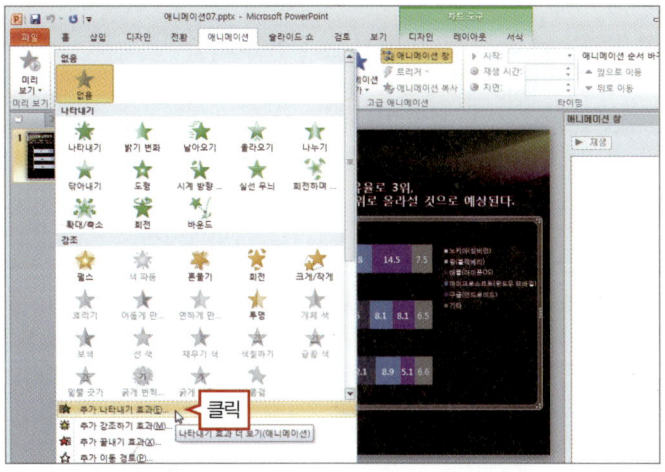

02 [애니메이션 목록]에서 [**추가 나타내기 효과**]를 클릭합니다.

03
① [내밀기] 클릭
② [확인]을 클릭합니다.

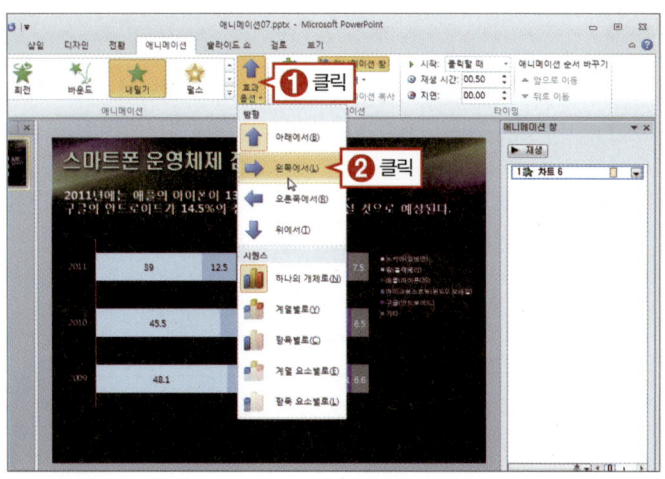

04 내밀기는 기본적으로 밑에서 내밀어집니다. 현재 차트의 방향에 맞게 왼쪽에서 내밀기로 바꿉니다.

① [**효과 옵션**] 클릭
② [방향]에서 [**왼쪽에서**]를 클릭합니다.

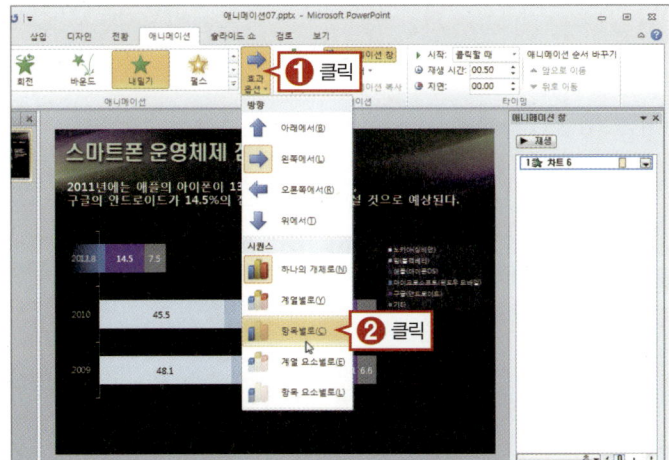

05 연도별로 애니메이션을 실행하게
바꿉니다.

① [효과 옵션] 클릭
② [시퀀스]에서 [항목별로]를
　클릭합니다.

Tip　**시퀀스 옵션**

[하나의 개체로] : 차트를 하나의 개체로 취급하여 통째로
애니메이션 실행
[계열별로] : 회사별로 애니메이션 실행
[항목별로] : 연도별로 애니메이션 실행
[계열 요소별로] : 회사별로 모든 요소가 개별적으로 애니메
이션 실행
[항목 요소별로] : 연도별로 모든 요소가 개별적으로 애니메
이션 실행
시퀀스 옵션의 선택 결과는 차트의 종류에 따라 다르기 때
문에 반드시 결과를 확인합니다.

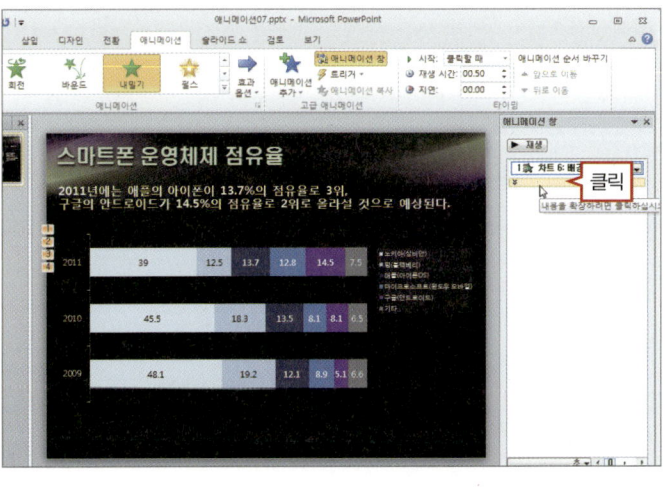

06 차트의 배경(눈금)은 애니메이션이
되지 않도록 만들어 보겠습니다. 먼저
애니메이션 창에서 **[내용을 확장하려면
클릭하십시오]**를 클릭합니다.

Tip　**애니메이션 창 열기**

[애니메이션] 탭에서 [애니메이션 창]을 클릭해 애니메이션
창을 표시합니다.

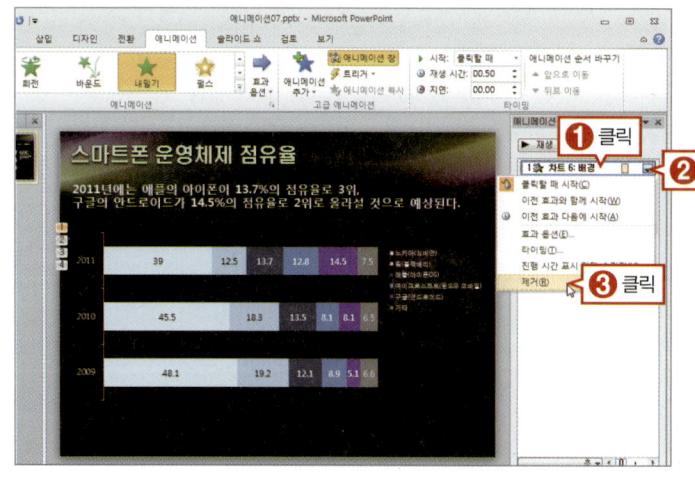

07 애니메이션 목록이 펼쳐지면서 모든 애니메이션이 선택됩니다.

① 1번 애니메이션이 차트의 배경(눈금)이므로 **1번 애니메이션** 클릭

② 오른쪽에 표시되는 [▼ 메뉴] 클릭

③ [제거]를 클릭합니다.

Tip 애니메이션 창의 애니메이션 목록 감추기

애니메이션 창에서 애니메이션 목록을 닫으려면 목록 맨 아래의 [내용을 숨기려면 클릭하십시오]를 클릭합니다.

 Note 5 차트의 배경 애니메이션을 없애는 다른 방법

1 ① [애니메이션] 탭의 [애니메이션] 그룹에서 [추가 효과 옵션 표시]를 클릭합니다.

2 ② 내밀기 대화상자에서 [차트 애니메이션] 탭을 클릭하고 ③ [항목별로]를 선택한 후 ④ [차트 배경을 그리면서 애니메이션 실행]
을 체크 해제합니다.

1

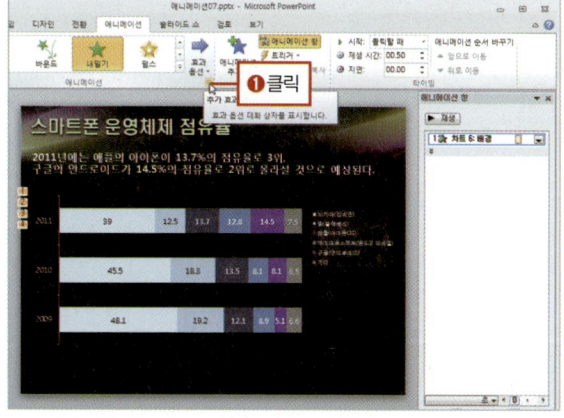

2

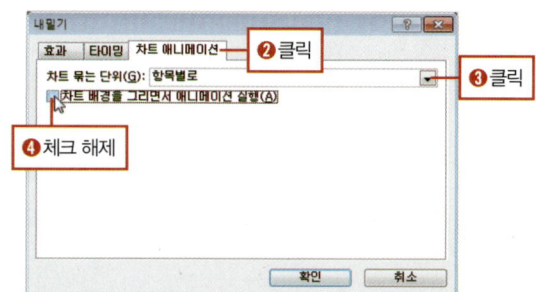

▲ [차트 애니메이션] 탭 → [항목별로] → [차트 배경을 그리면서
애니메이션 실행] 체크 해제

◀ [추가 효과 옵션 표시] 클릭

Note 6 **이동 경로 애니메이션의 사용 방법**

· **준비 파일** ◎ : 부록 CD/4장/Section01/이동 경로.pptx　　　· **완성 파일** ◎ : 부록 CD/4장/Section01/완성/이동 경로 결과.pptx

이동 경로 애니메이션은 말 그대로 쇼 보기에서 개체가 이동되는 장면을 보여주는 아주 특별한 애니메이션입니다. 많이 사용되는 것은
아니지만 잘 활용하면 청중의 관심을 유도할 수 있는 좋은 도구가 됩니다.

1 ① 첫 번째 슬라이드에서 왼쪽 커튼을 클릭하고 ② Shift 를 누른 상태에서 오른쪽 커튼을 선택합니다. ③ 애니메이션 목록의 이동
경로에서 [선]을 선택합니다.

2 ④ Esc 를 눌러 선택을 모두 해제하고 왼쪽 커튼 그림만 선택합니다. ⑤ [효과 옵션]을 클릭하고 ⑥ [왼쪽]을 선택합니다.

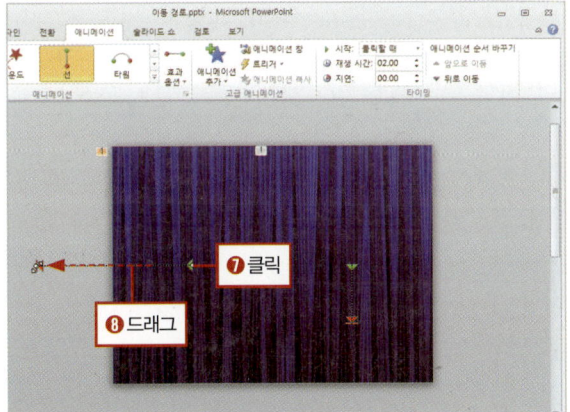

▲ 개체 선택 → 애니메이션의 [이동 경로]에서 [선] 클릭　　　▲ [효과 옵션] 클릭 → [왼쪽] 선택

3 ⑦ 문이 열리는 느낌이 들도록 하려면 우선 이동 경로를 클릭해 선택하고 ⑧ Shift 를 누른 상태에서 ◄ 종료 지점의 ○ 크기 조정
핸들을 슬라이드 밖의 왼쪽으로 드래그합니다.

4 ⑨ 오른쪽 커튼 그림을 선택한 후 ⑩ [효과 옵션]을 클릭하고 ⑪ [오른쪽]을 선택합니다.

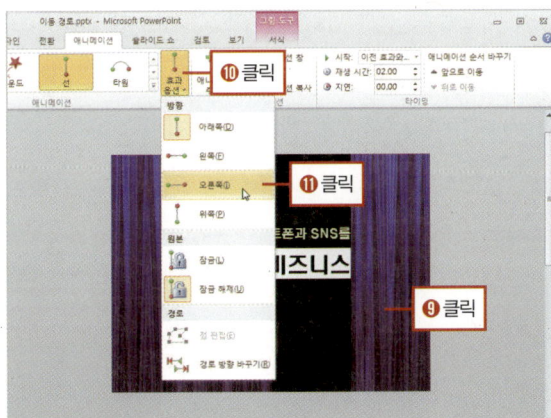

▲ Shift 를 누른 상태에서 종료 지점을 왼쪽으로 드래그　　　▲ [효과 옵션] 클릭 → [오른쪽] 선택

5 ⑫ 이동 경로를 선택하고 ⑬ Shift 를 누른 상태에서 ▶◀ **종료 지점**의 ◯ **크기 조정 핸들**을 슬라이드 밖의 오른쪽으로 드래그합니다.

6 슬라이드 쇼를 실행해서 확인합니다.

5

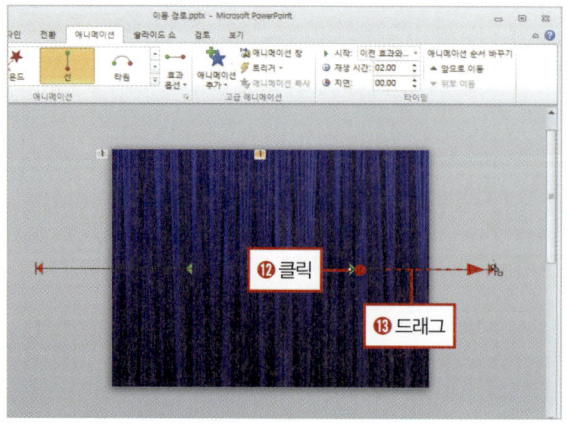

▲ Shift 누른 상태에서 종료 지점을 오른쪽으로 드래그

6

▲ 슬라이드 쇼를 실행하여 확인

✎ Note 7 실무에서 자주 사용되는 10가지 애니메이션

No.	구분	애니메이션	대상 개체	주의할 점
1	나타내기	닦아내기	텍스트, 차트, 대부분의 개체	방향
2		밝기 변화	그림, 대부분의 개체	속도 : 빠르게
3		확대/축소	대부분의 개체	
4		올라오기	강조할 개체	
5		내밀기	차트, 화살표	방향
6		나타내기		강조/끝내기 연결해서 적용
7	강조	깜박이기	강조할 개체	타이밍 : 반복 횟수 3
8		크게/작게	그림	속도 : 빠르게
9	끝내기	밝기 변화		
10	이동 경로	사용자 지정		점 편집으로 경로 수정

section 02

전환 효과로 청중의 주목 이끌어내기

• 전환 효과 적용

프레젠테이션이 진행되는 현장에서는 화면이 갈라지면서 새로운 슬라이드가 나오거나 슬라이드를 밀어내며 새로운 슬라이드가 나타나는 등의 장면을 많이 볼 수 있습니다. 이런 것을 전환 효과(Transition Effect)라고 합니다. 전환 효과는 다음 슬라이드로 전환되었음을 알려주는 것이 기본 목적이지만 청중을 집중하게 할 때도 효과적입니다.

전환 효과 적용하기

• **준비 파일** ◎:부록 CD/4장/Section02/전환효과01.pptx • **완성 파일** ◎:부록 CD/4장/Section02/완성/전환효과01 결과.pptx

1 ① 전환 효과를 적용할 **슬라이드**를 선택합니다. ② **[전환]** 탭을 열고 ③ [슬라이드 화면 전환] 그룹에서 [**자세히]**를 클릭합니다.

2 ④ 목록에서 **[문]**을 선택합니다.

1

▲ 슬라이드 선택 → [전환] 탭 → [자세히] 클릭

2

▲ 전환 효과 목록에서 [문] 선택

3 ⑤ **[효과 옵션]**을 클릭합니다. ⑥ **[가로]**를 선택합니다.

▶ [효과 옵션] 클릭 → [가로] 선택

4 ⑦ [기간]을 변경합니다. 애니메이션과 마찬가지로 느린 전환은 지루하기 때문에 기간을 짧게 설정하는 것이 좋습니다.

▶ [기간]을 1초로 설정

[전환] 탭의 주요 기능 알아보기

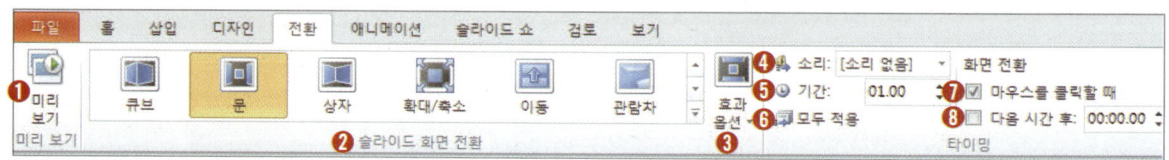

① **[미리 보기]** : 전환 효과를 미리 볼 수 있습니다.

② **[슬라이드 화면 전환 목록]** : 직접 견본을 클릭하거나 [▼ **자세히**]를 클릭하고 표시되는 목록에서 전환 효과를 선택합니다. 본문 슬라이드의 경우에는 은은한 효과를 사용하고 표지나 중간 페이지는 화려한 효과나 동적 콘텐츠를 사용하는 것이 좋습니다.

③ **[효과 옵션]** : 클릭 후 표시되는 목록에서 옵션을 변경할 수 있습니다. 주로 방향이 표시되는 이 효과 옵션은 선택한 화면 전환에 따라 달라집니다.

④ **[소리]** : 화면 전환에 소리를 넣습니다. 클릭 후 표시되는 목록에서 소리를 선택합니다. 목록에 없는 소리 파일을 재생하려면 맨 아래에 있는 **[다른 소리]**를 선택하고 오디오 추가 대화상자에서 소리 파일을 선택합니다. 단, **웨이브**(＊.wav) 파일만 사용할 수 있습니다.

⑤ **[기간]** : 화면 전환 시간을 설정합니다. 가능하면 빠르게 설정하는 것이 좋습니다. 1초를 기준으로 0.75~1.25초 사이의 시간을 설정합니다.

⑥ **[모두 적용]** : 현재 슬라이드에서 적용한 화면 전환 효과를 현재 프레젠테이션에 있는 모든 슬라이드에 적용합니다.

⑦ **[마우스를 클릭할 때]** : 슬라이드 쇼에서 **마우스 왼쪽 버튼**을 누르거나 Enter 를 누르면 화면 전환 효과가 실행됩니다.

⑧ **[다음 시간 후]** : 오른쪽에 입력된 시간이 지나면 클릭하지 않아도 다음 슬라이드로 전환됩니다.

전환 효과로 프레젠테이션의 오프닝 만들기

프레젠테이션이 오프닝에서 청중의 주목을 끌지 못하면 본론을 이끄는 데는 더 많은 노력이 필요합니다. 전환 효과 중에서 자동 전환 기능을 사용해 프레젠테이션이나 강연에서 많이 사용하는 오프닝 장면을 만들어보겠습니다.

· **준비 파일** ◎ : 부록 CD/4장/Section02/전환효과02.pptx   · **완성 파일** ◎ : 부록 CD/4장/Section02/완성/전환효과02 결과.pptx

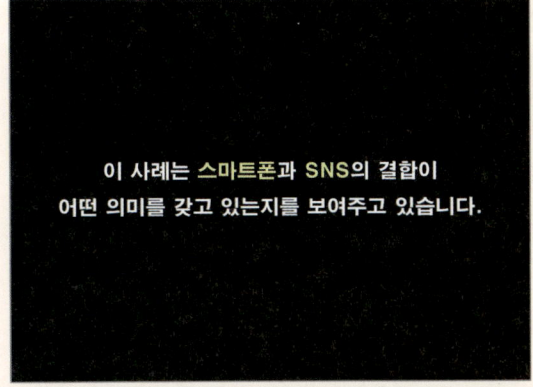

▲ 쇼 시작

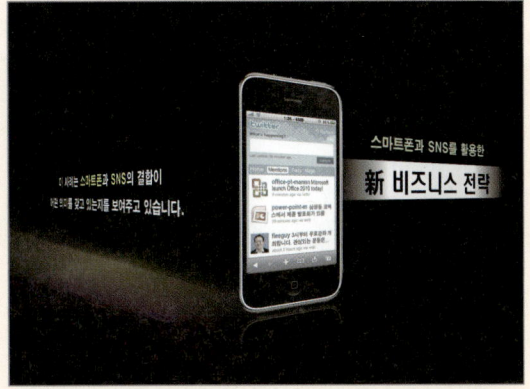

▲ 다음 슬라이드가 회전되며 표시

▲ 슬라이드 표시

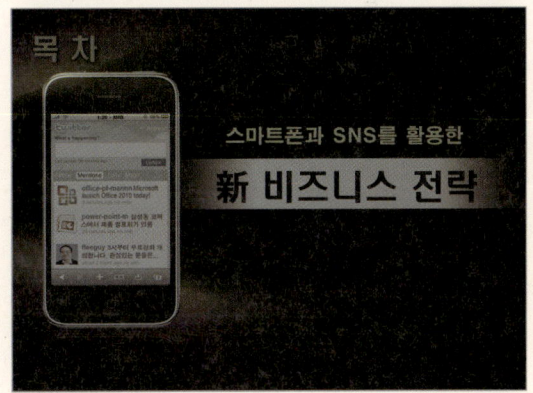

▲ 다음 슬라이드의 밝기가 변화되며 표시

청중의 주목을 끄는 전환 효과 적용하기

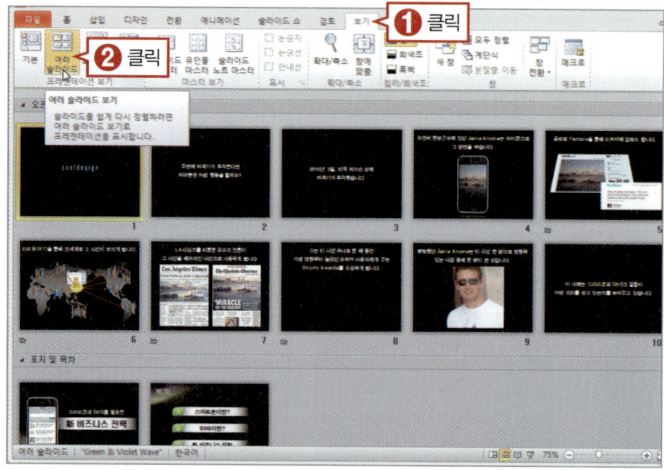

01 전환 효과는 슬라이드 자체에 적용되는 것이므로 여러 슬라이드 보기에서 작업하는 것이 좋습니다.

① [보기] 탭 클릭

② [여러 슬라이드]를 클릭합니다.

Tip 여러 슬라이드 보기로 전환하는 다른 방법

오른쪽 하단에서 [여러 슬라이드 보기]를 클릭합니다.

Tip 보안 경고 메시지

전환효과02.pptx 파일을 열었을 때 슬라이드 상단에 **보안 경고**가 나타나면 [콘텐츠 사용]을 클릭합니다. 이것은 프레젠테이션의 8번 슬라이드에서 하이퍼링크로 인터넷 동영상을 가져오도록 설정했기 때문에 나타납니다.

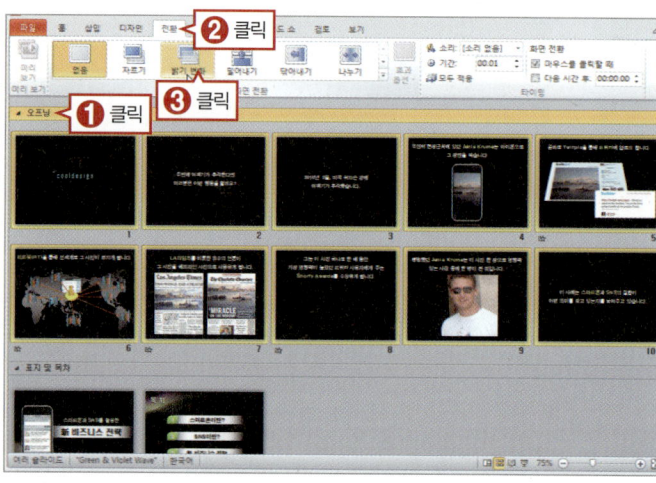

02

① [오프닝] 구역 바를 클릭하여 구역의 모든 슬라이드 선택

② [전환] 탭 클릭

③ [밝기 변화]를 클릭합니다.

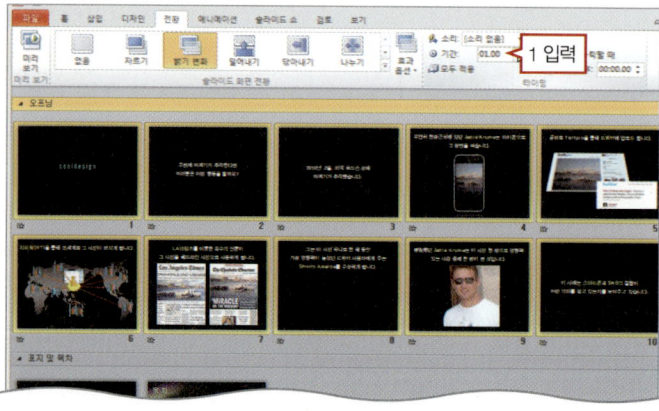

03 [기간]에 **1초**를 입력합니다.

Tip 슬라이드에 표시된 별 모양

화면 전환 효과가 적용된 슬라이드의 왼쪽 하단에는 ⭐ **별 모양**이 나타납니다. 이 아이콘을 클릭하면 슬라이드에 적용된 전환 효과와 애니메이션을 미리 볼 수 있습니다.

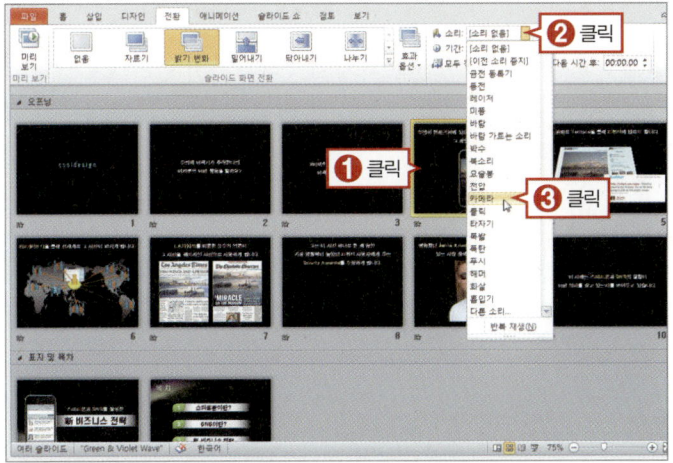

04

① 4번 슬라이드 클릭

② [소리]의 [▾ 메뉴] 클릭

③ [카메라]를 클릭합니다.

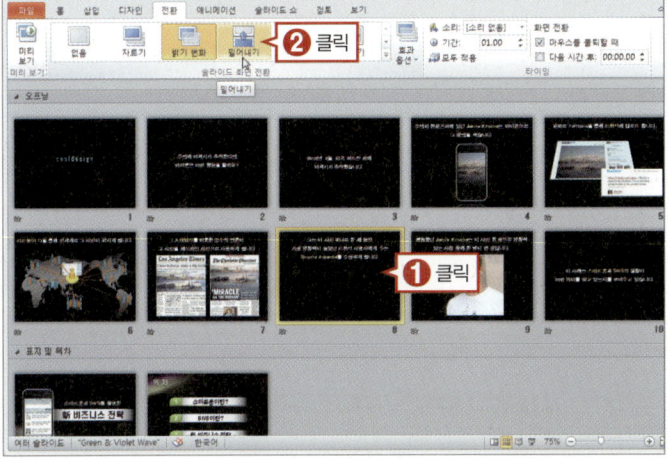

05

① 8번 슬라이드 클릭

② [밀어내기]를 클릭합니다.

밀어내기는 아주 동적인 전환으로
강조하고 싶은 슬라이드가 있을 때
사용합니다.

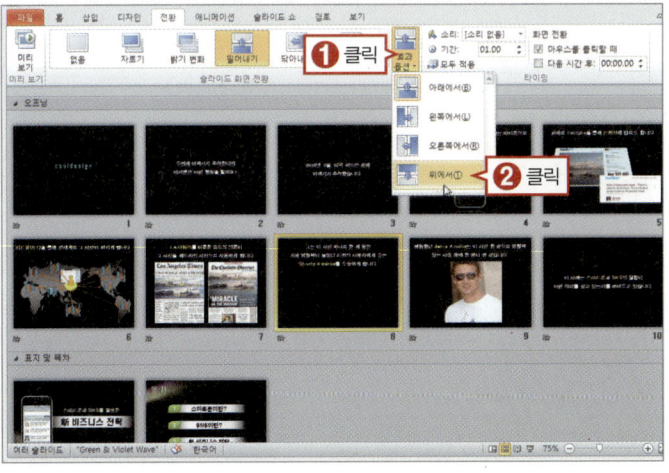

06

① [효과 옵션] 클릭

② [위에서]를 클릭합니다.

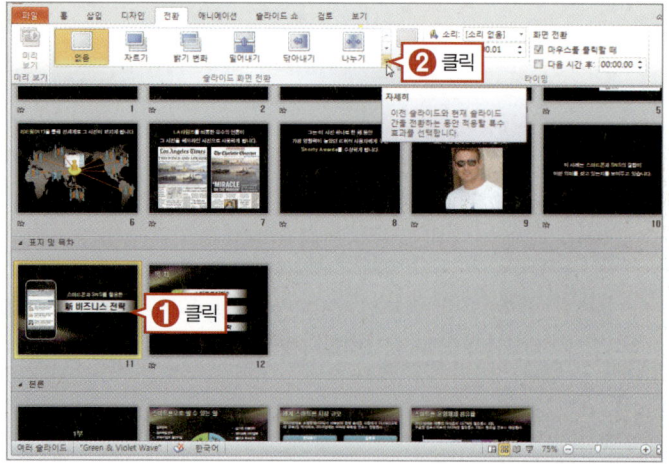

07

① 표지에 해당하는 **11번 슬라이드** 클릭

② [슬라이드 화면 전환] 그룹에서
　[　 **자세히**]를 클릭합니다.

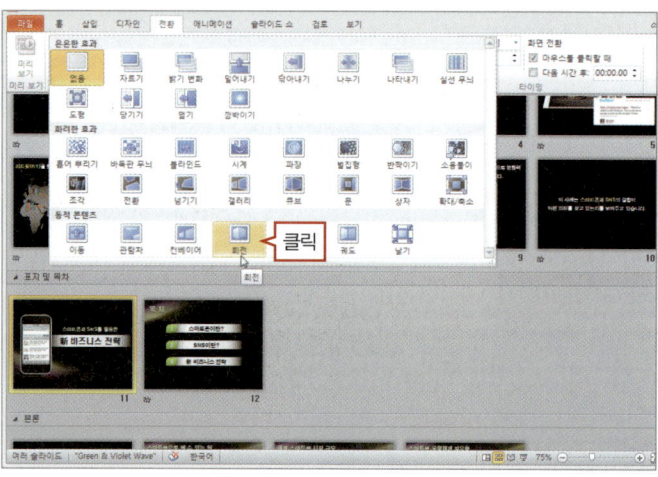

08 [동적 콘텐츠]에서 [**회전**]을
클릭합니다. 표지를 강조하기 위해서
동적인 전환 효과를 줍니다.

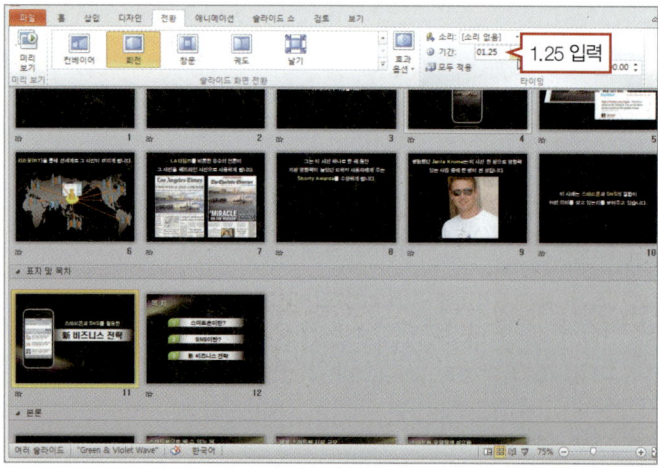

09 [기간]에 **1.25초**를 입력합니다.

10

① **3번 슬라이드 클릭**

② Shift 를 누른 상태에서 **7번 슬라이드**
클릭

③ Ctrl 을 누른 상태에서 **9번 슬라이드**를
클릭합니다. 3~7번과 9번 슬라이드만
선택됩니다.

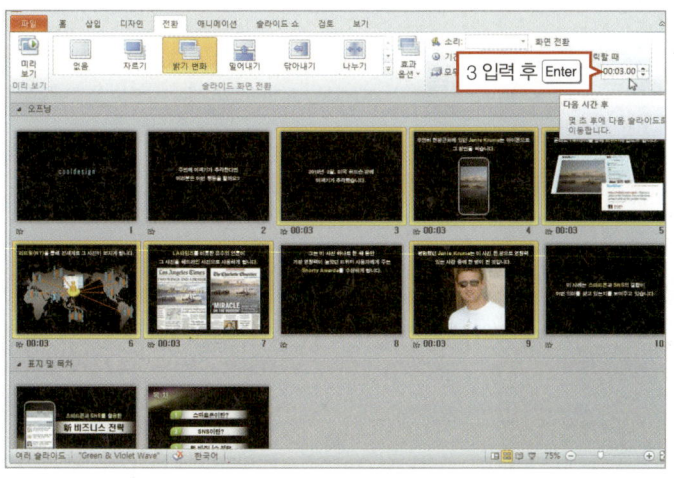

11 [다음 시간 후] 입력 상자에 3을
입력하고 Enter 를 누릅니다.
현재 선택된 슬라이드는 3초가 지나면
자동으로 다음 슬라이드로 전환됩니다.
시간이 지정된 슬라이드의 왼쪽 하단에
초가 표시됩니다.

완성한 오프닝 슬라이드를 이용해 프레젠테이션 진행하기

12 F5 를 눌러 슬라이드 쇼 보기를
실행합니다. 청중이 다 모이면 간단한
멘트를 한 후 Enter 를 누릅니다. 앞서
설정한 [밝기 변화] 전환 효과로 다음
슬라이드가 표시됩니다.

멘트

1번 슬라이드 : 검은색 배경에 회사 로고만 떠 있는 상태에
서 밝은 표정으로 시작합니다. "안녕하세요, 이상훈입니다."
(Enter 를 눌러 다음 슬라이드로 전환)

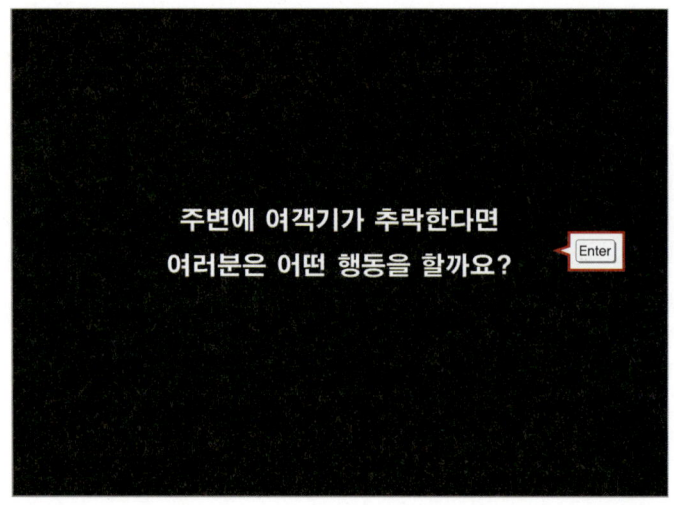

13 청중에게 간단한 질문을 던지고 스스로 답을 한 후 Enter 를 눌러 다음 슬라이드로 전환합니다.

2번 슬라이드 : "여러분이 있는 곳에서 별로 떨어지지 않은 곳에 여객기가 추락한다면 여러분은 어떤 행동을 하시겠습니까?"라는 질문으로 시작합니다. 처음에 청중은 별다른 이야기를 하지 않을 것입니다. "아마 도망가지 않을까요? 아니면 신고하겠죠? 어디에다 신고해야 하나 당황할지도 모릅니다." 등과 같이 스스로 답하는 것이 좋습니다. 그러다가 청중의 엉뚱한 의견이 나오는 경우도 있습니다. 그러면 아주 성공적인 오프닝이 됩니다. (Enter 를 눌러 다음 슬라이드로 전환)

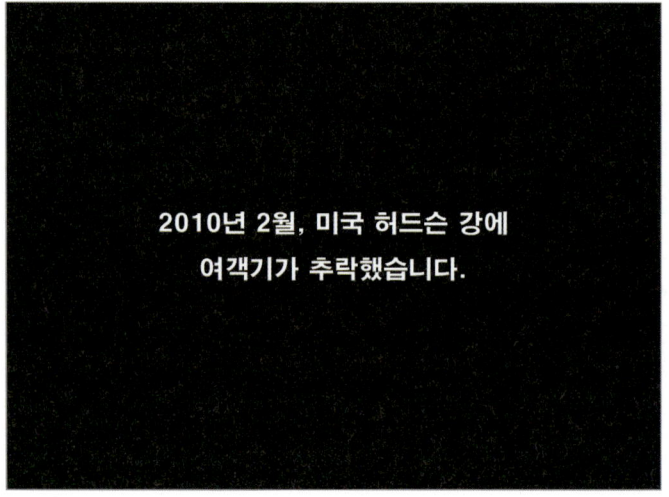

14 3번부터 7번 슬라이드까지는 3초가 지나면 자동으로 다음 슬라이드로 전환됩니다. 그동안 발표자는 간단한 멘트를 합니다. 그리고 앞서 설정한 대로 4번 슬라이드에서는 카메라 소리가 들립니다.

3번 슬라이드 : 그리고 진짜 스토리로 넘어갑니다. "2010년 2월, 미국 허드슨 강에 여객기가 추락했습니다. 많은 사람들이 놀라 여러분이 앞서 말한 것과 똑같은 행동을 보입니다." (다음 슬라이드로 자동 전환)
4번 슬라이드 : "하지만 우연히 현장 근처에 있던 Janis Krums는 아이폰으로 그 장면을 찍게 되었습니다." (카메라 소리와 함께 다음 슬라이드로 자동 전환)
5번 슬라이드 : "그는 곧바로 아이폰으로 인터넷에 접속하고 Twitpic.com을 통해 찍은 사진을 트위터에 올립니다." (다음 슬라이드로 자동 전환)
6번 슬라이드 : "트위터의 핵심인 리트윗(RT)을 통해 전 세계로 그 사진이 퍼지게 되었습니다." (다음 슬라이드로 자동 전환)
7번 슬라이드 : "LA 타임즈를 비롯한 유수의 언론이 그 사진을 헤드라인 사진으로 사용했습니다." (다음 슬라이드로 자동 전환)

Tip 시간 설정이 되어 있어도 Enter 사용 가능

슬라이드에 [다음 시간 후]가 설정된 경우에도 [마우스를 클릭할 때]가 선택되어 있으면 슬라이드 쇼에서 마우스 왼쪽 버튼을 클릭하거나 Enter 를 눌러 다음 슬라이드로 전환할 수 있습니다.

15 [다음 시간 후]를 선택하지 않은 8번 슬라이드에서 쇼가 멈춥니다. 동영상 가운데에 있는 **재생** 버튼을 클릭해서 동영상을 실행합니다. 재생이 다 끝나면 Enter 를 눌러 다음 슬라이드로 전환합니다.

> **멘트**
>
> 8번 슬라이드 : "그는 이 사진 하나로 한 해 동안 가장 영향력이 큰 트위터 사용자에게 주어지는 Shorty Awards를 수상하게 됩니다." 슬라이드에 미리 삽입해놓은 동영상의 재생 버튼을 클릭해 수상 장면을 보여줍니다. (Enter 를 눌러 다음 슬라이드로 전환)

16 9번 슬라이드에는 자동 전환 시간이 설정되어 있기 때문에 3초 후에 10번 슬라이드로 전환됩니다. 여기까지가 오프닝입니다.

> **멘트**
>
> 9번 슬라이드 : "평범했던 Janis Krums는 이 사진 한 장으로 영향력 있는 사람 중에 한 명이 된 것입니다." (다음 슬라이드로 자동 전환)
> 10번 슬라이드 : "이 사례는 스마트폰과 SNS의 결합이 어떤 의미를 갖고 있는지 보여주고 있습니다." (Enter 를 눌러 다음 슬라이드로 전환)

17 본론으로 들어간다는 간단한 멘트 후 Enter 를 누르면 화면이 회전되면서 표지 슬라이드가 나타납니다.

> **멘트**
>
> 11번 슬라이드(표지) : "지금부터 스마트폰과 SNS의 결합이 어떤 미래를 가져올 것인지 알아보겠습니다."

03 내 맘대로 인쇄하기

• 인쇄 옵션 • 한 페이지에 슬라이드 여러 장 인쇄 • 인쇄 여백 최소화 • 배경 빼고 인쇄

회사 내 프레젠테이션이 늘면서 파워포인트 문서는 발표 때뿐만 아니라 간단한 수정을 거쳐 보고용, 기록용 문서로도 쓰고 있는 사례가 많습니다. 보고서나 기록용 문서로 사용할 때 가장 많이 사용하는 것은 인쇄 기능입니다. 이번 섹션에서는 여러 가지 인쇄 옵션과 인쇄 방법을 알아보겠습니다.

인쇄 옵션 알아보기

• **준비 파일** ◎:부록 CD/4장/Section03/제안서.pptx

● [파일] 탭을 클릭하고 [인쇄]를 선택하면 인쇄 옵션과 함께 미리 보기가 자동으로 표시됩니다(**단축키 :** Ctrl + P). 인쇄를 종료하려면 Esc 를 누르거나 다른 탭을 클릭합니다.

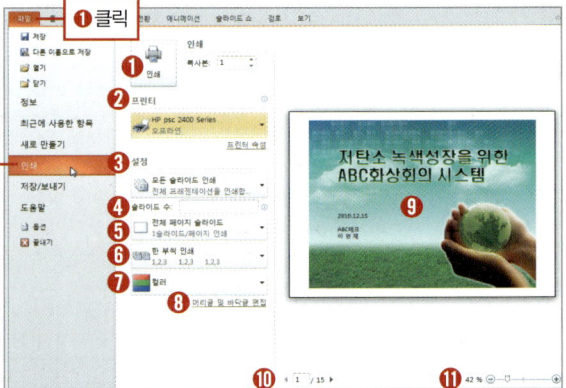

▶ [파일] 탭 → [인쇄] 클릭

① **[인쇄]** : [인쇄]를 누르면 인쇄가 실행됩니다. [복사본]에 인쇄 매수를 지정할 수 있습니다.

② **[프린터]** : 현재 연결된 프린터 이름이 표시됩니다. 여러 프린터가 연결되어 있다면 버튼을 클릭해 다른 프린터를 선택할 수 있습니다. [프린터 속성]을 클릭하여 현재 선택된 프린터의 속성을 변경합니다.

③ **[설정]** : 인쇄할 슬라이드를 지정하는 곳으로, 기본적으로 [모든 슬라이드 인쇄]가 표시됩니다. 버튼을 클릭해 현재 슬라이드만 인쇄할 것인지, 선택한 슬라이드만 인쇄할 것인지, 아니면 특정 구역 슬라이드만 인쇄할 것인지를 지정할 수 있습니다.

④ **[슬라이드 수]** : 인쇄할 슬라이드 번호를 직접 입력할 수 있습니다. 예를 들어 '1', '3-7', '10'을 입력하면 1번, 3~7번, 10번 슬라이드를 인쇄합니다.

⑤ **[전체 페이지 슬라이드]** : [전체 페이지 슬라이드]를 클릭하면 **인쇄 모양과 유인물, 그리고 인쇄 옵션**을 설정할 수 있습니다.

⑥ **[한 부씩 인쇄]** : 복사본을 2장 이상으로 설정했을 때만 의미가 있는 옵션입니다.
  [한 부씩 인쇄] : 2부 이상 출력할 때 전체 슬라이드를 번호 순서대로 인쇄하고 다시 전체

슬라이드를 순서대로 인쇄합니다.

[한 부씩 인쇄 안 함] : 1번 슬라이드를 복사본에서 설정한 수만큼 인쇄하고, 또 2번 슬라이드를 그 수만큼 인쇄합니다.

⑦ **[컬러/회색조/흑백]** : 인쇄를 컬러로 할 것인지, 회색조나 흑백으로 할 것인지를 결정합니다.

⑧ **[머리글/바닥글 편집]** : 이 부분을 클릭하면 머리글/바닥글 대화상자가 표시되어 프레젠테이션 제목, 슬라이드 번호 등의 속성을 편집할 수 있습니다.

⑨ **[미리 보기]** : 설정된 인쇄 옵션대로 인쇄 결과를 미리 보여주는 곳입니다.

⑩ **[미리 보기 페이지 선택]** : 미리 보기에서 보이는 슬라이드를 선택할 수 있습니다. 좌우 버튼을 누르거나 입력 상자에 직접 페이지 수를 입력합니다.

⑪ **[미리 보기 확대/축소]** : 미리 보기를 확대, 또는 축소할 수 있습니다.

한 페이지에 슬라이드 여러 장 인쇄하기

1 ① [전체 페이지 슬라이드]를 클릭합니다. ② [유인물]에서 원하는 출력물의 수를 선택합니다.
2 ③ 새롭게 나타난 [방향]을 클릭해서 용지 방향을 선택합니다.

▲ [전체 페이지 슬라이드] → [4 슬라이드 가로] 클릭
▲ [방향] 클릭 후 선택

Note 1　**인쇄 모양 및 유인물 인쇄 세부 옵션**

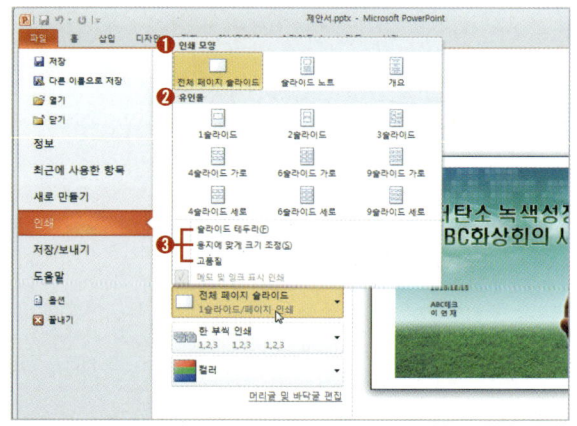

① **[인쇄 모양]**

[전체 페이지 슬라이드] : 한 페이지에 한 장의 슬라이드를 인쇄합니다.

[슬라이드 노트] : 슬라이드와 슬라이드 노트에 입력된 내용을 인쇄합니다.

[개요] : [개요] 탭에 입력된 텍스트만 인쇄합니다.

② **[유인물]**

한 페이지에 여러 장의 슬라이드를 인쇄합니다.

③ **[옵션]**

[슬라이드 테두리] : 슬라이드 테두리를 인쇄합니다.

[용지에 맞게 크기 조정] : 여백을 최대한 줄여 인쇄합니다.

[고품질] : 고품질로 인쇄합니다. 잉크가 좀 더 많이 소모됩니다.

인쇄 여백 최소화하기

인쇄 시 자주 발견되는 문제는 슬라이드 주변에 여백이 너무 많다는 것입니다. 유인물 등을 인쇄할 때는 간단한 기능을 사용해 여백을 줄일 수 있습니다.

● ① [4슬라이드 가로]를 클릭하고 ② [용지에 맞게 크기 조정]을 선택합니다.

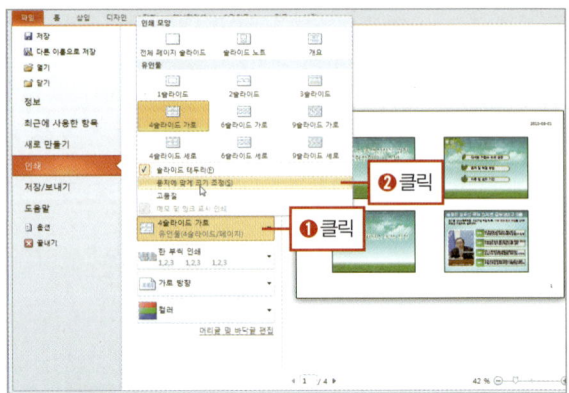

▶ [4슬라이드 가로] 클릭 → [용지에 맞게 크기 조정] 클릭

배경 빼고 인쇄하기

짙은 배경을 인쇄하면 프린터의 토너나 잉크가 많이 소모됩니다. 회색조나 흑백 인쇄를 이용해 슬라이드의 배경을 제외하고 내용만 인쇄할 수 있습니다.

1 ① [컬러]를 클릭하고 ② [회색조]를 선택합니다.

2 미리 보기를 확인하면 슬라이드 내용은 회색조로 인쇄되면서 배경은 사라진 것을 알 수 있습니다. 흑백 인쇄도 마찬가지이긴 하지만 슬라이드 마스터에서 배경을 설정했거나 [디자인] 탭에서 [배경 스타일]을 클릭하고 배경을 설정했을 때만 사용할 수 있습니다. 그림이나 도형을 이용해서 배경을 설정한 경우에는 파워포인트가 그림과 도형을 일반 개체로 취급하므로 배경이 인쇄됩니다.

1

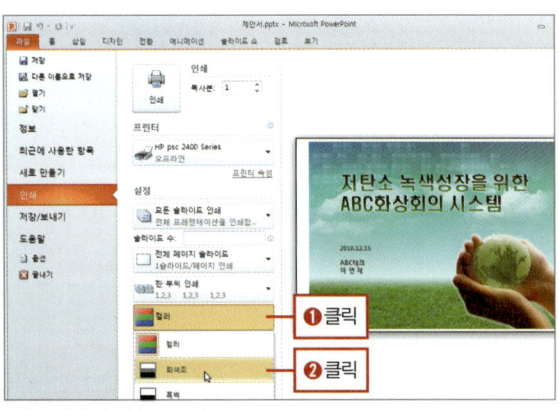

▲ [컬러]에서 [회색조] 선택

2

▲ 배경이 사라져 버린 미리 보기

Note 2 프린터 속성으로 여백을 최소화하는 방법

[용지에 맞게 크기 조정]은 파워포인트가 할 수 있는 범위 내에서 최대한 여백을 줄여줍니다. 하지만 설정 후에도 여전히 여백이 많이
남아 있다면 프린터 속성을 변경해야 합니다.

1 ① 인쇄할 **프린터**를 선택하고 ② [**프린터 속성**]을 클릭합니다. [프린터 속성]을 클릭했을 때 나타나는 대화상자는 연결된 프린터에
따라 다릅니다. 여기에서는 HP 프린터를 기준으로 설명하겠습니다.

2 ③ 대화상자의 [**효과**] 탭을 클릭하고 ④ [**여백 최소화**]를 체크합니다.

1

▲ 프린터 선택 후 [프린터 속성] 클릭

2

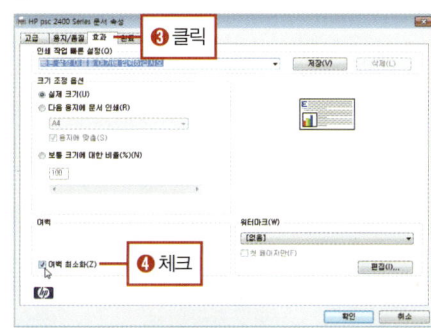

▲ [효과] 탭 → [여백 최소화] 선택

3 ⑤ [**완료**] 탭을 열고 ⑥ [**장당 페이지 및 포스터**]에서 ⑦ [**용지당 4페이지**]로 설정합니다.

4 ⑧ [**페이지 경계선 인쇄**]를 선택합니다. ⑨ [**용지 방향**]을 [**가로 방향**]으로 설정한 후 ⑩ [**확인**]을 클릭합니다.

3

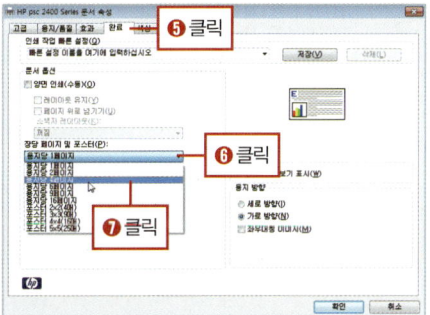

▲ [장당 페이지 및 포스터] → [용지당 4페이지] 선택

4

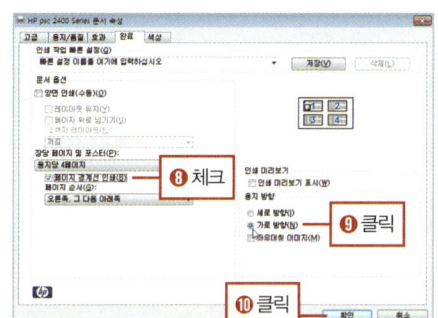

▲ [페이지 경계선 인쇄] 선택 → [가로 방향] 선택 → [확인] 클릭

 **Note 3** 회색조나 흑백 인쇄 시 꼭 주의해야 할 점

컬러 인쇄는 화면에 보이는 대로 인쇄되기 때문에 별다른 문제가 없지만 회색조와 흑백 인쇄는 생각했던 슬라이드 모양과 조금 다른 결과가 나올 때가 많습니다.

1 회색조 인쇄 : 텍스트 상자나 개체 틀에 입력한 글자는 무조건 검은색으로 인쇄되고 도형이나 그림은 회색조로 인쇄되므로 텍스트 뒤쪽의 도형이나 그림이 진한 경우에는 글자가 잘 보이지 않을 수 있습니다. 예를 들어 제목 텍스트나 도해에서 '편리한 운영' 등의 글자는 눈에 잘 띄지 않습니다. 도형에 입력한 글자는 흰색, 또는 검은색으로 인쇄됩니다.

2 흑백 인쇄 : 기본적으로 도형의 테두리만 인쇄하고 텍스트는 무조건 검은색으로 인쇄하므로 대체로 깔끔하게 인쇄됩니다. 하지만 3 차원 도형의 경우에는 테두리가 인쇄되지 않기 때문에 글자가 공중에 떠보이는 듯한 느낌을 줄 수 있으므로 주의해야 합니다.

1

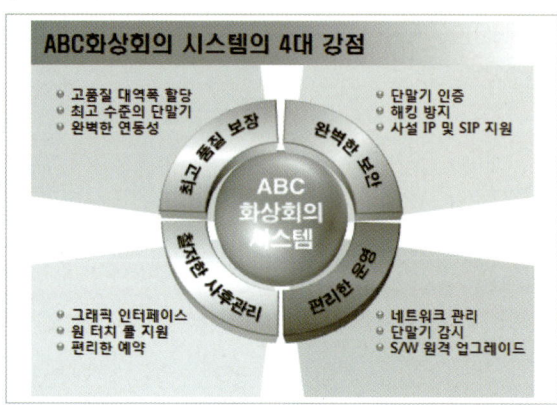

▲ 회색조 인쇄

2

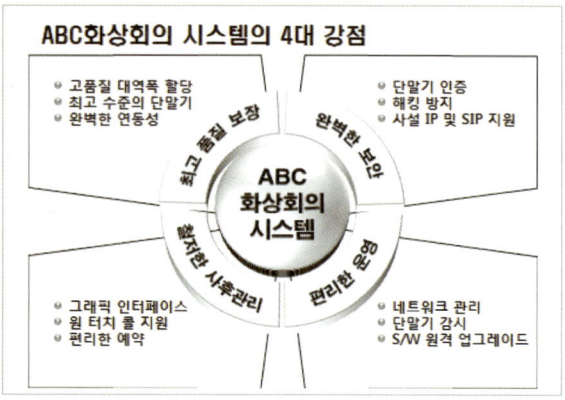

▲ 흑백 인쇄

회색조와 흑백 인쇄의 차이점

개체	회색조 인쇄	흑백 인쇄
텍스트 상자나 개체 틀에 입력한 텍스트	검은색	검은색
도형에 입력한 텍스트	검은색	검은색 또는 흰색
채우기 색/그라데이션	회색조	인쇄 안 됨
채우기 그림/질감	회색조	인쇄 안 됨
윤곽선/선	검은색	검은색
개체 그림자	회색조	인쇄 안 됨
입체 효과	회색조	흐린 회색조
그림	회색조	회색조
클립아트	회색조	회색조
슬라이드 배경	인쇄 안 됨	인쇄 안 됨
차트	회색조	패턴
표 테두리	검은색	검은색
표 채우기 색	회색조	인쇄 안 됨

컬러 프린터에서 안전하게 회색조로 인쇄하기

컬러 프린터에서 회색조로 인쇄하면 원래 색과 상관없이 텍스트는 검은색으로 인쇄되어 글자가 제대로 읽히지 않는 경우가 종종 나타납니다. 이런 경우 현재 프레젠테이션은 그대로 두고 인쇄용 프레젠테이션을 별도로 만드는 것이 좋습니다. 가장 쉬운 방법은 'PowerPoint 그림 프레젠테이션'으로 저장하는 것입니다.

· **준비 파일** ◎ : 부록 CD/4장/Section03/제안서.pptx · **완성 파일** ◎ : 부록 CD/4장/Section03/완성/제안서(배포용).pptx

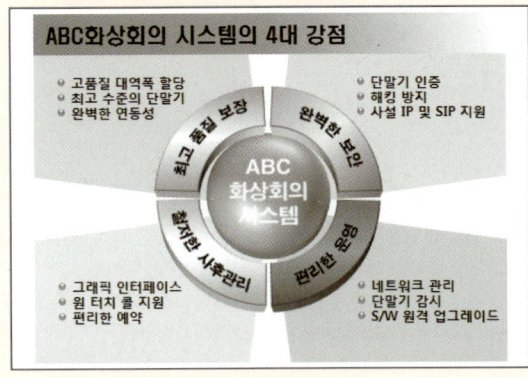

▲ 원본 프레젠테이션의 회색조 인쇄   ▲ 그림 프레젠테이션으로 저장한 후 회색조 인쇄

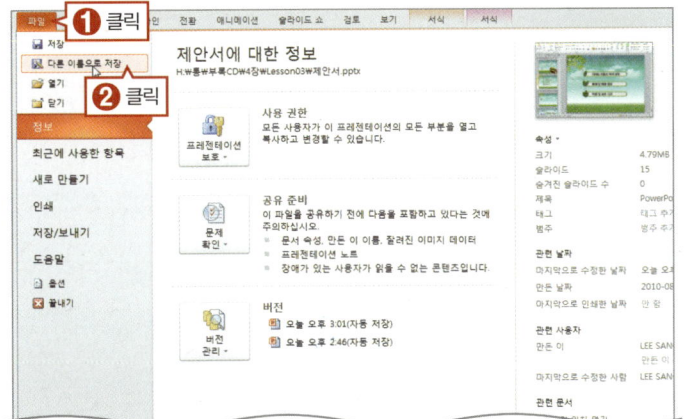

01

① [파일] 탭 클릭
② [다른 이름으로 저장]을 클릭(단축키 :
　F12)합니다.

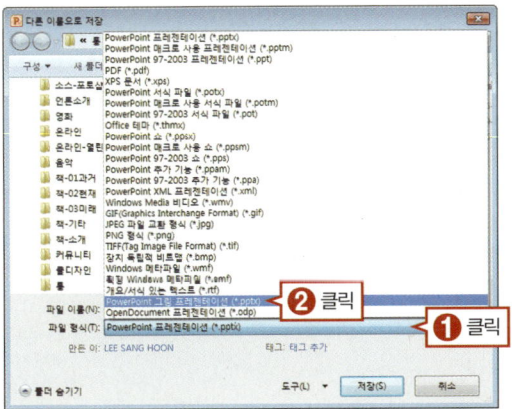

02

① 다른 이름으로 저장 대화상자
　하단에서 [파일 형식] 클릭
② PowerPoint 그림 프레젠테이션을
　클릭합니다.

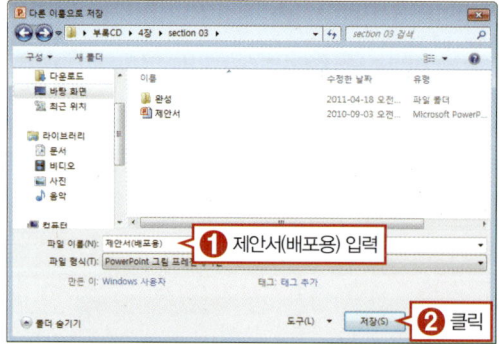

03
① 파일 이름에 **제안서(배포용)** 입력
② [저장]을 클릭합니다.

04 저장되었다는 메시지가 나오면
[확인]을 클릭합니다.

05 저장한 **제안서(배포용).pptx** 파일을
엽니다. 슬라이드에서 개체를 클릭하면
슬라이드 전체가 그림으로 저장되었기
때문에 슬라이드 한 장이 모두
선택됩니다.

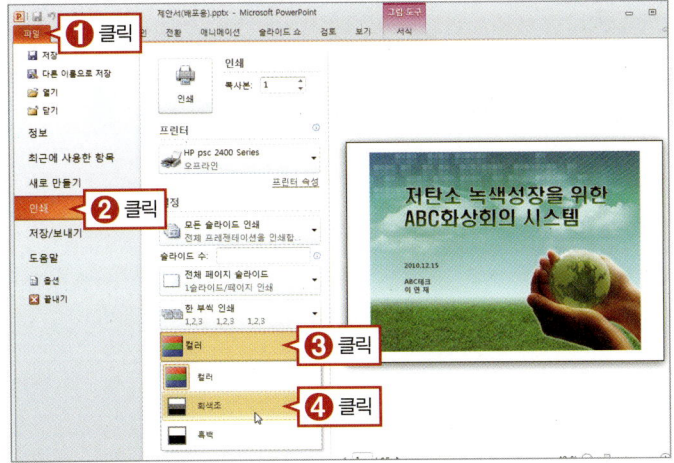

06

① [파일] 탭 클릭

② [인쇄] 클릭(단축키 : Ctrl + P)

③ [컬러] 클릭

④ [회색조]를 클릭합니다.

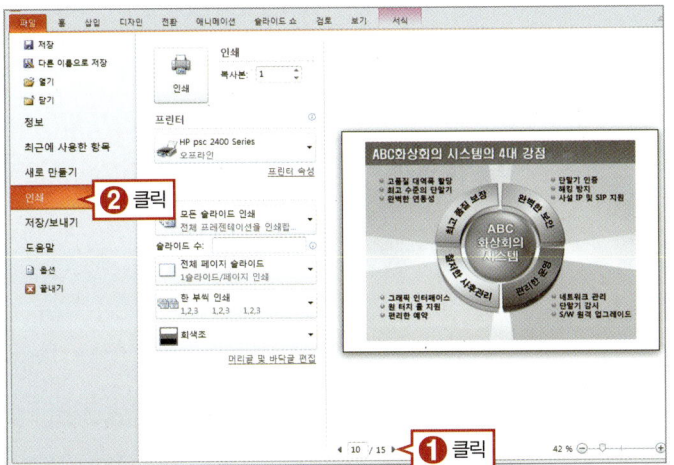

07

① [다음 페이지] 클릭 후 모든 페이지를
　　미리 보기로 확인하여 텍스트가
　　제대로 인쇄되는지 확인

② [인쇄]를 클릭합니다.

| Tip | 배포용으로 활용하기 |

'PowerPoint 그림 프레젠테이션'으로 저장한 파일은 수정
할 수 없기 때문에 홈페이지에 올리거나 다른 사람에게 배
포할 때 사용하면 좋습니다.

section 04

멋지게 슬라이드 쇼하기

•쇼 시작 •쇼 컨트롤 •펜과 레이저 기능 사용 •컴퓨터와 프로젝터 연결

청중 앞에서 프레젠테이션을 선보여야 한다면 슬라이드가 화면에 꽉 차게 나타나는 슬라이드 쇼 보기를 사용하는 것이 좋습니다. 슬라이드 쇼 보기 상태에서 슬라이드 쇼와 슬라이드에 적용한 모든 효과를 컨트롤하는 방법에 대해서 알아보겠습니다.

▌ 슬라이드 쇼 시작하기

첫 번째 슬라이드부터 쇼 시작하기

• **준비 파일** ◎:부록 CD/4장/Section04/제안서(최종).pptx

현재 표시되고 있는 슬라이드와는 상관없이 첫 번째 슬라이드부터 쇼 보기를 시작합니다.

● ① [슬라이드 쇼] 탭을 열고 ② [처음부터]를 클릭합니다(단축키 : F5).

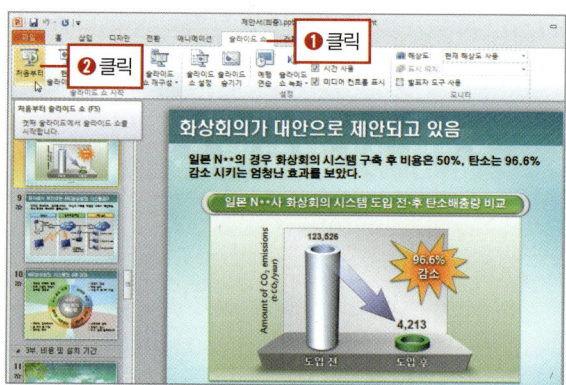

▶ [슬라이드 쇼] 탭 → [처음부터] 클릭

현재 슬라이드부터 쇼 보기

중간의 특정 페이지부터 프레젠테이션을 시작하는 경우나 슬라이드 디자인을 하던 중 쇼 보기에서 결과를 확인하고 싶을 때는 현재 슬라이드부터 쇼 보기를 사용합니다.

● ① [슬라이드 쇼] 탭을 열고 ② [현재 슬라이드부터]를 클릭합니다(단축키 : Shift + F5). 오른쪽 하단에 있는 [▣ 슬라이드 쇼]를 클릭해도 현재 슬라이드부터 쇼가 시작합니다.

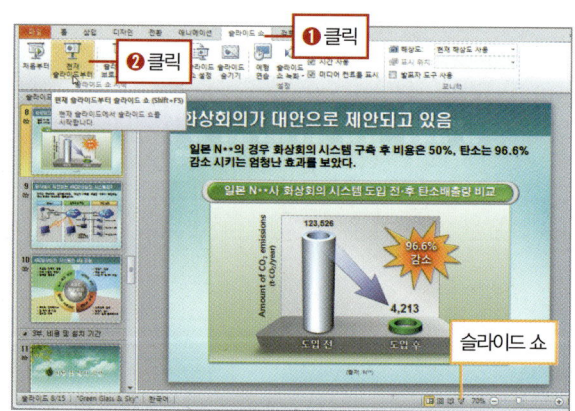

▶ [슬라이드 쇼] 탭 → [슬라이드 쇼] 클릭

▌슬라이드 쇼 컨트롤하기

슬라이드 쇼 보기에서 다음 슬라이드로 이동, 이전 슬라이드로 되돌아가기, 애니메이션 실행, 동영상 재생 등을 작업하는 방법에 대해서 알아보겠습니다.

다음 슬라이드로 전환하기

방법1 마우스 왼쪽 버튼을 클릭합니다.

방법2 `Enter`를 누릅니다.

방법3 `N`을 누릅니다. N은 Next를 의미합니다.

방법4 `Page Down`을 누릅니다.

방법5 `→`이나 `↓`를 누릅니다.

방법6 마우스 휠을 뒤로 굴립니다.

> **Tip** 슬라이드 쇼 단축키 도움말 활용 방법
>
> 슬라이드 쇼에서 `F1`을 누르면 슬라이드 쇼를 할 때 사용할 수 있는 단축키와 설명이 나타납니다.

이전 슬라이드로 전환하기

방법1 `Back Space`를 누릅니다.

방법2 `P`를 누릅니다. P는 Previous를 의미합니다.

방법3 `Page Up`을 누릅니다.

방법4 `←`이나 `↑`를 누릅니다.

방법5 마우스 휠을 앞으로 굴립니다.

특정 슬라이드로 빠르게 이동하기

첫 번째 슬라이드로 이동 : `Home`을 누릅니다.

마지막 슬라이드로 이동 : `End`를 누릅니다.

키보드로 해당 슬라이드로 이동 : 해당 슬라이드 번호를 키보드에서 누른 후 `Enter`를 누릅니다. `Home`을 누르는 대신 `1`을 누르고 `Enter`를 눌러도 됩니다.

마우스로 해당 슬라이드로 이동 : 마우스 오른쪽 버튼을 클릭하고 [슬라이드로 이동]을 선택한 후 하위 메뉴에서 이동할 슬라이드를 선택합니다.

> **Tip** 가장 최근에 봤던 슬라이드로 되돌아가기
>
> 마우스 오른쪽 버튼을 클릭해 나타나는 메뉴에서 [마지막으로 본 상태]를 클릭하면 가장 최근에 봤던 슬라이드로 되돌아갑니다.

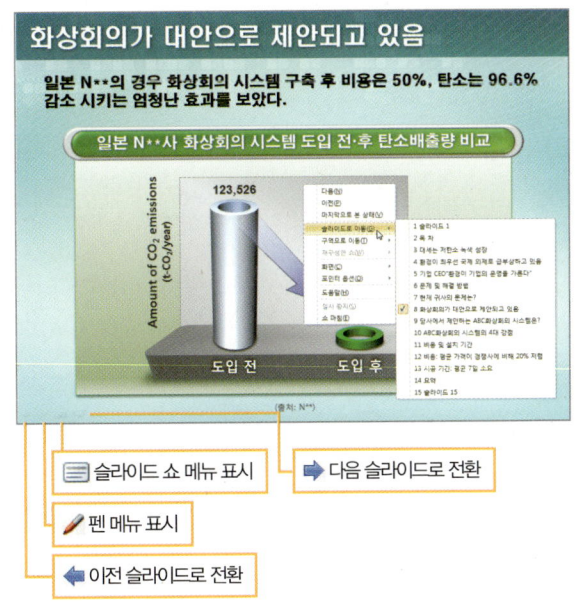

🔲 슬라이드 쇼 메뉴 표시 ➡ 다음 슬라이드로 전환
✏ 펜 메뉴 표시
⬅ 이전 슬라이드로 전환

슬라이드 쇼에서 동영상과 소리 재생하기

슬라이드에 동영상이나 소리와 같은 멀티미디어가 포함된 경우에는 보통 마우스를 이용해 실행시킵니다. 단축키로도 재생하거나 볼륨을 조정하고 아예 소리가 나지 않도록 할 수 있습니다. 단축키는 다음과 같습니다.

Alt + P : 재생/일시 중지

Alt + Q : 재생 중지

Alt + ↓ / ↑ : 볼륨 작게/크게

Alt + U : 음소거/음소거 해제

Tip **단축키가 실행되지 않을 때**

컴퓨터 하드디스크에 저장된 동영상이나 소리를 삽입한 슬라이드에서만 동영상/소리 단축키를 사용할 수 있습니다. 예를 들어 인터넷에서 직접 가져온 동영상이나 소리에는 이 단축키가 적용되지 않습니다.

슬라이드 쇼 화면 끄기

프레젠테이션이나 강연이 너무 길어져서 잠깐 쉴 때나 스크린에 나타나는 내용과 무관한 내용을 설명할 때는 스크린을 검은색이나 흰색으로 만드는 것이 좋습니다. 이 기능은 슬라이드 쇼 보기 상태에서 실행됩니다.

검정색으로 화면 전환 : B 를 누릅니다.

흰색으로 화면 전환 : W 를 누릅니다.

검은색/흰색에서 원래 쇼 보기로 전환 : 아무 키나 누릅니다.

Tip **B 를 눌렀지만 검은색 화면이 나타나지 않을 때 주의 사항**

슬라이드 쇼 보기가 아닌 기본 보기 상태입니다. B 는 슬라이드 쇼 보기에서만 실행되는 단축키입니다.

한글 입력 모드인 상태입니다. 파워포인트에서 아무런 작업도 하지 않고 곧바로 슬라이드 쇼 보기를 실행하면 기본적으로 영문 모드가 실행됩니다. 하지만 슬라이드에서 한글 수정 작업을 한 후 쇼를 실행하면 한글 입력 상태이기 때문에 단축키가 실행되지 않습니다. 이런 경우 키보드에서 [한/영]을 눌러 영문 모드로 전환합니다.

슬라이드 쇼 마치기

슬라이드 쇼를 마치는 방법에는 세 가지가 있습니다.

방법 1 Esc 를 누릅니다.

방법 2 마지막 슬라이드에서 **마우스 왼쪽 버튼**이나 Enter 를 누르면 슬라이드 쇼가 끝났다는 의미로 검은색 화면이 표시됩니다. 이 화면 위에서 **마우스 왼쪽 버튼**이나 Enter 를 누릅니다.

방법 3 **마우스 오른쪽 버튼**을 클릭하고 **[쇼 종료]**를 선택합니다.

펜과 레이저 기능 사용하기

프레젠테이션 도중에 특정 부분을 콕 집어서 설명해야 할 때가 있습니다. 이때 사용하는 방법으로 펜 기능과 레이저 기능이 있습니다.

펜 기능 실행하기

1 ① 슬라이드 쇼 보기 상태에서 Ctrl+P를 누릅니다. 그러면 빨간색 점이 표시됩니다. 강조할 부분에 원이나 선을 그립니다. 펜으로 칠한 내용을 지우고 싶다면 E를 누릅니다. 펜 기능을 종료하려면 Esc를 누릅니다.

2 ② 펜의 종류를 바꾸려면 **마우스 오른쪽 버튼**을 클릭하고 ③ [포인터 옵션]을 선택합니다. ④ 펜 종류, 색 등을 선택할 수 있습니다.

1

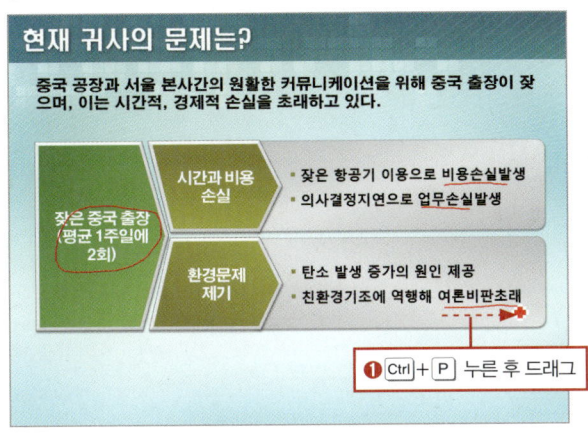

▲ Ctrl+P를 누른 후 드래그

2

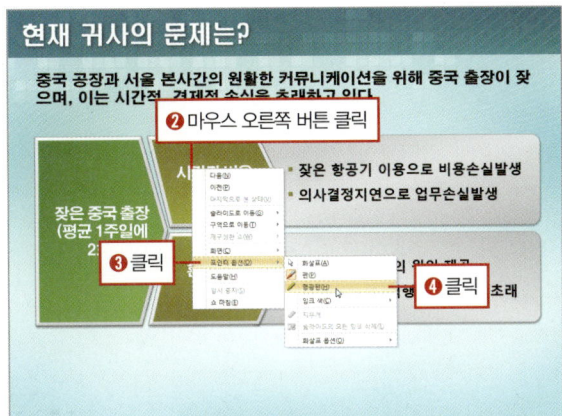

▲ 마우스 오른쪽 버튼 클릭 → [포인터 옵션] → 펜 선택

Tip 슬라이드에 펜으로 작성한 내용 남기기

펜 기능을 실행한 후 슬라이드 쇼 보기를 마치게 되면 잉크 주석을 유지하겠는지 묻는 메시지가 나타납니다. [아니오]를 클릭하면 펜으로 칠한 모든 것이 지워지고 [예]를 클릭하면 남습니다.

Note 1 슬라이드 수가 너무 많을 때의 이동 방법

1 마우스 오른쪽 버튼을 클릭할 때 나타나는 [슬라이드로 이동]은 하위 메뉴로 슬라이드를 31장만 표시할 수 있습니다.

2 만약 슬라이드 수가 32장 이상이라면 **모든 슬라이드 대화상자**를 이용하는 것이 편리합니다. Ctrl+S를 누르면 대화상자가 나타납니다. 대화상자에서 원하는 슬라이드를 선택하고 [이동]을 클릭하면 해당 슬라이드로 이동합니다.

1

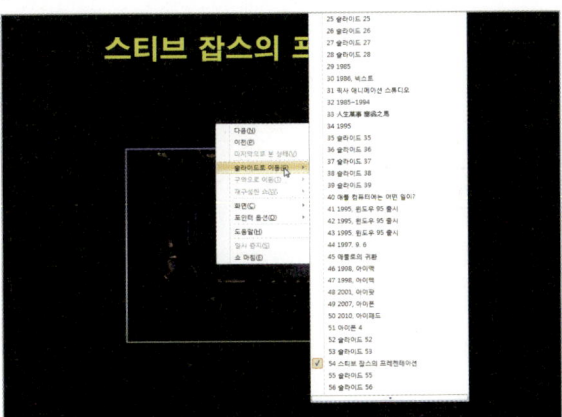

▲ 마우스 오른쪽 클릭 → [슬라이드로 이동] 클릭

2

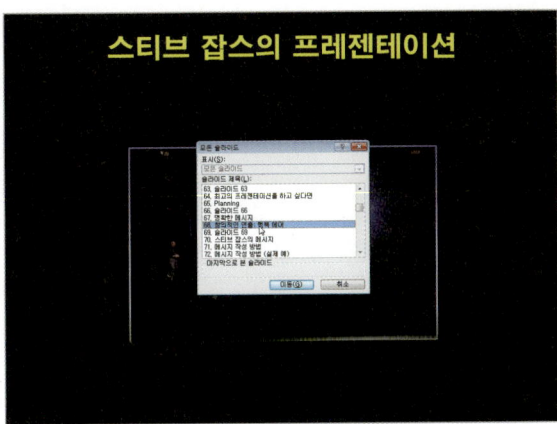

▲ Ctrl+S → 슬라이드 선택 → [이동]

레이저 표시하기

새롭게 추가된 레이저 기능은 마치 레이저로 스크린을 쏘는 듯한 장면을 연출하여 특정 부분을 지시할 수 있습니다. 이 기능은 슬라이드 쇼 보기 상태에서 실행됩니다.

● Ctrl을 누른 상태에서 마우스를 드래그하면 실행됩니다. Ctrl에서 손을 떼는 즉시 레이저는 사라집니다. 레이저를 쏠 수 있는 장치가 없을 때 유용하게 사용할 수 있습니다.

▲ Ctrl을 누른 상태로 드래그하면 빨간색 레이저가 나타남

Tip **파워포인트 프로그램이 설치되어 있지 않은 곳에서 프레젠테이션하기**

파워포인트 뷰어 2010은 파워포인트가 설치되지 않은 컴퓨터, 또는 하위 버전이 설치되어 파워포인트를 실행할 수 없는 컴퓨터에서 유용하게 사용할 수 있습니다. http://bit.ly/aNMDEA 사이트에 접속해서 프로그램을 내려받고 PowerPoint Viewer.exe 파일을 USB 메모리 등의 저장 장치에 넣어두었다가 문제가 되는 컴퓨터에 설치하면 파워포인트 문서로 슬라이드 쇼를 할 수 있습니다.

컴퓨터와 프로젝터 연결하기

프레젠테이션이나 강연에서는 컴퓨터와 프로젝터를 연결한 후 프로젝터로 컴퓨터의 영상을 스크린에 크게 확대해서 보여줍니다. 따라서 컴퓨터와 프로젝터의 연결 방법을 알고 있어야 합니다. 물론 프로젝터의 종류가 다양하여 모두 같은 방법을 쓸 수는 없지만 기계의 작동 방법을 알면 좀 더 쉽게 프로젝터를 사용할 수 있습니다.

1 먼저 컴퓨터와 프로젝터의 위치를 세팅하고 연결 케이블을 준비합니다. 연결 케이블은 양쪽의 모양이 똑같습니다.

2 연결 케이블을 컴퓨터의 출력 단자(OUTPUT, VGA OUT, 또는 RGB OUT 라벨)에 연결합니다. OUTPUT 단자는 일반적으로 뒤쪽이나 측면에 있습니다.

1

▲ 컴퓨터와 프로젝터 연결 케이블

2

▲ 케이블을 컴퓨터의 출력 단자에 연결

3 연결 케이블의 다른 쪽을 프로젝터 뒤편의 입력 단자(INPUT, VGA IN, 또는 RGB IN 라벨)에 연결합니다. 그리고 컴퓨터와 프로젝터의 파워를 켭니다. 참고로 프로젝터의 파워는 두 번 눌러야 꺼집니다.

4 PC는 자동 연결 상태가 되어 컴퓨터 화면이 프로젝터를 통해 스크린에 영사됩니다. 하지만 노트북은 키보드 왼쪽 하단에 있는 Fn을 누른 상태에서 F1~F12 중 하나를 눌러야 연결할 수 있습니다. 이것을 **전환 키**라고 하는데, 노트북 컴퓨터의 제조 회사별로 다릅니다.

3

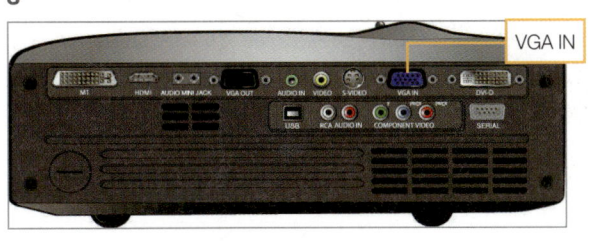

▲ 다른 쪽 케이블을 프로젝터의 입력단자에 연결

4

▲ Fn을 누른 상태에서 F1~F12 중 하나를 누름

5 컴퓨터와 프로젝터가 제대로 연결되면 컴퓨터의 프레젠테이션 문서를 열고 슬라이드 쇼 보기를 실행합니다. 영상의 초점과 확대/축소 비율을 맞춰줍니다.

초점 : Focusing 부분을 좌우로 돌려 초점을 맞출 수 있습니다.
확대/축소 비율 : Zooming 부분을 좌우로 돌려서 화면 크기를 조정할 수 있습니다.

높낮이 : Foot Adjust Lever를 눌러 조정할 수 있습니다.

Tip	화면의 크기와 청중의 위치		
스크린 너비	스크린 너비 대비 적정 비율	2미터	3미터
빔 프로젝터 위치	1.5~2배	3~4미터	4.5~6미터
맨 앞줄의 청중 위치	1.5배	2.5미터	4.5미터
맨 뒷줄의 청중 위치	6배(최대 비율)	12미터	18미터

Note 2 **노트북 전환 키 기능과 제조사별 전환 키**

Fn을 누른 상태에서 **전환 키**를 누르는 횟수에 따라 다음의 3개 모드 중 하나로 전환됩니다.

1. 노트북 컴퓨터 화면 : **정상**, 프로젝터 : **컴퓨터 화면을 스크린으로 영사**

2. 노트북 컴퓨터 화면 : **검은색**, 프로젝터 : **컴퓨터 화면을 스크린으로 영사**

3. 노트북 컴퓨터 화면 : **정상**, 프로젝터 : **초기 기본 화면으로 전환**

프레젠테이션 시작 전이나 휴식 시간에 컴퓨터 화면을 청중에게 보여주고 싶지 않다면 3번 모드로 만들어놓고 프레젠테이션이 시작되면 1번 모드로 전환합니다.

제조사별 전환 키

제조사		전환키
델		F3
삼성		F4
도시바		F5
TG	Fn	
HP/컴팩		F3, 또는 F4, 또는 F5
LG		F7
IBM Lenova		
Sony VAIO		
후지쯔		F10

Tip

윈도우 7 사용자는 키보드에서 윈도우키+ P 를 눌러 프로젝터 연결 방식을 선택할 수 있습니다.

 Note 3 **프로젝터 리모콘의 화면 가림과 정지 버튼 활용하기**

프로젝터 리모콘의 **화면 가림(Blank)**이나 **일시 정지(Freeze)** 버튼을 활용합니다.

화면 가림(Blank) : 빔 프로젝터가 검은색, 또는 파란색을 영사합니다. 다시 버튼을 누르면 현재 화면이 표시됩니다.

화면 정지(Freeze, Still) : 현재 프로젝터에서 영사하는 장면을 고정시키는 역할을 합니다. 프레젠테이션이나 강연을 시작하기 전에 첫 번째 슬라이드를 쇼 보기로 프로젝터를 통해 스크린에 영사한 후 이 버튼을 누르면 컴퓨터에서 다른 작업을 할 경우에도 프로젝터는 동결된 슬라이드만 표시하기 때문에 유용하게 쓸 수 있습니다. 다시 이 버튼을 누르면 동결이 해제되고 현재 화면이 표시됩니다.

이 두 가지 버튼을 모든 리모컨이 제공하는 것은 아니며 표시되는 이름 또한 다양하기 때문에 미리 확인한 후 사용하는 것이 좋습니다.

 Note 4 **발표자가 무대를 제대로 활용할 수 있도록 무선 프리젠터 활용하기**

무선 프리젠터(Wireless Presenter)는 슬라이드 쇼 시작, 슬라이드 이동, 애니메이션 실행, 동영상 재생/정지, 볼륨 조정, 레이저 발사, 화면을 검은색으로 전환하는 등 발표할 때 필요한 여러 가지 작업을 무선으로 할 수 있습니다. USB 형태의 수신기가 장착된 컴퓨터의 반경 20~50m 내에서 작동할 수 있기 때문에 발표자가 발표장 어디에서든 슬라이드 쇼를 조작할 수 있습니다.

 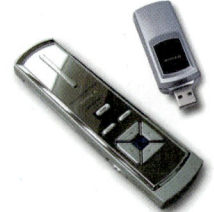

맥북, 맥북에어와 같은 애플 제품을 사용하고 있다면 컴퓨터와 프로젝터를 연결하는 어댑터가 있어야 합니다. 주의할 것은 제품이나 제품 출시 연도에 따라서 어댑터가 다를 수 있다는 것입니다. 어댑터를 구입할 때는 반드시 사용하고 있는 노트북의 정확한 이름을 알고 있어야 합니다.

▶ 맥북과 맥북에어용 VGA 어댑터(Mini DisplayPort to VGA Adapter)

Note 6 프로젝터에서 화면이 영사되지 않을 때 반드시 체크해야 할 요소

컴퓨터와 프로젝터를 케이블로 연결하고 컴퓨터와 프로젝터를 모두 켰는데 제대로 영사되지 않을 때가 있습니다. 이런 경우에는 대개 다음과 같은 경우입니다.

프로젝터의 연결 단자가 잘못 연결된 경우 : 컴퓨터의 OUTPUT 단자와 프로젝터의 INPUT 단자에 케이블이 연결되어 있어야 합니다. 프로젝터는 연결 부분이 너무 복잡해서 케이블을 제대로 연결하지 못하는 경우가 있습니다. INPUT, RGB IN, 또는 VGA IN 등의 라벨이 붙어 있는 부분에 제대로 연결되었는지 확인합니다. 연결 케이블이 불량인 경우도 있습니다.

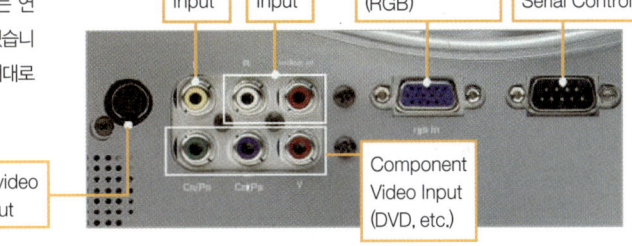

▲ INPUT, RGB IN, VGA IN 등의 라벨이 붙어 있는 입력 단자에 연결

프로젝터의 램프가 불량인 경우 : 고열이 나는 램프는 전구처럼 순식간에 망가질 수 있습니다. 따라서 항상 여벌의 램프를 준비하는 것이 좋습니다.

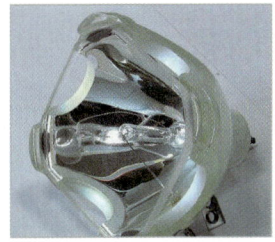

▶ 프로젝터의 램프

색이 이상하게 나오는 경우 : 프로젝터에 따라 특정 색이 제대로 나오지 않는 경우가 있습니다. 프로젝터를 바꿀 수 없다면 슬라이드에서 색을 최대한 줄이고 흰색과 회색만 사용하거나, 색의 밝기만을 이용해 다시 디자인하는 것이 좋습니다.

화면이 찌그러져 나오는 경우 : 해상도가 맞지 않을 때 나타나는 현상입니다. 프로젝터는 현재 컴퓨터의 해상도에 맞춰 자동으로 조정되는데, 가끔 자동으로 전환하지 못하는 경우도 있습니다. 이런 경우에는 컴퓨터의 해상도를 낮게 변경하는 것이 좋습니다. ① [슬라이드 쇼] 탭의 맨 오른쪽에 있는 ② [해상도]를 열고 ③ 다른 해상도를 설정합니다. 일반적으로 [800x600]을 선택하면 해결되는 경우가 많습니다.

SWOT은 강점(Strength), 약점(Weakness), 기회(Opportunity), 위협(Threat)의 머리글자를 모아 만든 단어로
현재 조직 내부의 상태(강점과 약점)와 조직 외부의 환경(기회와 위협)에 대한 정보 및 긍정적인 부분(강점과 기회)
과 부정적인 부분(약점과 위협)을 쉽게 비교할 수 있습니다. 경영자는 회사가 처한 시장 상황에 대해 인식할 수 있으
며 앞으로의 전략을 수립할 때 중요한 자료로 삼을 수 있기 때문에 기업 프레젠테이션에서 가장 많이 사용되는 도해
입니다. 확대/축소 애니메이션을 적용한 후 슬라이드의 중심에서 S, W, O, T가 개별적으로 펼쳐지는 애니메이션을
만들어보겠습니다.

• **준비 파일** ⓞ:부록 CD/4장/Section04/혼자해보기.pptx　　　• **완성 파일** ⓞ:부록 CD/4장/Section04/완성/혼자해보기 결과.pptx

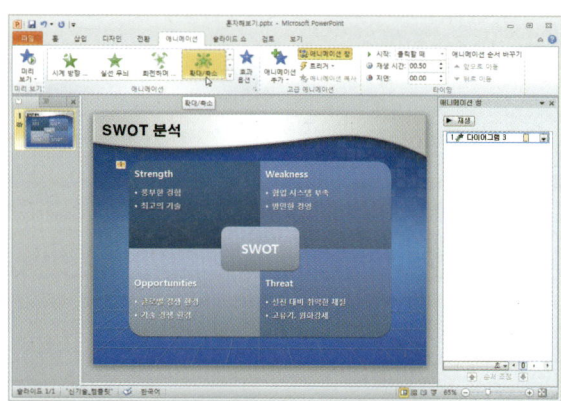

1 슬라이드에 있는 SmartArt 도해에 [나타내기]의
[확대/축소] 애니메이션을 적용합니다.

2 [효과 옵션]에서 [소실점]의 [슬라이드 센터]를 선택하고 [효과 옵션]에서 [시퀀스]의 [개별적으로]를 선택합니다.

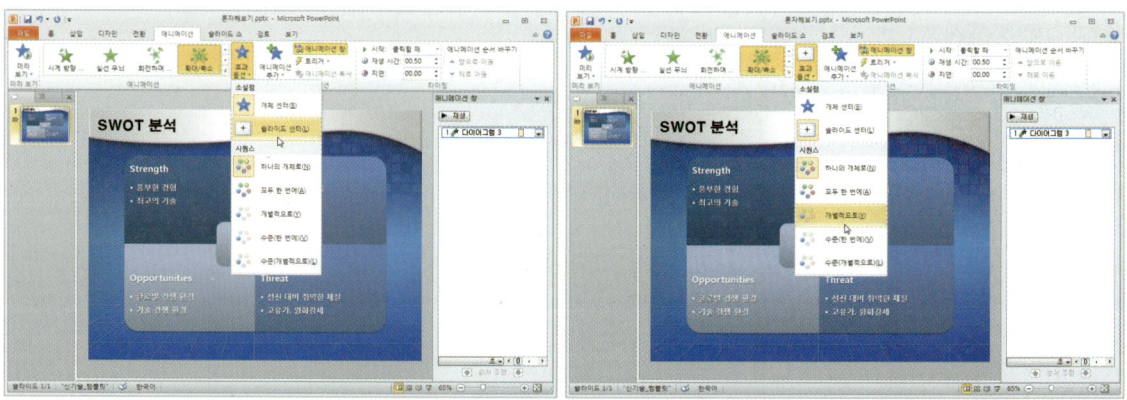

PART 2

비주얼 자료를 이용해
전달력 높이기

정보를 전달하는 기본적인 수단은 텍스트입니다. 간단한 몇 줄의 텍스트라면 별다른 문제가 없지만 글자가 너무 많은 경우에는 슬라이드가 복잡해지고 청중이 내용을 이해하는데 시간이 소요되어 전체적인 전달력도 떨어집니다. 내용이 많을 때는 도해, 표, 차트 등과 같은 비주얼 자료를 사용하면 함축적이면서 직관적으로 내용을 전달할 수 있습니다. 그러나 텍스트 자료가 제대로 변환되지 않으면 시간은 시간대로 들고 전달력은 더 떨어질 수 있습니다. 두 번째 파트에서는 도해, 표, 차트를 만드는 파워포인트 기능 및 텍스트 자료의 전달력을 높이는 비주얼 자료 변환 방법을 알아보겠습니다.

CHAPTER 05

SMARTART와 3차원 효과로 도해 만들기

도해는 한자로 그림 도(圖)에, 풀 해(解)를 써서 그림으로 풀어 설명한다는 의미입니다.
슬라이드에서 도해를 사용하면 중요한 포인트를 명확하게 보여주고
한정된 공간에 많은 정보를 담을 수 있습니다.
이번 장에서는 도해를 빠르게 완성하면서 메시지 전달력을 높일 수 있는 SmartArt 및
도해에 입체감을 더하는 3차원 효과를 알아보겠습니다.

도해 제작 단계 알아보기

• 내용 요약 • 그룹핑 및 그룹 제목 작성 • 도해 작성

도해란 텍스트를 그림으로 풀어 설명하는 것입니다. 도해를 사용하면 중요한 포인트를 강조하기 쉽고 적은 공간에 많은 정보를 담을 수 있습니다. 이번 섹션에서는 도해 제작 단계에 대해서 알아보겠습니다.

도해 제작의 3단계 알아보기

텍스트를 도해로 변환하면 내용을 좀 더 쉽게 이해할 수 있습니다. 하지만 텍스트를 무작정 도해로 변환한다고 해서 전달력을 높일 수 있는 것은 아닙니다. 오히려 보기가 더 어려워져서 청중이 내용을 파악하기 어려울 수 있습니다.

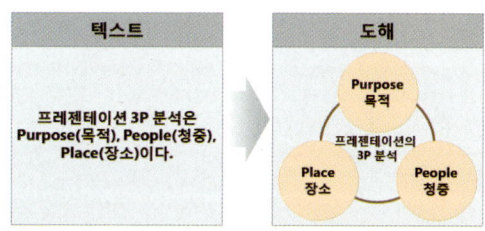

◀ 텍스트를 도해화한 예

텍스트를 도해로 만드는 작업이 쉬운 것은 아니지만 도해 제작 3단계를 이용하면 조금 더 쉽게 도해를 만들 수 있습니다.

1단계 : 내용 요약하기

우선 원고를 요약, 정리하는 과정이 필요합니다. 내용을 줄이고 필요 없는 내용은 과감하게 삭제합니다.

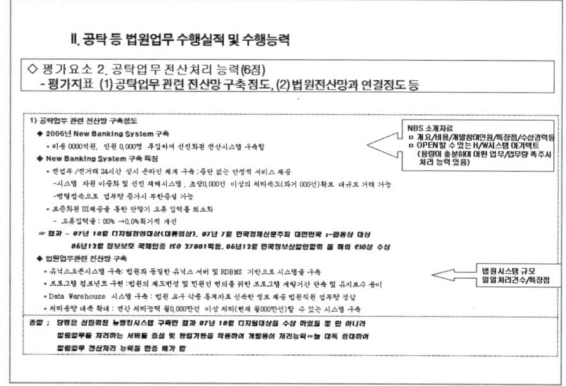

▲ 초기 원고

▲ 요약된 원고

2단계 : 그룹핑 및 그룹 제목 작성하기

요약된 내용을 관련 있는 것끼리 묶고, 각 그룹에 제목을 작성합니다. 각 그룹의 배치나 순서를 바꾸고, 필요 없는 내용이 남아 있다면 삭제합니다. 이 단계가 되면 어느 정도 도해의 윤곽이 나옵니다.

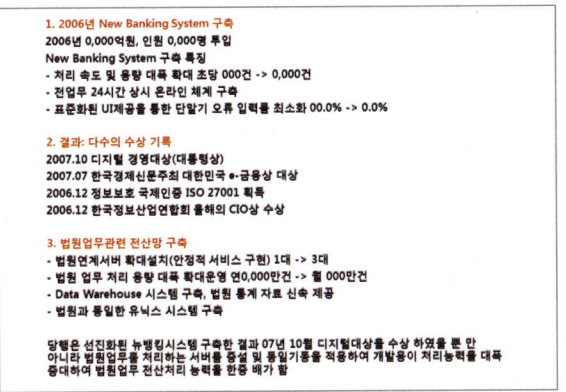

▲ 그룹핑된 원고

▲ 순서를 바꾸고 필요 없는 내용을 삭제한 원고

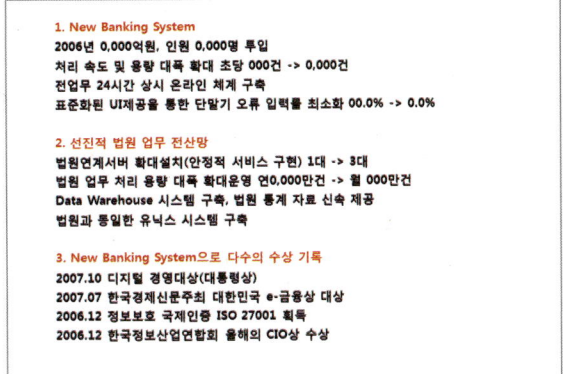

3단계 : 도해 작성하기

그룹핑이 끝나면 도해를 만듭니다. 대개 여러 번의 시행착오를 거쳐 완성 단계에 이릅니다.

1 주어진 텍스트를 직사각형 박스로 묶고 화살표로 연결합니다.

2 너비를 줄어 공간 배치를 바꿉니다.

1

2

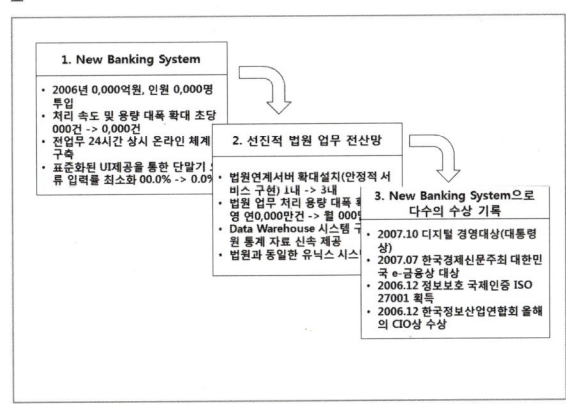

3 순서를 밑에서 위로 바꿉니다.

4 각 그룹의 세부 내용을 각각 직사각형 박스로 묶습니다.

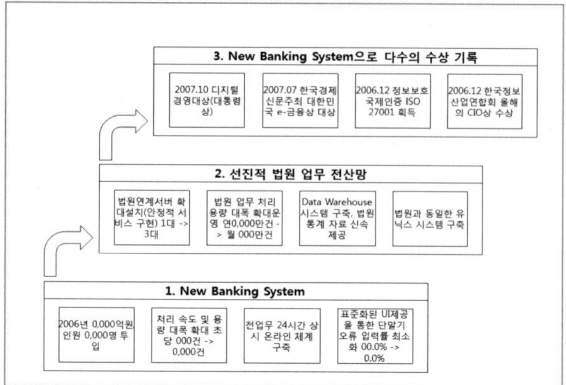

5 계단식으로 변환하여 입체감을 줍니다.

6 각 그룹의 제목을 왼쪽에 배치하고 맨 위에 있는 직사각형의 텍스트는 배치를 변경합니다.

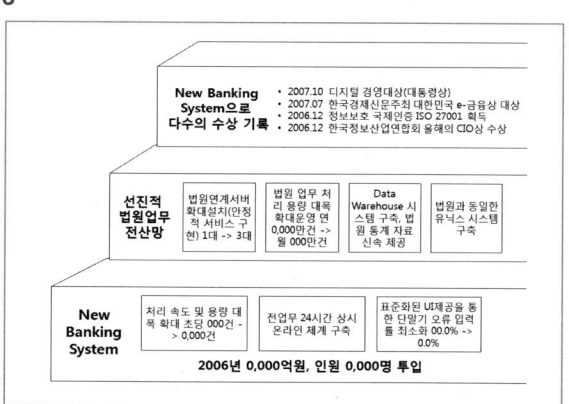

7 색을 칠합니다.

8 이미지를 삽입해서 최종 결과물을 완성합니다. 이미지를 사용하지 않고 슬라이드를 완성하는 경우도 있습니다.

7

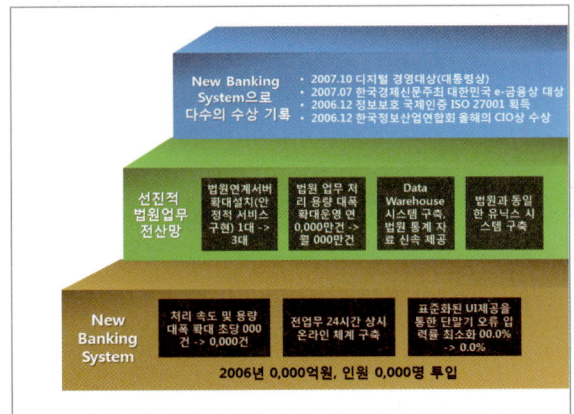

8

여러 단계를 거쳐 도해 하나가 완성됩니다. 도해를 완성한 후에는 항상 다음의 두 가지 관점에 서 처음 원고와 최종 슬라이드를 비교해봅니다.

완성된 도해가 텍스트로 된 원고를 읽을 때보다 더 쉬운가?
도해의 형태가 전달할 내용에 적합한가?

디자인이 중요한 경우에는 도해가 미적으로 아름다운지 확인합니다.

SmartArt로 빠르게 도해 만들기

• SmartArt 삽입, 활용 • 텍스트를 SmartArt로 변환 • SmartArt에 스타일 적용 • SmartArt를 도형으로 변환

파워포인트에서 도해를 만드는 가장 빠르고 효율적인 방법은 SmartArt를 이용하는 것입니다. SmartArt는 자주 사용하는 도해 스타일을 다양하게 제공합니다. 원하는 스타일을 찾아서 텍스트만 입력하면 쉽게 도해를 만들 수 있습니다.

▎ SmartArt 삽입/텍스트 입력/도형 추가하기

• **준비 파일** ◎: 부록 CD/5장/Section02/SmartArt01.pptx　　• **완성 파일** ◎: 부록 CD/5장/Section02/완성/SmartArt01 결과.pptx

SmartArt 삽입하기

1 ① [삽입] 탭을 클릭하고 ② [SmartArt]를 클릭합니다.

2 ③ SmartArt 그래픽 선택 대화상자의 왼쪽에서 [주기형]을 클릭합니다. ④ 오른쪽 세부 형태에서 [세그먼트 주기형]을 선택한 후 ⑤ [확인]을 클릭합니다.

1

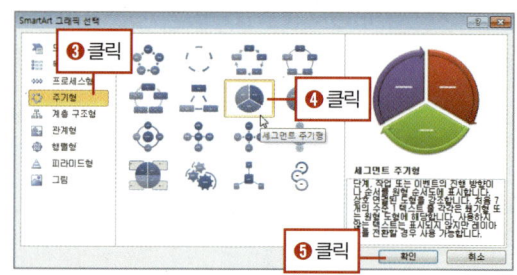

▲ [삽입] 탭 → [SmartArt] 클릭

2

▲ [주기형] → [세그먼트 주기형] → [확인] 클릭

SmartArt에 텍스트 입력하기

1 ① SmartArt에서 오른쪽 상단에 있는 도형을 클릭하고 텍스트를 입력합니다. ② 아래쪽에 있는 도형을 클릭하고 텍스트를 입력합니다. ③ 계속해서 왼쪽 상단 도형을 클릭하고 텍스트를 입력합니다.

2 ④ [SmartArt 도구]–[디자인] 탭을 클릭하고 ⑤ [텍스트 창]을 클릭해서 **텍스트 창**을 엽니다. 도형에 입력한 텍스트가 표시된 것을 확인할 수 있습니다. 이 창을 이용하여 텍스트를 입력하고 수정할 수 있습니다.

1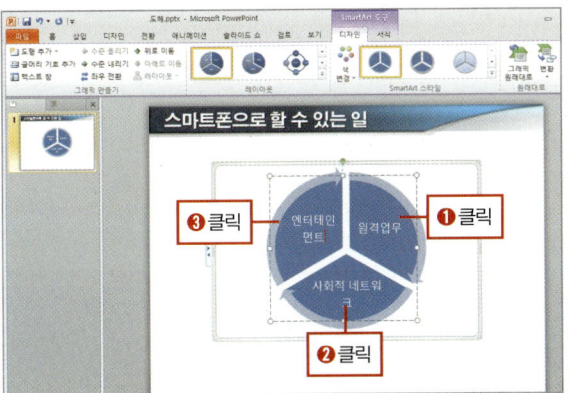

▲ 각각의 도형을 클릭하고 텍스트 입력

2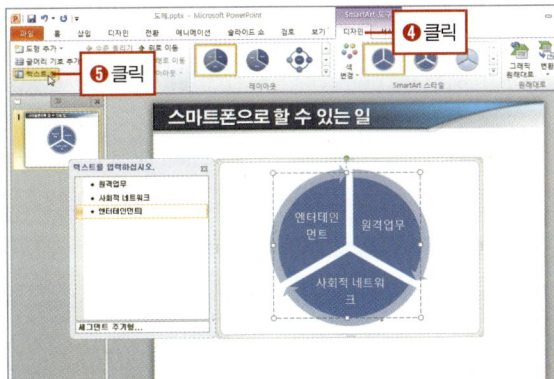

▲ [SmartArt 도구]─[디자인] 탭 → [텍스트 창] 클릭

Tip	텍스트 창을 닫고 여는 다른 방법

텍스트 창 오른쪽 상단의 [🗙 닫기]를 클릭해서 창을 닫을 수 있습니다. 또한 SmartArt 창 왼쪽에 있는 [텍스트 창 표시]를 클릭해서 창을 열 수 있습니다.

SmartArt에 도형 추가하기

1 ① [SmartArt 도구]─[디자인] 탭을 클릭하고 ② 맨 왼쪽에 있는 [도형 추가]를 클릭합니다.

2 ③ 추가된 도형 위에 글자를 입력합니다.

1

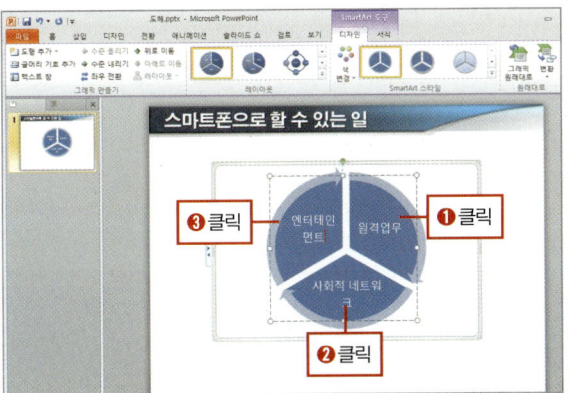

▲ [SmartArt 도구]─[디자인] 탭 → [도형 추가] 클릭

2

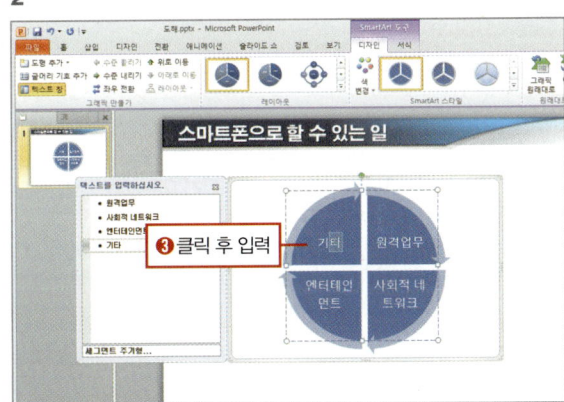

▲ 추가된 도형에 텍스트 입력

📝 Note 1	SmartArt에 입력한 텍스트가 텍스트 창에 배치되는 순서

SmartArt의 왼쪽에 나타나는 텍스트 창에는 SmartArt에 입력된 텍스트가 표시되는데, 이 창에서 직접 글자를 입력하거나 편집할 수 있습니다. 맨 윗줄에 입력한 텍스트는 SmartArt 오른쪽 상단에 위치한 도형에 나타나고, 두 번째 줄부터 입력한 텍스트는 시계 방향으로 각 도형에 표시됩니다. 물론 이 위치는 SmartArt의 종류에 따라 약간씩 다릅니다. 텍스트 창에 있는 글머리 기호는 실제 글머리가 아닌 다른 단락과 구분하기 위한 것으로 슬라이드 쇼나 인쇄 시에는 나타나지 않습니다.

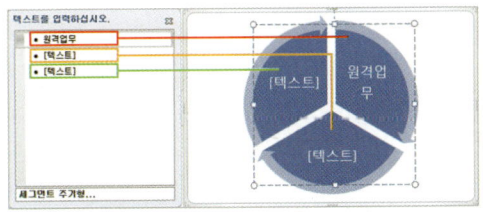

▲ 텍스트 창에 텍스트 입력

SmartArt에서 도형 삭제하기

1 SmartArt에서 지우려는 도형을 클릭하고 Delete 를 누릅니다.

2 SmartArt에서 해당 도형이 삭제됩니다.

1

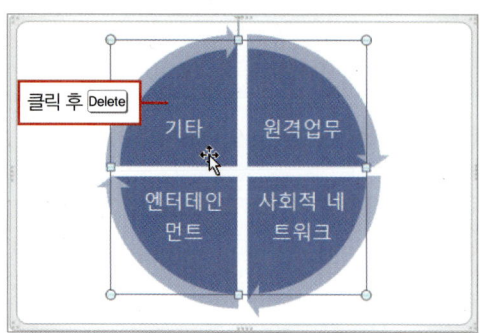

▲ 도형 클릭 → Delete

2

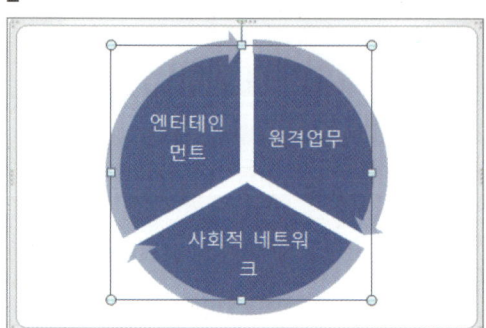

▲ SmartArt에서 해당 도형이 삭제됨

> **Tip** 텍스트 창에서 도형을 삭제하는 방법
>
> 텍스트 창에서 지우고 싶은 단락을 클릭하고 Delete 나 Back Space 를 이용해 글머리 기호까지 지우면 도형이 삭제됩니다.

텍스트를 SmartArt로 변환하기

1 ① 텍스트가 입력된 **텍스트 상자**를 클릭하고 ② [**홈**] 탭의 [**단락**] 그룹에서 [**SmartArt 그래픽으로 변환**]을 클릭합니다.

2 ③ SmartArt 목록에서 원하는 것을 클릭합니다.

1

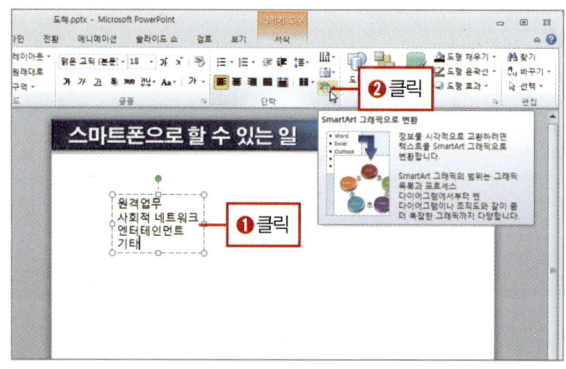

▲ 텍스트 상자 선택 → [SmartArt 그래픽으로 변환] 클릭

2

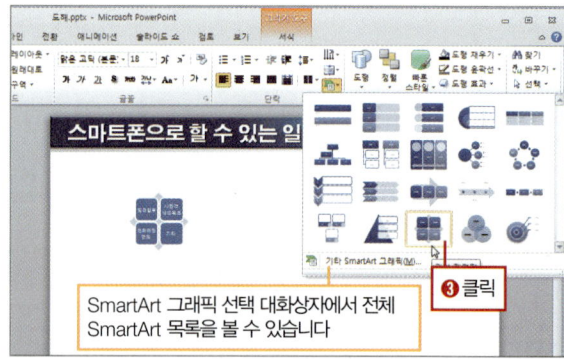

▲ SmartArt 목록에서 [기본 행렬형] 클릭

> **Tip** SmartArt의 크기 및 위치 조정 방법
>
> 텍스트를 SmartArt로 변환하면 크기가 작습니다. SmartArt 테두리를 드래그해서 위치를 이동하고 크기 조정 핸들을 드래그해서 크기를 변경할 수 있습니다.

▲ 테두리를 드래그해서 이동   ▲ 변 중심을 드래그해서 크기 조정

SmartArt에서 하위 텍스트 입력하기

SmartArt에서 텍스트를 입력하다 보면 하위 요소를 추가해야 할 경우가 종종 있습니다. 기본 행렬형 SmartArt에서 각 도형의 제목 아래에 위치하는 하위 텍스트를 입력해보겠습니다.

1 ① **왼쪽 상단 도형**을 클릭합니다. ② **[SmartArt 도구]–[디자인]** 탭을 클릭한 후 ③ 맨 왼쪽에 **[글머리 기호 추가]**를 클릭합니다.

2 ④ 텍스트를 입력하면 글머리 기호가 생깁니다. 줄을 바꿔 다음 내용을 입력하려면 Enter 를 누르고 텍스트를 입력합니다.

1

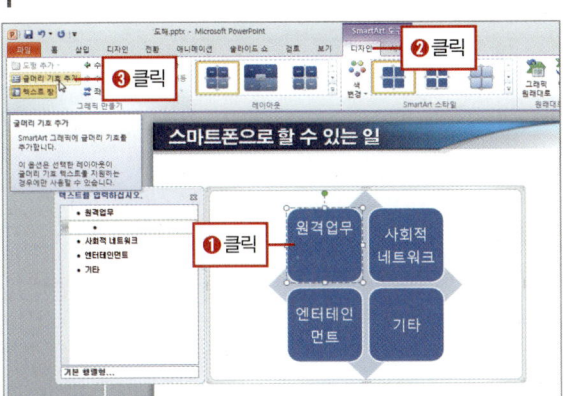

▲ 도형 클릭 → [SmartArt 도구]–[디자인] 탭 → [글머리 기호 추가] 클릭

2

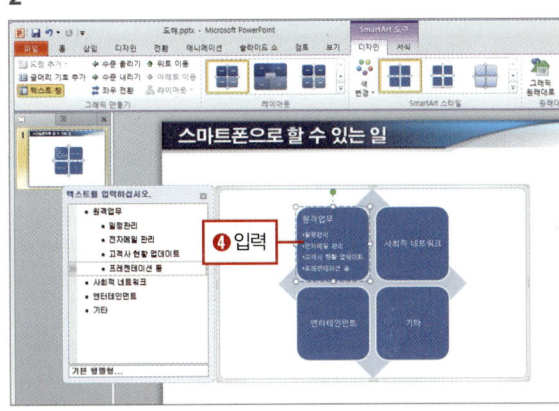

▲ 텍스트 입력 → Enter 를 누르고 다음 줄 입력

📝 **Note 2** 　**텍스트 창에서 도형을 추가하는 방법**

1 도형을 삽입하고 싶은 위치의 **위쪽 단락 오른쪽 끝**을 클릭해 커서를 위치시키고 Enter 를 누릅니다.

2 단락이 하나 추가되면서 SmartArt에 빈 도형이 추가됩니다.

1

▲ 단락 오른쪽 끝에 기시 위치 → Enter

2

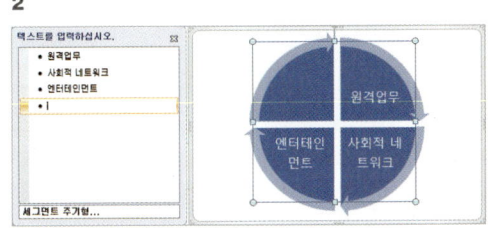

▲ SmartArt에 도형이 추가됨

행렬형처럼 추가할 수 있는 도형의 개수가 정해져 있는 SmartArt는 더 이상 조각을 추가할 수 없는 경우에 텍스트 창의 맨 아래에 위치한 항목 왼쪽에 빨간색 X 표시가 나타납니다. X 표시 옆에 입력된 내용은 저장되지 않으므로 주의해야 합니다.

SmartArt에 스타일 적용하기

SmartArt 스타일 적용하기

1 ① SmartArt를 클릭하고 ② [SmartArt 도구]−[디자인] 탭의 [SmartArt 스타일] 그룹에서
[⬇ 자세히]를 클릭합니다.

2 ③ 목록에서 SmartArt 스타일을 선택합니다.

1

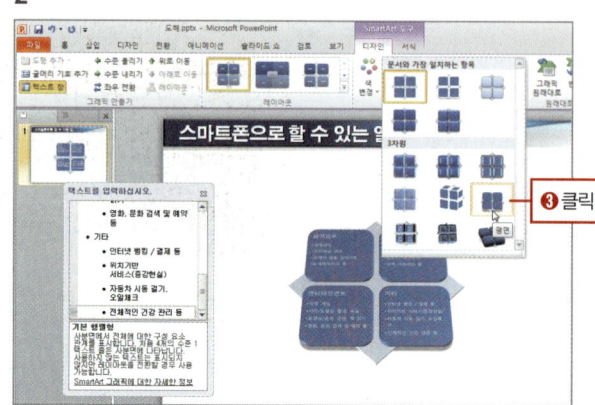

▲ [SmartArt 도구]−[디자인] 탭 → [자세히] 클릭

2

▲ [3차원]에서 [평면] 선택

✎ **Note 3** **텍스트 창에서 하위 텍스트를 입력하는 방법**

하위 텍스트는 텍스트 창에 입력하는 것이 더 편리합니다.

1 ① 텍스트 창에서 하위 텍스트를 추가하고 싶은 단락의 맨 오른쪽 부분을 클릭해 커서를 위치시키고 Enter를 누릅니다. 단락이 추가됩니다.

2 ② Tab을 누르고 글자를 입력합니다.

1

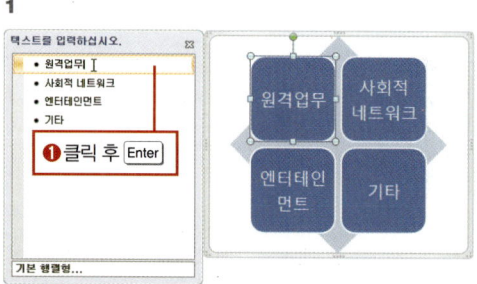

▲ 단락 오른쪽 끝에 커서 위치 → Enter

2

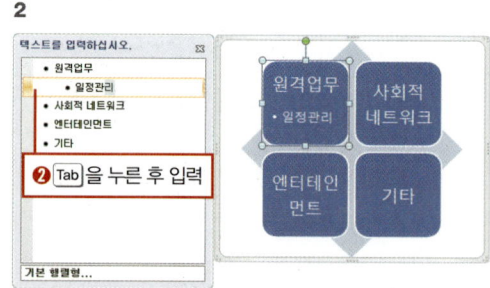

▲ SmartArt에 도형이 추가됨

Tab을 눌러 하위 텍스트로 수준을 한 단계 내렸는데, 다시 수준을 올리고 싶다면 Shift+Tab를 누릅니다. 다른 방법으로는 [SmartArt 도구]−[디자인] 탭 왼쪽의 [그래픽 만들기] 그룹에서 [수준 올리기]와 [수준 내리기]를 클릭하여 수준을 조정할 수 있습니다.

SmartArt 스타일 색 변경하기

- ① [SmartArt 도구]–[디자인] 탭의 [SmartArt 스타일] 그룹에서 [색 변경]을 클릭하고 ② 목록에서 **색 견본**을 선택합니다.

Tip 통일성 및 일관성 있는 색 사용

색을 사용할 때 가장 중요한 것은 통일성과 일관성입니다. 일정한 패턴을 유지하기 위해서는 색 견본 중에서 딱 하나만 선택하여 현재 프레젠테이션의 모든 SmartArt에 똑같이 적용합니다.

Tip SmartArt의 색이나 스타일을 원래대로 되돌리는 방법

SmartArt에 색이나 스타일을 적용하다가 SmartArt를 처음 상태로 돌리고 싶다면 [SmartArt 도구]–[디자인] 탭 오른쪽의 [원래대로] 그룹에서 [그래픽 원래대로]를 클릭합니다.

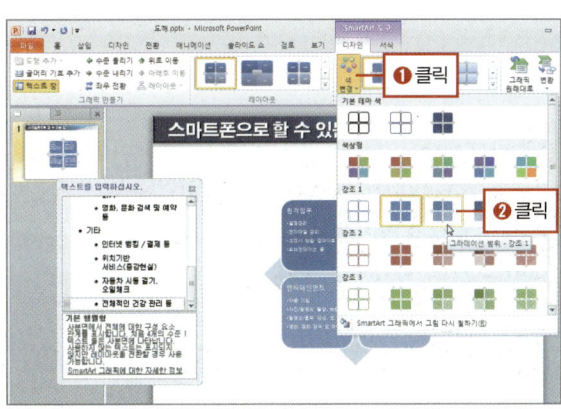

▲ [색 변경] 클릭 → [그라데이션 범위 – 강조 1] 클릭

다른 SmartArt로 변경하기

SmartArt는 SmartArt에 입력된 텍스트나 색 등의 서식을 그대로 유지한 채 다른 SmartArt로 바꿀 수 있습니다.

1 ① SmartArt를 선택하고 ② [SmartArt 도구]–[디자인] 탭의 [레이아웃] 그룹에서 [자세히]를 클릭합니다.

2 ③ 현재 선택된 SmartArt와 같은 범주에 있는 다른 SmartArt들이 표시됩니다. 목록에서 원하는 종류를 선택합니다.

1

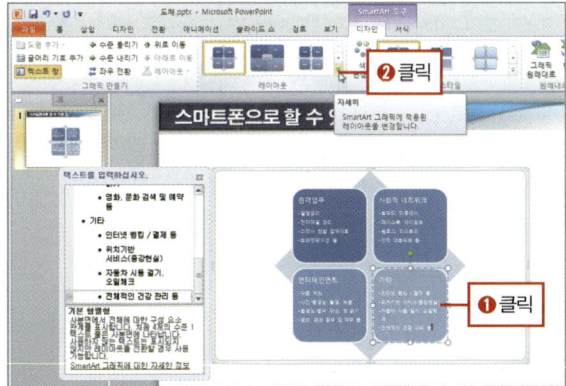

▲ [SmartArt 도구]–[디자인] 탭 → [자세히] 클릭

2

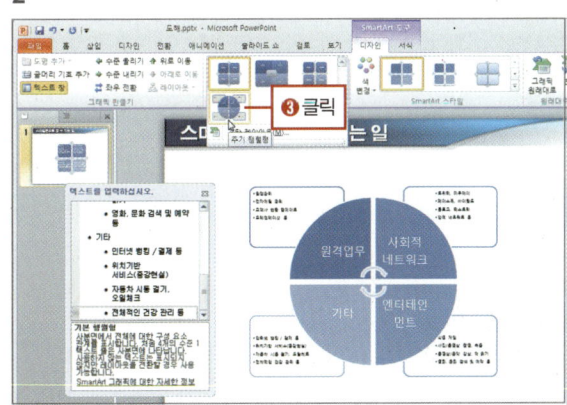

▲ 목록에서 [주기 행렬형] 선택

Tip 다른 범주의 SmartArt를 선택하려면

레이아웃 목록에서 [기타 레이아웃]을 선택합니다.

Tip SmartArt를 바꾸는 다른 방법

마우스 오른쪽 버튼으로 SmartArt 테두리를 클릭하고 메뉴에서 [레이아웃 변경]을 선택합니다.

SmartArt를 도형으로 변환하기

SmartArt는 도해를 만들기가 쉽다는 장점이 있지만 마음대로 변형할 수 없다는 단점도 가지고 있습니다. 특히 텍스트와 관련된 서식 변경이 쉽지 않은데, 이때는 SmartArt를 도형으로 변환하여 사용하는 것이 좋습니다.

- ① SmartArt를 선택합니다. ② [SmartArt 도구]–[디자인] 탭에서 [변환]을 클릭한 후 ③ [도형으로 변환]을 선택합니다.

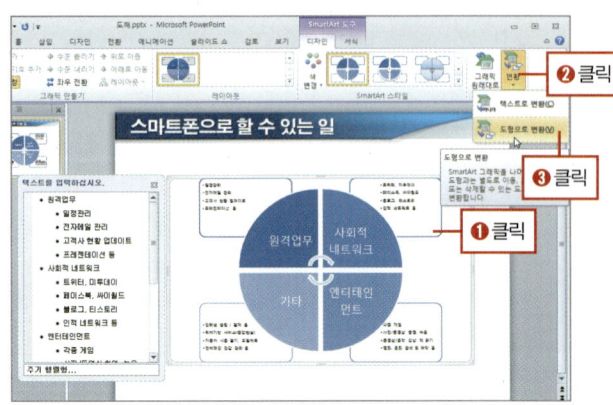

Tip SmartArt로 되돌리기

Ctrl + Z 를 눌러 이전 작업으로 돌아가는 방법으로 도형을 다시 SmartArt로 되돌릴 수 있습니다.

Tip SmartArt를 도형으로 변환하는 다른 방법

SmartArt 테두리를 마우스 오른쪽 버튼으로 클릭하고 메뉴에서 [그룹]–[그룹 해제]를 선택합니다(단축키 : Ctrl + Shift + G).

▲ SmartArt 선택 → [변환] 클릭 → [도형으로 변환] 선택

Note 4 SmartArt에서 텍스트만 남기는 방법

- ① SmartArt를 선택합니다. ② [SmartArt 도구]–[디자인] 탭에서 [변환]을 클릭한 후 ③ [텍스트로 변환]을 선택하면 SmartArt에 입력된 텍스트만 남고 SmartArt는 사라집니다.

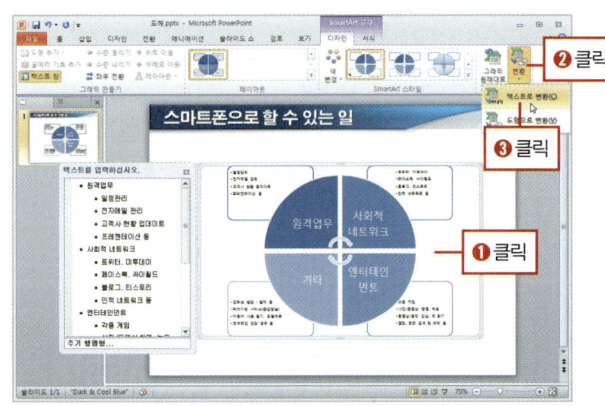

Note 5 SmartArt의 도형 모양을 변경하는 방법

- ① Shift 를 이용해 SmartArt에서 **사각형 도형**들을 선택합니다. ② [SmartArt 도구]–[서식] 탭을 클릭합니다. ③ [도형 모양 변경]을 클릭하고 ④ 변경하려는 도형을 선택합니다.

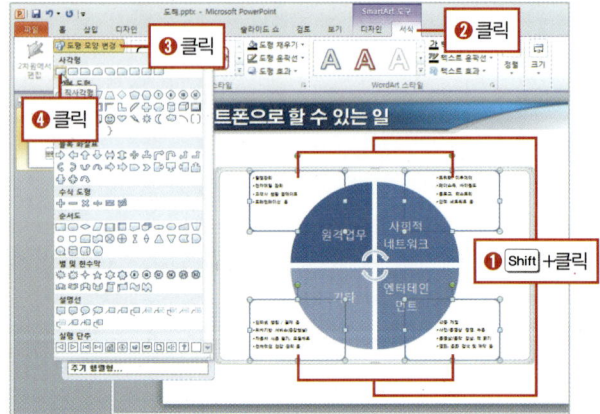

▶ 도형 선택 → [SmartArt 도구]–[서식] 탭 → [도형 모양 변경] → 도형 선택

SmartArt를 도형으로 변환해서 목록형 도해 만들기

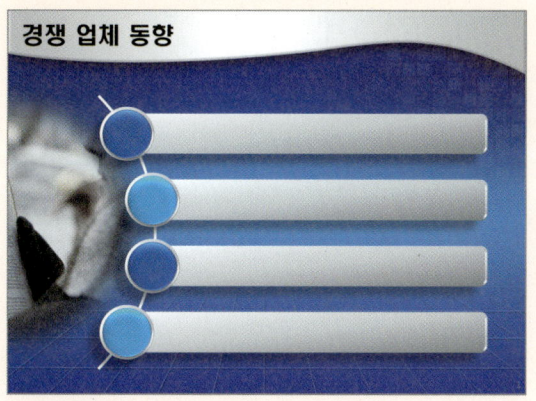

▲ 완성 화면

파워포인트에서 도형 하나하나를 이용해 복잡한 도해를 만드는 작업은 시간이 많이 걸립니다. 하지만 SmartArt를 이용하면 조금 더 쉽게 원하는 도해를 만들 수 있습니다. 먼저 원하는 도해와 가장 비슷한 형태의 SmartArt를 만들어 도형으로 변환한 후 조금씩 개체를 수정합니다. 이런 방법을 사용하면 그리기 힘든 도해도 쉽게 만들 수 있습니다.

· 준비 파일
　◎ : 부록 CD/5장/Section02/도해.pptx
· 완성 파일
　◎ : 부록 CD/5장/Section02/완성/도해 결과.pptx

기본 틀로 사용할 SmartArt 삽입하기

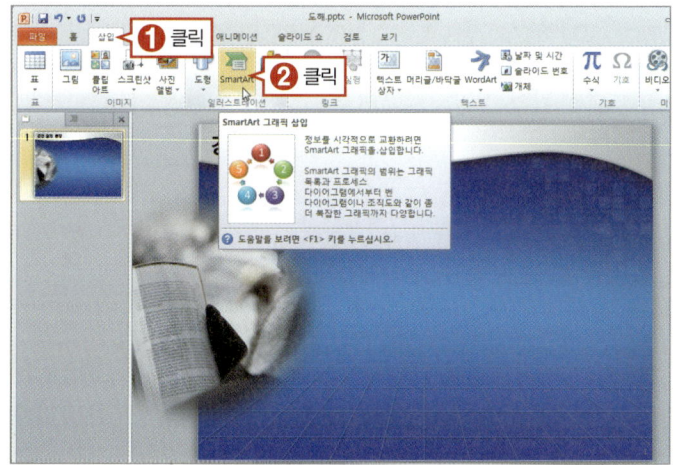

01

① [삽입] 탭 클릭
② [SmartArt]를 클릭합니다.

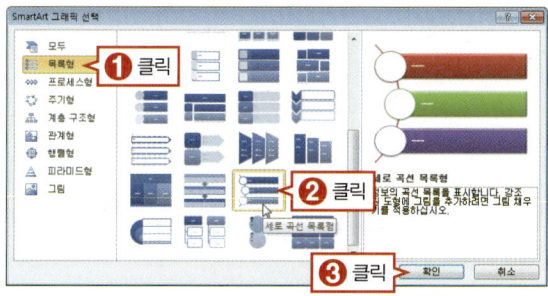

02

① SmartArt 그래픽 선택 대화상자 왼쪽 범주에서 [목록형] 클릭
② 세부 목록에서 [세로 곡선 목록형] 클릭
③ [확인]을 클릭합니다.

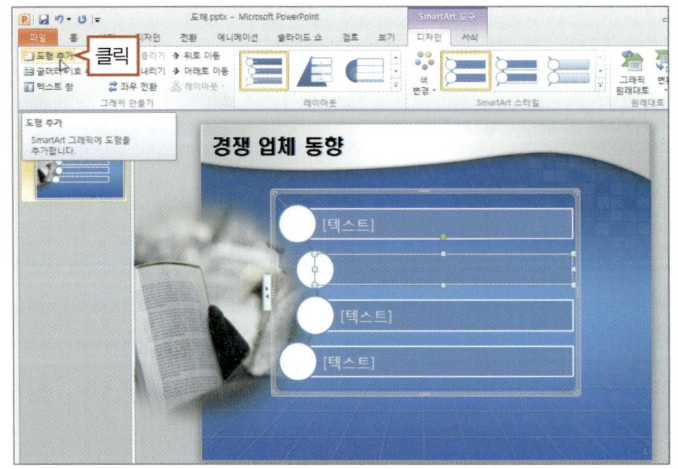

03 도형을 추가하기 위해
[SmartArt 도구]−[디자인] 탭 왼쪽의
[그래픽 만들기] 그룹에서
[도형 추가]를 클릭합니다.

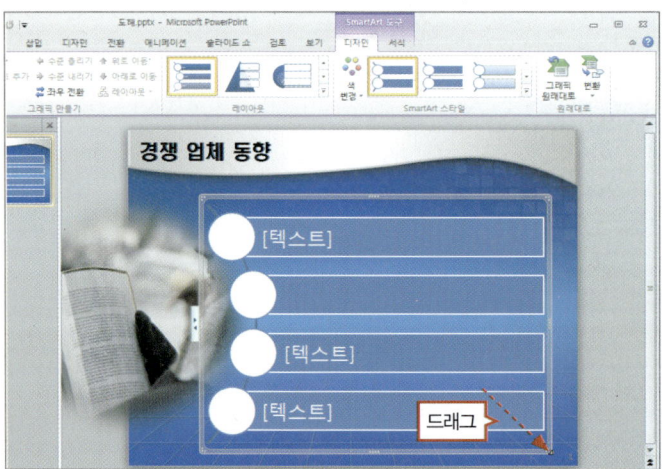

04 SmartArt의 오른쪽 하단 모서리에서
3개의 점이 있는 **크기 조정 핸들**을 오른쪽
하단으로 드래그합니다.
SmartArt의 크기를 더 크게 조정합니다.

편집이 편리하게 SmartArt를 도형으로 변환하기

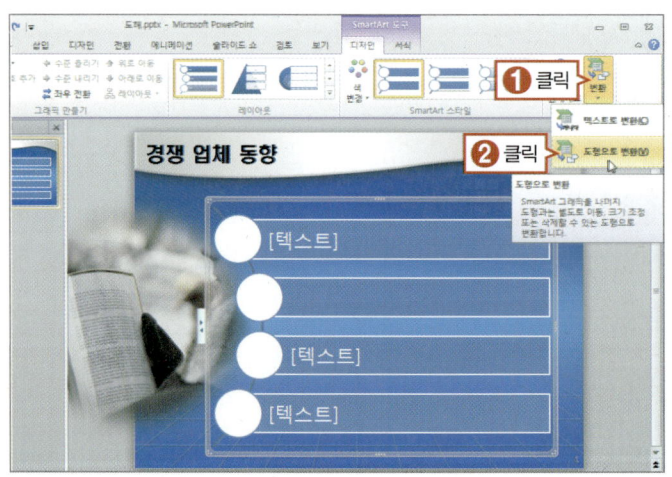

05
① [SmartArt 도구]−[디자인] 탭에서
   [변환] 클릭
② **[도형으로 변환]**을 클릭합니다.

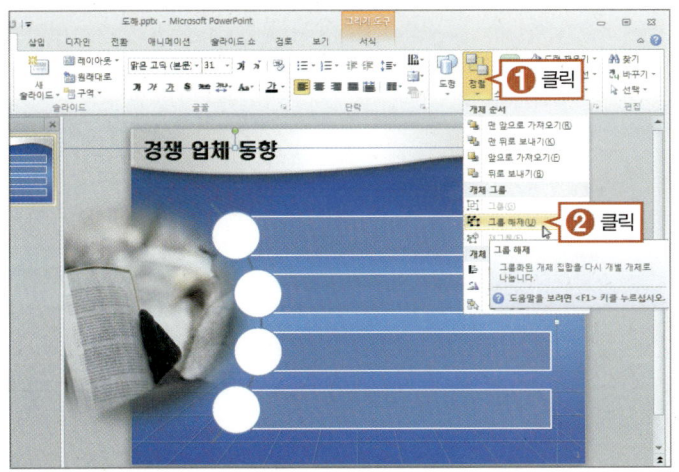

06 현재 도형은 그룹 개체 상태입니다. 그룹을 해제하면 작업을 좀 더 편리하게 할 수 있습니다.

① [홈] 탭에서 [정렬] 클릭

② [그룹 해제]를 클릭합니다.

> **Tip** 그룹 관련 단축키
>
> 그룹 : Ctrl + G
> 그룹 해제 : Ctrl + Shift + G

입체적으로 보이게 타원 서식 변경하기

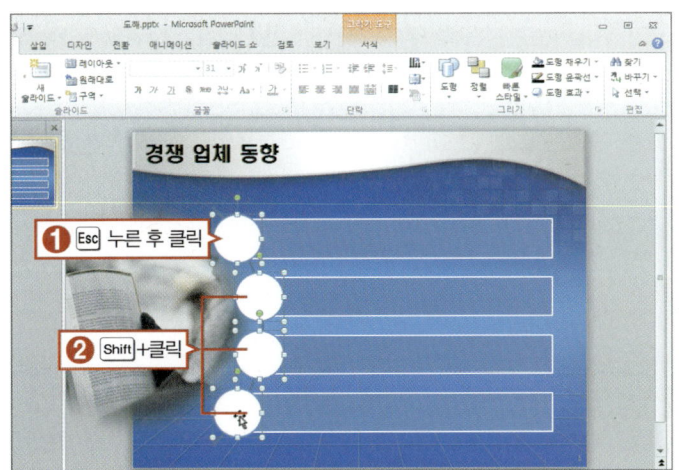

07

① Esc를 눌러 모든 선택을 해제하고 맨 위에 있는 **타원** 클릭

② Shift를 누른 상태에서 타원 3개를 차례로 클릭하여 모든 타원을 선택합니다.

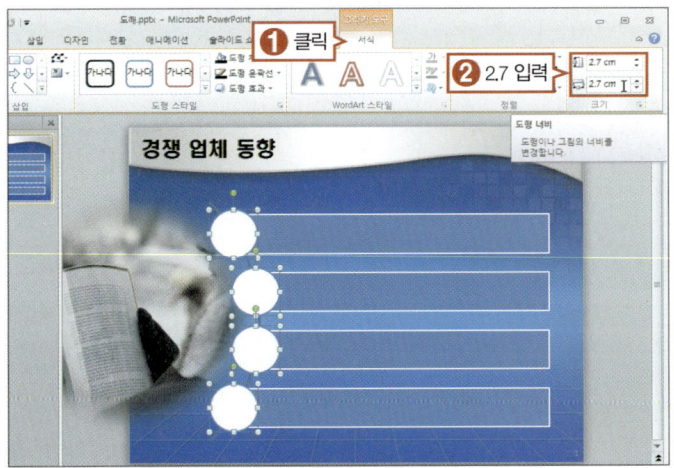

08

① [그리기 도구]-[서식] 탭 클릭

② [크기] 그룹에서 [높이]와 [너비]에 2.7cm를 입력합니다.

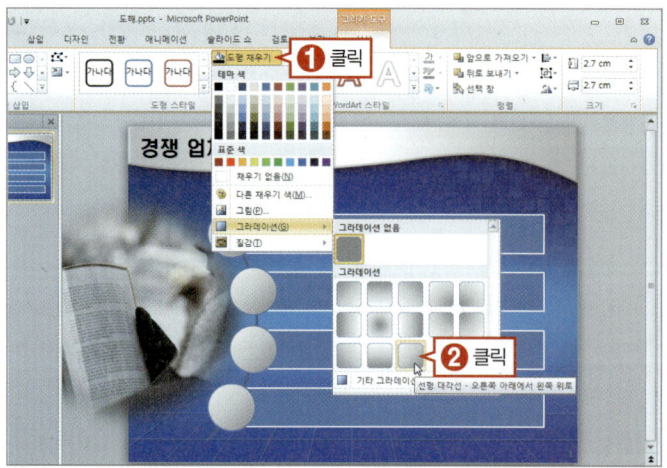

09

① [도형 채우기] 클릭

② 마우스 포인터를 [그라데이션]으로 이동하고 목록이 나타나면 [선형 대각선-오른쪽 아래에서 왼쪽 위로]를 클릭합니다.

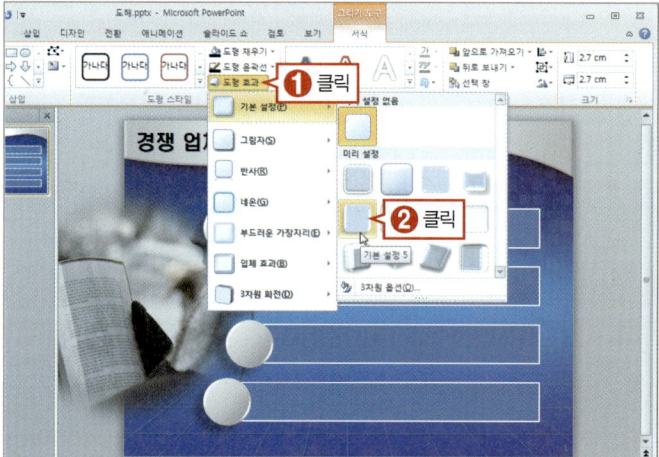

10

① [도형 효과] 클릭

② 마우스 포인터를 [기본 설정]으로 이동하고 목록이 나타나면 [기본 설정 5]를 클릭합니다.

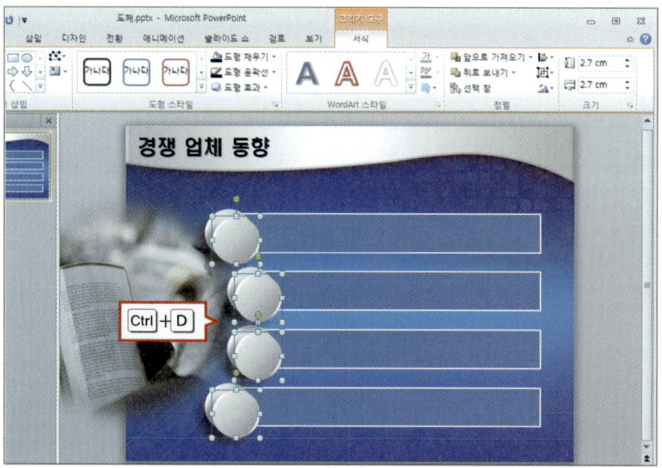

11 Ctrl + D 를 눌러 선택한 타원을 복제합니다.

> **Tip 개체를 복제하는 다양한 방법**
>
> **방법1** 개체를 선택하고 Ctrl + C 를 누른 후 Ctrl + V 를 누릅니다.
>
> **방법2** Ctrl 을 누른 상태에서 개체를 드래그합니다.

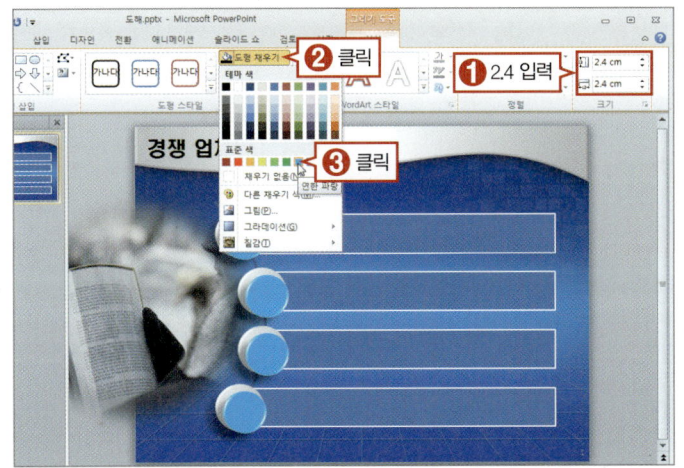

12

① [높이]와 [너비]에 **2.4cm** 입력
② **[도형 채우기]** 클릭
③ 표준 색에서 **[연한 파랑]**을
　 클릭합니다.

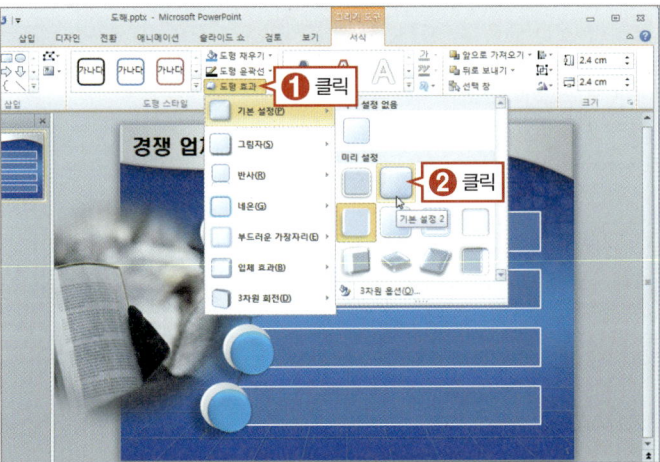

13

① **[도형 효과]** 클릭
② 마우스 포인터를 **[기본 설정]**으로
　 이동하고 목록이 나타나면
　 [기본 설정 2]를 클릭합니다.

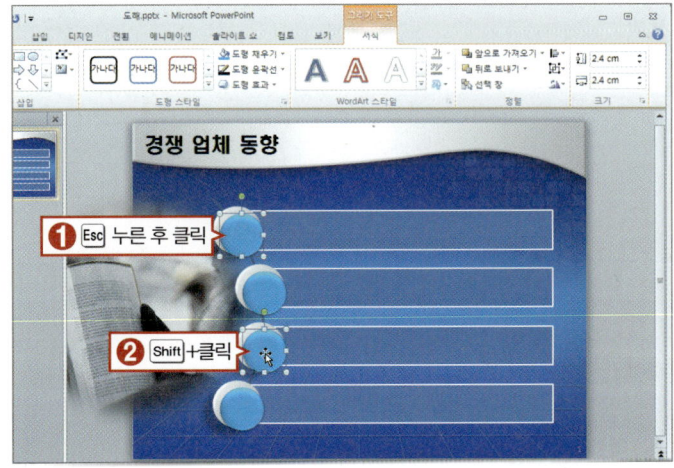

14

① Esc 를 눌러 선택을 해제하고 맨 위에
　 있는 **타원** 클릭
② Shift 를 누른 상태에서 **세 번째 타원**을
　 클릭합니다.

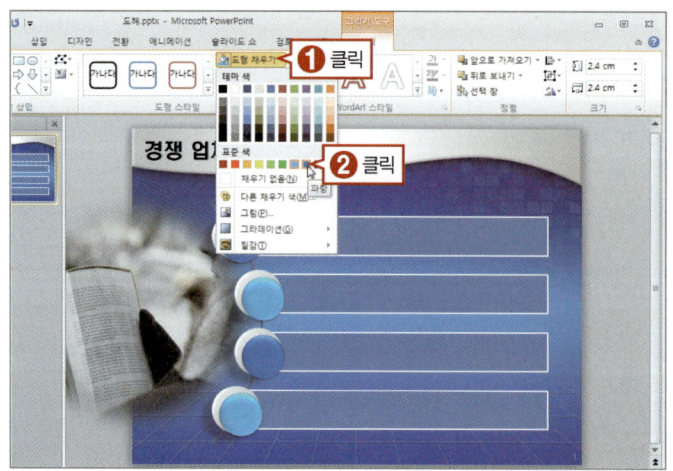

15

① [도형 채우기] 클릭

② [표준 색]에서 [파랑]을 클릭합니다.

슬라이드 디자인과 어울리도록 직사각형 서식 변경하기

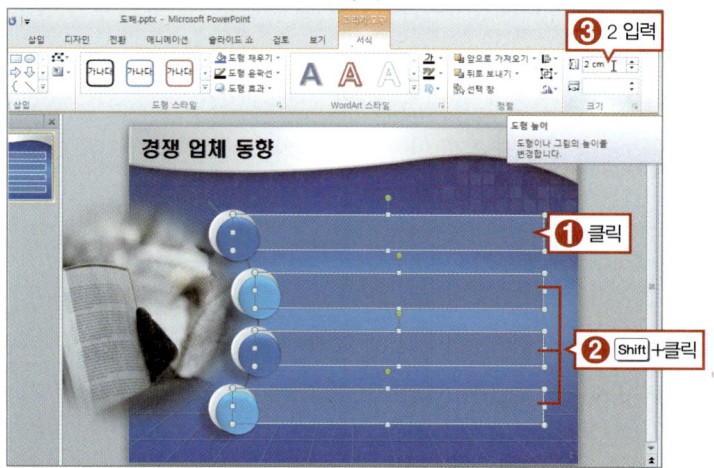

16

① 오른쪽 상단에 있는 **직사각형** 클릭

② Shift 를 누른 상태로 아래에 있는
직사각형 3개를 차례로 클릭

③ [높이]에 **2cm**를 입력합니다.

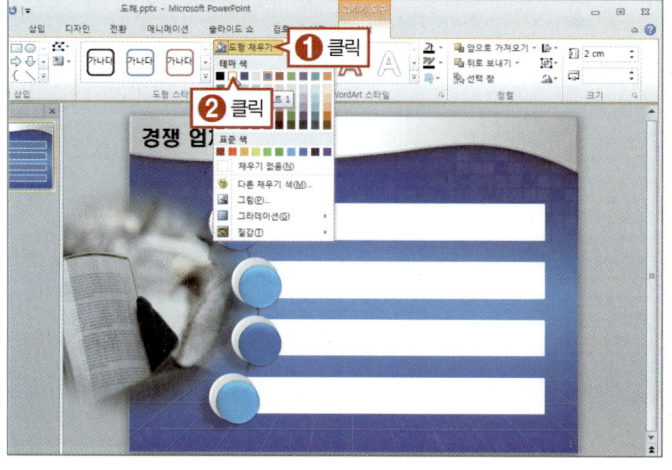

17

① [도형 채우기] 클릭

② [테마 색]에서 [**흰색, 배경 1**]을
클릭합니다.

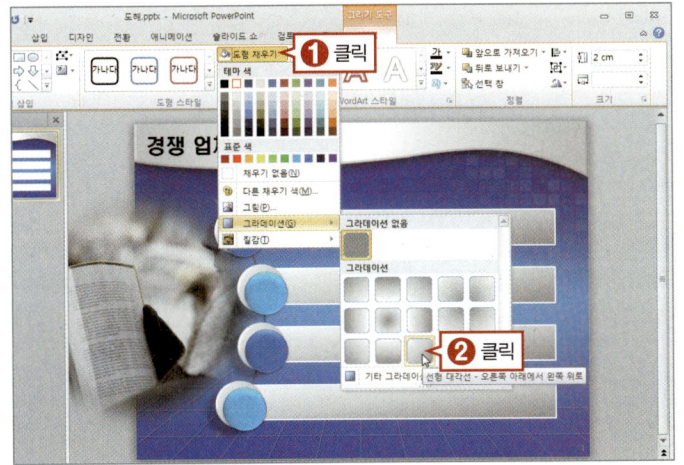

18

① [도형 채우기] 클릭

② 마우스 포인터를 [그라데이션]으로
이동하고 목록이 나타나면
[선형 대각선-오른쪽 아래에서 왼쪽
위로]를 클릭합니다.

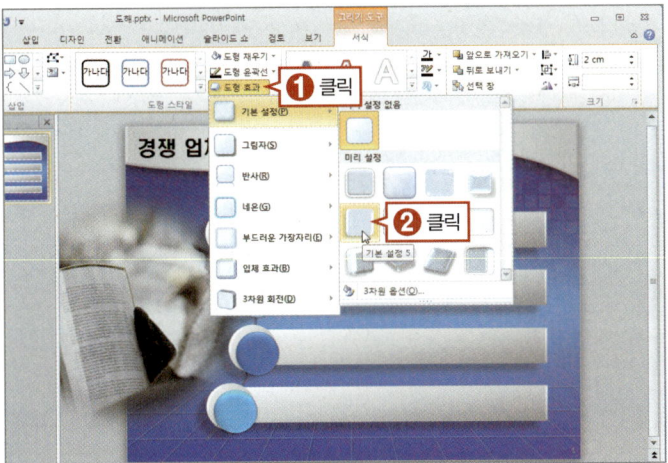

19

① [도형 효과] 클릭

② 마우스 포인터를 [기본 설정]으로
이동하고 목록이 나타나면
[기본 설정 5]를 클릭합니다.

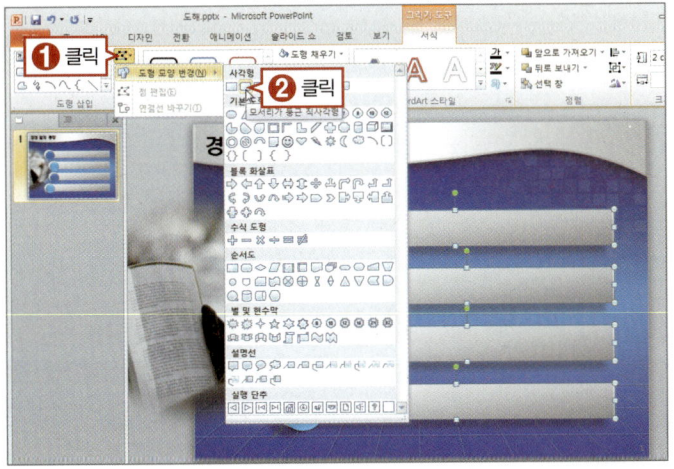

20

① [도형 편집] 클릭

② 마우스 포인터를 [도형 모양 변경]으로
이동하고 목록이 나타나면 [모서리가
둥근 직사각형]을 클릭합니다.

슬라이드가 복잡해지지 않도록 도형 정렬하기

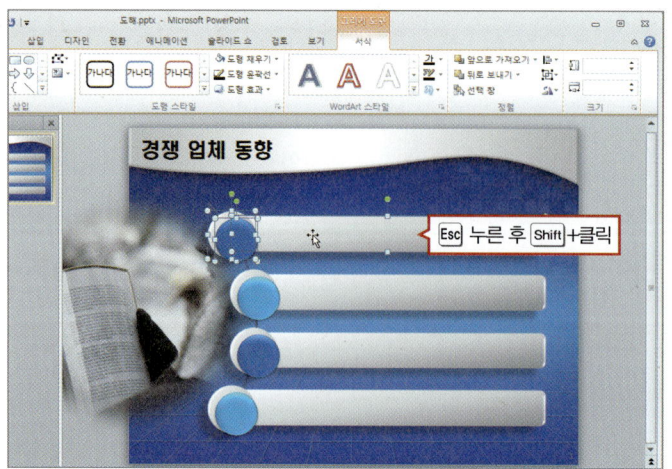

21 Esc 를 눌러 선택을 모두 해제하고 Shift 를 누른 상태에서 첫 번째 줄의 **회색 타원, 파란색 타원, 모서리가 둥근 직사각형**을 클릭합니다.

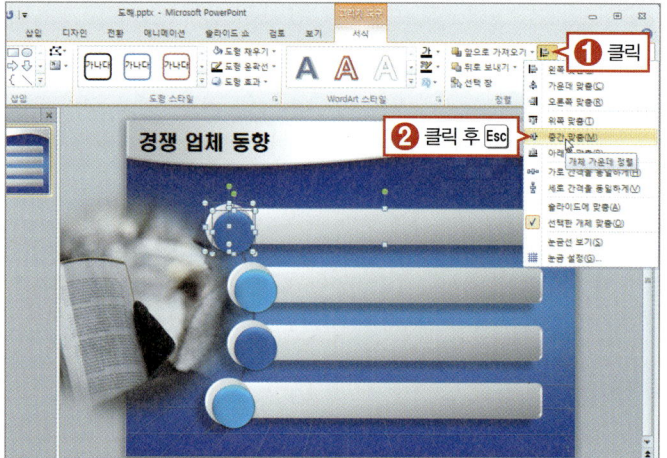

22

① [정렬] 그룹에서 [맞춤] 클릭

② 메뉴가 나타나면 [중간 맞춤]을 클릭하고 Esc 를 눌러 선택을 해제하면 선택된 도형의 수평이 맞춰집니다.

Tip **맞춤 명령을 실행하는 다른 방법**

[홈] 탭의 [그리기] 그룹에서 [정렬]을 클릭하고 [맞춤]에서 명령을 선택합니다.

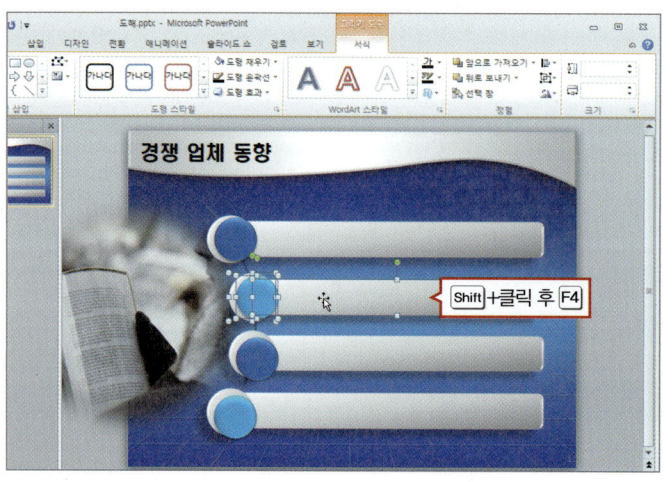

23 Shift 를 누른 상태에서 두 번째 줄의 **회색 타원, 파란색 타원, 모서리가 둥근 직사각형**을 클릭한 후 F4 를 누릅니다. F4 를 누르면 앞서 실행했던 명령인 [중간 맞춤]을 선택한 개체에 재실행합니다.

Tip **명령 재실행 방법**

파워포인트 왼쪽 상단에 빠른 실행 도구 모음에서 [🔄 반복]을 클릭하거나 원래 단축키인 Ctrl + Y 를 누릅니다. 그러나 F4 를 사용하는 것이 조금 더 편합니다.

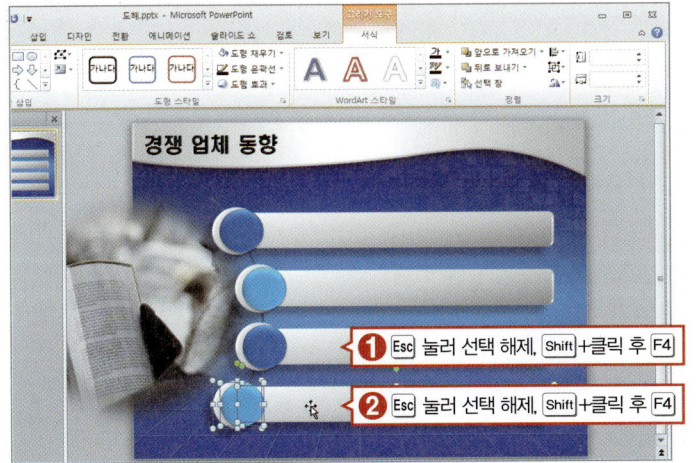

24

① Esc 를 눌러 선택을 해제하고
Shift 를 누른 상태로 세 번째 줄의
**회색 타원, 파란색 타원, 모서리가
둥근 직사각형**을 클릭한 후 F4 를 누름

② 다시 Esc 를 눌러 선택을 해제하고
Shift 를 누른 상태로 네 번째 줄의
**회색 타원, 파란색 타원, 모서리가 둥근
직사각형**을 클릭한 후 F4 를 누릅니다.

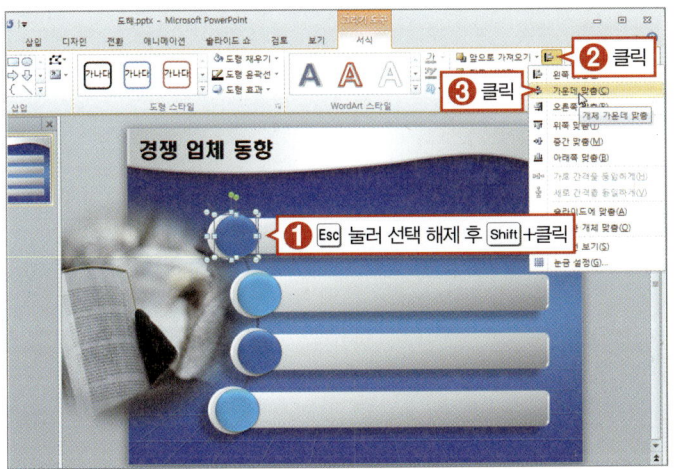

25

① Esc 를 눌러 선택을 해제하고
Shift 를 누른 상태에서 첫 번째 줄의
회색 타원, 파란색 타원 클릭

② **[맞춤]** 클릭

③ **[가운데 맞춤]**을 클릭합니다.

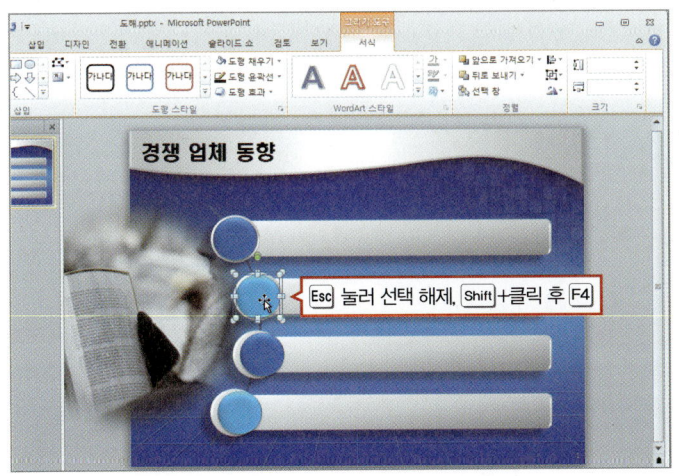

26 Esc 를 눌러 선택을 해제하고
Shift 를 누른 상태에서 첫 번째 줄의
회색 타원, 연한 파란색 타원을 클릭한 후
F4 를 눌러 앞서 실행했던
[가운데 맞춤]을 재실행합니다.

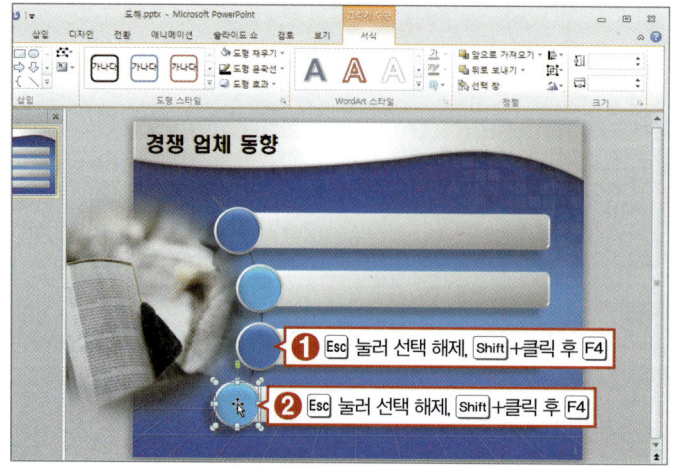

27

① Esc 를 눌러 선택을 해제하고 Shift 를 누른 상태로 세 번째 줄의 **회색 타원**, **연한 파란색 타원**을 클릭한 후 F4 를 누름

② Esc 를 눌러 선택을 해제하고 Shift 를 누른 상태로 네 번째 줄의 회색 타원, 연한 파란색 타원을 선택한 후 F4 를 누릅니다.

📝 **Note 6**　**타원에 글을 입력할 때 글줄이 바뀌지 않도록 옵션 수정**

• **준비 파일** 💿 : 부록 CD/5장/Section02/도형과 텍스트01.pptx　　• **완성 파일** 💿 : 부록 CD/5장/Section02/완성/도형과 텍스트01 결과.pptx

도형이 직사각형이라면 큰 문제가 없지만 타원일 때는 조금만 긴 글자를 입력해도 텍스트를 제대로 알아보기 어렵습니다. 이것은 도형의 기본 여백이나 도형 안에 글자가 입력되도록 한 옵션 때문입니다. 도형에 설정되어 있는 옵션을 수정해보겠습니다.

1 ① 텍스트를 입력한 **타원**을 클릭합니다. ② **[그리기 도구]-[서식]** 탭을 클릭하고 ③ **[WordArt 스타일]** 그룹에서 **[🔲 대화상자 표시]**를 클릭합니다.

2 ④ 텍스트 효과 서식 대화상자의 **[안쪽 여백]**에서 왼쪽, 오른쪽, 위쪽, 아래쪽 여백 값을 모두 0으로 설정합니다. ⑤ **[도형의 텍스트 배치]**를 체크 해제하고 ⑥ **[닫기]**를 클릭합니다. [도형의 텍스트 배치]는 도형 안에 글자가 입력되는 옵션입니다.

1

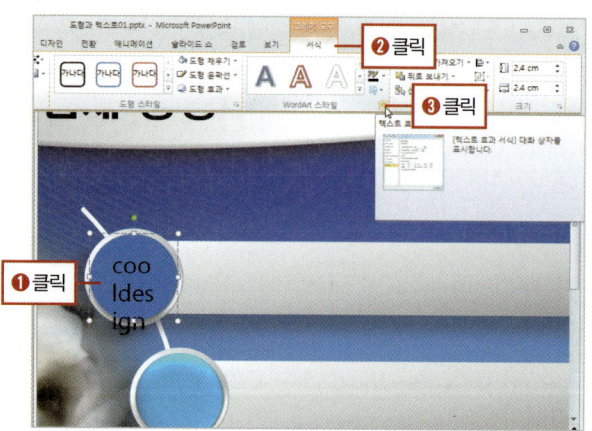

▲ 도형 선택 → [그리기 도구]-[서식] 탭 → [대화상자 표시] 클릭

2

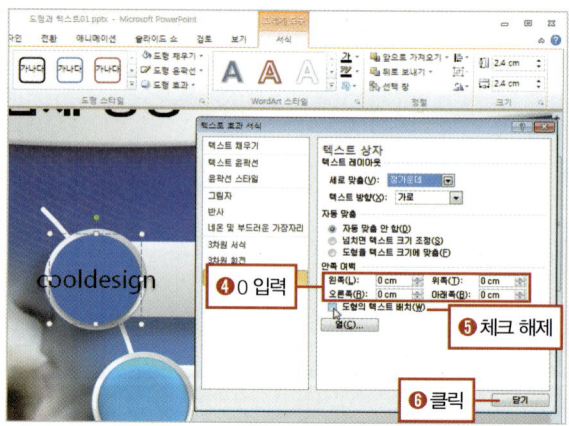

▲ 안쪽 여백 0으로 설정 → [도형의 텍스트 배치] 체크 해제

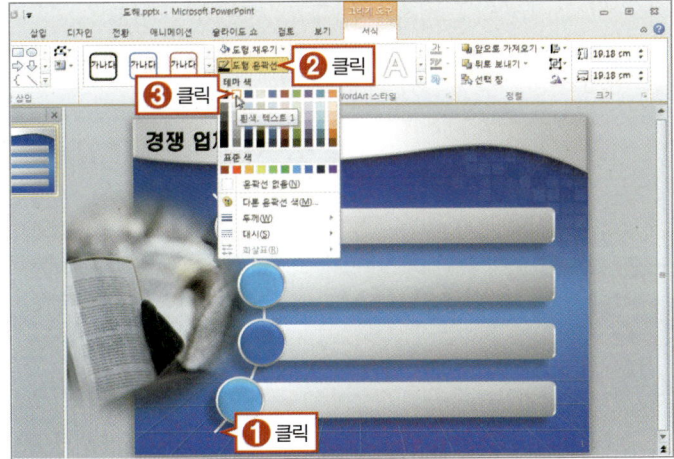

28

① 원호 도형 클릭

② [도형 윤곽선] 클릭

③ 테마 색에서 [흰색, 배경 1]을 클릭합니다.

Note 7 **도형에 입력한 문장을 왼쪽 정렬하고 시작 위치를 바꾸는 방법**

· **준비 파일** ◎ : 부록 CD/5장/Section02/도형과 텍스트02.pptx   · **완성 파일** ◎ : 부록 CD/5장/Section02/완성/도형과 텍스트02 결과.pptx

1 도형에 텍스트를 입력하면 정가운데에 입력됩니다. ① 맨 위쪽 도형에 입력되어 있는 아무 글자나 클릭해 커서를 위치시키고 ②
[홈] 탭에서 [왼쪽 맞춤]을 클릭합니다.

2 원형 도형과 텍스트가 붙어 보이므로 텍스트의 시작 위치를 오른쪽으로 이동합니다. ③ [보기] 탭을 클릭하고 ④ [눈금자]를 클릭해
표시합니다. ⑤ 맨 위에 있는 도형의 텍스트를 모두 블록 선택합니다. ⑥ 눈금자에서 [단락 왼쪽 여백 조정]을 오른쪽으로 드래그합
니다.

1

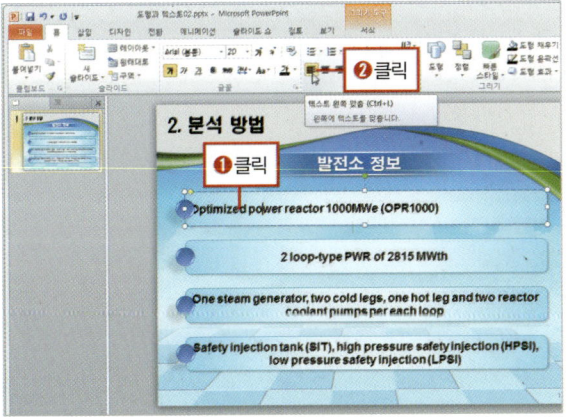

▲ 텍스트 입력 → 직사각형 선택 → [왼쪽 맞춤] 클릭

2

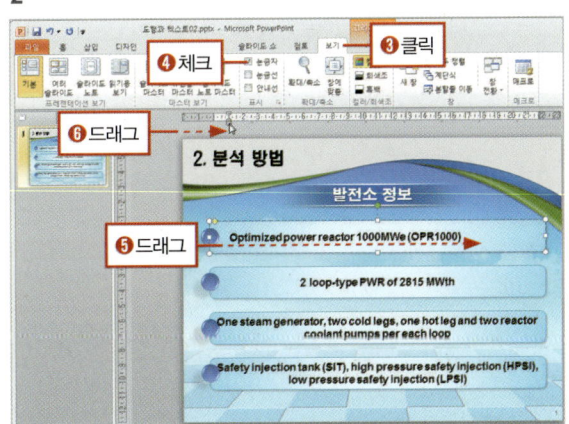

▲ [보기] 탭 → [눈금자] 클릭 → [단락 왼쪽 여백 조정] 드래그

3 ⑦ Esc를 눌러 테두리를 선택하고 [홈] 탭을 클릭한 후 ⑧ [서식 복사]를 더블클릭합니다.

4 ⑨ 두 번째 모서리가 둥근 직사각형을 클릭합니다. ⑩ 세 번째 모서리가 둥근 직사각형을 클릭합니다. ⑪ 네 번째 모서리가 둥근 직사각형을 클릭하고 Esc를 눌러 명령을 종료합니다.

3

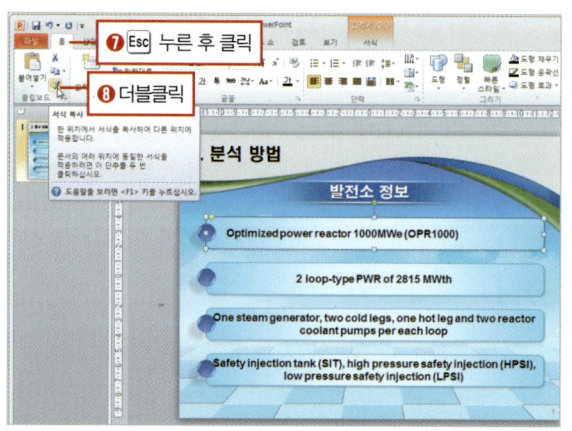

▲ Esc → [홈] 탭 → [서식 복사] 더블클릭

4

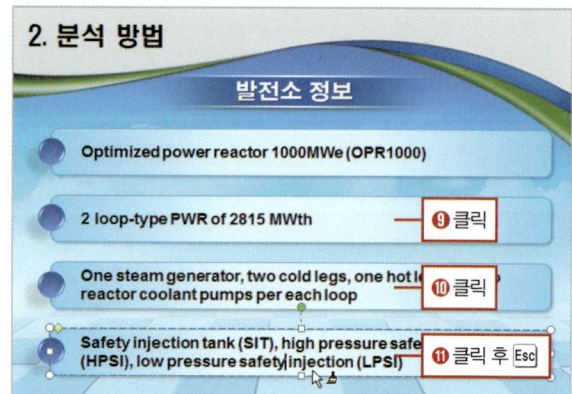

▲ 직사각형 3개를 차례로 클릭

Note 8 **도형 위에 놓인 여러 개의 텍스트 상자 정렬 방법**

• 준비 파일 ◎ : 부록 CD/5장/Section02/도형과 텍스트03.pptx   • 완성 파일 ◎ : 부록 CD/5장/Section02/완성/도형과 텍스트03 결과.pptx

텍스트 상자를 만들어 도형 위에 배치할 때는 텍스트와 도형의 정렬 상태를 맞추는 것이 중요합니다. 정확하게 정렬하는 가장 쉬운 방법은 맨 위와 맨 아래를 정렬한 뒤에 간격을 맞추는 것입니다.

1 ① Shift를 누르고 첫 번째 줄에 있는 **모서리가 둥근 직사각형**과 **텍스트 상자**를 클릭합니다. ② [홈] 탭에서 [정렬]을 클릭합니다. ③ [맞춤]에서 [중간 맞춤]을 클릭합니다.

2 ④ Esc를 눌러 선택을 해제하고 Shift를 누른 상태에서 다섯 번째 줄에 있는 **모서리가 둥근 직사각형**과 **텍스트 상자**를 클릭한 후 F4를 누릅니다.

1

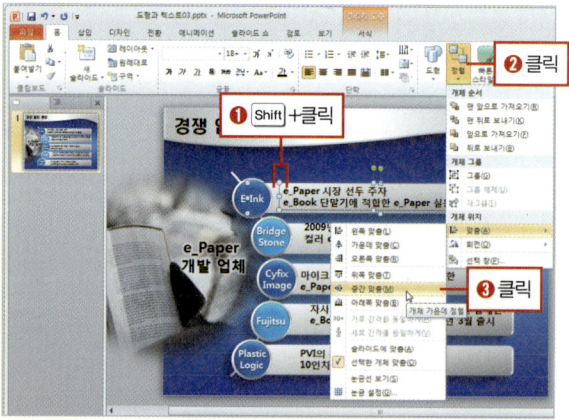

▲ 직사각형과 텍스트 사장 선택 → [정렬] 클릭 → [중간 맞춤] 클릭

2

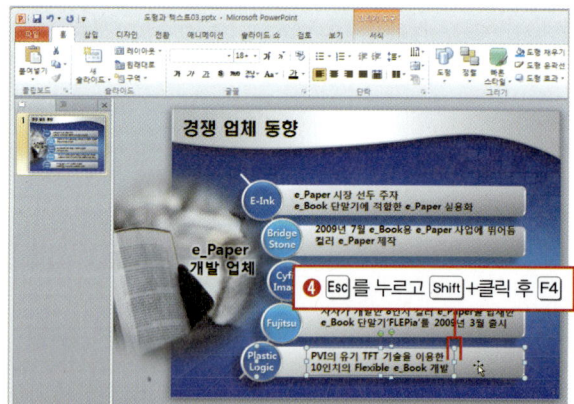

▲ 직사각형과 텍스트 사장 선택 → F4

3 ⑤ Esc를 눌러 선택을 해제하고 Shift를 누른 상태에서 모든 텍스트 상자만 클릭한 후 ⑥ [홈] 탭에서 [정렬]을 클릭합니다. ⑦ [맞춤]에서 [세로 간격을 동일하게]를 클릭합니다.

4 ⑧ Esc를 눌러 선택을 해제하고 Shift를 누른 상태에서 첫 번째 줄에 있는 **모서리가 둥근 직사각형**과 **텍스트 상자**를 클릭합니다. ⑨ [홈] 탭에서 [정렬]을 클릭합니다. ⑩ [맞춤]에서 [왼쪽 맞춤]을 클릭합니다.

3

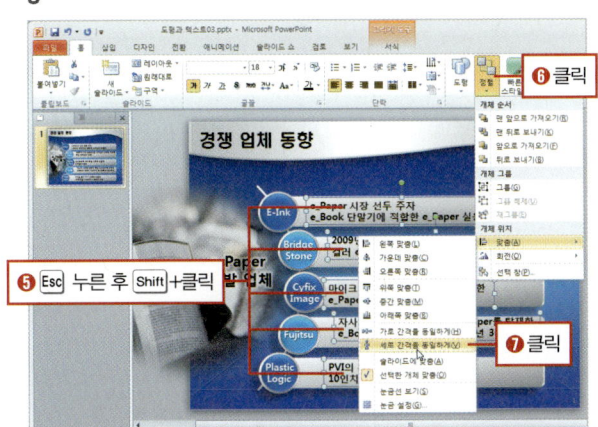

▲ 텍스트 상자 모두 선택 → [정렬] 클릭 → [세로 간격을 동일하게] 클릭

4

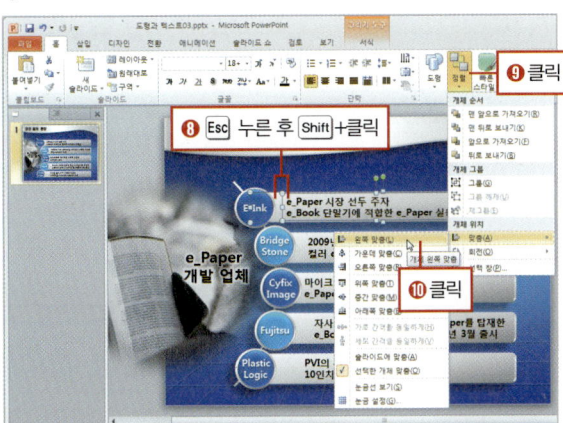

▲ 직사각형과 텍스트 사장 선택 → [정렬] 클릭 → [왼쪽 맞춤] 클릭

5 ⑪ Esc를 눌러 선택을 해제하고 Shift를 누른 상태에서 두 번째 줄의 **모서리가 둥근 직사각형**과 **텍스트 상자**를 클릭합니다. F4를 누릅니다. 세 번째 줄, 네 번째 줄, 다섯 번째 줄에도 같은 명령(각 줄마다 Esc → Shift+모서리가 둥근 직사각형, 텍스트 상자 클릭 → F4 실행)을 실행합니다.

6 ⑫ Esc를 눌러 선택을 해제하고 Shift를 누른 상태에서 모든 **텍스트 상자**만 클릭한 후 오른쪽 방향키를 몇 번 눌러 오른쪽으로 이동합니다.

5

▲ 각 줄마다 직사각형과 텍스트 상자 선택 후 F4

6

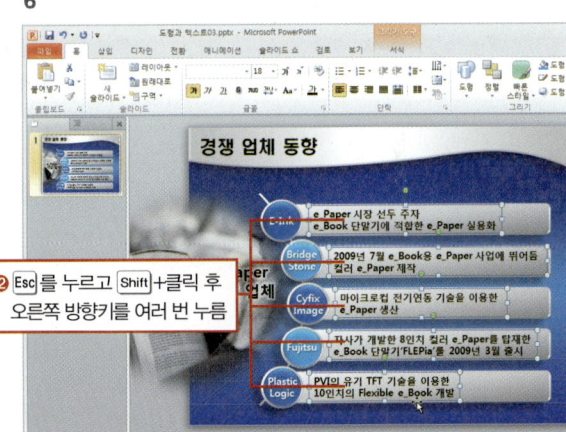

▲ 텍스트 상자 모두 선택 → 오른쪽으로 이동

SmartArt로 조직도 만들기

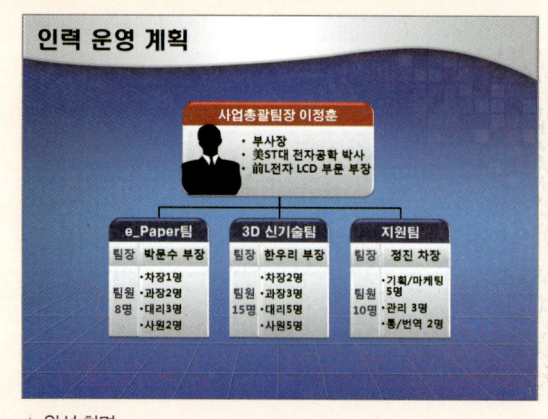

▲ 완성 화면

조직도는 사내 인사 변동 때마다 달라지기 때문에 프레젠테이션 문서를 만들 때 새로 작성하는 경우가 많습니다. 도형만으로 간단하게 만들 수 있지만 복잡한 조직도의 경우에는 SmartArt의 조직도 기능을 활용하면 더 쉽고 빠르게 조직도를 만들 수 있습니다.

· 준비 파일
◎ : 부록 CD/5장/Section02/조직도01.pptx, 조직도02.pptx, 조직도03.pptx

· 완성 파일
◎ : 부록 CD/5장/Section02/완성/조직도 결과.pptx

조직도 SmartArt를 삽입하고 기본 레이아웃 만들기

· 준비 파일 ◎ : 부록 CD/5장/Section02/조직도01.pptx

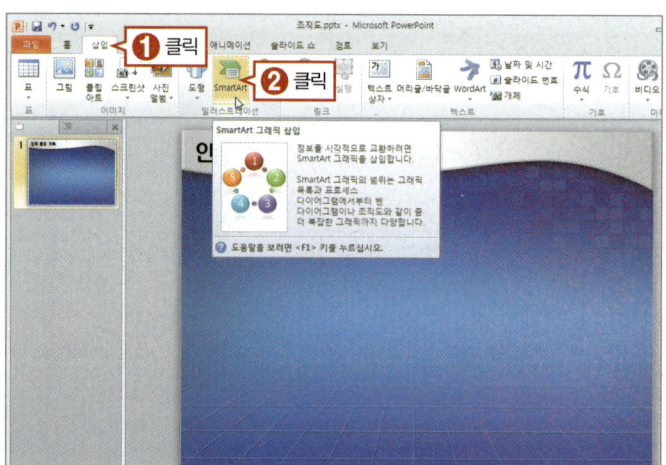

01

① [삽입] 탭 클릭
② [SmartArt]를 클릭합니다.

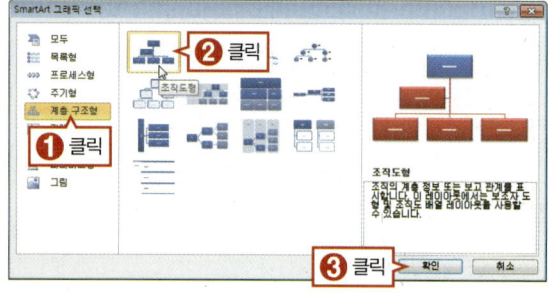

02

① SmartArt 그래픽 선택 대화상자의 왼쪽 범주에서 [계층 구조형] 클릭
② 세부 목록에서 [조직도형] 클릭
③ [확인]을 클릭합니다.

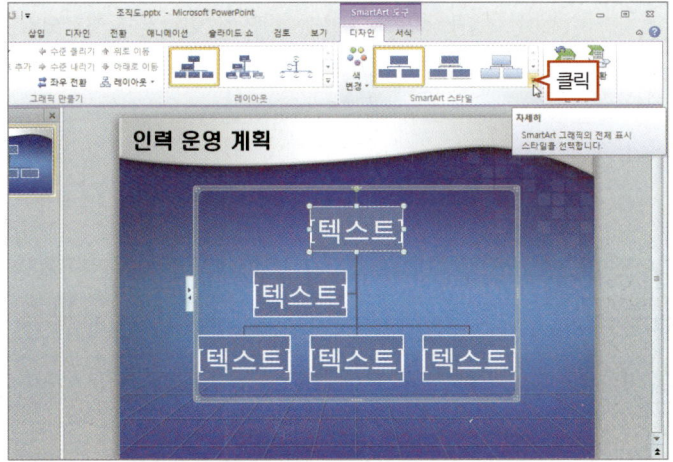

03 조직도 SmartArt가 삽입되면
[SmartArt 도구]-[디자인] 탭의
[SmartArt 스타일] 그룹에서
[▼ 자세히]를 클릭합니다.

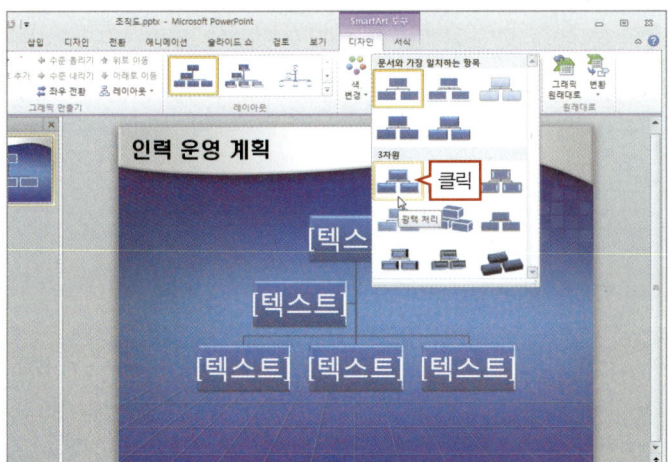

04 [3차원]에서 [광택 처리]를
클릭합니다.

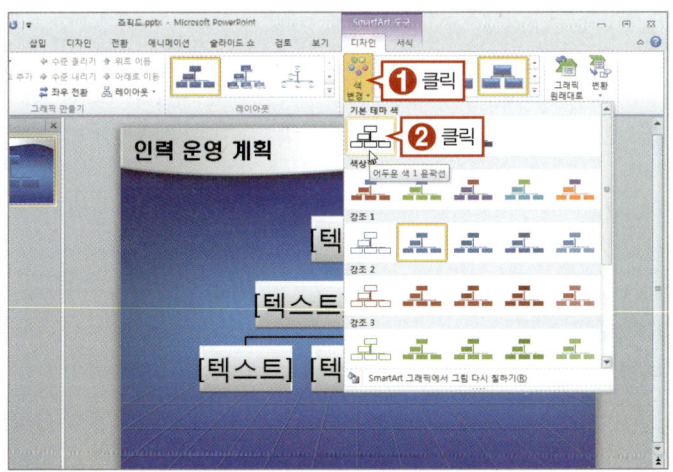

05

① [색 변경] 클릭
② [기본 테마 색]에서
   [어두운 제1윤곽선]을 클릭합니다.

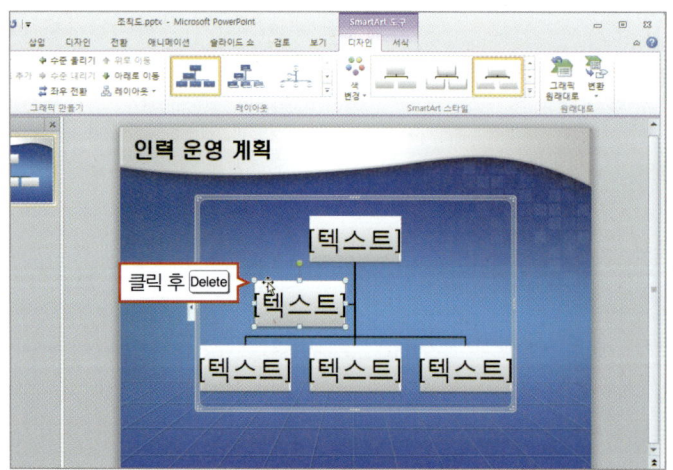

06 조직도에서 **두 번째 도형의 테두리**를 클릭하고 Delete 를 누릅니다.

Tip 테두리를 정확하게 클릭하기 어려울 때

텍스트 상자의 테두리를 한 번에 클릭하기 쉽지 않을 때는 텍스트가 있는 부분을 클릭하고 Esc 를 누릅니다.

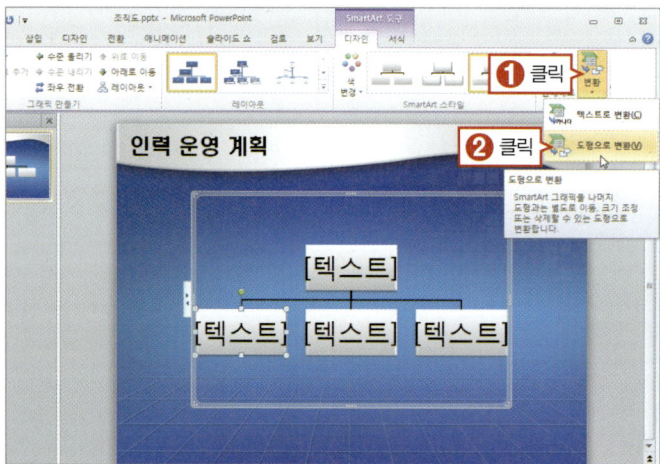

07

① [변환] 클릭

② [도형으로 변환]을 클릭(단축키: Ctrl + Shift + G)합니다.

Tip Ctrl + Shift + G 의 두 가지 용도

[도형으로 변환] 명령에 단축키가 따로 있는 것은 아니지만 SmartArt를 선택하고 **그룹 해제** 단축키인 Ctrl + Shift + G 를 누르면 SmartArt가 도형으로 변환됩니다.

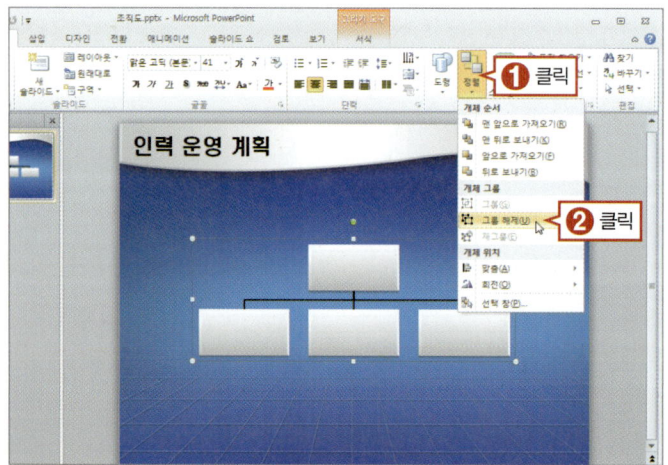

08

① [홈] 탭에서 [정렬] 클릭

② [그룹 해제]를
클릭(단축키: Ctrl + Shift + G)합니다.

구성원 정보가 한눈에 보일 수 있도록 디자인하기

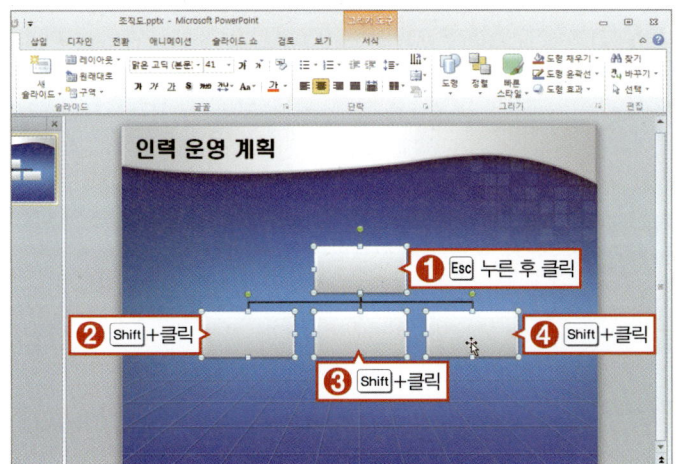

09

① Esc 를 눌러 선택을 해제하고 **맨 위쪽 직사각형** 클릭

② Shift 를 누른 상태에서 **왼쪽 직사각형** 클릭

③ Shift 를 누른 상태에서 **가운데 직사각형** 클릭

④ Shift 를 누른 상태에서 **오른쪽 직사각형**을 클릭합니다.

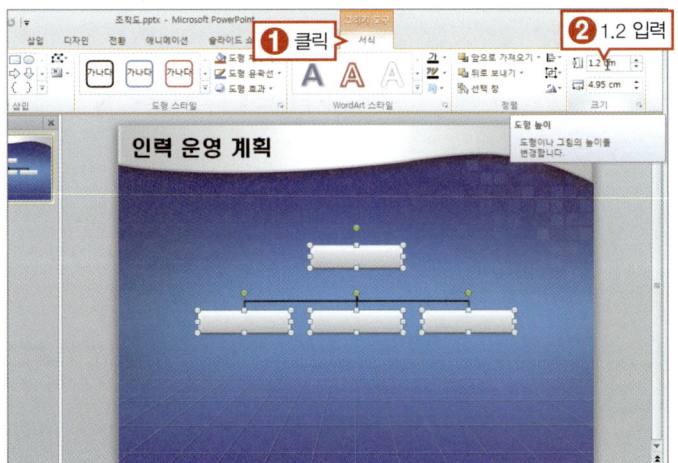

10

① [그리기 도구]–[서식] 탭 클릭

② [높이]에 **1.2cm**를 입력합니다.

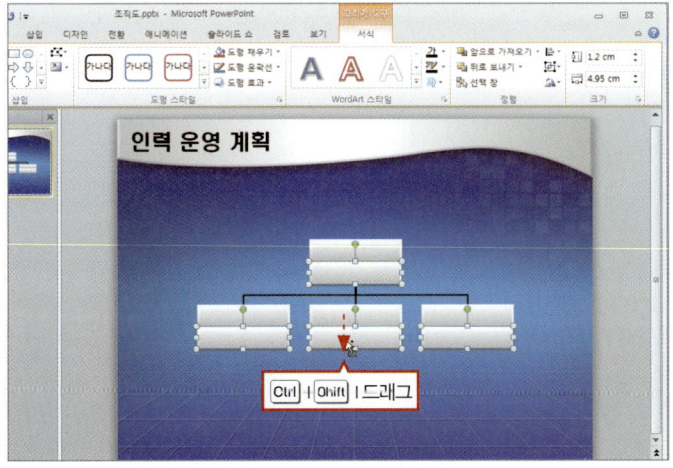

11 Ctrl + Shift 를 누른 상태에서 선택된 도형을 아래로 **드래그**해 수직으로 복제합니다.

> **Tip** Ctrl **과** Shift **의 역할**
>
> Ctrl 을 누른 상태에서 개체를 드래그하면 개체가 복제됩니다. 마우스 포인터에 ⬚ 가 나타납니다.
>
> Shift 를 누른 상태에서 개체를 드래그하면 그 개체가 수평/수직 이동합니다.
>
> Ctrl + Shift 를 누른 상태에서 개체를 드래그하면 수평, 수직으로 복제됩니다.

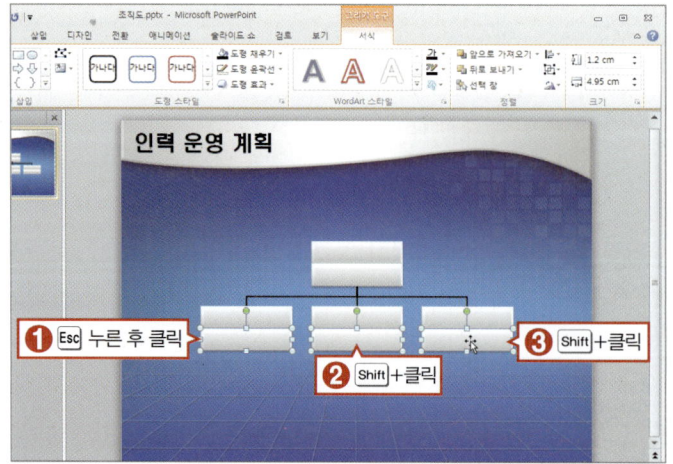

12

① Esc를 눌러 선택을 해제하고 Shift를 누른 상태에서 **왼쪽 직사각형** 클릭

② Shift를 누른 상태에서 **가운데 직사각형** 클릭

③ Shift를 누른 상태에서 **오른쪽 직사각형**을 클릭합니다.

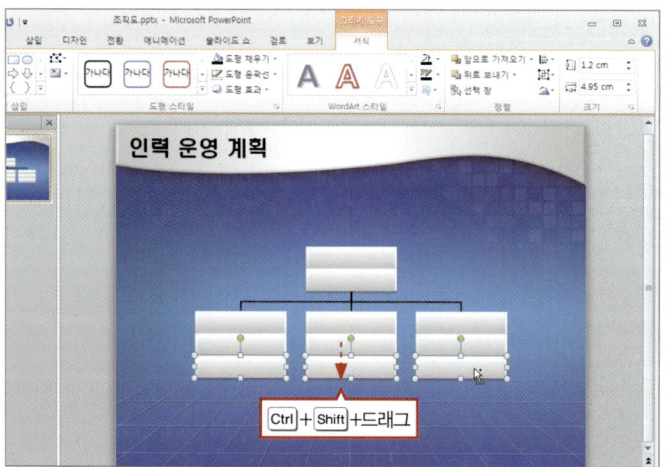

13 Ctrl + Shift를 누른 상태에서 선택된 도형을 아래로 **드래그**해 수직으로 복제합니다.

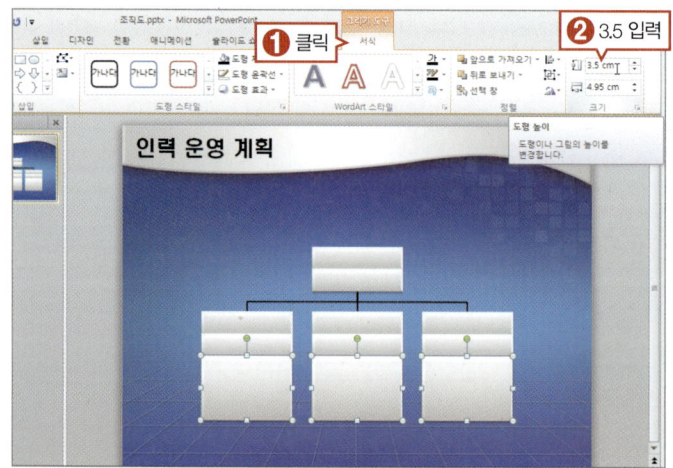

14

① [그리기 도구]–[서식] 탭 클릭

② [높이]에 3.5cm를 입력합니다.

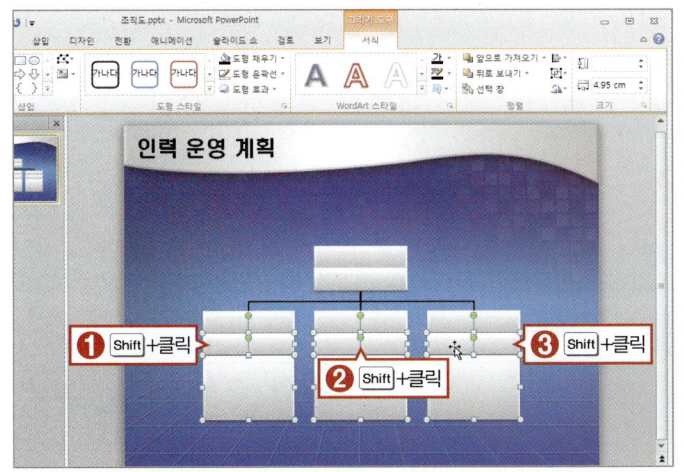

15 현재 맨 아래에 있는 직사각형 3개가
선택된 상태입니다.

① Shift를 누르고 바로 위 **왼쪽 직사각형**
  클릭

② Shift를 누르고 바로 위 **가운데
  직사각형** 클릭

③ Shift를 누르고 바로 위 **오른쪽
  직사각형**을 클릭하면 결과적으로
  직사각형 6개가 모두 선택됩니다.

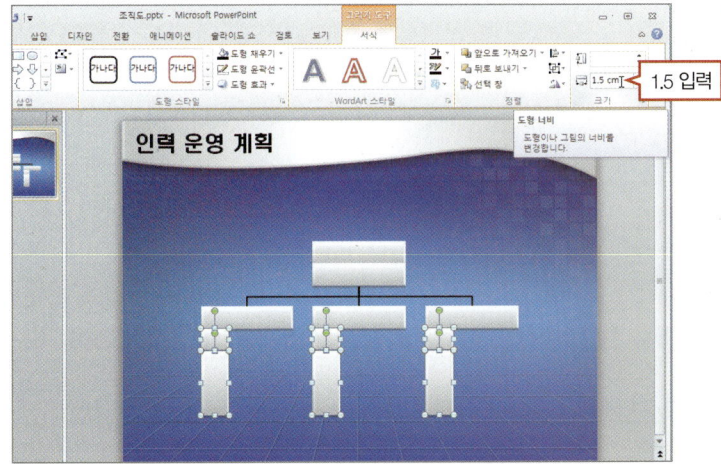

16 [너비]에 **1.5cm**를 입력합니다.

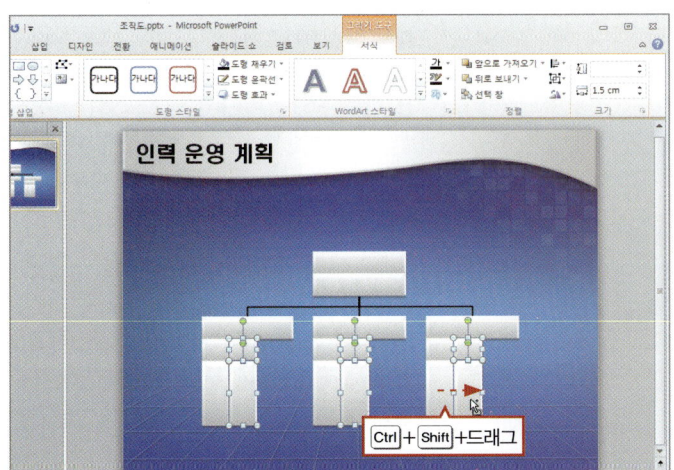

17 Ctrl + Shift 를 누른 상태에서 선택된
도형을 오른쪽으로 드래그해 수평으로
복제합니다.

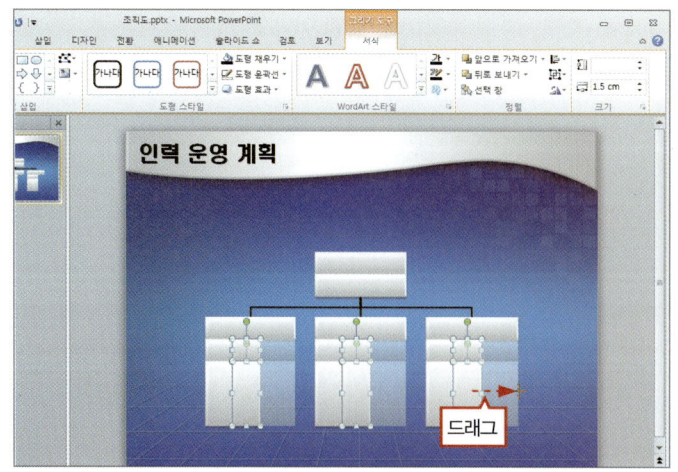

18 선택된 도형 오른쪽 변 가운데에 있는 정사각형 모양의 **크기 조정 핸들**을 오른쪽으로 **드래그**하여 위에 있는 직사각형의 오른쪽 끝과 나란히 되면 자동으로 **수직 스마트 가이드라인**이 표시됩니다. 이때 마우스에서 손을 뗍니다.

도형 모양과 서식을 수정해서 보기 좋게 꾸미기

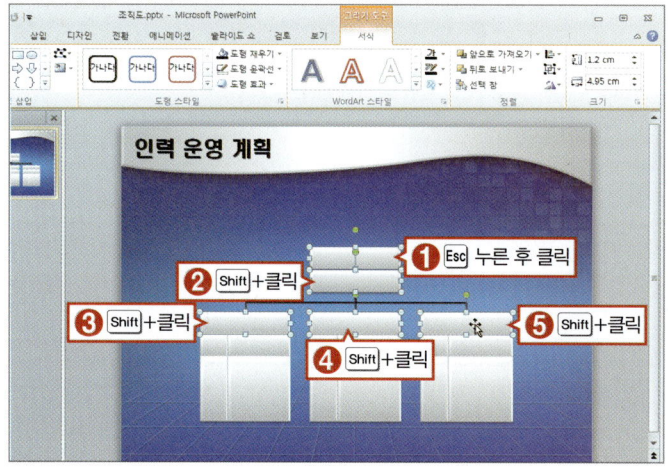

19
① Esc를 눌러 선택을 해제하고 Shift를 누른 상태에서 **맨 위쪽 직사각형** 클릭
② Shift를 누른 상태에서 **바로 아래 직사각형** 클릭
③ Shift를 누른 상태에서 검은색 선 바로 아래 **왼쪽 직사각형** 클릭
④ Shift를 누른 상태에서 검은색 선 바로 아래 **가운데 직사각형** 클릭
⑤ Shift를 누른 상태에서 검은색 선 바로 아래 **오른쪽 직사각형**을 클릭합니다.

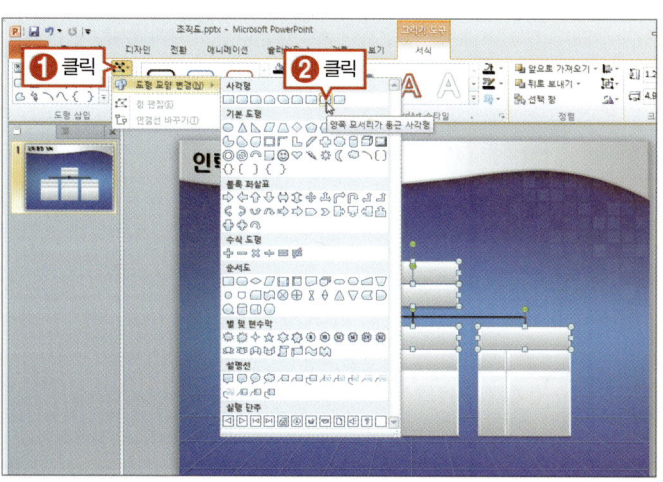

20
① [도형 편집] 클릭
② 마우스 포인터를 [도형 모양 변경]으로 이동하고 목록이 나타나면 **[양쪽 모서리가 둥근 사각형]**을 클릭합니다.

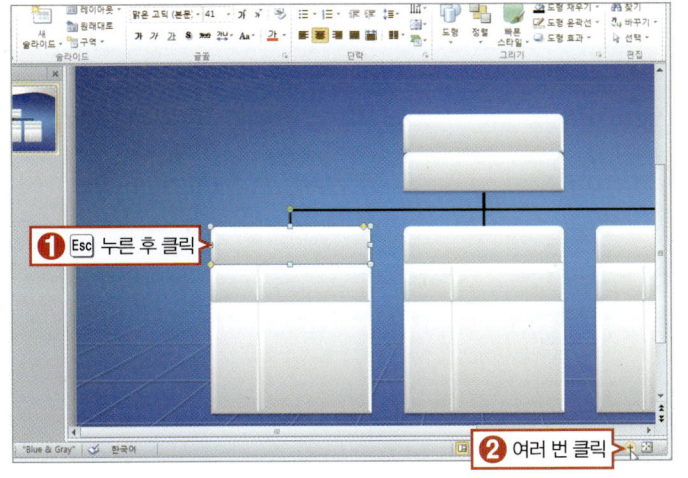

21

① Esc를 눌러 선택을 해제하고 **검은색 선 아래의 왼쪽 도형** 클릭

② [⊕ 확대]를 여러 번 클릭해 선택한 도형을 중심으로 확대합니다.

Tip 확대/축소하는 다른 방법

슬라이드에서 개체를 선택하고 Ctrl을 누른 상태에서 마우스의 휠을 앞/뒤로 굴립니다.

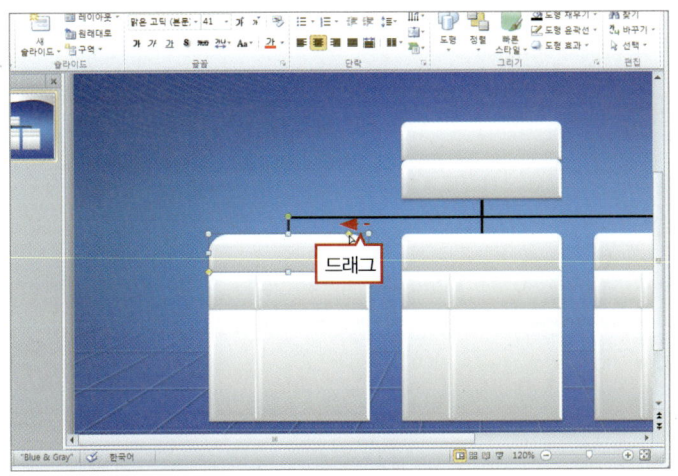

22 선택된 도형 오른쪽 상단의 ◇ **모양 조절 핸들**을 왼쪽으로 드래그하면 왼쪽 상단과 오른쪽 상단의 모서리가 더욱 둥글게 됩니다.

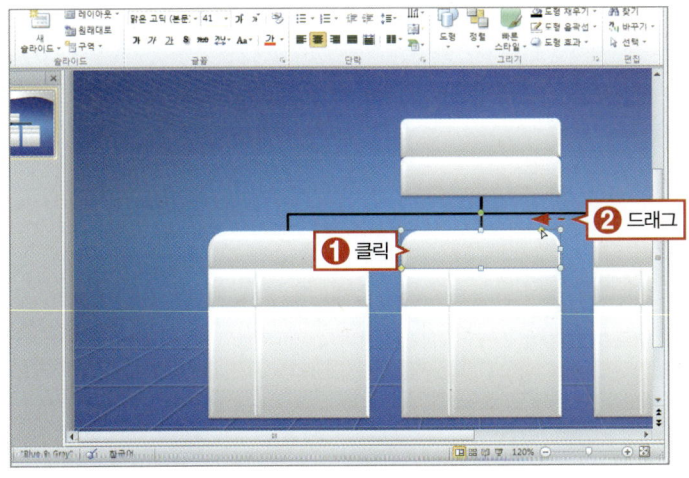

23

① **검은색 선 아래의 가운데 도형** 클릭

② 오른쪽 상단의 ◇ **모양 조절 핸들**을 왼쪽으로 **드래그**합니다.

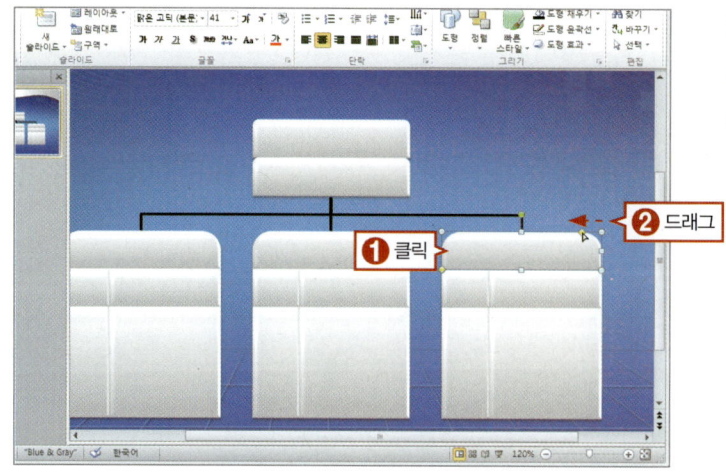

24

① **검은색 선 아래의 오른쪽 도형** 클릭
② 오른쪽 상단의 ◆ **모양 조절 핸들**을
  왼쪽으로 **드래그**합니다.

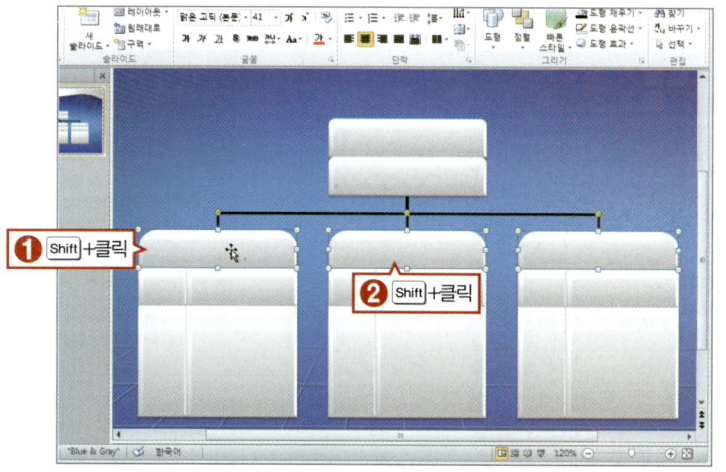

25

① Shift 를 누른 상태에서 **검은색 선
  아래의 가운데 도형** 클릭
② Shift 를 누른 상태에서 **검은색 선
  아래의 왼쪽 도형**을 클릭합니다.

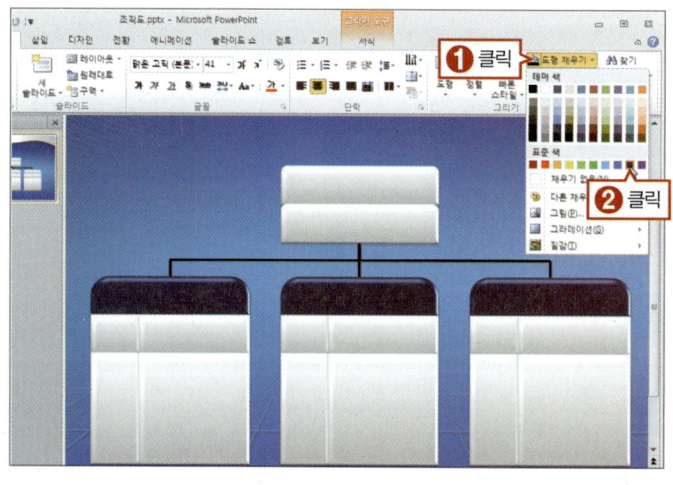

26

① [**도형 채우기**] 클릭
② [**표준 색**]에서 [**진한 파랑**]을
  클릭합니다.

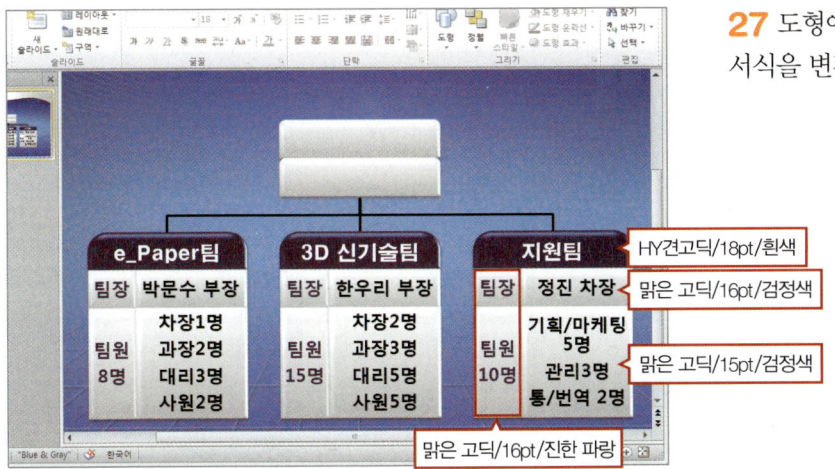

27 도형에 텍스트를 입력하고 글꼴 서식을 변경합니다.

총괄 팀장이 잘 드러날 수 있도록 도형 만들기

• **준비 파일** ◎ : 부록 CD/5장/Section02/조직도02.pptx

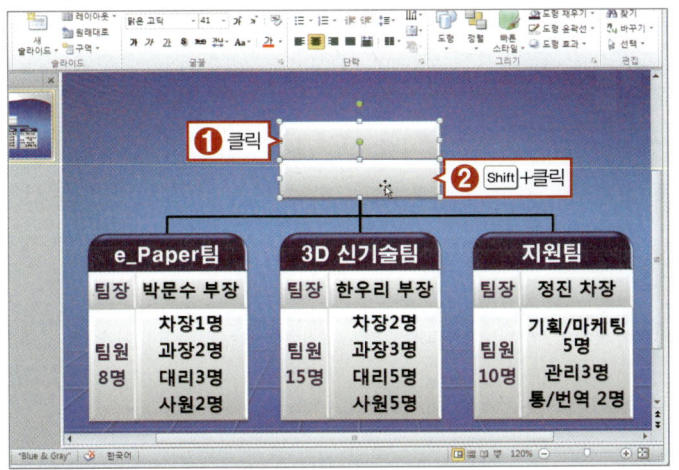

28

① 슬라이드에서 **맨 위쪽 도형** 클릭
② Shift 를 누른 상태에서 **바로 아래 도형**을 클릭합니다.

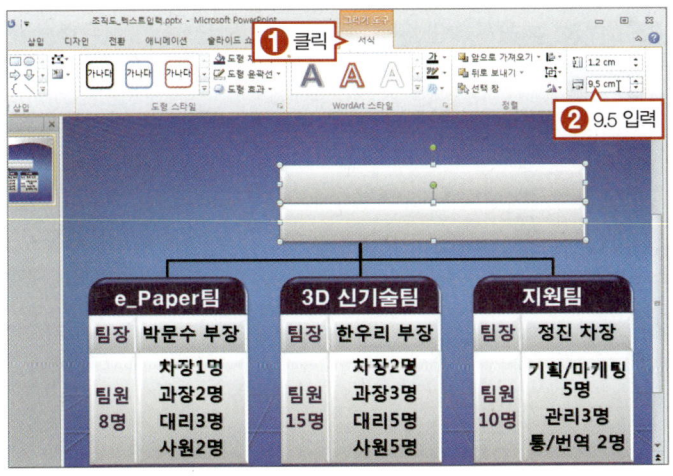

29

① [그리기 도구]–[서식] 탭 클릭
② [너비]에 **9.5cm**를 입력합니다.

30

① [Esc]를 눌러 선택을 해제하고 **아래쪽 도형**만 클릭

③ [높이]에 **3.5cm**를 입력합니다.

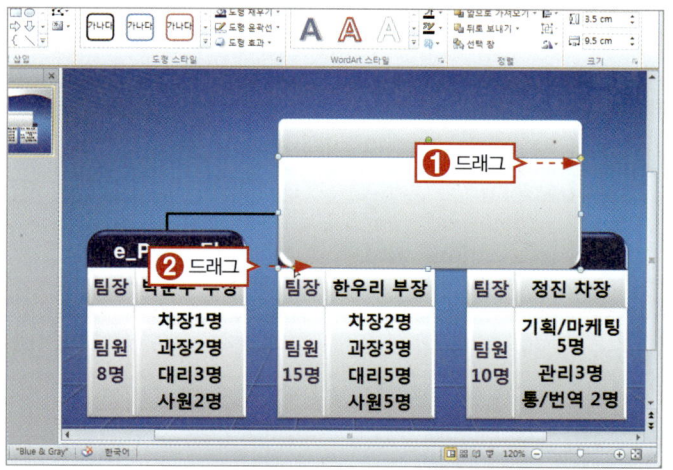

31

① 오른쪽 상단에 있는 ◆ **모양 조절 핸들**을 오른쪽으로 최대한 드래그해 양쪽 상단 모서리를 둥글지 않게 수정

② 왼쪽 하단에 있는 ◆ **모양 조절 핸들**을 오른쪽으로 살짝 드래그해 양쪽 하단 모서리를 약간 둥글게 만듭니다.

32

① **위에 있는 도형** 클릭

② 오른쪽 상단의 ◆ **모양 조절 핸들**을 왼쪽으로 최대한 드래그합니다.

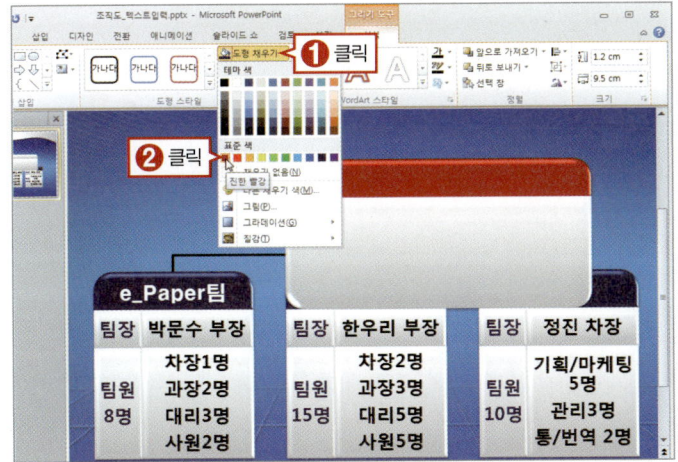

33

① [도형 채우기] 클릭

② [표준 색]에서 [진한 빨강]을 클릭합니다.

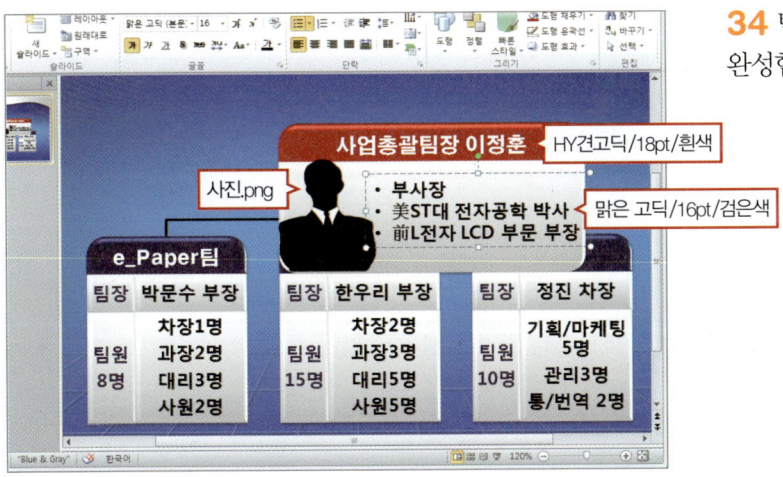

34 텍스트를 입력하고 사진을 삽입해 완성합니다.

총괄 팀장을 상단 중앙에 배치해서 조직도 완성하기

• **준비 파일** ◎ :부록 CD/5장/Section02/조직도03.pptx

35 Esc 를 눌러 선택을 해제하고 Shift 를 누른 상태에서 도형, 사진, 텍스트 상자를 클릭한 후 Ctrl + G 를 눌러 그룹으로 만듭니다.

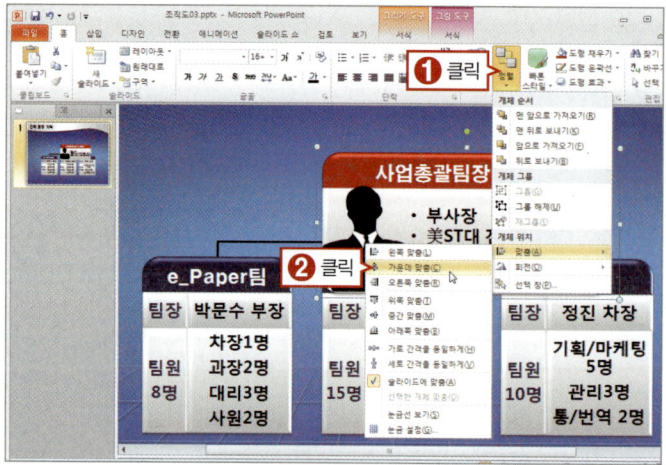

36

① [홈] 탭에서 [정렬] 클릭

② 마우스 포인터를 [맞춤]으로 이동하고 메뉴가 나타나면 [가운데 맞춤]을 클릭합니다.
지금처럼 개체가 한 개만 선택된 경우에는 슬라이드를 기준으로 맞춰지기 때문에 그룹 개체가 가운데로 이동합니다.

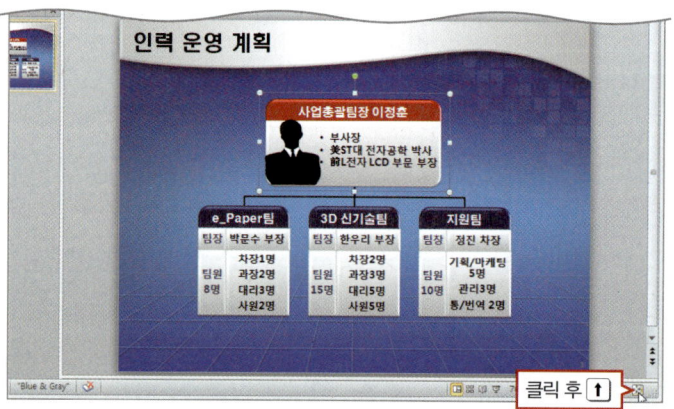

37 파워포인트 오른쪽 하단 모서리의 [창에 맞춤]을 클릭하고 [위쪽 방향키]를 여러 번 눌러 검은색 선 위로 이동합니다.

> **Tip** **도형을 세밀하게 이동하는 방법**
>
> 방향키를 누르면 기본적으로 한 번 누를 때마다 0.2cm씩 이동하는데 이보다 더 조금씩 이동하려면 Ctrl을 누른 상태에서 방향키를 누릅니다.

 **Note 9** **조직도 SmartArt에 도형 추가**

• 준비 파일 ◎ : 부록 CD/5장/Section02/조직도 SmartArt.pptx

하위 수준의 도형 추가하기

1 ① 추가하고 싶은 도형을 클릭합니다.

2 ② [SmartArt 도구]−[디자인] 탭의 맨 왼쪽에 있는 [도형 추가]를 클릭합니다. 선택된 도형 아래에 새 도형이 추가됩니다.

1

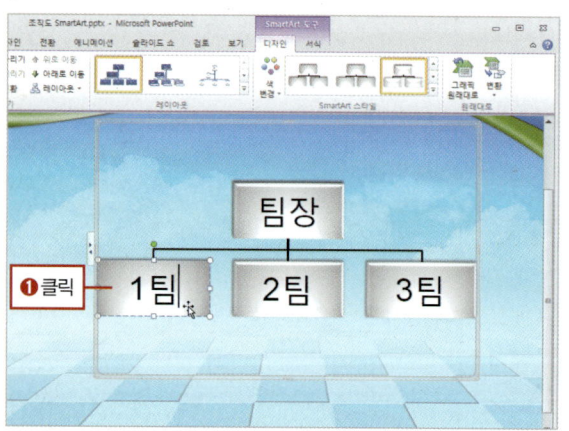

2

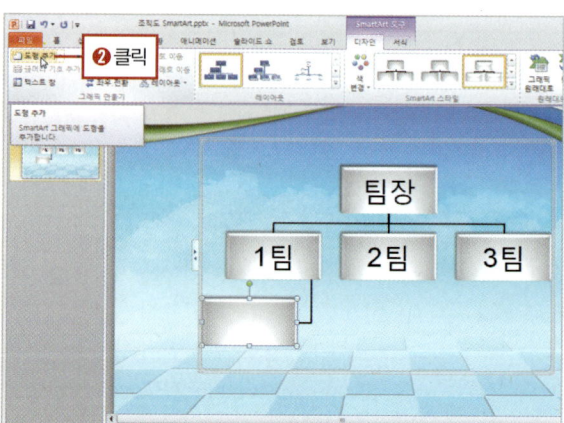

같은 수준의 도형 추가하기

1 ① 추가하고 싶은 도형을 클릭합니다. ② [도형 추가]에서 [▼ 메뉴]를 클릭하고 ③ 메뉴에서 [뒤에 도형 추가]를 클릭합니다.

2 선택한 도형과 같은 수준의 도형이 추가됩니다.

1

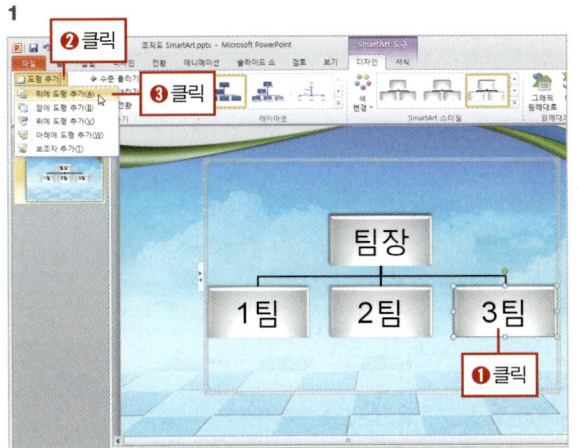

2

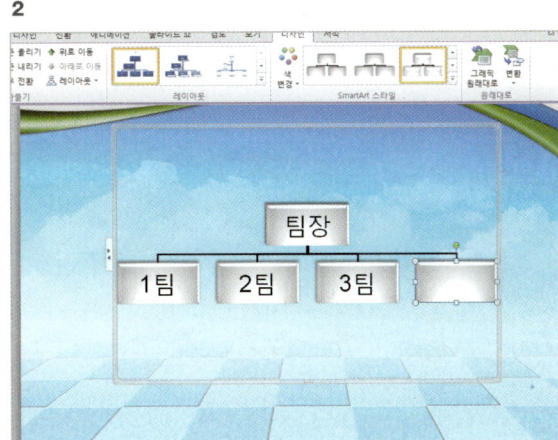

하위 수준 도형의 배열 옮기기

하위 수준에 도형 몇 개를 추가한 경우 기본적으로 도형들이 오른쪽에 배열됩니다. 이것을 왼쪽으로 배열할 때 사용합니다.

1 ① 상위 수준의 도형을 클릭합니다. ② [SmartArt 도구]-[디자인] 탭에서 [레이아웃]을 클릭하고 ③ [왼쪽 배열]을 클릭합니다.

2 하위 수준 도형들이 왼쪽으로 배열됩니다.

1

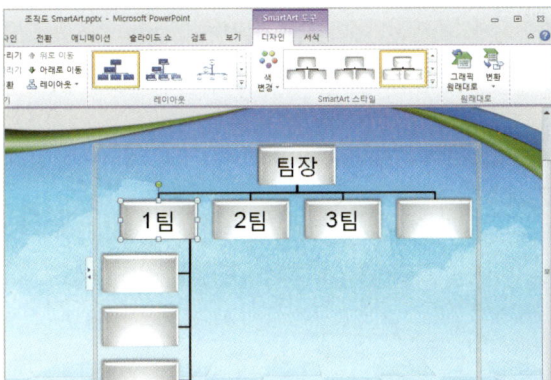

2

section 03

입체감을 더하는
3차원 도해 만들기

• 수평 바 만들기 • 입체감 있는 도형 만들기 • 도해에 3차원 효과 적용

3차원이나 입체 효과는 평면 개체를 사용하는 슬라이드보다 시각적으로 받아들이는 정보의 느낌이 강하기 때문에 집중도를 높입니다. 또한 디자인이 좀 더 세련되었다는 장점도 있습니다. 파워포인트에서는 이러한 효과를 쉽게 구현할 수 있습니다.

▌입체감 있는 수평 바 만들기

• 준비 파일 ◎:부록 CD/5장/Section03/수평바.pptx　　　　• 완성 파일 ◎:부록 CD/5장/Section03/완성/수평바 결과.pptx

1 ① **직사각형 도형**을 선택하고 ② [홈] 탭의 [그리기] 그룹에서 [▣ 대화상자 표시]를 클릭합니다. ③ 채우기에서 [그라데이션 채우기]를 클릭합니다. ④ [색]을 클릭하고 ⑤ [표준 색]에서 [연한 파랑]을 클릭합니다.

2 ⑥ [그라데이션 중지점] 바에서 가운데에 있는 **두 번째 중지점**을 클릭합니다. ⑦ [색]을 클릭한 후 ⑧ [연한 파랑]을 클릭합니다.

1　　　　　　　　　　　　　　　　　　　　　　　2

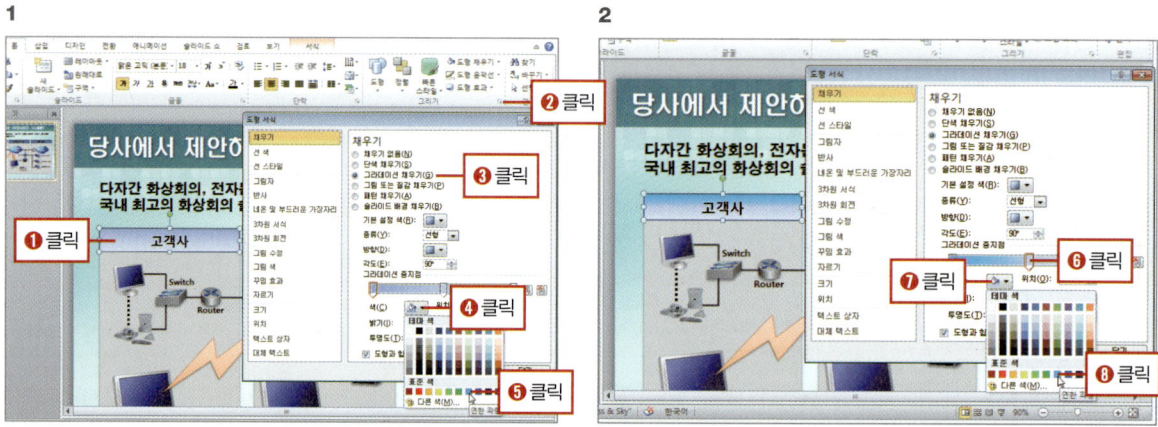

▲ 도형 선택 → [대화상자 표시] → [그라데이션 채우기] 선택 → [색]　　▲ 두 번째 중지점 클릭 → [색] → [연한 파랑] 선택
　 → [연한 파랑] 선택

3 ⑨ [색]을 클릭하고 ⑩ [다른 색]을 클릭합니다.

4 ⑪ 색 대화상자가 열리면 [사용자 지정] 탭의 [색 모델]에서 [HSL]을 선택합니다. ⑫ [명도] 값에 200을 입력한 후 ⑬ [확인]을 클릭합니다.

3

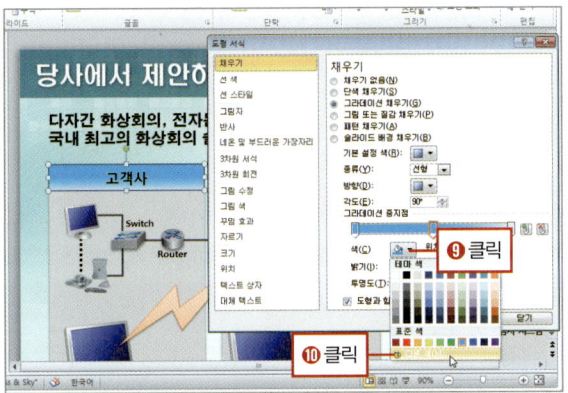

▲ [색] → [다른 색] 클릭

4

▲ [HSL] → [명도]에 200 입력 → [확인] 클릭

색의 밝기를 의미하는 것으로 입력상자에 0~255까지의 값을 입력할 수 있습니다. 0은 검은색, 255는 흰색이 만들어집니다. 숫자가 0 에 가까울수록 어둡고 255에 가까울수록 밝습니다.

5 ⑭ [그라데이션 중지점] 바에서 맨 오른쪽에 있는 **세 번째 중지점**을 클릭합니다. ⑮ **[색]**을 클릭하고 ⑯ **[연한 파랑]**을 클릭합니다.

6 ⑰ [색]을 클릭하고 ⑱ **[다른 색]**을 클릭합니다.

5

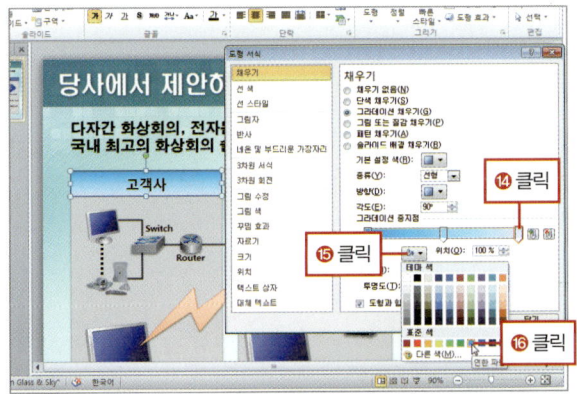

▲ 세 번째 중지점 클릭 → [색] → [연한 파랑] 선택

6

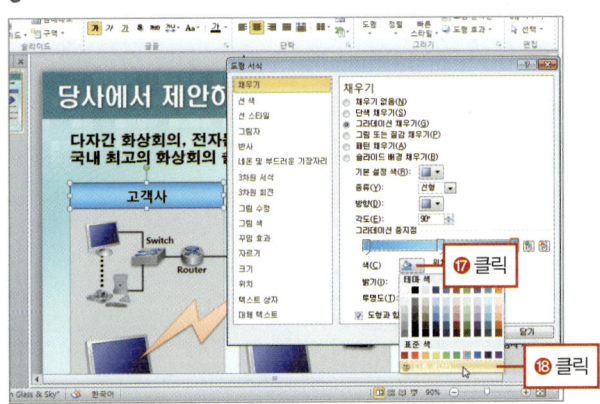

▲ [색] → [다른 색] 클릭

7 ⑲ **[사용자 지정]** 탭의 **[색 모델]**에서 **[HSL]**을 선택 합니다. ⑳ **[명도]**를 80으로 입력한 후 ㉑ **[확인]**을 클릭합니다.

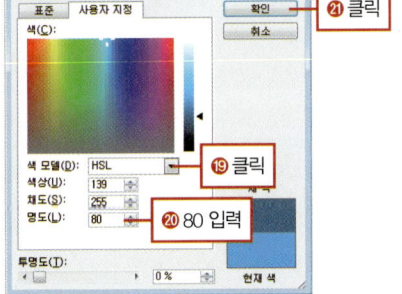

▶ [HSL] → [명도]에 80 입력 → [확인] 클릭

8 ㉒ 도형 서식 대화상자 왼쪽 목록에서 **[3차원 서식]**을 클릭합니다. ㉓ [입체 효과]에서 **[위쪽]**을 클릭하고 ㉔ **[둥글게]**를 클릭합니다.

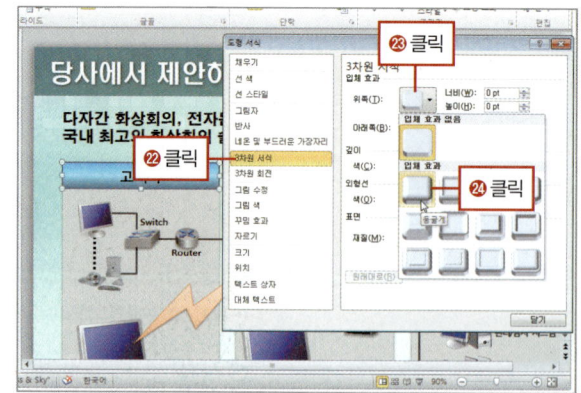

▶ [3차원 서식] → [위쪽] → [둥글게] 선택

9 ㉕ [너비]에 15pt, [높이]에 10pt를 입력합니다.
10 ㉖ 도형 서식 대화상자 왼쪽 목록에서 **[선 색]**을 클릭하고 ㉗ **[선 없음]**을 클릭한 후 ㉘ **[닫기]**를 클릭합니다.

9

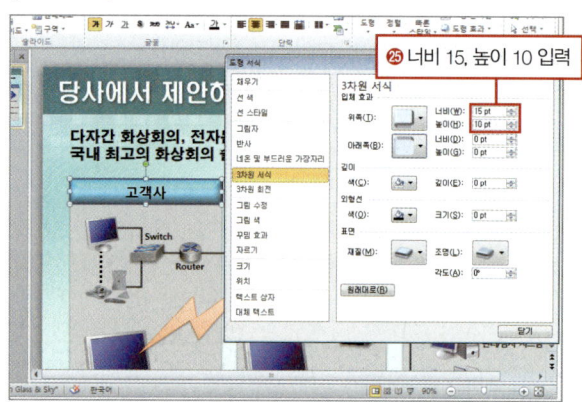

▲ [너비]에 15pt 입력 → [높이]에 10pt 입력

10

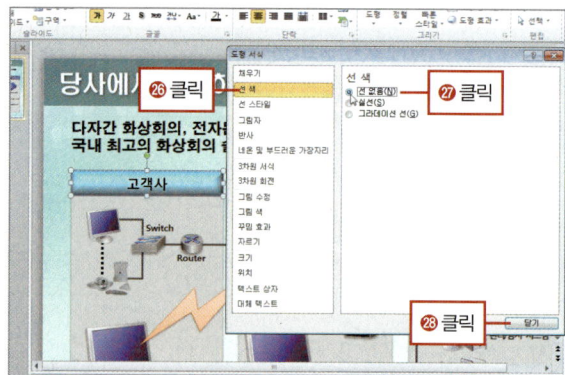

▲ [선 색] → [선 없음] → [닫기] 클릭

📝 **Note 1** **입체화한 도형의 서식을 다른 도형에 적용하고 색 변경하기**

1 서식 적용 : 도형의 서식을 다른 도형에도 적용하려면 우선 도형을 선택합니다. [홈] 탭에서 [✏️ 서식 복사]를 더블클릭한 후 다른 도형을 클릭해 복사한 서식을 붙여넣습니다. 다 붙여넣었다면 [Esc]를 눌러 명령을 종료합니다.

2 색 변경 : 서식을 붙여넣었던 도형을 선택하고 [홈] 탭의 [그리기] 그룹에서 [🔲 대화상자 표시]를 클릭합니다. 도형 서식 대화상자의 왼쪽 목록에서 **[채우기]**를 선택하고, 그라데이션 중지점에서 색상을 [표준 색]의 **[연한 녹색]**으로 바꿉니다. 명도 값을 '입체감 있는 수평 바 만들기'에서 설정한 것처럼 두 번째 중지점은 200으로, 세 번째 중지점은 80으로 설정합니다.

▶ 서식 적용 및 색 변경 완성 화면

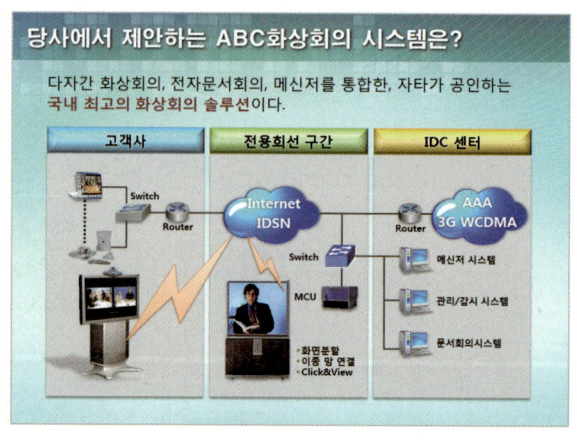

입체감 있는 타원 버튼 만들기

· **준비 파일** ◎:부록 CD/5장/Section03/타원버튼.pptx　　　· **완성 파일** ◎:부록 CD/5장/Section03/완성/타원버튼 결과.pptx

1 ① Shift 를 누른 상태에서 모든 타원을 클릭하고 ② [홈] 탭의 [그리기] 그룹에서 [🔲 대화상자 표시]를 클릭합니다. ③ 도형 서식 대화상자의 [종류]에서 [방사형]을 선택합니다.

2 ④ [방향]을 클릭하고 ⑤ [가운데에서]를 선택합니다.

1

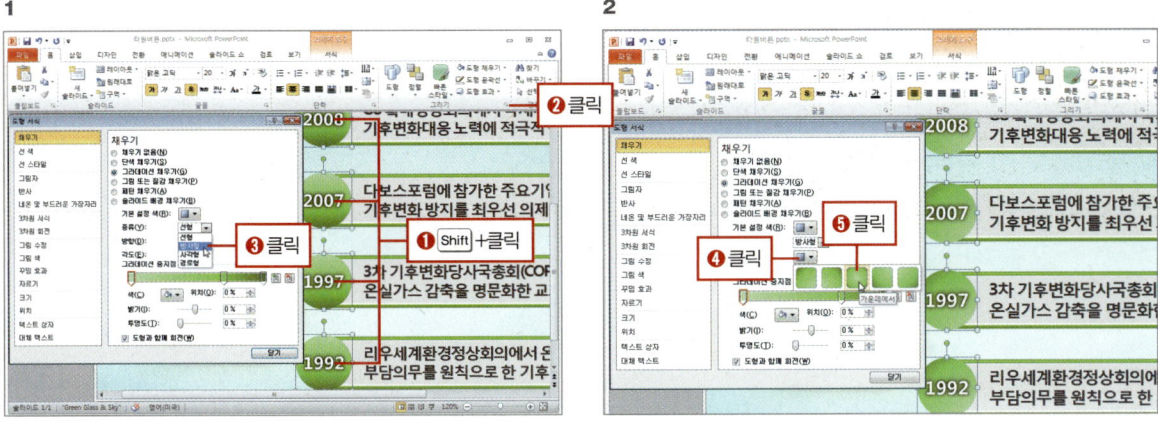

▲ Shift +모든 타원 클릭 → [대화상자 표시] → [종류]에서 [방사형] 선택　　▲ [방향] → [가운데에서] 선택

3 ⑥ 대화상자 왼쪽 목록에 [3차원 서식]을 클릭합니다. ⑦ [입체 효과]에서 [위쪽]을 클릭한 후 ⑧ [둥글게]를 선택합니다.

4 ⑨ [너비]에 40pt, [높이]에 45pt를 입력하고 ⑩ [닫기]를 클릭합니다. 입체 버튼이 만들어집니다.

3

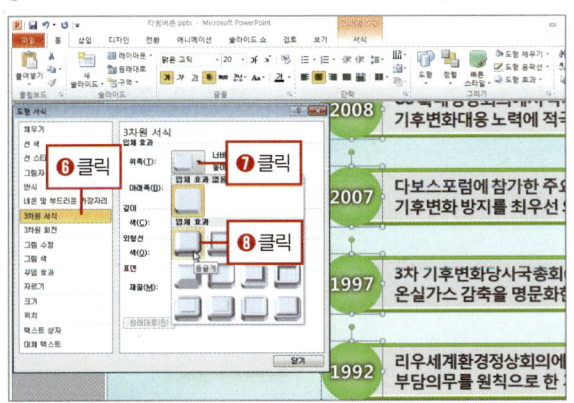

▲ [3차원 서식] → [위쪽] → [둥글게] 선택

4

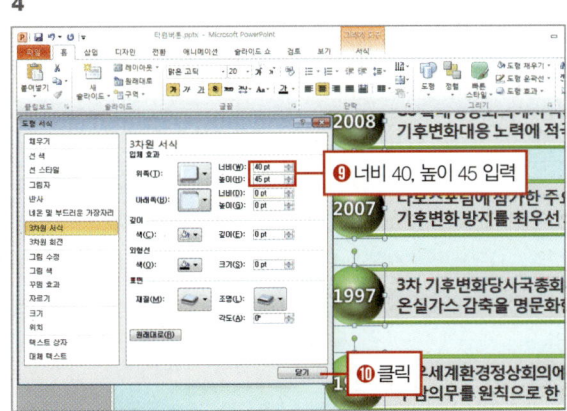

▲ [너비]에 40pt 입력 → [높이]에 45pt 입력 → [닫기] 클릭

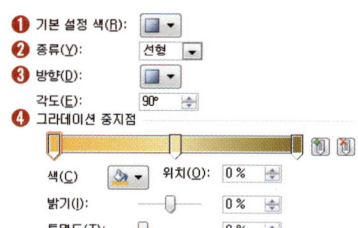

❶ 기본 설정 색(R):
❷ 종류(Y):   선형
❸ 방향(D):
　　각도(E):   90°
❹ 그라데이션 중지점

　　색(C):   위치(O): 0 %
　　밝기(I):   0 %
　　투명도(T):   0 %
❺ ☑ 도형과 함께 회전(W)

① [기본 설정 색] : 오른쪽에 있는 버튼을 클릭하면 기본적으로 제공하는 그라데이션이 표시됩니다. 만들고 싶은 그라데이션과 가장 비슷한 것을 선택한 후 아래의 옵션에서 변경하는 것도 좋은 방법입니다.

② [종류] : 그라데이션 모양으로 선형, 방사형, 사각형, 경로형 중에 하나를 선택할 수 있습니다.

③ [방향] : 그라데이션의 방향을 설정합니다. 아래에 있는 각도 입력상자에 직접 각도를 입력해도 됩니다.

④ [그라데이션 중지점] : 버스 정류장처럼 색의 정류장을 의미하는 것으로 기본적으로 중지점 3개가 표시됩니다. 그라데이션 바에서 [⬚중지점]을 드래그하거나 [위치] 입력상자에 0~100% 사이의 값을 입력해 위치를 조정할 수 있습니다. 또한 아래의 색, 밝기, 투명도 옵션을 조정해 속성을 변경합니다. 그라데이션 바 오른쪽에 있는 [🔳 **그라데이션 중지점 추가**]를 클릭해 새 중지점을 추가하거나 [🔳 **그라데이션 중지점 제거**]를 클릭해 선택한 중지점을 지울 수 있습니다.

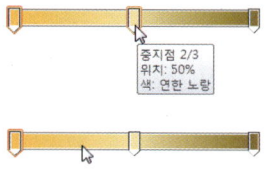

중지점 2/3
위치: 50%
색: 연한 노랑

◀ 중지점에 마우스 포인터를 위치시키면 중지점 번호(2/3)와 위치, 색 이름이 표시됨

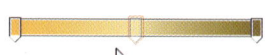 

▲ 그라데이션 바에서 빈 곳을 클릭   ▲ 클릭한 곳에 새 중지점이 추가됨

▲ 중지점을 바깥쪽으로 드래그   ▲ 중지점이 삭제됨

⑤ [도형과 함께 회전] : 이 옵션을 선택하면 도형을 회전했을 때 설정된 그라데이션이 같이 회전됩니다.

▲ 원본   ▲ 옵션을 설정했을 때와 설정하지 않았을 때

버튼 아래 은색(밝은 회색) 그라데이션을 가진 도형을 배치하면, 좀 더 입체감 있는 버튼을 만들 수 있습니다.

은색 그라데이션은 첫 번째와 세 번째 중지점을 [흰색]으로 설정하고, 가운데에 있는 중지점을 [흰색, 배경 1, 15% 어둡게]로 설정한 후 각도를 45도로 변경하여 만들 수 있습니다.

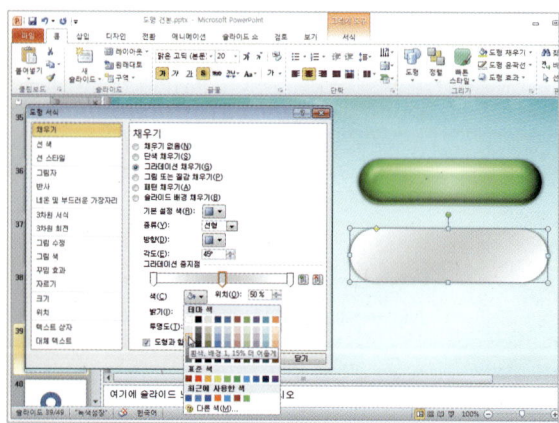 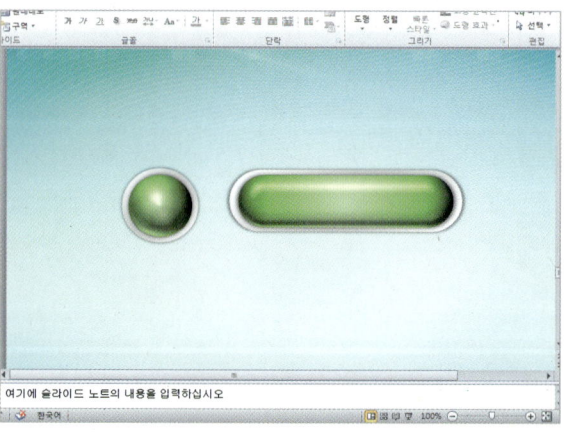

입체감을 준 도형 윤곽선 만들기

· **준비 파일** ◎ : 부록 CD/5장/Section03/윤곽선.pptx　　· **완성 파일** ◎ : 부록 CD/5장/Section03/완성/윤곽선.pptx

도형의 채우기뿐만 아니라 윤곽선도 도형에 입체감을 줄 수 있습니다. 사용 방법은 채우기와 거의 유사합니다.

1 ① [Shift]를 누른 상태에서 직사각형을 모두 선택하고 ② [**홈**] 탭의 [그리기] 그룹에서 [대화상자 표시]를 클릭합니다. ③ [**색**]을 클릭하고 ④ [테마 색]에서 [**흰색, 배경 1, 5% 더 어둡게**]를 선택합니다.

2 ⑤ 대화상자 왼쪽 목록에서 [**선 색**]을 클릭합니다. ⑥ [**색**]을 클릭한 후 ⑦ [테마 색]에서 [**황록색, 강조 3, 25% 더 어둡게**]를 선택합니다.

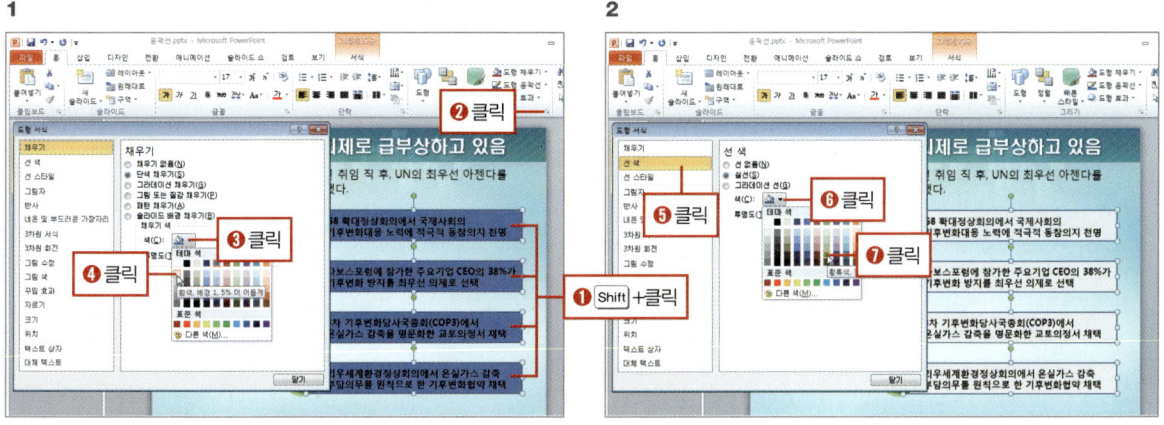

▲ [Shift]+모든 직사각형 클릭 → [대화상자 표시] → [색]
　 → [흰색, 배경 1, 5% 더 어둡게] 선택

▲ [선 색] → [색] → [황록색, 강조 3, 25% 더 어둡게] 선택

3 ⑧ 대화상자 왼쪽 목록에서 [**선 스타일**]을 클릭하고 ⑨ [너비]에 4pt를 입력합니다.

4 ⑩ 대화상자 왼쪽 목록에서 [**3차원 서식**]을 선택하고 ⑪ 위쪽의 [너비]와 [높이]에 모두 **6pt**를 입력합니다. ⑫ 아래에서 [**재질**]을 클릭하고 ⑬ [**플라스틱**]을 선택합니다.

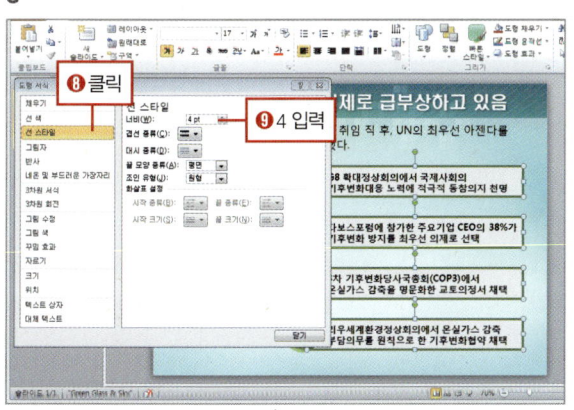

▲ [선 스타일] → [너비]에 4pt 입력

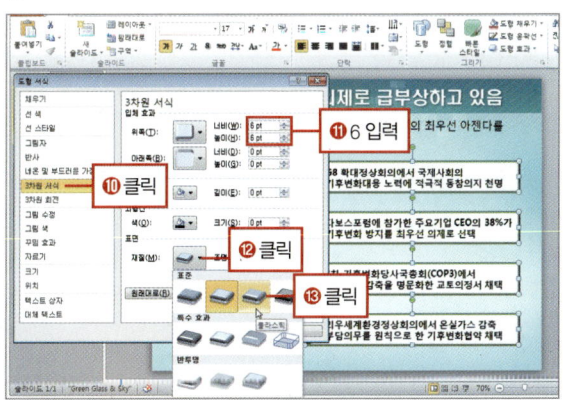

▲ [3차원 서식] → [너비]와 [높이]에 6pt 입력 → [재질] → [플라스틱] 선택

5 ⑭ [조명]을 클릭하고 ⑮ [균형 있게]를 선택한 후 ⑯ [닫기]를 클릭합니다.

6 Shift+F5를 눌러 쇼 보기를 실행하면 결과를 확실하게 볼 수 있습니다.

5

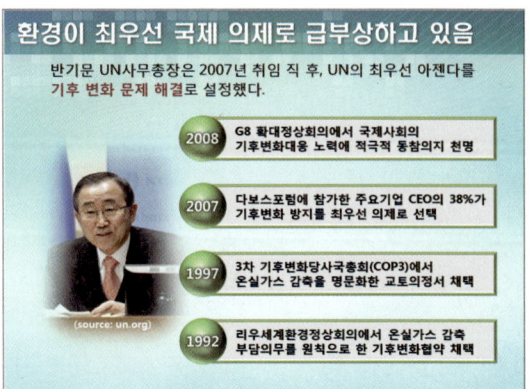

▲ [조명] → [균형 있게] → [닫기] 클릭

6

▲ Shift+F5 누르고 쇼 보기

도해에 3차원 효과 적용하기

· 준비 파일 ⓒ: 부록 CD/5장/Section03/3D 도해.pptx   · 완성 파일 ⓒ: 부록 CD/5장/Section03/완성/3D 도해 결과.pptx

도형에 그라데이션을 설정하고 3차원 서식만 설정해도 멋진 개체를 만들 수 있지만 같은 도형이라도 3차원 회전을 더하고 깊이를 부여하면 좀 더 화려한 도해를 만들 수 있습니다.

1 ① 슬라이드에서 **가운데에 있는 그룹 개체**를 클릭하고 ② [**홈**] 탭의 [그리기] 그룹에서 [▨ 대화상자 표시]를 클릭합니다. ③ 도형 서식 대화상자 왼쪽 목록에서 [**3차원 회전**]을 선택하고 ④ [회전]의 [Y] 값에 **345도**를 입력합니다.

2 ⑤ 대화상자 왼쪽 목록에서 [**3차원 서식**]을 선택하고 ⑥ [**깊이**]에서 값에 **50pt**를 입력합니다. 선택된 그룹 개체에 깊이감이 생깁니다. ⑦ [**입체 효과**]의 [**위쪽**]에서 [**너비**]와 [**높이**]를 모두 **3pt**로 입력해 도형 자체에도 약간의 입체감을 줍니다.

1

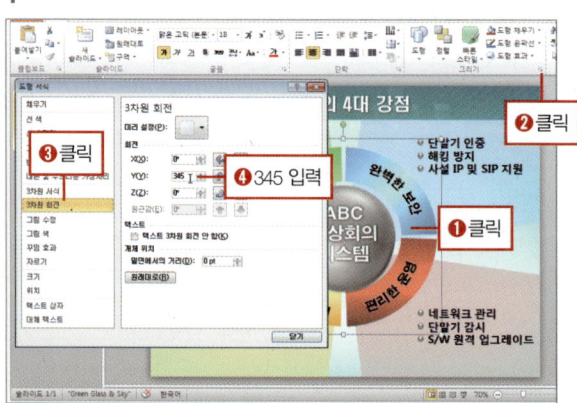

▲ 그룹 개체 클릭 → [대화상자 표시] → [3차원 회전] → [Y] 값에 345도 입력

2

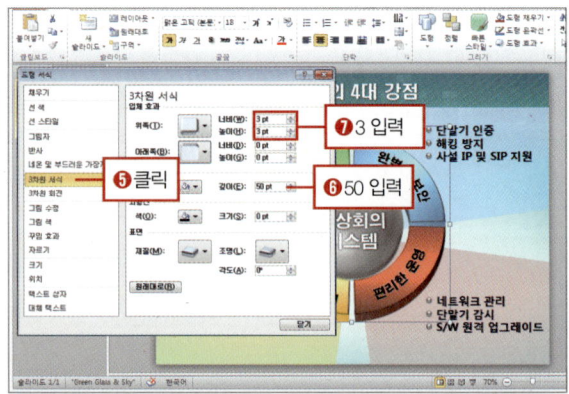

▲ [3차원 서식] → [깊이] 값에 50pt 입력 → [위쪽]의 [너비]와 [높이]에 3pt 입력

3 ⑧ 대화상자 왼쪽 목록에서 **[그림자]**를 선택합니다. ⑨ **[미리 설정]**을 클릭하고 ⑩ [바깥쪽]
에서 **[오프셋 아래쪽]**을 선택한 후 ⑪ **[닫기]**를 클릭합니다.

4 Esc 를 누르고 결과를 확인합니다.

3

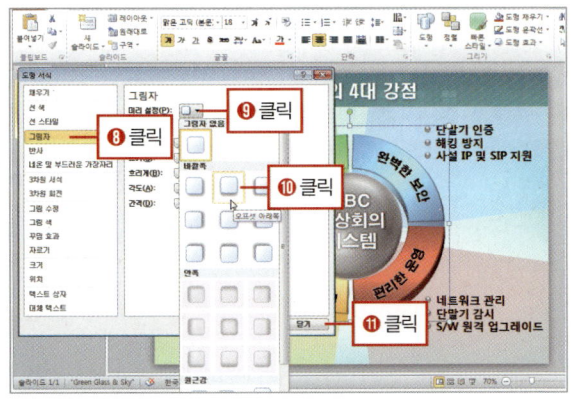

▲ [그림자] → [미리 설정] → [오프셋 아래쪽] → [닫기] 클릭

4

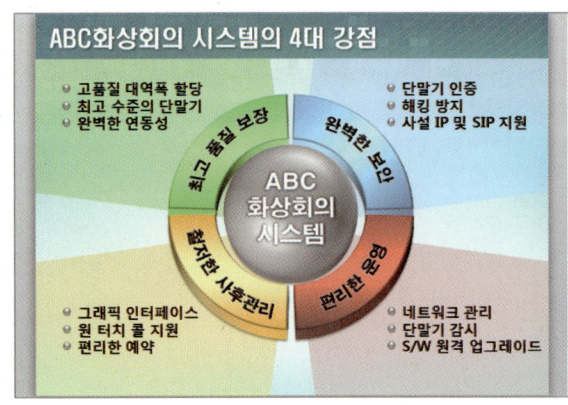

▲ Esc 누르고 결과 확인

차트형 도해에 3차원 효과를 적용하여 비교 결과 명확히 드러내기

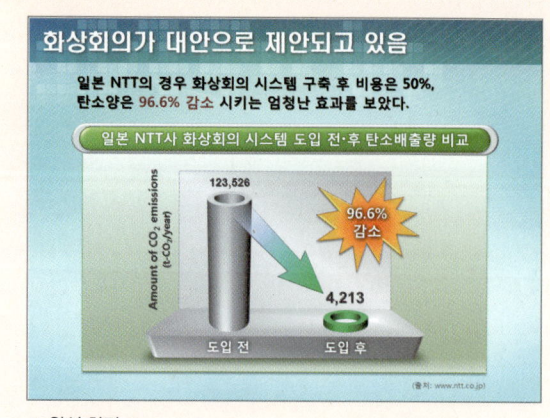

모서리가 둥근 직사각형, 타원, 블록 화살표 등 평범한 도형을 3차원 개체로 변환하면 청중의 주목을 끌 수 있습니다. 이러한 특징을 차트형 도해에 적용하여 데이터를 서로 비교하면 도형이나 텍스트를 사용할 때보다 그 차이가 더욱 확실하게 전달됩니다.

▲ 완성 화면

· **준비 파일**
  ◎ : 부록 CD/5장/Section03/3D 차트형 도해.pptx
· **완성 파일**
  ◎ : 부록 CD/5장/Section03/완성/3D 차트형 도해 결과.pptx

화살표 방향으로 시선이 쫓아갈 수 있도록 그라데이션 적용하기

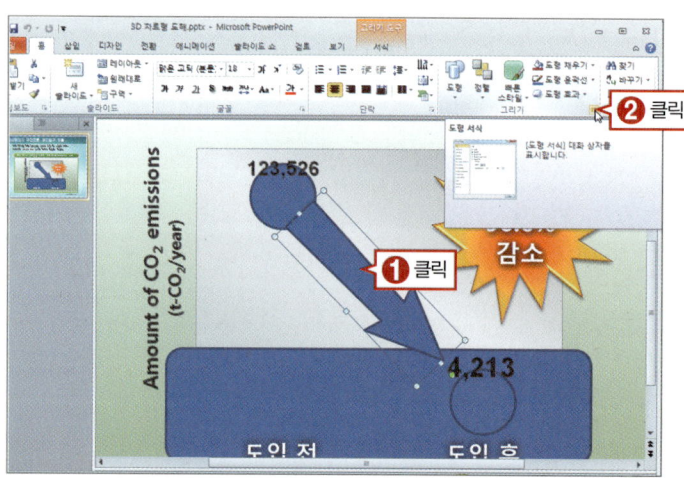

01

① **블록 화살표** 클릭
② [홈] 탭의 [그리기] 그룹에서
  [▣ 대화상자 표시]를 클릭합니다.

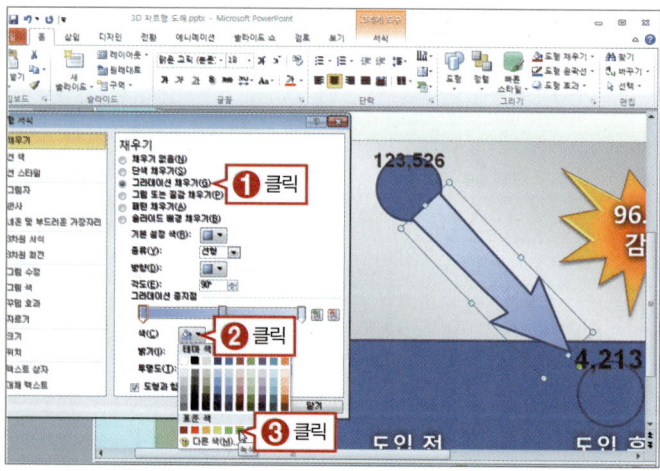

02

① [채우기]에서 [그라데이션 채우기] 클릭
② [색] 클릭
③ [표준 색]에서 [녹색]을 클릭합니다.

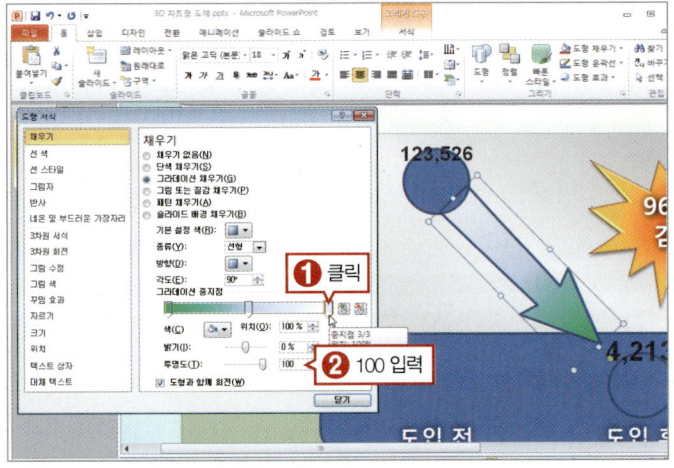

03

① 그라데이션 중지점 바에서
　 세 번째 중지점 클릭
② [투명도]에 **100%**를 입력합니다.

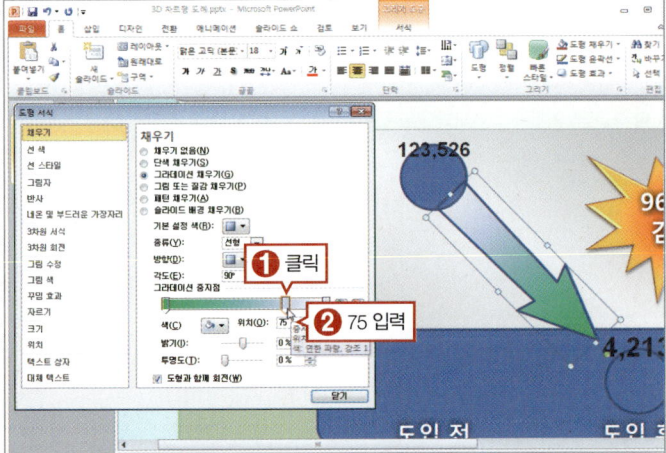

04

① **가운데 중지점** 클릭
② [위치]에 **75%**를 입력합니다.

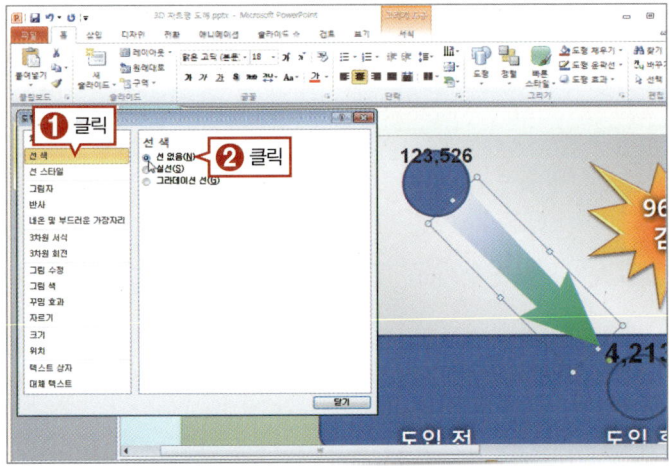

05

① 대화상자 왼쪽 목록에서 [선 색] 클릭
② [선 없음]을 클릭합니다.

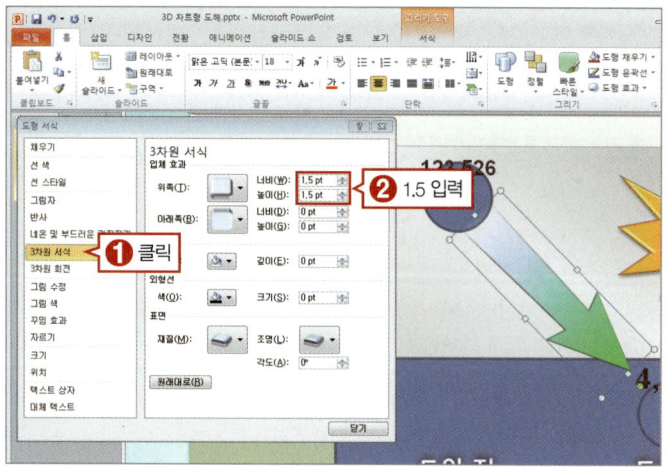

06

① 대화상자 왼쪽 목록에서 [3차원 서식]
   클릭

② [입체 효과]의 [위쪽]에 있는 [너비]와
   [높이]를 모두 **1.5pt**로 입력합니다.

3차원을 적용해서 배경 만들기

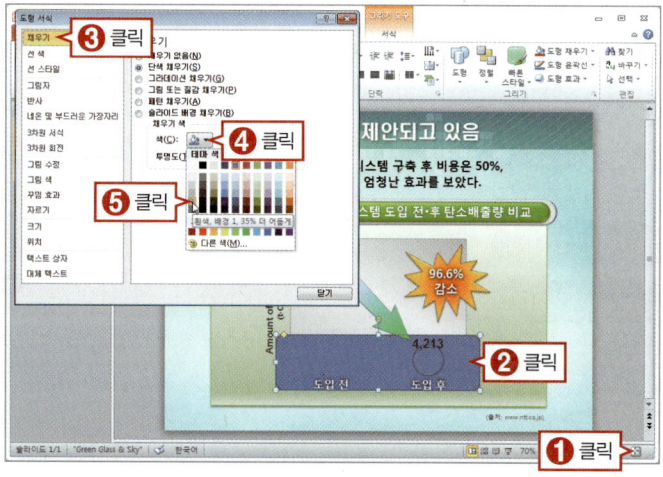

07

① [⊞ 창에 맞춤] 클릭

② **모서리가 둥근 직사각형** 클릭

③ 도형 서식 대화상자 왼쪽에서 [채우기]
   클릭

④ [색] 클릭

⑤ [표준 색]에서 [**흰색, 배경 1, 35% 더
   어둡게**]를 클릭합니다.

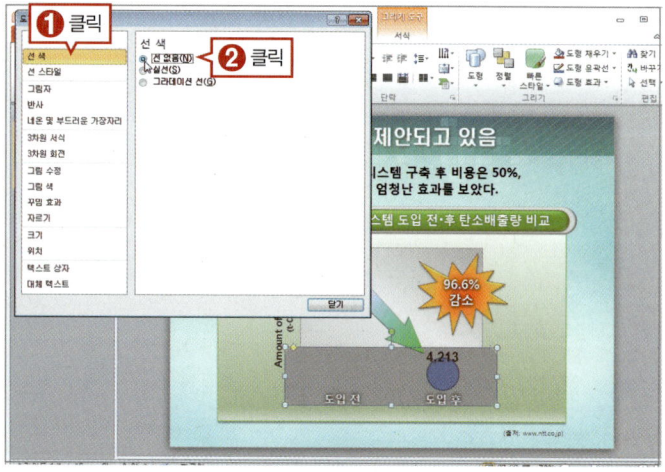

08

① 대화상자 왼쪽 목록에서 [선 색] 클릭

② [선 없음]을 클릭합니다.

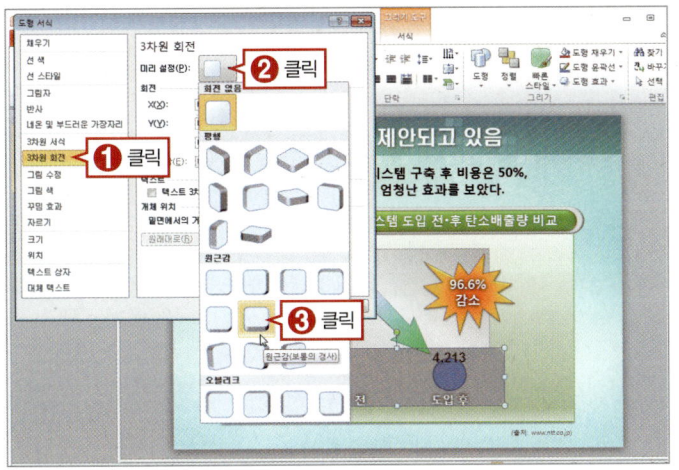

09

① 대화상자 왼쪽 목록에서 [3차원 회전]
클릭

② [미리 설정] 클릭

③ [원근감]에서 [원근감(보통의 경사)]를
클릭합니다.

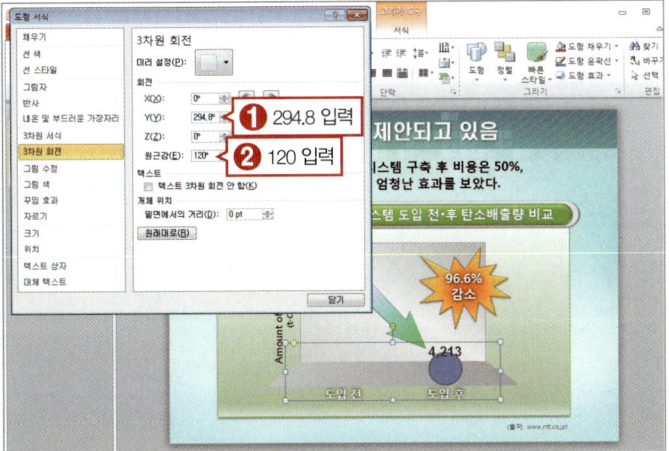

10

① [회전]에서 [Y] 값에 **294.8도** 입력

② [회전]에서 [원근감]에 **120도**를
입력합니다.

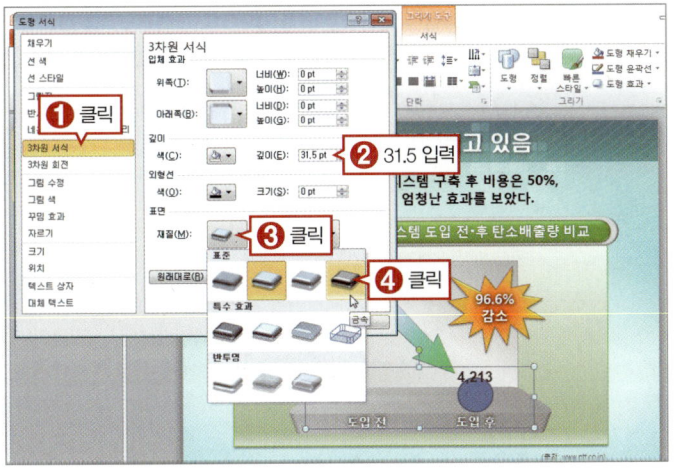

11

① 대화상자 왼쪽 목록에서 [3차원 서식]
클릭

② [깊이]에서 값에 **31.5pt** 입력

③ [표면]에서 [재질] 클릭

④ [금속]을 클릭합니다.

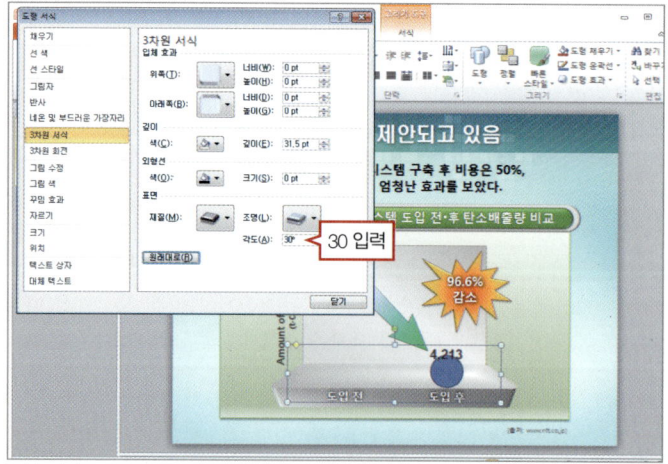

12 [표면]에서 [각도]에 **30**을 입력합니다.

Tip　키보드 방향키로 조명 각도 변경하는 방법

[각도] 입력란을 클릭하여 커서를 위치시키고 키보드에서 위, 또는 아래 방향키를 누릅니다. 위 방향키를 한 번 누를 때마다 값이 10도씩 상승되고 조명의 방향은 시계 방향으로 회전합니다.

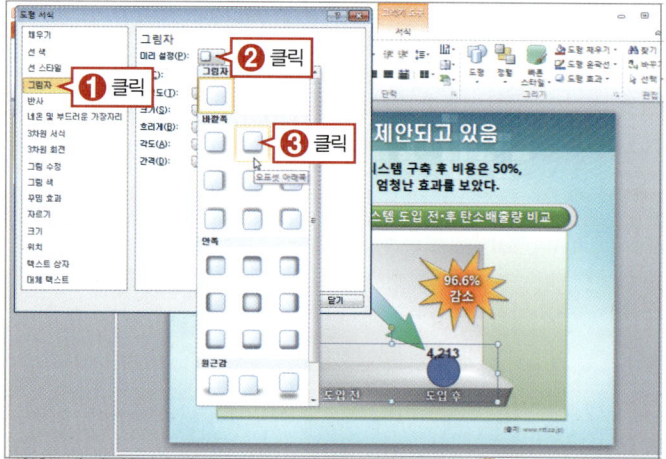

13

① 대화상자 왼쪽 목록에서 **[그림자]** 클릭
② **[미리 설정]** 클릭
③ **[바깥쪽]**에서 **[오프셋 아래쪽]**을 클릭합니다.

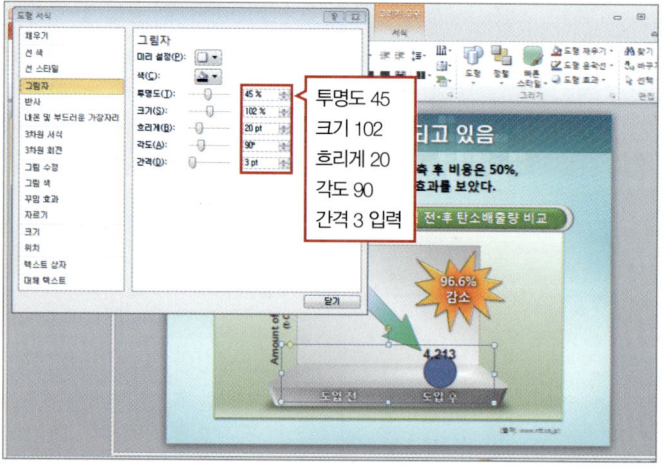

14 [투명도]에 **45%**, [크기]에 **102%**, [흐리게]에 **20pt**, [각도]에 **90도**, [간격]에 **3pt**를 입력합니다.

Tip　그림자 옵션 설명

[투명도] : 값이 클수록 그림자가 흐리게 표시됩니다.
[크기] : 그림자의 크기입니다. 원래 크기는 100%입니다.
[흐리게] : 값이 클수록 그림자가 부드럽게 표시됩니다.
[각도] : 그림자가 배치되는 방향을 정합니다.
[간격] : 개체에서 그림자가 표시되는 거리를 표시합니다.

3차원 원통을 만들어 차트 강조하기

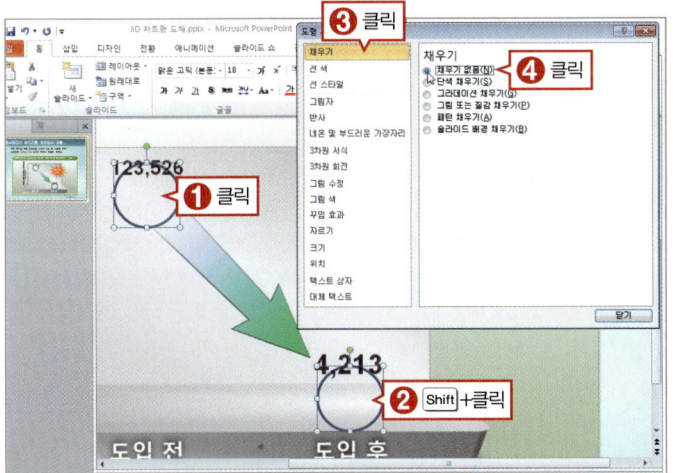

15

① **왼쪽 상단의 타원** 클릭

② Shift 를 누른 상태에서 **오른쪽 하단의
타원** 클릭

③ 도형 서식 대화상자 왼쪽 목록에서
[채우기] 클릭

④ **[채우기 없음]**을 클릭합니다.

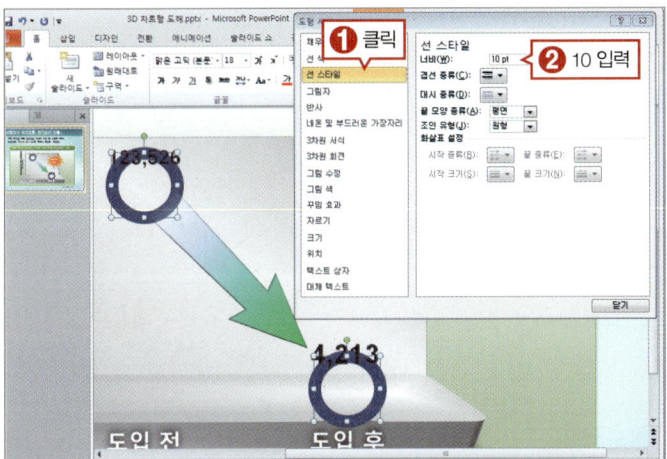

16

① 대화상자 왼쪽 목록에서 **[선 스타일]**
클릭

② **[너비]**에 10pt를 입력합니다.

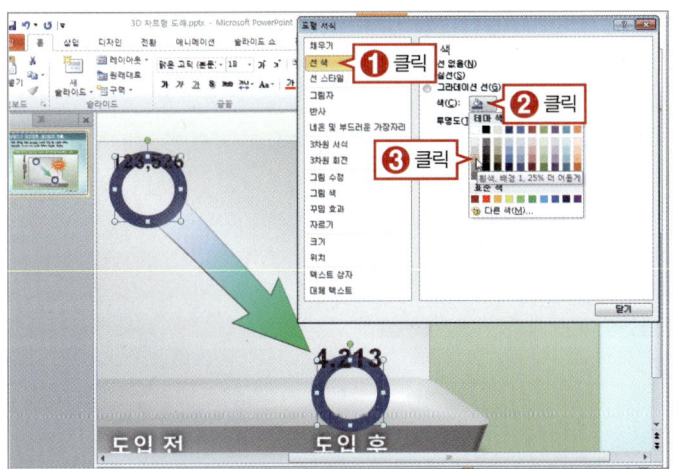

17

① 대화상자 왼쪽 목록에서 **[선 색]** 클릭

② **[색]** 클릭

③ **[테마 색]**에서 **[흰색, 배경 1, 25% 더
어둡게]**를 클릭합니다.

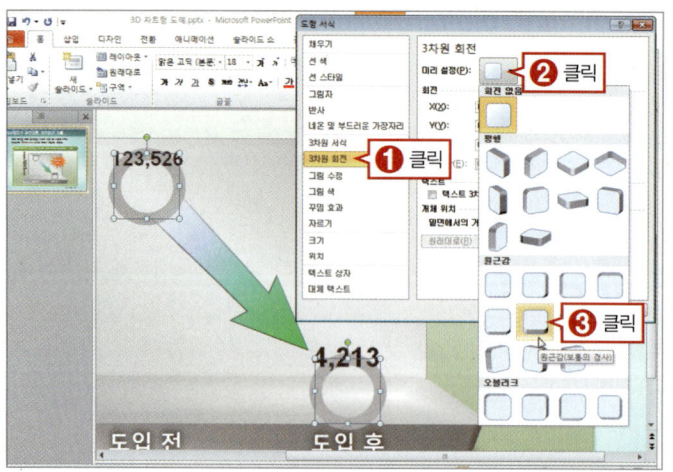

18

① 대화상자 왼쪽 목록에서 [3차원 회전]
　클릭

② [미리 설정] 클릭

③ [원근감(보통의 경사)]를 클릭합니다.

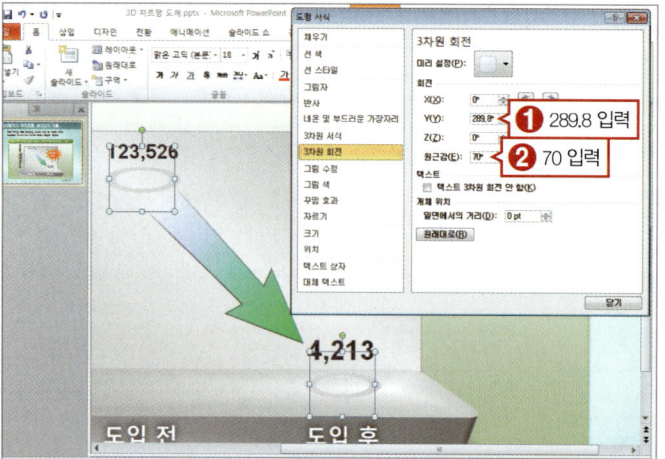

19

① [Y] 값에 **289.8도** 입력

② [원근감]에 **70도**를 입력합니다.

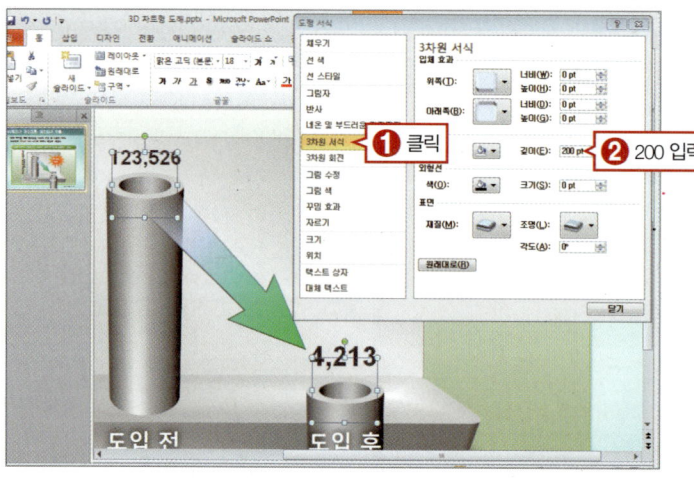

20

① 대화상자 왼쪽 목록에서 [3차원 서식]
　클릭

② [깊이]에서 값에 **200pt**를 입력합니다.

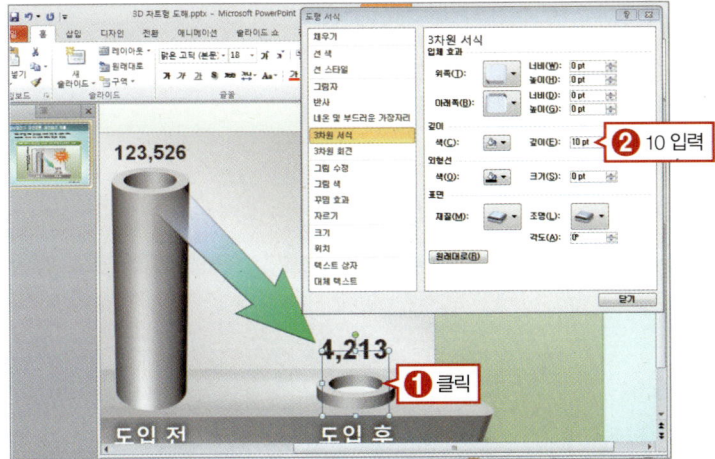

21

① **오른쪽 하단**의 **타원** 클릭

② [깊이]에서 값에 **10pt**를 입력합니다.

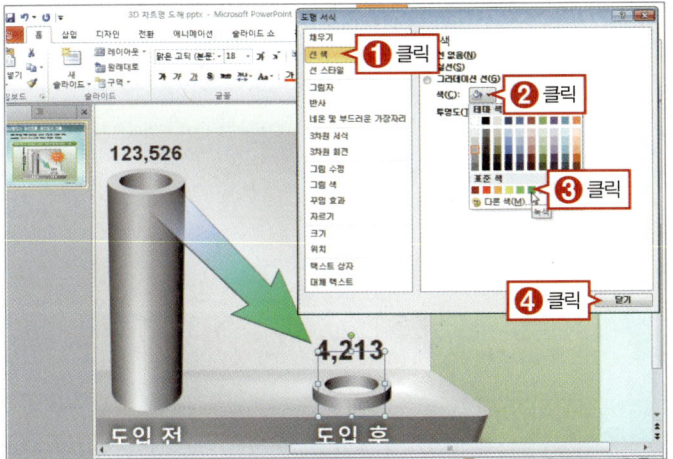

22

① 대화상자 왼쪽 목록에서 [**선 색**] 클릭

② [**색**] 클릭

③ [테마 색]에서 **녹색** 클릭

④ [**닫기**]를 클릭합니다.

Tip **투명 아이템 만드는 방법**

채우기 색이나 윤곽선 색에서 투명도 설정 : [**홈**] 탭에서 [**도형 채우기**]를 클릭하고 [**다른 채우기 색**]을 클릭합니다. 색 대화상자에서 색을 선택하고 아래에 있는 [**투명도**]를 조정합니다.

3차원 서식에서 재질을 투명하게 설정 : 도형 서식 대화상자 왼쪽 목록에서 [**3차원 서식**]을 선택하고 [**표면**]에서 [**재질**]을 클릭한 후 [**투명하게**]를 선택합니다. 타원이 투명해져 뒤쪽에 있는 그림과 도형이 보입니다. 각도를 조정해 완성합니다.

· **준비 파일** ◎:부록 CD/5장/Section03/3D 텍스트.pptx   · **완성 파일** ◎:부록 CD/5장/Section03/완성/3D 텍스트 결과.pptx

이번 섹션에서 배운 3차원 효과는 텍스트에도 적용할 수 있습니다. 일반 텍스트에는 이런 효과를 줄 필요가 없지만 제목이나 강조할 문장 등의 특별한 텍스트는 약간의 효과만 주어도 멋지게 연출할 수 있습니다.

1 ① **텍스트**를 블록 선택하고 ② [**그리기 도구**]−[**서식**] 탭을 연 후 ③ [WordArt 스타일] 그룹에서 [📷 **대화상자 표시**]를 클릭합니다.
④ 텍스트 효과 서식 대화상자의 왼쪽 목록에서 [**텍스트 채우기**]를 선택하고 ⑤ [**그라데이션 채우기**]를 클릭한 후 ⑥ [**각도**]에 45도를 입력합니다.

2 ⑦ 대화상자 왼쪽 목록에서 [**3차원 회전**]을 선택하고 ⑧ [**미리 설정**]을 클릭한 후 ⑨ [**원근감(위)**]를 선택합니다.

1

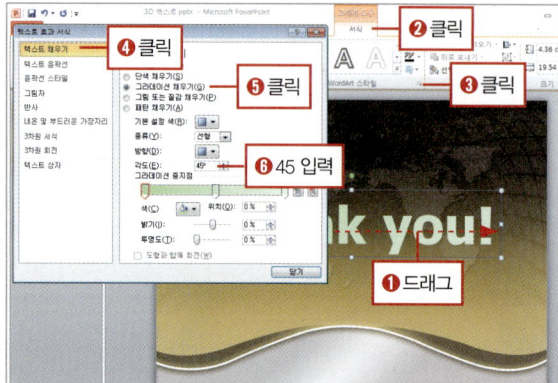

2

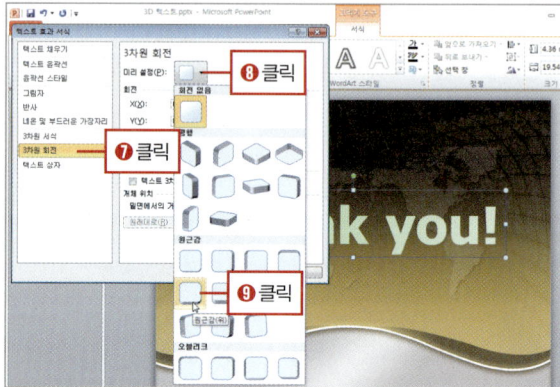

3 ⑩ [**회전**]에서 [Y] 값에 **350도**를 입력하고 ⑪ [**원근감**]에 100을 입력합니다.

4 ⑫ 대화상자 왼쪽 목록에서 [**3차원 서식**]을 선택하고 ⑬ [**입체 효과**]의 [**위쪽**]에서 [**너비**]에 3pt, [**높이**]에 1pt를 입력합니다. ⑭ 깊이에 50pt를 입력합니다.

3

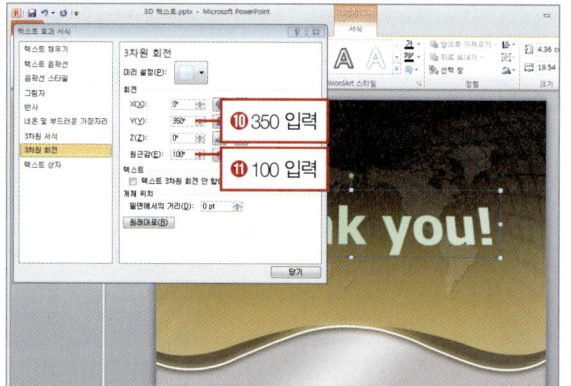

4

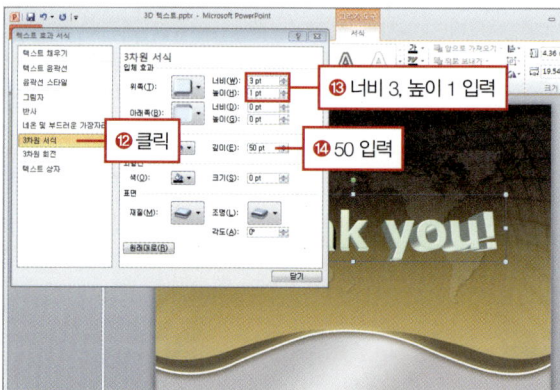

5 ⑮ [표면]에서 [재질]을 클릭하고 ⑯ [진한 가장자리]를 선택합니다. 가장자리가 진하게 표시되면서 텍스트가 전체적으로 어둡게 표시됩니다.

6 ⑰ [조명]을 클릭하고 ⑱ [균형있게]를 선택합니다.

5

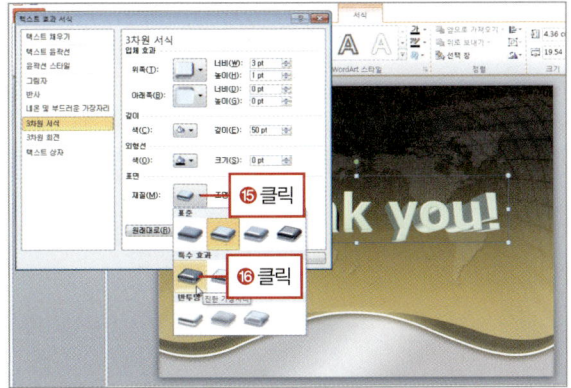

6

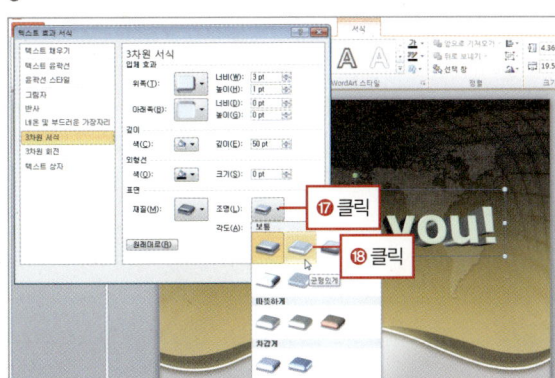

7 ⑲ 대화상자 왼쪽 목록에서 [그림자]를 선택하고 ⑳ [미리 설정]을 클릭한 후 ㉑ [오프셋 아래쪽]을 선택합니다.

8 ㉒ [투명도]에 20%를 입력하고 ㉓ [흐리게]에 10pt를 입력합니다.

7

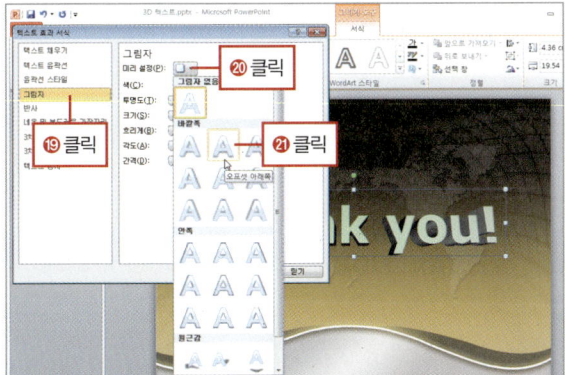

8

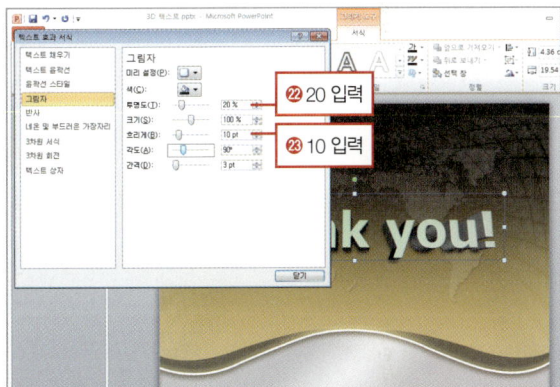

9 ㉔ 대화상자 왼쪽 목록에서 [반사]를 선택합니다. ㉕ [미리 설정]을 클릭하고 ㉖ [근접 반사, 터치]를 선택한 후 ㉗ [닫기]를 클릭합니다.

10 3차원 텍스트가 만들어집니다.

9

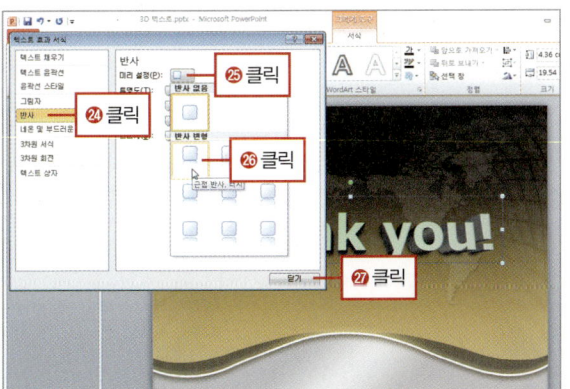

10

텍스트 채우기의 그라데이션 색을 흰색과 밝은 회색으로 변경하면 금속 질감의 글자를 만들 수 있습니다. 글자와 글꼴 크기를 변경하면 다른 글자도 쉽게 만들어집니다.

자유형 도형과 셰이프 결합으로 도해 만들기

section **04**

• 자유형으로 도형 그리기   • 셰이프 명령으로 도형 편집하기

파워포인트에서 제공하는 기본 도형과 SmartArt를 이용하면 원하는 도해의 대부분을 만들 수 있지만 필요에 따라서는 도형을 직접 그려서 사용하기도 합니다. 이번 섹션에서는 자유롭게 도형을 그리는 자유형 도형과 새로운 형태의 도형을 쉽게 만들 수 있는 셰이프(Shape) 결합 기능에 대해서 알아보겠습니다.

자유형으로 도형 그리기

• **준비 파일** ◎ : 부록 CD/5장/Section04/자유형 도형.pptx   • **완성 파일** ◎ : 부록 CD/5장/Section04/완성/자유형 도형 결과.pptx

파워포인트에서 제공하지 않는 모양의 도형을 그릴 때 자유형을 사용합니다. 자유형으로 만든 도형은 점 편집 기능으로 좀 더 세밀하게 수정할 수 있습니다.

1 ① [도형]을 클릭하고 ② [선]에서 **[자유형]**을 선택합니다.

2 ③ 슬라이드에서 **클릭 → 이동 → 클릭 → 이동 → 클릭**을 반복하면서 선으로 도형을 만들고 마지막은 첫 번째 클릭했던 시작 지점을 클릭합니다.

1

2

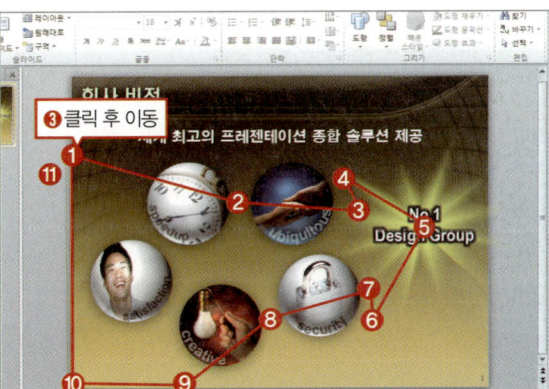

Tip   **자유형으로 선을 그리는 방법**

자유형을 선택해 선을 그리다가 첫 번째 클릭했던 시작 지점을 클릭하면 채우기 면이 있는 도형이 됩니다. 만약 자유로운 선 형태로 만들고 싶다면 선을 그리다가 [Esc]를 누릅니다.

3 화살표 모양의 도형이 만들어지면 ④ **도형**을 마우스 오른쪽 버튼으로 클릭합니다. ⑤ **[점 편집]**을 선택합니다.

4 ⑥ ■ **검은색 점**을 드래그해 도형의 모양을 바꾸거나 ⑦ 점을 클릭한 후 표시되는 □ **흰색 정사각형 핸들**을 드래그해 부드럽게 만듭니다.

3

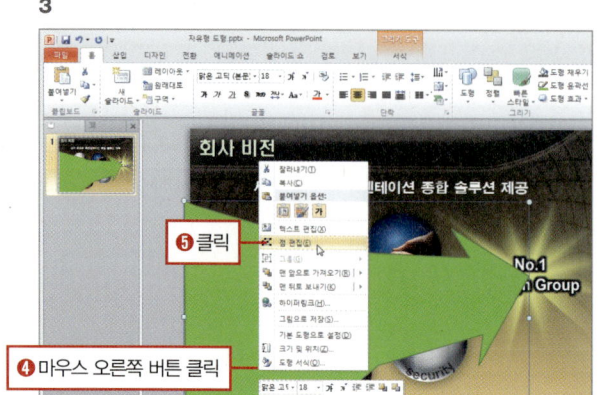

4

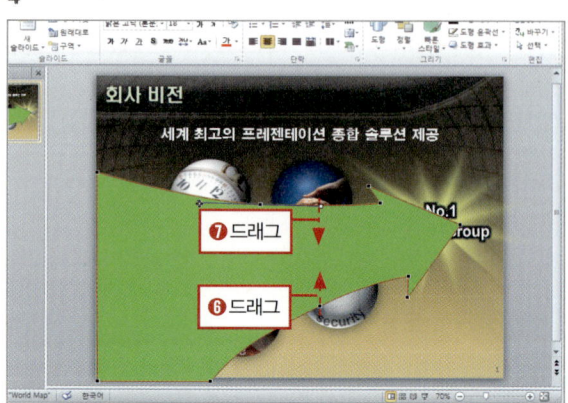

5 ⑧ Esc 를 눌러 점 편집 모드를 종료합니다. 자유형으로 만든 도형 서식을 변경한 후 맨 뒤로 보내 완성합니다.

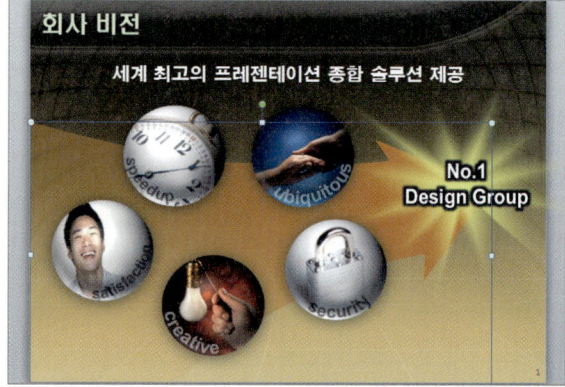

> **Tip** 스케치하듯 도형을 그릴 수 있는 [자유 곡선]
>
> [도형]의 [자유형]을 이용하면 도형 대부분을 그릴 수 있지만 [선] 종류 중에서 **[자유 곡선]**을 선택하고 드래그하면 스케치하듯 도형을 그릴 수 있습니다. 자유 곡선을 실행하면 마우스 포인터가 ✏ **연필 모양**으로 바뀝니다.

셰이프 명령으로 도형 편집하기

파워포인트 2010의 새로운 기능으로 셰이프(Shape) 결합이 있습니다. 수학 시간에 배운 합집합, 교집합, 차집합 등을 표현하는 원처럼 두 개 이상의 도형을 하나로 합치거나 겹쳐지는 부분만 남겨서 원하는 도형을 만듭니다.

빠른 실행 도구 모음에 셰이프 결합 명령 추가하기

셰이프 결합 명령은 리본 메뉴에서 제공하지 않기 때문에 사용하려면 빠른 실행 도구 모음에 추가해야 합니다.

1 ① 파워포인트 창 왼쪽 상단의 [🔻 **빠른 실행 도구 모음 사용자 지정**]을 클릭하고 ② [기타 명령]을 선택합니다.

2 ③ [다음에서 명령 선택]에서 [🔻 **메뉴 목록**]을 클릭하고 ④ **[리본 메뉴에 없는 명령]**을 선택합니다.

1

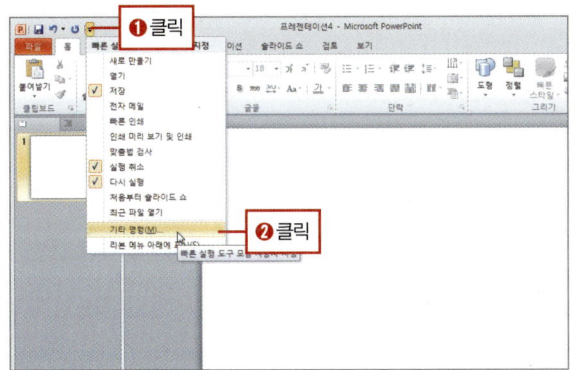

2

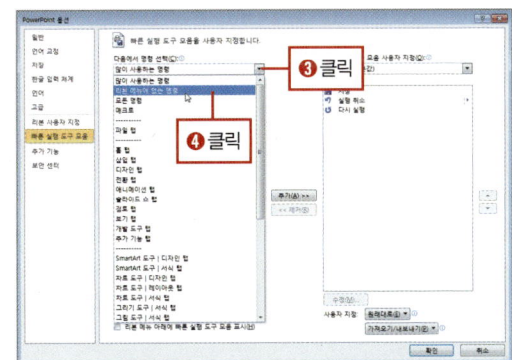

📝 **Note 1** [점 편집]을 이용해 다양한 도형을 변형하는 방법 – 기본 사용법

도형의 모양을 자유롭게 변형할 수 있는 상태를 말하는 것으로 파워포인트 2010에서는 모든 도형을 점 편집 모드로 전환해 모양을 바꿀 수 있습니다. 점 편집 모드로 전환하는 방법은 다음과 같습니다.

1 도형을 선택하고 [그리기 도구]–[서식] 탭에서 맨 왼쪽의 [도형 편집]을 클릭하고 [점 편집]을 선택합니다. 다른 방법으로는 마우스 오른쪽 버튼으로 도형을 클릭하고 [점 편집]을 선택할 수 있습니다.

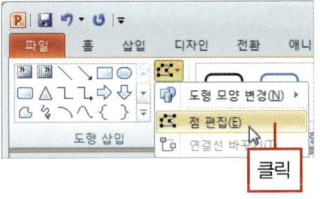

2 점 편집 모드가 되면 도형에 ■ 검은색 점이 표시됩니다. 검은색 점을 드래그하면 도형의 모양을 바꿀 수 있습니다.

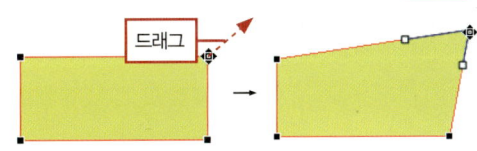

▲ 검은색 점 드래그   ▲ 변형된 모습

3 ■ 검은색 점을 클릭하면 □– 흰색 정사각형 핸들이 달린 선이 표시됩니다. □– 흰색 정사각형 핸들을 드래그해 부드러움을 조정할 수 있습니다.

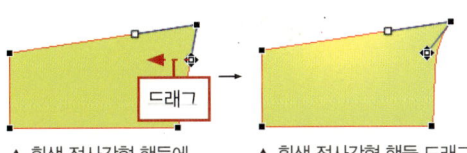

▲ 흰색 정사각형 핸들에   ▲ 흰색 정사각형 핸들 드래그
   포인터 위치시킴

4 검은색 점을 마우스 오른쪽 버튼으로 클릭하고 메뉴에서 [점 삭제]를 선택해 점을 삭제하거나 [경로 열기]를 선택해 선(Line)처럼 만들 수 있습니다.

▲ 검은색 점을 마우스 오른쪽 버튼으로 클릭

5 검은색 점을 추가할 부분에 마우스 포인터를 위치시키고 마우스 포인터 모양이 ✛ 처럼 바뀌면 드래그합니다. 점이 추가됨과 동시에 모양이 변형됩니다. 점 편집을 마치려면 Esc를 누릅니다.

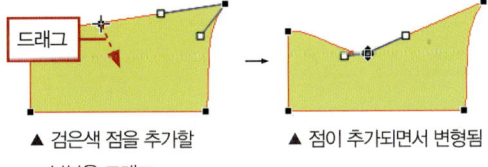

▲ 검은색 점을 추가할   ▲ 점이 추가되면서 변형됨
   부분을 드래그

3 목록에 [셰이프 결합]이 두 개 있습니다. ⑤ 오른쪽에 **삼각형** ▶이 있는 [셰이프 결합]을 클릭하고 ⑥ [추가]를 클릭합니다. ⑦ [확인]을 클릭합니다.

4 빠른 실행 도구 모음 맨 오른쪽에 셰이프 결합 명령이 추가됩니다.

3

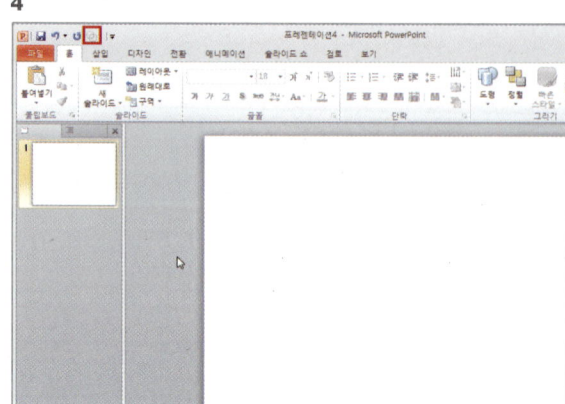

4

Tip　셰이프 결합 명령이 두 개인 이유

[셰이프 결합] 오른쪽에 삼각형 ▶이 있으면 이 명령이 메뉴 형태로 되어 있다는 의미입니다. 빠른 실행 도구 모음에서 이 명령 버튼을 클릭하면 메뉴 목록이 나타납니다. [셰이프 결합] 오른쪽에 아무것도 없으면 [셰이프 결합]만 실행하는 명령입니다.

셰이프 명령 실행하기

셰이프 명령은 사용자가 첫 번째로 선택한 도형의 속성(채우기 색, 위치 등)을 기준으로 실행되므로 첫 번째로 선택한 도형의 속성이 남게 됩니다. 따라서 항상 남겨질 도형을 우선 선택하고 다른 도형을 선택해야 합니다.

Note 2　**[점 편집]을 이용한 간단한 예**

계단 도해는 예전에 자유형 도형을 써서 만들었지만 파워포인트 2010에서는 직사각형을 하나 만든 뒤에 [점 편집]을 이용합니다.

1 ① 직사각형 도형을 마우스 오른쪽 버튼으로 클릭하고 ② 메뉴에서 [점 편집]을 선택합니다.

2 ③ 왼쪽 상단의 ■ 검은색 점을 오른쪽으로 드래그합니다. 완성 파일은 자유형 도형 결과.pptx의 2번 슬라이드를 참조합니다.

1

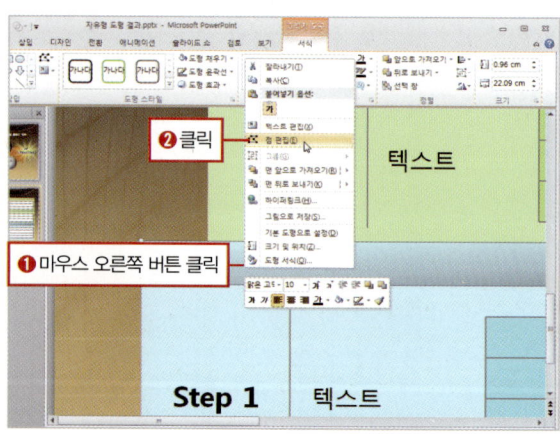

▲ 직사각형을 마우스 오른쪽 버튼으로 클릭 → [점 편집] 선택

2

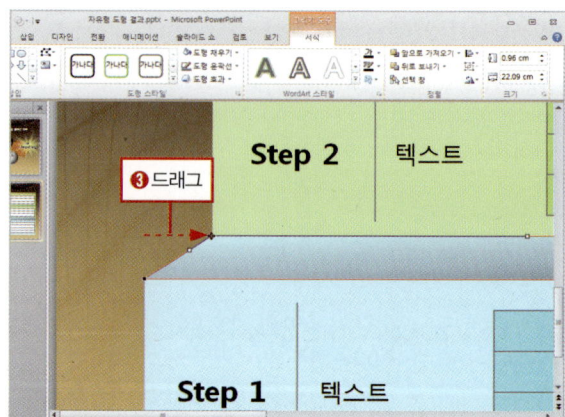

▲ 점 ■을 오른쪽으로 드래그

1 ① **도형 두 개**를 선택하고 ② 빠른 실행 도구 모음
에서 [셰이프 결합]을 클릭합니다.

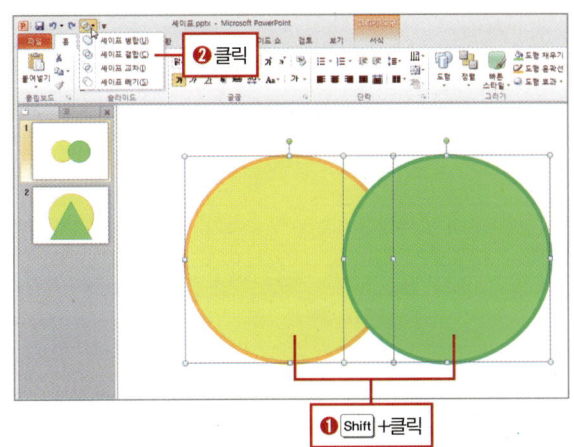

2 [셰이프 병합]을 클릭하면 선택한 도형이 합쳐집니다.

3 [셰이프 결합]을 클릭하면 선택한 도형에서 겹쳐지는 부분만 빼고 합쳐집니다.

▲ 셰이프 병합　　　　　　　　　　　　　　　▲ 셰이프 결합

4 [셰이프 교차]를 클릭하면 선택한 도형의 겹쳐지는 부분만 남습니다.

5 [셰이프 빼기]를 클릭하면 첫 번째 선택한 도형에서 나중에 선택된 도형을 뺀 나머지만 남
습니다.

▲ 셰이프 교차　　　　　　　　　　　　　　　▲ 셰이프 빼기

Tip	**셰이프 명령을 실행할 수 없는 도형**

글자가 입력된 도형이나 그룹 개체에서는 셰이프 결합 명령을 실행할 수 없습니다. 따라서 이런 작업이 필요한 경우에는 우선 셰이프
결합 명령을 실행한 후 글자를 입력하거나 그룹을 만드는 것이 좋습니다.

셰이프 결합으로 목록형 도해에 사용할 원뿔 만들기

파워포인트에서 도형을 제공하지 않거나 도형을 제공하더라도 직접 만들기는 어려운 도해들이 있습니다. 예를 들어 원뿔형 도해의 경우에는 자유형 도형을 이용해 직접 그릴 수 있지만 셰이프 명령을 이용하면 더 쉽고 빠르게 원하는 도형을 만들 수 있습니다.

· **준비 파일** ◎ : 부록 CD/5장/Section04/셰이프 결합.pptx   · **완성 파일** ◎ : 부록 CD/5장/Section04/완성/셰이프 결합 결과.pptxx

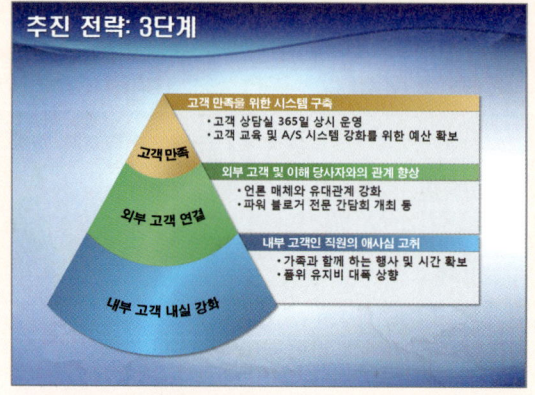

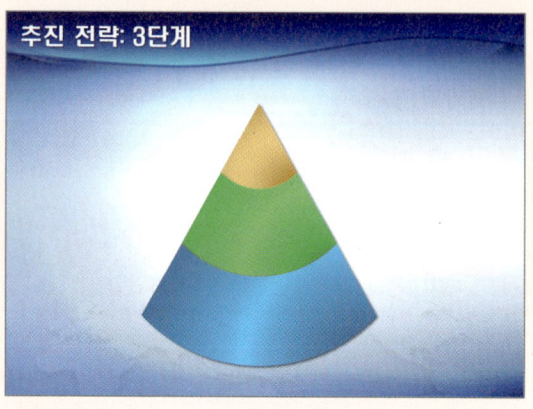

▲ 원뿔을 이용한 목록형 본문 슬라이드   ▲ 완성 화면

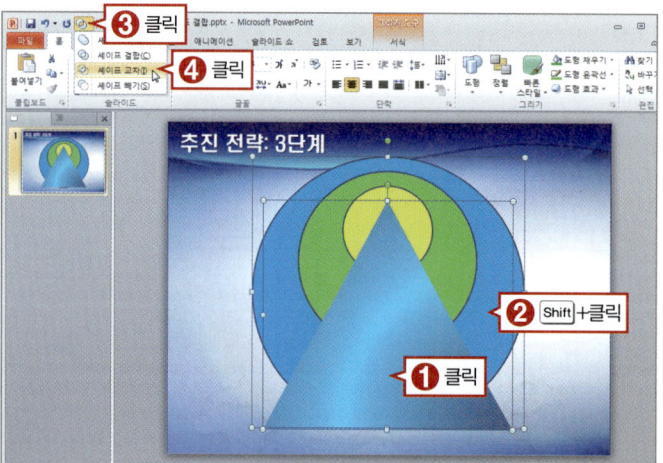

01

① **삼각형** 클릭

② Shift 를 누른 상태에서 **파란색 원** 클릭

③ 빠른 실행 도구 모음에서 [**셰이프 결합**] 클릭

④ [**셰이프 교차**]를 클릭합니다. 선택한 두 도형의 겹쳐진 부분만 남습니다. 남겨진 도형에는 첫 번째 선택한 삼각형의 속성(그라데이션, 위치 등)이 적용됩니다.

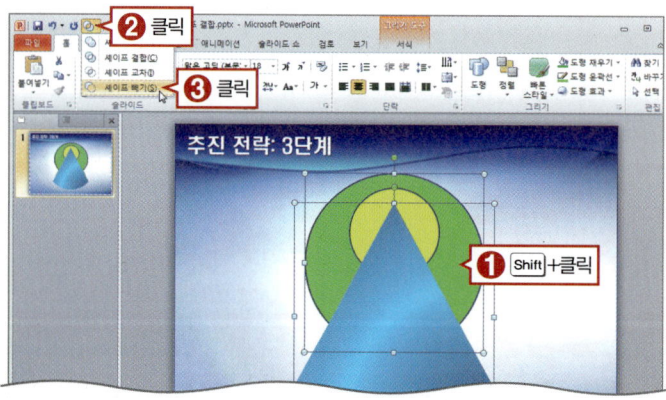

02

① Shift 를 누르고 **녹색 원** 클릭

② 빠른 실행 도구 모음에서 [**셰이프 결합**] 클릭

③ [**셰이프 빼기**]를 클릭합니다. 파란색 도형에서 녹색의 원을 뺀 나머지만 남게 됩니다.

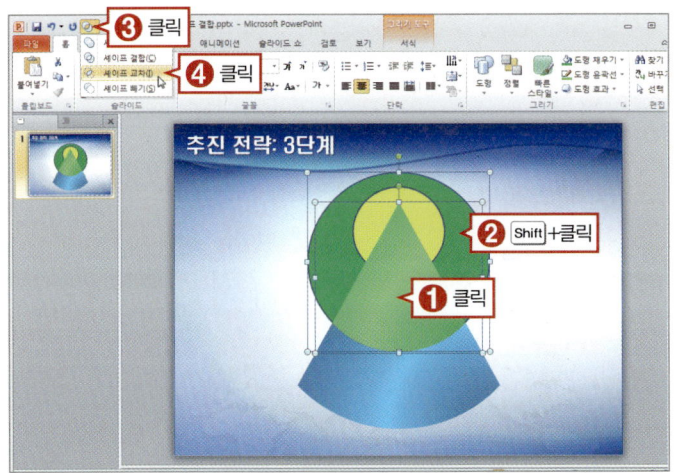

03

① **녹색 삼각형** 클릭

② Shift 를 누른 상태에서 **녹색 원** 클릭

③ 빠른 실행 도구 모음에서
  [셰이프 결합] 클릭

④ [셰이프 교차]를 클릭합니다.

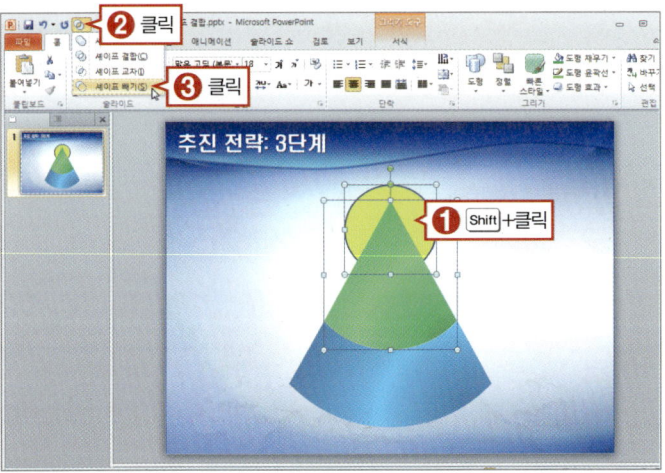

04

① Shift 를 누른 상태에서 **노란색 원** 클릭

② 빠른 실행 도구 모음에서
  [셰이프 결합] 클릭

③ [셰이프 빼기]를 클릭합니다.

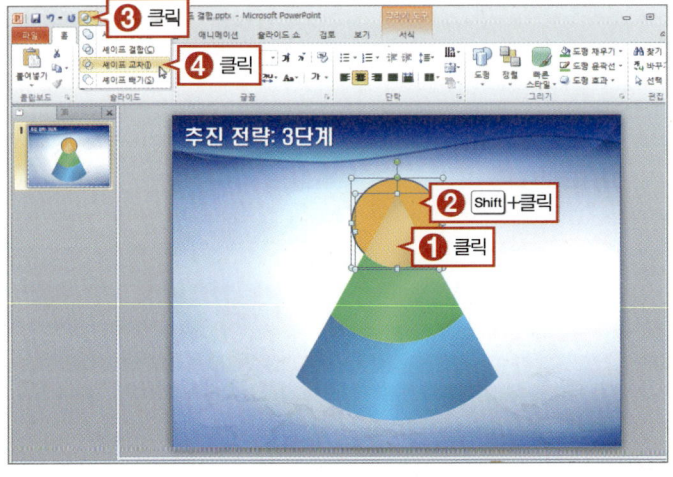

05

① **황금색 삼각형** 클릭

② Shift 를 누른 상태에서 **황금색 원** 클릭

③ 빠른 실행 도구 모음에서
  [셰이프 결합] 클릭

④ [셰이프 교차]를 클릭합니다.

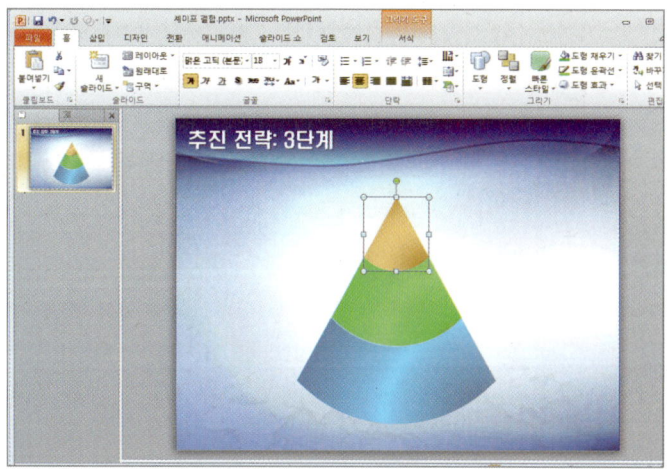

06 선택된 두 도형이 겹쳐지는 부분만 남게 됩니다.

✏️ **Note 3**　**셰이프 명령 실행 전 도형을 배치할 때 주의할 점**

셰이프 명령을 이용할 때 중요한 것은 결합에 사용할 도형을 배치하는 것입니다. [실무 실습]에서 실습한 예제를 언뜻 보면 도형이 4개만 보이지만 사실 여러 가지 도형이 겹쳐져 있습니다.

특히 [셰이프 빼기]는 첫 번째 선택한 도형을 제외한 나머지 도형을 모두 지우기 때문에 [실무 실습]에서 그린 것과 같은 도해를 그릴 때 도형을 하나만 만들어놓으면 [셰이프 교차]를 실행하기 위해 다시 원을 그려야 합니다. 따라서 작업에 필요한 도형을 모두 미리 그린 뒤에 셰이프 명령을 사용하는 것이 좋습니다.

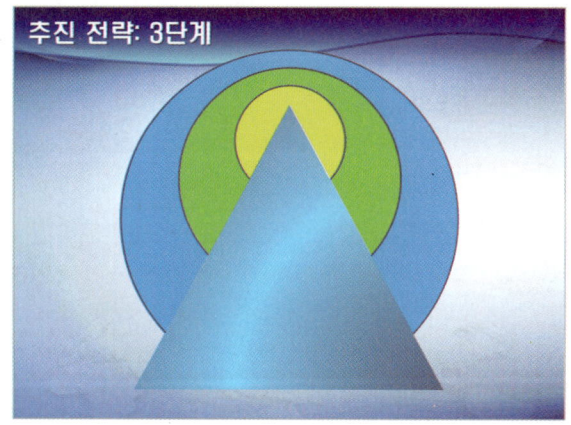

▲ 보이는 도형

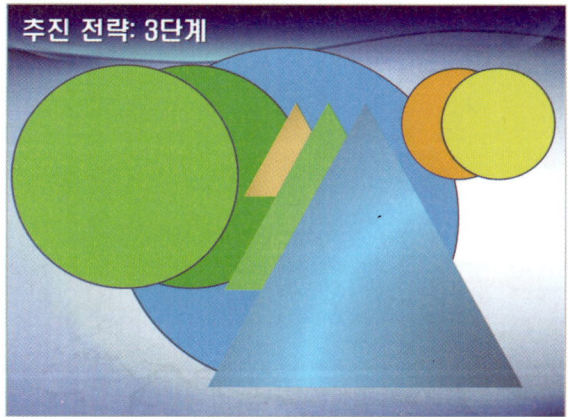

▲ 실제 필요한 도형들

셰이프 빼기 명령을 이용해 방사형 도해를 만들어보겠습니다. 방사형 도해는 가운데에 중심 요소를 배치하고 하위 요소는 동서남북 방향으로 배치하는 것입니다. 중심에서부터 펼쳐지는 느낌을 보여줄 때 주로 사용합니다.

• **준비 파일** ◎:부록 CD/5장/Section04/셰이프 빼기.pptx   • **완성 파일** ◎:부록 CD/5장/Section04/완성/셰이프 빼기 결과.pptx

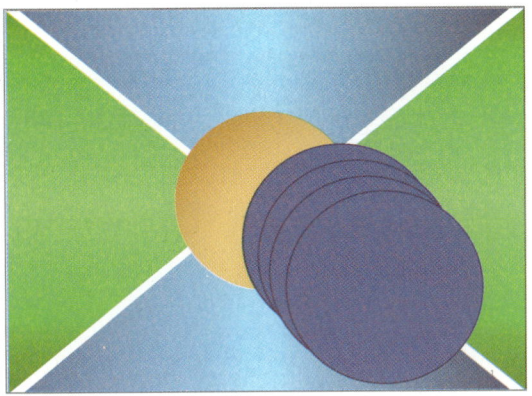

▲ 실제 필요한 도형

▲ 완성 화면

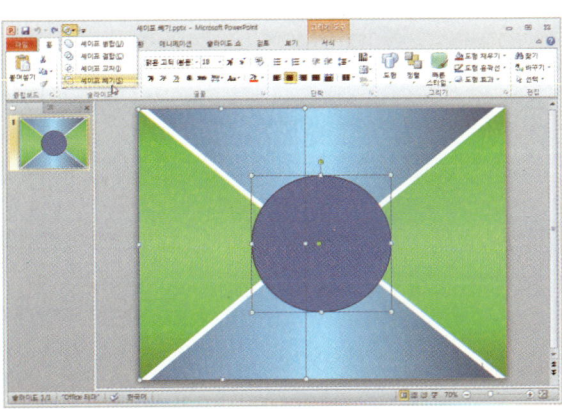

1 슬라이드의 왼쪽의 **녹색 도형**을 클릭합니다. Shift 를 누른 상태에서 **가운데 원**을 클릭하고 [셰이프 빼기] 명령을 실행합니다. 중요한 것은 남길 도형을 먼저 선택해야 한다는 것입니다.

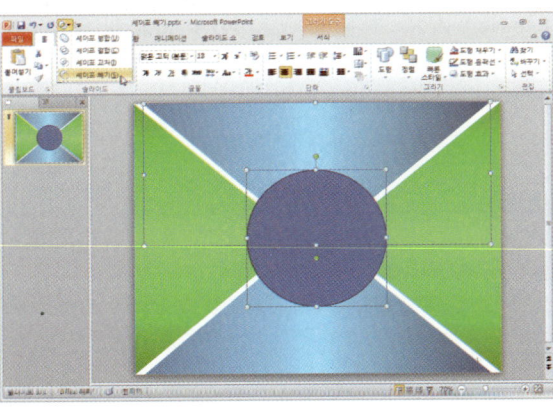

2 같은 방법으로 다른 도형에도 셰이프 빼기 명령을 실행합니다.

CHAPTER **06**

한눈에 읽히는
표 만들기

표는 복잡한 내용을 일목요연하게 정리해서 보여줄 때 효과적입니다.

하지만 복잡한 표는 슬라이드의 가독성을 떨어뜨릴 수 있기 때문에

표를 사용할 때는 읽기 쉽도록 가공하는 작업이 필요합니다.

이번 장에서는 표를 만들어보고 표의 가독성을 높이는 방법 및

엑셀 스프레드시트에 있는 데이터를 파워포인트로 가져오는 방법 등을 알아보겠습니다.

표 삽입하고 텍스트 정렬하기

• 표 삽입 • 셀에 입력한 텍스트 위치와 안쪽 여백 조정

실무에서는 다양한 형태의 표가 사용됩니다. 보통 셀이 일정하게 나열된 표를 사용하지만 상황에 따라서는 셀 모양을 직접 그리거나 엑셀의 수식과 함수 등을 표에서 사용하는 경우도 있습니다. 이번 섹션에서는 슬라이드에 다양한 표를 삽입하고 텍스트를 정렬하는 방법에 대해서 알아보겠습니다.

표 삽입하기

표 크기 설정 팔레트 이용하기

• 준비 파일 ◎ : 부록 CD/6장/Section01/표.pptx

● ① [삽입] 탭을 열고 ② [표]를 클릭합니다. ③ 바둑판 모양의 표 크기 설정 팔레트에서 마우스를 드래그합니다. 원하는 행과 열 개수가 표시되면 클릭합니다.

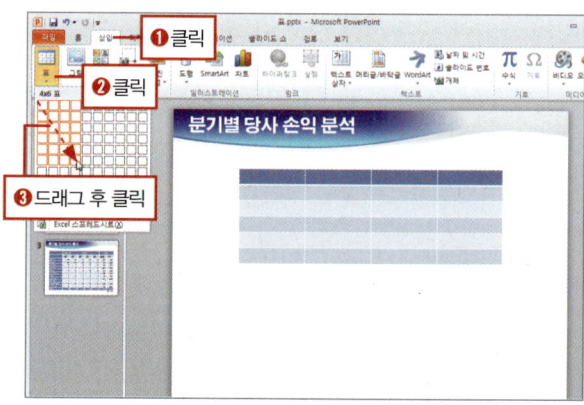

▶ [삽입] 탭 → [표] → 드래그로 표 크기 설정
→ 원하는 표 모양이 표시되면 클릭

표 삽입 대화상자 이용하기

• 준비 파일 ◎ : 부록 CD/6장/Section01/표.pptx

표 크기 설정 팔레트에서 선택할 수 없을 정도의 큰 표를 삽입할 때는 표 삽입 대화상자를 이용하는 것이 좋습니다.

1 ① [삽입] 탭을 열고 ② [표]를 클릭한 후 ③ [표 삽입]을 선택합니다.

2 ④ 표 삽입 대화상자에서 **열과 행 개수**를 입력하고 ⑤ [확인]을 클릭합니다.

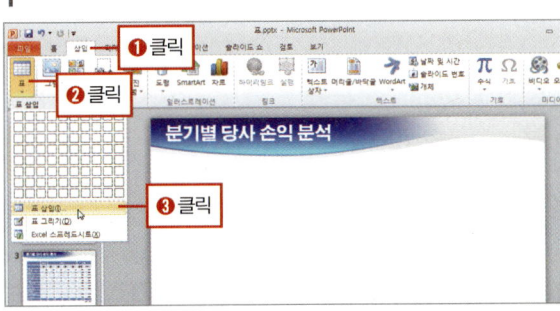

1

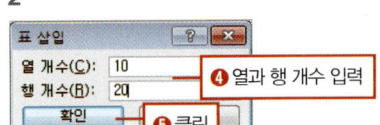

2

④ 열과 행 개수 입력

⑤ 클릭

▲ 열과 행 개수 입력 → [확인] 클릭

◀ [삽입] 탭 → [표] → [표 삽입] 클릭

표 직접 그리기

· 준비 파일 ◎:부록 CD/6장/Section01/표.pptx

1 ① [삽입] 탭을 열고 ② [표]를 클릭한 후 ③ [표 그리기]를 선택합니다.

2 ④ 마우스 포인터가 ✏ **연필 모양**으로 변하면 드래그하여 표 테두리를 그립니다.

1

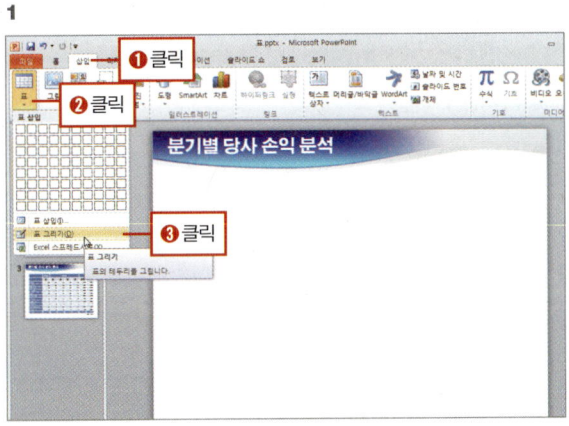

▲ [삽입] 탭 → [표] → [표 그리기] 클릭

2

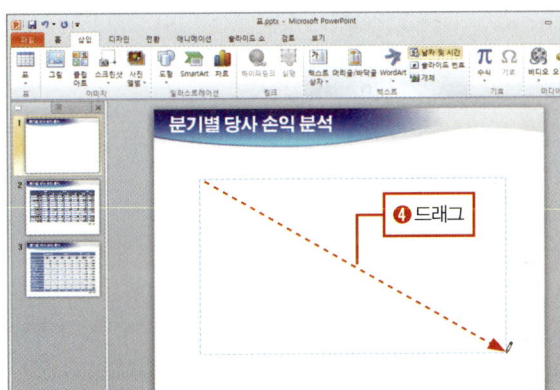

▲ 슬라이드에서 드래그하여 표를 그리는 장면

3 ⑤ [표 도구]-[디자인] 탭의 [테두리 그리기] 그룹에서 [표 그리기]를 클릭합니다.

4 ⑥ 표 안에서 드래그해 **셀 경계선**을 그립니다. 표를 완성했다면 Esc 를 눌러 표 그리기 명령을 종료합니다.

3

▲ [삽입] 탭 → [표] → [표 그리기] 클릭

4

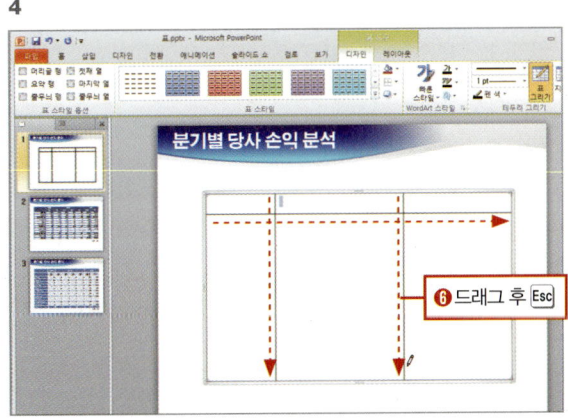

▲ 드래그해서 표 안에 선을 그림

엑셀 스프레드시트 삽입하기

• **준비 파일** ◎:부록 CD/6장/Section01/표.pptx   • **완성 파일** ◎:부록 CD/6장/Section01/표 결과.pptx

복잡한 수식, 함수, 피벗 테이블과 같은 엑셀 기능을 사용해 표를 만들 때에는 엑셀 스프레드시트를 삽입합니다.

1 ① [**삽입**] 탭을 열고 ② [**표**]를 클릭한 후 ③ [**Excel 스프레드시트**]를 선택합니다.

2 ④ 엑셀 스프레드시트의 크기를 늘리고 ⑤ 셀에 데이터를 입력한 후 엑셀 리본 메뉴에서 수식, 함수, 피벗 테이블 등의 기능을 사용합니다. 데이터 입력을 마쳤으면 [Esc]를 눌러 파워포인트 편집 모드로 되돌아옵니다.

1

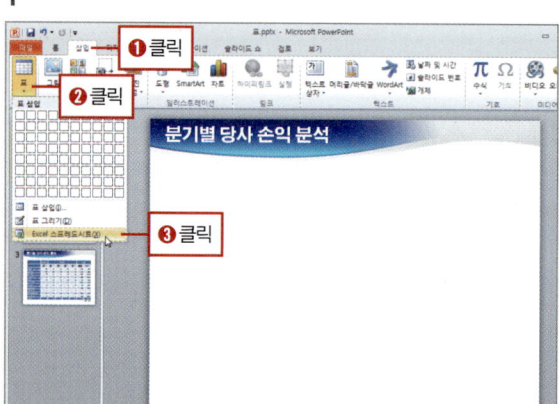

▲ [삽입] 탭 → [표] → [Excel 스프레드시트] 클릭

2

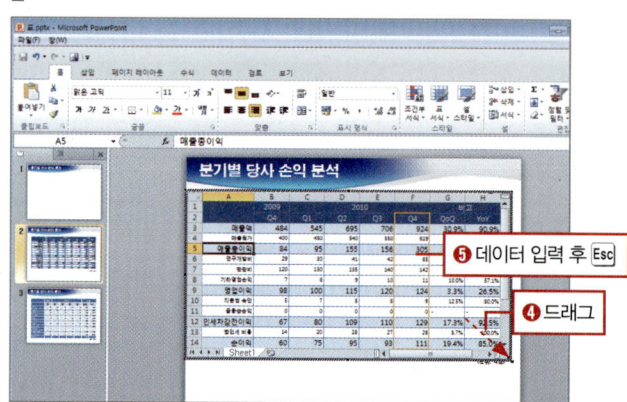

▲ 모서리를 드래그 → 스프레드시트에 데이터 입력

> **Tip**   **슬라이드에 삽입한 엑셀 스프레드시트에서 데이터나 서식을 변경하는 방법**
>
> 파워포인트 편집 모드로 삽입된 엑셀 스프레드시트는 크기 조정과 이동만 가능합니다. 데이터나 서식을 변경하려면 슬라이드에서 엑셀 스프레드시트를 더블클릭해 엑셀 편집 모드로 변환합니다.

▌셀에 입력한 텍스트 위치와 셀 안쪽 여백 조정하기

• **준비 파일** ◎:부록 CD/6장/Section01/표 위치.pptx   • **완성 파일** ◎:부록 CD/6장/Section01/표 위치 결과.pptx

맞춤을 이용해서 셀에 입력한 텍스트 위치 조정하기

표에 텍스트를 입력하면 셀의 왼쪽 상단에 표시됩니다. 셀 중앙으로 텍스트를 조정하는 방법에 대해서 알아보겠습니다.

- ① 조정하고 싶은 셀을 **드래그해서 블록 선택**합니다. ② [표 도구]–[레이아웃] 탭의 [맞춤] 그룹에서 [**가운데 맞춤**]을 클릭하고 ③ [**세로 가운데 맞춤**]을 클릭합니다. 텍스트가 셀의 중앙으로 이동합니다.

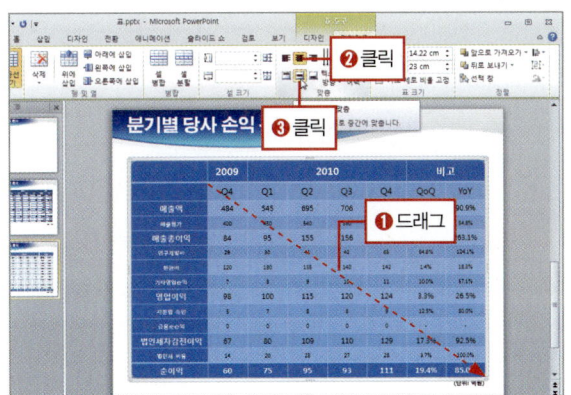

▶ 셀 블록 선택 → [가운데 맞춤] 클릭 → [세로 가운데 맞춤] 클릭

셀 안쪽 여백 조정하기

1 ① 여백을 조정할 셀을 드래그해서 블록 선택합니다. ② [**표 도구**]–[**레이아웃**] 탭의 [맞춤] 그룹에서 [**셀 여백**]을 클릭하고 ③ [**사용자 지정 여백**]을 선택합니다.

2 ④ 셀 텍스트 레이아웃 대화상자의 [안쪽 여백]에서 **여백 값**을 입력하고 ⑤ [**확인**]을 클릭합니다.

1

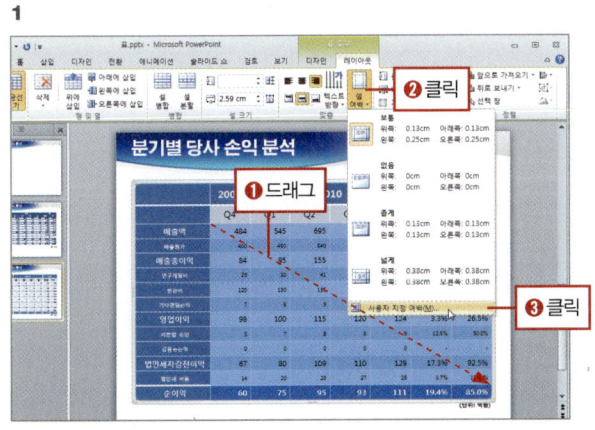

▲ 블록 선택 → [셀 여백] → [사용자 지정 여백] 선택

2

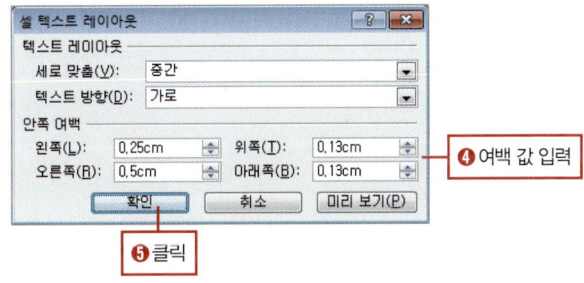

▲ 안쪽 여백에서 여백 값 입력 → [확인] 클릭

✎ **Note 1** **셀에 세로로 글자를 입력하는 다양한 방법**

기본적으로 글자는 가로로 입력하는데, 가끔 세로로 길게 작성해야 할 때가 있습니다. 이런 경우에는 셀에 커서를 위치시키고 [표 도구]–[레이아웃] 탭에서 [텍스트 방향]을 클릭합니다. 셀 모양이나 표에 어울리는 텍스트 방향을 선택하고 글자를 입력합니다. 텍스트 방향 메뉴에 따라 다음과 같은 결과가 나타납니다.

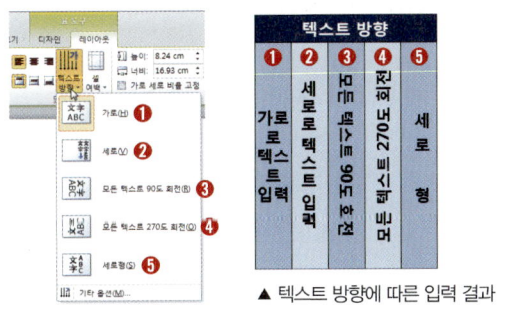

▲ 텍스트 방향 메뉴

▲ 텍스트 방향에 따른 입력 결과

section 02

표 디자인과 모양 변경하기

· 표 디자인 변경 · 표 레이아웃 변경 · 표 및 셀 크기 조정 · 표에 특수 효과 설정

표를 삽입했다면 프레젠테이션 전체 디자인에 맞게 표 디자인을 변경하고 내용에 맞춰 모양을 변경해야 합니다. 다양한 표 스타일과 서식, 그리고 표 모양 변경 방법에 대해서 알아보겠습니다.

표 디자인 변경하기

새로운 표가 만들어지면 기본적으로 [보통 스타일 2 – 강조 1]이라는 표 스타일이 적용됩니다. 새로 만든 표의 스타일을 변경하거나 특정 셀을 강조하는 방법을 알아보겠습니다.

표 스타일 적용하기

· **준비 파일** ◎ :부록 CD/6장/Section02/표 스타일1.pptx

1 ① 표를 선택하고 ② [표 도구]–[디자인] 탭을 연 후 ③ [🔽 자세히]를 클릭합니다.

2 ④ 표 스타일 목록에서 원하는 스타일을 선택합니다.

1

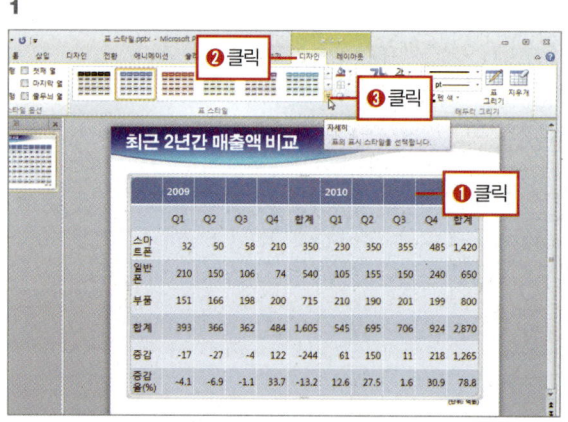

▲ 표 선택 → [표 도구]–[디자인] 탭 → [자세히] 클릭

2

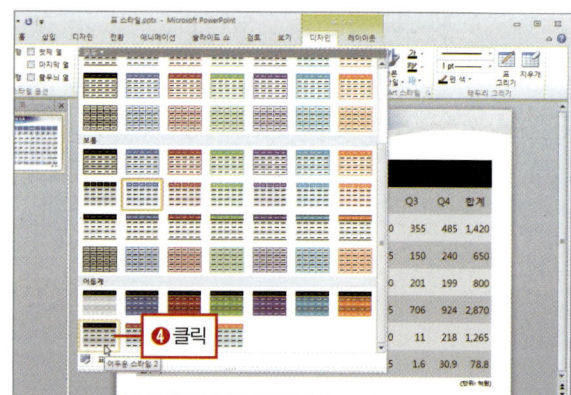

▲ 표 스타일 목록에서 [어두운 스타일 3] 선택

Tip 일관성/통일성을 고려한 색 선택

프레젠테이션에는 전체적으로 색을 일정하게 사용해야 합니다. 표 스타일의 경우에도 같은 계열의 색을 사용하는 것이 좋습니다. 만약 다른 색을 쓰려면 회색 계열의 스타일을 사용합니다. 회색은 '중성색'으로 다른 대부분의 색과 잘 어울립니다.

표 스타일 옵션 변경하기

· **준비 파일** ◎ : 부록 CD/6장/Section02/표 스타일1.pptx

기본적으로 표는 맨 위의 행이 진하게 표시되고 순차적으로 색이 반복되는 형태로 서식이 적용됩니다. 이 서식을 바꿔보겠습니다.

● ① 표를 선택하고 ② [표 도구]-[디자인] 탭을 엽니다. ③ [표 스타일 옵션] 그룹에서 옵션을 선택하거나 선택 해제합니다.

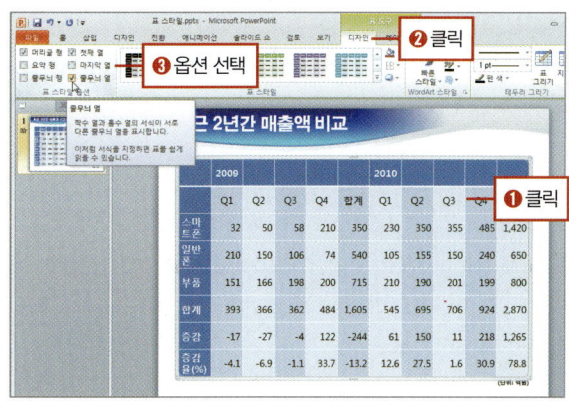

| Tip | [표 스타일 옵션] 그룹의 옵션 설명 |

[머리글 행] : 맨 윗줄이 강조됩니다.
[첫째 열] : 맨 왼쪽에 있는 첫 번째 열이 강조됩니다.
[요약 행] : 맨 아래에 있는 줄이 강조됩니다.
[마지막 열] : 맨 오른쪽에 있는 마지막 열이 강조됩니다.
[줄무늬 행] : 행의 색이 진하고 흐리게 반복됩니다.
[줄무늬 열] : 열의 색이 진하고 흐리게 반복됩니다.

▲ 표 선택 → [표 도구]-[디자인] 탭 → 옵션 선택

Note 1 표를 서식만 제거하고 재활용할 때는 [표 지우기] 사용하기

실무에서는 다른 문서에 있는 표를 복사하여 재활용하는 경우가 많습니다. 슬라이드에 복사한 표를 선택하고 표 스타일 목록 맨 아래에 있는 [표 지우기] 명령을 실행하면 표는 남고 서식은 제거됩니다. 표를 편집하고 작성 중인 문서와 어울리도록 새 스타일을 적용하면 다른 문서에서 복사한 표를 쉽게 재활용할 수 있습니다.

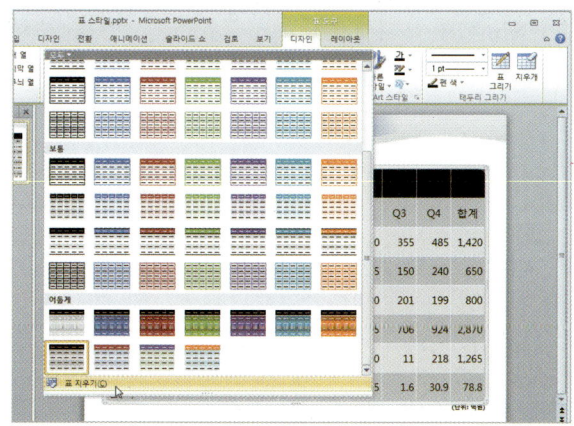

▲ 표 스타일 목록 → [표 지우기] 클릭

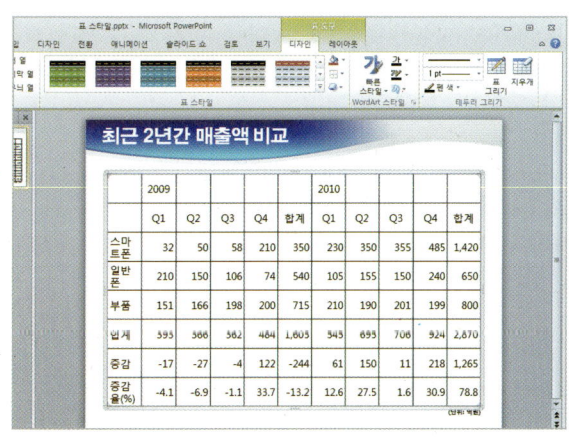

▲ 서식이 제거된 표

셀의 음영색 변경하기

· 준비 파일 ◉ : 부록 CD/6장/Section02/표 스타일1.pptx

● ① 서식을 변경할 셀을 **블록 선택**하고 ② **[표 도구]–[디자인]** 탭을 엽니다. ③ [표 스타일] 그룹에서 **[음영]**을 클릭하고 ④ **색**을 선택합니다.

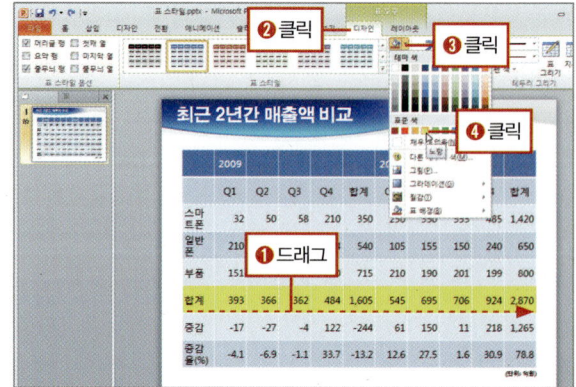

▶ 셀을 블록 선택 → [표 도구]–[디자인] 탭 → [음영] 클릭 → [노랑] 선택

텍스트 색 변경하기

· 준비 파일 ◉ : 부록 CD/6장/Section02/표 스타일1.pptx

● ① 텍스트 서식을 변경할 셀을 **블록 선택**하고 ② **[표 도구]–[디자인]** 탭을 엽니다. ③ [WordArt 스타일] 그룹에서 **[텍스트 채우기]**를 클릭하고 ④ **색**을 선택합니다.

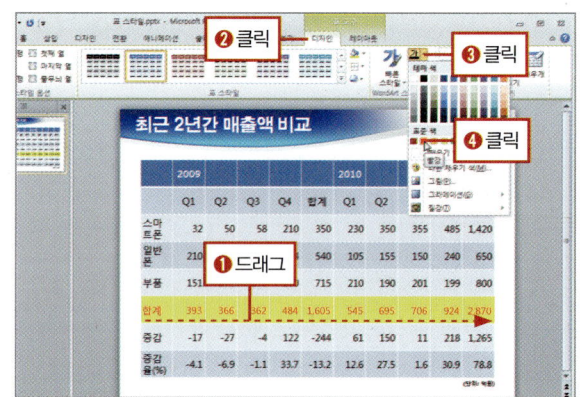

▶ 셀을 블록 선택 → [표 도구]–[디자인] 탭 → [텍스트 채우기] → [빨강] 선택

✏️ **Note 2** **[WordArt 스타일] 그룹에서 제공되는 명령**

[표 도구]–[디자인] 탭의 [WordArt 스타일] 그룹을 이용하면 표에 있는 텍스트에 여러 가지 효과를 적용할 수 있습니다. [그리기 도구]–[서식] 탭의 [WordArt 스타일] 그룹에서 제공하는 기능도 이와 같습니다.

▲ [WordArt 스타일] 그룹

① **[빠른 스타일]** : 파워포인트가 기본적으로 제공하는 텍스트 스타일을 적용할 수 있습니다.

② **[텍스트 채우기]** : 텍스트의 채우기 색을 설정합니다. 그라데이션이나 질감을 설정할 수 있습니다.

③ **[텍스트 윤곽선]** : 텍스트의 테두리에 색이나 그라데이션을 설정합니다.

④ **[텍스트 효과]** : 텍스트에 그림자, 반사, 네온 등의 효과를 적용합니다.

⑤ **[🔲 대화상자 표시]** : 세부 효과를 적용할 수 있는 대화상자가 표시됩니다.

셀 테두리의 서식 변경하기

· 준비 파일 ◎:부록 CD/6장/Section02/표 스타일1.pptx

표에 내용을 구분하는 선(셀 테두리)은 기본적으로 실선입니다. 선의 속성(스타일, 두께, 색)을
바꾸는 방법과 선을 숨기는 방법에 대해서 알아보겠습니다.

[테두리 그리기] 그룹을 이용해 셀 테두리 서식 변경하기

1 ① 표를 선택하고 ② [표 도구]–[디자인] 탭을 엽니다. ③ [테두리 그리기] 그룹에서 [펜 스타
일]을 선택합니다. 두께나 색을 바꿀 때는 [펜 두께]나 [펜 색]을 선택합니다.

2 ④ 마우스 포인터가 ✎ **연필 모양**으로 바뀌면 속성을 변경하려는 선을 드래그합니다. Esc 를
눌러 표 그리기를 종료합니다.

1

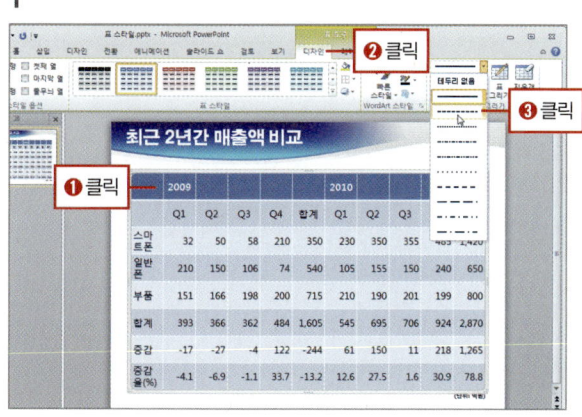

▲ 표 선택 → [표 도구]–[디자인] 탭 → [펜 스타일] 선택

2

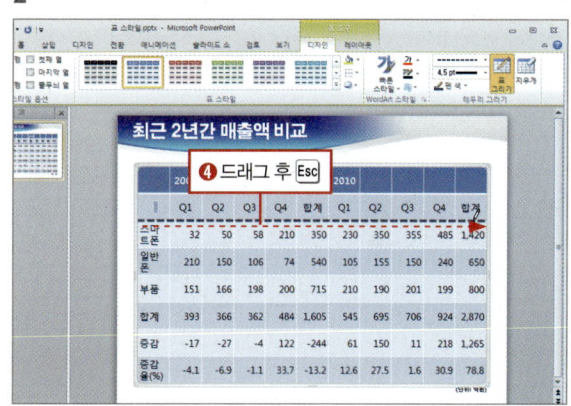

▲ 셀 테두리 위를 드래그

[표 스타일] 그룹의 테두리를 이용해 셀 테두리 변경하기

1 ① 선을 변경할 셀을 **블록 선택**하고 ② [표 도구]–[디자인] 탭을 엽니다. ③ [표 스타일] 그룹
에서 [▦ 테두리] 오른쪽에 있는 [▾ 메뉴]를 클릭합니다. ④ [오른쪽 테두리]를 선택합니다.

2 선택한 테두리 선이 변경됩니다.

1

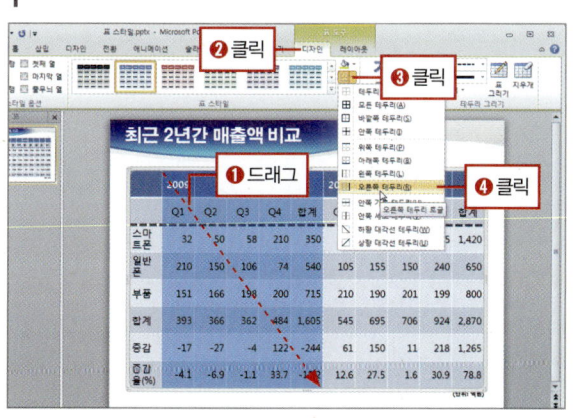

▲ 셀 블록 선택 → [표 도구]–[디자인] 탭 → [테두리] → [오른쪽 테두리]
선택

2

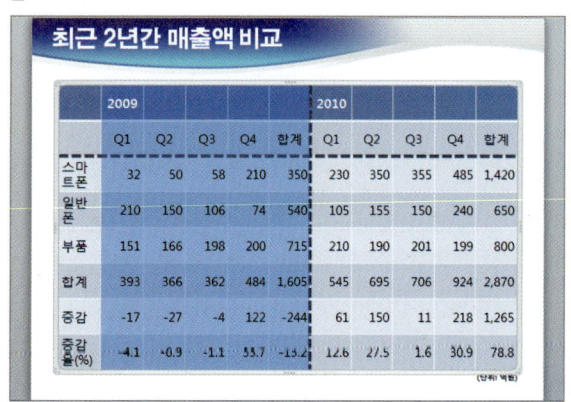

▲ 블록 선택한 맨 오른쪽 셀이 두꺼운 점선으로 변경됨

셀 테두리 지우기

· **준비 파일** ◎ : 부록 CD/6장/Section02/표 스타일1.pptx

1 ① 표를 선택합니다. ② [표 도구]–[디자인] 탭을 연 후 ③ [테두리 그리기] 그룹에서 [표 지우개]를 클릭합니다.

2 ④ 지우고 싶은 셀 테두리를 **클릭하거나 드래그**합니다. 지우기 명령을 종료하려면 [표 지우개]를 다시 클릭하거나 Esc를 누릅니다.

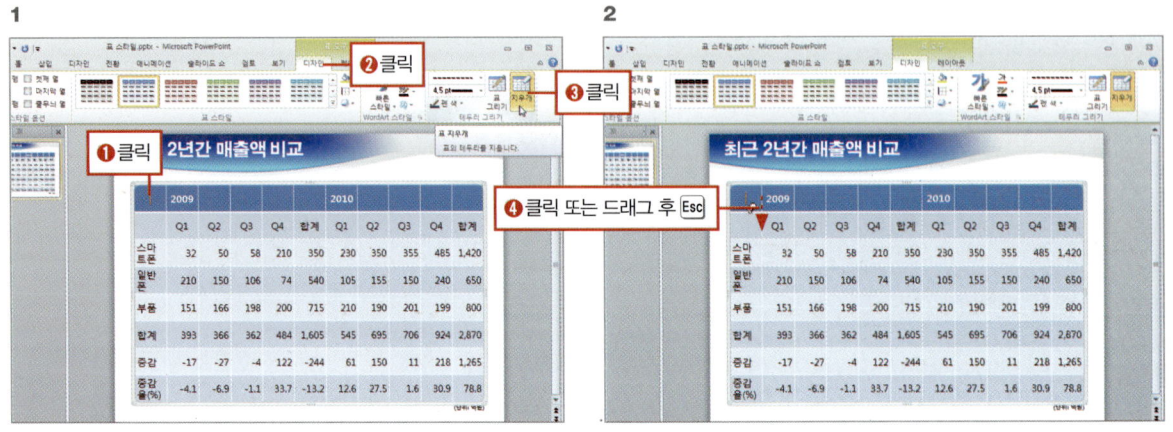

▲ 표 선택 → [표 도구]–[디자인] 탭 → [표 지우개] 클릭

▲ 지우고 싶은 선을 클릭 또는 드래그

표 레이아웃 변경하기

행/열 삭제하기

· **준비 파일** ◎ : 부록 CD/6장/Section02/표 스타일2.pptx

● ① 삭제하려는 행이나 열에 있는 셀을 하나 클릭합니다. ② [표 도구]–[레이아웃] 탭을 엽니다. ③ [삭제]를 클릭하고 ④ [열 삭제], [행 삭제], [표 삭제] 중 하나를 선택합니다. [표 삭제]는 표 전체가 지워집니다.

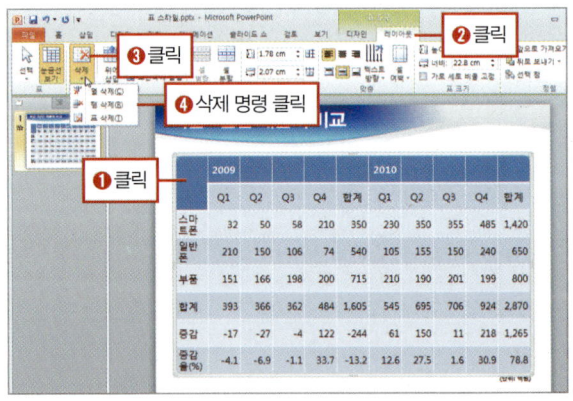

▶ 셀 클릭 → [표 도구]–[레이아웃] 탭 → [삭제] → 삭제 명령 선택

행/열 삽입하기

· **준비 파일** ◎ : 부록 CD/6장/Section02/표 스타일2.pptx

- ① 행이나 열을 추가할 위치 주변의 셀을 클릭합니다. ② [표 도구]-[레이아웃] 탭을 연 후 ③ [행 및 열] 그룹에서 [위에 삽입], [아래에 삽입], [왼쪽에 삽입], [오른쪽에 삽입] 중 하나를 클릭합니다. 선택된 셀을 중심으로 행, 또는 열이 삽입됩니다.

▶ 셀 클릭 → [표 도구]-[레이아웃] 탭 → 삽입 명령 선택

셀 병합하기

· **준비 파일** ◎ : 부록 CD/6장/Section02/표 스타일2.pptx

- ① 셀 두 개 이상을 **블록 선택**합니다. ② [표 도구]-[레이아웃] 탭을 연 후 ③ [병합] 그룹에서 [셀 병합]을 클릭합니다. 블록 선택된 셀이 셀 하나로 합쳐집니다.

Tip | **셀 테두리를 지워서 셀 병합하는 방법**

표를 선택하고 [표 도구]-[디자인] 탭에서 [표 지우개]를 클릭한 후 지우려는 선을 클릭하거나 드래그하면 인접한 셀이 병합됩니다.

▶ 셀 두 개 이상을 블록 선택 → [표 도구]-[레이아웃] 탭 → [셀 병합] 클릭

셀 분할하기

· **준비 파일** ◎ : 부록 CD/6장/Section02/표 스타일2.pptx

1 ① 셀을 분할하려면 셀을 **블록 선택**합니다. ② [표 도구]-[레이아웃] 탭을 연 후 ③ [셀 분할]을 클릭합니다.

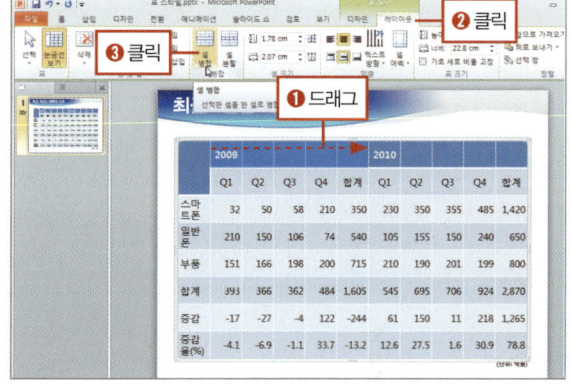

▶ 셀을 블록 선택 → [표 도구]-[레이아웃] 탭 → [셀 분할] 클릭

2 ④ 셀 분할 대화상자에서 **열 및 행 개수**를 입력하고
⑤ **[확인]**을 클릭합니다.

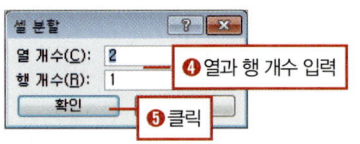

▲ 열 및 행 개수 입력 → [확인] 클릭

> **Tip** 셀 테두리를 그려서 셀 분할하는 방법
>
> 표를 선택하고 [표 도구]-[디자인] 탭에서 [표 그리기]를 클릭한 후 표에서
> 분할하려는 부분을 드래그하여 테두리를 그립니다.

표 및 셀 크기 조정하기

열 너비와 높이 조정하기

· **준비 파일** ◎ :부록 CD/6장/Section02/표 스타일2.pptx

1 열 너비를 조정하고 싶다면 **수직 경계선**에 마우스 포인터를 위치시키고, **포인터 모양**이 ‖‖
로 바뀌면 왼쪽 또는 오른쪽으로 드래그합니다.

2 열 높이를 조정하고 싶다면 **수평 경계선**에 마우스 포인터를 위치시키고, **포인터 모양**이 ‖
로 바뀌면 위, 또는 아래로 드래그합니다.

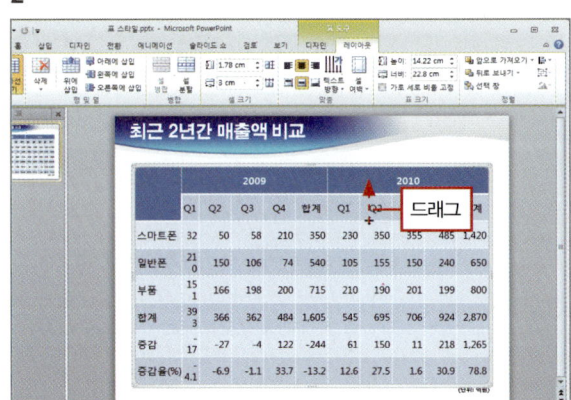

▲ 수직 경계선에 마우스 포인터 위치시키고 왼쪽이나 오른쪽으로 드래그   ▲ 수평 경계선에 마우스 포인터 위치시키고 위나 아래로 드래그

> **Tip** 가장 긴 텍스트에 맞춰 열 너비를 조정하는 방법
>
> 가장 긴 텍스트에 맞춰 열 너비를 조정하려면 그 열의 오른쪽 수직 경계선을 더블클릭합니다.

여러 행과 열의 너비와 높이 조정하기

· **준비 파일** ◎:부록 CD/6장/Section02/표 스타일2.pptx

● ① 셀을 블록 선택하고 ② **[표 도구]–[레이아웃]** 탭을 엽니다. ③ [셀 크기] 그룹에서 **[높이]**와 **[너비]** 입력상자에 **값**을 입력하고 Enter를 누릅니다.

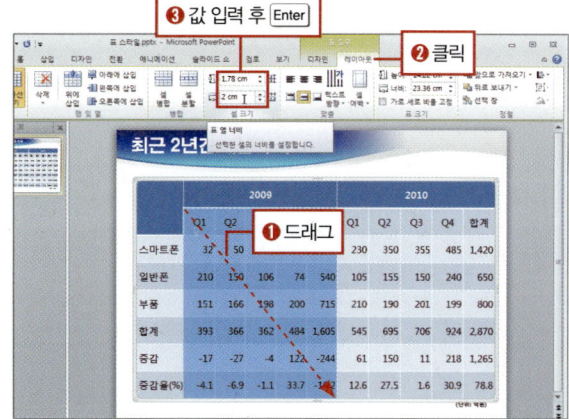

▶ 블록 선택 → [높이]와 [너비] 값 입력 → Enter

열/행 크기 똑같이 조정하기

· **준비 파일** ◎:부록 CD/6장/Section02/표 스타일2.pptx

● ① 크기를 조정할 셀을 블록 선택하고 ② **[표 도구]–[레이아웃]** 탭을 엽니다. ③ [셀 크기] 그룹에서 [⊞ **행 높이를 같게**] 또는 [⊞ **열 너비를 같게**]를 클릭합니다.

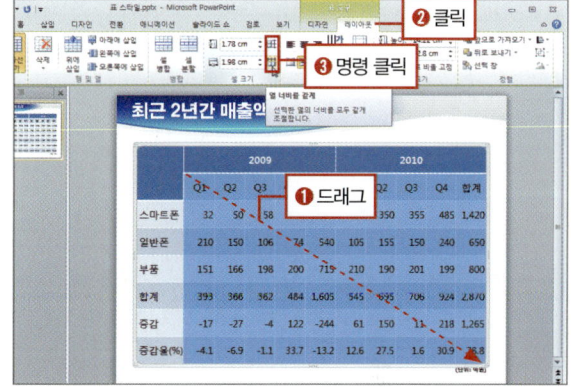

▶ 셀 블록 선택 → [행 높이를 같게] 또는 [열 너비를 같게] 클릭

표 크기 조정하기

· **준비 파일** ◎:부록 CD/6장/Section02/표 스타일2.pptx

1 표 테두리의 변이나 모서리에 점 세 개가 찍힌 **크기 조정 핸들**에 마우스 포인터를 위치시키고, **포인터 모양**이 ↔ 로 바뀌면 **드래그**하여 표 크기를 조정합니다.

▶ 크기 조정 핸들에 마우스 포인터를 위치시키고 드래그

2 표 크기를 정확하게 조정하려면 [표 크기] 그룹에서 [높이]와 [너비] 값을 입력합니다.

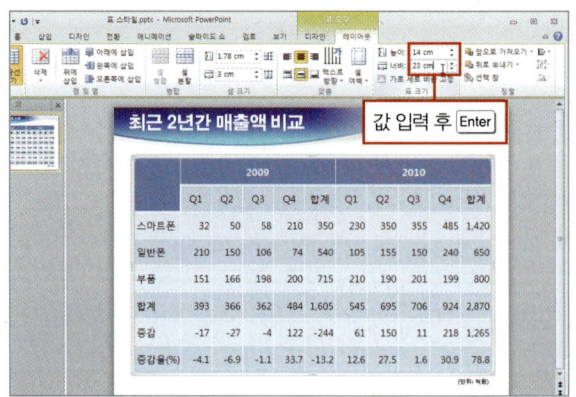

▶ [표 크기] 그룹에서 [높이]와 [너비] 값 입력

표에 그림자, 반사 등 특수 효과 설정하기

· **준비 파일** ◎ : 부록 CD/6장/Section02/표 스타일2.pptx

● ① 표를 선택합니다. ② [표 도구]–[디자인] 탭을 연 후 ③ [표 스타일] 그룹에서 [🔲▼ 효과]를 클릭합니다. ④ [셀 입체 효과], [그림자], [반사] 중 하나로 마우스 포인터를 이동하고 목록이 나타나면 원하는 효과를 선택합니다.

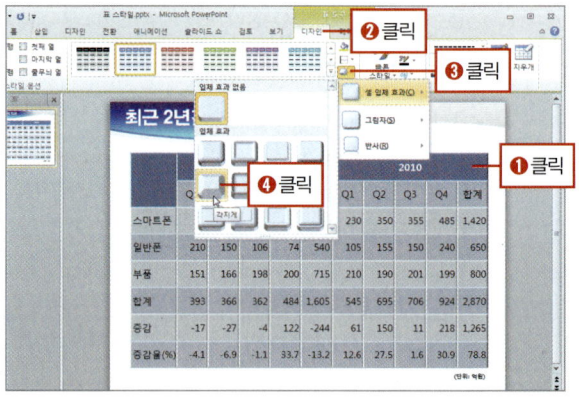

▶ 표 선택 → [표 도구]–[디자인] 탭 → [효과] → 원하는 효과 선택

대각선을 넣고 셀을 병합해서 한눈에 들어오는 제목행 만들기

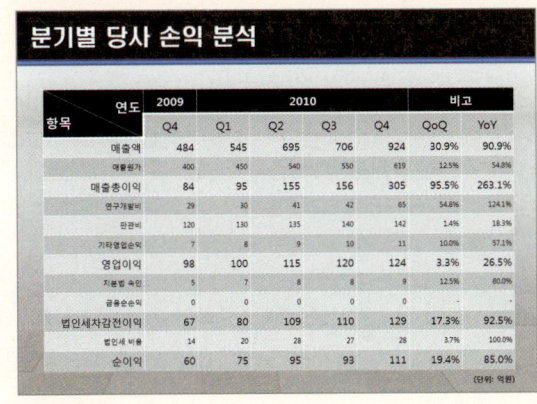

표에서 제목행은 내용을 파악하는 기준이 되므로 한눈에 파악할 수 있도록 잘 정리해야 합니다. 맨 왼쪽 목록과 상단 제목행의 관계가 쉽게 파악되도록 첫 번째 셀에 대각선을 넣어 분류명을 입력하고 제목행의 빈 셀을 병합해서 제목을 가운데에 배치해보겠습니다.

· 준비 파일
　◎ : 부록 CD/6장/Section02/셀 대각선.pptx
· 완성 파일
　◎ : 부록 CD/6장/Section02/완성/셀 대각선 결과.pptx

▲ 완성 화면

첫 번째 셀에 대각선을 넣어 맨 왼쪽 목록열과 상단 제목행 구분하기

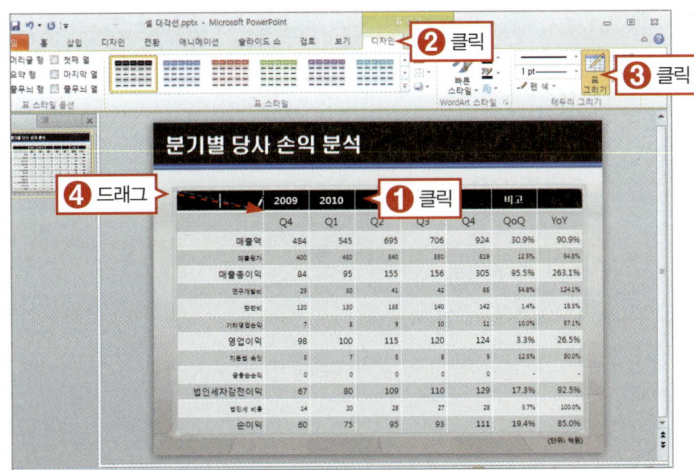

01

① 표에서 **아무 셀이나 클릭**
② [표 도구]-[디자인] 탭 클릭
③ [표 그리기] 클릭
④ 첫 셀에서 **대각선으로 드래그**합니다.

Tip 테두리 명령을 이용해서 대각선 그리는 방법

대각선을 설정할 셀을 클릭하고, [⊞ 테두리] 오른쪽에 있는 [▾ 메뉴]를 클릭한 후 [하향 대각선 테두리]를 선택합니다.

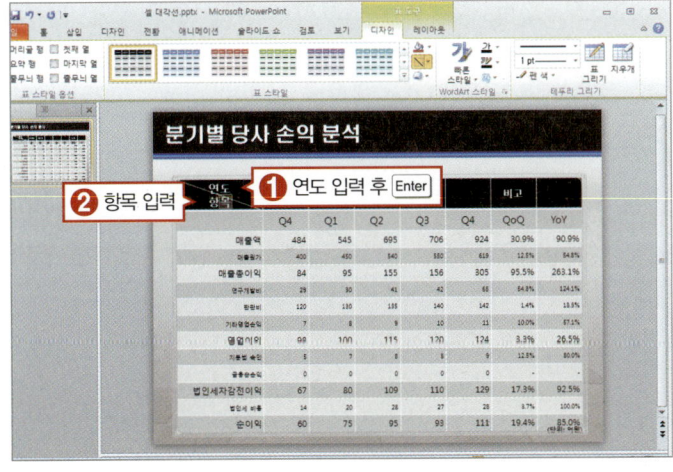

02

① **연도**를 입력하고 Enter 를 누름
② **항목**을 입력합니다.

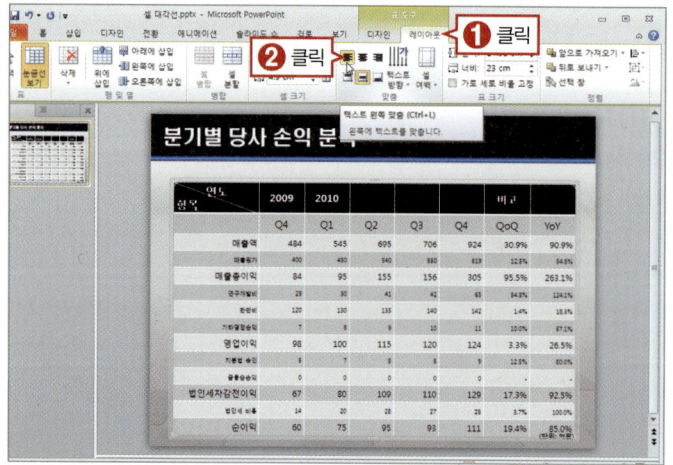

03

① [표 도구]−[레이아웃] 탭 클릭

② [맞춤] 그룹에서 [왼쪽 맞춤]을
클릭(단축키 : Ctrl+L)합니다.

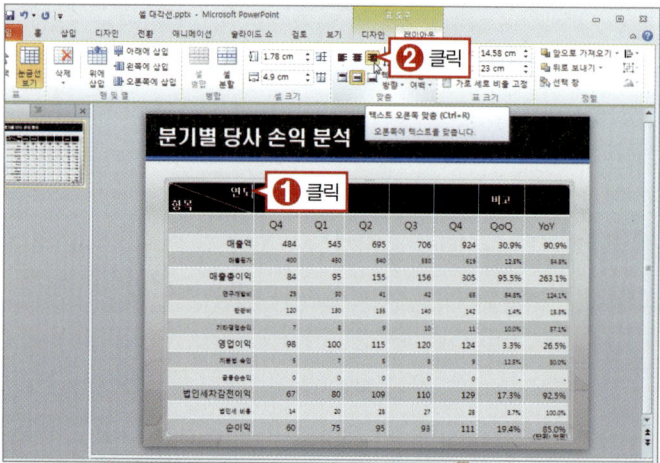

04

① 연도 클릭

② [맞춤] 그룹에서 [오른쪽 맞춤]을
클릭(단축키: Ctrl+R)합니다.

> **Tip   맞춤 관련 단축키**
>
> 왼쪽 맞춤 : Ctrl+L
> 가운데 맞춤 : Ctrl+E
> 오른쪽 맞춤 : Ctrl+R

제목행에서 셀 병합하기

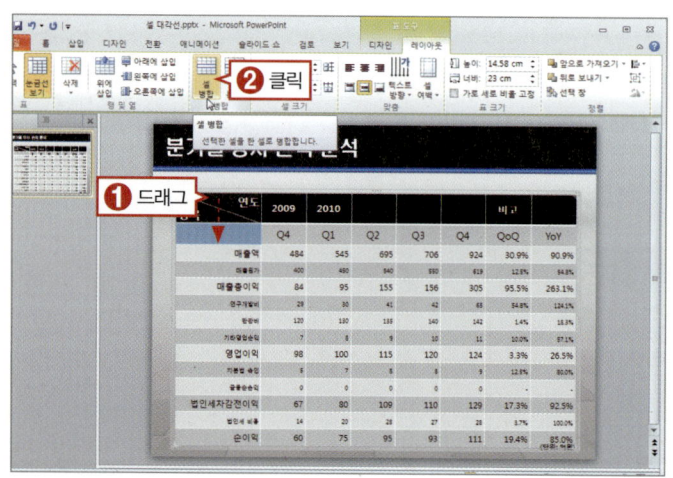

05

① 대각선이 있는 셀에서부터
바로 아래 셀까지 드래그해 블록 선택

② [셀 병합]을 클릭합니다.

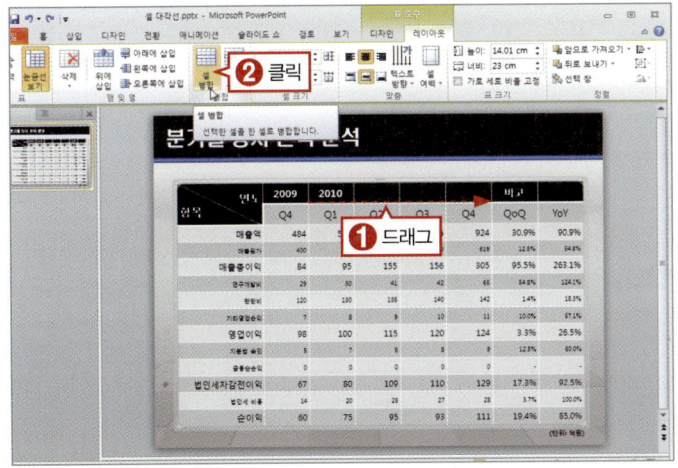

06

① 2010이 입력된 셀부터 오른쪽으로
   셀 3개를 드래그해 블록 선택

② [셀 병합]을 클릭합니다.

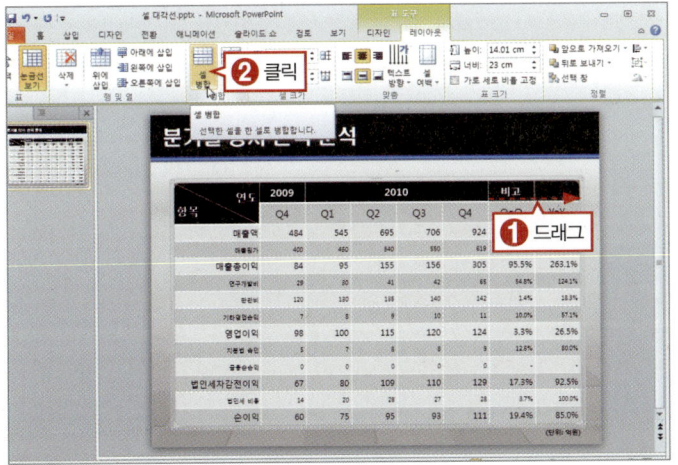

07

① 비고가 입력된 셀부터 오른쪽에 있는
   셀까지 드래그해 블록 선택

② [셀 병합]을 클릭합니다.

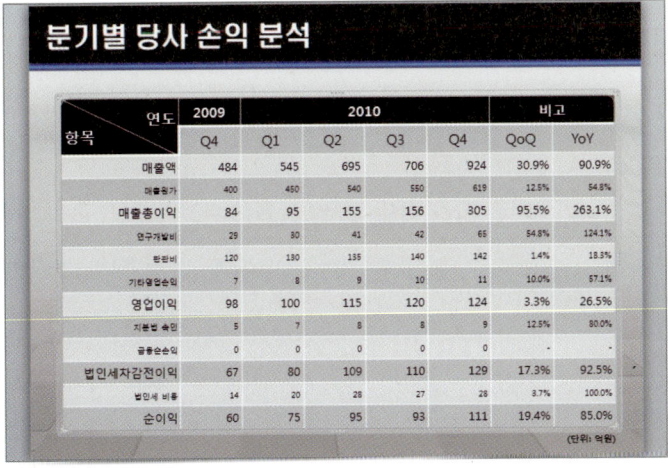

08 선택된 두 개의 셀이 하나로
합쳐집니다.

> **Tip** 반복 작업은 F4를 이용
>
> F4는 앞서 실행한 명령을 다시 실행하는 키로 반복되는 작업을 효율적으로 처리할 수 있습니다. 예를 들어 셀 두 개 이상을 [셀 병합]으로 병합한 후 다른 셀들을 선택하고 F4를 누르면 [셀 병합]이 실행됩니다.

매출현황표에서 최근 연도 매출 부분 강조하기

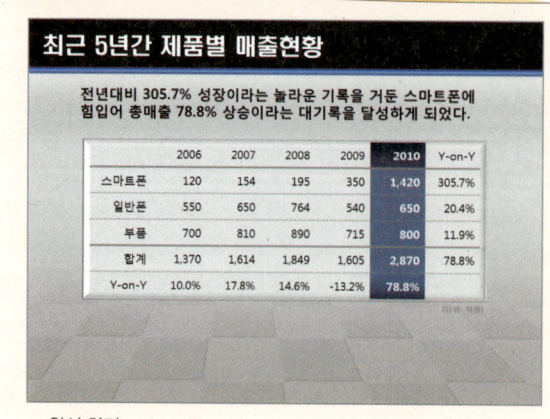

▲ 완성 화면

표는 많은 데이터를 표시할 때 유용하지만 한눈에 내용을 파악하기 힘들다는 약점이 있습니다. 따라서 표를 만들 때는 청중이 꼭 봐야 할 곳을 강조하는 것이 좋습니다. 셀의 색과 그라데이션을 적용하면 쉽게 특정 셀을 강조할 수 있습니다.

• 준비 파일
  ◎:부록 CD/6장/Section02/표 강조.pptx
• 완성 파일
  ◎:부록 CD/6장/Section02/완성/표 강조 결과.pptx

배경으로 사용한 도형에 맞춰 셀과 표 크기 조정하기

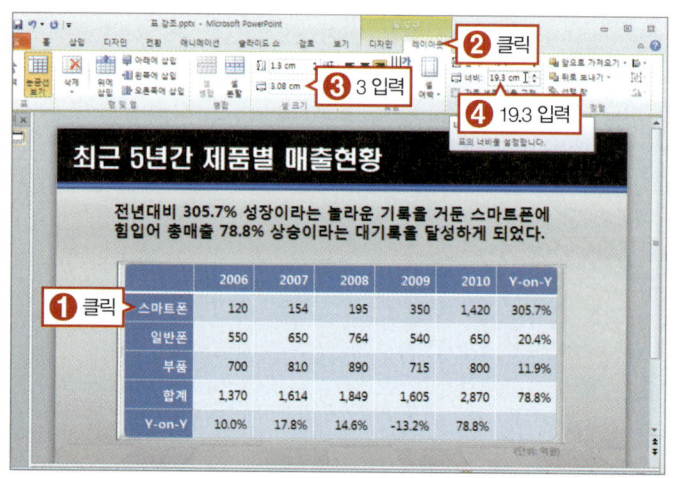

01

① 스마트 폰을 클릭해 커서를 위치시킴
② [표 도구]-[레이아웃] 탭 클릭
③ [셀 크기] 그룹에서 [열 너비]에 3cm 입력
④ [표 크기] 그룹에서 [너비]에 19.3cm를 입력합니다.

슬라이드 디자인과 어울리는 표 스타일로 바꾸기

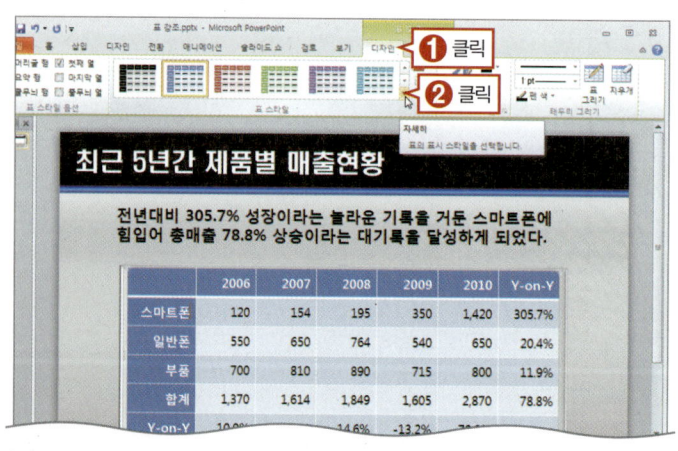

02

① [표 도구]-[디자인] 탭 클릭
② [표 스타일] 그룹에서 [▼ 자세히]를 클릭합니다.

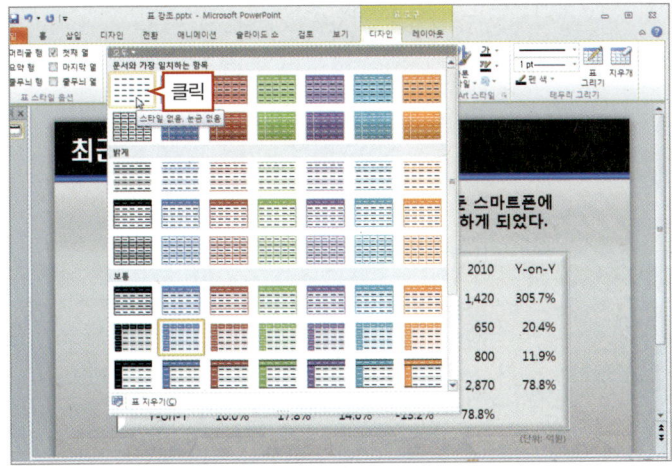

03 [스타일 없음, 눈금 없음]을 클릭합니다.

제목행과 합계가 있는 행을 구분하기 쉽게 경계선 스타일 변경하기

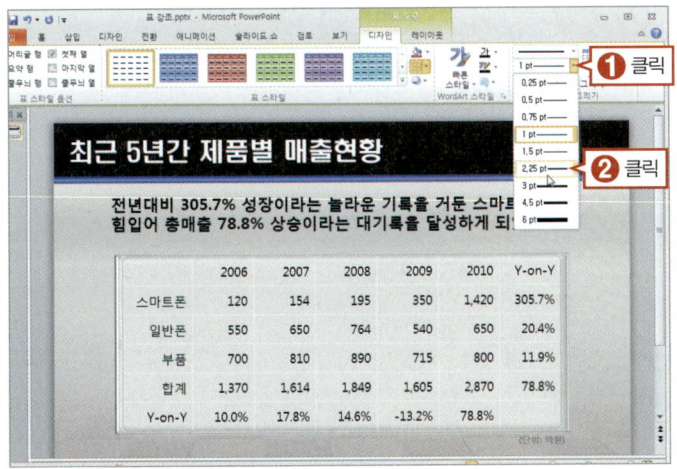

04

① [펜 두께] 메뉴 클릭

② [2.25pt]를 클릭합니다.

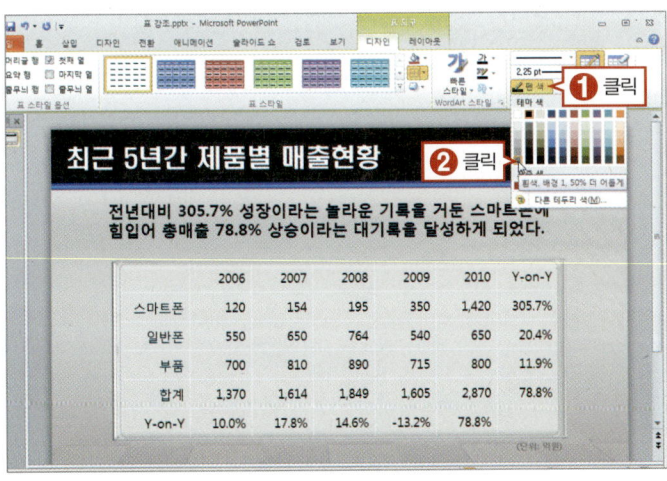

05

① [펜 색] 메뉴 클릭

② [흰색, 배경 1, 50% 더 어둡게]를 클릭합니다.

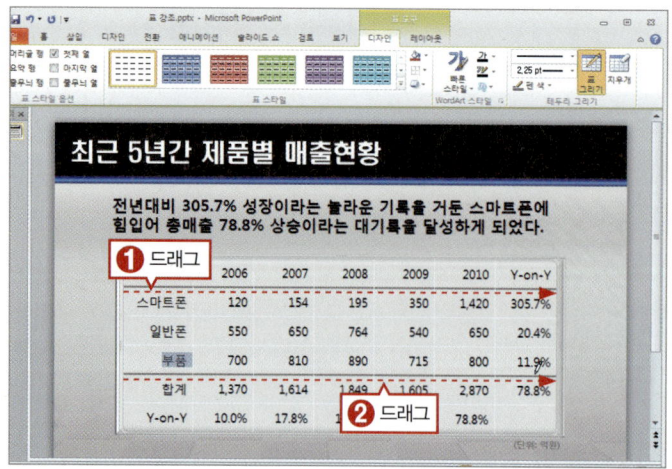

06

① **첫 행 아래 쪽 수평 경계선**의
   맨 왼쪽에서 맨 오른쪽까지 드래그
② **5행 위 쪽 수평 경계선**의 맨 왼쪽에서
   맨 오른쪽까지 드래그합니다.

> **Tip** 셀 경계선이 보이지 않을 때
>
> [표 도구]–[레이아웃] 탭을 열고 맨 왼쪽에서 [눈금선 보기]
> 를 선택합니다.

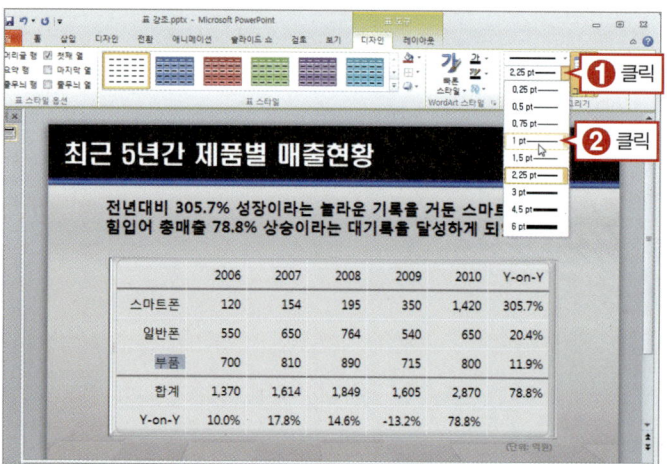

07

① **[펜 두께]** 메뉴 클릭
② **[1pt]**를 클릭합니다.

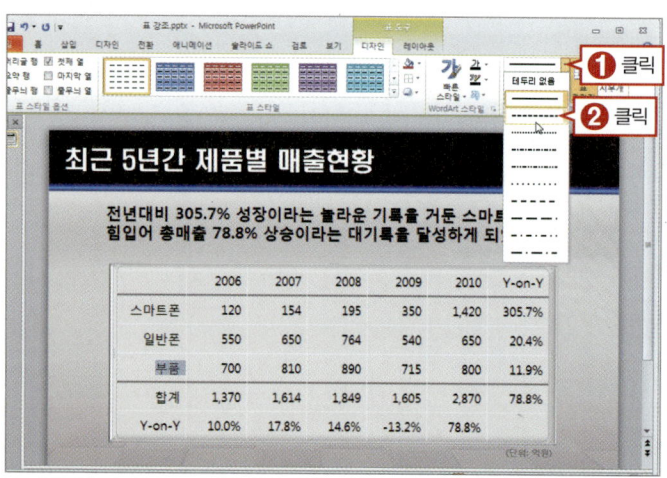

08

① **[펜 스타일]** 메뉴 클릭
② **[점선]**을 클릭합니다.

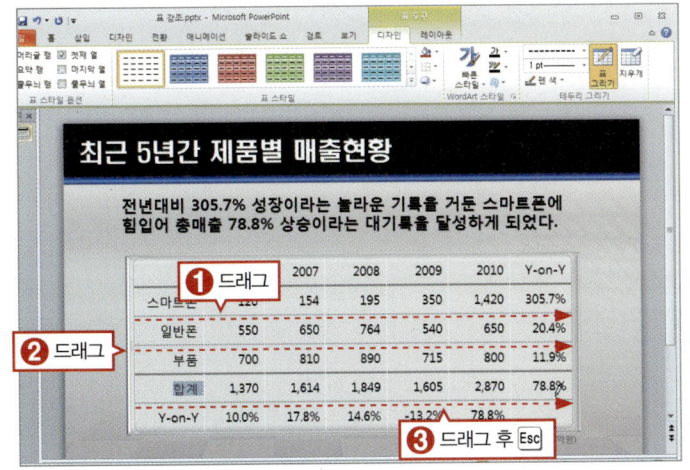

09

① 2행 아래 쪽 수평 경계선의
  맨 왼쪽에서 맨 오른쪽까지 드래그

② 3행 아래 쪽 수평 경계선의
  맨 왼쪽에서 맨 오른쪽까지 드래그

③ 5행 아래 쪽 수평 경계선의
  맨 왼쪽에서 맨 오른쪽까지
  드래그하고 Esc 를 눌러 표 그리기를
  종료합니다.

Tip 테두리 명령을 이용해서 경계선을 칠하는 방법

경계선을 칠할 셀을 블록 선택하고 [⊞ 테두리] 오른쪽에
있는 [⊡ 메뉴]를 클릭합니다. 원하는 테두리를 선택합니다.

강조할 열의 셀 서식 변경하기

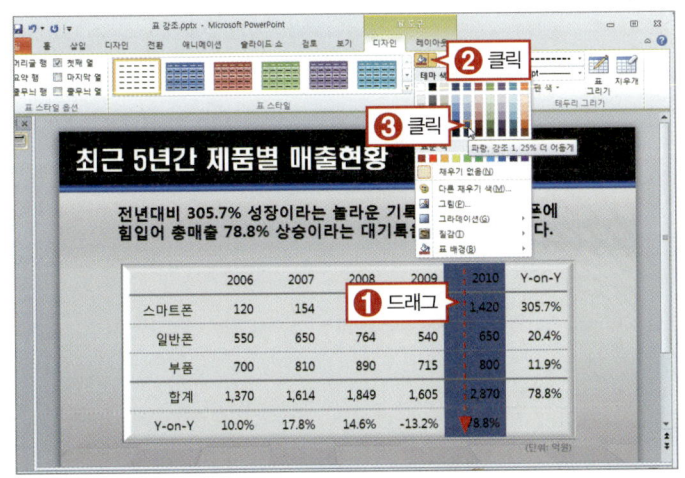

10

① 2010 열을 드래그해서 블록 선택.

② [표 스타일] 그룹에서 [음영] 메뉴 클릭

③ [테마 색]에서 [파랑, 강조 1, 25% 더
  어둡게]를 클릭합니다.

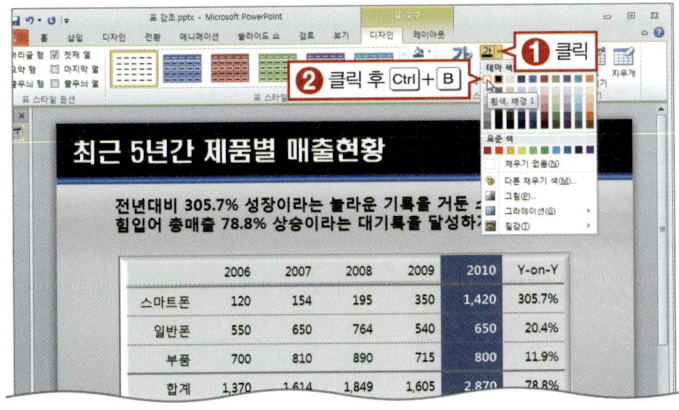

11

① [텍스트 채우기] 메뉴 클릭

② [테마 색]에서 [흰색, 배경 1]을
  클릭하고 Ctrl + B 를 눌러 글자를 굵게
  만듭니다.

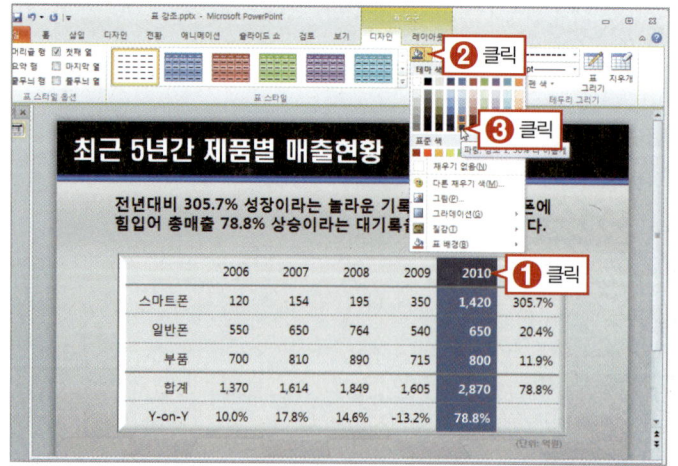

12

① 2010 셀만 클릭

② [음영] 메뉴 클릭

③ [테마 색]에서 [파랑, 강조 1, 50% 더 어둡게]를 클릭합니다.

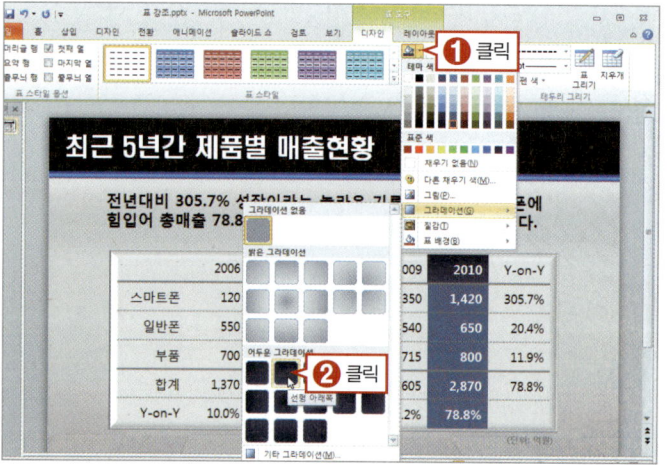

13

① [음영] 메뉴 클릭

② [그라데이션]으로 마우스 포인터를 이동하고 메뉴가 나타나면 [어두운 그라데이션]에서 [선형 아래쪽]을 클릭합니다.

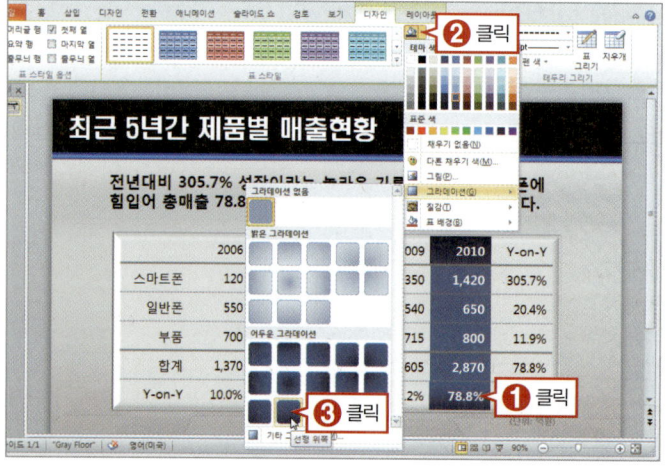

14

① 78.8% 셀 클릭

② [음영] 메뉴 클릭

③ [그라데이션]으로 마우스 포인터를 이동하고 메뉴가 나타나면 [어두운 그라데이션]에서 [선형 위쪽]을 클릭합니다.
맨 위와 아래 셀에 그라데이션을 설정하면 강조와 동시에 입체감이 느껴지는 효과를 낼 수 있습니다.

section

03

엑셀과 연결해서 사용하기

•엑셀에서 표 가져오기 •데이터 연결 •연결 끊기 •표에서 특정 행 강조

인쇄용 프레젠테이션에 사용되는 복잡한 표는 원 데이터가 엑셀인 경우가 많습니다. 이때는 데이터를 엑셀에서 가져와 사용하는 것이 좋습니다. 엑셀 데이터에서 원하는 부분만 가져오거나 엑셀과 파워포인트를 연결하여 사용하는 방법을 알아보겠습니다.

엑셀에서 표 가져오기

•**준비 파일** ◎:부록 CD/6장/Section03/엑셀 연결.pptx, 손익 분석.xlsx •**완성 파일** ◎:부록 CD/6장/Section03/완성/엑셀 연결 결과.pptx

1 ① 엑셀에서 파워포인트로 가져올 셀을 블록 선택합니다. ② [홈] 탭에서 [복사]를 클릭합니다(단축키 : Ctrl + C).

2 ③ 파워포인트의 [홈] 탭에서 [붙여넣기]를 클릭합니다. ④ [붙여넣기 옵션]에서 [원본 서식 유지]를 선택합니다.

1

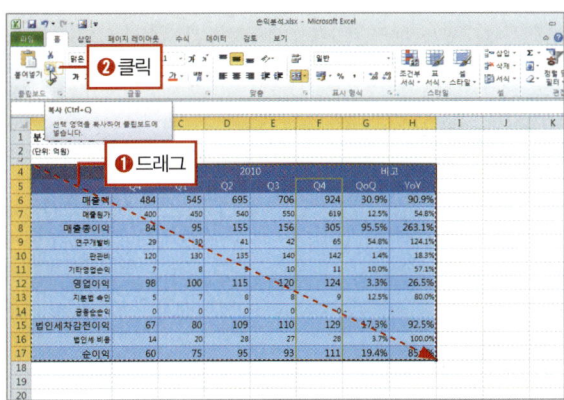

2

▲ 엑셀에서 셀 블록 선택 → [복사] 클릭

▲ 파워포인트에서 [붙여넣기] 클릭 → [원본 서식 유지] 선택

Tip **엑셀에서 표를 빠르게 블록 선택하는 방법**

엑셀에서 파워포인트로 가져오려는 표의 아무 셀이나 클릭합니다. Ctrl + A 를 누르면 그 셀이 포함된 전체 표가 모두 선택됩니다.

엑셀과 파워포인트 데이터 연결하고 연결 끊기

· **준비 파일** ◎:부록 CD/6장/Section03/엑셀 연결.pptx, 손익 분석.xlsx   · **완성 파일** ◎:부록 CD/6장/Section03/완성/엑셀 연결 후 연결 끊은 결과.pptx

데이터가 마지막까지 수정될 가능성이 있거나 매일, 매주, 매월 수정된 엑셀 데이터를 보여줘야 한다면 엑셀 데이터를 파워포인트로 가져와 배치하는 것도 번거로운 일이 됩니다. 따라서 이런 경우에는 엑셀 데이터와 파워포인트의 데이터를 서로 연결해놓는 방법을 사용합니다.

엑셀 데이터를 파워포인트에 연결하기

1 ① 엑셀에서 데이터를 **블록 선택**하고 ② [홈] 탭에서 [복사]를 클릭합니다(단축키 : Ctrl + C).

2 ③ 파워포인트의 [홈] 탭에서 [붙여넣기]를 클릭하고 ④ [선택하여 붙여넣기]를 선택합니다 (단축키 : Ctrl + Alt + V).

1

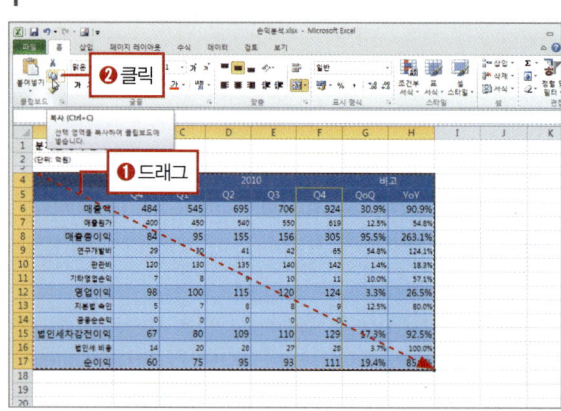

▲ 엑셀에서 셀 블록 선택 → [복사] 클릭

2

▲ 파워포인트에서 [붙여넣기] 클릭 → [선택하여 붙여넣기] 선택

3 ⑤ 선택하여 붙여넣기 대화상자에서 [**연결하여 붙여넣기**]를 선택합니다. [**형식**]으로 [Micro-soft Excel 워크시트 개체]가 선택된 것을 확인하고 ⑥ [**확인**]을 클릭합니다.

4 ⑦ 파워포인트에서는 이 엑셀 개체의 **위치**와 **크기**만 **조정**할 수 있을 뿐 서식이나 데이터는 수정할 수 없습니다. ⑧ 데이터를 수정하려면 연결된 **엑셀 개체**를 **더블클릭**합니다.

3

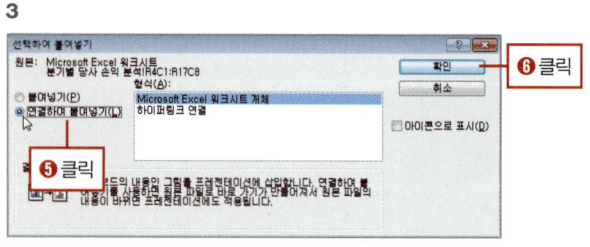

▲ [연결하여 붙여넣기] 선택 → [확인] 클릭

4

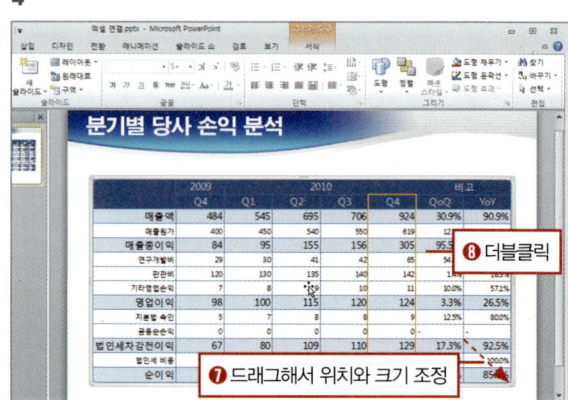

▲ 크기 조정 후 연결된 엑셀 개체 더블클릭

5 ⑨ 엑셀에서 연결된 스프레드시트가 열립니다. 한 셀을 클릭하고 **데이터 수정 후** Enter 를 누릅니다.

6 파워포인트에서 데이터가 수정된 것을 볼 수 있습니다. 엑셀과 파워포인트가 함께 열려 있으면 엑셀에서 수정한 내용이 파워포인트에 즉시 반영됩니다.

5

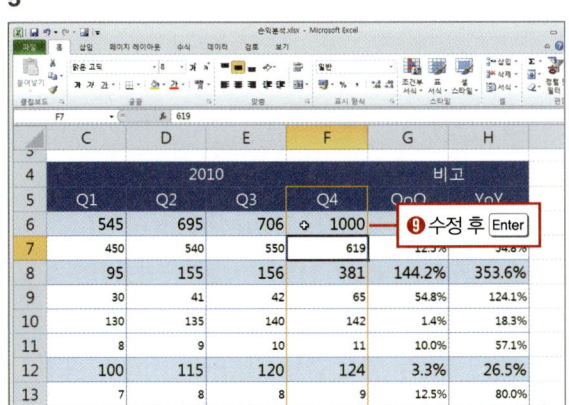

▲ 9224에서 1000로 데이터 수정 → Enter

6

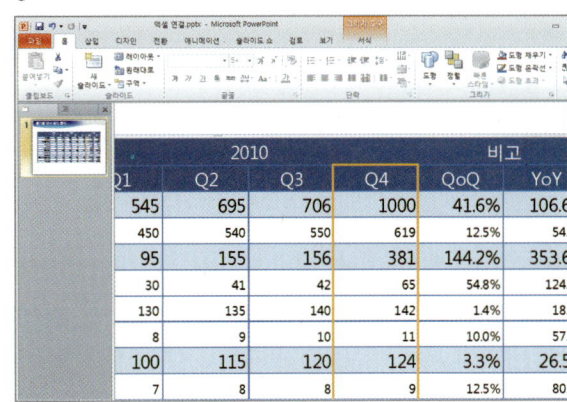

▲ 엑셀에서 수정한 내용이 반영된 파워포인트의 엑셀 개체

Note 1 붙여넣기 옵션

① **[대상 스타일 사용]** : 현재 프레젠테이션의 기본 표 서식으로 변경되어 붙여넣어집니다. 보통 엑셀에서 데이터만 가져와서 편집해 사용할 때 선택합니다.

② **[원본 서식 유지]** : 엑셀의 원본 서식을 그대로 유지한 채 붙여넣습니다.

③ **[포함]** : 엑셀 스프레드시트가 파워포인트에 삽입되면 파워포인트 편집 모드는 엑셀 편집 모드로 전환됩니다. 엑셀처럼 수식이나 함수를 사용할 수 있습니다. 편집을 마치고 Esc 를 눌러 엑셀 편집 모드를 종료합니다.

④ **[그림]** : 그림으로 붙여넣습니다. 엑셀 데이터를 수정할 수 없는 상태로 보여줄 때 사용합니다.

⑤ **[텍스트만 유지]** : 텍스트 상자 하나로 붙여넣습니다. 텍스트 데이터만 가져올 때 선택합니다.

Note 2 엑셀에서 수정한 내용을 추후 파워포인트에서 업데이트하기

파워포인트를 실행하지 않은 채 엑셀 파일만 열어 내용을 수정하고 저장을 했다면 나중에 파워포인트를 실행했을 때 연결을 업데이트할 것인지 묻는 창이 표시됩니다. [연결 업데이트]를 클릭하면 수정한 내용이 업데이트됩니다.

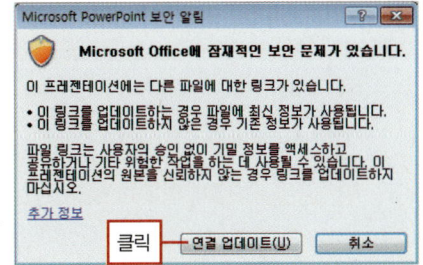

파워포인트에 연결된 엑셀 데이터의 연결 끊기

모든 데이터가 확정되어 더 이상 엑셀과 파워포인트를 연결할 필요가 없을 때는 [연결 끊기]를 이용하여 데이터 간의 연결을 끊을 수 있습니다. 또한 [연결 변경]을 이용하면 다른 엑셀 시트를 연결하는 것도 가능합니다. 이 명령은 리본 메뉴에는 없기 때문에 **[빠른 실행 도구 모음]**에 추가해놓고 사용하는 것이 좋습니다.

1 ① [빠른 실행 도구 모음]에서 [▾ 빠른 실행 도구 모음 사용자 지정]을 클릭합니다. ② [기타 명령]을 선택합니다.

2 ③ PowerPoint 옵션 대화상자 왼쪽의 **[다음에서 명령 선택]**을 열고 ④ **[리본 메뉴에 없는 명령]**을 선택합니다.

1

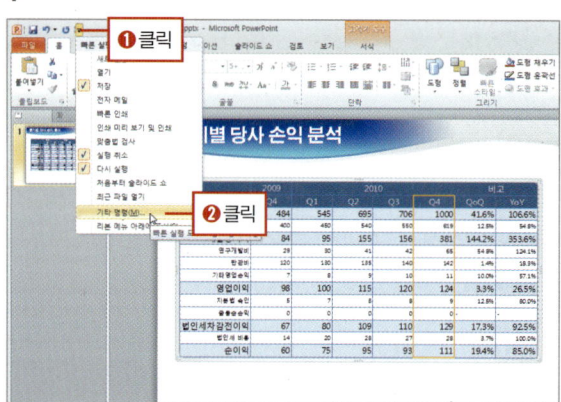

▲ [빠른 실행 도구 모음 사용자 지정] → [기타 명령] 선택

2

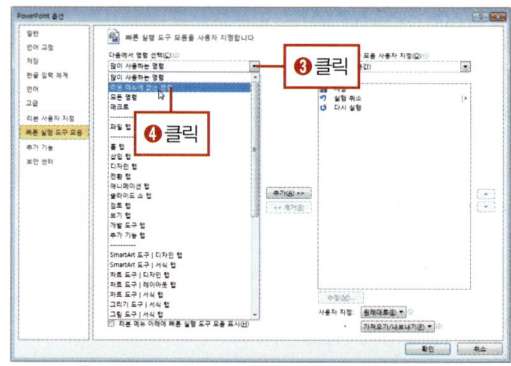

▲ [다음에서 명령 선택] → [리본 메뉴에 없는 명령] 선택

3 ⑤ 목록에서 **[연결 끊기]**를 선택하고 ⑥ **[추가]**를 클릭합니다. [연결 끊기]가 오른쪽에 추가됩니다.

4 ⑦ **[연결 변경]**이 선택된 것을 확인하고 **[추가]**를 클릭합니다.

3

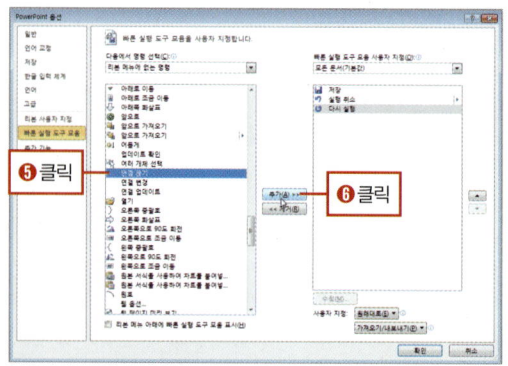

▲ [연결 끊기] 선택 → [추가] 클릭

4

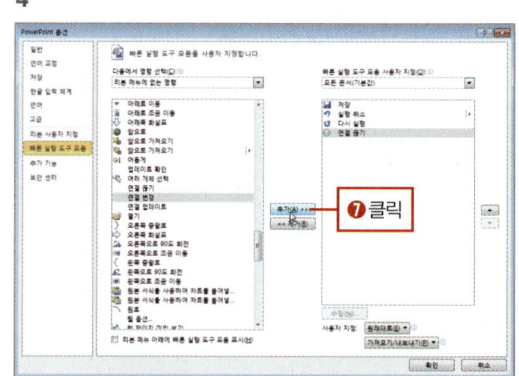

▲ [연결 변경]이 자동으로 선택되면 [추가] 클릭

5 ⑧ [연결 업데이트]가 선택된 것을 확인합니다. [추가]를 클릭한 후 ⑨ [확인]을 클릭합니다.

6 ⑩ 슬라이드에서 **엑셀 스프레드시트 개체를 선택**하고 ⑪ [빠른 실행 도구 모음]에서 [**연결 끊기**]를 클릭합니다. 엑셀 개체는 연결이 끊어지면서 그림으로 변경됩니다.

5

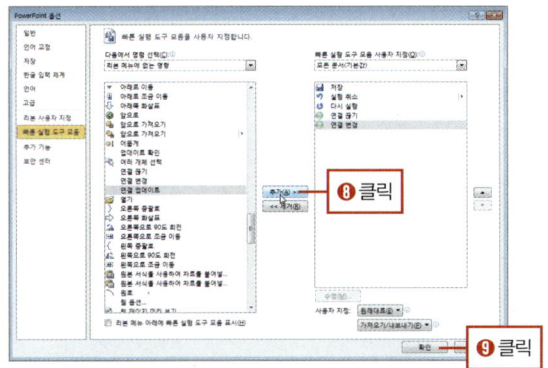

▲ [연결 업데이트]가 선택되면 [추가] 클릭 → [확인] 클릭

6

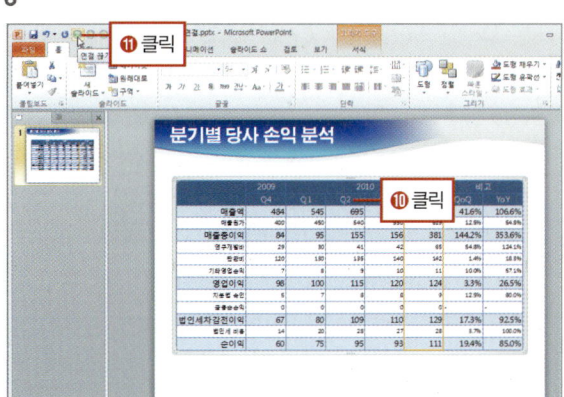

▲ 엑셀 개체 클릭 → [빠른 실행 도구 모음]에서 [연결 끊기] 클릭

Tip 프레젠테이션을 다시 사용하려면 다른 이름으로 저장한 후 연결 끊기

상사나 고객이 프레젠테이션 자료를 요구할 경우에는 엑셀 파일과 연결된 것을 끊고 자료를 전달하는 것이 좋습니다. 그러나 데이터를 계속 업데이트하기 위해서는 엑셀과 연결된 프레젠테이션 파일이 있어야 합니다. 따라서 이런 경우에는 현재 프레젠테이션을 다른 이름으로 저장하여 원본을 남겨놓고(단축키 : F12) 복사된 파일의 연결을 끊어 전달합니다.

Tip [연결 변경]과 [연결 업데이트] 명령 사용 방법

[연결 변경] : [연결 변경]을 클릭하면 연결할 파일을 선택할 수 있는 대화상자가 표시됩니다. 여기에서 원하는 파일을 선택합니다.

[연결 업데이트] : 엑셀 파일만 열어서 변경했던 내용을 표시하려면 표를 클릭하고 [연결 업데이트]를 클릭합니다.

복잡한 표의 특정 부분을 설명할 경우에는 설명해야 할 부분을 다른 부분과 서로 다르게 표현하는 것이 좋습니다. 데이터를 강조할 수 있을 뿐만 아니라 발표자가 설명하는 부분이 눈에 띄기 때문에 어디를 설명할지 몰라서 낭비하는 시간을 막아줍니다. 간단히 셀의 색을 변경해주면 되므로 표의 특정 부분을 강조하는 것은 의외로 쉽습니다. 여기에서는 셀 색을 변경하고 셀 입체 효과를 적용하여 특정 부분을 조금 더 강조해보겠습니다.

• **준비 파일** ◎:부록 CD/6장/Section03/혼자하기.pptx   • **완성 파일** ◎:부록 CD/6장/Section03/혼자하기 결과.pptx

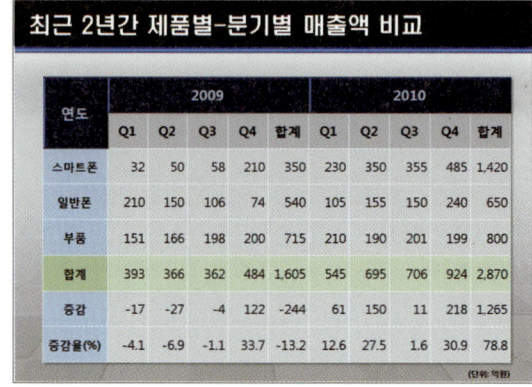

▲ 셀을 강조하기 전   ▲ 완성 화면

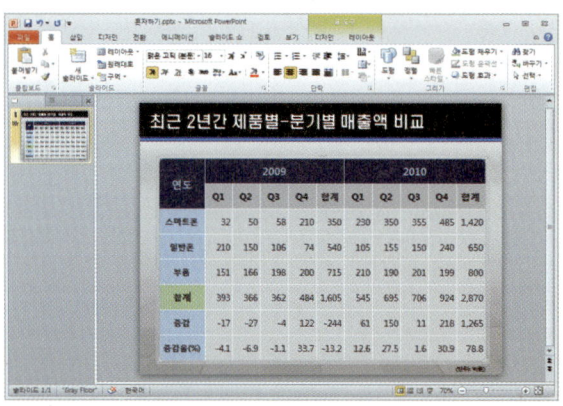

1 합계가 있는 셀의 음영 색을 [테마 색]에서 [황록색, 강조 3, 40% 더 밝게]로 변경합니다.

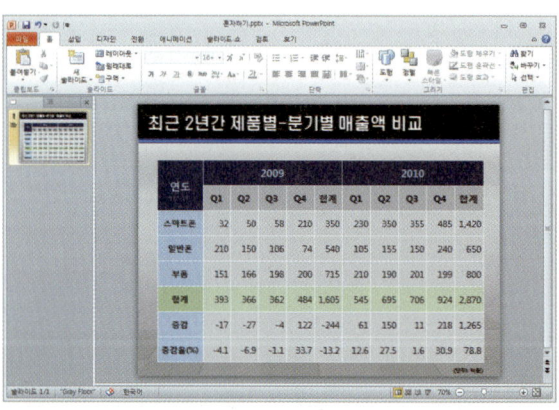

2 합계 오른쪽에 있는 셀들의 색을 [황록색, 강조 3, 60% 더 밝게]로 변경해 강조합니다.

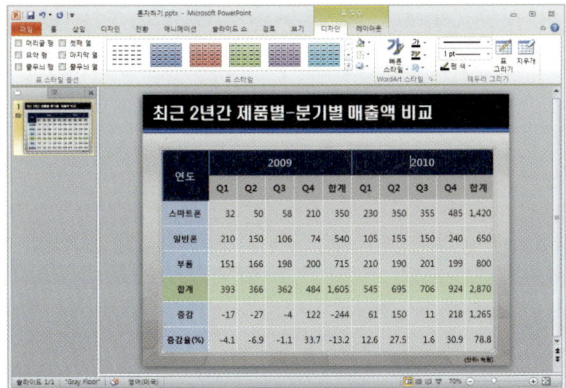

3 표에서 맨 위의 짙은 파란색이 설정된 부분만 [효과]에서 [셀 입체 효과]–[비스듬하게]를 선택해 입체감을 줍니다.

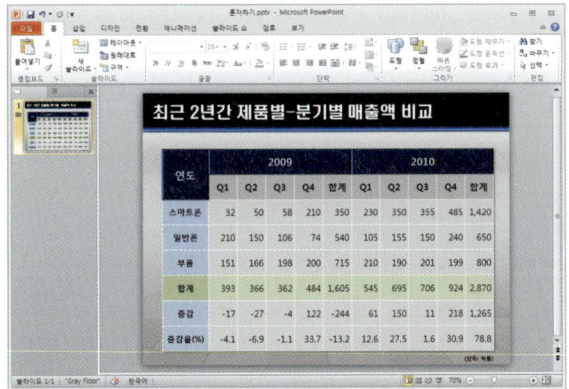

4 [효과]에서 [그림자]–[오프셋 대각선 오른쪽 아래]를 선택해 표 오른쪽 하단에 그림자를 표시합니다.

CHAPTER 07

전달력을 높이는
차트 작성의 법칙

설득이나 제안을 담고 있는 프레젠테이션의 경우에는 대부분의 슬라이드가

차트로 되어 있을 정도로 중요한 요소를 차지합니다.

중요한 것은 메시지 전달력이 높은 차트를 만드는 것입니다.

이번 장에서는 수치 데이터를 조금 더 쉽게 읽을 수 있도록

차트로 변환하는 방법에 대해서 알아보겠습니다.

차트 삽입하고 각 요소 수정하기

• 차트 삽입 • 데이터 설정 • 기본 스타일 및 레이아웃 적용, 변경 • 차트 요소 서식 변경

'수치는 차트화하래'라는 유명한 격언이 있습니다. 차트는 두서없이 나열된 수치 데이터보다 메시지 전달력이 높습니다. 자주
사용하는 차트에는 어떤 것이 있는지 살펴보고 차트를 만드는 방법 및 옵션 변경 방법에 대해서 알아보겠습니다.

차트 삽입하고 데이터 설정하기

• 준비 파일 ◎ : 부록 CD/7장/Section01/차트.pptx   • 완성 파일 ◎ : 부록 CD/7장/Section01/완성/차트 결과.pptx

최근 몇 년간의 매출 추이를 보여주는 가장 좋은 방법은 파워포인트의 차트 기능을 활용하는 것입니다. 매출
추이는 선형 차트나 막대형 차트로 만드는 것이 좋습니다.

차트 삽입하기

1 ① [삽입] 탭을 열고 ② [차트]를 클릭합니다.
2 ③ 차트 삽입 대화상자에서 **차트 종류를 선택**하고 ④ [확인]을 클릭합니다.

1

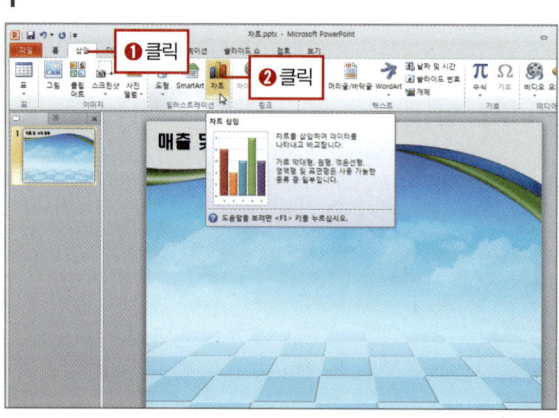

2

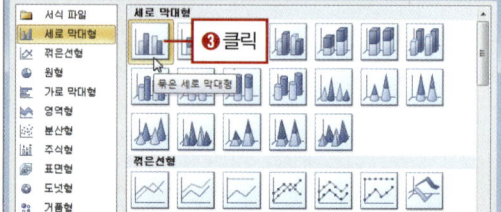

▲ [묶은 세로 막대형 차트] 선택 → [확인] 클릭

▲ [삽입] 탭 → [차트] 클릭

엑셀 창에 데이터 입력하기

파워포인트에 차트가 삽입되면 자동으로 엑셀이 실행됩니다. 파워포인트와 엑셀이 화면에 반씩 배치되며 엑
셀 창에 그래프로 보여줄 데이터를 입력합니다.

1 ① 엑셀 창에서 **항목** 1 셀을 클릭합니다.
2 ② 2006을 입력한 후 Enter 를 누릅니다.

1

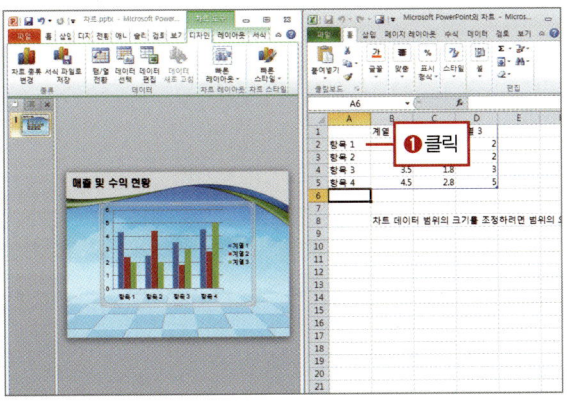

▲ 엑셀 창이 열림 → 항목1 셀 클릭

2

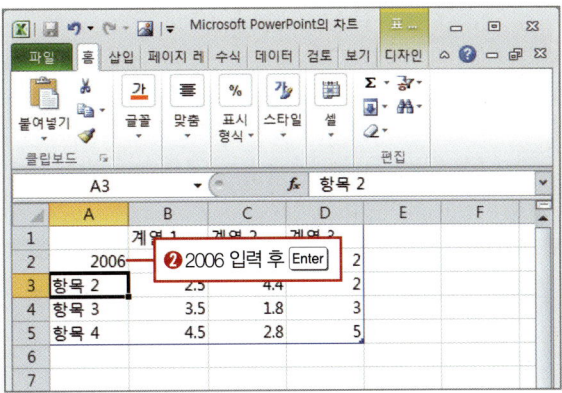

▲ 2006 입력 → Enter

![Note 1] **차트의 각 요소와 역할**

차트를 선택하고 마우스 포인터를 갖다 대면 요소의 이름이 말풍선으로 표시됩니다. 프레젠테이션에서는 차트가 많이 사용되므로 이름을 기억해두는 것이 좋습니다.

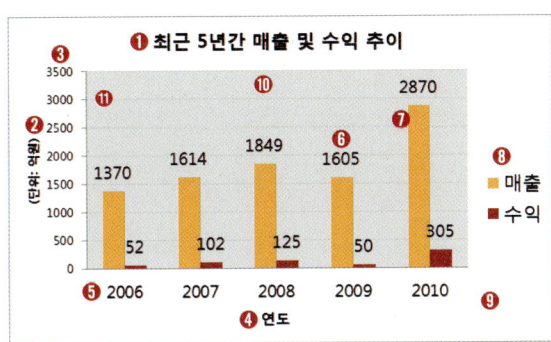

① **차트 제목** : 차트의 제목을 알려줍니다.

② **세로 (값) 축 제목** : Y축의 수치 값 단위나 관련 내용을 표시합니다.

③ **세로 (값) 축** : Y축의 값을 표시합니다.

④ **가로 (항목) 축 제목** : X축 항목이 의미하는 것을 표시합니다. 연도, 국가, 기업명, 제품명 등으로 표시하면 무엇을 의미하는지 쉽게 알 수 있습니다.

⑤ **가로 (항목) 축** : X축에서 각 항목의 이름을 표시합니다.

⑥ **데이터 레이블** : 그래프의 수치 값을 표시합니다.

⑦ **계열 "이름" 요소** : 차트 그래프를 말합니다. 선형 차트의 선, 막대형 차트의 막대, 원형 차트의 조각 등을 의미합니다.

⑧ **범례** : 그래프의 이름과 견본을 표시하여 그래프가 의미하는 바를 알려줍니다.

⑨ **차트 영역** : 차트의 배경으로 색을 변경하거나 그라데이션과 같은 서식을 설정할 수 있습니다.

⑩ **그림 영역** : 그래프가 표시되는 영역입니다. 차트 영역과 마찬가지로 서식을 변경할 수 있으며 크기나 위치를 조정할 수 있습니다.

⑪ **주 눈금선** : Y축의 눈금에 맞게 표시되는 선입니다. 색, 두께 등의 서식을 변경할 수 있으며 Delete 를 눌러 지울 수 있습니다.

3 ③ 계속해서 **데이터를 입력**합니다. 데이터 아래와 오른쪽에 표시된 파란색 선은 차트에 적
용될 데이터의 범위를 알려줍니다.

4 ④ 차트에 **계열 3**이 필요 없다면 엑셀에서 파란색 선 오른쪽 하단에 있는 삼각형에 마우스
포인터를 위치시키고, **왼쪽으로 드래그**해 범위를 조정합니다. ⑤ 모든 작업이 끝나면 엑셀
의 [✕ **닫기**]를 클릭합니다.

3

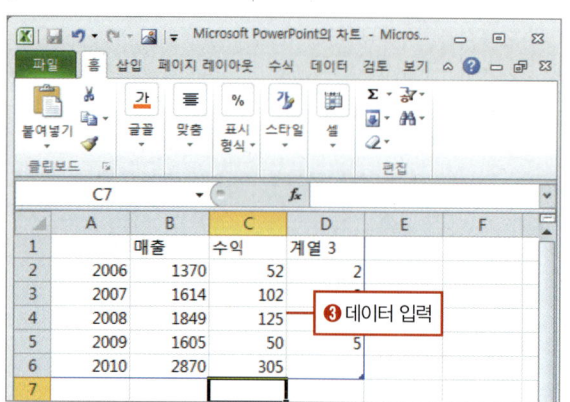

▲ 데이터가 늘어나면 파란색 선도 자동으로 수정됨

4

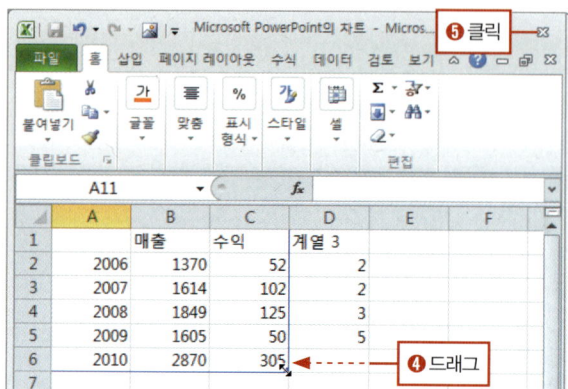

▲ 파란색 선을 드래그해 조정 → 차트에서 계열 3이 사라짐 → 엑셀 창 닫음

기본 스타일 및 레이아웃 적용하기

· **준비 파일** ◎ : 부록 CD/7장/Section01/차트2.pptx

데이터만 입력한 차트는 조금 밋밋할 수 있습니다. 파워포인트에서 제공하는 차트 도구를 이
용해서 스타일과 레이아웃을 변경해보겠습니다.

1 ① 차트를 선택합니다. ② [**차트 도구**]–[**디자인**] 탭을 연 후 ③ [차트 스타일] 그룹에서 [▾
자세히]를 클릭합니다.

2 ④ 차트 스타일 목록에서 [**스타일 34**]를 선택합니다.

1

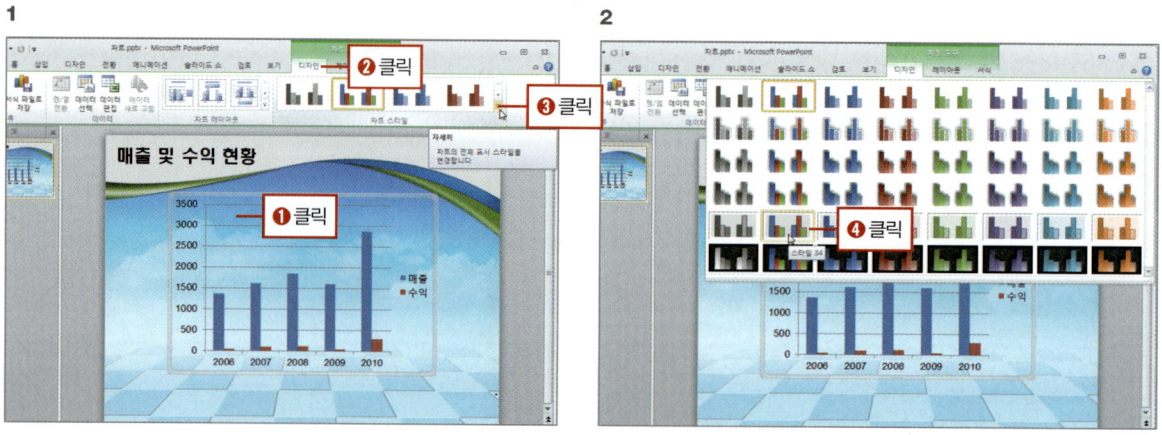

▲ 차트 선택 → [차트 도구] – [디자인] 탭 → [자세히] 클릭

2

▲ 차트 스타일 목록에서 [스타일 34] 선택

파워포인트에서 만들 수 있는 차트의 종류는 상당히 많지만 실제로 가장 많이 활용하는 것은 막대형, 선형, 원형, 혼합 차트입니다. 이 차트들을 언제 사용해야 하는지 알아보겠습니다.

차트 이름과 예	차트 용도
세로 막대형 차트 	최근 5년간 매출과 수익 비교, 각 제품별 매출 추이 등과 같이 단기간의 결과를 비교해서 보여줄 때 세로 막대형 차트를 많이 활용합니다.
누적 세로 막대형 차트 	항목이 두 개 이상인 경우 누적치를 기간별로 비교할 때 많이 사용됩니다. 추이를 보면서 동시에 비교해야 할 때 유용합니다.
가로 막대형 차트 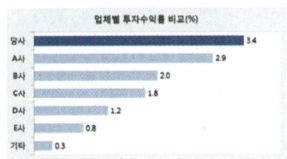	업체별 투자수익률 비교, 국가별 커피 가격 비교 등 요소들을 서로 비교할 때 많이 사용됩니다. 가로 막대형 차트는 크기 순서대로 배열하는 것이 좋으며 중요한 자료일수록 위쪽에 배치합니다.
선형 차트 	시간의 흐름에 따라 주가, 환율, 이자율, 부동산 가격, 인구수 등의 요소가 어떻게 변화되는지 추이를 볼 때 사용합니다. 예를 들어 이자율 변화에 따른 부동산 가격의 변화, 환율 변화에 따른 수출 추이 등과 같이 하나의 요소가 변하면 다른 요소는 어떻게 변화되는지 비교할 때 유용합니다.
원형 차트 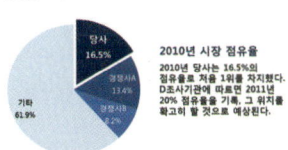	업체 간 점유율, 제품별 점유율 등을 보여줄 때 유용합니다.
혼합 차트 	한 차트에 두 종류 이상의 차트가 들어 있는 것으로 보통 선형 차트와 막대형 차트를 함께 사용하는 경우가 많습니다. 한 요소는 흐름을 보여주고 다른 요소는 점유율을 보여줄 때 주로 사용되는 혼합 차트는 오른쪽에 보조축을 설정하는 것이 중요합니다.

3 ⑤ 차트 레이아웃 영역에서 [▼ **자세히**]를 클릭합니다.

4 ⑥ 차트 레이아웃 목록에서 [**레이아웃 9**]를 선택합니다. 차트 위에는 제목이, 왼쪽과 아래에
축 제목이 표시됩니다.

3

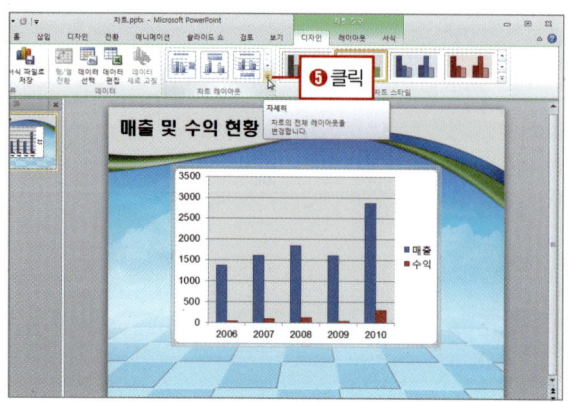

▲ [자세히] 클릭

4

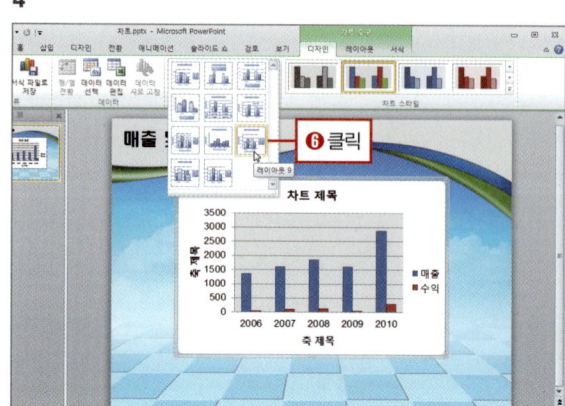

▲ [레이아웃 9] 클릭

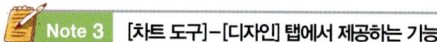

Note 3 **[차트 도구]–[디자인] 탭에서 제공하는 기능**

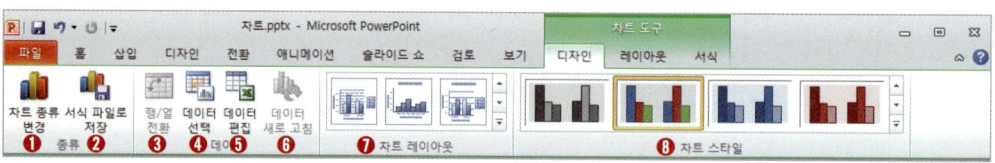

① **[차트 종류 변경]** : 차트 종류 변경 대화상자에서 다른 차트 종류를 선택합니다.

② **[서식 파일로 저장]** : 현재 차트의 서식을 저장했다가 새 차트나 기존 차트에 적용할 수 있습니다.

③ **[행/열 전환]** : 데이터의 행과 열을 바꿉니다.

④ **[데이터 선택]** : 데이터의 범위를 변경하거나 범례의 위치 등을 바꿀 수 있습니다.

⑤ **[데이터 편집]** : 엑셀 창을 표시해 기존 데이터를 수정할 수 있습니다.

⑥ **[데이터 새로 고침]** : 연결된 엑셀 데이터가 업데이트된 경우 이 버튼을 눌러 업데이트된 데이터를 현재 차트에 적용합니다.

⑦ **[차트 레이아웃] 그룹** : 자주 사용하는 기본 레이아웃을 제공합니다.

⑧ **[차트 스타일] 그룹** : 차트의 기본 디자인을 제공합니다.

다음의 막대형이나 선형 차트는 만들 때 실수할 경우 연도가 차트 오른쪽의 범례에 나타나고 항목은 차트 아래에 표시될 수 있습니다.
오른쪽의 차트가 바르게 작성된 차트입니다.

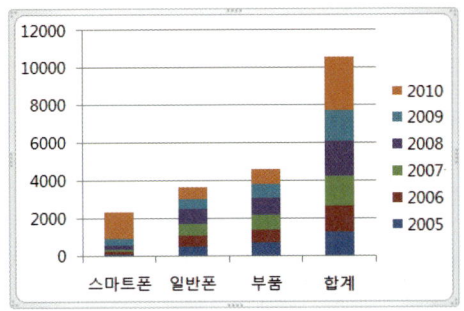

▲ 잘못된 차트

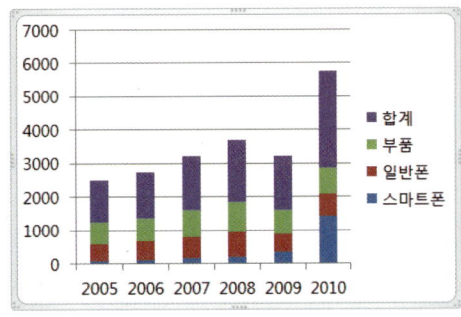

▲ 바른 차트

이것은 엑셀에서 연도를 1행에, 항목을 [A]열에 입력했기 때문입니다. 막대형과 선형 차트를 만들 때는 [A]열에 연도를 입력하고 1행에
항목을 입력해야 합니다.

	A	B	C	D	E	F	G
1	열1	2005	2006	2007	2008	2009	2010
2	스마트폰	75	120	154	195	350	1420
3	일반폰	500	550	650	764	540	650
4	부품	670	700	810	890	715	800
5	합계	1245	1370	1614	1849	1605	2870
6							

▲ 잘못된 데이터 입력

	A	B	C	D	E	F	G
1	제품별 매출액 비교						
2		스마트폰	일반폰	부품	합계	증감	증감율(%)
3	2005	75	500	670	1245		
4	2006	120	550	700	1370	125	10.0
5	2007	154	650	810	1614	244	17.8
6	2008	195	764	890	1849	235	14.6
7	2009	350	540	715	1605	-244	-13.2
8	2010	1420	650	800	2870	1265	78.8
9	합계	2314	3654	4585	10553		
10	(단위: 억원)						

▲ 바른 데이터 입력

이렇게 잘못 입력된 경우에는 [행/열 전환]을 이용합니다. 행/열 전환에는 다음의 두 가지 방법이 있습니다.

방법 1 엑셀 창이 열려 있을 때 행/열 전환하기

① 차트를 선택하고 ② [차트 도구]–[디자인] 탭을 엽니다. ③ [행/열 전환]
을 클릭하면 행과 열이 전환되어 바르게 입력됩니다. 단, [행/열 전환]은 차
트와 연결된 엑셀 창이 띄워져 있을 때만 실행할 수 있습니다.

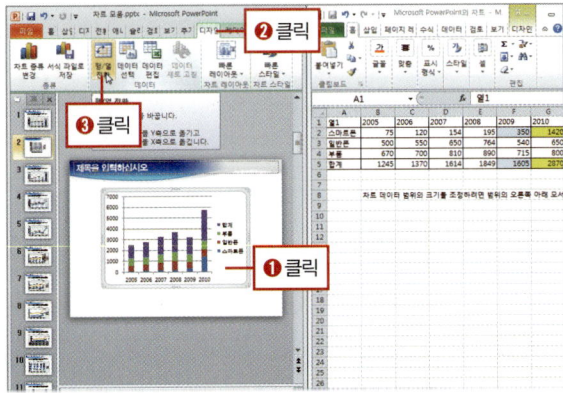

▲ [차트 도구] – [디자인] 탭 → [행/열 전환] 클릭

방법 2 엑셀 창이 닫혀 있을 때 행/열 전환하기

① 차트를 선택하고 ② [차트 도구]–[디자인] 탭을 연 후 ③ [데이터 선택]
을 클릭합니다. 엑셀이 실행되면서 데이터 원본 선택 대화상자가 표시됩니
다. ④ [행/열 전환]을 클릭하고 ⑤ [확인]을 클릭합니다.

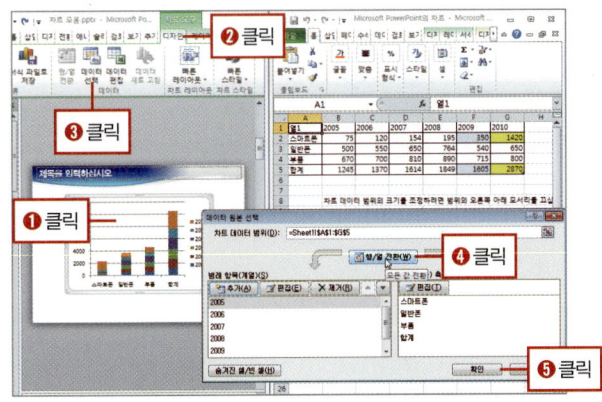

▲ [차트 도구] – [디자인] 탭 → [데이터 선택] → [행/열 전환] → [확인] 클릭

레이아웃 옵션 변경하기

· **준비 파일** ◎:부록 CD/7장/Section01/차트3.pptx

차트 제목 또는 각 축 제목을 변경하거나 삭제하는 방법, 그래프에 값(데이터 레이블 값)을 표시하는 방법에 대해서 알아보겠습니다.

1 ① 차트에서 차트 제목을 두 번 클릭하고 Ctrl+A를 눌러 글자를 모두 선택합니다.

2 ② 최근 5년간 매출 및 수익 추이를 입력합니다. 기존의 글자가 지워지고 새롭게 입력한 글자만 표시됩니다.

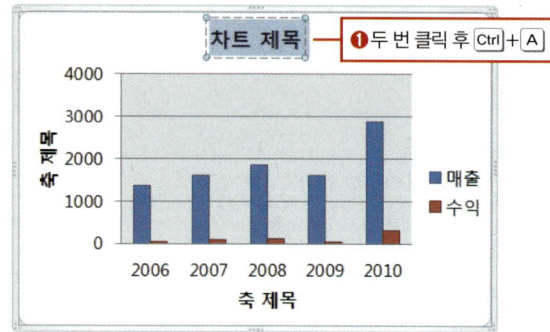

▲ 차트 제목 두 번 클릭 → Ctrl+A

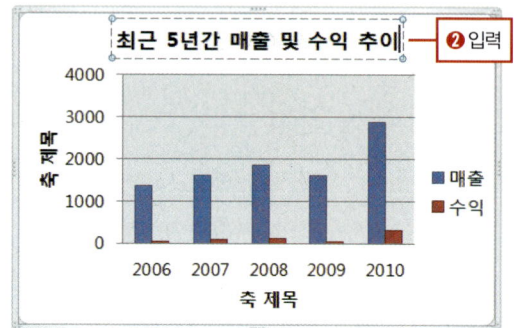

▲ 글자 입력

3 ③ 왼쪽 세로 축의 **축 제목**을 두 번 클릭합니다. Ctrl+A를 누른 후 (**단위 : 억원**)을 입력합니다.

4 ④ 아래 가로 축의 **축 제목**을 클릭하고 Delete 를 누릅니다.

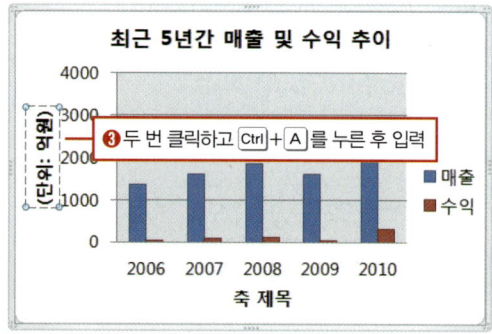

▲ 축 제목 두 번 클릭 → Ctrl+A → 글자 입력

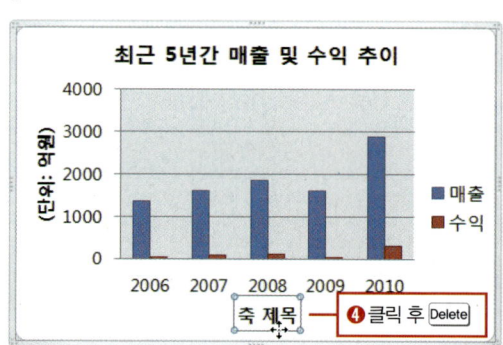

▲ 축 제목 클릭 → Delete

5 ⑤ [차트 도구]-[레이아웃] 탭을 열고 ⑥ [데이터 레이블]을 클릭한 후 ⑦ [바깥쪽 끝에]를 선택합니다.

6 그래프 위에 값이 표시되는 것을 볼 수 있습니다.

5

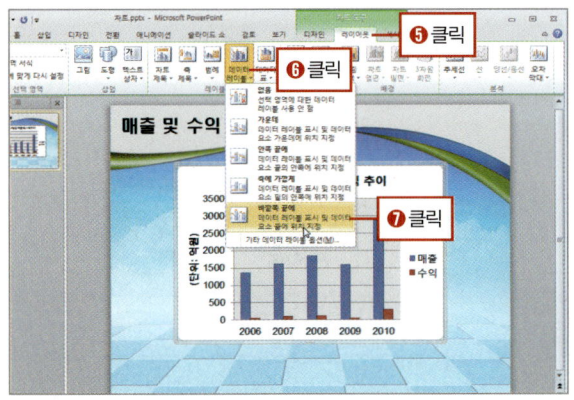

▲ [차트 도구] – [레이아웃] 탭 → [데이터 레이블] → [바깥쪽 끝에] 클릭

6

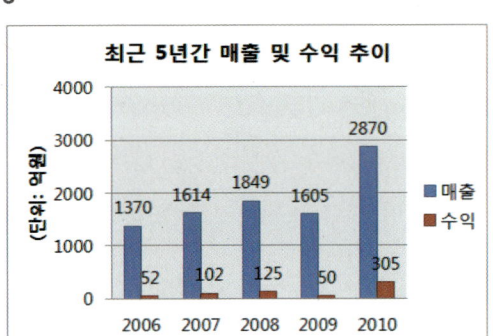

▲ 그래프에 값 표시

Note 5 [차트 도구] – [레이아웃] 탭에서 제공하는 기능

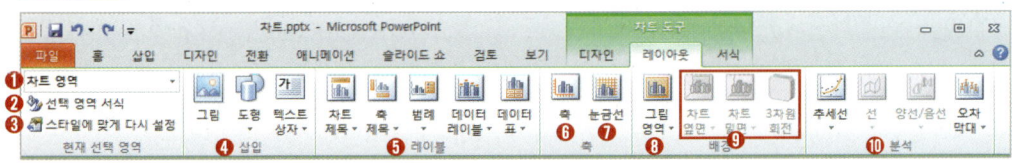

① **[요소 선택 메뉴]** : 차트 요소를 선택합니다.

② **[선택 영역 서식]** : 요소 서식과 옵션을 변경할 수 있는 대화상자를 표시합니다.

③ **[스타일에 맞게 다시 설정]** : 선택된 요소를 초기 기본 스타일로 변경합니다.

④ **[삽입] 그룹** : 차트에 그림, 도형, 텍스트 상자를 삽입합니다. 이 명령으로 삽입된 개체는 차트에 포함되어 있어 차트를 이동하면 함께 이동되고, 차트를 삭제하면 함께 삭제됩니다.

⑤ **[레이블] 그룹** : 차트 제목, 축 제목, 범례, 데이터 레이블(값), 데이터 표 등을 표시하거나 옵션을 변경합니다.

⑥ **[축]** : 축을 표시하는 방식을 선택합니다.

⑦ **[눈금선]** : 눈금선의 표시를 조정합니다.

⑧ **[그림 영역]** : 그림 영역의 채우기 색, 테두리 색 등을 설정합니다.

⑨ **[차트 옆면, 차트 밑면, 3차원 회전]** : 차트 종류가 3차원일 때만 선택할 수 있는 옵션으로 차트 옆과 밑의 서식을 변경하고 3차원 회전을 어느 정도할 것인지 지정할 수 있습니다.

⑩ **[분석] 그룹**: 추세선, 오차 막대 등 분석과 관련된 차트를 만들 때 사용합니다.

차트 요소 서식 변경하기

· **준비 파일** ◎ : 부록 CD/7장/Section01/차트4.pptx

차트에서 그래프, 눈금선과 같은 요소의 색을 변경하는 방법을 알아보겠습니다. 파워포인트에서 차트 요소 서식은 [차트 도구]–[서식] 탭에서 조정합니다.

1 ① 차트에서 그래프를 클릭하고 ② **[차트 도구]–[서식]** 탭을 엽니다. ③ **[도형 스타일]** 그룹에서 **[도형 채우기]**를 클릭하고 ④ 색을 선택합니다.

2 ⑤ 차트에서 **눈금선**을 클릭하고 ⑥ **[차트 도구]–[서식]** 탭을 엽니다. ⑦ **[도형 스타일]** 그룹에서 **[도형 윤곽선]**을 클릭하고 ⑧ 색을 선택합니다.

1

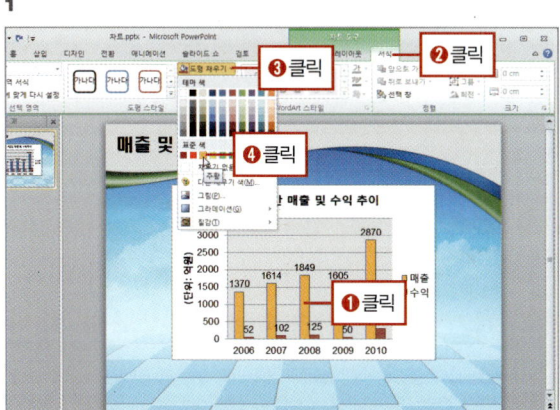

▲ 그래프 클릭 → [차트 도구] – [서식] 탭 → [도형 채우기] → 색 선택

2

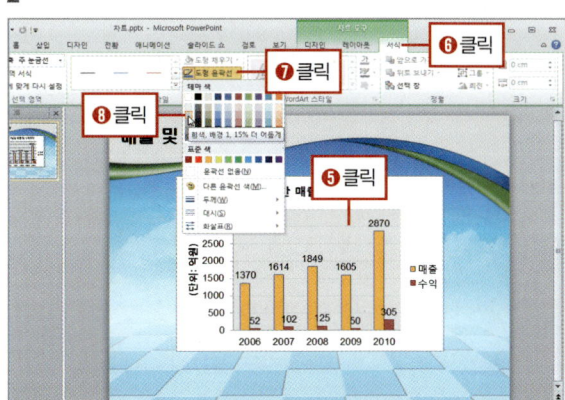

▲ 눈금선 클릭 → [차트 도구]–[서식] 탭 → [도형 윤곽선] → 색 선택

Note 6 | **[차트 도구] – [서식] 탭에서 제공하는 기능**

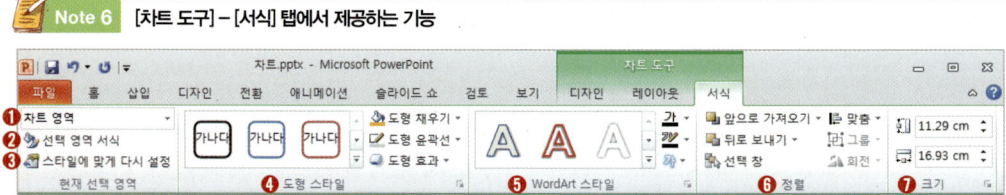

① **[요소 선택 메뉴]** : 차트 요소를 선택합니다.

② **[선택 영역 서식]** : 요소 서식과 옵션을 변경할 수 있는 대화상자를 표시합니다.

③ **[스타일에 맞게 다시 설정]** : 선택된 요소를 초기 기본 스타일로 변경합니다.

④ **[도형 스타일] 그룹** : 도형 채우기 색과 윤곽선 색 지정은 물론, [도형 효과]를 클릭해 그림자, 입체 효과 등을 적용합니다.

⑤ **[WordArt 스타일] 그룹** : 글꼴 색, 특수 효과 등을 적용합니다.

⑥ **[정렬] 그룹** : 선택한 요소의 순서를 조정하고 맞춤, 그룹, 회전 등의 작업을 할 수 있습니다.

⑦ **[크기] 그룹** : 차트의 크기를 조정합니다.

성장 추이를 보여주는 선형 차트 만들기

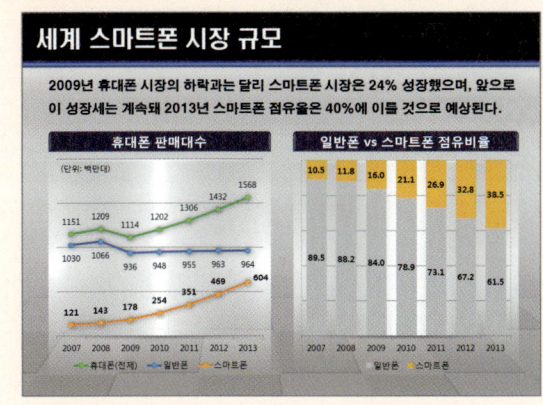

▲ 완성 화면

몇 년간의 매출이나 수익의 추이를 보여줄 때 선형 차트만 한 것이 없습니다. 이번 실습에서는 이미 작성된 엑셀 데이터를 이용하여 선형 차트를 만드는 방법, 필요 없는 요소를 모두 지우고 선 그래프의 표식 모양을 바꾸는 방법 및 선에 표시되는 수치의 위치를 조정하는 방법 등 차트의 메시지 전달력을 높이는 실전 차트 편집 방법에 대해서 알아보겠습니다.

· **준비 파일**
　◎ : 부록 CD/7장/Section01/선형 차트.pptx, 선형 차트 데이터.xlsx, 선형 차트02.pptx, 선형 차트03.pptx, 선형 차트04.pptx

· **완성 파일**
　◎ : 부록 CD/7장/Section01/완성/선형 차트 결과.pptx

휴대폰 판매 흐름이 잘 보이도록 선형 차트 삽입하고 엑셀 데이터 가져오기

· **준비 파일** ◎ : 부록 CD/7장/Section01/선형 차트.pptx, 선형 차트 데이터.xlsx

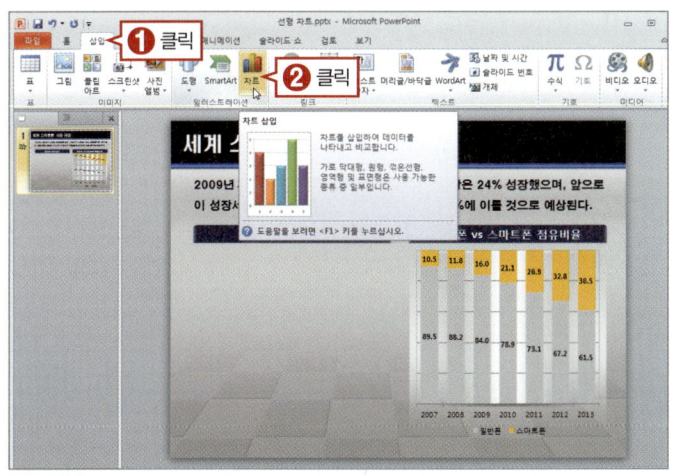

01

① [삽입] 탭 클릭
② [차트]를 클릭합니다.

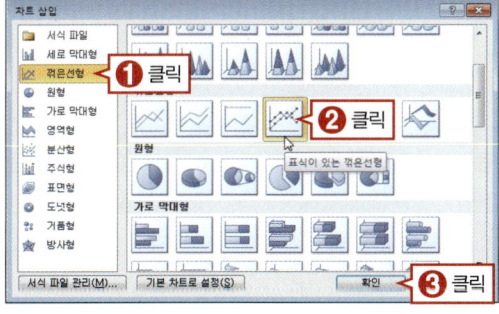

02

① 차트 삽입 대화상자의 [꺾은선형] 클릭
② [표식이 있는 꺾은선형] 클릭
③ [확인]을 클릭합니다.

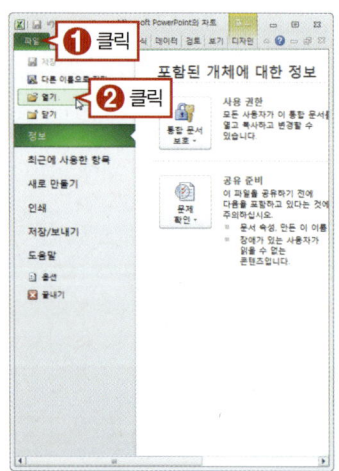

03

① 엑셀에서 [파일] 탭 클릭
② [열기]를 클릭(단축키 : Ctrl + O)
　 합니다.

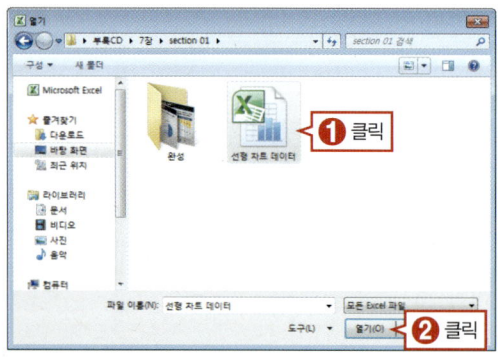

04

① 열기 대화상자에서 **부록 CD/7장/
　 Section01/선형 차트 데이터.xlsx** 파일
　 클릭
② [열기]를 클릭합니다.

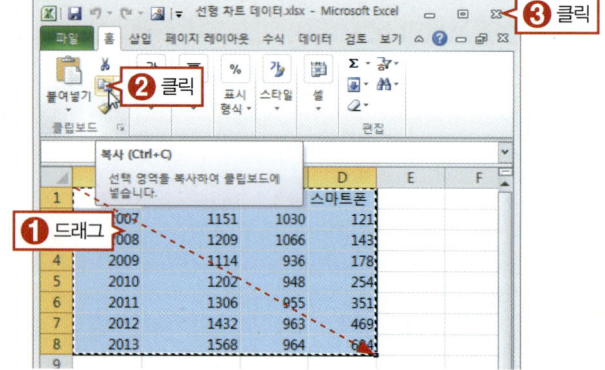

05

① 열린 엑셀 파일에서 차트에 적용할
　 [A1] 셀에서부터 [D8] 셀까지를
　 드래그해 블록 선택
② [홈] 탭에서 [복사] 클릭
　 (단축키 : Ctrl + C)
③ [✖ 닫기]를 클릭합니다.

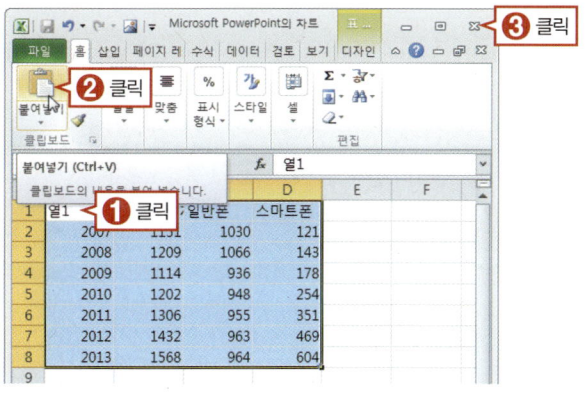

06

① 차트 삽입 시 표시된 엑셀 창의 맨 왼쪽 상단에 있는 셀 클릭

② [홈] 탭에서 [붙여넣기] 클릭 (단축키 : Ctrl + V)

③ [✖ 닫기]를 클릭합니다.

> **Tip** 셀이 아래로 이동할 수 있다는 경고 메시지
>
> 엑셀 데이터를 붙여넣을 때 이 표에서 워크시트에 행을 삽입했습니다. 이로 인해 표 아래 셀에 있는 데이터가 아래쪽으로 이동할 수 있다라는 메시지 창이 뜨면 [확인]을 클릭합니다.

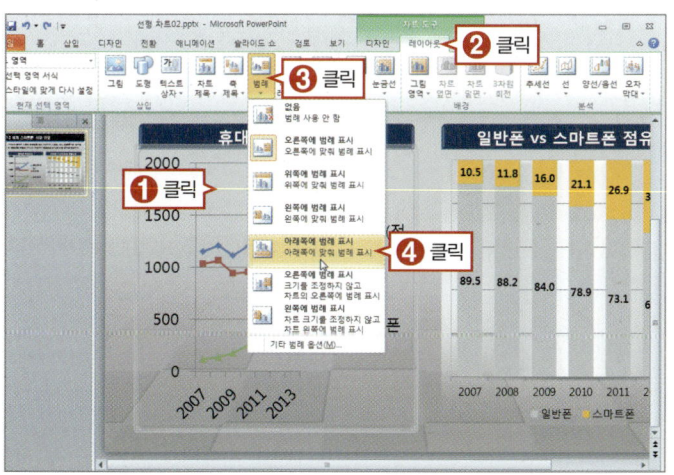

07

Alt + F9를 눌러 안내선을 표시하고 안내선에 맞게 차트를 이동한 후 크기를 조정합니다. Alt + F9를 눌러 안내선을 감춥니다.

> **Tip** 차트 이동 및 크기를 조정하는 방법
>
> **이동** : 차트 테두리에서 점이 없는 부분을 드래그해 이동합니다. Shift를 누르면 수평이나 수직으로 이동할 수 있습니다.
> **크기 조정** : 차트 테두리에서 점이 찍혀 있는 부분을 드래그해 크기를 조정합니다.

슬라이드 배경에 묻히지 않게 차트 배경 수정하기

· 준비 파일 ◎ : 부록 CD/7장/Section01/선형 차트02.pptx

08

① **차트** 클릭

② [차트 도구]–[레이아웃] 탭 클릭

③ [레이블] 그룹에서 [범례] 클릭

④ [아래쪽에 범례 표시]를 클릭합니다.

> **Tip** 용이한 작업을 위한 화면 확대
>
> 차트를 선택한 상태에서 Ctrl을 누르고 마우스 휠을 앞으로 굴리면 차트를 중심으로 화면이 확대됩니다.

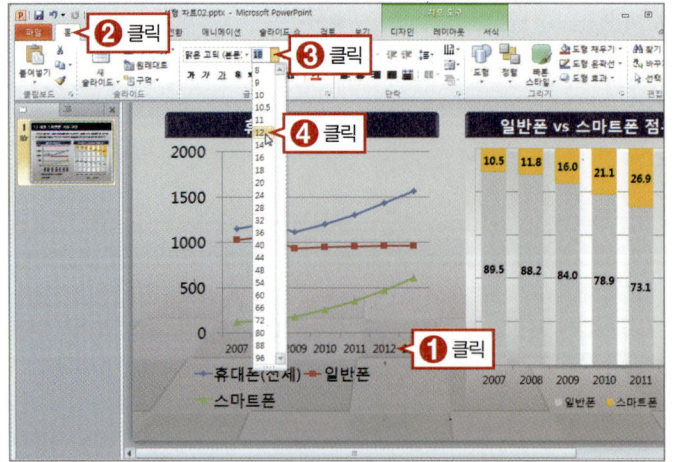

09

① 연도가 있는 **가로 (항목) 축** 클릭

② [**홈**] 탭 클릭

③ [**글꼴 크기**] 메뉴 클릭

④ **12pt**를 클릭합니다.

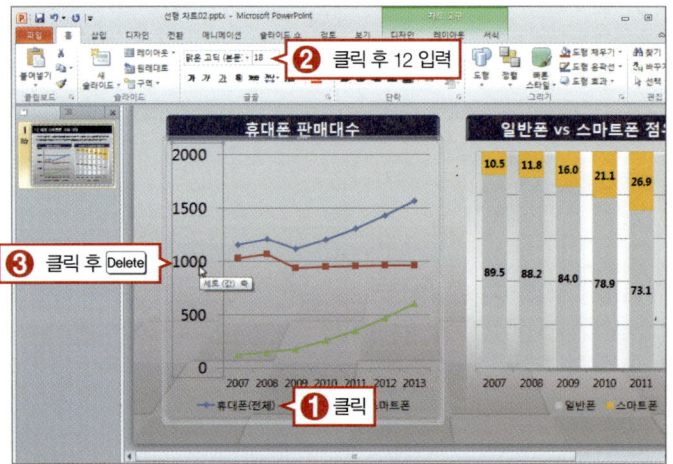

10

① 차트에서 **범례** 클릭

② [**글꼴 크기**] 입력란을 클릭 후 **12pt**
입력

③ 차트 왼쪽에 있는 **세로 (값) 축**을
클릭하고 Delete 를 누릅니다.

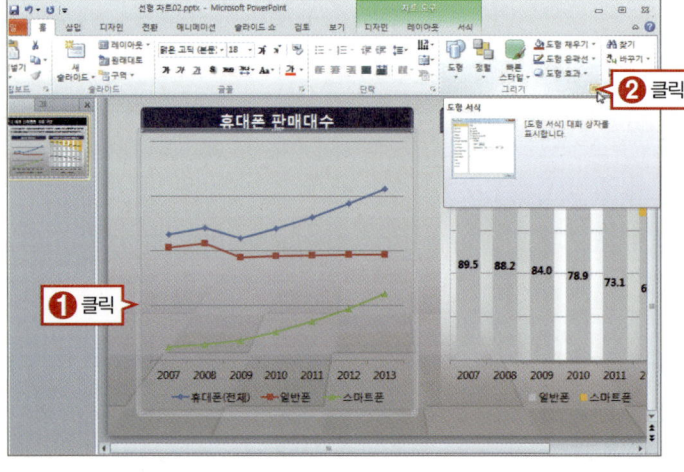

11

① **차트 테두리** 클릭

② [**홈**] 탭의 [**그리기**] 그룹에서
[🔲 **대화상자 표시**]를 클릭합니다.

Tip **차트 영역 서식 대화상자를 여는 다른 방법**

차트 영역 또는 차트 테두리를 더블 클릭합니다.

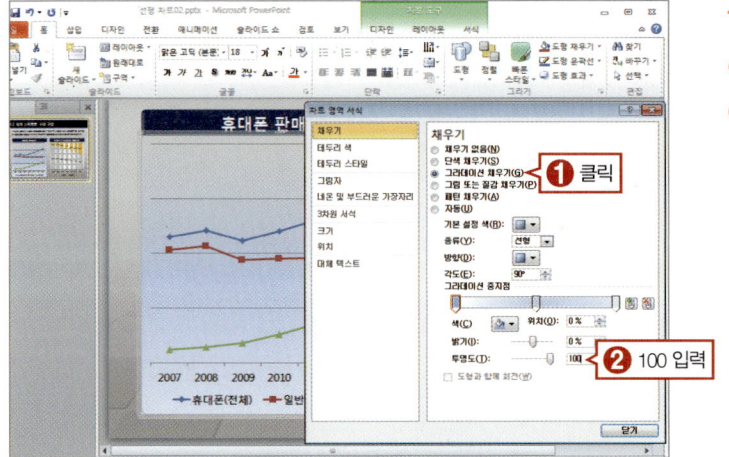

12

① [그라데이션 채우기] 클릭

② [투명도]에 **100%**를 입력합니다.

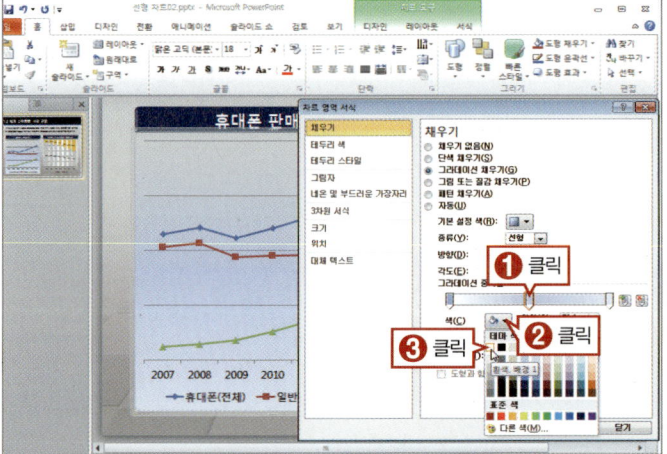

13

① **두 번째 중지점** 클릭

② [색] 클릭

③ [테마 색]에서 [흰색, 배경 1]을 클릭합니다.

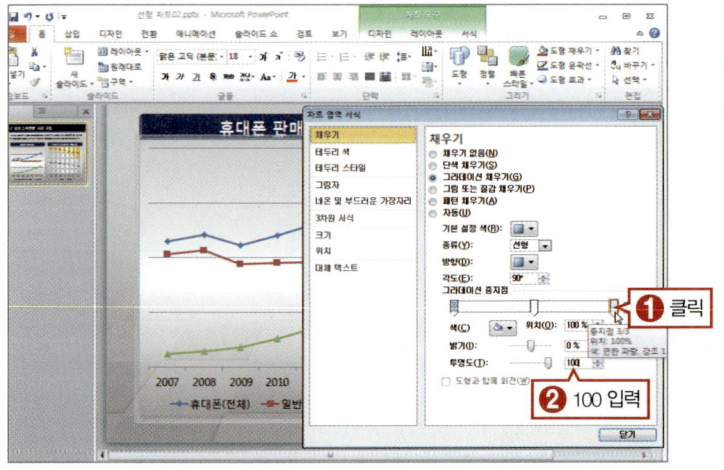

14

① **세 번째 중지점** 클릭

② [투명도]에 **100%**를 입력합니다.

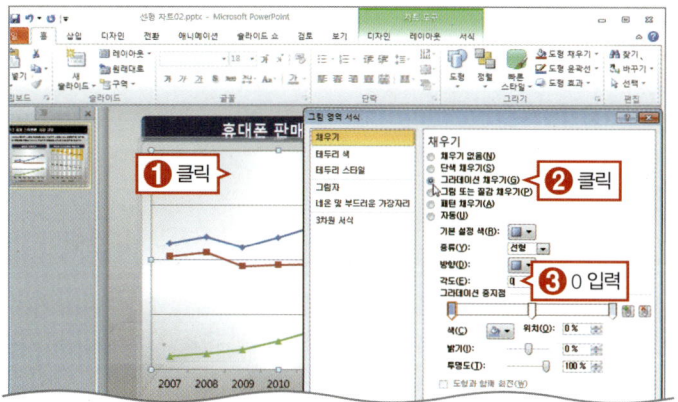

15

① 차트에서 **그림 영역** 클릭

② [그라데이션 채우기] 클릭

③ [각도]에 0을 입력합니다.

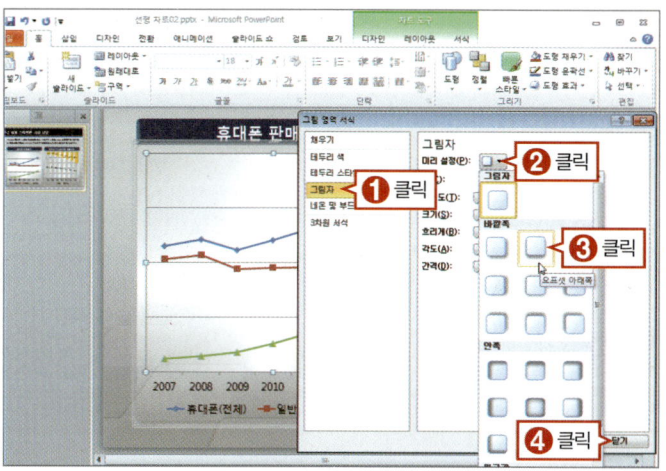

16

① 대화상자 왼쪽 목록에서 [그림자] 클릭

② [미리 설정] 클릭

③ [바깥쪽]에서 [오프셋 아래쪽] 클릭

④ [닫기]를 클릭합니다.

차트 선을 보기 좋게 변경하기

· **준비 파일** ◎:부록 CD/7장/Section01/선형 차트03.pptx

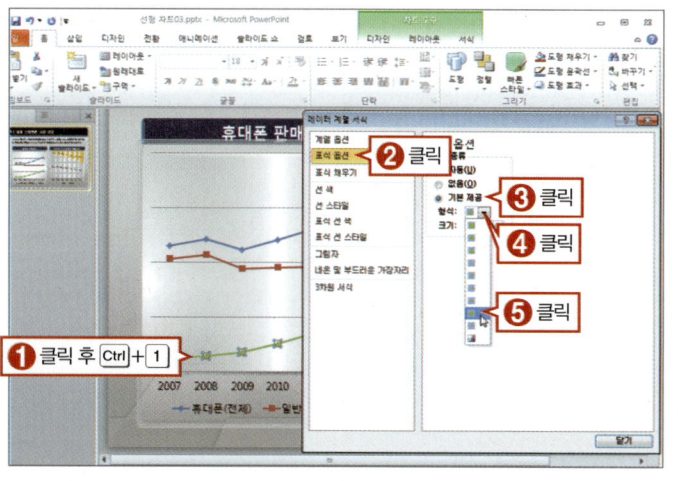

17

① 맨 아래의 **녹색 선**을 클릭하고
Ctrl + 1 누름

② 대화상자 왼쪽 목록에서 [표식 옵션]
클릭

③ [기본 제공] 클릭

④ [형식] 메뉴 클릭

⑤ 맨 아래에서 **세 번째의 원**을
클릭합니다.

Tip	데이터 계열 서식 대화상자를 여는 다른 방법

차트 선을 더블 클릭합니다.

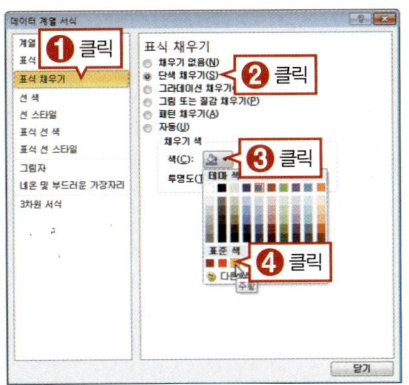

18

① 대화상자 왼쪽 목록에서 **[표식 채우기]** 클릭

② **[단색 채우기]** 클릭

③ **[색]** 클릭

④ [표준 색]에서 **[주황]**을 클릭합니다.

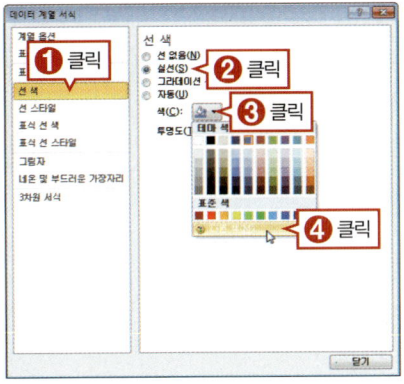

19

① 대화상자 왼쪽 목록에서 **[선 색]** 클릭

② **[실선]** 클릭

③ **[색]** 클릭

④ **[다른 색]**을 클릭합니다.

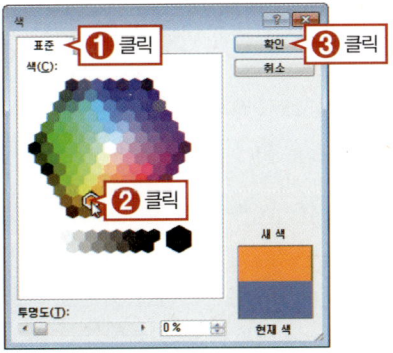

20

① 색 대화상자에서 **[표준]** 탭 클릭

② [표식 채우기]에서 선택한 색보다 조금 어두운 색인 **주황색** 클릭

③ **[확인]**을 클릭합니다.

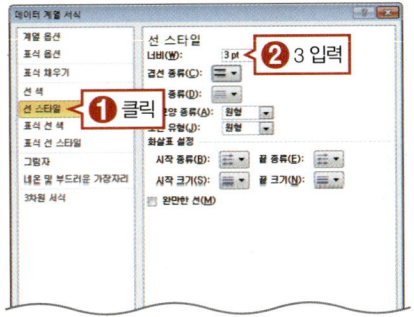

21

① 대화상자 왼쪽 목록에서 **[선 스타일]** 클릭

② [너비]에 **3pt**를 입력합니다.

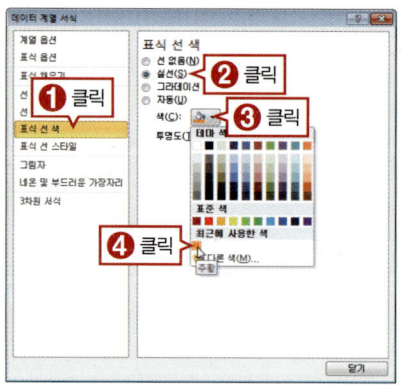

22

① 대화상자 왼쪽 목록에서 [표식 선 색] 클릭
② [실선] 클릭
③ [색] 클릭
④ [최근에 사용한 색]에서 [주황]을 클릭합니다.

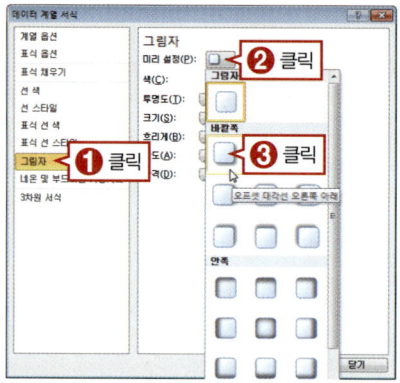

23

① 대화상자 왼쪽 목록에서 [그림자] 클릭
② [미리 설정] 클릭
③ [바깥쪽]에서 [오프셋 대각선 오른쪽 아래]를 클릭합니다.

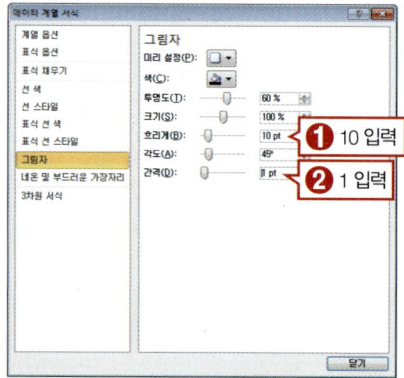

24

① [흐리게]에 10pt 입력
② [간격]에 1pt를 입력합니다.

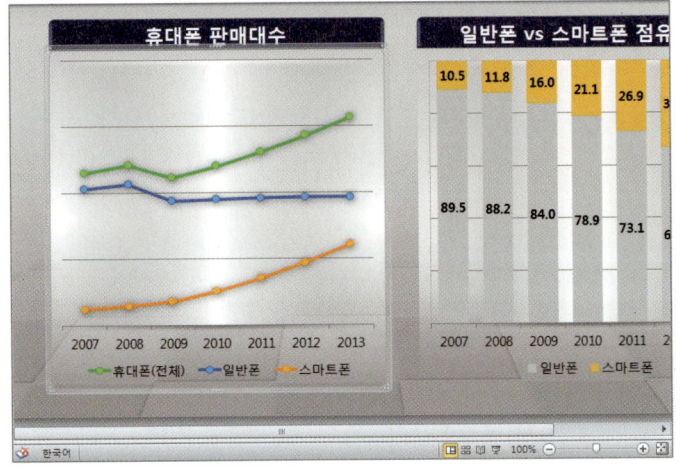

25 다른 선을 클릭하고 같은 방법으로 서식을 변경한 후 데이터 계열 서식 대화상자를 닫습니다.

휴대폰 판매 대수를 표시하는 레이블을 만들고 서식 및 위치 변경하기

・**준비 파일** ◎ : 부록 CD/7장/Section01/선형 차트04.pptx

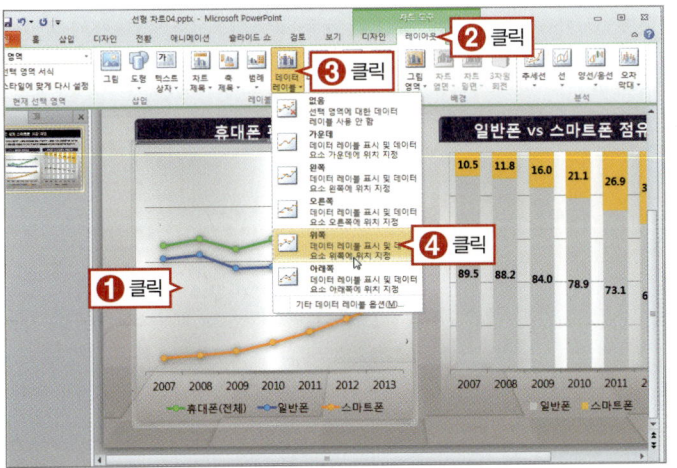

26

① **차트** 클릭
② [차트 도구]−[레이아웃] 탭 클릭
③ [레이블] 그룹에서 [데이터 레이블] 클릭
④ [위쪽]을 클릭합니다.

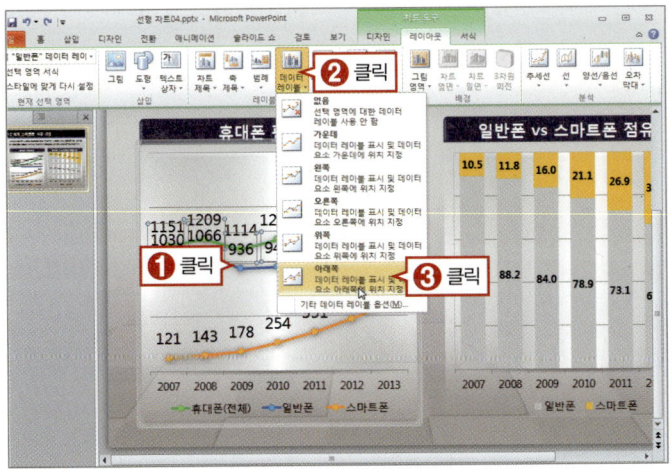

27

① 가운데에 있는 **파란색 선의 데이터 레이블** 클릭
② [데이터 레이블] 클릭
③ [아래쪽]을 클릭합니다.

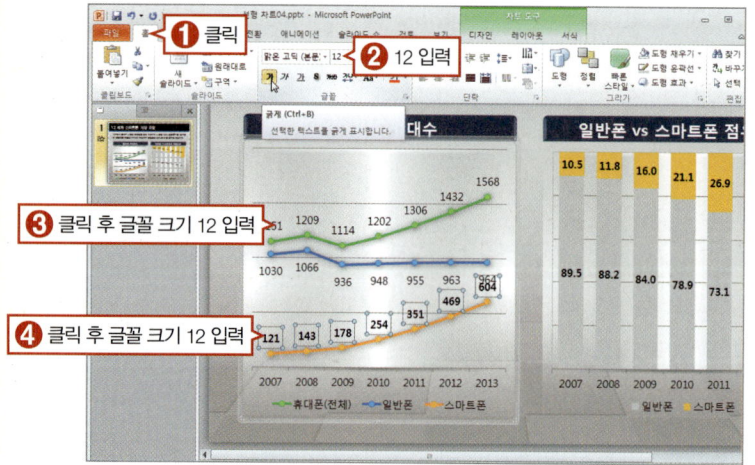

28

① [홈] 탭 클릭

② [글꼴 크기]에 **12pt** 입력

③ **녹색 선 데이터 레이블**을 클릭하고 [글꼴 크기]에 **12pt** 입력

④ **주황색 선 데이터 레이블**을 클릭하고 [글꼴 크기]에 **12pt** 입력

⑤ **[굵게]**를 클릭합니다.

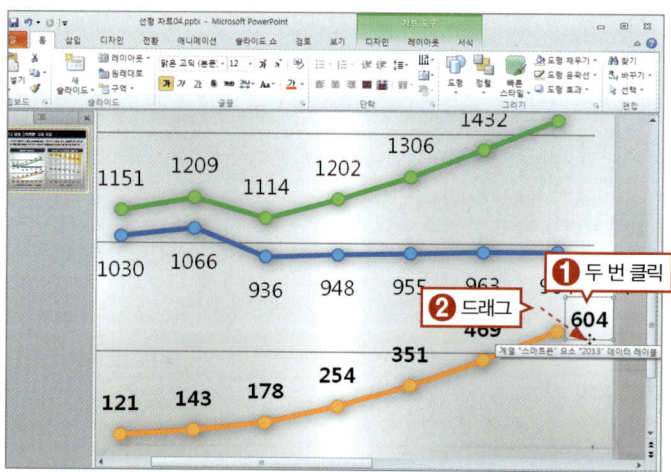

29 주황색과 파란색 그래프의 맨 오른쪽 레이블이 겹쳐집니다.

① 주황색 그래프의 **604 레이블** 두 번 클릭

② **604 레이블** 테두리를 오른쪽으로 드래그하여 레이블이 겹쳐지지 않도록 합니다.

Tip　**특정 레이블만 선택하는 방법**

특정 레이블을 두 번 클릭합니다. 두 번 클릭하는 것은 더블 클릭과 다릅니다. 클릭 후 천천히 다시 한 번 클릭합니다.

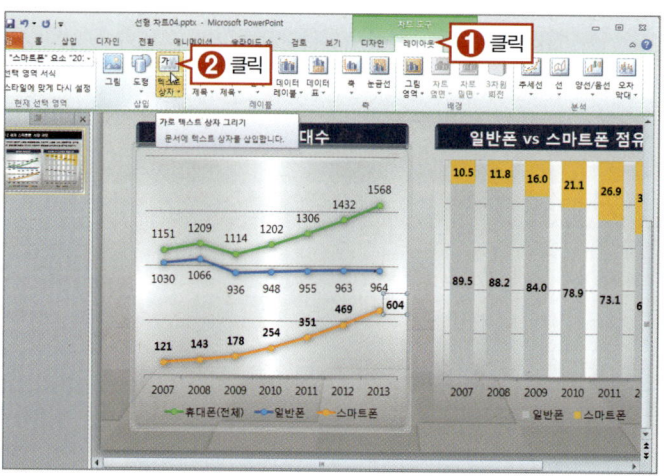

30

① [차트 도구]-[레이아웃] 탭 클릭

② [텍스트 상자]를 클릭합니다.

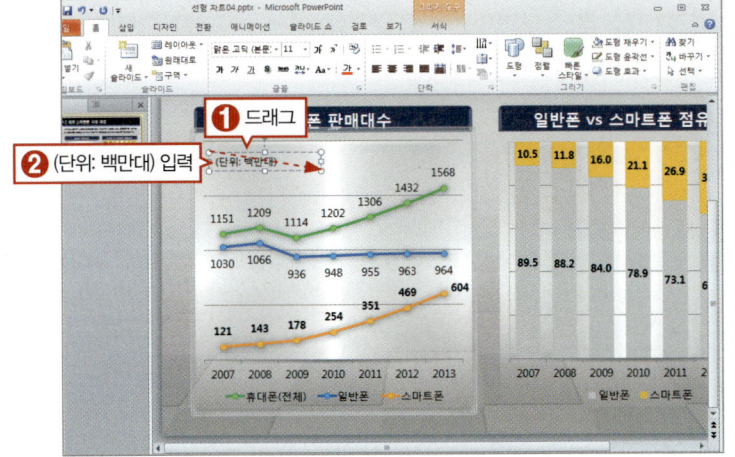

31

① **그림 영역 위**에서 드래그하여 텍스트 상자를 생성

② **(단위 : 백만대)**를 입력합니다.

[차트 도구]-[레이아웃] 탭의 텍스트 상자와 [삽입] 탭의 텍스트 상자에는 차이점이 있습니다. [차트 도구]-[레이아웃] 탭의 [삽입] 그룹에서 그림, 도형, 텍스트 상자를 이용해 차트에 그림, 도형, 텍스트를 삽입하면 삽입된 요소들이 차트에 포함됩니다. 따라서 차트를 이동할 때 같이 움직입니다.

Note 7   보기 좋은 선형 차트를 만드는 선과 표식의 색 조합

선형 차트에서 선과 표식은 같은 계열의 색으로 사용하고 선은 진하게, 표식은 흐리게 하는 것이 좋습니다. 표식 채우기 색은 흰색으로 처리해도 보기에 좋습니다.

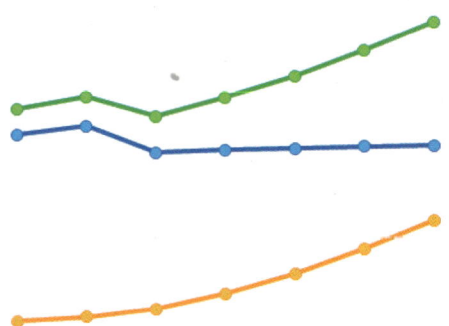

▲ 표식 채우기와 선 색에 밝기를 조정한 예

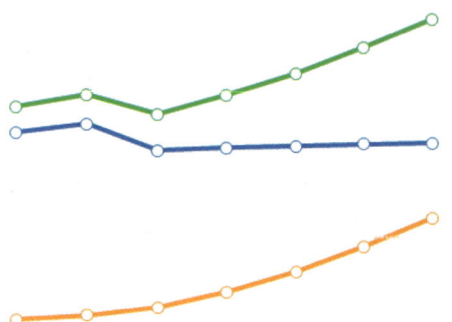

▲ 표식 채우기 색을 모두 흰색으로 처리한 예

매출 비중을 파악할 수 있는 원형 차트 만들기

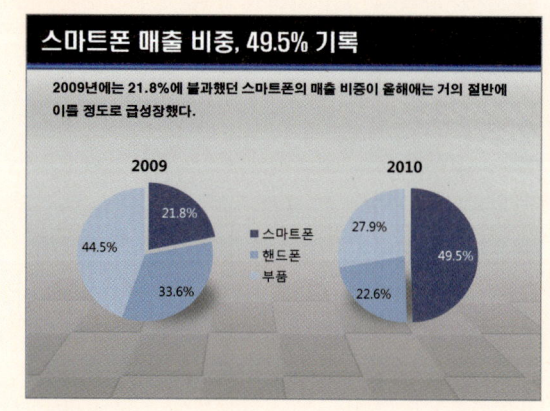

▲ 완성 화면

원형 차트는 100%를 기준으로 특정 상품의 매출이 차지하는 비중을 면적으로 표현하기 때문에 여러 상품의 매출 비중을 한눈에 비교할 때도 편하고 직관적입니다. 또한 원형 차트 두 개를 이용해서 매출 비중의 변화를 비교하면서 메시지 전달력을 높일 수 있습니다.

· 준비 파일
　◎ : 부록 CD/7장/Section01/원형 차트.pptx
· 완성 파일
　◎ : 부록 CD/7장/Section01/완성/원형 차트 결과.pptx

핵심 내용이 잘 보이도록 레이아웃과 서식 설정하기

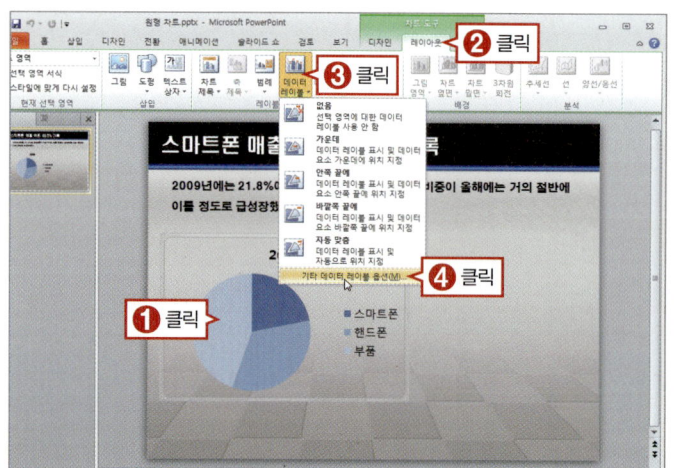

01

① 슬라이드에서 **원형 차트** 클릭
② [차트 도구]−[레이아웃] 탭 클릭
③ [데이터 레이블] 클릭
④ [기타 데이터 레이블 옵션]을 클릭합니다.

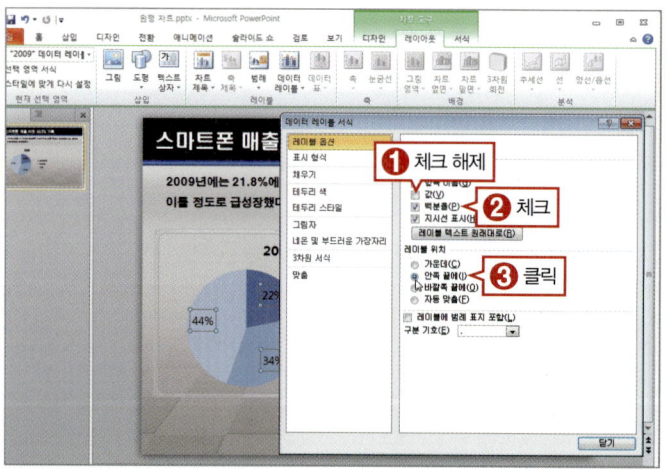

02

① [값]을 클릭하여 선택 해제
② [백분율]을 클릭해서 선택
③ [안쪽 끝에]를 클릭합니다.

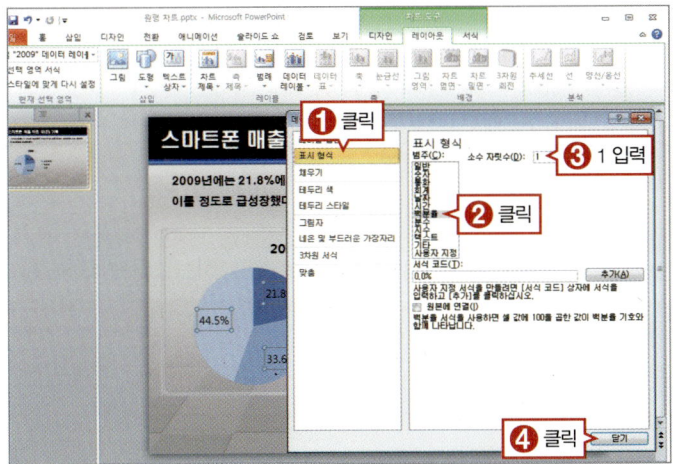

03

① 대화상자 왼쪽 목록에서 [표시 형식]
   클릭
② [백분율] 클릭
③ [소수 자릿수]에 1 입력
④ [닫기]를 클릭합니다. 데이터
   레이블의 백분율이 소수 첫째
   자리까지 표시됩니다.

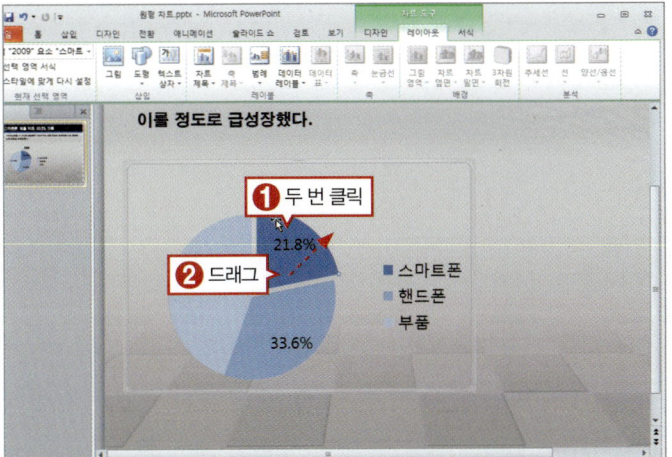

04

① 차트에서 **스마트폰 조각** 두 번 클릭
② **선택된 조각**을 오른쪽 상단으로
   드래그합니다.

Tip **강조 효과를 높이는 조각 분리 개수**

강조를 위한 조각 분리는 한 개가 가장 좋으며 아무리 많아
도 두 개 이하로 하는 것이 좋습니다. 너무 많이 분리하면
강조의 효과가 떨어집니다.

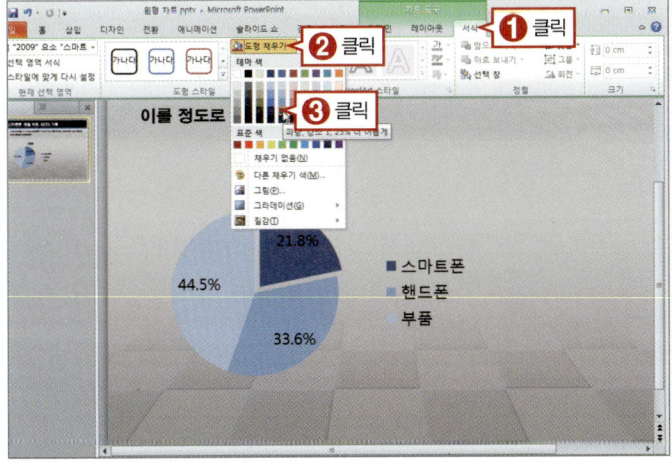

05

① [차트 도구]-[서식] 탭 클릭
② [도형 채우기] 클릭
③ [테마 색]에서
   [파랑, 강조 1, 25% 더 어둡게]를
   클릭합니다.

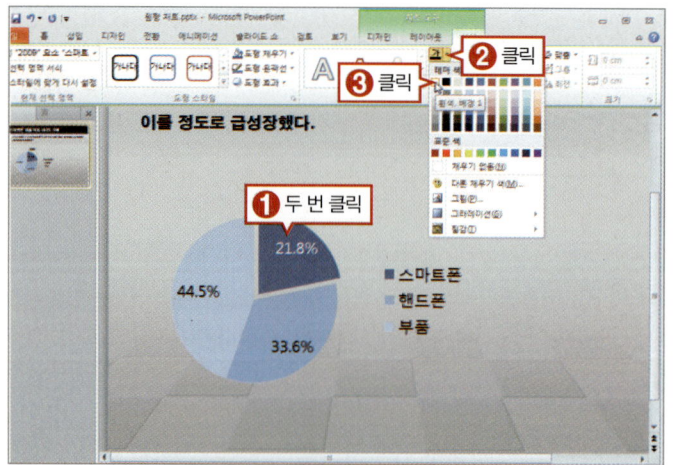

06

① **스마트폰 레이블**을 두 번 클릭하여 스마트폰 레이블만 선택

② [**텍스트 채우기**] 클릭

③ [**흰색, 배경 1**]을 클릭합니다.

원형 차트에 그림자를 넣어 보기 좋게 만들기

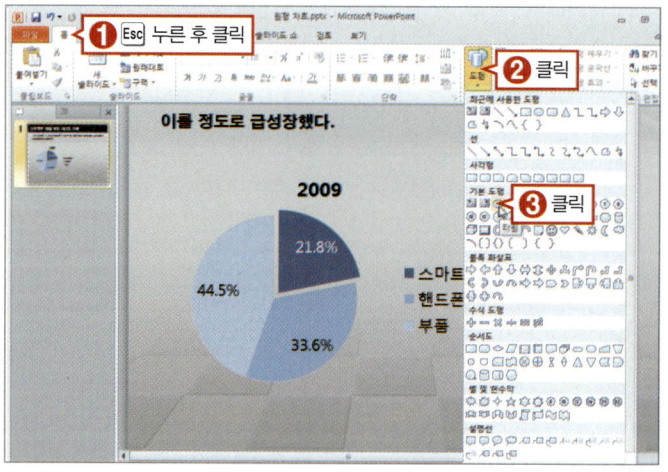

07

① `Esc`를 눌러 차트 선택을 해제하고 [**홈**] 탭 클릭

② [**도형**] 클릭

③ [기본 도형]에서 [**타원**]을 클릭합니다.

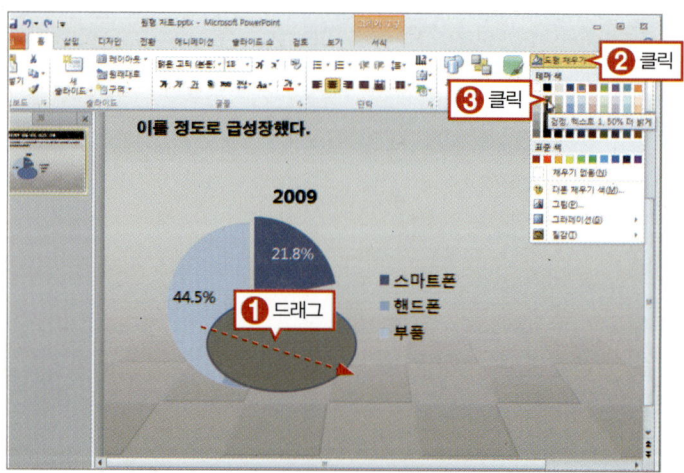

08

① 원형 차트 아래에서 드래그해 **타원 생성**

② [**도형 채우기**] 클릭

③ [**테마 색**]에서 [**검은, 텍스트 1, 50% 더 밝게**]를 클릭합니다.

> **Tip 차트와 새로 그린 도형의 정렬 순서를 바꿀 때**
>
> 차트가 선택된 상태에서 도형을 만들면 도형이 선택된 차트에 포함됩니다. 차트에 도형이 포함되면 정렬 순서를 바꿀 수 없습니다. 따라서 만들어진 도형을 차트 뒤로 보내기 위해서는 차트를 선택 해제한 상태에서 도형을 만듭니다.

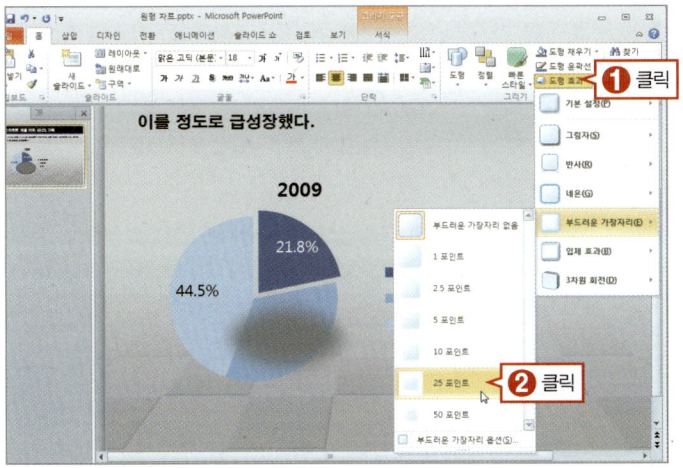

09

① [도형 효과] 클릭

② [부드러운 가장자리]로 하고 마우스 포인터를 이동하고 [25 포인트]를 클릭합니다.

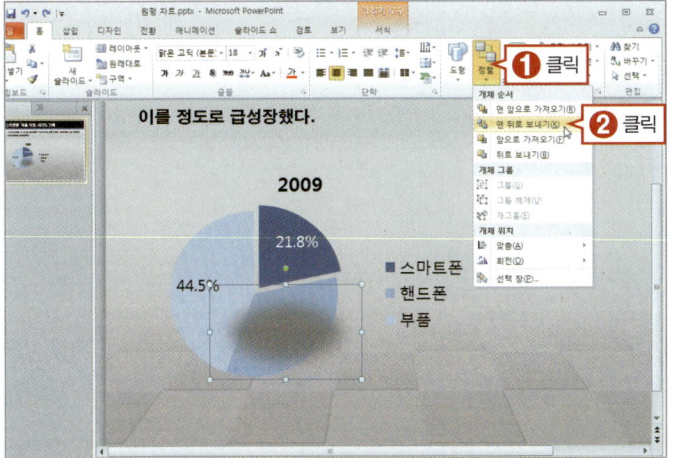

10

① [정렬] 클릭

② [맨 뒤로 보내기]를 클릭합니다.

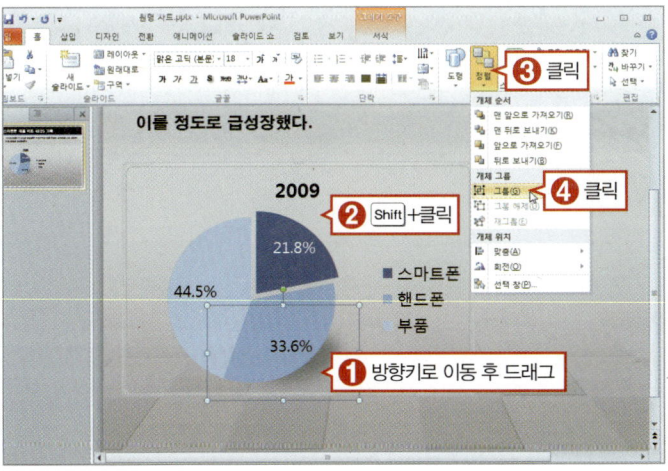

11

① **방향키**로 위치를 이동하고 **크기 조정 핸들**을 드래그하여 크기 조정

② Shift 를 누른 상태에서 **원형 차트** 클릭

③ [정렬] 클릭

④ [그룹]을 클릭합니다.

Tip	그룹 명령 단축키

그룹 : Ctrl + G

그룹 해제 : Ctrl + Shift + G

차트를 복제해 매출을 비교할 2010년 원형 차트 만들기

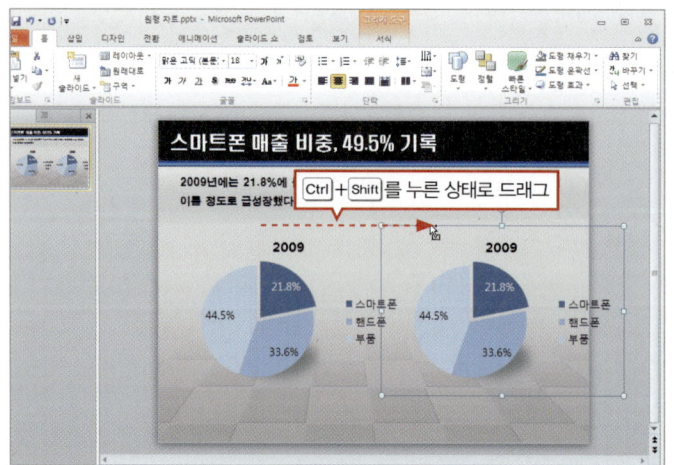

12 `Ctrl` + `Shift` 를 누른 상태에서 **그룹 개체의 테두리**를 오른쪽으로 드래그합니다.

> **Tip**　**슬라이드를 작업 창 크기에 맞추는 방법**
>
> 파워포인트 화면 오른쪽 하단의 [🔳 창에 맞춤]을 클릭하면 창에 맞춰 슬라이드 전체 화면이 창에 나타납니다.

> **Tip**　**개체를 복제하는 다른 방법**
>
> 그룹 개체를 선택하고 `Ctrl` + `D` 를 누릅니다.

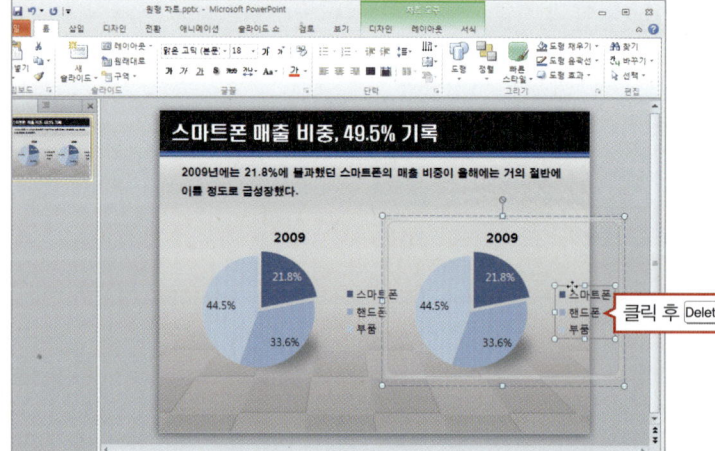

13 **범례**를 클릭하고 `Delete` 를 누릅니다.

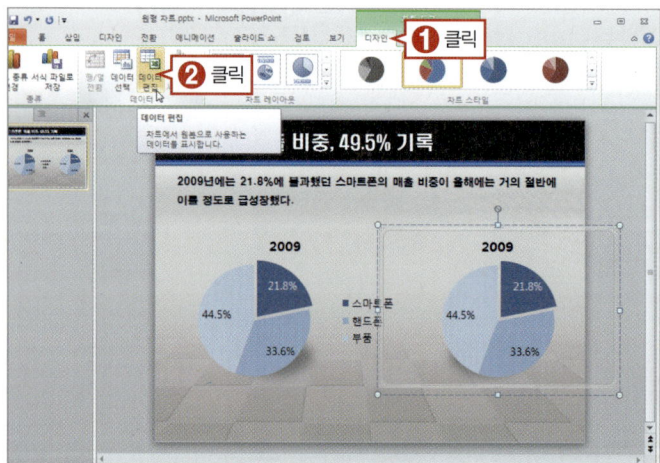

14
① [**차트 도구**]–[**디자인**] 탭 클릭
② [**데이터 편집**] 클릭

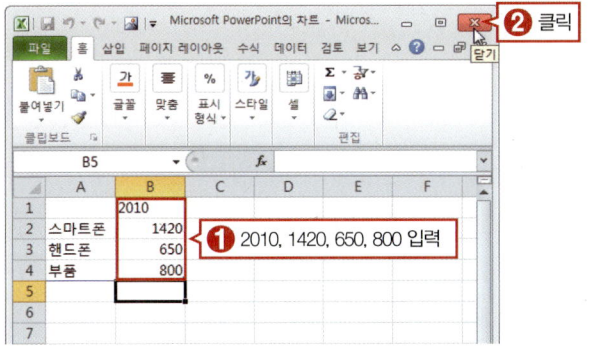

15

① 엑셀 창에서 [B1] 셀에 **2010**,
　 [B2] 셀에 **1420**, [B3] 셀에 **650**,
　 [B4] 셀에 **800** 입력

② [✕ **닫기**]를 클릭합니다.

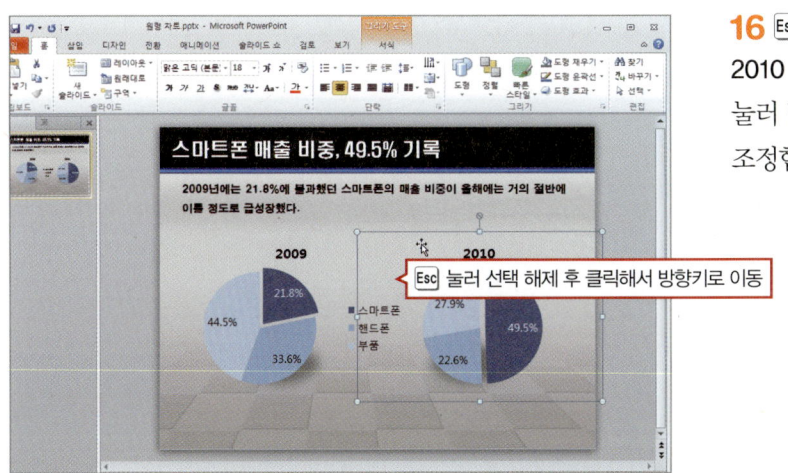

16 Esc를 눌러 선택을 해제하고
2010 그룹 개체를 클릭한 후 **방향키**를
눌러 범례가 중심에 위치할 수 있게
조정합니다.

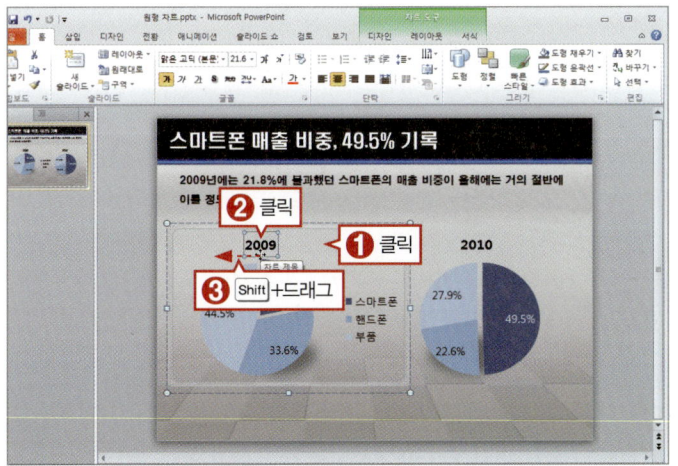

17

① **왼쪽 원형 차트** 클릭

② **2009** 클릭

③ Shift를 누른 상태에서 **2009 테두리**를
　 왼쪽으로 드래그합니다.

> **Tip**　**원형 차트의 가로 크기는 조정하지 않기**
>
> 범례가 없는 원형 차트는 좌우에 빈 공간이 많이 존재합니
> 다. 이 부분 때문에 가로 너비를 좁히면 조각 위에 배치된
> 데이터 레이블의 폭이 자동으로 좁아져서 텍스트가 두 줄
> 이 되는 상황이 발생합니다.

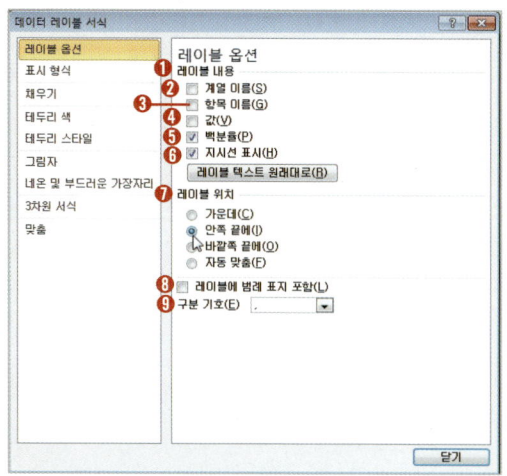

① [레이블 내용] : 어떤 레이블을 표시할 것인지 선택합니다.

② [계열 이름] : 엑셀 데이터의 1행 입력 내용(예 : 2009, 2010)이 표시됩니다.

③ [항목 이름] : 엑셀 데이터에서 [A]열에 입력한 내용(예 : 스마트폰, 일반폰 등)이 표시됩니다.

④ [값] : 엑셀 데이터에서 [B]열에 입력한 숫자가 표시됩니다. 이 항목은 기본적으로 선택되어 있습니다.

⑤ [백분율] : [B]열에 입력한 숫자를 백분율로 환산해 표시해 줍니다.

⑥ [지시선 표시] : 차트 조각이 너무 작아 조각 안에 레이블이 배치되기 힘들 때는 레이블이 바깥쪽에 배치되는데, 이때 조각과 레이블을 연결하는 지시선이 표시됩니다. 단, 이 옵션은 레이블 위치가 [자동]이나 [바깥쪽 끝에]인 경우에만 유효합니다.

⑦ [레이블 위치] : 레이블을 어디에 배치할 것인지 선택합니다. 기본적으로 '자동 맞춤'이 선택되어 있기 때문에 차트의 크기에 따라 레이블의 위치가 변경되므로 '가운데'나 '안쪽 끝에' 중에 하나를 선택하는 것이 좋습니다.

⑧ [레이블에 범례 표지 포함] : 레이블 옆에 범례 색 조각(범례 표지)이 포함됩니다. 만약 항목 이름을 표시하면 오른쪽 범례가 필요 없으므로 범례를 클릭해 선택하고 Delete를 눌러 지웁니다.

⑨ [구분 기호] : [레이블 내용]에서 계열 이름, 항목 이름, 값, 백분율 중 두 개 이상이 선택되었을 때 이들을 어떻게 구분할 것인가를 결정합니다. 기본적으로 쉼표로 표시되는데 [줄 바꿈]을 선택해도 좋습니다.

Note 9 몇 년간의 점유율 차이를 보일 때는 100% 기준 막대형 차트 사용하기

100% 기준 누적 세로 막대형 차트나 100% 기준 누적 가로 막대형 차트를 사용하면 몇 년간의 점유율 차이를 직관적으로 비교할 수 있습니다.

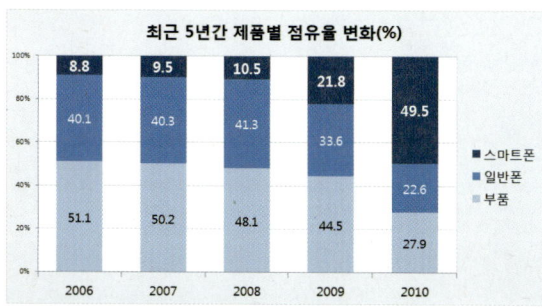

▲ 100% 기준 누적 세로 막대형 차트

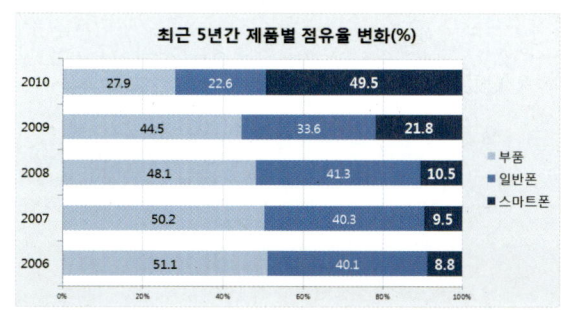

▲ 100% 기준 누적 가로 막대형 차트

section 02 차트의 세부 요소 수정하고 서식 저장하기

• 데이터 레이블 표시 • 그래프 모양 및 값 변경 • 혼합 차트 만들기 • 차트에 데이터 표시 및 교체

차트 사용 시에는 작업 중에 세부 요소를 자주 수정하게 됩니다. 차트 편집에 꼭 필요한 기술인 데이터 레이블의 표시 형식 조정 방법, 막대그래프 두께를 조정하는 방법, 원형 차트를 회전하는 방법 등을 알아봅니다. 마지막으로 완성된 차트의 서식을 저장한 후 새 차트, 또는 다른 차트에 적용하는 방법을 알아보겠습니다.

데이터 레이블에 천 단위 쉼표 표시하기

• **준비 파일** ⊙ : 부록 CD/7장/Section02/차트요소수정.pptx, 1번 슬라이드 • **완성 파일** ⊙ : 부록 CD/7장/Section02/완성/차트요소수정 결과.pptx, 1번 슬라이드

1 ① 첫 번째 슬라이드의 차트에서 **데이터 레이블**을 선택합니다. ② [차트 도구]-[레이아웃] 탭을 열고 ③ [선택 영역 서식]을 클릭합니다(단축키 : Ctrl+1).

2 ④ 데이터 레이블 서식 대화상자의 왼쪽에서 [표시 형식]을 선택합니다. ⑤ [범주]에서 [숫자]를 선택한 후 ⑥ [1000 단위 구분 기호(,) 사용]을 선택합니다. 이 항목은 기본적으로 선택되어 있습니다.

1

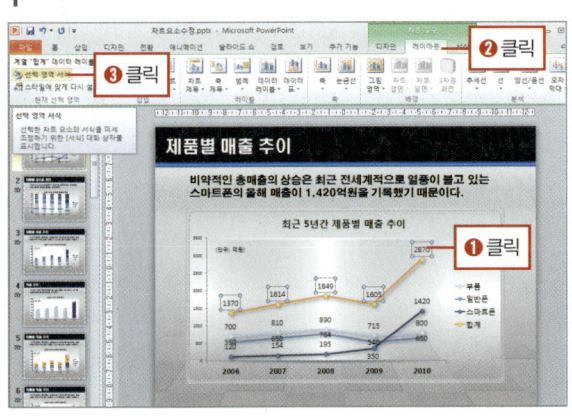

▲ 데이터레이블 선택 → [차트 도구] - [레이아웃] 탭 → [선택 영역 서식] 클릭

2

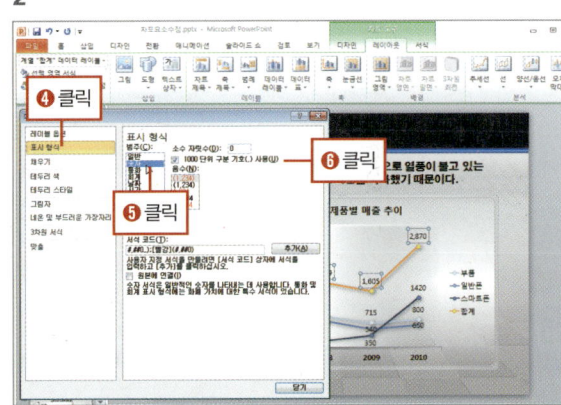

▲ [표시 형식] → [숫자] → [1000단위 구분 기호(,) 사용] 선택

소수 자릿수 조정하기

• **준비 파일** ⊙ : 부록 CD/7장/Section02/차트요소수정.pptx, 2번 슬라이드 • **완성 파일** ⊙ : 부록 CD/7장/Section02/완성/차트요소수정 결과.pptx, 2번 슬라이드

차트에서 엑셀 데이터를 사용할 때 함수나 계산식 때문에 소수섬의 사릿수가 너무 길게 표시되면 소수점 자릿수를 일정하게 지정하는 것이 좋습니다.

- ① 소수 자릿수를 조정할 **데이터 레이블**을 더블클릭합니다. ② 데이터 레이블 서식 대화상자에서 **[표시 형식]**을 클릭하고 ③ **[범주]**에서 **[숫자]**를 선택합니다. ④ [소수 자릿수] 입력상자에 1을 입력합니다. 다른 레이블을 클릭하고 같은 방법으로 소수 자릿수를 1로 변경합니다.

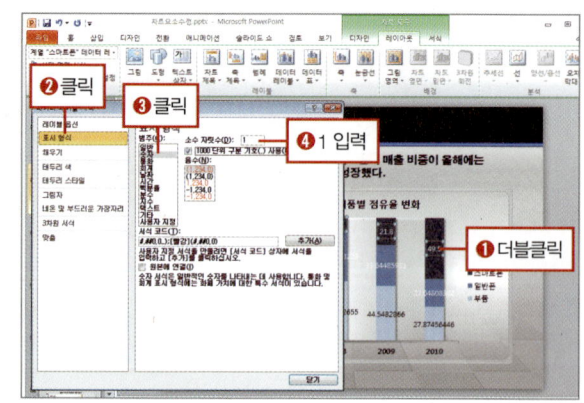

▶ 데이터 레이블 더블클릭 → [표시 형식] → [숫자] → 소수 자릿수 입력

막대그래프 너비 조정하기

· **준비 파일** ⊚ : 부록 CD/7장/Section02/차트요소수정.pptx, 3번 슬라이드   · **완성 파일** ⊚ : 부록 CD/7장/Section02/완성/차트요소수정 결과.pptx, 3번 슬라이드

막대그래프는 데이터 레이블의 길이가 그래프의 너비보다 길어 글자가 잘 보이지 않는 경우가 있습니다. 이때는 그래프의 너비를 조정해서 문제를 해결할 수 있습니다.

- ① **막대그래프 조각 중 하나**를 더블클릭합니다. ② 데이터 요소 서식 대화상자의 **[간격 너비]**에서 슬라이드를 좌우로 드래그합니다. 그래프 간 간격이 넓어지면 그래프 너비가 좁아지고 그래프 간 간격이 좁아지면 그래프 너비가 넓어집니다.

▶ 막대그래프 조각 더블클릭 → [간격 너비]에서 슬라이드 드래그

세로 축의 최솟값, 최댓값 변경하기

· **준비 파일** ⊚ : 부록 CD/7장/Section02/차트요소수정.pptx, 4번 슬라이드   · **완성 파일** ⊚ : 부록 CD/7장/Section02/완성/차트요소수정 결과.pptx, 4번 슬라이드

막대형 차트나 선형 차트가 만들어지면 파워포인트는 자동으로 세로 축의 최솟값과 최댓값을 설정합니다. 최댓값과 최솟값의 범위를 좁히면 메시지를 조금 더 강화할 수 있습니다.

1 ① 세로 (값) 축에 있는 숫자를 더블클릭합니다.
2 ② 축 서식 대화상자에서 다음과 같이 설정합니다.

[최소값] : [고정] 선택, **1000** 입력
세로 축의 맨 아래 값을 1000으로 변경한다는 의미입니다.
[최대값] : [고정] 선택, **3000** 입력
세로 축의 맨 위의 값을 3000으로 변경한다는 의미입니다.

[주 단위] : **[고정]** 선택, 1000 입력

세로 축에 표시되는 숫자의 간격을 1000으로 설정한다는 의미입니다.

1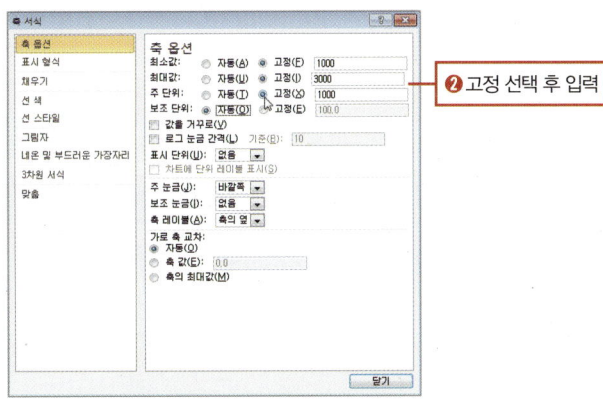

▲ 세로 (값) 축 더블클릭

❷ 고정 선택 후 입력

▲ [최소값], [최대값], [주 단위] 고정 항목에 값 입력

세로 (값) 축을 더블클릭하고 표시되는 대화상자의 축 옵션에서 원래대로 되돌리려는 값을 [자동]으로 선택합니다.

▌혼합 차트 만들기

· **준비 파일** ◎ : 부록 CD/7장/Section02/차트요소수정.pptx, 5번 슬라이드   · **완성 파일** ◎ : 부록 CD/7장/Section02/완성/차트요소수정 결과.pptx, 5번 슬라이드

한 차트에서 차트 종류가 두 개 이상인 것을 혼합 차트라고 합니다. 표시할 두 그래프의 단위
가 다르거나(예 : 한 그래프는 **억원**, 다른 그래프는 **%**), 한 요소는 흐름을, 다른 요소는 점유율
을 보여줄 때 자주 사용합니다.

Note 1 당사와 경쟁사 간 그래프 격차를 줄여서 보여줄 때 사용하는 방법

당사의 매출이 3위이고 1위와 격차가 크다면 최솟값은 기본값인 0으로 설정하고 최댓값만 높여줍니다. 차이가 줄어든 것처럼 보입니다.

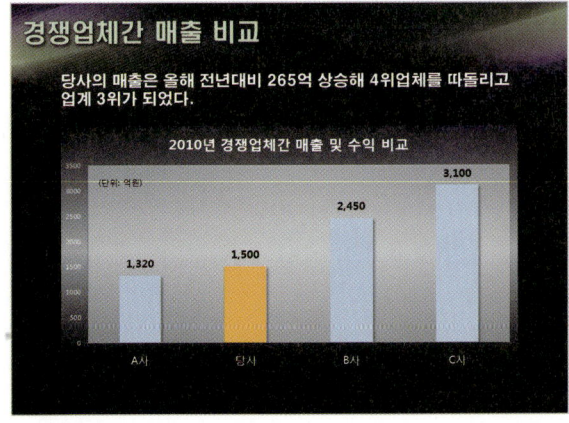

▲ 원래 차트

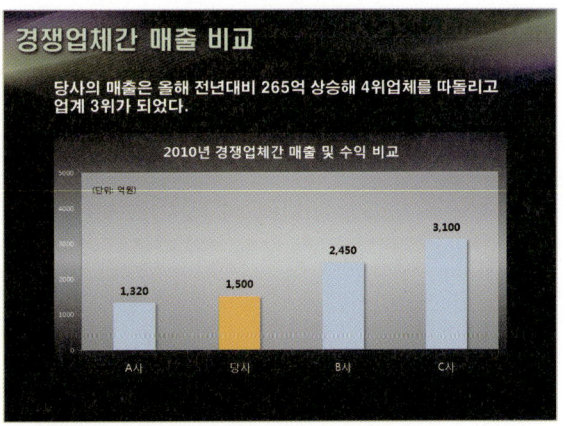

▲ 최댓값을 5000으로 수정한 차트. 격차가 줄어든 것처럼 보임

1 ① 차트에서 주황색 조각인 **합계**를 클릭합니다. ② [**차트 도구**]–[**디자인**] 탭을 클릭한 후 ③ [**차트 종류 변경**]을 클릭합니다.

2 ④ 대화상자 왼쪽 목록에서 [**꺾은선형**]을 클릭하고 ⑤ 오른쪽에서 [**표식이 있는 꺾은선형**]을 클릭한 후 ⑥ [**확인**]을 클릭합니다.

1

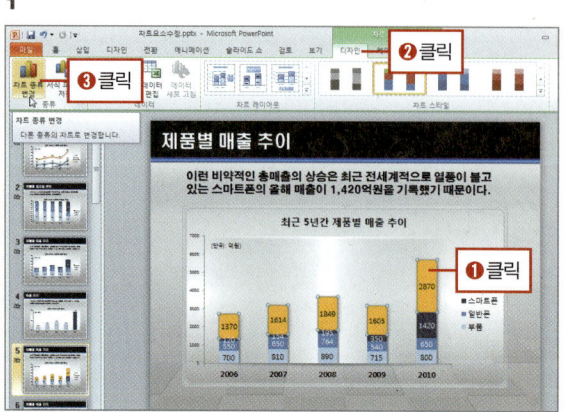

▲ 합계 클릭 → [차트 도구] – [디자인] → [차트 종류 변경] 클릭

2

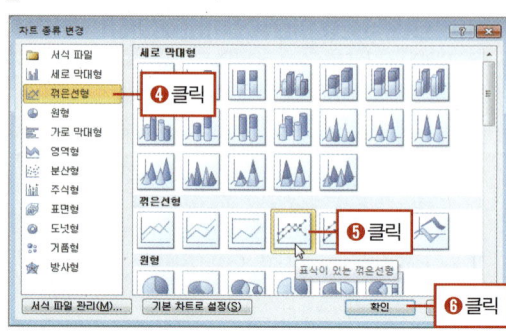

▲ [꺾은선형] → [표식이 있는 꺾은선형] → [확인] 클릭

3 바뀐 선형 그래프를 막대그래프 약간 위쪽에 배치하려면 보조 축을 만들고 보조 축의 최댓 값을 변경해야 합니다. ⑦ 차트에서 **선형 그래프**를 더블클릭합니다.

4 ⑧ 데이터 계열 서식 대화상자에서 [**보조 축**]을 선택하고 ⑨ [**닫기**]를 클릭합니다.

3

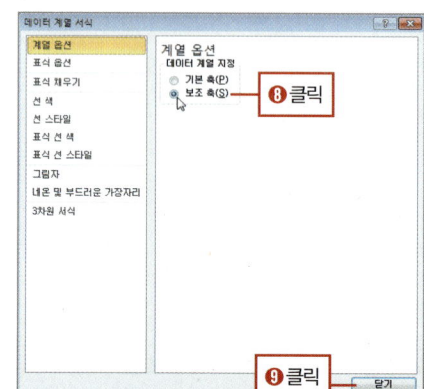

▲ 선형 그래프 더블클릭

4

▲ [보조 축] 선택 → [닫기] 클릭

5 ⑩ 차트 오른쪽에 표시된 **보조 축**을 더블클릭합니다.

6 ⑪ 축 서식 대화상자의 [**최대값**]에서 [**고정**]을 선택하고 ⑫ 오른쪽 입력상자에 **3000**을 입력 합니다. 이것은 보조 축의 맨 위의 값을 3000으로 변경한다는 의미입니다. ⑬ [**닫기**]를 클 릭합니다.

5

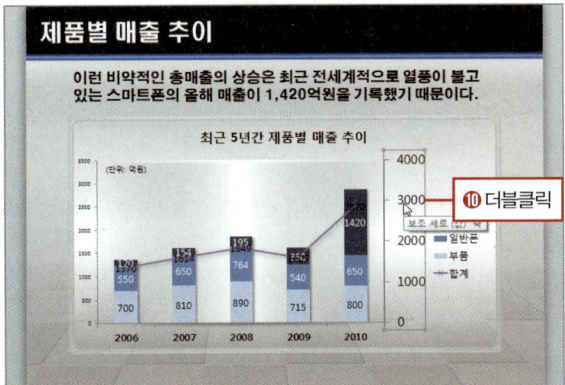

▲ 보조 축 더블클릭

6

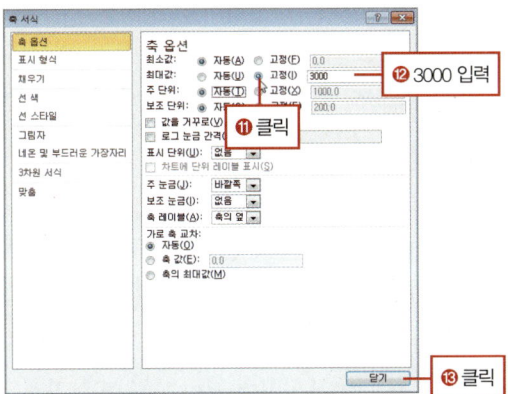

▲ [최대값]에서 [고정] 선택 → 3000 입력 → [닫기] 클릭

복잡한 차트에서 데이터 표 표시하기

• **준비 파일** ◎ : 부록 CD/7장/Section02/차트요소수정.pptx, 6번 슬라이드　　• **완성 파일** ◎ : 부록 CD/7장/Section02/완성/차트요소수정 결과.pptx, 6번 슬라이드

요소가 너무 많은 선형 차트는 데이터 레이블이 없는 경우가 많은데, 데이터 레이블이 없으면
정확한 데이터를 한눈에 파악하기가 어렵습니다. 특히 인쇄물은 데이터 레이블을 정확하게 표
시해야 하는 경우가 많습니다. 이때는 차트 아래에 데이터 표를 넣어주는 것이 좋습니다.

1 ① **차트 영역**을 클릭하고 ② **[차트 도구]–[레이아웃]** 탭을 엽니다. ③ **[데이터 표]**를 클릭하고
　④ **[범례 표시와 함께 데이터 표 표시]**를 선택합니다. 차트 아래에 데이터 표가 표시됩니다.

2 ⑤ **[홈]** 탭을 열고 ⑥ **[글꼴 크기]**를 변경합니다. 표 크기가 줄어듭니다.

1

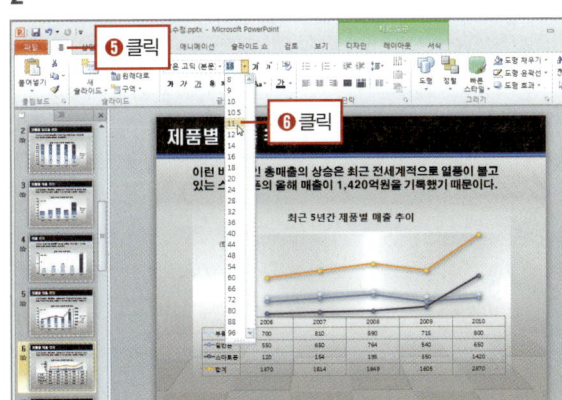

▲ 차트 선택 → [차트 도구] – [레이아웃] 탭 → [데이터 표] → [범례 표시와
함께 데이터 표 표시] 클릭

2

▲ [홈] 탭 → 글꼴 크기 변경

가로 막대형 차트에서 요소 순서 교체하기

· 준비 파일 ◎:부록 CD/7장/Section02/차트요소수정.pptx, 7번 슬라이드 　　　　· 완성 파일 ◎:부록 CD/7장/Section02/완성/차트요소수정 결과.pptx, 7번 슬라이드

요소를 비교할 때 사용하는 가로 막대형 차트는 엑셀에 입력한 요소의 순서와 차트에 나타나
는 순서가 반대로 표시되어 있어 보기에 불편합니다. 순서가 일치하도록 설정을 변경해보겠습
니다.

1 ① 차트에서 **세로 축**을 더블클릭합니다.
2 ② 축 서식 대화상자의 [축 옵션]에서 [**항목을 거꾸로**]를 선택합니다.

1

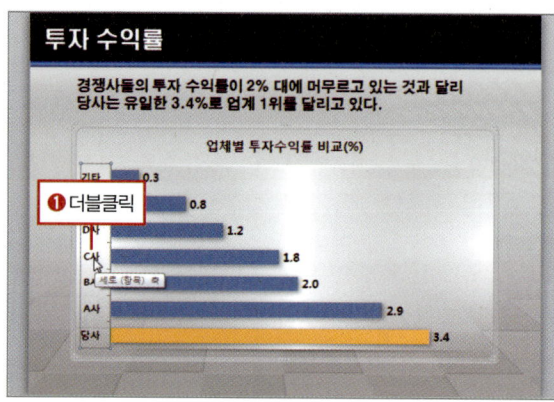

▲ 세로 축 더블클릭

2

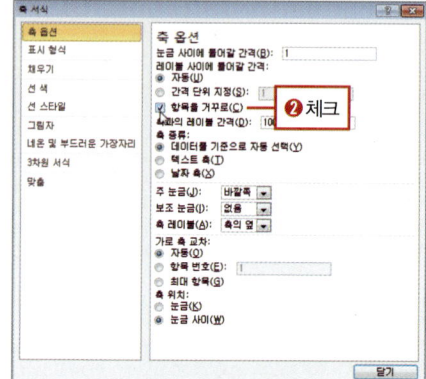

▲ [항목을 거꾸로] 선택

Tip　**막대형 차트를 보기 좋게 배치하는 방법**

막대형 차트는 중요한 조각을 위쪽에 배치하고 크기가 큰 순서대로 위에서부터 배치하는 것이 가장 보기에 좋습니다.

📝 **Note 2**　데이터 레이블이 없더라도 꼭 필요한 부분에는 값 표시하기

데이터 레이블을 모두 빼버리면 전체적인 흐름을 볼 때는 별다른 문제가 없지만 정확한 값을 알기 위해서는 아래의 표를 봐야 한다는
단점이 있습니다. 이런 경우에는 중요한 몇 곳에만 텍스트 상자를 만들어 레이블 값을 표시하는 것이 좋습니다.

1 ① [차트 도구]-[레이아웃] 탭을 열고 ② [텍스트 상자]를 선택합니다.
2 ③ 드래그하여 텍스트 상자를 만들고 값을 입력합니다.

1

▲ [차트 도구]-[레이아웃] 탭 → [텍스트 상자] 클릭

2

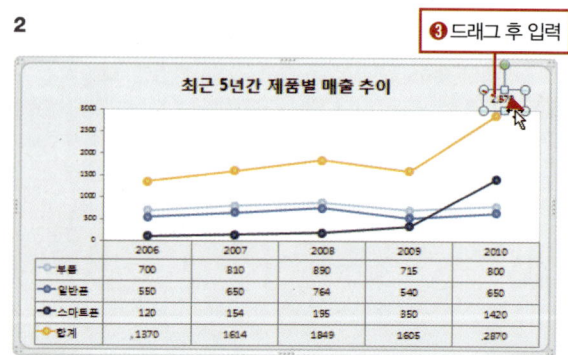

▲ 차트에서 드래그 → 값 입력 → 테두리를 드래그해 이동

원형 차트 회전하기

• **준비 파일** ⊚ : 부록 CD/7장/Section02/차트요소수정.pptx, 8번 슬라이드   • **완성 파일** ⊚ : 부록 CD/7장/Section02/완성/차트요소수정 결과.pptx, 8번 슬라이드

원형 차트를 만들 때는 가장 중요한 조각을 위쪽에 배치하는 것이 좋습니다. 원형 차트에서 중요한 조각의 위치를 오른쪽 상단에 배치하는 가장 쉬운 방법은 엑셀에서 값을 입력할 때 가장 위에 그 값을 배치하는 것입니다. 만약 순서가 잘못되었거나 배치상 약간의 회전이 필요하다면 차트를 회전시킵니다.

1 ① **원형 차트 조각**을 더블클릭합니다.

2 ② 계열 서식 대화상자의 [계열 옵션]에서 **첫째 조각의 슬라이드**를 좌우로 드래그해 원형 차트를 회전합니다.

1

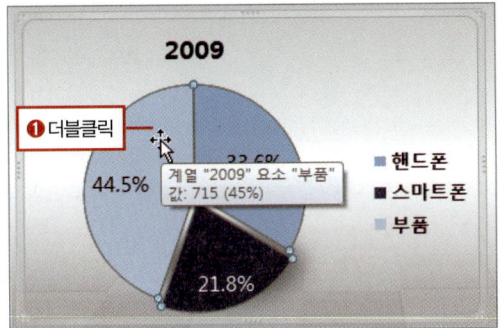

▲ 원형 차트 더블클릭

2

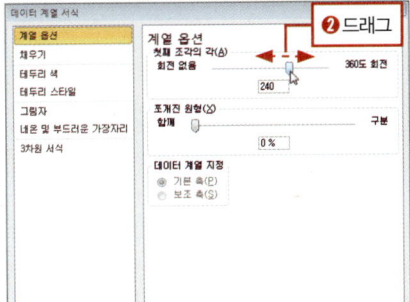

▲ [계열 옵션] 슬라이드 드래그

차트 서식을 복사해서 다른 차트에 적용하기

업무에 따라 사용하는 차트의 종류는 대개 제한되어 있습니다. 따라서 만들어진 차트를 복제하고 데이터만 바꿔 새 차트를 만드는 경우가 많습니다. 좀 더 효율적으로 차트를 사용하려면 차트 서식을 저장했다가 그 서식을 다른 차트에 적용하거나 새 슬라이드에 적용하여 차트를 만드는 것입니다. 단, 차트 서식을 저장하기 전에 세로 축과 보조 축, 관련된 값을 '자동'으로 변경해놓습니다.

· **준비 파일** ⊚ : 부록 CD/7장/Section02/차트서식저장.pptx · **완성 파일** ⊚ : 부록 CD/7장/Section02/완성/차트서식저장 결과.pptx

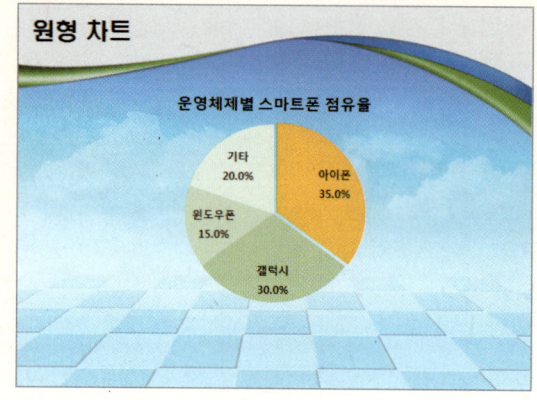

▲ 새 슬라이드에 원형 차트 서식 적용

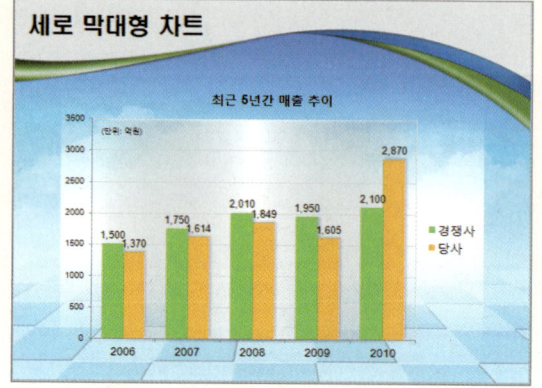

▲ 선형 차트에 막대형 차트 서식 적용

막대형 차트와 원형 차트의 서식 저장하기

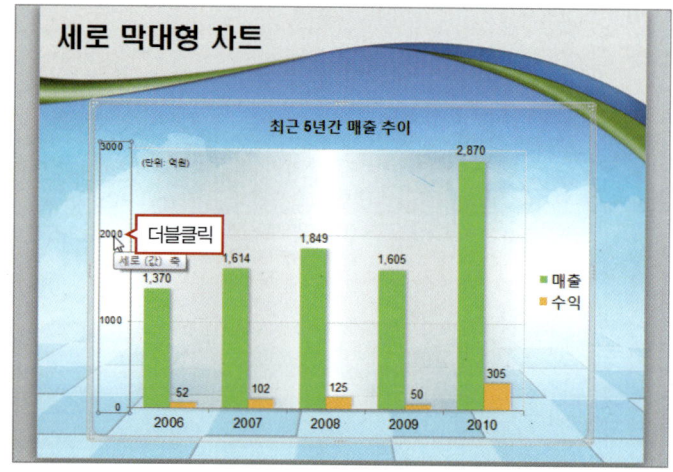

01 세로 (값) 축을 더블클릭합니다.

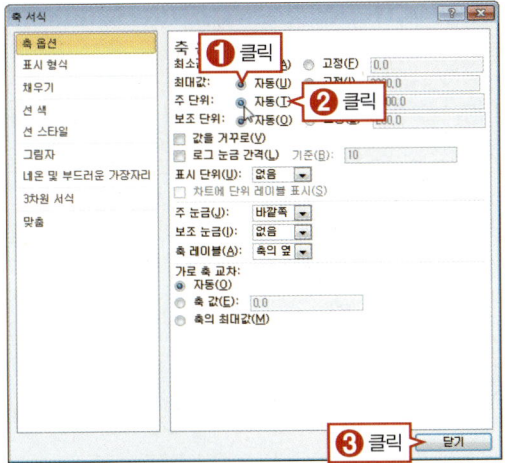

02

① [최대값]에서 [자동] 클릭

② [주 단위]에서 [자동] 클릭

③ [닫기]를 클릭합니다.

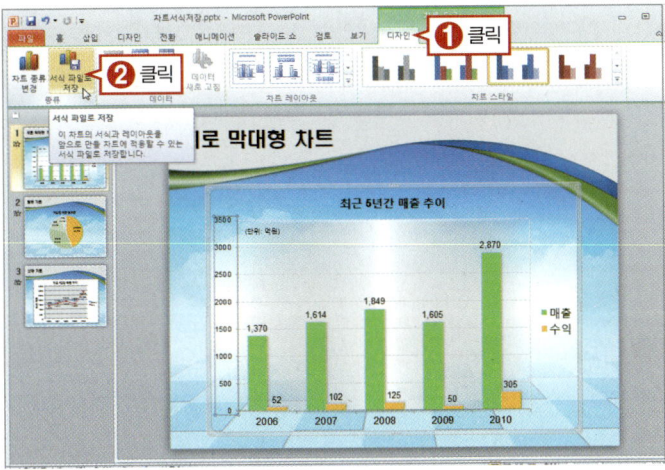

03

① [차트 도구]-[디자인] 탭 클릭

② [서식 파일로 저장]을 클릭합니다.

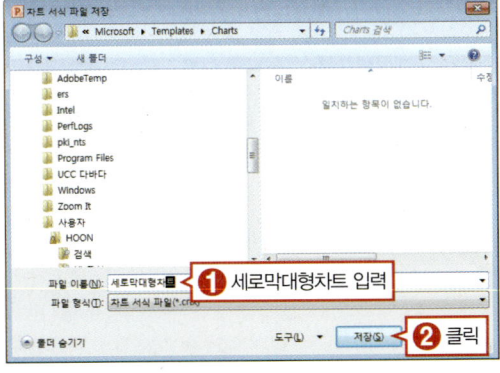

04

① [파일 이름]에 **세로막대형차트** 입력

② [저장]을 클릭합니다.

> **Tip**   **차트 서식 파일이 저장되는 위치**
>
> 차트 서식 파일은 'ctrx'라는 확장자를 사용합니다. C:₩ Users₩사용자이름₩AppData₩Roaming₩Microsoft₩ Templates₩Charts 폴더에 저장됩니다.

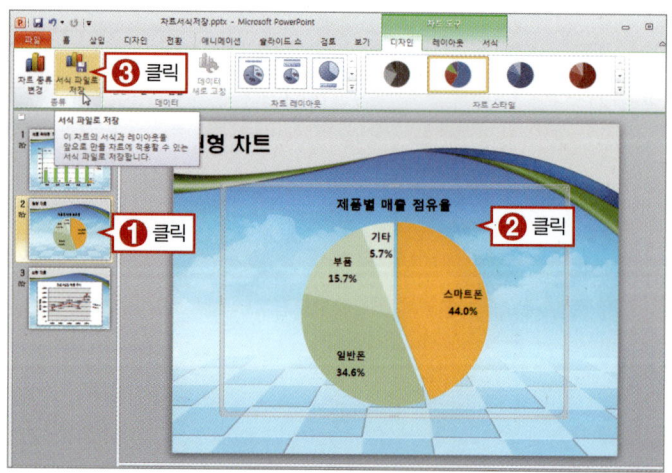

05

① **2번 슬라이드** 클릭

② **원형 차트** 클릭

③ [**서식 파일로 저장**]을 클릭합니다.

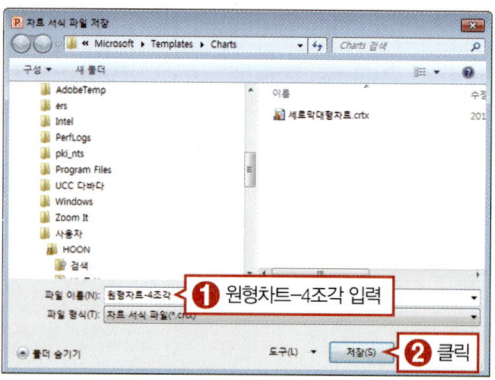

06

① [**파일 이름**]에 **원형차트-4조각** 입력

② [**저장**]을 클릭합니다.

새 차트에 저장해둔 서식 파일 적용하기

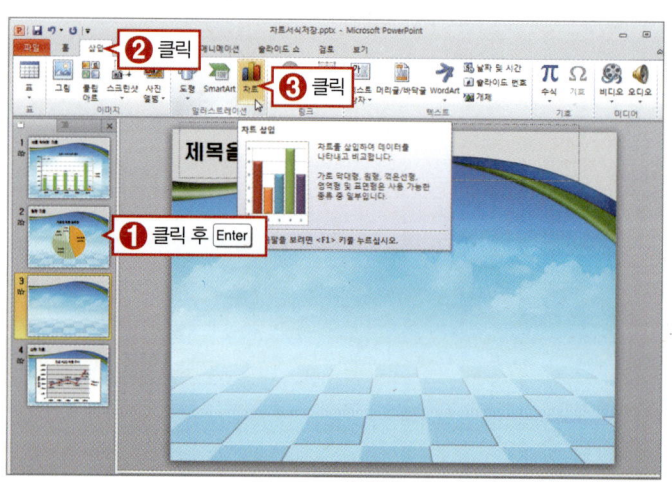

07

① **2번 슬라이드**를 클릭하고 Enter 를 누르면 새 슬라이드 생성

② [**삽입**] 탭 클릭

③ [**차트**]를 클릭합니다.

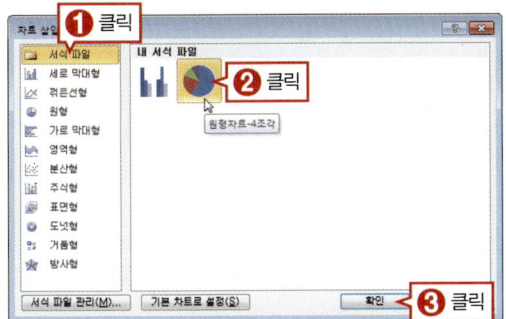

08

① [서식 파일] 클릭

② [원형차트-4조각] 클릭

③ [확인]을 클릭하면 선택한 서식이 적용된 원형 차트가 만들어집니다.

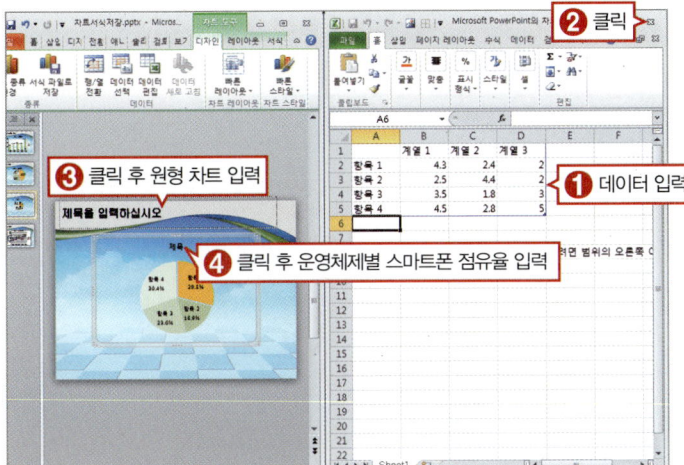

09

① 엑셀 창에서 **데이터** 입력

② [닫기] 클릭

③ **제목을 입력하십시오**를 클릭하고 **원형 차트** 입력

④ 제목을 클릭하고 **운영체제별 스마트폰 점유율**을 입력합니다.

기존 차트에 저장한 차트 서식 적용하기

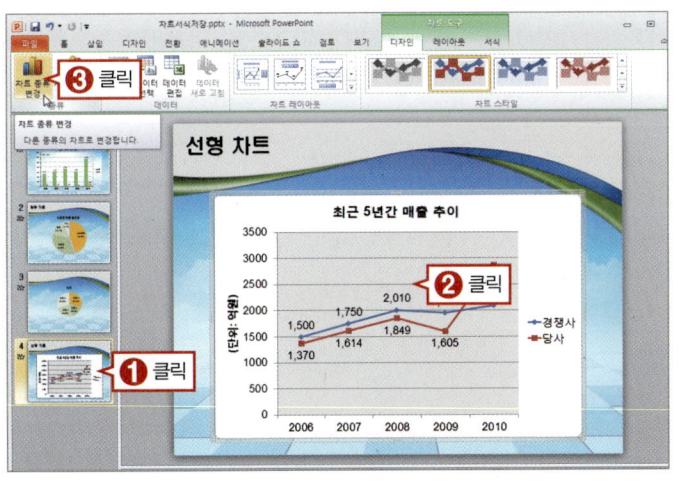

10

① **4번 슬라이드**(7번 과정에서 새 슬라이드를 만들지 않았다면 3번 슬라이드) 클릭

② **선형 차트** 클릭

③ [**차트 종류 변경**]을 클릭합니다.

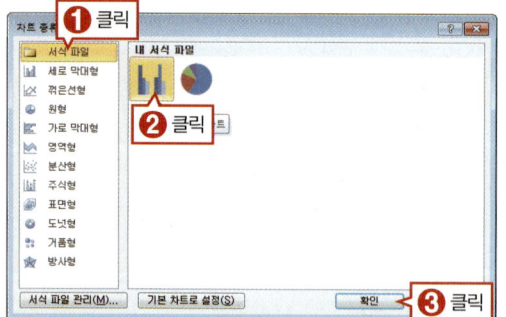

11

① [서식 파일] 클릭

② [세로막대형차트] 클릭

③ [확인]을 클릭합니다.

12 선형 차트를 클릭하고
세로 막대형 차트를 입력합니다.

 **Note 3** 메시지 전달력을 높여주는 차트 작성의 3가지 법칙

1 설명을 달아줍니다.

차트는 한눈에 내용을 파악하기 힘든 경우가 많습니다. 따라서 차트의 위나 옆에 전달하려는 핵심 문구를 작성하고 차트에서 청중이 관심을 가질 만한 특별한 부분에는 말풍선을 달아 간단한 코멘트를 해주는 것이 좋습니다.

말풍선은 [홈] 탭이나 [차트 도구]-[레이아웃] 탭, 또는 [차트 도구]-[서식] 탭에서 [도형]을 클릭하여 만들 수 있습니다. [설명선]에 있는 도형을 선택한 후 슬라이드에 드래그합니다.

**2010년 3,400만 달러의 매출을 기록한 당사는
2011년 업계 최초로 4,000만 달러 매출을 목표로 하고 있다.**

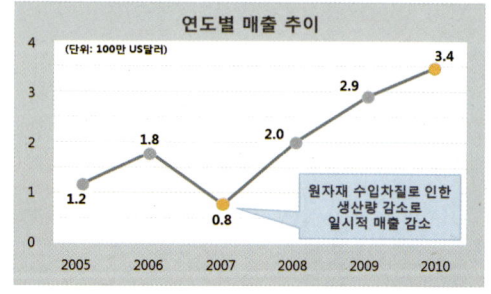

▲ 상단에 차트와 관련된 설명을 넣고 특정 부분에 말풍선을
   달아 차트의 이해도를 높임

2 요소의 수를 줄입니다.

요소의 수가 너무 많으면 차트에서 전달하고자 하는 것이 무엇인지 알기 어려워집니다. 원형 차트는 요소의 수를 2~4개 정도로 줄이고 나머지는 모두 기타로 묶어줍니다. 선형 차트의 경우에는 중요하지 않은 요소를 차트에서 과감하게 삭제하는 것이 좋습니다.

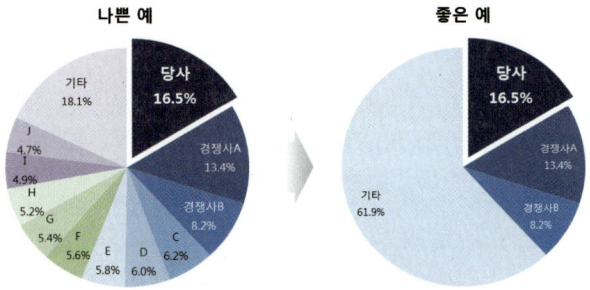

▲ 중요한 요소 3개만 남기고 나머지는 모두 기타로 처리한 예

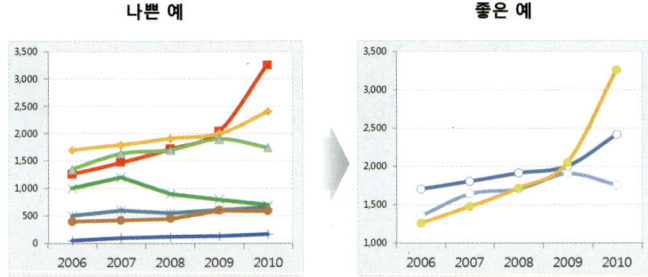

▲ 상대적으로 덜 중요한 그래프를 삭제하고 최솟값을 조정해 그래프 간의 차이가 두드러지도록 만든 예

3 가장 중요한 것이 가장 눈에 띄게 합니다.

다른 디자인과 마찬가지로 차트에서도 가장 중요한 요소가 가장 눈에 잘 띄도록 해야 합니다.

① 가장 중요한 요소에 눈에 띄는 색(예 : 주황, 빨강)을 칠합니다.

② 가장 중요한 요소에 가장 진한 색을 칠합니다.

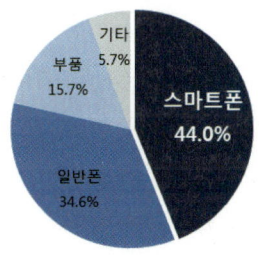

③ 중요한 요소를 위쪽에 배치합니다.

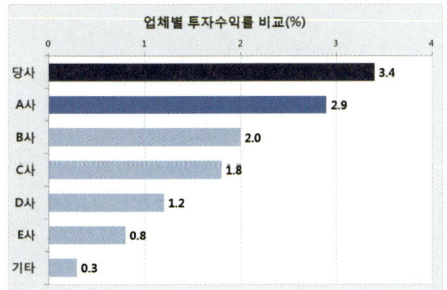

3차원 차트 만들기

• 3차원 원형 차트 만들기 • 3차원 막대형 차트 만들기

청중에게 강한 인상을 주기 위해서 3차원 차트를 사용할 수 있습니다. 특히 원형 차트나 막대형 차트를 사용할 때 유용합니다. 그러나 3차원 차트 요소가 너무 많아 복잡하면 사용을 자제하는 것이 좋습니다. 이번 섹션에서는 원형 차트와 막대형 차트를 3차원 차트로 만드는 방법에 대해서 간단히 알아보겠습니다.

3차원 원형 차트 만들기

• **준비 파일** ⊙ : 부록 CD/7장/Section03/3차원차트.pptx • **완성 파일** ⊙ : 부록 CD/7장/Section03/완성/3차원차트 결과.pptx

1 ① **왼쪽 원형 차트**를 선택합니다. ② [**차트 도구**]–[**디자인**] 탭을 연 후 ③ [**차트 종류 변경**]을 클릭합니다.

2 ④ 차트 종류 변경 대화상자에서 [**3차원 원형**]을 선택하고 ⑤ [**확인**]을 클릭합니다. 차트가 3차원 형태로 약간 변합니다.

1

2

▲ [3차원 원형] 클릭

▲ 원형 차트 선택 → [차트 도구]–[디자인] 탭 → [차트 종류 변경] 클릭

3 ⑥ [**차트 도구**]–[**레이아웃**] 탭을 열고 ⑦ [**3차원 회전**]을 클릭합니다.

4 ⑧ [**3차원 회전**]에서 [**Y**] 값을 **40도**로 변경하면 차트가 회전합니다. ⑨ [**원근감**]을 **45도**로 변경합니다. 원근감은 가까운 부분은 크게 보이고 멀리 있는 부분은 작게 보이도록 하여 현실감을 높여줍니다.

3

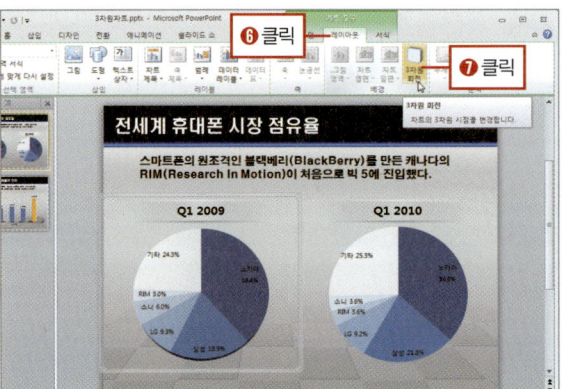

▲ [차트 도구] - [레이아웃] 탭 → [3차원 회전] 클릭

4

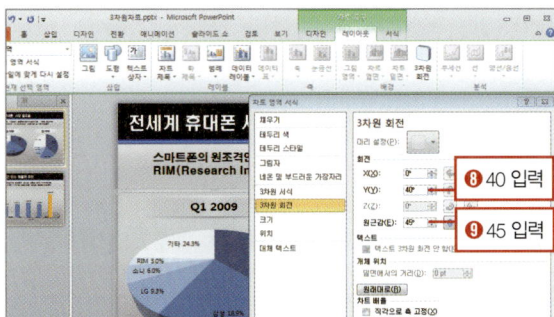

▲ [Y] 값 40 입력 → [원근감] 45 입력

5 ⑩ **차트 조각**을 클릭합니다. 데이터 계열 서식 대화상자로 변경됩니다. ⑪ 첫째 조각의 각을 280도로 설정합니다. 원근감이 적용된 3차원 차트에서는 일반적으로 아래쪽이 가장 잘보이므로 RIM이라고 쓰인 중요한 조각을 아래쪽에 배치하기 위해 각도를 조정합니다.

6 ⑫ 왼쪽 목록에서 [3차원 서식]을 선택하고 ⑬ [위쪽] 값의 [너비]와 [높이]를 모두 **10pt**로 변경합니다. 모서리 부분이 부드럽게 처리됩니다.

5

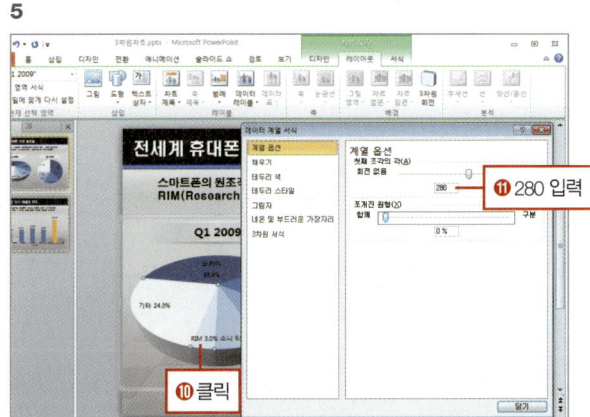

▲ 차트 조각 클릭 → [첫째 조각의 각] 280 입력

6

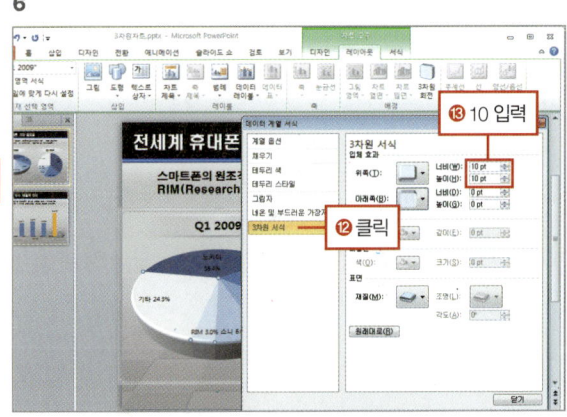

▲ [3차원 서식] 클릭 → [위쪽]의 [너비], [높이] 10pt 입력

7 ⑭ 대화상자 왼쪽 목록에서 [그림자]를 선택합니다. ⑮ [미리 설정]을 클릭한 후 ⑯ [바깥쪽]에서 [오프셋 아래쪽]을 선택합니다.

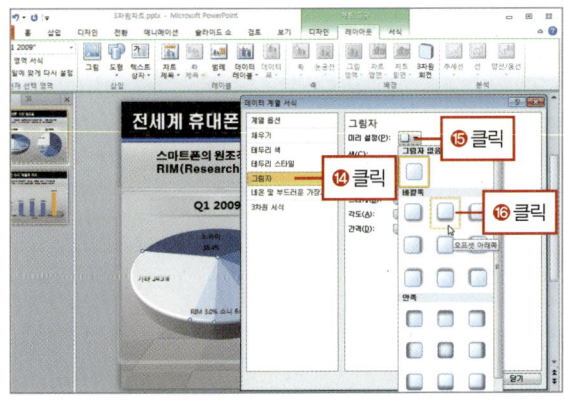

▶ [그림자] → [미리 설정] → [오프셋 아래쪽] 클릭

8 ⑰ [흐리게]를 **10pt**로 변경해 그림자를 약간 흐리게 합니다. ⑱ **[닫기]**를 클릭합니다.

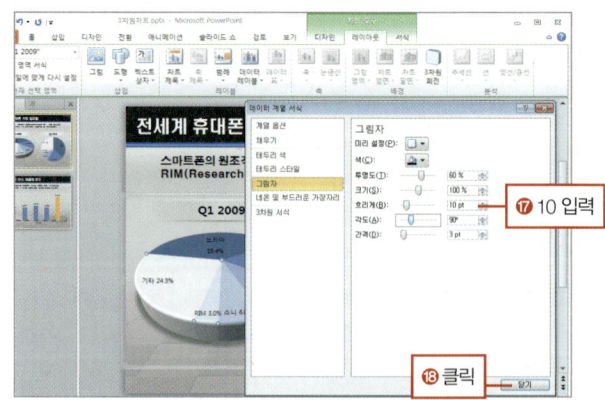

▶ [흐리게] 10 입력 → [닫기] 클릭

9 ⑲ 좀 더 강조하기 위해 RIM 조각을 선택하고 아래쪽으로 드래그해 돌출시킵니다.

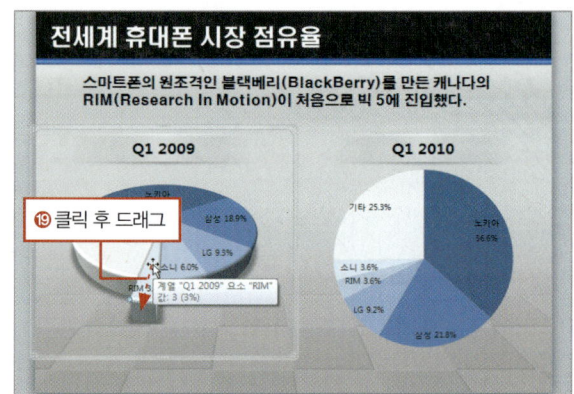

▶ RIM 조각 클릭 후 드래그

3차원 막대형 차트 만들기

· **준비 파일** ⓞ : 부록 CD/7장/Section03/3차원차트.pptx, 2번 슬라이드   · **완성 파일** ⓞ : 부록 CD/7장/Section03/완성/3차원차트 결과.pptx

1 ① 2번 슬라이드에서 **막대형 차트**를 선택합니다. ② **[차트 도구]–[디자인]** 탭을 연 후 ③ **[차트 종류 변경]**을 클릭합니다.

2 ④ 차트 종류 변경 대화상자에서 **[묶은 원통형]**을 선택하고 ⑤ **[확인]**을 클릭합니다.

1

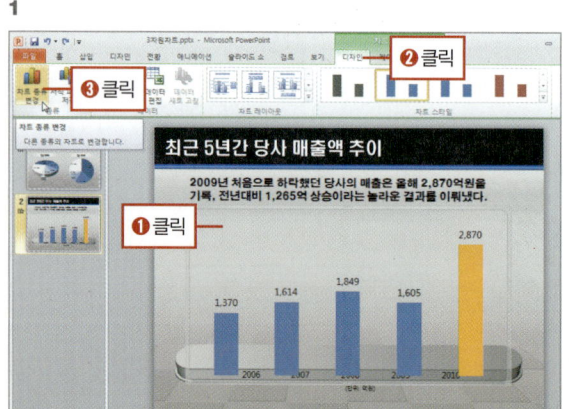

▲ 막대형 차트 선택 → [차트 도구] – [디자인] 탭 → [차트 종류 변경] 클릭

2

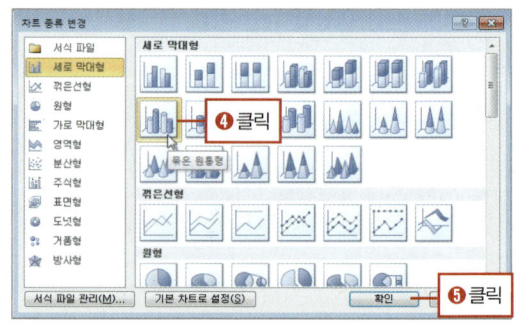

▲ [묶은 원통형] → [확인] 클릭

차트가 X축을 기준으로 많이 돌아가 있어 자칫하면 데이터가 잘못 표현될 수 있습니다. 차트를 회전하여 정확하게 데이터를 확인할 수 있도록 수정합니다.

3 ⑥ **[차트 도구]–[레이아웃]** 탭을 열고 ⑦ **[3차원 회전]**을 클릭합니다.

4 ⑧ 차트 영역 서식 대화상자에서 **[X]** 값을 **0**으로 설정합니다. ⑨ **[원근감]**은 **30도**로 설정합니다.

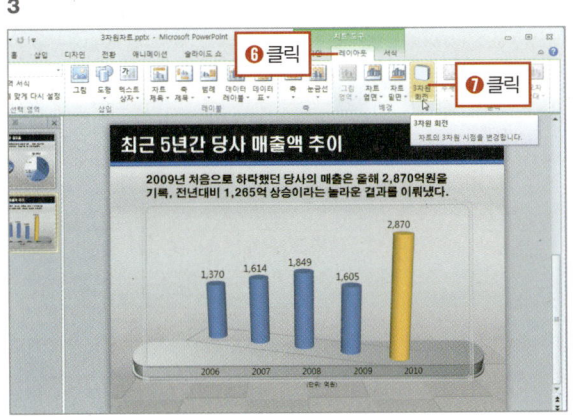

▲ [차트 도구] – [레이아웃] 탭 → [3차원 회전] 클릭

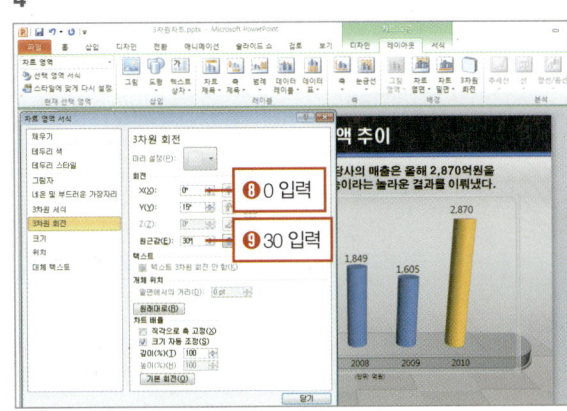

▲ [X] 값 0 입력 → [원근감] 30 입력

Tip 3차원 회전 서식에서 원근감을 없애는 옵션

3차원 회전 서식의 아래쪽에 있는 [차트 배율]에서 [직각으로 축 고정]을 선택하면 차트에 원근감이 사라집니다.

5 ⑩ 차트에서 **아무 그래프**나 클릭하고 ⑪ 데이터 계열 서식 대화 상자에서 **[3차원 서식]**을 선택합니다. ⑫ 입체 효과 **[위쪽]**의 **[너비]**와 **[높이]**, 그리고 **[아래쪽]**의 **[너비]**와 **[높이]**를 모두 **10pt**로 변경합니다. 위와 아래쪽 모두 약간 볼록해집니다. ⑬ **[재질]**을 클릭하고 ⑭ **[부드러운 가장자리]**를 선택합니다.

6 ⑮ 대화상자 왼쪽 목록에서 **[그림자]**를 선택합니다. ⑯ **[미리 설정]**을 클릭한 후 ⑰ **[바깥쪽]**에서 **[오프셋 아래쪽]**을 선택합니다.

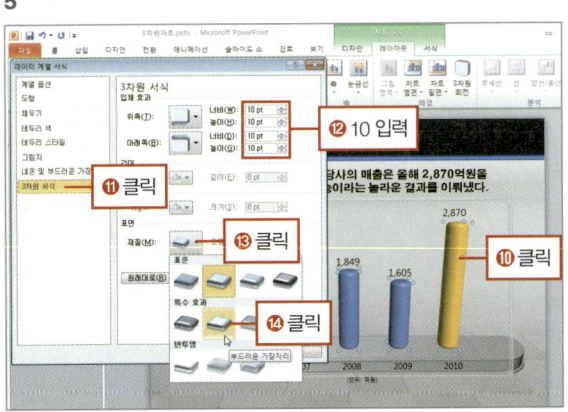

▲ 그래프 클릭 → [3차원 서식] → 입체 효과 [위쪽]과 [아래쪽]의 [너비],
[높이] 10 입력 → [재질] → [부드러운 가장자리] 클릭

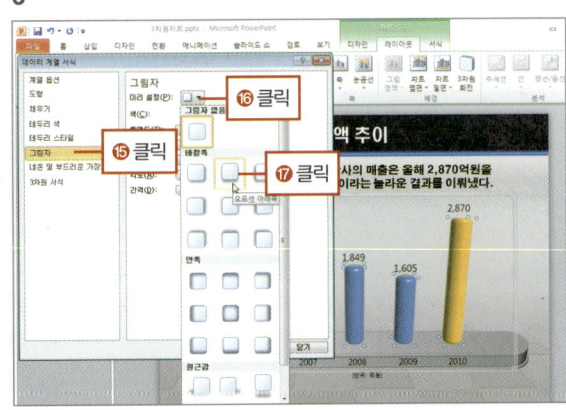

▲ [그림자] → [미리 설정] → [오프셋 아래쪽] 클릭

7 ⑱ [투명도]를 **90%**로 변경해 그림자를 흐리게 만들고 ⑲ [닫기]를 클릭합니다.

8 ⑳ 차트 바닥에 있는 **검은색 테두리**를 클릭하고 Delete 를 눌러 지웁니다. Esc 를 눌러 선택을 모두 해제하고 결과를 확인합니다.

7

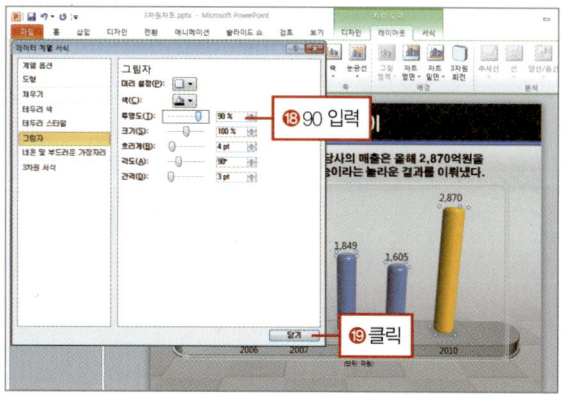

▲ [투명도]에 90 입력 → [닫기] 클릭

8

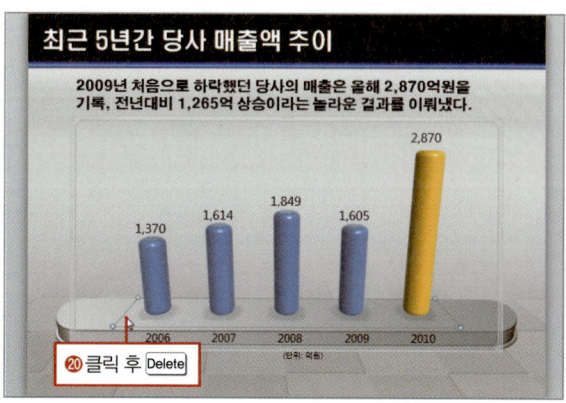

▲ 검은색 테두리 클릭 → Delete → Esc

 Note 1 프레젠테이션 분위기에 맞춰 그래프 모양 바꾸기

① 그래프를 선택하고 Ctrl + 1 를 눌러 데이터 계열 서식 대화상자를 엽니다. 대화상자 왼쪽 목록에서 ② [도형]을 선택하고 ③ 오른쪽 옵션 중에서 원하는 모양을 선택합니다.

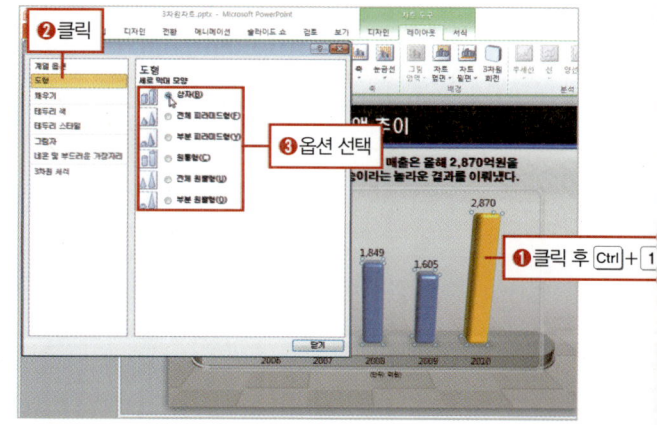

 **3차원 차트 서식 저장하고 다른 차트에 적용하기**

3차원 차트는 2차원 차트에 비해 복잡하게 보인다는 단점이 있지만 강한 인상을 준다는 장점도 있습니다. 따라서 복잡한 차트보다는 요소의 개수가 적은 차트에 주로 적용합니다. 이미 만들어진 3차원 차트의 서식을 저장하여 다른 차트에 적용해보는 방식으로 2차원 차트를 간단히 3차원 차트로 변환해보겠습니다.

• **준비 파일** ◎ :부록 CD/7장/Section03/혼자하기.pptx   • **완성 파일** ◎ :부록 CD/7장/Section03/완성/혼자하기 결과.pptx

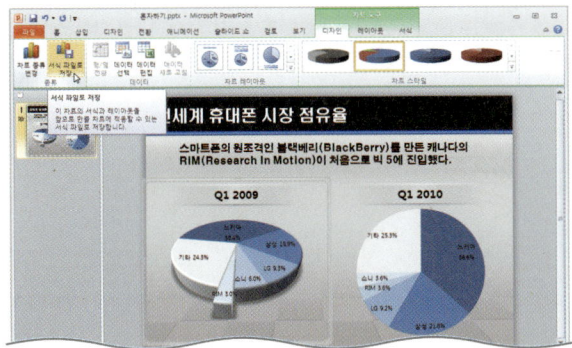

1 슬라이드 왼쪽에 있는 3차원 원형 차트를 선택합니다. [서식 파일로 저장]을 실행한 후 **3차원 원형차트**라는 이름으로 저장합니다.

2 오른쪽에 있는 원형차트를 선택합니다. [차트 종류 변경]을 실행한 후 앞서 저장했던 **3차원 원형차트** 서식을 적용합니다.

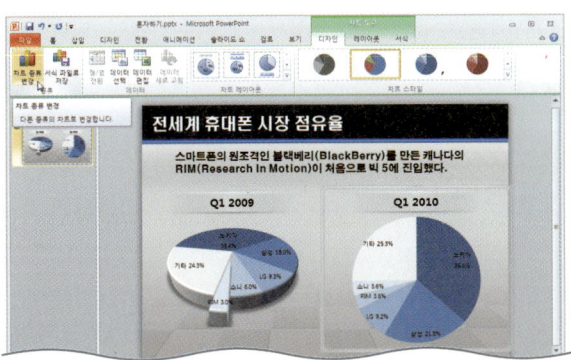 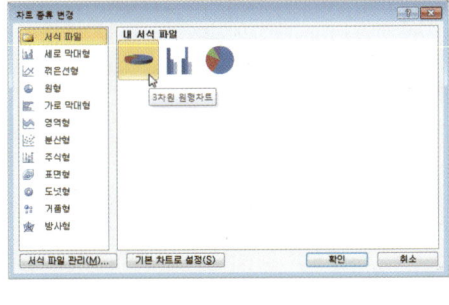

3 3차원 원형차트 서식이 적용됩니다. 중요하지 않은 조각 조각이 돌출하여 강조되면 돌출된 조각을 안쪽으로 드래그해 원래 상태로 만들고 중요한 조각을 바깥쪽으로 돌출시킵니다. 중요한 조각의 색은 모두 [주황]으로 변경하여 좀 더 강조합니다.

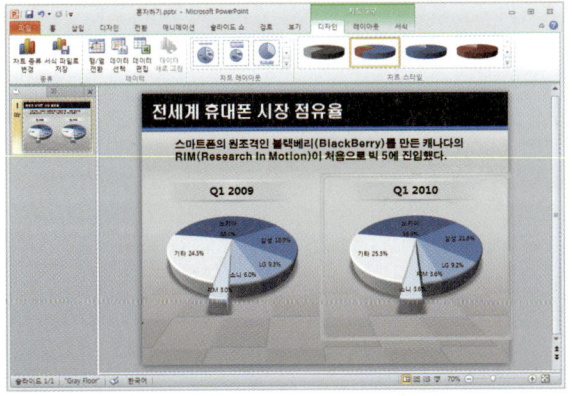 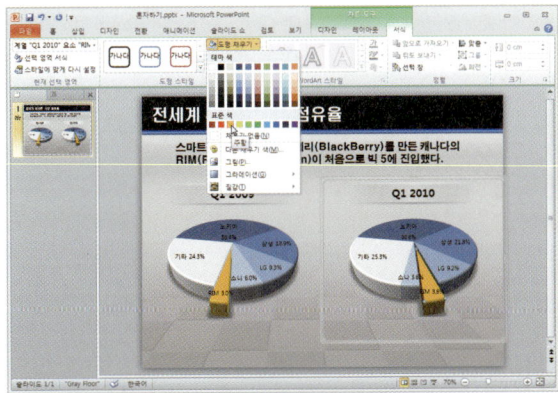

CHAPTER **08**

소리와 동영상으로
청중 사로잡기

텍스트와 수치 데이터는 사람의 '왼쪽 뇌(左腦)'가 처리합니다.

그러나 한쪽 뇌만 자극하면 청중은 쉽게 지루해지고, 내용 역시 잘 잊어버립니다.

프레젠테이션을 할 때는 텍스트와 수치를

그림, 소리, 동영상이나 스토리와 함께 보여주면서

'오른쪽 뇌(右腦)'를 함께 자극하고 청중의 관심을 유도합니다.

이번 장에서는 프레젠테이션의 중요한 요소인 소리와 동영상을

효과적으로 다루는 방법에 대해 알아보겠습니다.

동영상 삽입하고 편집하기

· 동영상 삽입, 재생 · 동영상 연결 및 재설정 · 호환성 최적화 명령 · 동영상 압축, 트리밍 · 화면 자르기

프레젠테이션에서 동영상을 보여주면 청중의 시선을 쉽게 모을 수 있습니다. 문제는 동영상이 너무 길거나 보여주려는 부분이 군데군데 흩어져 있는 경우입니다. 이번 섹션에서는 동영상을 가져와 필요한 부분만 재생하는 방법에 대해서 알아보겠습니다.

동영상 삽입하고 재생하기

1 ① [삽입] 탭을 열고 ② [🎬 비디오]를 클릭합니다.

2 ③ 비디오 파일 대화상자에서 **동영상 파일**을 선택하고 ④ [삽입]을 클릭합니다.

1

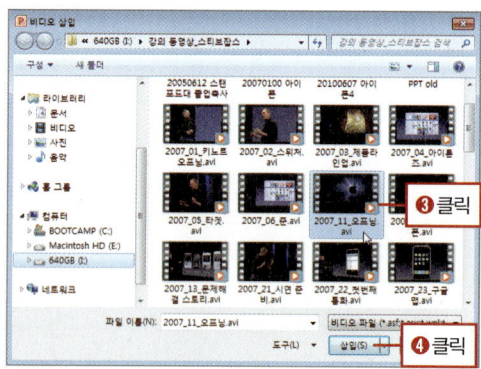

2

▲ [삽입] 탭 → [비디오] 클릭

▲ 동영상 선택 → [삽입] 클릭

Tip	파워포인트에서 삽입할 수 있는 동영상 파일 형식

AVI, WMV, MP4 등을 비롯해 일반적으로 알려진 비디오 파일은 대부분 슬라이드에 삽입할 수 있습니다. 플래시(SWF) 형식의 파일도 비디오 삽입 대화상자를 이용해 일반 비디오처럼 삽입합니다.

3 동영상이 슬라이드의 정가운데 배치됩니다. ⑤ 동영상 아래에 있는 재생 바에서 [▶ **재생**]을 클릭해 동영상을 재생합니다(단축키 : Alt + P).

4 ⑥ [⏸ **일시 중지**]를 클릭해서 동영상을 정지합니다(단축키 : Alt + P).

3

▲ [재생/일시중지]를 클릭해서 재생

4

▲ [재생/일시중지]를 클릭해서 정지

Tip   삽입된 비디오를 이동하거나 크기 조정하기

이동 : 마우스로 드래그하거나 키보드의 방향키를 누릅니다.

크기 조정 : 비디오 주변에 표시되는 크기 조정 핸들을 드래그하거나 [비디오 도구]−[서식] 탭의 [크기] 그룹에서 크기를 조정할 수 있습니다.

회전 : 선택된 비디오 상단에 표시되는 회전 핸들을 드래그합니다.

삭제 : 비디오를 선택한 후 Delete 를 누릅니다.

5 동영상을 쇼 보기에서 확인해보겠습니다. ⑦ Shift + F5 를 눌러 현재 슬라이드부터 쇼 보기로 전환합니다. 마우스를 움직여 포인터가 손 모양으로 바뀌면 [▶ 재생]을 클릭해 동영상을 재생합니다.

6 ⑧ [▋▋ 일시 중지]를 클릭해 동영상을 정지시킵니다. 재생이 끝나면 Esc 를 눌러 쇼를 마칩니다. 슬라이드 쇼에서는 동영상을 클릭해 재생하거나 다시 클릭해 일시 중지할 수 있습니다.

5

6

Tip   슬라이드 쇼에서 재생 바가 나타나지 않을 때

기본 보기에서는 잘 나타나던 재생 바가 슬라이드 쇼에서는 나타나지 않을 때가 있습니다. 이것은 이전 파워포인트 버전에서 동영상을 삽입했을 때 나타나는 현상입니다. 이 문제는 [파일] 탭에서 [호환성 최적화]를 클릭해 쉽게 해결할 수 있습니다.

▌동영상을 연결/재설정/포함시키기

파워포인트 2010은 동영상을 삽입하면 현재 프레젠테이션에 '포함(Embed)'됩니다. 동영상수가 적고 파일 크기가 작은 경우라면 프레젠테이션에 포함하는 것이 편하지만 동영상이 너무많고, 파일 크기도 크다면 이전 버전처럼 연결 상태를 유지하는 것이 좋습니다.

동영상 연결하기

1 이전 버전처럼 슬라이드에 동영상을 연결(Link)하려면 ① **[삽입]** 탭을 열고 ② **[**  **비디오]**를 클릭합니다.

2 ③ 비디오 삽입 대화상자에서 **비디오 파일**을 선택하고 ④ **[삽입] 메뉴**를 클릭합니다. ⑤ **[파일에 연결]**을 선택합니다.

Note 1 | **동영상 재생 바의 기능과 재생 관련 단축키**

기본 보기일 때 재생 바

기본 보기에서 동영상을 선택하면 동영상 아래에 재생 바가 표시됩니다. 재생 바는 다음과 같은 역할을 합니다.

① 재생 버튼 : 이 버튼을 클릭해 재생할 수 있습니다.

② 재생 슬라이드 : 현재 재생 상태를 보여주며, 이 부분을 클릭 또는 드래그해 재생 시점을 조정할 수 있습니다.

③ 0.25초 앞으로/0.25초 뒤로 이동 : 0.25초씩 앞, 또는 뒤로 이동합니다.

④ 음소거 버튼 : 이 버튼을 클릭하면 음소거(Mute)됩니다. 다시 클릭하면 소리가 들리도록 할 수 있습니다. 볼륨을 조정할 때는 마우스 포인터를 이 버튼 위에 올려놓고 표시되는 볼륨 조정 슬라이드를 드래그합니다.

⑤ 일시정지 버튼 : 이 버튼을 클릭해 일시정지할 수 있습니다.

⑥ 현재 재생 시간 : 현재 재생 시간을 보여줍니다.

슬라이드 쇼 보기일 때 재생 바

슬라이드 쇼 보기에서 동영상에 마우스 포인터를 위치시키면 아래에 재생 바가 표시됩니다. 기본 보기에서의 재생 바와 기능은 같습니다. 그러나 [0.25초 앞으로/0.25초 뒤로 이동] 버튼과 현재 재생 시간은 없습니다.

동영상 재생 명령 관련 단축키

기능	영어	단축키
재생/일시 정지	Play/Pause	Alt + P
0.25초 앞으로	Move Back	Alt + Shift + ←
0.25초 뒤로	Move Forward	Alt + Shift + →
음소거/음재생	Mute/Unmute	Alt + U

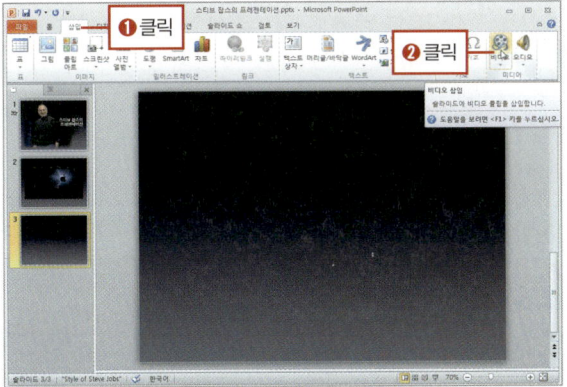

▲ [삽입] 탭 → [비디오] 클릭

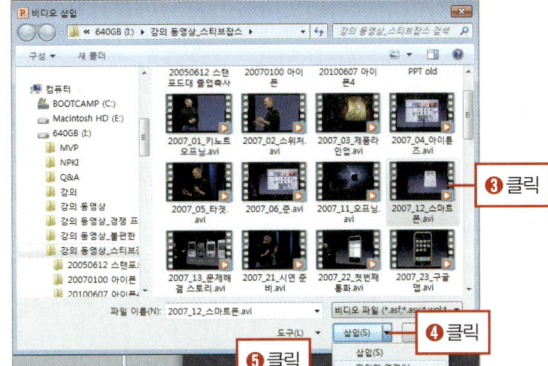

▲ 동영상 선택 → [삽입] 메뉴 → [파일에 연결] 클릭

연결 재설정하기

동영상이 연결되었을 때 자주 발생하는 문제는 연결된 동영상의 파일 이름이 변경되거나 다른 곳으로 옮겨져서 지정된 경로에 동영상이 없는 것입니다. 이런 경우에는 슬라이드에서 동영상의 재생 버튼을 눌러보면 의외로 쉽게 문제가 해결되기도 합니다.

1 ① [▶ 재생]을 클릭하고 ② 동영상을 찾겠냐는 메시지가 표시되면 [예]를 클릭합니다.

2 ③ 파일에 대한 연결 편집 대화상자에서 **동영상**을 선택하고 ④ [**파일에 연결**]을 클릭합니다.

![1]

▲ [재생] → [예] 클릭

▲ 동영상 선택 → [파일에 연결] 클릭

연결된 동영상을 슬라이드에 포함시키기

동영상을 이미 연결한 상태에서 현재 파워포인트 파일에도 포함시키려면 다음과 같은 방법을
사용합니다.

1 ① [파일] 탭을 열고 ② [정보]를 클릭한 후 ③ [연결 보기]를 클릭합니다.

2 ④ 왼쪽 연결된 목록에서 포함시킬 **동영상이 있는 경로**를 선택합니다. ⑤ [연결 끊기]를 클릭
한 후 ⑥ [닫기]를 클릭합니다.

1

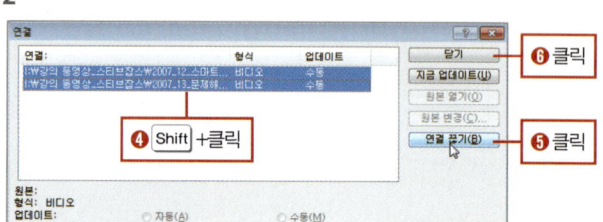

▲ [파일] 탭 → [정보] → [연결 보기] 클릭

2

▲ 동영상이 있는 경로 선택 → [연결 끊기] → [닫기] 클릭

Note 2 **이전 버전의 파워포인트에 연결되어 있는 동영상을 포함하는 방법**

2007, 2003 등과 같은 이전 버전에서 동영상을 삽입하면 슬라이드에 연결된 상태가 됩니다. 이렇게 만들어진 파일을 파워포인트
2010 버전에서 열 경우에도 동영상은 연결된 상태를 유지합니다. 연결된 동영상을 파워포인트에 포함시켜보겠습니다.

1 이전 버전 파워포인트로 만든 파일을 엽니다. 보안 경고가 나타나면 [콘텐츠 사용]을 클릭합니다. ① [파일] 탭을 클릭하고 ② [정보]
를 클릭한 후 ③ [변환]을 클릭합니다.

2 ④ 다른 이름으로 저장 대화상자에서 **파일 이름**을 입력하고 ⑤ [저장]을 클릭합니다.

1

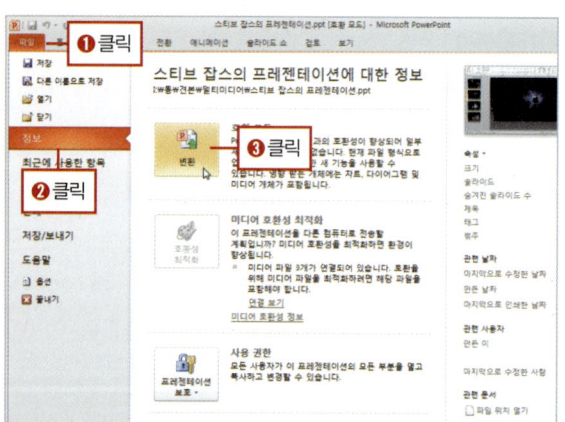

▲ [파일] 탭 → [정보] → [변환] 클릭

2

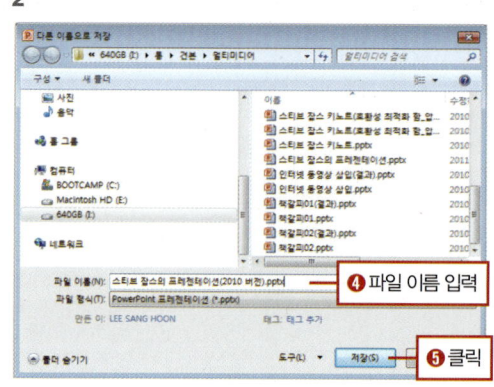

▲ 파일 이름 입력 → [저장] 클릭

호환성 최적화 명령 실행하기

동영상을 삽입한 문서를 다른 컴퓨터나 다른 버전의 파워포인트에서 봐야 할 때 가장 좋은 방법은 호환성 최적화 기능을 실행하는 것입니다. 특히 이전 버전에서 만든 파워포인트 파일에 동영상, 소리와 같은 미디어가 포함되어 있다면 파일 형식을 업데이트합니다. 이 경우에는 호환성 최적화 명령을 실행하여 파일을 최적의 상태로 만드는 것이 좋습니다.

1 ① [파일] 탭을 열고 ② [정보]를 클릭한 후 ③ [호환성 최적화]를 클릭합니다.

2 미디어 호환성 최적화 창이 나타나서 진행 상황을 보여줍니다. 도중에 중지하려면 [취소]를 클릭합니다.

1

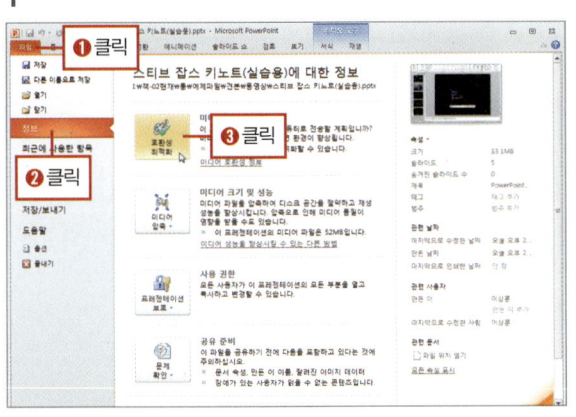

2

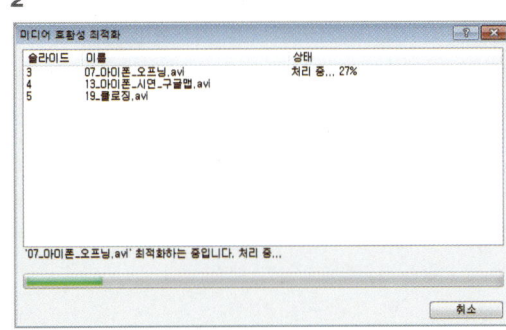

▲ [파일] 탭 → [정보] → [호환성 최적화] 클릭

Note 3 · **보안 경고가 나타났을 때 처리하는 방법**

이전 버전에서 만들었거나 연결된 파일이 있어 보안에 문제가 있는 파워포인트 파일을 연 경우에는 리본 메뉴 아래에 '보안 경고'가 나타납니다. 이때는 두 가지 대처 방법이 있습니다.

일시적으로 보안을 해제하고 싶다면

[콘텐츠 사용]을 클릭합니다. 하지만 이 경우에는 다음에 다시 열었을 때 같은 보안 경고가 표시될 수 있습니다.

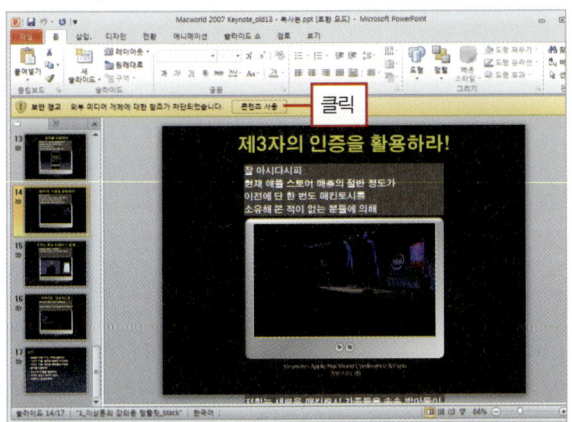

▲ [콘텐츠 사용] 클릭

보안 경고가 표시되지 않게 완전히 해제하고 싶다면

[콘텐츠 사용]을 누르지 않고 ① [파일] 탭을 열고 ② [정보]를 클릭합니다. ③ [콘텐츠 사용]을 클릭하고 ④ [모든 콘텐츠 사용]을 선택합니다.

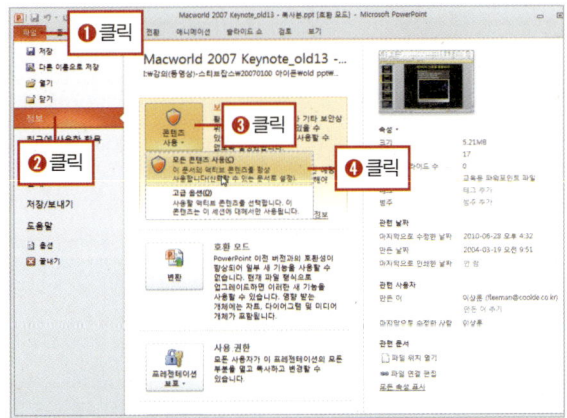

▲ [파일] 탭 → [정보] → [콘텐츠 사용] → [모든 콘텐츠 사용]

프레젠테이션 문서에 포함된 동영상 압축하기

프레젠테이션 문서에 동영상이 포함되면 파일 크기가 커질 수 있습니다. 이런 경우에는 동영상을 압축합니다.

1 ① [파일] 탭을 열고 ② [정보]를 클릭합니다. ③ [미디어 압축]을 클릭하고 ④ 품질을 선택합니다.

2 미디어 압축 창이 나타나서 압축 진행 상황을 볼 수 있습니다. ⑤ 압축이 다 끝나면 [닫기]를 클릭합니다.

1

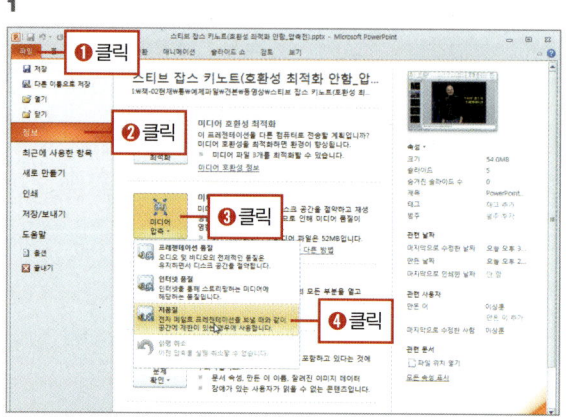

2

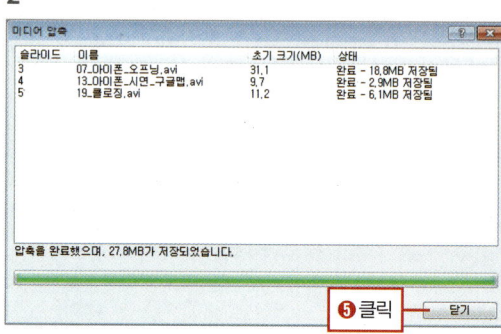

▲ 압축 완료 후 [닫기] 클릭

▲ [파일] 탭 → [정보] → [미디어 압축] → 품질 선택

Tip 호환성 최적화 실행 시 추가 압축

호환성 최적화를 실행했다면 보기에 문제없는 상태로 압축을 해주기 때문에 추가로 압축할 필요가 없습니다.

동영상 트리밍하기

파워포인트 2010에서 가장 반가운 기능 중의 하나가 바로 동영상 편집입니다. 삽입한 동영상의 필요한 부분을 트리밍(Trimming)하는 방법에 대해서 알아보겠습니다.

1 ① 슬라이드에서 **동영상**을 선택합니다. ② [**비디오 도구**]–[**재생**] 탭을 연 후 ③ [**비디오 트리밍**]을 클릭합니다.

2 비디오 맞추기 대화상자가 나타납니다. ④ 연두색의 [**시작 지점**] 조정 핸들을 오른쪽으로 드래그해 시작 지점을 조정합니다. ⑤ 빨간색의 [**종료 지점**] 조정 핸들을 왼쪽으로 드래그해 종료 지점을 설정하고 ⑥ [**확인**]을 클릭합니다.

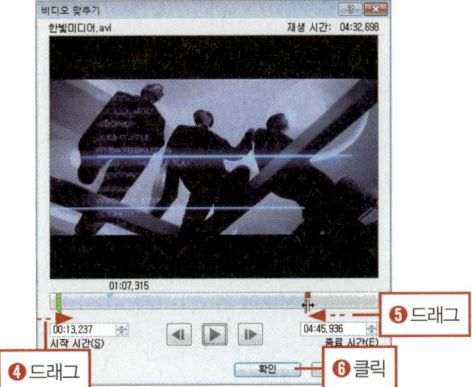

▲ 동영상 클릭 → [비디오 도구] – [재생] 탭 → [비디오 트리밍] 클릭
▲ [시작지점] → [종료지점] → [확인] 클릭

동영상 화면 자르기

동영상의 상하 또는 좌우에 검게 표시되는 부분은 동영상 편집 시 원본 동영상과 출력 동영상의 가로/세로 비율이 맞지 않을 때 나타날 수 있습니다. 이때는 검은 부분을 잘라낸(Crop) 상태로 보는 것이 좋습니다. 동영상 화면 자르기는 그림을 잘라내는 작업과 동일합니다.

1 ① **편집할 동영상**을 선택합니다. ② [비디오 도구]-[서식] 탭을 연 후 ③ [자르기]를 클릭합니다. 동영상 주변에 검은색 자르기 핸들이 표시됩니다.

2 ④ **위쪽에 있는 자르기 핸들**을 아래로 드래그하고 ⑤ **아래쪽에 있는 자르기 핸들**을 위로 드래그합니다. Esc를 눌러 자르기 명령을 종료합니다.

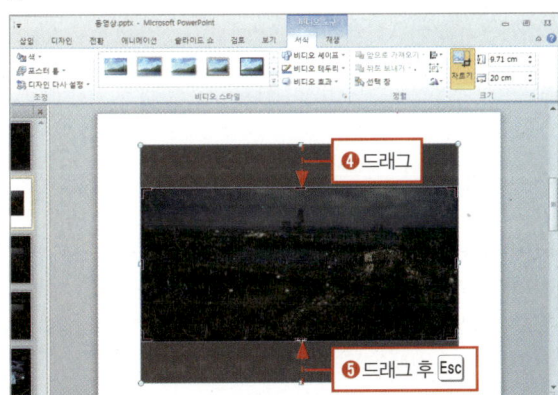

▲ 동영상 선택 → [동영상 도구] – [서식] 탭 → [자르기] 클릭
▲ 위쪽 자르기 핸들 드래그 → 아래쪽 자르기 핸들 드래그

 **Note 4** 비디오 맞추기 대화상자 옵션

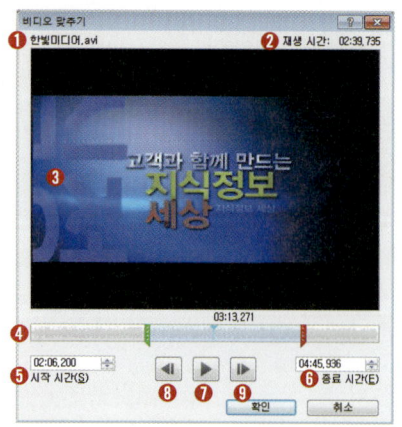

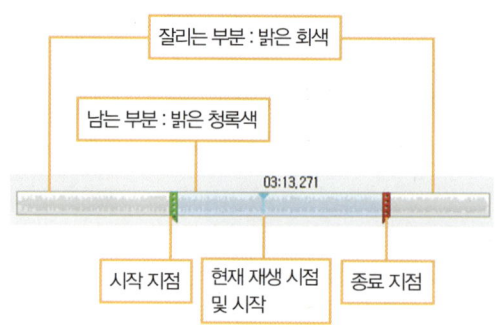

① 파일명 : 선택된 동영상의 파일 이름입니다.

② 재생 시간 : 조정된 동영상 길이가 시간으로 표시됩니다.

③ 미리 보기 : 동영상의 미리 보기가 표시됩니다.

④ 자르기 바 : 청록색 수직 바로 현재 재생 지점과 시간이 표시됩니다. 동영상의 소리 크기는 회색으로 표시됩니다. 또한 시작 시간을
의미하는 연두색 핸들과 종료 시간을 의미하는 빨간색 핸들이 표시되면 각 핸들을 드래그해 위치를 조정할 수 있습니다.

⑤ 시작 시간 : 시작 시간을 표시합니다. 시간 부분을 클릭하고 위 또는 아래 방향키를 눌러 시간을 조정할 수 있습니다.

⑥ 종료 시간 : 종료 시간을 표시합니다. 시간 부분을 클릭하고 위 또는 아래 방향키를 눌러 시간을 조정할 수 있습니다.

⑦ 재생 : 시작 시간부터 종료 시간까지만 동영상을 재생합니다.

⑧ 이전 프레임 : 현재 재생 시점을 이전 프레임으로 이동합니다.

⑨ 다음 프레임 : 현재 재생 시점을 다음 프레임으로 이동합니다.

Note 5 [비디오 도구] – [재생] 탭

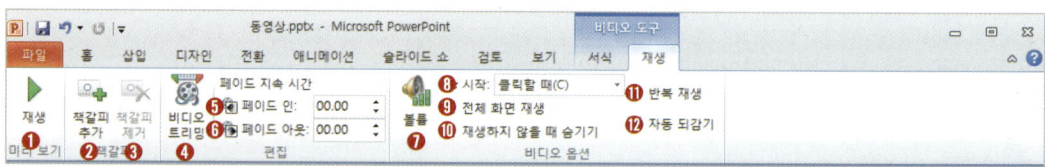

① [재생] : 동영상을 재생합니다.

② [책갈피 추가] : 동영상의 특정 시점에 책갈피를 추가하면 슬라이드 쇼에서 그 시점으로 즉시 이동할 수 있습니다. 또한 애니메이션
과 결합하여 책갈피가 설정된 부분에서 특정 애니메이션이 재생되도록 할 수 있습니다.

③ [책갈피 제거] : 설정한 책갈피를 제거합니다.

④ [비디오 트리밍] : 동영상의 앞 또는 뒤를 잘라 원하는 부분만 재생할 수 있습니다.

⑤ [페이드 인] : 점점 밝아지는 효과인 페이드 인 시점을 지정합니다.

⑥ [페이지 아웃] : 점점 어두워지는 효과인 페이드 아웃 시점을 지정합니다.

⑦ [볼륨] : 동영상의 볼륨을 조정합니다.

⑧ [시작] : 동영상의 시작 방법은 기본적으로 [클릭할 때]이지만 [자동 실행]으로 시작 방법을 변경할 수 있습니다.

⑨ [전체 화면 재생] : 동영상을 화면에 꽉 차게 재생합니다.

⑩ [재생하지 않을 때 숨기기] : 재생하지 않을 때 동영상 화면을 숨깁니다.

⑪ [반복 재생] : 동영상을 반복해서 재생합니다.

⑫ [동영상 자동 되감기] : 동영상 재생이 끝나면 첫 화면으로 되돌아갑니다.

동영상을 다른 모양으로 재생하기

동영상 테두리에 모양을 주어 타원 모양으로 재생하거나 주변을 부드럽게 표시할 수 있습니다. 또한 색을 회색조로 바꾸는 등 다양한 효과를 동영상에 적용합니다.

1 ① 편집할 동영상을 선택하고 ② [비디오 도구]–[서식] 탭의 [비디오 스타일] 그룹에서 [자세히]를 클릭합니다.

2 ③ 목록에서 [모니터, 회색]을 선택합니다.

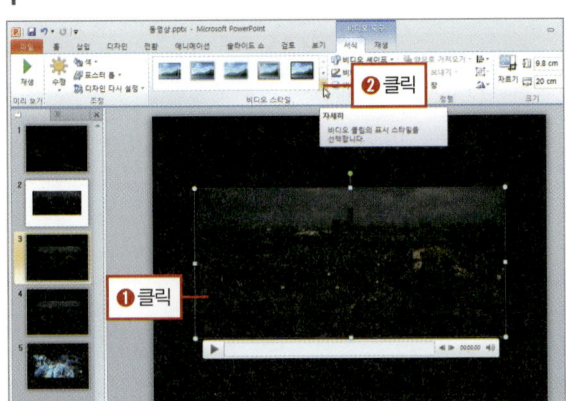

▲ 동영상 선택 → [동영상 도구] – [서식] 탭 → [자세히] 클릭

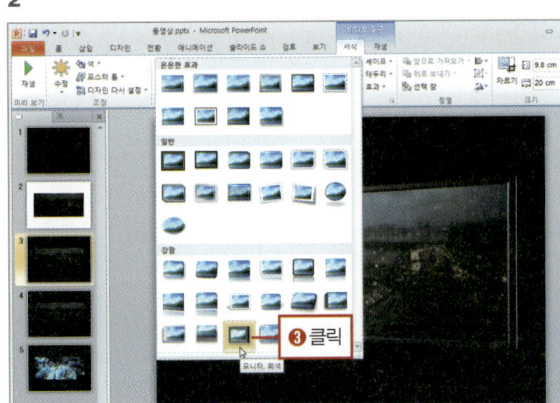

▲ [모니터, 회색] 클릭

3 동영상이 모니터 내에서 재생되는 것처럼 보입니다. 동영상을 오른쪽 방향으로 돌리려면 ④ [비디오 효과]를 클릭하고 ⑤ [3차원 회전]에서 [원근감, 대조적으로, 오른쪽]을 선택합니다.

4 ⑥ Shift + F5 를 눌러 쇼 보기를 실행하고 [▶ 재생]을 클릭해 재생합니다.

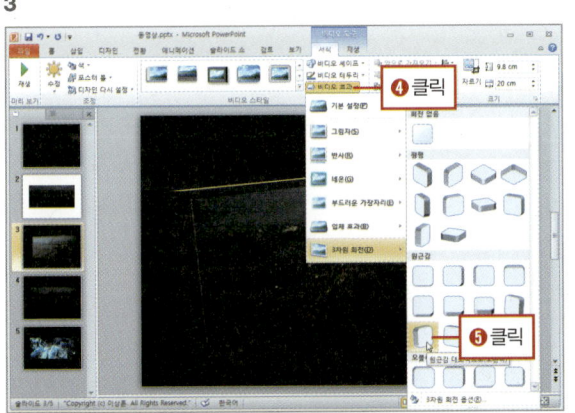

▲ [비디오 효과] → [원근감, 대조적으로, 오른쪽] 클릭

▲ Shift + F5 → [재생] 클릭

| Tip | 서식 복사를 이용해서 동영상에 적용한 서식을 다른 동영상에 적용하기 |

현재 동영상을 선택하고 Ctrl + Shift + C 를 눌러 적용한 서식을 복사합니다. 그리고 다른 동영상을 선택한 후 Ctrl + Shift + V 를 눌러 붙여넣습니다.

동영상 표지 만들기

동영상의 첫 장면이 검은색으로 나타나거나 특별히 중요하지 않은 화면이라면 동영상이 어떤 내용을 담고 있는지 알 수 없습니다. 이런 경우에는 동영상의 표지를 만드는 것이 좋습니다.

1 ① 기본 보기에서 **동영상**을 선택하고 ② [▶ **재생**]을 클릭해 재생을 시작합니다.

2 ③ 표지로 사용할 만한 장면이 나타나면 [‖ **일시정지**]를 클릭합니다.

1

▲ 동영상 선택 → [재생] 클릭

2

▲ [일시정지] 클릭

3 ④ [비디오 도구]-[서식] 탭을 열고 ⑤ [포스터 틀]을 클릭한 후 ⑥ [현재 틀]을 선택합니다.

4 현재 장면이 동영상 표지가 되고 재생 바에 **포스터 틀이 설정됨**이라는 문구가 나타납니다.

🗒️ **Note 6** **안내선을 이용해서 동영상을 좀 더 정확하게 자르기**

Alt + F9 를 눌러 안내선을 표시합니다. Ctrl 을 누른 상태에서 안내선을 드래그해 복제하고 잘라낼 부분에 배치합니다. 이 안내선에 맞춰 자르기 핸들을 조정한 후 잘라내면 동영상을 좀 더 정확하게 자를 수 있습니다. Alt + F9 를 다시 누르면 안내선이 감춰집니다.

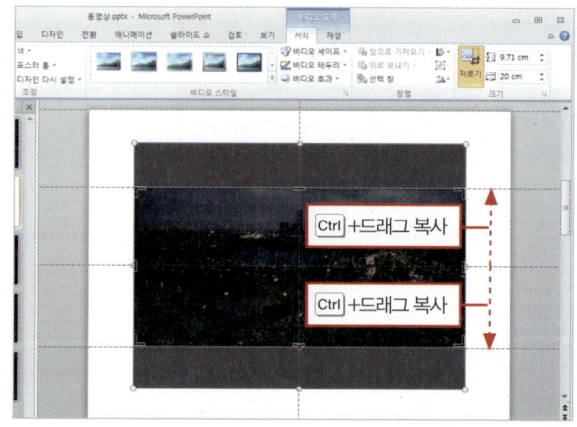

▶ Alt + F9 를 눌러 안내선 표시 → 화면 자르기

3

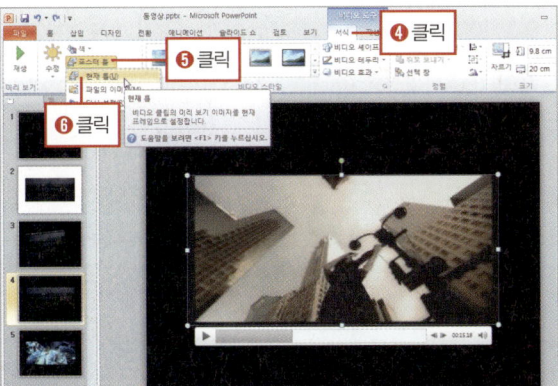

▲ [비디오 도구]-[서식] 탭 → [포스터 틀] → [현재 틀] 클릭

4

▲ 재생 바에 포스터 틀이 설정됨 문구가 나타남

Tip **포스터 틀에 있는 명령의 역할**

파일의 이미지 : 표시되는 대화상자에서 그림을 선택하고 선택한 그림을 동영상의 표지로 사용합니다.

다시 설정 : 동영상을 원래 상태로 만듭니다.

Tip **윈도우 7 이하의 운영체제에서 동영상이 재생되지 않을 때**

윈도우 7에서 파워포인트 파일에 동영상을 포함하면 하위 버전의 운영체제에서 슬라이드 내의 동영상이 재생되지 않을 수 있습니다. 이때는 윈도우 미디어 플레이어를 최신 버전으로 설치해야 합니다. 윈도우 미디어 플레이어는 포털 사이트에서 검색하면 쉽게 찾을 수 있습니다.

Note 7 **[비디오 도구] – [서식] 탭**

① **[재생]** : 동영상을 재생합니다.

② **[수정]** : 동영상의 밝기와 대비를 조정할 수 있습니다.

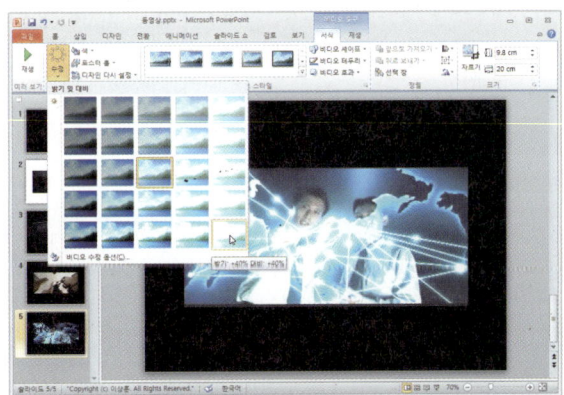

▶ [밝기 및 대비] 조정 장면

③ **[색]** : 동영상의 색 톤을 변경합니다.

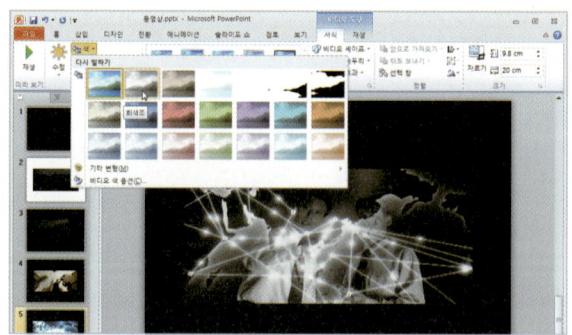

▶ [회색조] 선택 장면

④ **[포스터 틀]** : 동영상의 특정 장면을 해당 동영상 표지로 정할 수 있습니다.

⑤ **[디자인 다시 설정]** : [비디오 도구]-[서식] 탭에서 설정한 서식을 모두 지웁니다.

⑥ **[비디오 스타일 목록]** : 기본적으로 제공하는 동영상 스타일을 선택할 수 있습니다.

⑦ **[비디오 셰이프]** : 동영상의 모양을 직사각형이 아닌 다른 형태로 변경할 수 있습니다.

⑧ **[비디오 테두리]** : 동영상의 테두리를 설정합니다.

⑨ **[비디오 효과]** : 그림자, 네온, 부드러운 가장자리, 3차원 등 특수 효과를 적용할 수 있습니다.

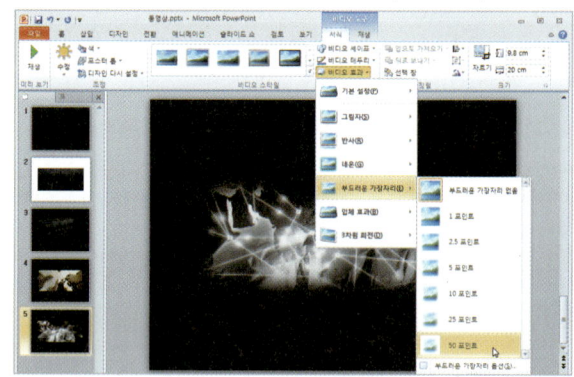

▶ [부드러운 가장자리] 효과를 적용하는 장면

⑩ **[앞으로 가져오기]** : 동영상을 맨 앞으로 가져오거나 한 칸 앞으로 가져올 수 있습니다.

⑪ **[뒤로 보내기]** : 동영상을 맨 뒤로 보내거나 한 칸 뒤로 보낼 수 있습니다.

⑫ **[선택 창]** : 선택 창을 표시합니다.

⑬ **[맞춤]** : 맞춤 명령을 선택할 수 있습니다.

⑭ **[그룹]** : 그룹, 그룹 해제 등의 명령을 선택할 수 있습니다.

⑮ **[회전]** : 동영상을 회전하거나 대칭 형태로 만들 수 있습니다.

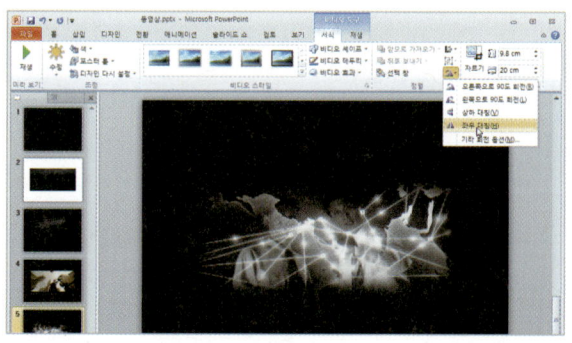

▶ [좌우 대칭]을 선택한 장면

⑯ **[자르기]** : 동영상에서 필요 없는 부분을 잘라낼 수 있습니다.

⑰ **[높이]** : 동영상의 높이를 지정합니다.

⑱ **[너비]** : 동영상의 너비를 지정합니다.

인터넷 동영상을 링크해서 슬라이드 쇼로 보여주기

유튜브, 다음TV팟 등 인터넷상에 올려져 있는 동영상이 프레젠테이션에서 보이는 경우가 종종 있습니다. 동영상의 URL 주소만 알고 있다면 아주 쉽게 동영상을 파워포인트로 연결할 수 있습니다. 이번 실습에서는 스티브 잡스의 스탠포드 동영상을 유튜브에서 찾아 파워포인트에 삽입해보겠습니다.

• **준비 파일**
  ◎ : 부록 CD/8장/Section01/인터넷 동영상 삽입.pptx
• **완성 파일**
  ◎ : 부록 CD/8장/Section01/인터넷 동영상 삽입(결과).pptx

▲ 완성 화면

유튜브에서 동영상 소스 얻기

01
① 인터넷 브라우저 실행 후 주소창에 www.youtube.com을 입력하고 Enter를 누름
② 검색창에 steve jobs stanford 입력
③ [검색]을 클릭합니다.

Tip 유튜브

유튜브(YouTube)는 세계 최대의 동영상 공유 사이트로 누구나 자유롭게 동영상을 업로드하고, 보거나 공유할 수 있습니다.

02 맨 위에 검색된 동영상을 클릭합니다.

03

① [일시정지]를 클릭해 재생 중지

② [공유]를 클릭

③ [소스 코드]를 클릭

④ [이전 소스 코드 사용] 체크

⑤ 소스 영역을 클릭 후 Ctrl + C 를 눌러 복사합니다.

유튜브에서 복사한 동영상 소스 파워포인트에 삽입하기

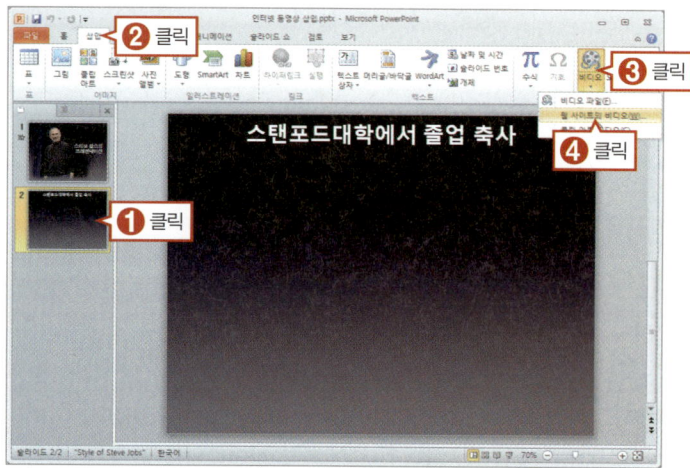

04

① 부록 CD/8장/Section01/ 인터넷 동영상 삽입.pptx 파일을 열고 2번 슬라이드 클릭

② [삽입] 탭 클릭

③ [비디오] 클릭

④ [웹 사이트의 비디오]를 클릭합니다.

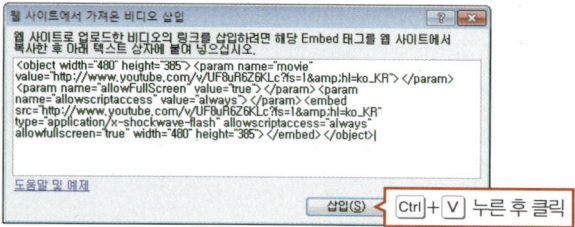

05 Ctrl + V 를 누르고 [삽입]을 클릭합니다.

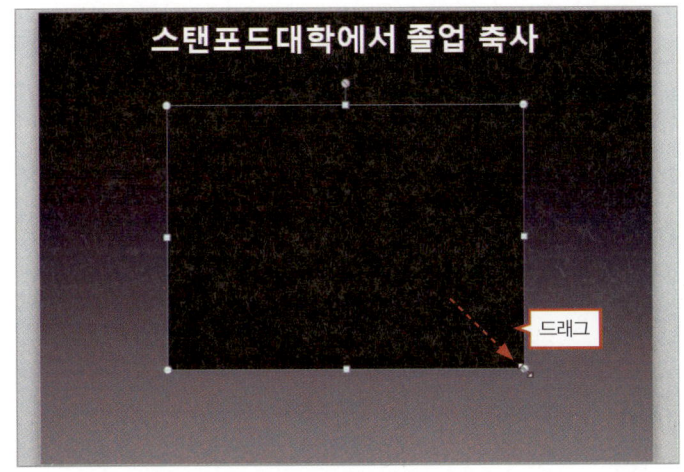

06 동영상이 슬라이드의 정가운데에 삽입됩니다. 삽입된 동영상의 크기를 조정합니다.

07 [Shift]+[F5]를 눌러 현재 슬라이드에서 쇼 보기를 시작하고 가운데에 있는 [▶ 재생] 또는 왼쪽 하단에 있는 ▶ 을 클릭합니다.

> **Tip** **일시 중지하거나 재생 장면 조정하기**
>
> 동영상 하단에 있는 재생 바에서 [일시 중지]를 클릭하여 재생을 일시 중지할 수 있습니다. 또한 동그랗게 표시되는 슬라이더를 좌우로 드래그하면 재생 장면을 조정할 수 있습니다.

08 동영상이 재생됩니다. 재생 중간에 동영상 재생을 멈추고 싶다면 [❚❚ 일시 정지]를 클릭하거나 [Esc]를 누릅니다.

> **Tip** **인터넷 동영상 사용 시 주의점**
>
> 인터넷에 있는 동영상은 인터넷이 연결되어 있는 상태가 아니면 볼 수 없으므로 주의합니다. 인터넷 동영상은 파워포인트 파일에 포함시킬 수 없으며 단지 연결만 시킬 수 있습니다.

책갈피 기능으로 말풍선이 표시되는 장면 만들기

파워포인트 2010 버전에는 동영상의 특정 시점에 책갈피(Bookmark)를 추가하여 원하는 곳으로 빠르게 이동하고 재생할 수 있는 기능이 추가되었습니다. 이 책갈피를 애니메이션과 결합하면 동영상에 자막이나 말풍선을 만들 수 있어서 중요한 내용을 좀 더 재미있고 효과적으로 전달할 수 있습니다.

· 준비 파일
　◎ : 부록 CD/8장/Section01/책갈피.pptx, 1번 슬라이드
· 완성 파일
　◎ : 부록 CD/8장/Section01/책갈피(결과).pptx, 1번 슬라이드

▲ 완성 화면

동영상에 책갈피를 추가하여 중요 내용 자세히 설명하기

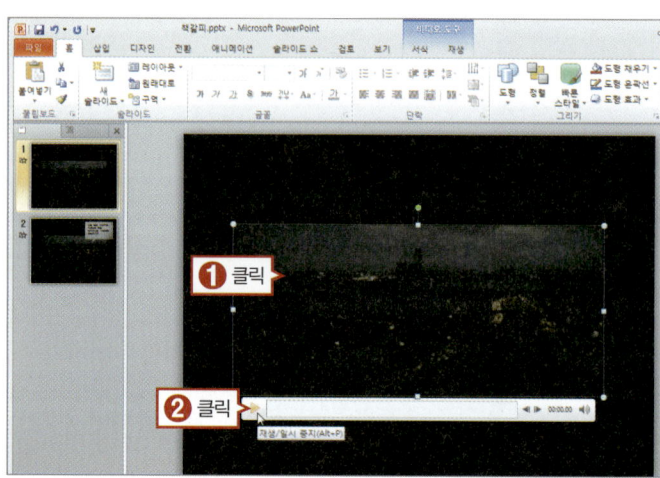

01
① **동영상** 클릭
② 재생 바에서 [▶ **재생**]을 클릭합니다.

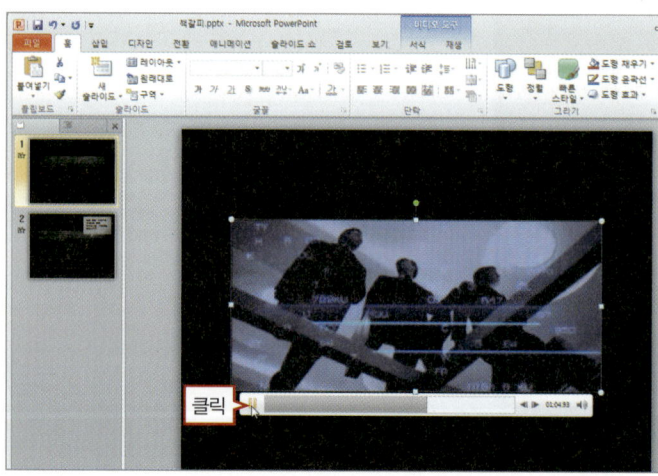

02 책갈피를 추가할 시점에서
[‖ **일시중지**]를 클릭합니다.

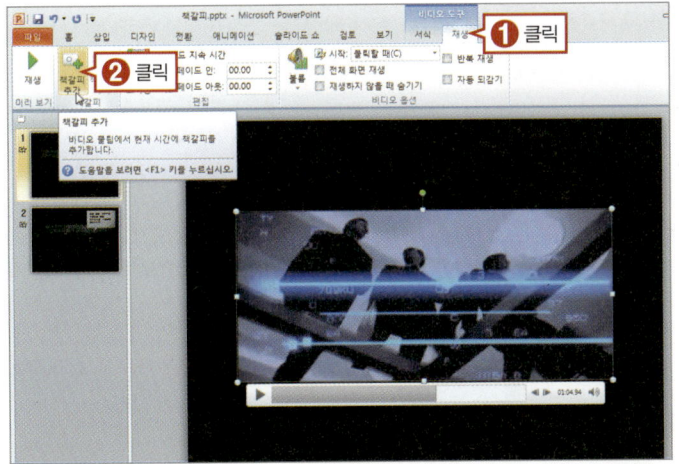

03

① [비디오 도구]–[재생] 탭 클릭
② [책갈피 추가]를 클릭합니다.

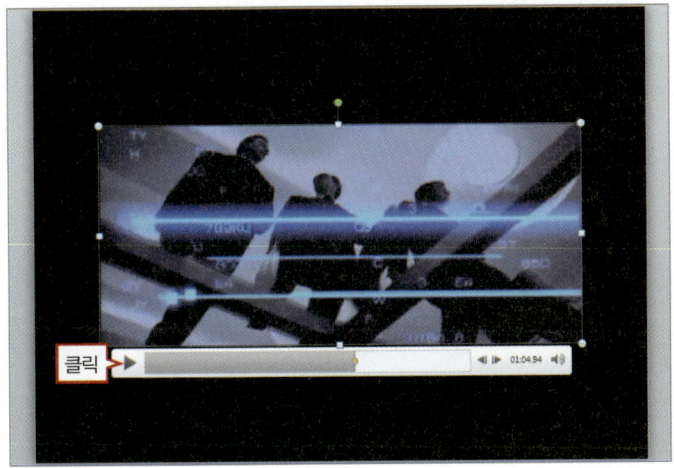

04 재생 바에 주황색 타원이 나타나면 책갈피가 추가된 것입니다.

[▶ 재생]을 클릭합니다.

> **Tip** **책갈피 지우기**
>
> 재생 바에서 지우고 싶은 책갈피를 선택하고 [비디오 도구]–[재생] 탭에서 [책갈피 제거]를 클릭합니다.

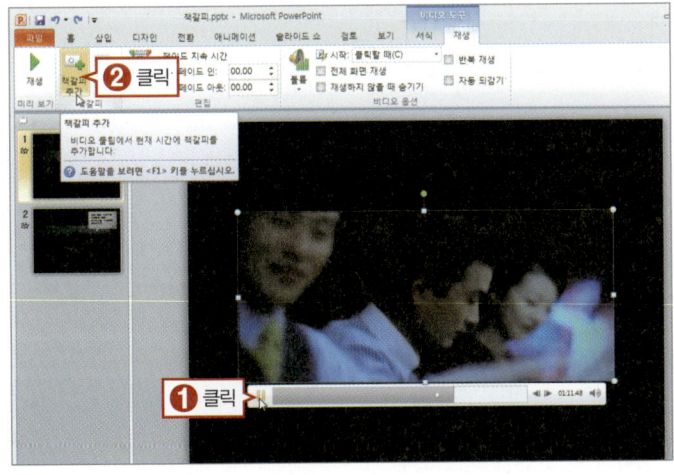

05

① [❚❚ 일시중지] 클릭
② [책갈피 추가]를 클릭합니다.

06 Shift + F5 를 눌러 쇼 보기로 전환하고 동영상이 자동으로 재생되면, 재생 바에서 **첫 번째 책갈피**를 클릭합니다.

Shift + F5 누른 후 클릭

07 첫 번째 책갈피가 있는 곳으로 바로 이동합니다.

Tip   다음 책갈피로 이동하는 단축 키

동영상을 재생하다 Alt + End 를 누릅니다. 다음 책갈피로 이동합니다.
더 이상 책갈피가 없다면 동영상 맨 끝으로 이동합니다. 참고로 Alt + Home 을 누르면 동영상의 맨 처음으로 이동할 수 있습니다.

Note 8   쇼 보기에서 동영상 자동 재생

파워포인트 2010에서 동영상 재생은 기본적으로 쇼 보기에서 [▶ 재생]을 클릭해야 합니다. 그런데 이번 실습에서 사용한 책갈피.pptx 파일의 동영상은 슬라이드 쇼가 시작되면 자동으로 재생됩니다. 동영상 자동 재생 방법을 알아보겠습니다.

1 ① [애니메이션] 탭의 [애니메이션 창]에서 **동영상(한빛미디어.avi)**을 클릭합니다. ② [고급 애니메이션] 그룹에서 [트리거]를 클릭합니다. ③ [클릭할 때]에서 동영상 이름(한빛미디어.avi)을 클릭합니다.

2 ④ [시작] 메뉴를 열고 ⑤ [이전 효과 다음에]를 선택합니다.

1

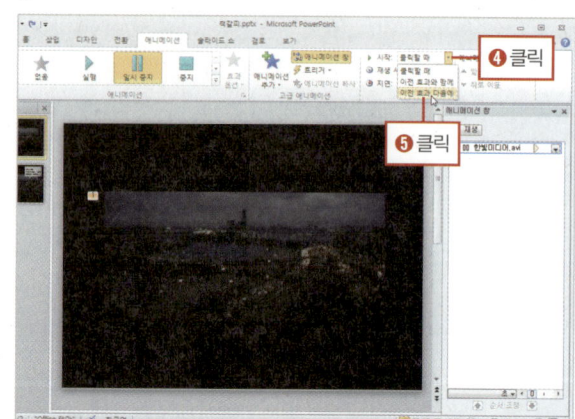

▲ 동영상 클릭 → [트리거] → [클릭할 때]에서 동영상 이름 클릭

2

▲ [시작] 메뉴 → [이전 효과 다음에] 클릭

애니메이션을 이용해서 생동감 있게 표현하기

08

① 2번 슬라이드 클릭

② [애니메이션] 탭 클릭

③ [애니메이션 창]을 클릭합니다.

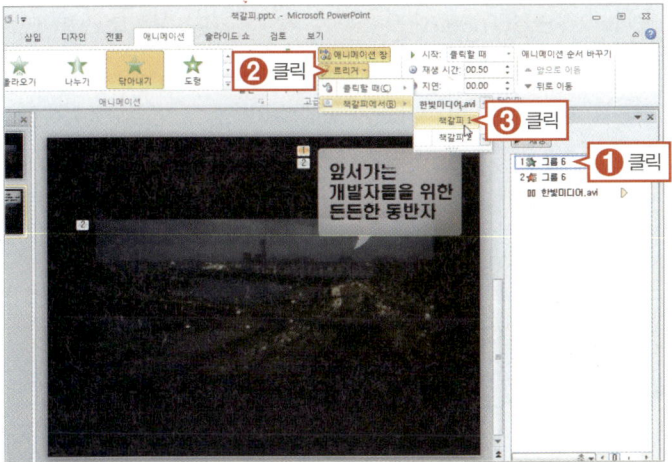

09

① 애니메이션 창에서 **1번 애니메이션** 클릭

② [애니메이션] 탭에서 [**트리거**] 클릭

③ [**책갈피에서**]에서 [**책갈피 1**]을 클릭합니다.

> **Tip 트리거(Trigger)의 의미**
>
> 트리거는 특정 애니메이션을 실행할 책갈피를 의미합니다.

> **Tip 책갈피 뒤에 붙은 번호의 의미**
>
> [책갈피에서] 목록에 표시되는 책갈피의 번호는 동영상의 시간 흐름에 따른 순서가 아니라 책갈피를 만들 때의 순서입니다.

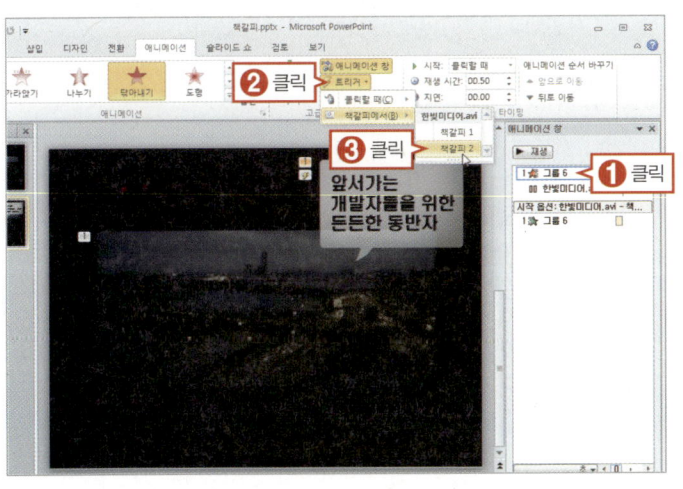

10

① 애니메이션 창에서 **1번 애니메이션** 클릭

② 애니메이션 탭에서 [**트리거**] 클릭

③ [**책갈피에서**]에서 [**책갈피 2**]를 클릭합니다.

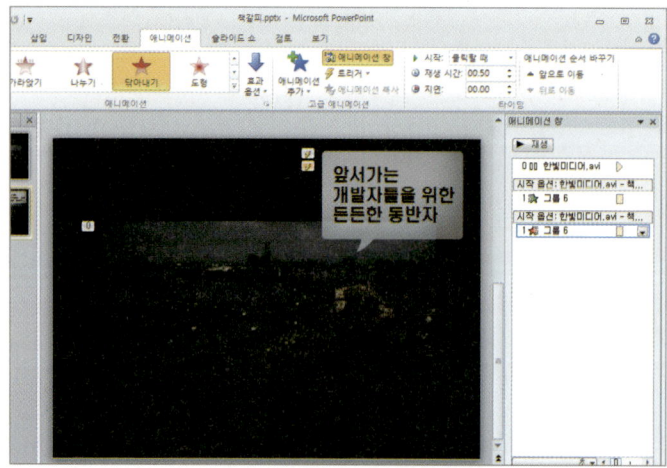

11 애니메이션을 책갈피에 연결했습니다. 애니메이션 창은 그림과 같습니다.

12 Shift + F5 를 눌러 쇼 보기를 시작합니다. 첫 번째 책갈피가 설정된 지점에서 말풍선이 나타났다가 두 번째 책갈피 지점에서 말풍선이 사라지는 것을 볼 수 있습니다.

 **Note 9** 　동영상이 재생되지 않을 때 문제 해결 방법

동영상이 연결되어 있는 경우

동영상을 연결했을 때 원본 동영상이 없거나 경로가 달라진 경우에 이런 일이 발생할 수 있습니다. 이때는 원본 동영상을 가져가거나 다시 동영상을 삽입하여 쉽게 문제를 해결할 수 있습니다.

동영상이 포함되어 있는 경우

동영상이 포함되어 있지만 재생되지 않는다면 '코덱' 때문일 가능성이 큽니다. 동영상이나 소리와 같은 미디어를 재생하려면 적당한 코덱이 있어야 하는데 코덱이 설치되어 있지 않다면 해당 동영상을 재생할 수 있는 코덱을 찾아 설치해야 합니다.

코덱 설치 문제 해결 방법1 : 코덱을 설치하는 가장 쉬운 방법은 곰플레이어, KMPlayer, Windows Media Player와 같은 동영상 재생기의 최신 버전을 설치하는 것입니다. 이런 프로그램은 최신 코덱을 설치해주기 때문에 코덱과 관련된 문제를 간단하게 해결할 수 있습니다. 단, MP4, MOV, QT 형식의 동영상을 재생하려면 QuickTime Player나 iTunes와 같이 애플에서 만든 재생기를 설치하는 것이 좋습니다.

코덱 설치 문제 해결 방법2 : 코덱만 모아놓은 통합 코덱을 설치하는 것도 좋은 방법입니다. 현재 가장 많이 사용되는 통합 코덱은 스타코덱, Z통합코덱, 바닥코덱 등 입니다. 그러나 너무 많은 코덱을 설치하면 코덱끼리 충돌을 일으키는 등 프로그램이 제 역할을 하지 못하는 경우가 발생할 수 있습니다. 따라서 통합 코덱은 문제를 도저히 해결할 수 없을 때 하나만 설치하고 문제가 해결되면 지우는 것이 좋습니다. 통합 코덱은 네이버나 다음과 같은 포털 사이트에서 검색하여 쉽게 찾을 수 있습니다.

재생 가능한 동영상으로 인코딩하기

MOV와 같은 동영상을 AVI나 MP4와 같은 포맷으로 인코딩(변환)하여 다시 삽입하면 동영상이 정상적으로 재생되는 경우가 많습니다. 현재 가장 많이 사용되는 인코더로는 다음팟 인코더, 곰인코더 등이 있습니다.

section 02 소리 삽입하고 편집하기

·소리 삽입 ·소리 재생 ·녹음

프레젠테이션에 배경 음악을 삽입하거나 프레젠테이션 시작 전에 신나는 음악을 틀어주면서 프레젠테이션을 시작할 수 있습니다. 이번 섹션에서는 여러 경로에 있는 소리를 삽입하고 편집하는 방법에 대해서 알아보겠습니다.

소리 삽입하기

소리 클립 삽입하기

1 ① [삽입] 탭을 열고 ② [오디오] 메뉴를 클릭합니다. ③ 표시되는 클립 중에서 [클립 아트 오디오]를 선택합니다.

2 클립 아트 창에 오디오 클립이 표시됩니다. ④ [레게 음악 전주]를 클릭하면 슬라이드 정가운데에 삽입됩니다.

1

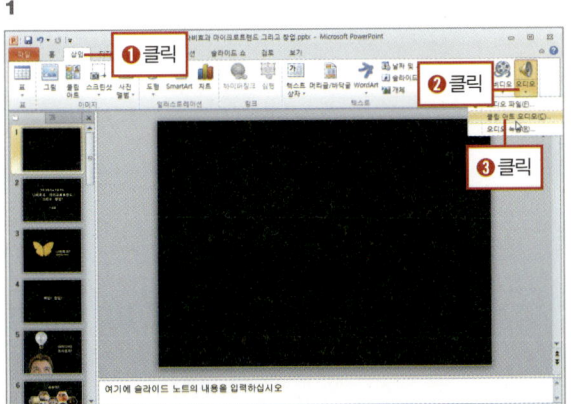

▲ [삽입] 탭 → [오디오] 메뉴 → [클립 아트 오디오] 클릭

2

▲ [레게 음악 전주] 클릭

Tip 음악을 삽입하기 전에 미리 들어보는 방법

클립 아트 창에서 소리 클립(레게 음악 전주) 오른쪽에 있는 메뉴를 클릭하고 [미리 보기/속성]을 선택하면 미리 보기/속성 창이 표시되면서 소리가 자동으로 재생됩니다. [닫기]를 클릭해서 창을 닫습니다.

Tip 삽입된 소리를 이동하고 삭제하기

이동 : 일반 개체처럼 마우스로 드래그하거나 소리 아이콘 ◀ 을 선택하고 키보드 방향키를 누릅니다.
삭제 : 소리 아이콘 ◀ 을 선택한 후 Delete 를 누릅니다.

Section 02 소리 삽입하고 편집하기 • **335**

컴퓨터에 있는 소리 파일 삽입하기

음원을 공급하는 사이트, 예를 들어 멜론, 도시락, 아이튠즈 등에서 음원을 구입해 컴퓨터로 내려받았다면 그 소리를 파워포인트에 삽입해 재생할 수 있습니다.

1 ① [삽입] 탭을 열고 ② [🔊 오디오]를 클릭합니다.

2 ③ 오디오 삽입 대화상자에서 컴퓨터에 있는 **오디오 파일**을 선택합니다. ④ [삽입]을 클릭합니다.

1

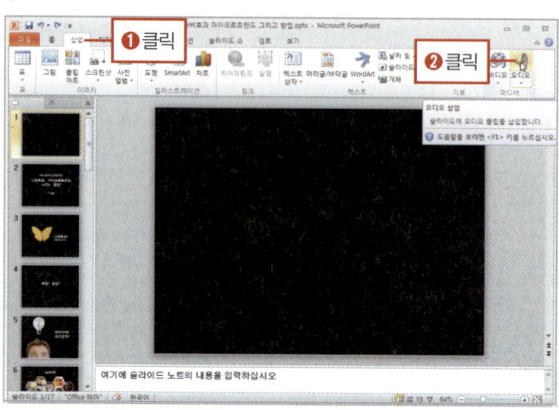

▲ [삽입] 탭 → [오디오] 클릭

2

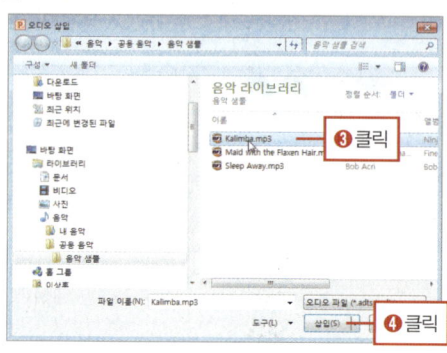

▲ 오디오 파일 선택 → [삽입] 클릭

Tip 한 슬라이드에 소리를 두 개 이상 삽입했을 때 주의할 점

한 슬라이드에 오디오 클립을 두 개 이상 삽입했다면 소리 아이콘 🔊 이 겹쳐져서 표시되고, 가장 최근에 삽입된 소리 아이콘이 맨 위에 나타납니다. 시작 옵션을 [자동 실행]으로 설정한 경우에는 가장 먼저 삽입된 소리부터 차례로 재생되므로 문제가 없지만, [클릭할 때]로 설정했다면 가장 최근에 삽입한 것 외의 다른 오디오 아이콘은 클릭할 수 없으므로 각각의 오디오 클립 아이콘은 겹치지 않게 다른 곳으로 배치해놓는 것이 좋습니다.

📓 **Note 1** 이전 버전처럼 소리 파일을 연결하는 방법

파워포인트 2010에서 소리 파일을 파워포인트에 삽입하면 소리 파일은 기본적으로 파워포인트 파일에 포함됩니다. 만약 이 방법이 아닌 이전 버전처럼 소리를 연결만 하고 싶다면 오디오 삽입 대화상자에서 소리 파일을 선택하고 [삽입] 메뉴를 클릭한 후 [파일에 연결]을 선택합니다.

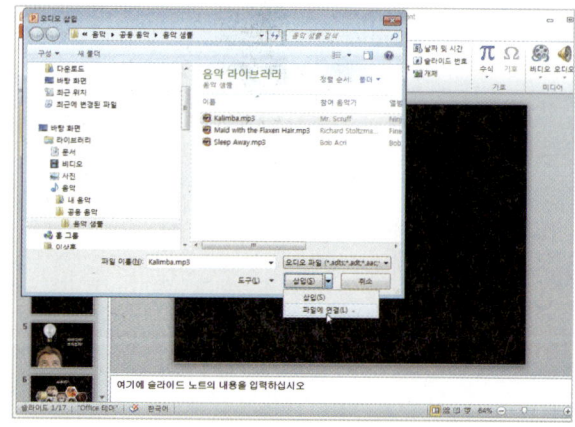

소리 재생하기

슬라이드에 삽입된 소리를 재생할 때는 기본 보기와 슬라이드 쇼 보기를 사용할 수 있습니다.

기본 보기에서 재생/일시중지/볼륨 조정하기

1 ① 재생 바에서 [▶ 재생]을 클릭해 재생합니다.

2 ② 재생을 일시 중지하려면 [❚❚ 일시 중지]를 클릭합니다.

3 ③ [◀ 음소거]에 마우스 포인터를 위치시킵니다. 위쪽에 표시되는 **볼륨 조정기에서 슬라이**
더를 위 또는 아래로 드래그해 볼륨을 조정합니다.

1

▲ [재생] 클릭

2

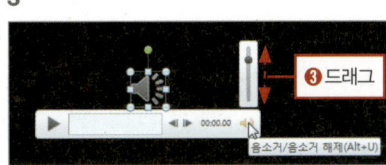

▲ [일시 중지] 클릭

3

▲ 볼륨 조정 슬라이더 드래그

쇼 보기에서 재생/일시중지/볼륨 조정하기

쇼 보기에서 재생하려면 Shift + F5 를 눌러 쇼 보기를 실행하고 마우스 포인터를 소리 아이콘
◀ 으로 이동한 후 소리를 재생합니다.

1 ① 소리 아이콘에 표시되는 재생 바에서 [▶ 재생]을 클릭합니다.

2 ② 재생을 일시 중지하려면 [❚❚ 일시 중지]를 클릭합니다.

3 ③ [◀ 음소거]에 마우스 포인터를 위치시킵니다. 위쪽에 표시되는 **볼륨 조정기에서 슬라이**
더를 위 또는 아래로 드래그해 볼륨을 조정합니다.

1

▲ [재생] 클릭

2

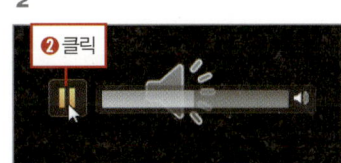

▲ [일시 중지] 클릭

3

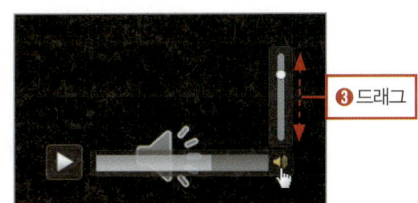

▲ 볼륨 조정 슬라이더 드래그

Tip	소리 재생 관련 단축키

기능	단축키
재생/일시 중지	Alt + P
0.25초 뒤로	Alt + Shift + ←
0.25초 앞으로	Alt + Shift + →
음소거/음소거 해제 버튼	Alt + U

발표 내용 녹음하기

파워포인트에서는 음성을 녹음해 현재 슬라이드에 포함할 수 있습니다. 녹음을 할 때는 컴퓨터에 마이크가 연결되어 있어야 하고, 주변이 조용한 곳에서 작업하는 것이 좋습니다.

1 ① [삽입] 탭을 열고 ② [오디오] 메뉴를 클릭한 후 ③ [오디오 녹음]을 선택합니다. ④ 소리
녹음 대화상자에서 [●녹음]을 클릭하고 녹음을 시작합니다. ⑤ 녹음이 다 끝나면 [■정
지]를 클릭하고 ⑥ [확인]을 클릭합니다.

2 녹음된 결과를 보여주는 소리 아이콘이 슬라이드에 삽입됩니다. ⑦ [▶재생]을 눌러 재생
할 수 있습니다.

Note 2 **슬라이드에서 소리가 들리지 않을 때**

Window 작업 표시줄 맨 오른쪽에서 금지 표시가 되어 있는 스피커 모양의
소리 아이콘 🔊 을 클릭합니다. 표시되는 메뉴에서 [🔊 스피커/헤드폰 음
소거 해제]를 선택합니다. 음소거를 해제했는데도 소리가 나오지 않는다면
볼륨이 너무 낮은 것이므로 볼륨을 올려줍니다. 같은 메뉴에서 슬라이더를
위로 드래그해 볼륨을 높일 수 있습니다.

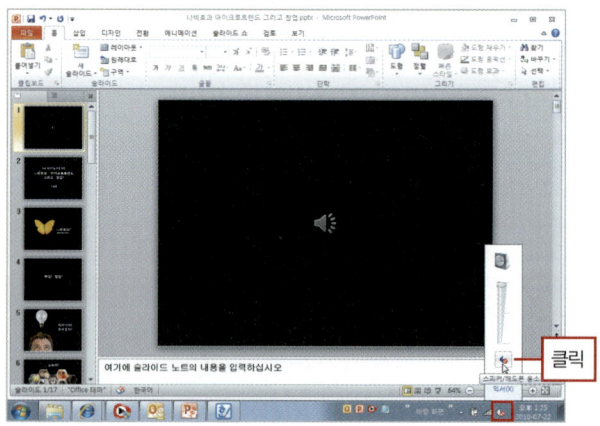

클릭

이렇게 했는데에도 소리가 들리지 않는다면 파워포인트에서 소리가 음소거되어 있거나 볼륨이 너무 낮게 설정되어 있는 것입니다.
Windows 작업 표시줄에서 소리 아이콘을 클릭하고 [믹서기], 또는 [Mixer]를 클릭한 후 표시되는 볼륨 믹서에서 파워포인트의 소리가
음소거되어 있는지, 볼륨이 너무 낮게 설정되어 있는지를 확인합니다. 이런 경우에는 음소거를 해제하거나 볼륨을 높여 문제를 해결할
수 있습니다.

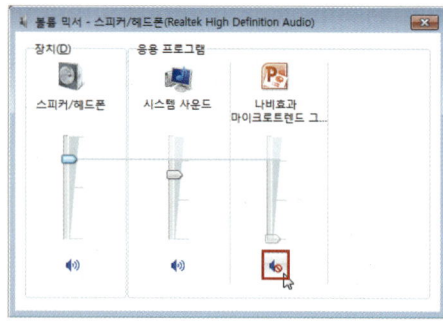

▲ 음소거 해제

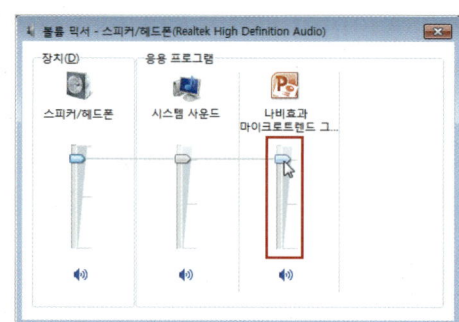

▲ 볼륨을 높임

작업 표시줄에 소리 아이콘이 표시되어 있지 않다면 윈도우의 [시작]을 클릭합니다. [제어판]을 열고, 표시되는 창에서 [소리]를 클릭하
거나 더블클릭합니다. 표시되는 대화상자에서 속성을 변경할 수 있습니다.
노트북은 키보드의 기능키를 눌러 음소거하거나 음소거를 해제할 수 있습니다.

1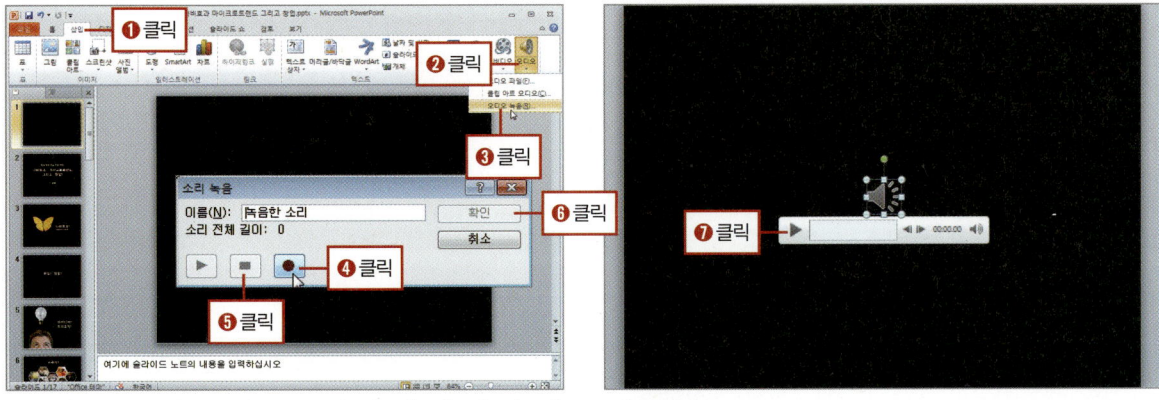

▲ [삽입] 탭 → [오디오] 메뉴 → [오디오 녹음] → [녹음] → [정지] → [확인]
 클릭

2

▲ [재생] 클릭

Note 3 [오디오 도구] – [재생] 탭

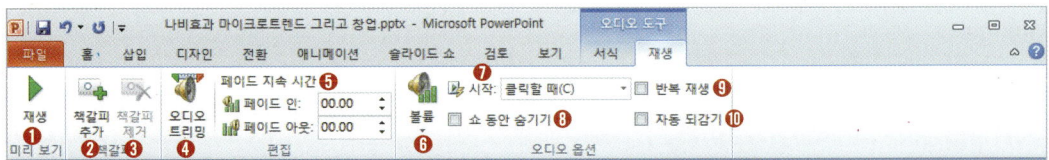

① [재생] : 기본 보기에서 소리를 재생할 수 있습니다.

② [책갈피 추가] : 소리의 특정 부분에 책갈피를 추가하고 추가된 책갈피에서 특정 소리를 재생합니다.

③ [책갈피 제거] : 설정된 책갈피를 지웁니다.

④ [오디오 트리밍] : 삽입된 오디오의 앞쪽 또는 뒤쪽을 삭제해 필요한 부분만 들리도록 합니다.
 이 버튼을 클릭하면 오디오 맞추기 대화상자가 표시되며, 왼쪽에 있는 초록색 슬라이드를 드
 래그해 시작 시간을, 오른쪽에 있는 빨간색 슬라이드를 드래그해 종료 시간을 설정할 수 있습
 니다. 물론 시작 시간과 종료 시간 입력란에 직접 시간을 입력할 수도 있습니다.

⑤ [페이드 지속 시간] : 소리가 점점 커지는 페이드 인(Fade In)과 소리가 점점 작아지는 페이드 아웃(Fade Out)을 설정할 수 있습니다.

⑥ [볼륨] : 소리의 볼륨을 조정합니다.

⑦ [시작] : 소리는 기본적으로 [클릭할 때] 옵션이 설정되므로 슬라이드 쇼 보기에서 소리 아이콘을 클릭
 하거나 Enter 를 눌러야 실행됩니다. 자동으로 실행하려면 메뉴를 클릭하고 [자동 실행]을 선택합니다.
 같은 소리를 모든 슬라이드에서 배경 음악으로 사용하려면 이 메뉴에서 [모든 슬라이드에 실행]을 선
 택합니다.

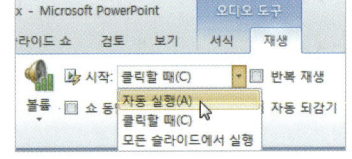

⑧ [쇼 동안 숨기기] : 슬라이드 쇼에서 소리 아이콘이 나타나지 않게 합니다. 이 옵션은 시작을 [자동 실행]이나 [모든 슬라이드에서 실
 행]으로 했을 때만 설정하는 것이 좋습니다. [클릭할 때]를 설정하면 소리 아이콘을 실제로 클릭해야 하는데 쇼에서 아이콘이 보이
 지 않으면 클릭도 할 수가 없습니다.

⑨ [반복 재생] : 소리가 계속해서 반복 실행됩니다.

⑩ [자동 되감기] : 소리를 한 번 재생하면 소리 마지막 부분으로 커서 위치가 변경됩니다. [자동 되감기] 옵션을 선택하면 재생이 완료
 된 후 소리의 시작 부분부터 다시 재생될 수 있도록 자동으로 되돌아갑니다.

배경 음악으로 프레젠테이션 분위기 살려나가기

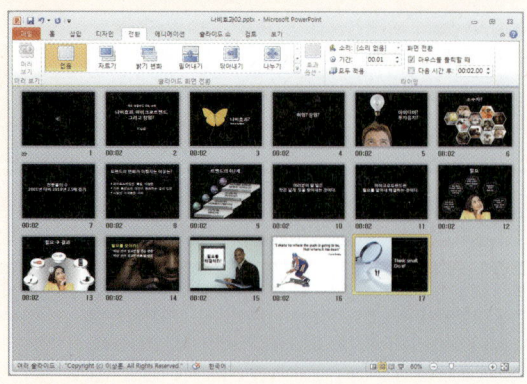

프레젠테이션에서 몇 장의 슬라이드는 대사 없이 보여주기만 해야 할 경우가 있습니다. 그러나 아무 효과 없이 슬라이드만 보여주면 분위기가 어색해지기도 합니다. 이때 적당한 음악을 배경으로 깔고 슬라이드를 자동 전환한다면 좋은 분위기를 만들 수 있습니다. 소리 삽입과 전환 기능을 이용하면 쉽게 이러한 장면을 만들 수 있습니다.

· 준비 파일
　◎ : 부록 CD/8장/Section02/나비효과.pptx
· 완성 파일
　◎ : 부록 CD/8장/Section02/완성/나비효과(결과).pptx

▲ 완성 화면

배경 음악을 삽입하고 옵션 설정하기

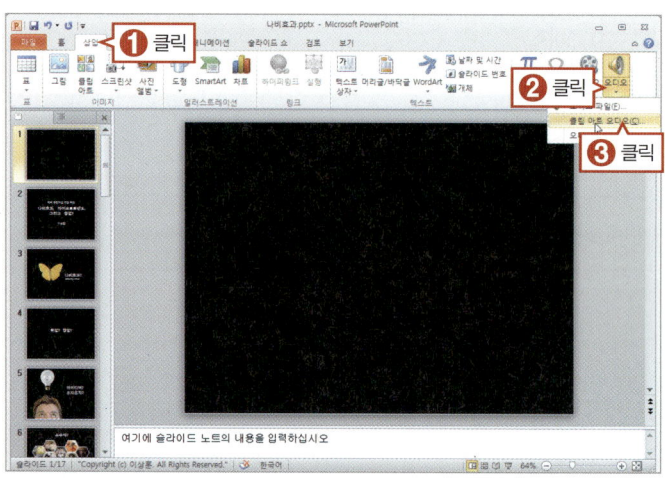

01
① [삽입] 탭 클릭
② [오디오] 메뉴 클릭
③ [클립 아트 오디오]를 클릭합니다.

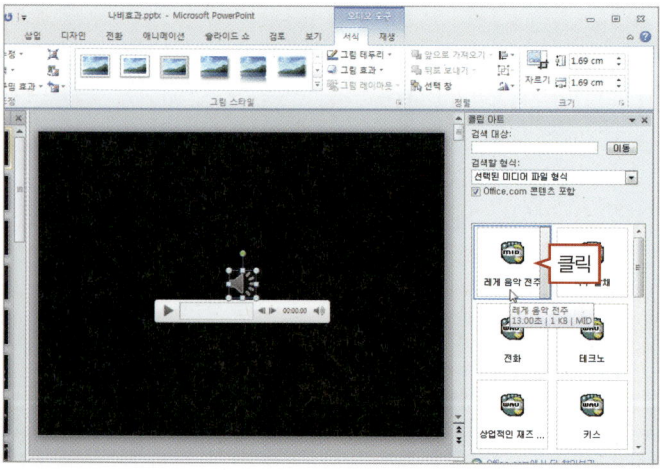

02 클립 아트 창에서 [레게 음악 전주]를 클릭해 슬라이드에 삽입합니다.

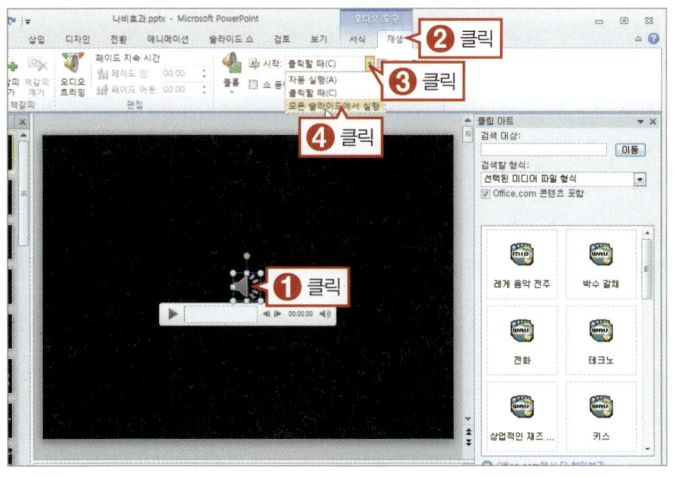

03 모든 슬라이드에서 소리가 들리도록
설정합니다.

① 슬라이드에서 **소리 아이콘** 클릭
② [오디오 도구]–[재생] 탭 클릭
③ [시작] 메뉴 클릭
④ [모든 슬라이드에서 실행]을
클릭합니다.

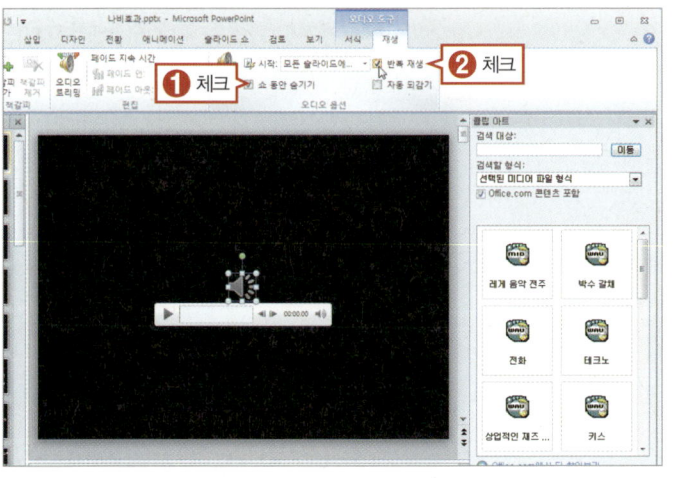

04

① [쇼 동안 숨기기] 체크
② [반복 재생]을 클릭해서 체크합니다.

Tip　**[쇼 동안 숨기기]와 [반복 재생]을 체크한 이유**

소리는 들리기만 하면 되므로 [쇼 동안 숨기기]를 선택했습
니다. 소리가 도중에 끊기는 것을 방지하기 위해서는 [반복
재생] 옵션을 선택합니다.

자동으로 화면이 전환되게 화면 전환 기능 설정하기

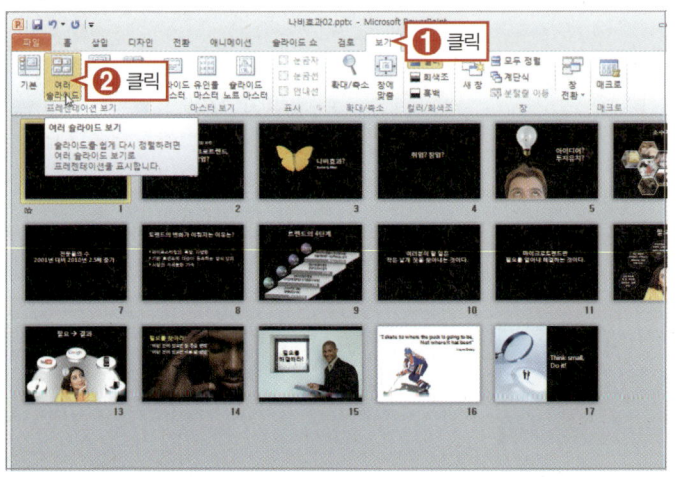

05

① [보기] 탭 클릭
② [여러 슬라이드 보기]를 클릭합니다.
전환 효과는 슬라이드에 적용하는
것이므로 여러 슬라이드를 보면서
작업하는 것이 편합니다.

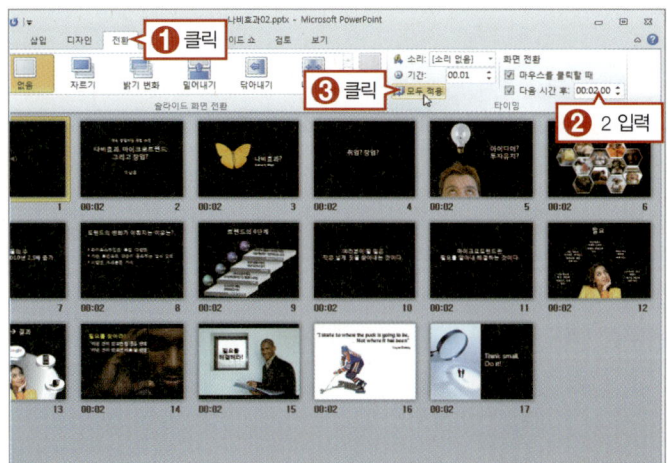

06

① [전환] 탭 클릭

② [다음 시간 후] 오른쪽 입력상자에
2 입력

③ [모두 적용]을 클릭합니다.
2초라는 시간은 모든 슬라이드에
적용됩니다.

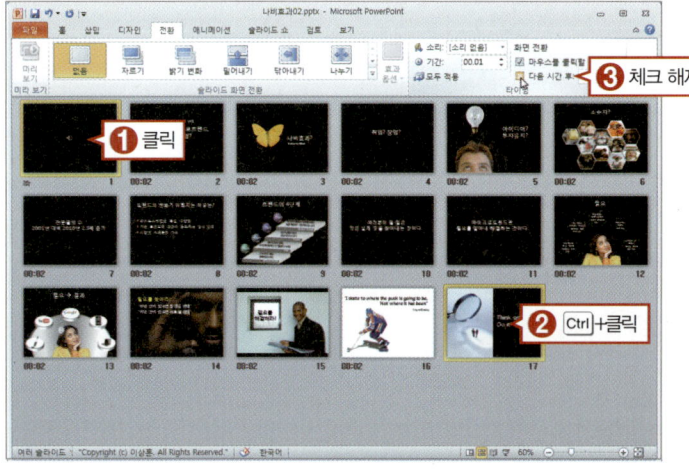

07

① 1번 슬라이드 클릭

② Ctrl을 누른 상태에서
맨 마지막 슬라이드 클릭

③ [다음 시간 후]를 클릭해서 체크
해제합니다. 첫 번째와 마지막
슬라이드는 자동 전환되지 않습니다.

08

08 F5를 눌러 첫 번째 슬라이드부터
쇼 보기를 시작합니다. 첫 번째
슬라이드는 검은색 화면이 그대로
나오면서 소리만 들립니다.
Enter를 누르면 2초 뒤에 다음 슬라이드로
전환되고, 자동으로 마지막 슬라이드까지
표시됩니다. 음악은 계속 들립니다.
Esc를 눌러 쇼를 마칩니다.

Note 4 　오디오 재생 대화상자를 이용해 소리가 재생되는 슬라이드 수 조정

모든 슬라이드가 아니라 현재 슬라이드부터 세 번째 슬라이드까지만 소리가 들리게 하려면 오디오 재생 대화상자에서 해당 슬라이드를 설정합니다.

1 ① [애니메이션] 탭을 열고 ② [애니메이션 창]을 클릭합니다. ③ 애니메이션 창에서 소리 항목을 선택하고 [▾ 메뉴]를 클릭한 후 ④ [효과 옵션]을 선택합니다.

2 ⑤ 소리 재생 대화상자의 재생 중지에서 [지금부터]를 선택하고 ⑥ 오른쪽 입력상자에 **슬라이드 수**를 입력합니다. 만약 3을 입력했다면 현재 슬라이드를 포함해서 세 번째 슬라이드까지만 소리가 나옵니다.

1

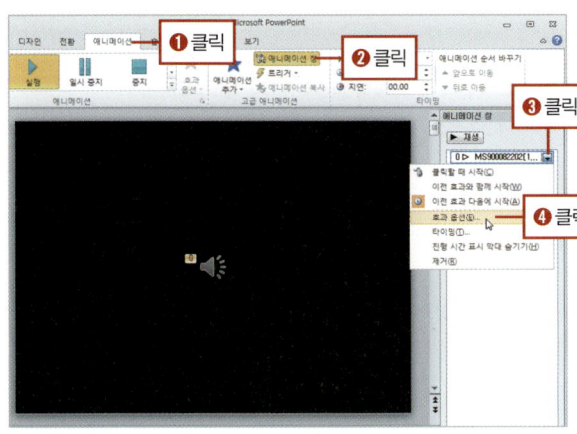

▲ [애니메이션] 탭 → [애니메이션 창] → [메뉴] → [효과 옵션] 클릭

2

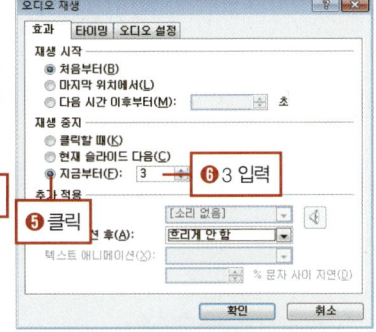

▲ [지금부터] 선택 → [슬라이드 수] 입력

Note 5 　쇼 보기가 계속해서 순환되도록 하는 방법

1 프레젠테이션을 계속해서 순환(Looping)하려면 ① [슬라이드 쇼] 탭을 열고 ② [슬라이드 쇼 설정]을 클릭합니다.

2 ③ 쇼 설정 대화상자의 왼쪽 중간의 표시 옵션에서 [〈Esc〉 키를 누를 때까지 계속 실행]을 선택하고 ④ [확인]을 클릭합니다. F5 를 눌러 쇼 보기를 실행하면 Esc 를 누를 때까지 슬라이드 쇼가 계속해서 실행됩니다.

1

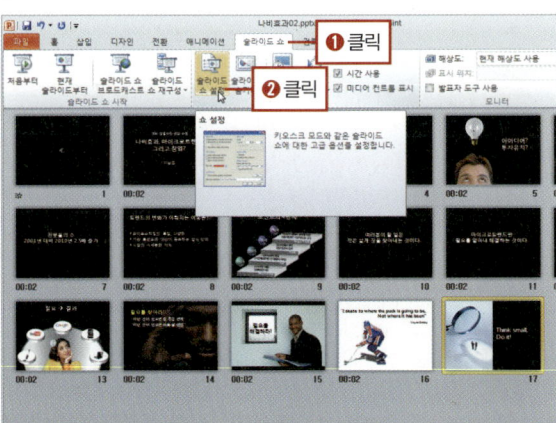

▲ [슬라이드 쇼] 탭 → [슬라이드 쇼 설정] 클릭

2

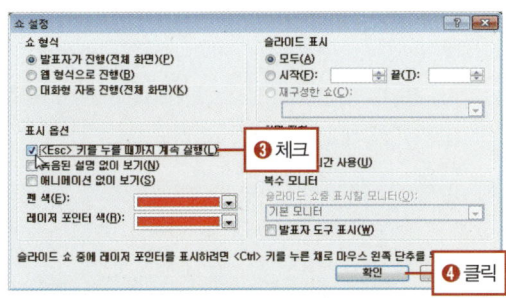

▲ [〈Esc〉 키를 누를 때까지 계속 실행] 선택 → [확인] 클릭

혼자 해보기 인터넷에서 동영상 찾아 파워포인트에 삽입하기

요즘 인터넷에는 다양한 동영상이 많이 있습니다. 이런 동영상은 소장하기가 쉽지 않기 때문에 프레젠테이션에서 사용하려면 인터넷에 있는 동영상의 소스를 파워포인트에 연결해서 보여주는 것이 가장 편합니다. 인터넷에서 원하는 동영상을 찾아 파워포인트에서 삽입하고 프레젠테이션을 완성해보겠습니다.

• 준비 파일 ◎ : 부록 CD/8장/Section02/스마트폰.pptx   • 완성 파일 ◎ : 부록 CD/8장/Section02/스마트폰(결과).pptx

1 YouTube.com에서 Janis Krums Shorty Awards를 검색어로 입력해 동영상을 찾습니다.

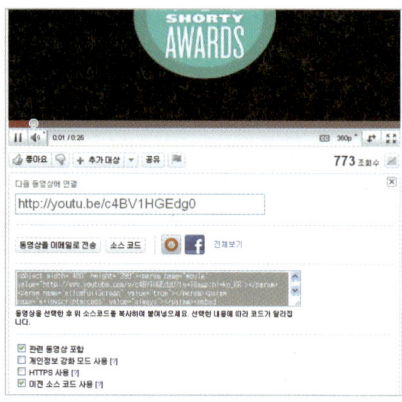

2 동영상 소스를 찾아 복사합니다.

3 파워포인트에서 [스마트폰.pptx] 파일을 열고 8번 슬라이드로 이동하고 [삽입] 탭에서 [비디오]–[비디오 웹 사이트 비디오] 명령을 실행합니다. 표시되는 대화상자에 앞서 복사한 동영상 소스를 붙여넣은 후 [삽입]을 클릭합니다. 슬라이드 쇼에서 동영상을 확인합니다.

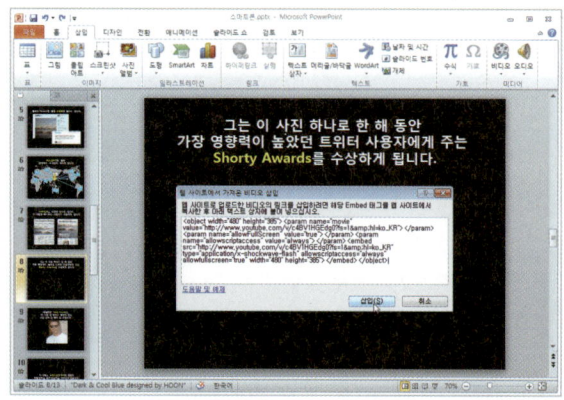

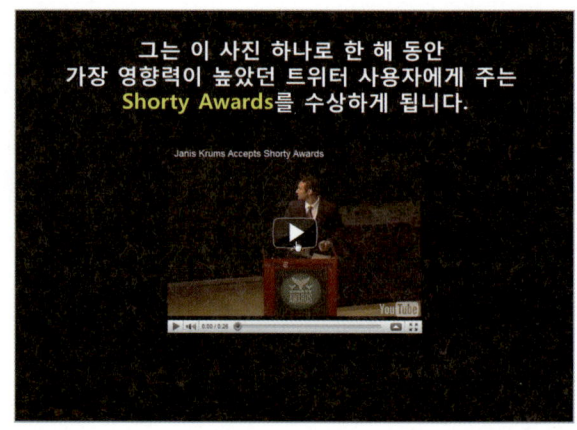

PART 3

빠르고 효율적으로
발표용 슬라이드 만들기

파워포인트 전문가들의 작업에는 무언가 색다른 점이 있습니다. 적합한 레이아웃, 계획적인 색 사용, 통일된 서식, 세련된 도해와 차트까지 프레젠테이션을 성공으로 이끄는 최적의 슬라이드를 만들어내기 때문입니다. 이번 파트에서는 잘 만드는 것 뿐만 아니라 빠른 속도로 작업을 진행하는 파워포인트 전문가들의 작업 노하우를 배워보겠습니다. 테마, 슬라이드 마스터, 템플릿 재사용, 단축키, 빠른 실행 도구 모음 등 작업의 속도를 높여주는 파워포인트의 기능과 자주 사용하는 리본 메뉴 만들기, 아이템, 도해, 서식 모음집 만들기 등을 활용하여 파워포인트 작업 능력을 한 층 더 향상시킬 수 있습니다.

CHAPTER **09**

테마와 슬라이드 마스터로 손쉽게 만들고 재활용하기

테마는 슬라이드 배경, 기본 색, 기본 글꼴, 특수 효과 등
프레젠테이션의 기본 디자인을 사용자가 마음대로 만들 수 있게 해주는 기능입니다.
따라서 한 번 만들어놓으면 새 프레젠테이션이나 다른 프레젠테이션에 적용하여
쉽게 사용할 수 있습니다.
이번 장에서는 테마 색, 테마 글꼴을 만들어 슬라이드 마스터로 멋지게 디자인한 후
테마를 다른 프레젠테이션에 적용하는 방법을 알아보겠습니다.

section 01

테마 색과 테마 글꼴 만들기

• 기본 테마 적용 • 테마 색 만들고 적용 • 테마 글꼴 만들고 적용 • 모든 도형에 같은 효과 적용

테마는 프레젠테이션의 기본 디자인을 통칭하는 것으로 하나의 테마는 슬라이드 마스터, 테마 색, 테마 글꼴, 테마 효과로 구성되어 있습니다. 테마 색과 테마 글꼴의 경우에는 사용자가 변경하거나 새롭게 만들 수 있습니다. 이렇게 만들어진 테마 색과 테마 글꼴은 다른 프레젠테이션에 쉽게 적용하여 사용할 수 있어 편리합니다.

▌기본 테마 적용하기

• **준비 파일** ◎ : 부록 CD/9장/Section01/테마.pptx　　　• **완성 파일** ◎ : 부록 CD/9장/Section01/완성/테마 결과.pptx

1 ① [디자인] 탭을 열고 ② [테마] 그룹에서 [▾ 자세히]를 클릭한 후 ③ 테마를 선택합니다. 슬라이드 마스터를 비롯해 테마 색, 테마 글꼴, 테마 효과가 한꺼번에 적용됩니다.

▲ [디자인] 탭 → [자세히] 클릭

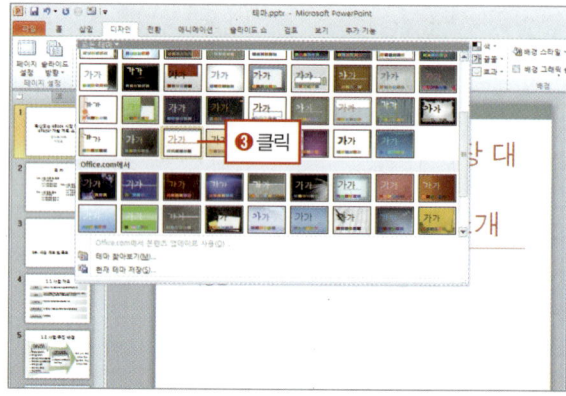

▲ 테마 목록에서 [눈금] 클릭

Tip	테마 목록에 Office.com의 테마가 표시되는 이유

인터넷에 연결되면 파워포인트는 자동으로 Office.com의 새로운 테마를 검색하여 테마 목록 하단에 표시합니다. 테마를 클릭해 슬라이드에 적용할 수 있습니다.

▌사용자가 원하는 테마 색 만들고 적용하기

• **준비 파일** ◎ : 부록 CD/9장/Section01/테마.pptx　　　• **완성 파일** ◎ : 부록 CD/9장/Section01/완성/테마 결과.pptx

글꼴, 도형 채우기, 도형 윤곽선의 색 목록에서 맨 위의 [테마 색]을 사용자가 만든 테마 색으로 변경합니다. 프레젠테이션에서 사용한 글꼴이나 도형 등의 색이 변경되면서 전체적인 색 톤이 조정됩니다.

1 ① 테마 색 변경 효과를 잘 볼 수 있는 **6번 슬라이드**를 선택합니다. ② [디자인] 탭의 [테마] 그룹에서 [**테마 색**]을 클릭하고 ③ **테마 색**을 선택합니다. 도형 색이 변경되는 것을 볼 수 있습니다.

2 ④ [**테마 색**]을 다시 클릭하고 ⑤ [**새 테마 색 만들기**]를 선택합니다.

1

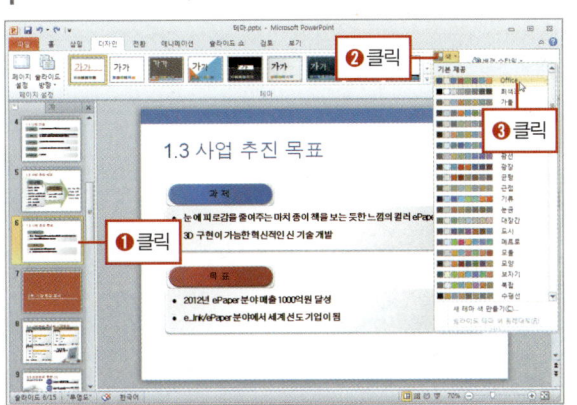

▲ 6번 슬라이드 → [테마 색] → [Office] 클릭

2

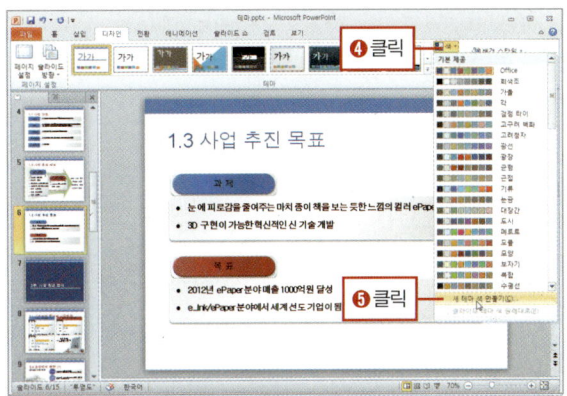

▲ [테마 색] → [새 테마 색 만들기] 클릭

3 ⑥ 새 테마 색 만들기 대화상자 하단의 [이름] 입력란에 **청록**을 입력합니다. ⑦ [강조 1] 오른쪽에 있는 [**색**]을 클릭하고 ⑧ [**다른 색**]을 선택합니다.

4 ⑨ 색 대화상자의 사용자 지정 탭에서 [빨강]에 **145**, [녹색]에 **218**, [파랑]에 **255**를 입력합니다. ⑩ [**확인**]을 클릭합니다.

3

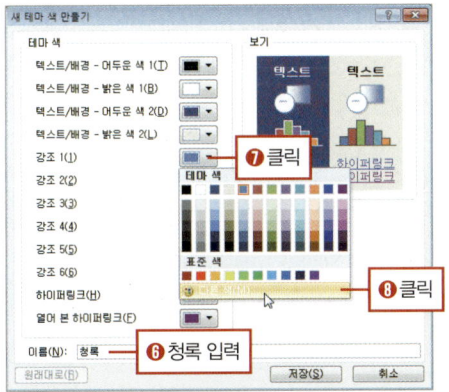

▲ [이름]에 청록 입력 → [강조 1] 오른쪽의 [색] → [다른 색] 선택

4

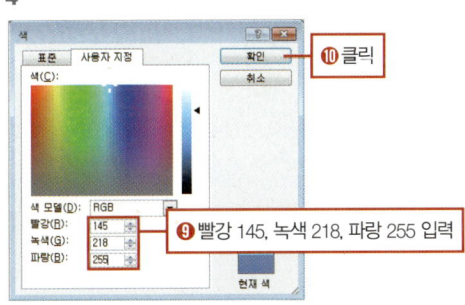

▲ [빨강] 145, [녹색] 218, [파랑] 255 입력 → [확인] 클릭

5 ⑪ 같은 방법으로 **테마 색**을 각각 표와 같이 **설정**합니다. ⑫ 새 테마 색 만들기 대화상자에서 **[저장]**을 클릭합니다.

6 방금 만든 [청록] 테마 색이 프레젠테이션 문서 전체에 적용됩니다. [디자인] 탭에서 [색]을 클릭하면 맨 위에 새로 만든 [청록] 테마 색이 표시되는 것을 볼 수 있습니다.

5

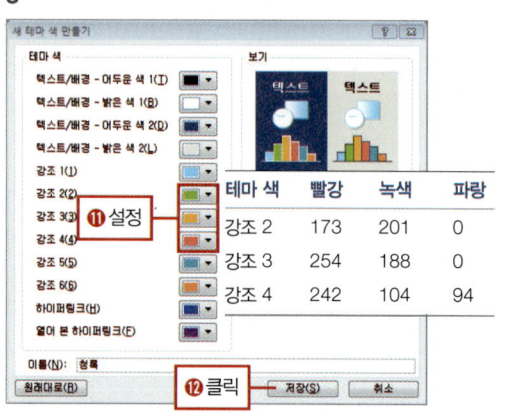

테마 색	빨강	녹색	파랑
강조 2	173	201	0
강조 3	254	188	0
강조 4	242	104	94

▲ [강조 2]~[강조 4] 색 설정 → [저장] 클릭

6

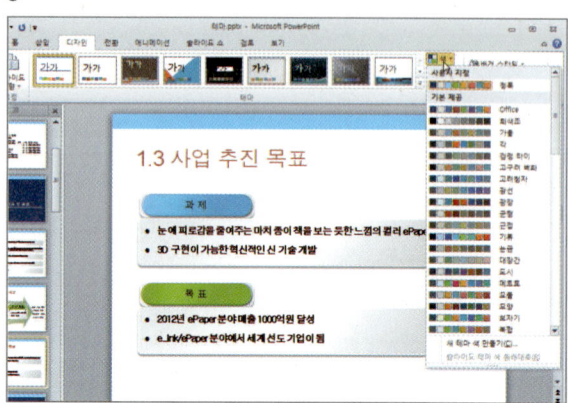

▲ [테마 색] 클릭 → [사용자 지정]에 추가된 [청록] 테마 색 확인

Tip 새로 추가한 테마 색 수정하기

[디자인] 탭에서 [테마 색]을 클릭하고 새로 만든 테마 색을 마우스 오른쪽 버튼으로 클릭한 후 [편집]을 선택합니다.

Tip 새로 만든 테마 색을 적용했을 때 프레젠테이션에서 바뀌는 색과 바뀌지 않는 색

테마 색은 테마 색을 적용한 텍스트나 도형에만 영향을 미칩니다. 예를 들어 도형을 만들고 **[도형 채우기]**를 클릭한 후 표시되는 색 목록에서 **[테마 색]**을 하나 선택했다면 테마 색을 변경할 때 자동으로 색이 바뀝니다. 하지만 **[표준 색]**이나 **[다른 채우기 색]**을 선택해 다른 색을 지정했다면 테마 색 변경과 상관없이 원래의 색을 유지합니다.

Note 1 테마 색을 정할 때 꼭 고려해야 하는 두 가지 요소

1 [강조 1] 색은 도형을 만들었을 때 기본으로 적용되는 채우기 색이므로 가장 많이 사용할 색을 선택합니다.

2 녹색 계열의 테마 색을 만든다고 모두 다 녹색으로 설정하면 빨강이나 노랑과 같은 다른 색을 선택할 때 불편합니다. 따라서 일단 주력 색(Main color)을 [강조 1]로 설정한 후 [강조 2]부터는 다른 색을 선택해 균형을 맞추는 것이 좋습니다. 추천 배색은 표와 같습니다.

주력 색		보조 색	
강조1	강조2	강조3	강조4
청록	녹색	주황	마젠타
녹색	파랑	주황	마젠타
파랑	녹색	노랑	주황

사용자가 원하는 테마 글꼴 만들고 적용하기

· **준비 파일** ◎ : 부록 CD/9장/Section01/테마.pptx · **완성 파일** ◎ : 부록 CD/9장/Section01/완성/테마 결과.pptx

제목이나 본문 등에서 자주 사용하는 한글과 영문 글꼴을 테마 글꼴로 만들어서 기본 글꼴로 정의하면 글꼴을 변경하는 번거로운 작업을 줄일 수 있습니다. 또한 한 번 만들어놓은 테마 글꼴은 다른 프레젠테이션에서도 사용할 수 있습니다.

1 ① [디자인] 탭을 열고 ② [테마 글꼴]을 클릭합니다. ③ 테마 글꼴을 선택합니다.

2 ④ [테마 글꼴]을 클릭하고 ⑤ [새 테마 글꼴 만들기]를 선택합니다.

1

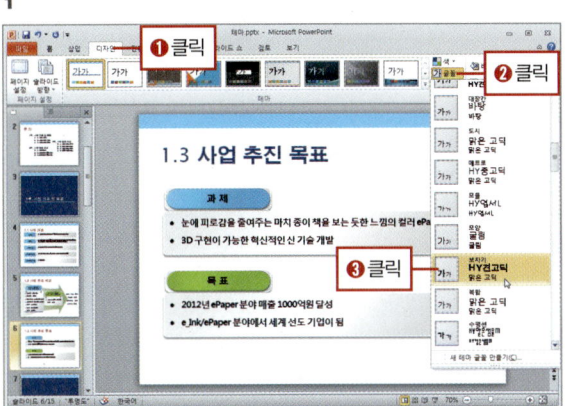

▲ [디자인] 탭 → [테마 글꼴] → [보자기] 클릭

2

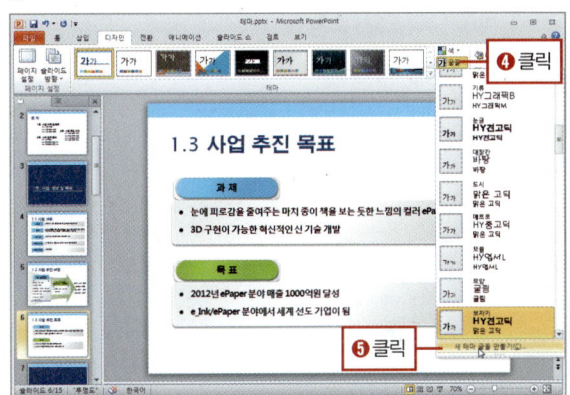

▲ [테마 글꼴] → [새 테마 글꼴 만들기] 클릭

3 ⑥ 새 테마 글꼴 만들기 대화상자 하단의 [이름] 입력상자에 **HY견고-맑고**를 입력합니다. ⑦ 영어 글꼴에서 [제목 글꼴(영어)] 메뉴를 열고 ⑧ [HY견고딕]을 선택합니다.

4 ⑨ [본문 글꼴(영어)] 메뉴를 열고 ⑩ [맑은 고딕]을 선택합니다. ⑪ [저장]을 클릭합니다.

3

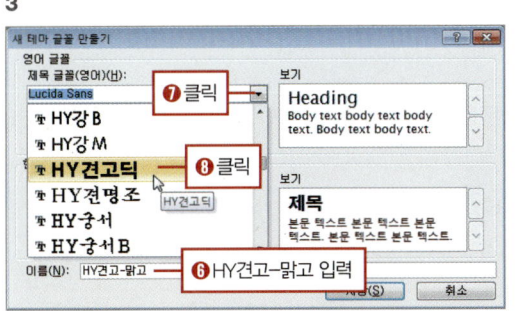

▲ [이름]에 HY견고- 맑고 입력 → [제목 글꼴(영어)] 메뉴 → [HY견고딕] 클릭

4

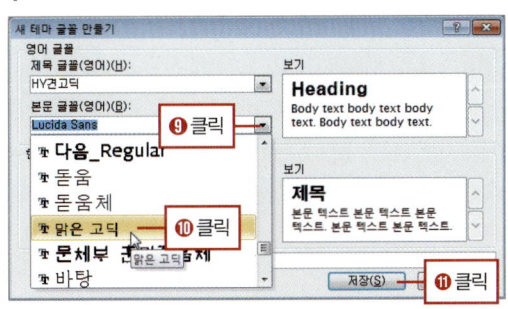

▲ [본문 글꼴(영어)] 메뉴 → [맑은 고딕] 클릭

5 [HY견고–맑고] 테마 글꼴이 현재 프레젠테이션에 적용되어 제목 텍스트의 글꼴은 **HY견고딕**으로, 부제목이나 본문 텍스트의 글꼴은 **맑은 고딕**으로 변경됩니다. [테마 글꼴]을 클릭하고 목록을 보면 [HY견고–맑고] 테마 글꼴이 맨 위의 [사용자 지정]에 표시됩니다.

6 텍스트 박스를 선택하고 [홈] 탭을 연 후 [글꼴]를 클릭합니다. 맨 위의 [테마 글꼴]에 테마 글꼴로 사용한 글꼴이 표시됩니다.

5

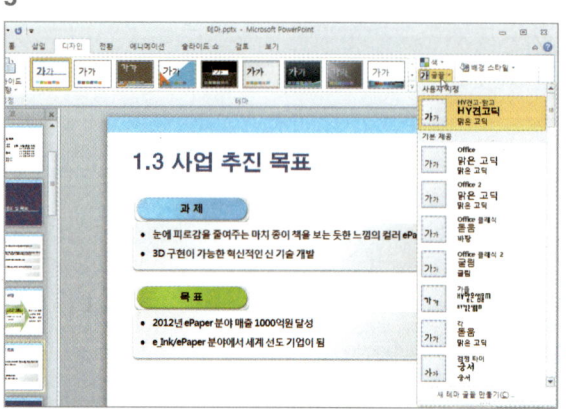

▲ [테마 글꼴] 클릭 → 새롭게 만들어진 테마 글꼴 확인

6

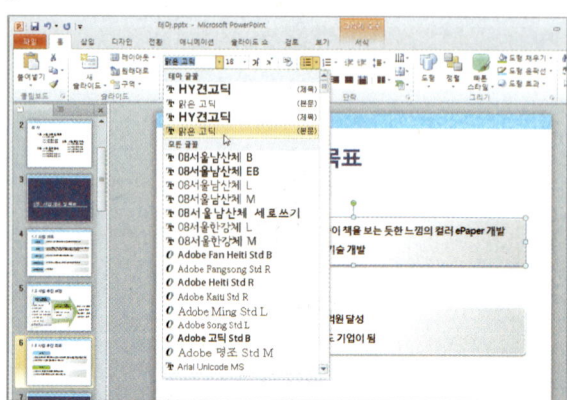

▲ 텍스트 선택 → [홈] 탭 → [글꼴] 메뉴 클릭

Tip 새로 추가한 테마 글꼴 수정하기

[디자인] 탭에서 [테마 글꼴]을 클릭하고 새로 만든 테마 글꼴을 마우스 오른쪽 버튼으로 클릭한 후 [편집]을 선택합니다.

Tip 새로 만든 테마 글꼴을 적용했을 때 프레젠테이션에서 바뀌는 글꼴과 바뀌지 않는 글꼴

테마 글꼴은 테마 글꼴을 적용한 텍스트에만 영향을 미칩니다. 예를 들어 텍스트를 블록 선택하고 [홈] 탭에서 [글꼴]을 클릭해 표시되는 목록 중에서 **[테마 글꼴]**을 선택했다면 테마 글꼴 변경에 따라 자동으로 글꼴이 변경됩니다. 하지만 **[모든 글꼴]** 목록에서 글꼴을 선택했다면 테마 글꼴 변경과 상관없이 원래의 글꼴을 유지합니다.

Note 2 일부 슬라이드에만 테마를 적용하기

1 ① [보기] 탭에서 [여러 슬라이드 보기]를 클릭하고 ② Shift 나 Ctrl 을 이용해 슬라이드 몇 개를 선택합니다.

2 ③ [디자인] 탭을 열고 ④ 테마 목록에서 테마를 마우스 오른쪽 버튼으로 클릭합니다. ⑤ 메뉴에서 [선택한 슬라이드에 적용]을 선택합니다.

1

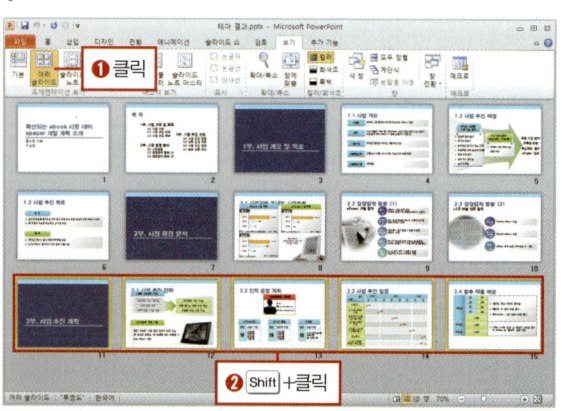

2

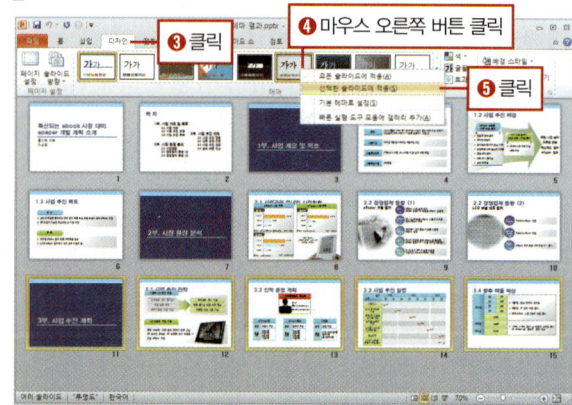

테마 효과로 모든 슬라이드 도형에 같은 효과 적용하기

· **준비 파일** ◎ : 부록 CD/9장/Section01/테마.pptx　　　· **완성 파일** ◎ : 부록 CD/9장/Section01/완성/테마 결과.pptx

도형 하나를 선택하고 [홈] 탭의 [그리기] 그룹에서 **[빠른 스타일]**을 클릭합니다. 목록 중 하나를 클릭하면 스타일을 쉽게 적용할 수 있습니다. 이런 스타일을 프레젠테이션 문서의 모든 도형에 적용할 수 있는 기능이 테마 효과입니다.

· ① [디자인] 탭을 열고 ② **[테마 효과]**를 클릭합니다. ③ 목록 중 하나를 클릭하면 프레젠테이션 전체 도형에 스타일을 적용할 수 있습니다.

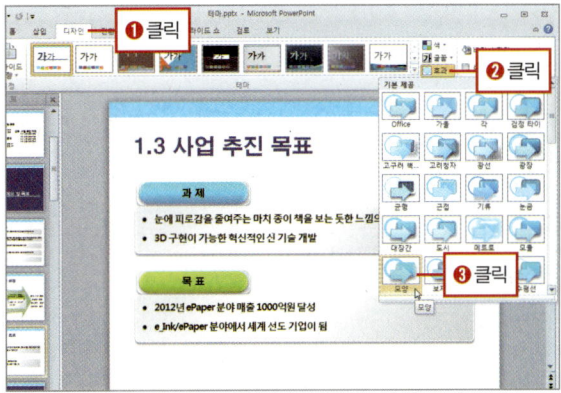

▶ [디자인] 탭 → [테마 효과] → [모양] 클릭

Tip　테마 효과를 적용했을 때 프레젠테이션에서 적용되는 도형과 적용되지 않는 도형

테마 효과는 [빠른 스타일]을 적용한 도형에만 영향을 미칩니다. 예를 들어 도형을 선택하고 [홈] 탭의 [그리기] 그룹에서 **[빠른 스타일]**을 클릭하여 스타일을 선택했다면 테마 효과 변경에 따라 자동으로 스타일이 변경되는 것입니다. 그러나 **[도형 효과]**를 클릭하고 효과를 적용했다면 테마 효과 변경과 상관없이 원래의 상태를 유지합니다.

Note 3　가장 보기 좋은 한글과 영문 글꼴의 조합

[한글]

추천 테마 이름	한글		영문	
	제목	본문	제목	본문
HY견고–맑고	HY견고딕	맑은 고딕		
HY견고–중고	HY견고딕	HY중고딕	한글 글꼴과 동일하게	
HY헤드–견고	HY헤드라인M	HY견고딕		
HY헤드–맑고	HY헤드라인M	맑은 고딕		

[영문]

추천 테마 이름	한글		영문	
	제목	본문	제목	본문
AR(D)–AR			Arial Black	Arial
AR(B)–TA	맑은 고딕		Arial Black	Tahoma
TA–AR			Tahoma	Arial
VER–TRE			Verdana	Trebuchet MS

section 02
슬라이드 마스터로
기본 슬라이드 디자인하기

•슬라이드 마스터 편집 모드 •슬라이드 마스터 디자인 •슬라이드 레이아웃 디자인 •복수 마스터 적용

슬라이드 마스터에서는 슬라이드 배경, 제목과 본문의 글꼴, 단락 서식, 위치, 바닥글 등과 같은 슬라이드의 기본 디자인을 설정할 수 있습니다. 슬라이드 마스터의 디자인은 기존 슬라이드와 새로 만드는 슬라이드에 동일하게 적용되므로 일관성·통일성 있는 디자인이 가능하고, 전체적인 배경이나 제목의 위치 등을 일괄적으로 수정할 수 있습니다.

▌슬라이드 마스터 편집 모드로 전환하기

• **준비 파일** ◎ : 부록 CD/9장/Section02/슬라이드 마스터.pptx   • **완성 파일** ◎ : 부록 CD/9장/Section02/완성/슬라이드 마스터 결과.pptx

1 ① [보기] 탭을 열고 ② [슬라이드 마스터 보기]를 클릭합니다.

2 슬라이드 마스터 편집 모드로 전환합니다. **슬라이드 마스터**는 맨 위에 있는 것 하나뿐이며 아래의 슬라이드는 모두 **슬라이드 레이아웃**입니다.

1

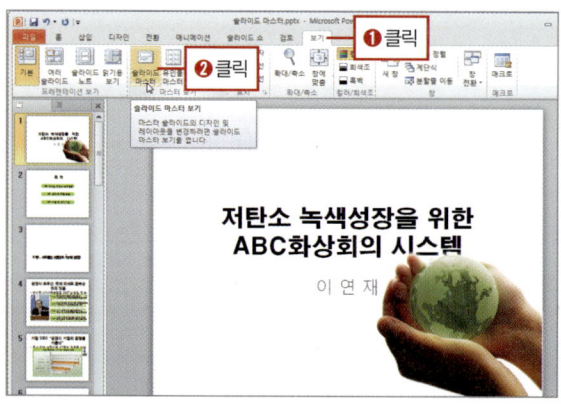

▲ [보기] 탭 → [슬라이드 마스터] 클릭

2

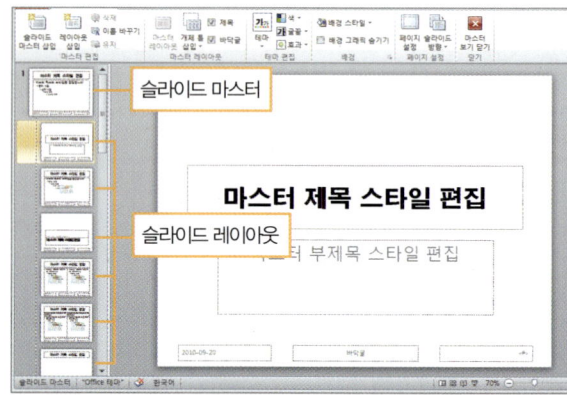

> **Tip**　**슬라이드 마스터로 빠르게 전환하는 방법**
>
> Shift 를 누른 상태에서 파워포인트 창 오른쪽 하단의 [▣ **기본 보기**]를 클릭합니다.

> **Tip**　**슬라이드 레이아웃이란?**
>
> **슬라이드 레이아웃**은 슬라이드 마스터에 **포함**되어 있으며 기본으로 11개가 제공됩니다. 슬라이드 레이아웃은 프레젠테이션 디자인 시 자주 사용하는 레이아웃을 미리 설정해놓은 것입니다. 사용자는 슬라이드 레이아웃의 디자인을 목적에 맞게 편집할 수 있으며, 새로운 레이아웃을 만들거나 기존 레이아웃을 삭제할 수 있습니다.

슬라이드 마스터에서 디자인하기

· **준비 파일** ◎:부록 CD/9장/Section02/슬라이드 마스터.pptx · **완성 파일** ◎:부록 CD/9장/Section02/완성/슬라이드 마스터 결과.pptx

슬라이드 마스터는 일반 슬라이드처럼 모든 개체를 삽입할 수 있습니다. 일반적으로는 배경으로 사용할 그림 및 선 등의 도형을 삽입한 후, 제목과 본문 개체 틀의 위치를 변경합니다. 슬라이드 마스터에서 변경되는 사항은 모든 슬라이드에 영향을 미치기 때문에 신중하게 작업해야 합니다.

슬라이드 배경 설정하기

1 ① 왼쪽 레이아웃 탭에서 맨 위에 있는 **슬라이드 마스터**를 클릭합니다. ② [슬라이드 마스터] 탭의 [배경] 그룹에서 **[배경 스타일]**을 클릭하고 ③ **[배경 서식]**을 선택합니다.

2 배경 서식 대화상자에서 ④ **[그림 또는 질감 채우기]**를 선택합니다. 기본 질감이 배경으로 삽입됩니다. ⑤ 다른 그림을 선택하기 위해 **[파일]**을 클릭합니다.

1

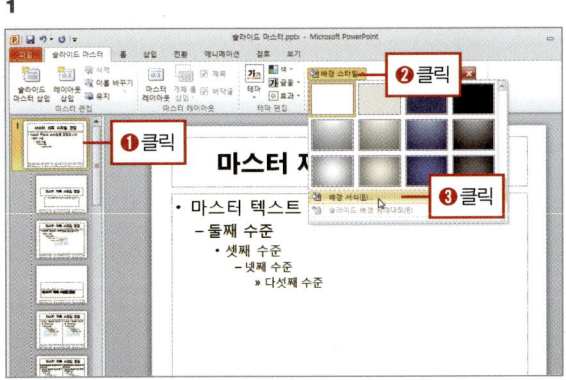

▲ 슬라이드 마스터 → [배경 스타일] → [배경 서식] 클릭

2

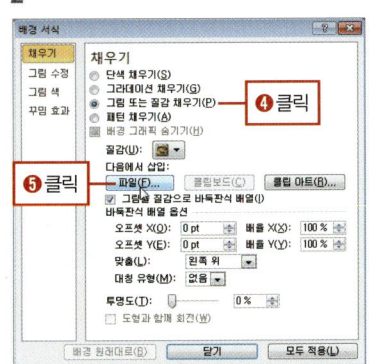

▲ [그림 또는 질감 채우기] → [파일] 클릭

3 그림 삽입 대화상자에서 ⑥ **배경으로 사용할 그림(Green_본문.jpg)**을 선택하고 ⑦ **[삽입]**을 클릭합니다.

4 슬라이드 마스터에 배경으로 지정한 그림이 표시됩니다. 동시에 다른 슬라이드 레이아웃의 배경 또한 모두 똑같이 변경됩니다. 슬라이드 마스터의 영향 하에 있기 때문입니다.

3

▲ 배경 그림 선택 → [삽입] 클릭

4

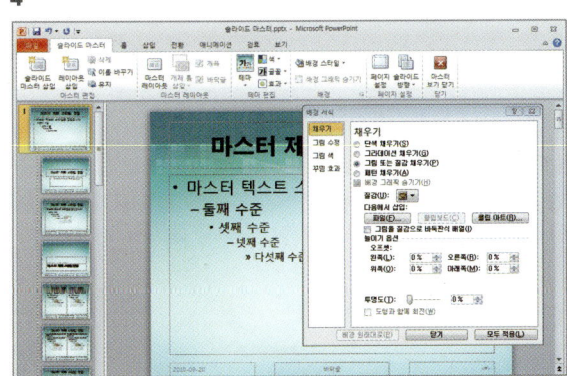

▲ 슬라이드 마스터와 모든 슬라이드 레이아웃에 배경 그림이 적용됨

제목과 본문 텍스트 서식 설정하기

1 ① 슬라이드 상단에서 **마스터 제목 스타일 편집 개체 틀의 테두리**를 클릭해 선택합니다. ② **[홈]** 탭을 열고 ③ **[글꼴]**에 **[HY헤드라인M]**을 선택한 후 ④ **[글꼴 크기]**에 **32**를 입력합니다. ⑤ **[S]** **텍스트 그림자]**를 클릭하고 ⑥ **[글꼴 색]**에서 **[▾ 메뉴]**를 클릭합니다. ⑦ **[노랑]**을 선택합니다.

2 ⑧ **[단락]** 그룹에서 **[▤ 왼쪽 맞춤]**을 선택합니다(**단축키: Ctrl + L**).

1

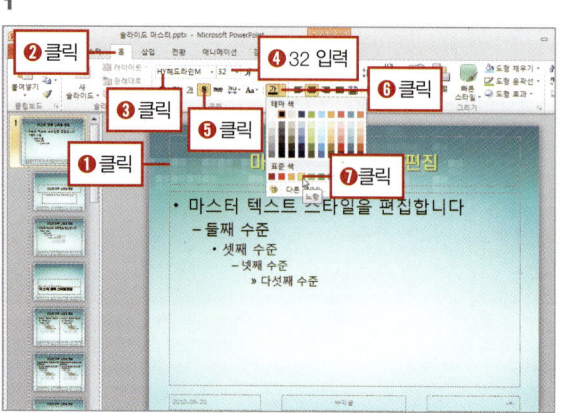

▲ [글꼴]은 [HY헤드라인M] → [글꼴 크기]는 32pt → [텍스트 그림자]
　→ [글꼴 색]은 [노랑] 클릭

2

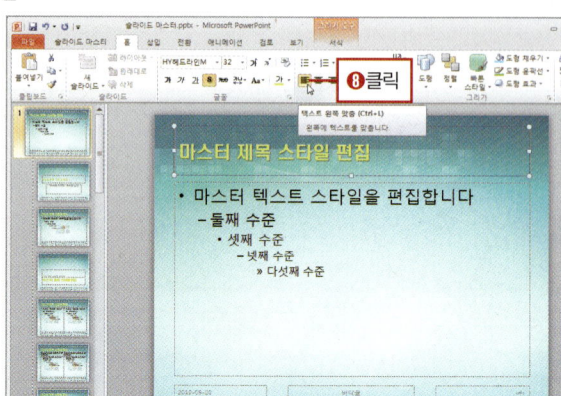

▲ [왼쪽 맞춤] 클릭

3 ⑨ 슬라이드에서 **본문 개체의 테두리**를 클릭해 선택하고 ⑩ **[글꼴 크기 작게]**를 세 번 클릭합니다(**단축키: Ctrl + [** , 참고로 [글꼴 크기 크게]의 단축키는 **Ctrl +]**).

4 ⑪ 첫째 수준 단락인 **마스터 텍스트 스타일을 편집합니다**를 드래그해서 블록 선택합니다.

3

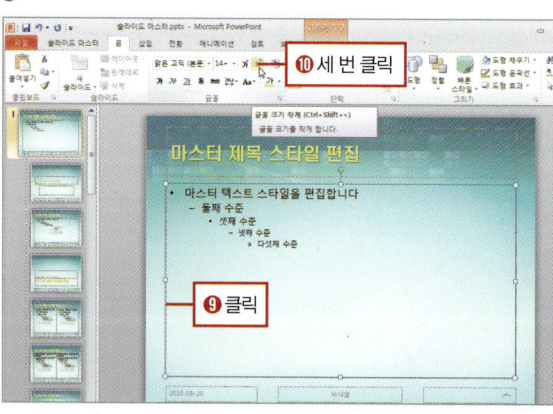

▲ 본문 개체 틀 테두리 클릭 → [글꼴 크기 작게] 세 번 클릭

4

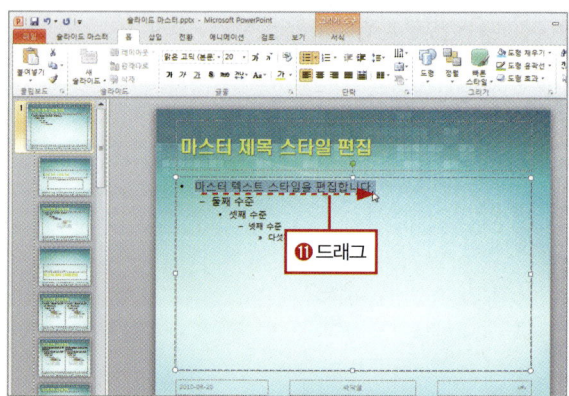

▲ 첫 번째 줄만 블록 선택

Tip　글꼴 크기 오른쪽 + 14▾ 의 의미

텍스트를 블록 선택하거나 텍스트가 입력된 도형의 테두리를 선택했을 때 간혹 글꼴 크기 오른쪽에 + 표시가 나타나는 경우가 있습니다. 이것은 현재 선택된 텍스트 중 글꼴 크기가 다른 것이 있으며 그중에서 가장 작은 것이 14pt라는 의미입니다.

5 ⑫ [홈] 탭에서 [글꼴] 메뉴를 열고 ⑬ [테마 글꼴]에서 **HY견고딕 (제목)**을 선택합니다.

6 ⑭ [단락] 그룹에서 [글머리 기호] 메뉴를 클릭하고 ⑮ 글머리 기호를 선택합니다.

5

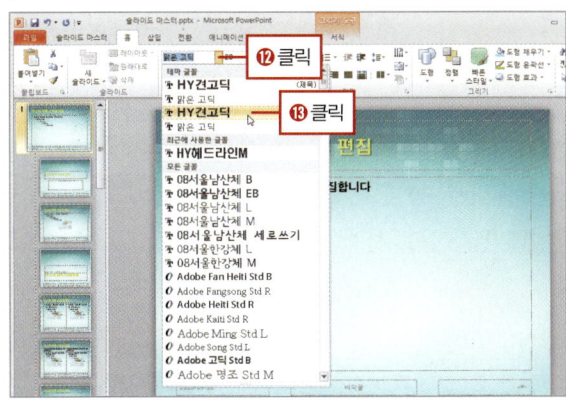

▲ [글꼴] 메뉴 → [HY견고딕 (제목)] 클릭

6

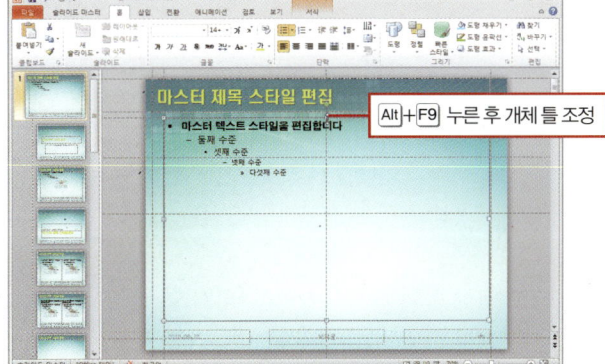

▲ [글머리 기호] 메뉴 → [속이 찬 정사각형 글머리 기호] 클릭

7 Alt + F9 를 눌러 안내선을 표시하고 안내선에 맞춰 제목과 본문 개체 틀의 크기를 조정합니다. Alt + F9 를 눌러 안내선을 감춥니다.

▶ Alt + F9 → 안내선에 맞게 제목과 본문 개체 틀 크기 조정 → Alt + F9

Tip F5 를 눌러서 결과 확인

현재 슬라이드 마스터 편집 모드에서 슬라이드 상태가 궁금하다면 F5 를 누릅니다. 그러면 쇼 보기가 실행되어 결과를 확인할 수 있습니다. Esc 를 눌러 쇼를 마치면 다시 슬라이드 마스터 편집 모드 상태로 되돌아오므로 기본 보기로 빠져나가지 않고도 결과를 미리 볼 수 있습니다.

Tip 슬라이드 마스터와 하위 슬라이드의 레이아웃은 Parent – Child 관계

슬라이드 마스터는 아래에 있는 모든 슬라이드 레이아웃을 관장하는 '부모(Parent)'의 역할을 합니다. 따라서 슬라이드 마스터의 수정 사항은 자식(Child)인 슬라이드 레이아웃에 영향을 주지만, 반대로 슬라이드 레이아웃은 수정해도 다른 슬라이드 레이아웃에 아무런 영향을 주지 않습니다. 이것을 일반적으로 Parent – Child 관계라고 합니다. 즉, Parent의 수정은 Child에 영향을 주지만, 반대로 Child의 수정은 다른 Child나 Parent에 아무런 영향도 끼치지 않습니다.

슬라이드 레이아웃 디자인하기

· **준비 파일** ◎ : 부록 CD/9장/Section02/제목 슬라이드 레이아웃.pptx　　　· **완성 파일** ◎ : 부록 CD/9장/Section02/완성/제목 슬라이드 레이아웃 결과.pptx

슬라이드 마스터에서 기본 디자인을 설정했다면 이제 표지로 사용할 제목 슬라이드 레이아웃
이나 간지로 사용할 구역 슬라이드 레이아웃 등을 변경합니다. 우선 제목 슬라이드 레이아웃
을 디자인하겠습니다.

1 ① [보기] 탭을 클릭하고 ② [슬라이드 마스터 보기]를 클릭합니다.

2 왼쪽 레이아웃 탭에서 슬라이드 마스터 바로 아래에 있는 ③ **제목 슬라이드 레이아웃**을 클릭
합니다. ④ [배경] 그룹에서 [배경 스타일]을 클릭하고 ⑤ [배경 서식]을 선택합니다.

1

▲ [보기] 탭 → [슬라이드 마스터 보기] 클릭

2

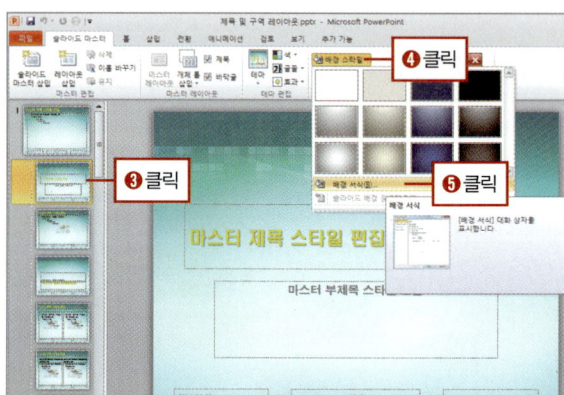

▲ 제목 슬라이드 레이아웃 선택 → [배경 스타일] → [배경 서식] 클릭

3 ⑥ 배경 서식 대화상자에서 [파일]을 클릭합니다.

4 ⑦ 그림 삽입 대화상자에서 **부록 CD/9장/Section02/Green_제목.jpg**를 선택하고 ⑧ [삽입]
을 클릭합니다.

3

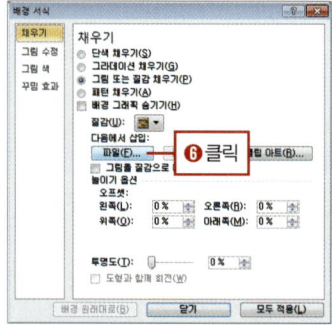

▲ [파일] 클릭

4

▲ Green_제목.jpg → [삽입] 클릭

5 ⑨ 배경 서식 대화상자에서 [닫기]를 클릭합니다.

6 ⑩ 마스터 제목 스타일 편집 개체의 **틀 테두리**를 클릭합니다. ⑪ [홈] 탭을 열고 ⑫ [글꼴 크기]에 52를 입력합니다. ⑬ [굵게]를 클릭해서 체크합니다. ⑭ [텍스트 그림자]를 체크 해제하고 ⑮ [글꼴 색]을 클릭한 후 ⑯ [녹색]을 선택합니다.

5

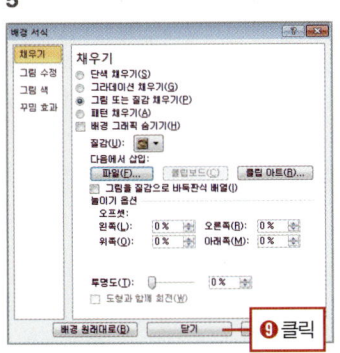

▲ [닫기] 클릭

6

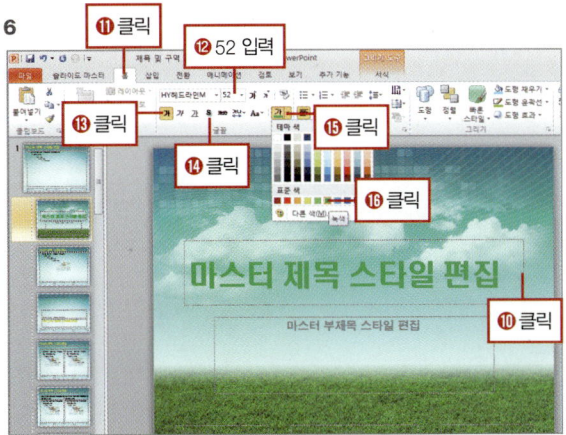

▲ 제목 개체의 틀 테두리 클릭 → [글꼴 크기]에 52 입력 → [굵게] 체크
→ [텍스트 그림자] 체크 해제 → [글꼴 색] → [녹색] 클릭

7 ⑰ [그리기 도구]–[서식] 탭을 클릭하고 ⑱ [WordArt 스타일] 그룹에서 [텍스트 채우기]의
[▼ 메뉴]를 클릭합니다. ⑲ [그라데이션]에서 [선형 아래쪽]을 클릭합니다.

8 ⑳ [텍스트 윤곽선]의 [▼ 메뉴]를 클릭하고 ㉑ [흰색, 배경 1]을 클릭합니다.

7

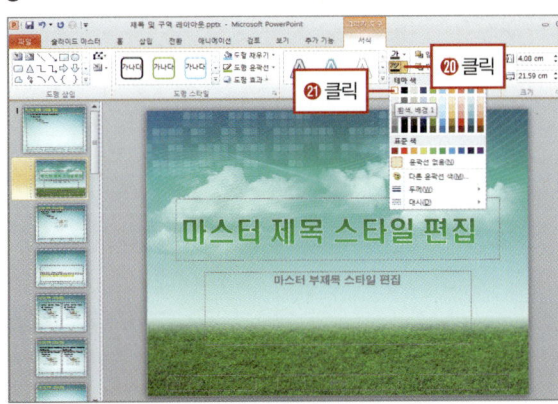

▲ [그리기 도구] – [서식] 탭 → [텍스트 채우기] 메뉴 → [선형 아래쪽] 클릭

8

▲ [텍스트 윤곽선] 메뉴 → [흰색, 백경1] 클릭

9 ㉒ 마스터 부제목 스타일 편집 개체의 틀 테두리를 클릭합니다. ㉓ [홈] 탭을 열고 ㉔ [글꼴 크기]에 24를 입력한 후 ㉕ [왼쪽 맞춤]을 클릭합니다. ㉖ [글꼴 색] 메뉴를 클릭한 후 ㉗ [검정, 텍스트 1, 25% 더 밝게]를 선택합니다.

10 ㉘ 마스터 부제목 스타일 편집 개체의 틀 테두리를 드래그해서 제목 개체 틀의 왼쪽에 맞춥니다.

9

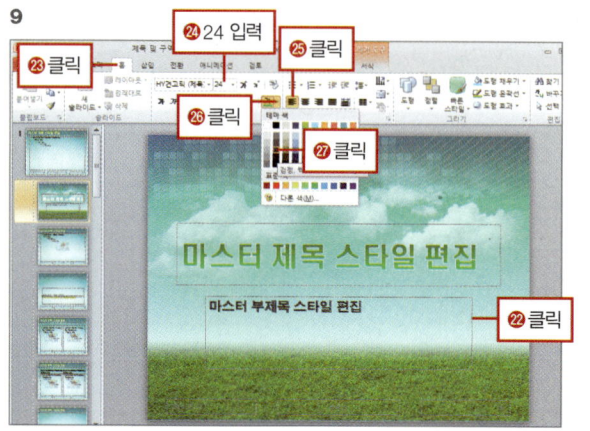

10

▲부제목 개체의 틀 테두리 클릭→ [홈] 탭 → [글꼴 크기]에 24 입력
→ [왼쪽 맞춤] → [글꼴 색] → [검정, 텍스트 1, 25% 더 밝게] 클릭

▲ 부제목 개체의 틀 테두리 드래그

11 ㉙ Shift를 누른 상태에서 **마스터 제목 스타일 편집 개체의 틀**을 선택하고 ㉚ 위로 드래그합니다.

12 표지 슬라이드 레이아웃을 완성합니다.

11

12

▲ 제목 개체 틀을 Shift+클릭 → 위로 드래그

▲ 완성된 표지 레이아웃

Tip [굵게]를 선택하지 않을 때 보기 좋은 글꼴

기본 글꼴인 '맑은 고딕'의 경우에는 글자가 얇기 때문에 [굵게]를 설정해도 상관없지만 제목 개체 틀에 지정된 'HY헤드라인M'이나 프레젠테이션에서 제목으로 많이 사용되는 'HY견고딕'과 같은 글꼴은 기본적으로 굵기 때문에 굳이 [굵게]를 적용할 필요가 없습니다. 이런 글꼴은 [굵게]를 지정하면 텍스트 주변이 지저분하게 보입니다.

슬라이드 레이아웃 삭제 및 이동하기

- **준비 파일** ⊙ :부록 CD/9장/Section02/레이아웃 삭제 및 이동.pptx • **완성 파일** ⊙ :부록 CD/9장/Section02/완성/레이아웃 삭제 및 이동 결과.pptx

1 슬라이드 레이아웃을 삭제하려면 **①** **슬라이드 레이아웃**을 클릭하고 **②** [슬라이드 마스터] 탭에서 [삭제]를 클릭하거나 Delete 를 누릅니다.

2 슬라이드 레이아웃을 이동하려면 **③** **슬라이드 레이아웃**을 위 또는 아래로 드래그합니다.

1

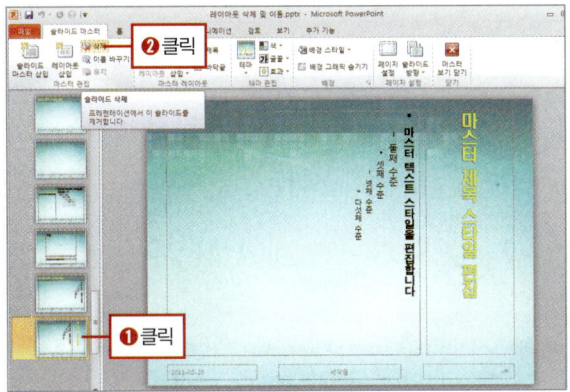

▲ 슬라이드 레이아웃 선택 → [삭제] 클릭

2

▲ 구역 머리글 슬라이드 레이아웃을 맨 아래로 드래그

Tip | **슬라이드 레이아웃 순서 조정 시 주의점**

가장 많이 사용하는 레이아웃을 [제목 슬라이드 레이아웃] 바로 아래에 배치합니다. 기본 보기일 때 [홈] 탭에서 [새 슬라이드]를 클릭하면 두 번째 레이아웃이 삽입되기 때문입니다.

Tip | **기본 보기에서 선택되지 않는 그림, 텍스트 상자 등의 개체는 대게 슬라이드 마스터에 위치**

슬라이드에서 회사 로고만 지우면 되는데 아무리 마우스로 클릭해도 선택이 되지 않는 경우가 있습니다. 이때 로고는 슬라이드 마스터 또는 해당 레이아웃에 들어가 있을 가능성이 큽니다.

우선 슬라이드 마스터 편집 모드로 전환합니다. 그러면 보고 있던 슬라이드와 연결된 레이아웃이 표시됩니다. 해당 레이아웃에 회사 로고가 있다면 클릭해봅니다. 만약 여기서도 선택되지 않는다면 왼쪽 레이아웃 탭에서 맨 위에 있는 슬라이드 마스터를 클릭하고 회사로고를 클릭합니다. 선택되었다면 Delete 로 지웁니다.

만약 슬라이드 마스터에서도 선택되지 않는다면 로고는 슬라이드 배경과 함께 삽입된 것으로 볼 수 있습니다. 따라서 배경을 바꾸거나 도형을 위쪽에 배치해 지울 개체를 가려놓는 방법을 씁니다.

복수 마스터를 이용해서 섹션마다 다른 슬라이드 마스터 적용하기

- **준비 파일** ⊙ :부록 CD/9장/Section02/복수마스터.pptx • **완성 파일** ⊙ :부록 CD/9장/Section02/완성/복수마스터 결과.pptx

프레젠테이션은 기본적으로 슬라이드 마스터가 한 개만 있습니다. 사용자는 필요에 따라 새로운 슬라이드 마스터를 만들어 각 슬라이드에 원하는 마스터를 지정할 수 있습니다. 이것을 복수 마스터 또는 다중 마스터 기능이라고 합니다. 이 기능을 활용하는 방법은 다음과 같습니다.

1 ① [보기] 탭을 선택하고 ② [슬라이드 마스터 보기]를 클릭해 슬라이드 마스터 편집 모드로 전환합니다.

2 ③ 슬라이드 마스터를 마우스 오른쪽 버튼으로 클릭하고 ④ [슬라이드 마스터 복제]를 선택합니다(단축키: Ctrl + D).

▲ [보기] 탭 → [슬라이드 마스터 보기] 클릭

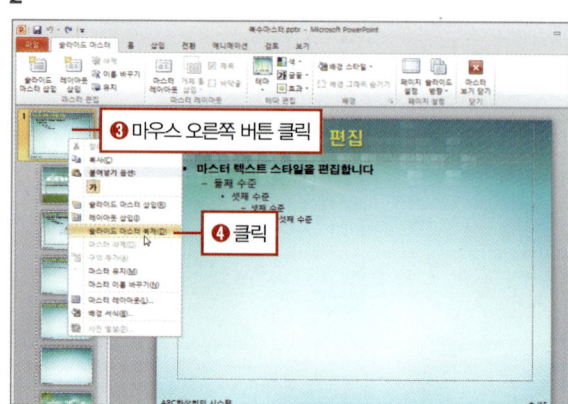

▲ 마우스 오른쪽 버튼 클릭 → [슬라이드 마스터 복제] 클릭

3 선택된 슬라이드 마스터가 복제되면서 두 번째 슬라이드 마스터가 만들어집니다. ⑤ **두 번째 슬라이드 마스터**를 선택하고 ⑥ [슬라이드 마스터] 탭에서 **[배경 스타일]**을 클릭한 후 ⑦ **[배경 서식]**을 선택합니다.

4 ⑧ 배경 서식 대화상자에서 **[파일]**을 클릭합니다.

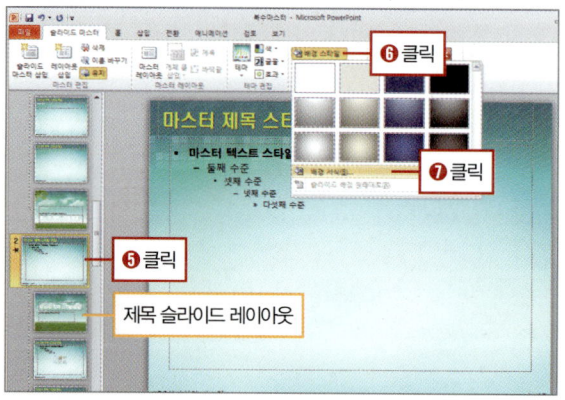

▲ 두 번째 슬라이드 마스터 선택 → [배경 스타일] → [배경 서식] 클릭

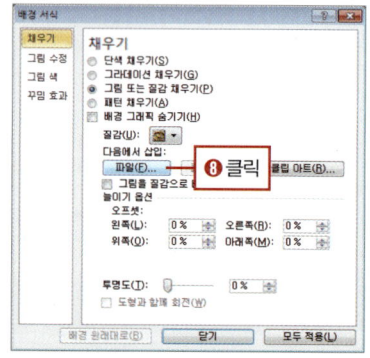

▲ [파일] 클릭

5 ⑨ 그림 삽입 대화상자에서 **부록 CD/9장/Section02/Blue_빈화면.jpg**를 선택하고 ⑩ **[삽입]**을 클릭합니다.

6 4와 5의 과정을 반복해서 [제목 슬라이드 레이아웃]에는 **Blue_제목.jpg**를, [구역 머리말 슬라이드 레이아웃]에는 **Blue_구역.jpg**를 삽입합니다. ⑪ 배경 서식 대화상자에서 **[닫기]**를 클릭합니다.

5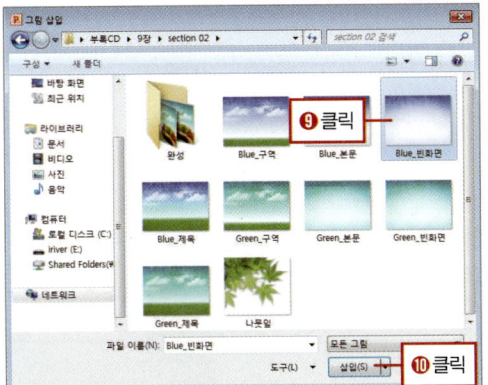

▲ Blue_빈화면.jpg → [삽입] 클릭

6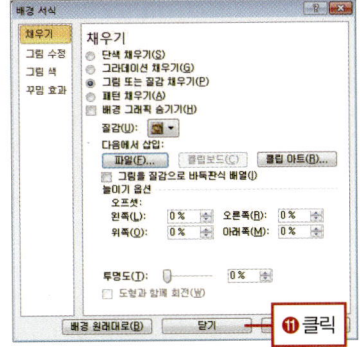

▲ 제목과 구역 머리말 슬라이드 레이아웃에 각각 Blue_제목.jpg와 Blue_구역.jpg 삽입 → [닫기] 클릭

7 ⑫ **두 번째 슬라이드 마스터**를 선택합니다. ⑬ **[이름 바꾸기]**를 클릭하고 ⑭ 레이아웃 이름 바꾸기 대화상자에 Blue를 입력한 후 ⑮ **[이름 바꾸기]**를 클릭합니다.

8 ⑯ 다시 **첫 번째 슬라이드 마스터**를 선택하고 ⑰ [슬라이드 마스터] 탭에서 **[유지]**를 선택합니다. 슬라이드 미리 보기 왼쪽에 압핀 모양 아이콘이 표시됩니다. 이것은 [유지]가 설정되었다는 의미입니다.

7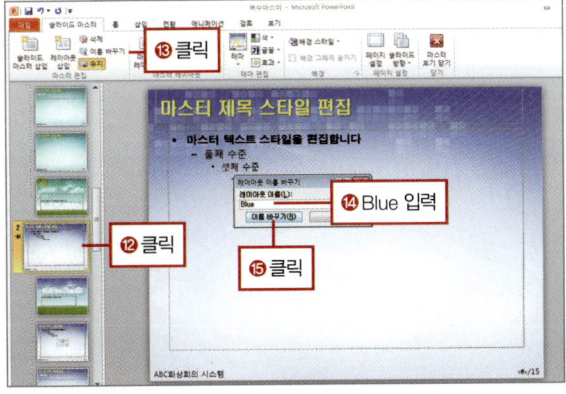

▲ 두 번째 슬라이드 마스터 선택 → [이름 바꾸기] → Blue 입력
　→ [이름 바꾸기] 클릭

8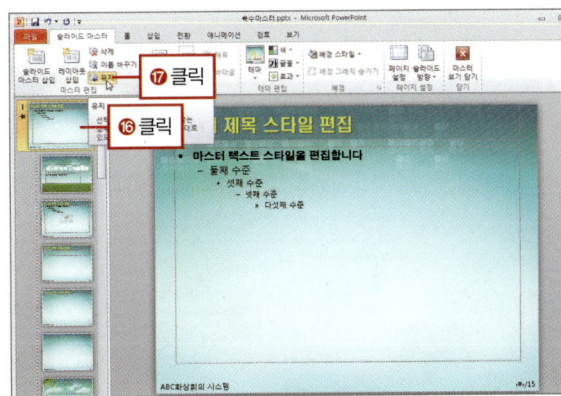

▲ 첫 번째 슬라이드 마스터 선택 → [유지] 클릭

Tip　첫 번째 마스터는 반드시 [유지] 설정

두 개 이상의 슬라이드 마스터를 만들어 사용할 경우에 주의해야 할 것은 첫 번째 마스터에 [유지]를 설정하는 것입니다. 마스터가 유지되지 않은 상태에서 다른 슬라이드에 마스터가 적용되지 않으면 자동으로 첫 번째 마스터는 삭제되기 때문입니다. 따라서 이런 경우를 미리 방지하려면 모든 마스터를 유지 상태로 전환하는 것이 좋습니다. 보통 새롭게 만들어지거나 복제된 마스터는 자동으로 [유지] 옵션이 설정되는데 비해 첫 번째 슬라이드 마스터는 기본적으로 [유지] 옵션이 해제되어 있으므로 반드시 [유지]를 설정합니다.

9 ⑱ [보기] 탭을 열고 ⑲ [여러 슬라이드 보기]를 클릭해 여러 슬라이드 보기로 전환합니다. ⑳ 다른 마스터를 지정하려는 슬라이드를 Shift 나 Ctrl 을 누른 상태에서 클릭합니다.

10 ㉑ [디자인] 탭을 열고 [테마] 그룹을 살펴봅니다. 맨 왼쪽에 있는 슬라이드 테마가 첫 번째 마스터이고, 두 번째 있는 것이 두 번째 마스터입니다. 곧바로 마스터를 지정할 수 있지만 정확하게 확인하기 위해서 ㉒ [자세히]를 클릭합니다.

9

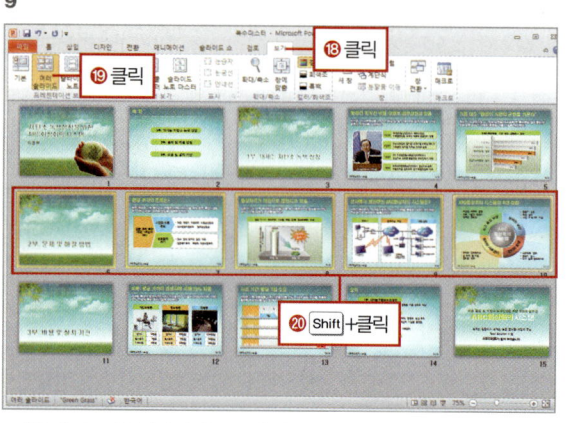

▲ [보기] 탭 → [여러 슬라이드 보기] → 슬라이드 선택

10

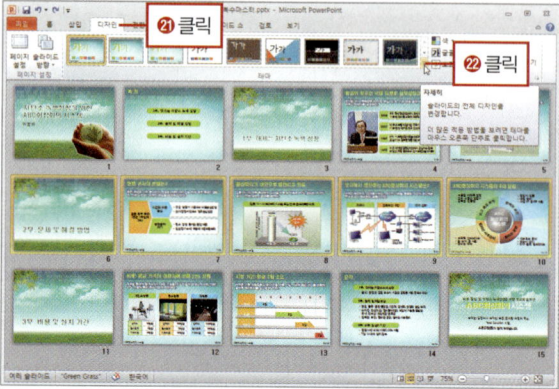

▲ [디자인] 탭 → [자세히] 클릭

11 [현재 프레젠테이션]에서 마스터 두 개를 볼 수 있습니다. 오른쪽에 있는 ㉓ 두 번째 마스터를 마우스 오른쪽 버튼으로 클릭하고 ㉔ [선택한 슬라이드에 적용]을 선택합니다.

12 선택되어 있던 슬라이드에 마스터가 적용됩니다.

11

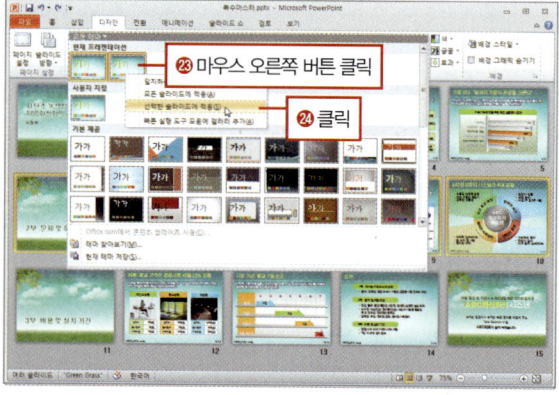

▲ 두 번째 마스터를 마우스 오른쪽 버튼으로 클릭 → [선택한 슬라이드에 적용] 클릭

12

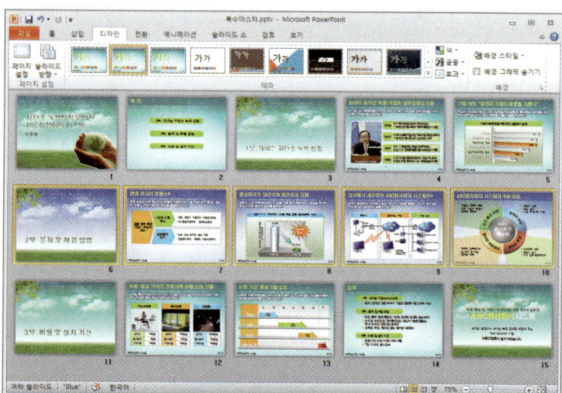

▲ 두 번째 슬라이드 마스터가 적용됨

Tip **여러 마스터를 사용할 때 주의할 점**

일반적으로 프레젠테이션 하나에서 디자인이 너무 많이 바뀌는 것은 좋지 않으므로 똑같은 디자인에 색상만 약간씩 바꿔서 청중이 섹션이 바뀌었다는 것을 생각하게 할 정도면 무난합니다.

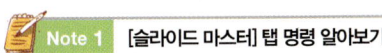

Note 1 [슬라이드 마스터] 탭 명령 알아보기

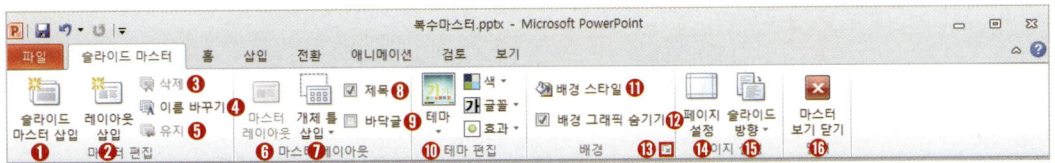

① [슬라이드 마스터 삽입] : 새 슬라이드 마스터를 삽입합니다.

② [레이아웃 삽입] : 새 슬라이드 레이아웃을 삽입합니다.

③ [삭제] : 슬라이드 마스터나 레이아웃을 삭제합니다.

④ [이름 바꾸기] : 슬라이드 마스터나 레이아웃의 이름을 바꿉니다.

⑤ [유지] : 현재 프레젠테이션에 두 개 이상의 슬라이드 마스터가 있는 경우에 슬라이드 마스터가 자동으로 삭제되지 않도록 합니다.

⑥ [마스터 레이아웃] : 슬라이드의 기본 개체 틀인 제목, 텍스트, 날짜, 슬라이드 번호, 바닥글 등의 표시를 조정합니다.

⑦ [개체 틀 삽입] : 버튼을 눌러 텍스트, 그림 등과 같은 개체 틀을 삽입할 수 있습니다.

⑧ [제목] : 제목 개체 틀을 숨기거나 표시할 수 있습니다.

⑨ [바닥글] : 바닥에 있는 3개의 개체 틀을 숨기거나 표시할 수 있습니다.

⑩ [테마 편집] 그룹 : [디자인] 탭에서처럼 테마, 테마 색, 테마 글꼴, 테마 효과를 적용하거나 편집할 수 있습니다.

⑪ [배경 스타일] : 기본 배경 색을 지정합니다. [배경 서식]을 선택하면 배경 서식 대화상자를 표시해 그림, 무늬, 패턴 등을 설정할 수 있으며 [슬라이드 배경 원래대로]를 선택해 기본 배경으로 되돌아갈 수 있습니다.

⑫ [배경 그래픽 숨기기] : 슬라이드 마스터에서 삽입한 텍스트 상자, 그림 등의 개체를 현재 레이아웃에서 숨깁니다.

⑬ [대화상자 표시] : 배경 서식 대화상자를 표시합니다.

⑭ [페이지 설정] : 슬라이드 크기나 방향, 페이지 시작 번호 등을 설정할 수 있습니다.

⑮ [슬라이드 방향] : 슬라이드 방향을 바꿀 수 있습니다.

⑯ [마스터 보기 닫기] : 슬라이드 마스터 편집 모드를 종료합니다.

핵심이 잘 드러나는 요약 슬라이드 레이아웃 만들기

슬라이드를 보여줄 때 제목 아래에 현재 슬라이드에서 전달할 내용을 간단히 요약해서 표시하면 청중이나 독자가 내용을 쉽게 이해할 수 있습니다. 그러나 요약 내용 텍스트 상자를 슬라이드마다 다시 만드는 것은 조금 번거로울 수 있습니다. 슬라이드 레이아웃을 이용하면 반복되는 작업을 피할 수 있습니다.

• **준비 파일** ◎ : 부록 CD/9장/Section02/새 레이아웃 만들기.pptx　　• **완성 파일** ◎ : 부록 CD/9장/Section02/완성/새 레이아웃 만들기 결과.pptx

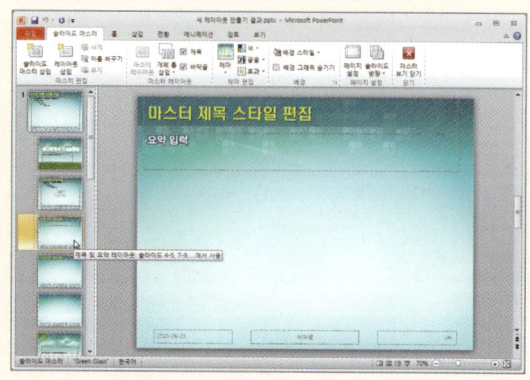

▲ 새 슬라이드 레이아웃

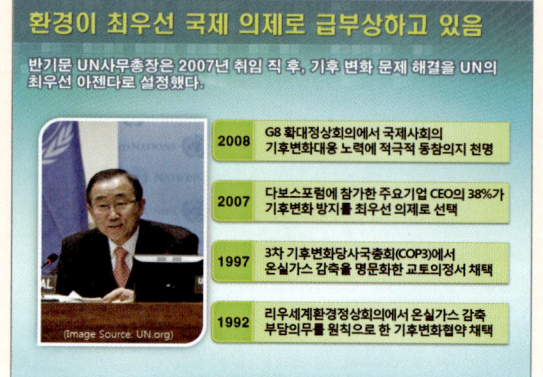

▲ 새 레이아웃을 기존 슬라이드에 적용한 결과

요약 내용을 입력할 수 있는 새 레이아웃 만들기

01

① [보기] 탭 클릭

② [슬라이드 마스터 보기]를 클릭합니다.

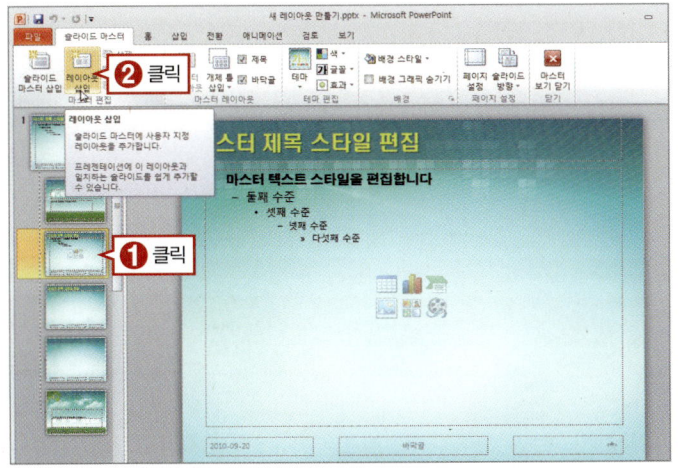

02

① **제목 및 내용 레이아웃** 클릭

② [**레이아웃 삽입**]을 클릭합니다.

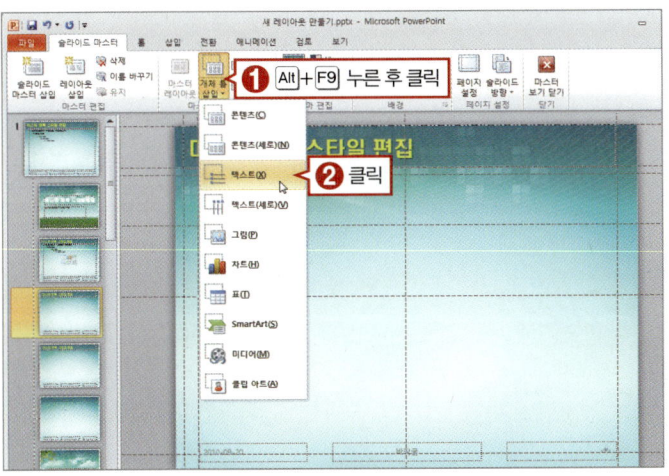

03 제목과 바닥글만 있는 기본
슬라이드 레이아웃이 삽입됩니다.

① Alt + F9 를 눌러 안내선을 표시하고
　[**개체 틀 삽입**] **메뉴** 클릭

② [**텍스트**]를 클릭합니다.

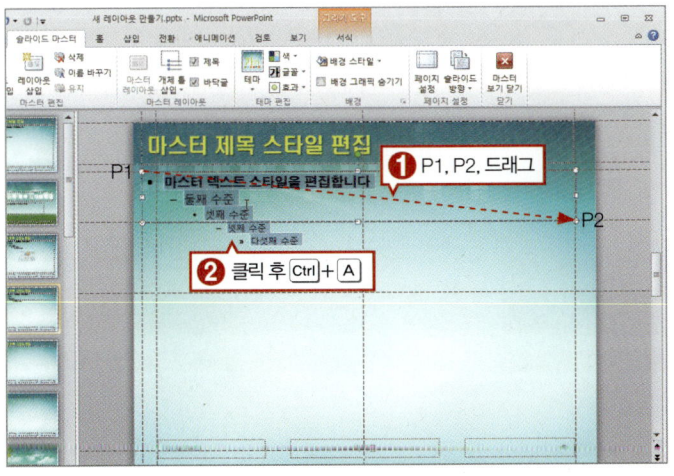

04

① 안내선이 교차되는 **P1에서부터 P2까지**
　드래그해 텍스트 개체 틀 생성

② 텍스트 개체 틀에서 **아무 텍스트**나
　클릭하고 Ctrl + A 를 눌러 텍스트
　개체 틀 안에 있는 모든 텍스트를 블록
　선택합니다.

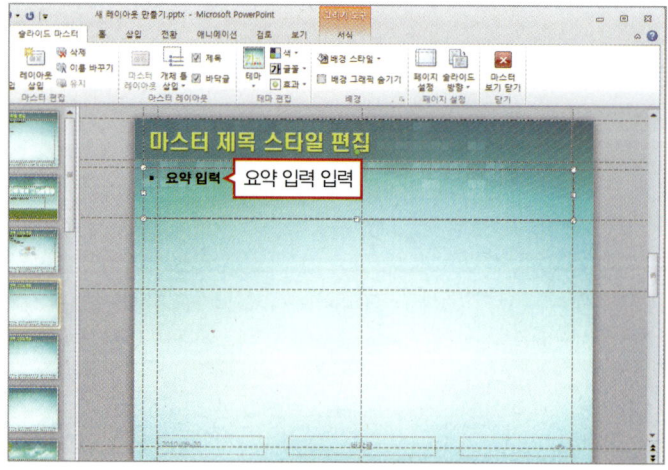

05 **요약 입력**을 입력합니다. 블록 선택된 텍스트가 지워짐과 동시에 입력된 텍스트가 표시됩니다.

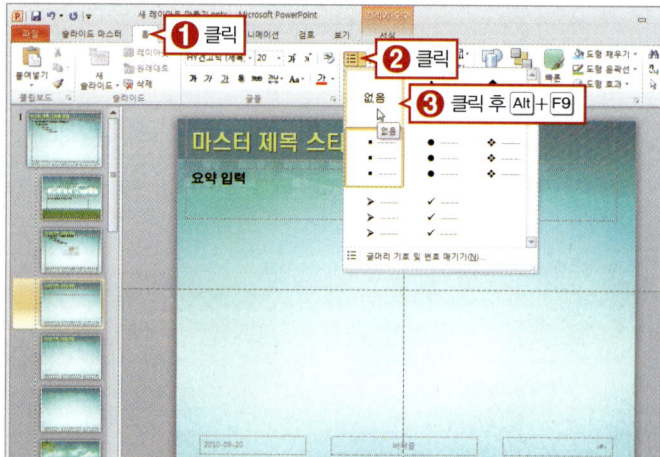

06

① [홈] 탭 클릭
② [글머리 기호]의 [▾ 메뉴] 클릭
③ [없음]을 클릭하고 Alt + F9 를 눌러 안내선을 감춥니다.

Tip **텍스트 개체 틀에 입력된 텍스트의 인쇄**

텍스트 개체 틀에 나타나는 텍스트는 사용자가 텍스트를 쉽게 입력할 수 있도록 해주는 도우미(Helper)로, 인쇄 시나 슬라이드 쇼에는 나타나지 않습니다.

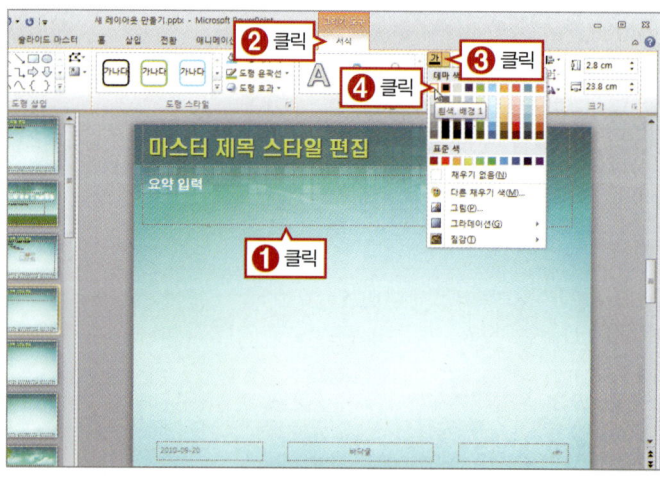

07

① **요약 입력**이 입력된 개체의 틀 테두리 클릭
② [그리기 도구]–[서식] 탭 클릭
③ [텍스트 채우기]의 [▾ 메뉴] 클릭
④ [흰색, 배경 1]을 클릭합니다.

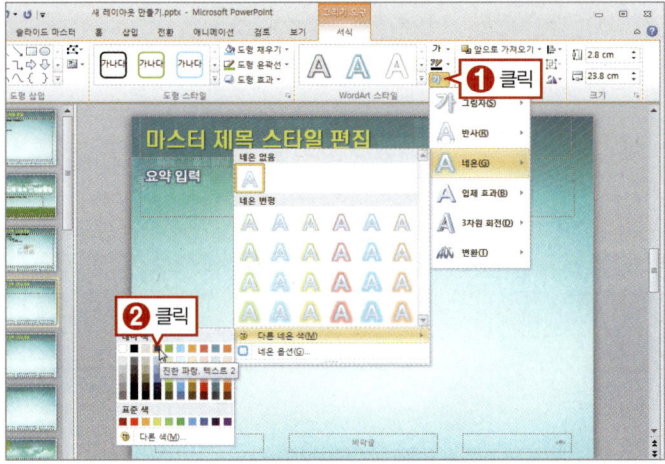

08

① [텍스트 효과]의 [▼ 메뉴] 클릭

② [네온]의 [다른 네온 색]에서
[진한 파랑, 텍스트 2]를 클릭합니다.

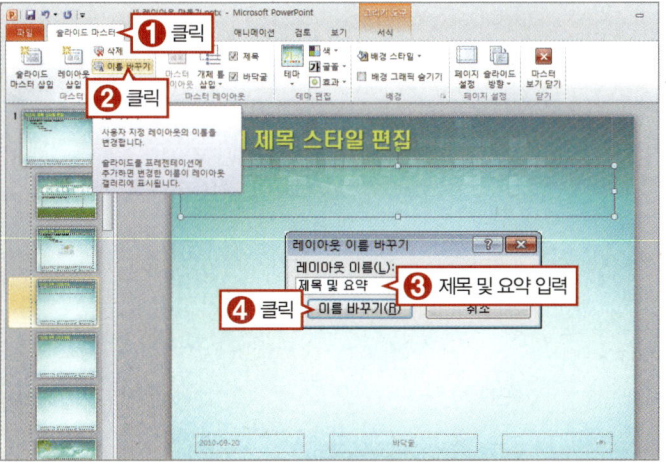

09 현재 레이아웃에 이름을
만들어보겠습니다.

① [슬라이드 마스터] 탭 클릭

② [이름 바꾸기] 클릭

③ 레이아웃 이름 바꾸기 대화상자에서
제목 및 요약 입력

④ [이름 바꾸기]를 클릭합니다.

> **Tip** 레이아웃 이름 확인하기
>
> 왼쪽 레이아웃 미리 보기 탭에서 해당 레이아웃에 마우스
> 포인터를 위치시킵니다.

새 슬라이드 레이아웃을 프레젠테이션에 적용하기

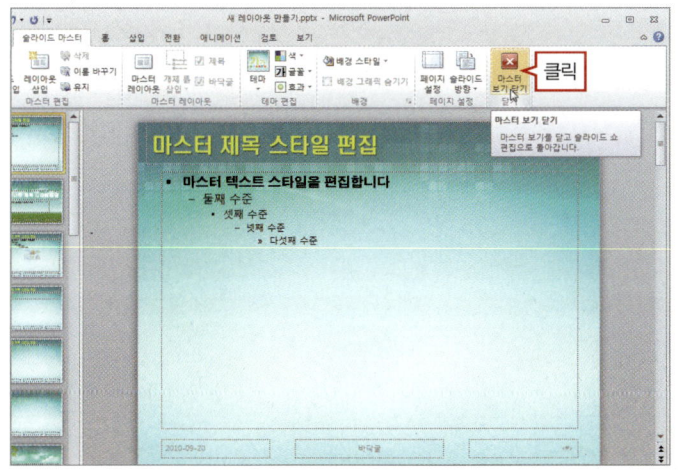

10 [마스터 보기 닫기]를 클릭합니다.

> **Tip** 기본 보기로 전환하는 다른 방법
>
> 파워포인트 창 오른쪽 하단에서 [🔲 기본 보기]를 클릭합
> 니다.

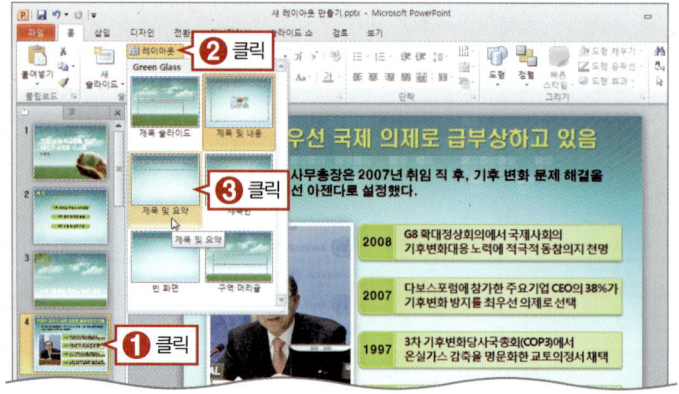

11
① 4번 슬라이드 클릭
② [홈] 탭에서 [레이아웃] 클릭
③ [제목 및 요약]을 클릭합니다.

12 제목 아래에 있는 텍스트의 서식이 변경되는 것을 볼 수 있습니다.

 **Note 2** 슬라이드 마스터의 이름을 변경하여 저작권 표시하기

1 ① 슬라이드 마스터를 선택합니다. ② [슬라이드 마스터] 탭에서 [이름 바꾸기]를 클릭합니다. ③ 마스터 이름 바꾸기 대화상자에 이름을 입력하고 ④ [이름 바꾸기]를 클릭합니다.

2 현재 슬라이드 마스터의 이름이 입력한 이름으로 변경되고, 파워포인트 창 왼쪽 하단에 바뀐 이름이 표시됩니다. 슬라이드 마스터의 이름을 'Copyright (c) LEE SANG HOON. All Rights Reserved.'로 변경하면 파워포인트 왼쪽 하단에 이 텍스트가 표시되어 마치 저작권이 표시되는 것과 같은 효과를 줍니다.

1   **2**

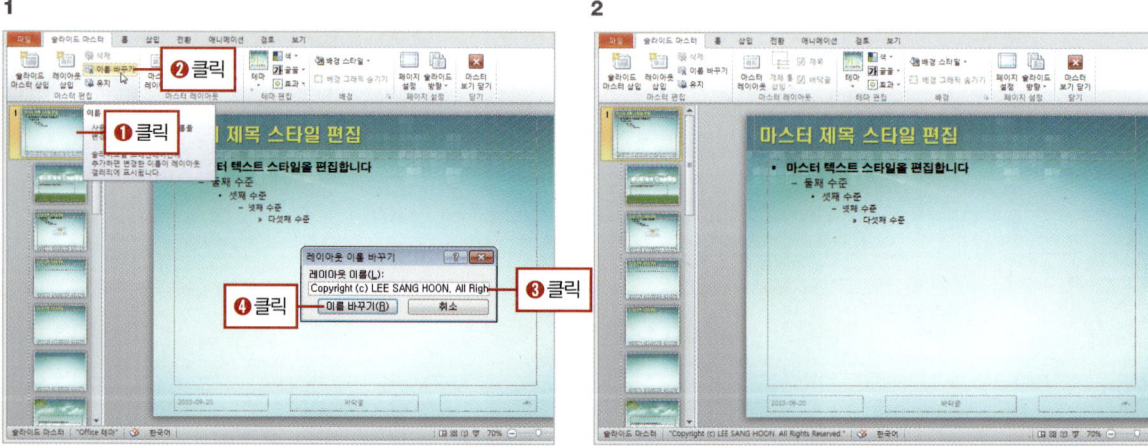

▲ [슬라이드 마스터] 탭에서 [이름 바꾸기] 클릭   ▲ 저작권 표시

바닥글에 프레젠테이션 제목과 전체 페이지 삽입하기

파워포인트의 기본 바닥글은 왼쪽 하단에는 날짜, 가운데는 프레젠테이션 제목, 오른쪽에는 페이지 번호가 배치됩니다. 기본 바닥글과 다르게 배치하고 싶거나 전체 페이지를 넣어서 프레젠테이션 진행 상황을 한눈에 파악할 수 있게 변경하려면 슬라이드 마스터에서 페이지 바닥글을 편집할 수 있습니다.

• **준비 파일** ◎ : 부록 CD/9장/Section02/바닥글 설정.pptx   • **완성 파일** ◎ : 부록 CD/9장/Section02/완성/바닥글 설정 결과.pptx

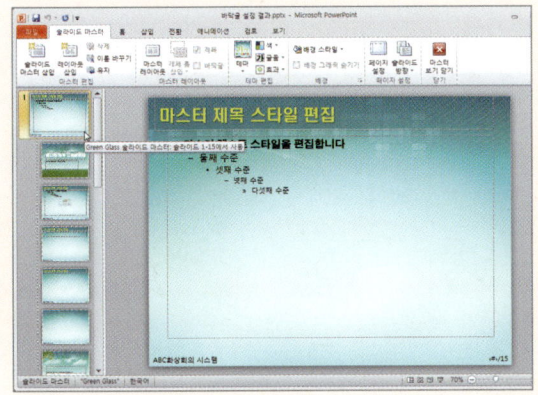

▲ 슬라이드 마스터에서 바닥글 설정

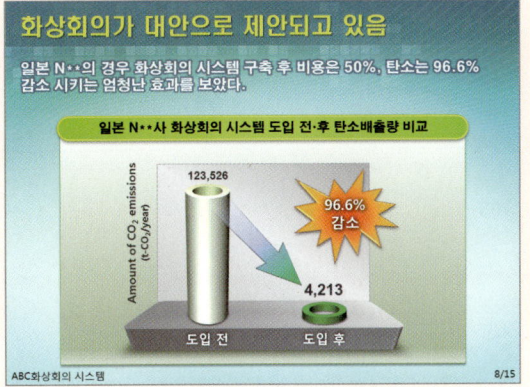

▲ 슬라이드 하단에 표시된 바닥글

전체 진행 상황을 쉽게 파악할 수 있는 바닥글 만들기

01

① [보기] 탭 클릭

② [슬라이드 마스터 보기]를 클릭합니다.

Tip   슬라이드 마스터 편집 모드로 전환하는 다른 방법

`Shift`를 누른 상태에서 [□ 기본 보기]를 클릭합니다.

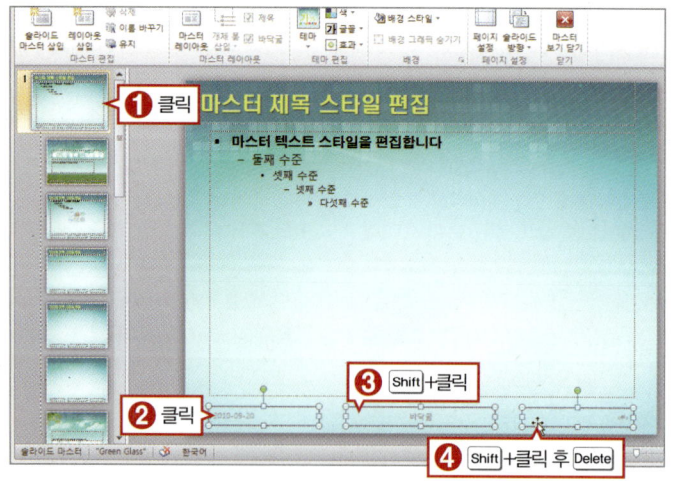

02

① [슬라이드 마스터] 클릭

② 현재 날짜 개체 틀 클릭

③ Shift 를 누른 상태에서 **바닥글 개체 틀** 클릭

④ Shift 를 누른 상태에서 **페이지 번호** 개체 틀을 클릭하고 Delete 를 누릅니다.

Tip **기본 바닥글 개체 틀을 다시 표시하는 방법**

[슬라이드 마스터] 탭에서 [마스터 레이아웃]을 클릭하고, 개체 틀 이름 중에서 표시하고 싶은 것을 클릭한 후 [확인] 을 클릭합니다.

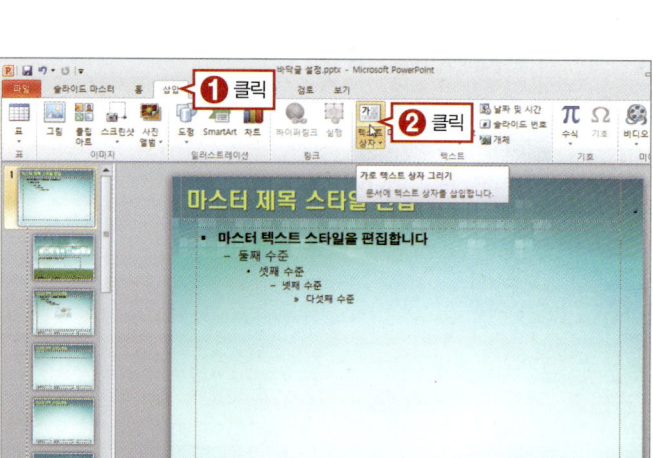

03

① [삽입] 탭 클릭

② [텍스트 상자]를 클릭합니다.

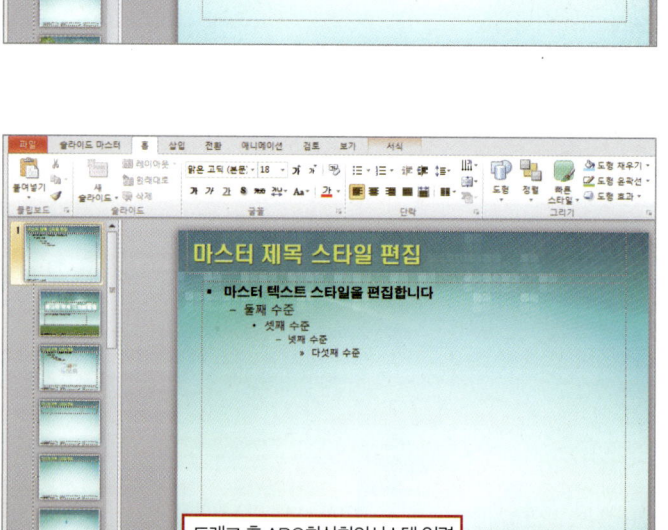

04 슬라이드 왼쪽 하단에서 드래그하여 기본 크기의 가로 텍스트 상자를 만들고 **ABC화상회의시스템**을 입력합니다.

Tip **조직 로고 삽입하기**

조직의 로고를 삽입하려면 현재 상태에서 [삽입] 탭을 열고 [그림]을 클릭합니다. 대화상자에서 조직 로고 그림을 선택 하고 [삽입]을 클릭해서 그림을 넣습니다. 삽입된 로고의 크 기를 조정하고 원하는 위치로 이동하면 모든 슬라이드에서 로고가 표시됩니다.

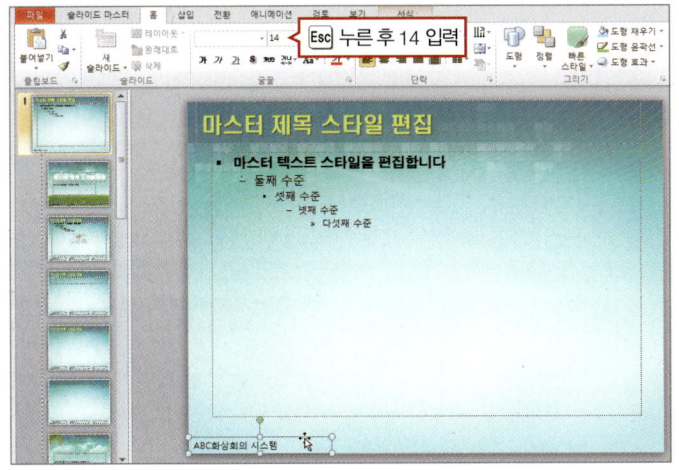

05 Esc를 눌러 텍스트 상자 테두리를 선택하고 [글꼴 크기]에 **14**를 입력합니다. 텍스트 상자가 이동되었다면 슬라이드 왼쪽 하단 모서리로 다시 이동합니다.

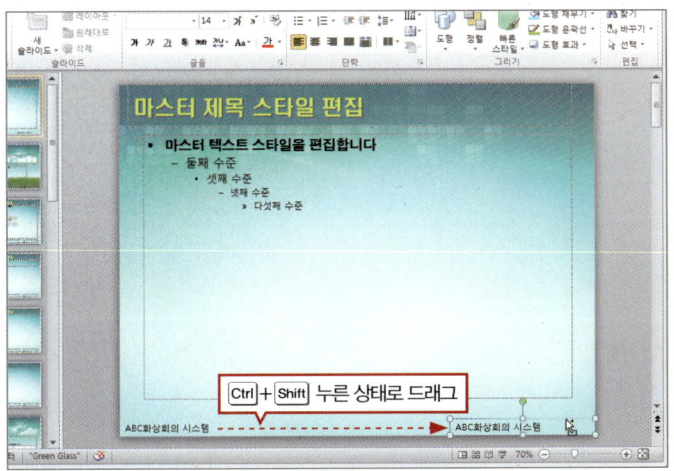

06 슬라이드의 오른쪽에 슬라이드 번호를 배치해보겠습니다. Ctrl+Shift를 누른 상태에서 **선택되어 있는 텍스트 상자**를 슬라이드 맨 오른쪽으로 드래그해 수평 복제합니다.

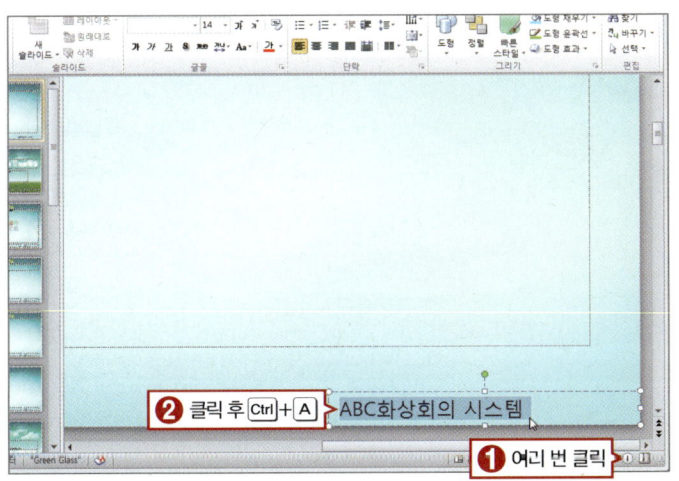

07

① [⊕ **확대**]를 여러 번 클릭해 **150%**로 확대하면 선택된 텍스트 상자를 기준으로 확대

② 텍스트 상자에 있는 **아무 글자**나 클릭해 커서를 위치시키고 Ctrl+A를 눌러 텍스트 상자 안의 모든 텍스트를 블록 선택합니다.

Tip **빠르게 확대/축소하기**

Ctrl을 누른 상태에서 마우스의 휠을 위 또는 아래로 굴립니다.

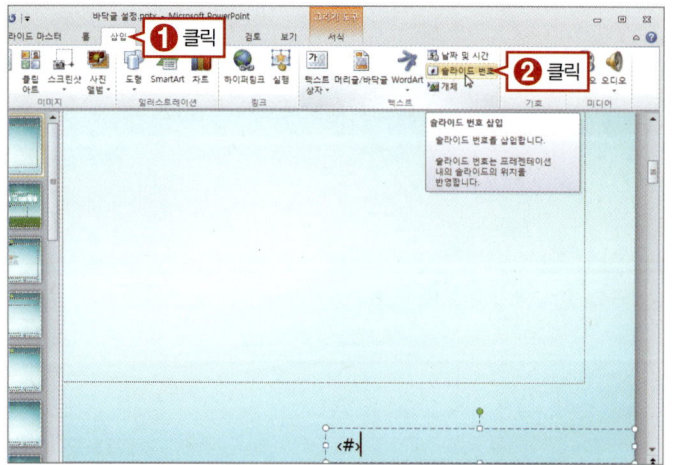

08

① [삽입] 탭 클릭

② [슬라이드 번호 삽입]을 클릭합니다.
블록 선택된 텍스트가 슬라이드
번호를 의미하는 〈#〉로 바뀝니다.

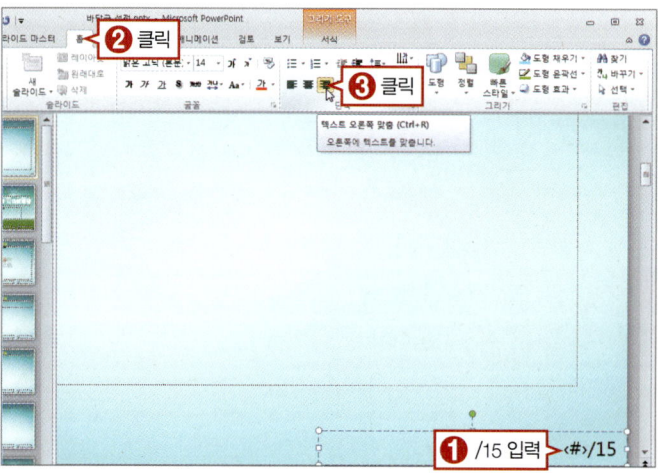

09

① 전체 페이지 수인 /15 입력

② [홈] 탭 클릭

③ [오른쪽 맞춤]을 클릭합니다. 이렇게
해야 슬라이드 번호가 슬라이드
오른쪽으로 벗어나지 않습니다.

다른 레이아웃에서 바닥글 표시 조정하기

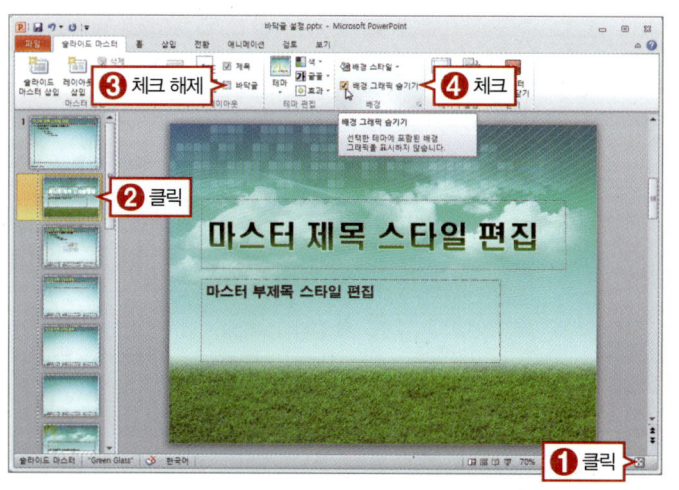

10 일반적으로 표지, 간지와 같은
슬라이드에는 바닥글이나 페이지 번호를
표시하지 않습니다.

① [🔲 창에 맞춤] 클릭

② 제목 슬라이드 레이아웃 클릭

③ [바닥글]을 클릭해서 체크 해제

④ [배경 그래픽 숨기기]를 클릭해서
체크합니다.
아래에 있던 개체 틀 3개와 앞서
슬라이드 마스터에서 삽입했던 텍스트
상자 2개가 사라졌습니다.

11

① **구역 머리글 레이아웃** 클릭

② **[바닥글]**을 클릭해서 체크 해제

③ **[배경 그래픽 숨기기]**를 클릭해서 체크

④ **[마스터 보기 닫기]**를 클릭해서 기본 보기로 전환합니다.

> **Tip** **[배경 그래픽 숨기기]의 역할**
>
> 슬라이드 마스터에서 삽입한 개체(텍스트 상자, 회사 로고와 같은 그림 등)를 현재 레이아웃에서 숨깁니다.

12 기본 보기에서 첫 번째 슬라이드인 제목 슬라이드는 바닥글이 표시되지 않습니다.

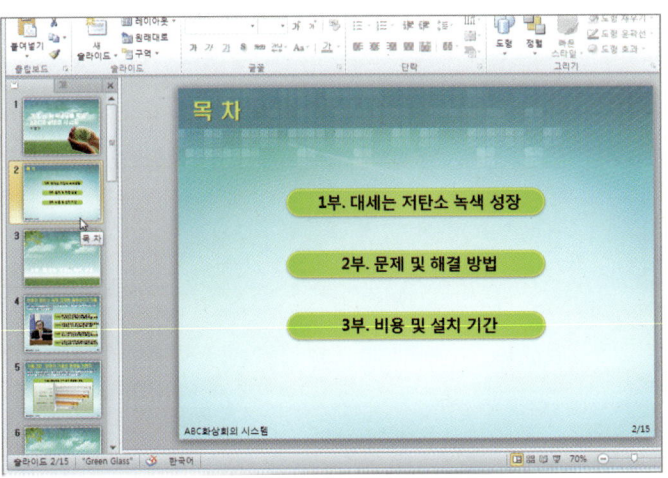

13 2번 슬라이드로 이동하면 슬라이드 하단에 바닥글, 즉 프레젠테이션 제목과 페이지 번호가 표시됩니다.

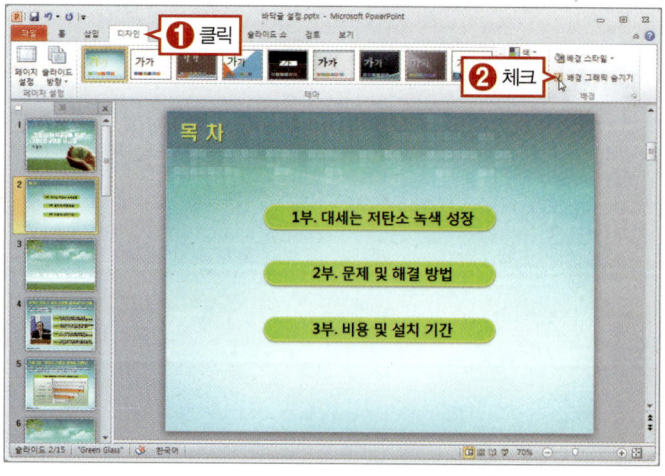

14 만약 2번 슬라이드에서도 바닥글을 표시하고 싶지 않다면 기본 보기에서 숨길 수 있습니다.

① [디자인] 탭 클릭

② [배경 그래픽 숨기기]를 클릭해서 체크합니다.

 Note 3 **수정한 서식이나 크기를 원래 상태로 돌리기**

슬라이드 마스터에서 제목의 서식과 위치를 정해놓고, 기본 보기에서 임의로 위치나 서식을 변경하는 경우가 있습니다. 이렇게 되면 나중에 슬라이드 편집 모드에서 제목의 서식과 위치를 변경하면 다른 슬라이드와 달리 임의로 변경한 슬라이드는 수정 사항이 적용되지 않습니다.

사용자가 임의로 수정한 것이 우선되기 때문입니다. 이런 경우, 해당 슬라이드가 마스터의 수정에 다시 따르게 하고 싶다면 기본 보기에서 수정했던 슬라이드로 이동하고, [홈] 탭의 슬라이드 영역에서 [원래대로]를 클릭합니다.

그러면 임의로 수정한 서식이나 위치가 모두 취소되고 원래 상태(슬라이드 마스터에서 해당 슬라이드 레이아웃 설정 상태)로 되돌아가며, 슬라이드 마스터의 수정 사항이 반영됩니다.

수정된 제목

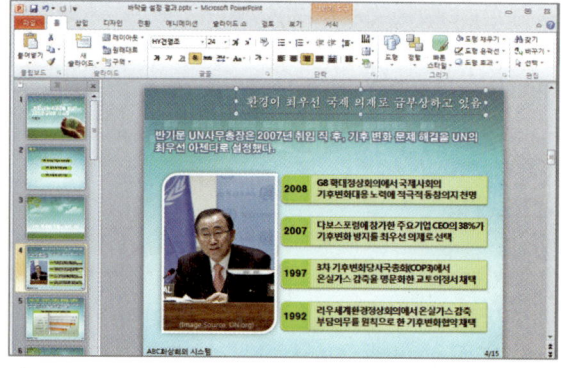

[원래대로]를 클릭해서 원래 상태로 되돌아간 제목

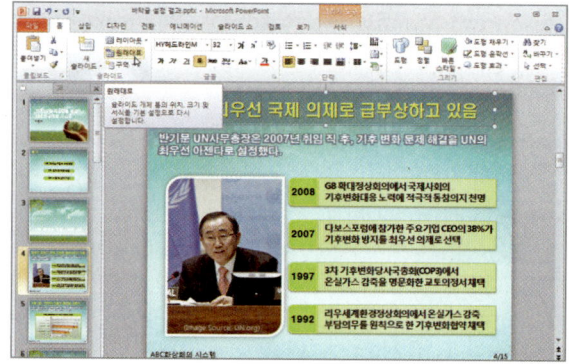

테마 및 슬라이드 마스터 재활용하기

• 테마 파일 저장 및 적용   • 서식 파일로 저장 후 재활용

테마와 슬라이드 마스터의 장점은 현재 프레젠테이션의 모든 디자인을 다른 프레젠테이션에 쉽게 적용할 수 있다는 것입니다. 테마와 슬라이드 마스터를 파일로 저장해 새 프레젠테이션이나 다른 프레젠테이션에 적용하는 방법을 알아보겠습니다.

테마를 파일로 저장하고 다른 프레젠테이션에 적용하기

현재 프레젠테이션의 슬라이드 마스터, 테마 색, 테마 글꼴, 테마 효과만 빼서 파일로 저장합니다. 저장된 테마는 다른 프레젠테이션에 적용할 수 있습니다.

테마 저장하기

• **준비 파일** ◎ : 부록 CD/9장/Section03/제안서.pptx

1 제안서.pptx 파일을 엽니다. ① [디자인] 탭을 열고 ② [테마] 그룹에서 [🔽 자세히]를 클릭합니다.

2 ③ [현재 테마 저장]을 선택합니다.

1

▲ [디자인] 탭 → [자세히] 클릭

2

▲ [현재 테마 저장] 클릭

3 ④ 현재 테마 저장 대화상자의 [파일 이름] 입력란에
Green Grass를 입력하고 ⑤ [저장]을 클릭합니다.
입력한 이름에 thmx라는 확장자가 붙어 저장됩니다.

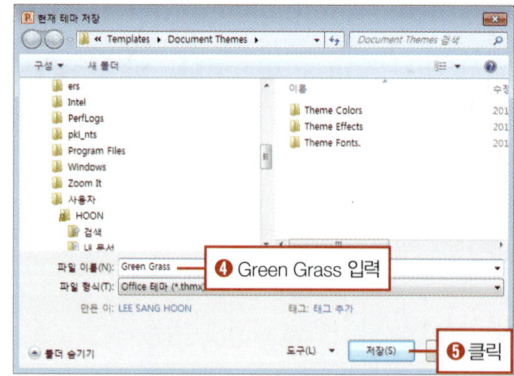

> **Tip** 테마 파일이 저장되는 곳
>
> 확장자가 thmx인 테마 파일은 기본적으로 오피스 프로그램의 서식들이 저장
> 되는 Templates 폴더 내의 Documents Themes 폴더에 저장됩니다. 경로는
> 다음과 같습니다. C:\Documents and Settings\사용자 이름\Application
> Data\Microsoft\Templates\Documents Themes

▲ 이름 입력 → [저장] 클릭

다른 프레젠테이션에 테마 적용하기

· **준비 파일** ◎:부록 CD/9장/Section03/신기술설명회.pptx   · **완성 파일** ◎:부록 CD/9장/Section03/완성/신기술설명회 테마 적용 결과.pptx

[디자인] 탭의 [테마] 그룹에서 [자세히]를 클릭합니다. 목록을 보면 맨 위에 현재 프레젠테이
션의 슬라이드 마스터가 표시되고, 두 번째 줄의 [사용자 지정]에는 직접 저장한 테마가 나타납
니다. 그 다음 줄에는 파워포인트 2010이 기본적으로 제공하는 테마가 표시됩니다.

1 앞서 저장한 테마를 적용할 다른 프레젠테이션을
엽니다. ① [디자인] 탭을 열고 ② [테마] 그룹에서
왼쪽에서 두 번째 테마를 클릭합니다.

현재 프레젠테이션 테마, 여러 슬라이드
마스터가 적용되면 슬라이드 마스터에서
의 배치 순서로 표시됨

사용자 지정 테마, 사용자가 저장한 테마
가 많아지면 가나다 순서로 표시됨

기본 테마

▲ [디자인] 탭 → 왼쪽에서 두 번째 테마 클릭

2 선택한 테마(슬라이드 마스터, 테마 색, 테마 글꼴,
테마 효과)가 프레젠테이션 전체에 적용됩니다.

> **Tip** 추가한 테마 지우기
>
> [디자인] 탭의 [테마] 그룹에서 지우고 싶은 테마를 마우스 오른쪽 버튼으로
> 클릭하고 [삭제]를 클릭합니다.

▲ 테마 적용

Note 1 여러 슬라이드 보기에서 특정 슬라이드에 테마를 적용하는 방법

1 **테마를 적용할 슬라이드**를 선택합니다. 슬라이드가 많을 때는 여러 슬라이드 보기에서 선택하는 것이 좀 더 편합니다.

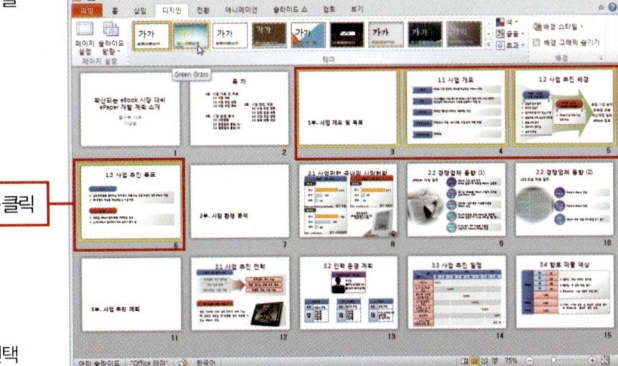

▶ 여러 슬라이드 보기에서 슬라이드 선택

2 **[디자인]** 탭의 [테마] 그룹에서 **테마**를 클릭합니다. 선택한 슬라이드에 만 테마가 적용됩니다.

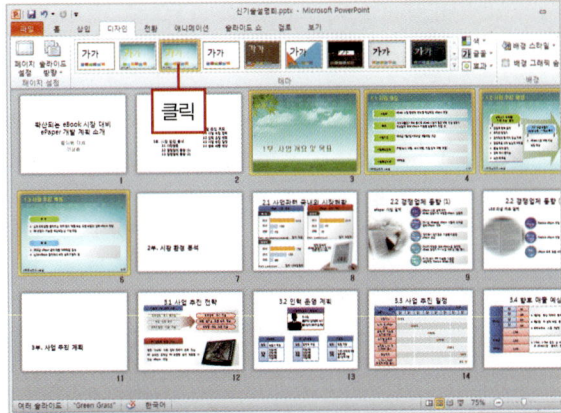

▶ [디자인] 탭에서 테마 클릭

3 또는 **[디자인]** 탭의 [테마] 그룹에서 [**자세히**]를 클릭합니다. 적용할 테마를 마우스 오른쪽 버튼으로 클릭한 후 표시되는 메뉴에서 **[선택한 슬라이드에 적용]**을 클릭합니다.

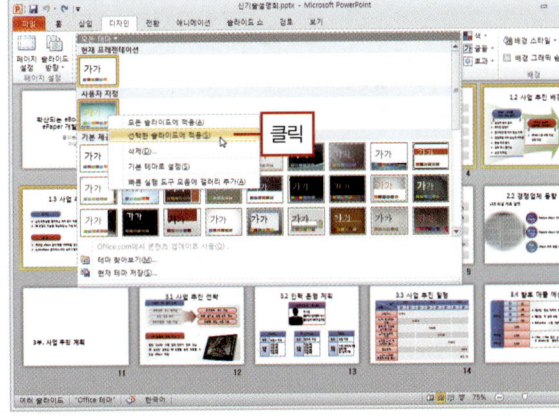

▶ [디자인] 탭 → [자세히] → 마우스 오른쪽 버튼 클릭
→ [선택한 슬라이드에 적용] 클릭

서식 파일로 저장한 후 재활용하기

테마는 슬라이드 마스터, 테마 색, 테마 글꼴, 테마 효과 등과 같은 디자인 관련 서식만 저장합니다. 만약 디자인 속성뿐만 아니라 슬라이드에 있는 내용까지 새 프레젠테이션에 적용하고싶다면 서식 파일(*.potx)을 활용하는 것이 좋습니다.

서식 파일로 저장하기

· **준비 파일** ⊙ : 부록 CD/9장/Section03/사업계획서.pptx

1 먼저 **사업계획서.pptx** 파일을 엽니다. 이 프레젠테이션에는 제목, 간지, 별첨 등 프레젠테이션에서 필수적으로 사용되는 슬라이드가 미리 삽입되어 있습니다.

2 ① [파일] 탭을 클릭하고 ② [다른 이름으로 저장]을 선택합니다(단축키: F12).

1

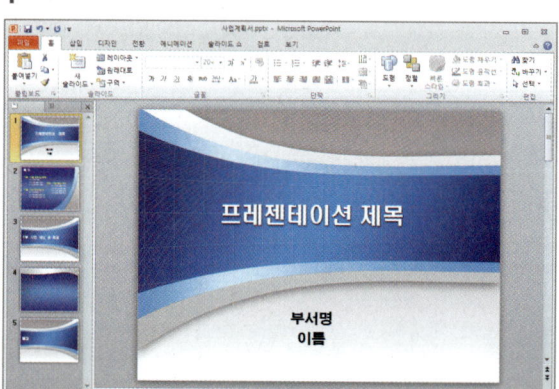

▲ 사업계획서.pptx 파일

2

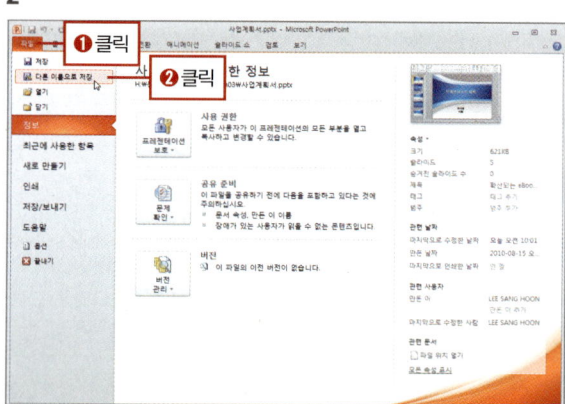

▲ [파일] 탭 → [다른 이름으로 저장] 클릭

| Tip | 서식 파일을 만들 때는 프레젠테이션에 공통으로 들어가는 슬라이드만 넣기 |

이 작업에서 사용할 프레젠테이션은 전형적인 디자인 서식 파일의 예입니다. 추후 작업이 편하려면 필수적으로 들어가야 할 것만 넣고 다른 것은 다 지워줍니다.

3 ③ 다른 이름으로 저장 대화상자에서 [파일 형식] 메뉴를 열고 ④ [PowerPoint 서식 파일 (*.potx)]을 선택합니다.

4 저장 위치가 Templates 폴더로 전환됩니다. ⑤ [파일 이름] 입력란에 **이름(사업계획서)** 을 입력하고 ⑥ [저장]을 클릭합니다. 현재 프레젠테이션이 **사업계획서.potx**라는 이름으로 Templates 폴더에 저장되었습니다. 파워포인트 창 상단의 제목 표시줄을 보면 확인할 수 있습니다.

3

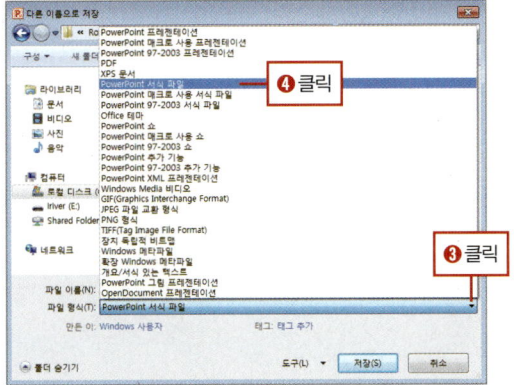

▲ [파일 형식] 메뉴 → [PowerPoint 서식 파일(*.potx)] 클릭

4

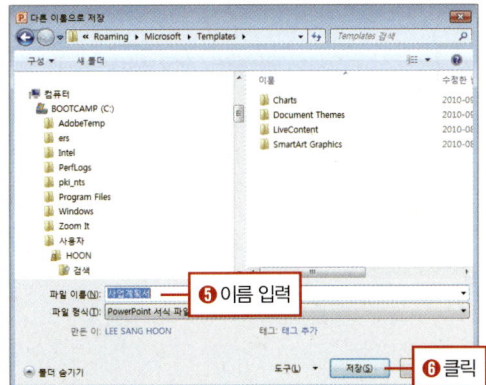

▲ 파일 이름 입력 → [저장] 클릭

Tip   서식 파일의 폴더 저장

서식 파일을 반드시 Templates 폴더에 저장해야 하는 것은 아닙니다. 서식을 저장할 때는 다른 폴더를 선택해도 됩니다. 하지만 Templates 폴더에 저장해놓으면 다음에 사용하기가 더 편합니다. 서식 파일을 이용해서 새 프레젠테이션을 만들 때는 새 프레젠테이션 대화상자의 개인 서식 파일 목록에 Templates 폴더 내의 서식만 표시되기 때문입니다. 자세한 내용은 '서식 파일을 이용해 새 프레젠테이션 만들기'를 참고합니다.

서식 파일을 이용해 새 프레젠테이션 만들기

새로운 프레젠테이션을 만들 때 앞서 저장한 서식 파일을 사용해보겠습니다.

1 ① [파일] 탭을 클릭하고 ② [새로 만들기]를 선택한 후 ③ [내 서식 파일]을 클릭합니다.

2 ④ 새 프레젠테이션 대화상자의 [개인 서식 파일] 목록에서 **사업계획서.potx**를 선택하고 ⑤ [확인]을 클릭합니다. 선택한 서식 파일의 내용이 그대로 담겨져 있는 새 프레젠테이션이 생성됩니다.

1

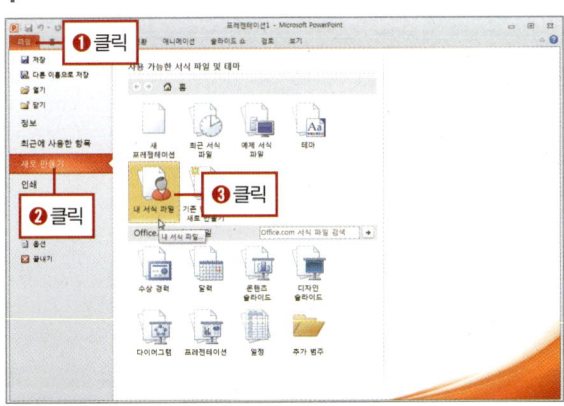

▲ [파일] 탭 → [새로 만들기] → [내 서식 파일] 클릭

2

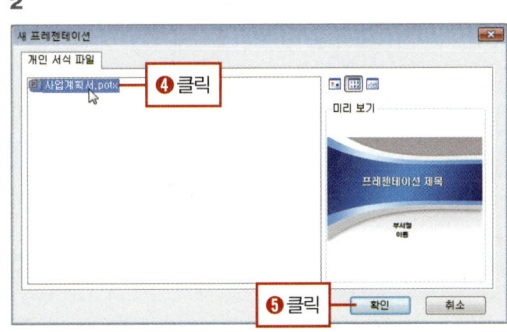

▲ [사업계획서.potx] → [확인] 클릭

선진 기업들 대부분은 표준화된 서식 파일 및 테마를 제공하면서 다른 것은 쓰지 않도록 지도합니다. 파워포인트 문서 하나에도 회사의 아이덴티티를 반영하는 것입니다.

서식 파일은 다른 폴더에도 저장할 수 있지만 새 프레젠테이션 대화상자에는 Templates 폴더에 있는 서식 파일만 표시됩니다. 따라서 자신이 사용할 목적이라면 Templates 폴더에 저장하는 것이 좋고, 다른 사용자에게 배포할 예정일 때는 다른 폴더에 저장하는 등 상황에 맞게 활용합니다.

Note 2 | 서식 파일(*.potx)을 이용해 빠르게 새 프레젠테이션 만들기

1 Windows 탐색기에서 부록 CD/9장/Section03 폴더에 있는 **회사소개서.potx** 파일을 더블클릭합니다.

2 서식 파일의 내용을 고스란히 담고 있는 새 프레젠테이션이 만들어집니다.

이렇게 서식 파일을 Templates 폴더에 저장하지 않고, 접근하기 쉬운 폴더나 CD, DVD에 저장하면 더 쉽게 Windows 탐색기에서 찾아 사용할 수 있어 편리합니다.

1

2

Note 3 | 테마와 슬라이드 마스터를 사용해야 하는 3가지 이유

1 일관성 · 통일성 있는 디자인이 가능합니다.

테마와 슬라이드 마스터를 사용하면 전체적으로 통일감 있는 디자인이 가능해집니다. 디자인에서 통일성 · 일관성의 중요성은 아무리 강조해도 지나치지 않습니다.

2 프레젠테이션 간에 복사할 수 있습니다.

Section 03에서 알아본 것처럼 테마나 슬라이드 마스터를 이용하면 한 번 만들어놓은 것은 다른 프레젠테이션이나 새 프레젠테이션에 쉽게 적용할 수 있어서 디자인 작업이 편합니다.

3 수정하기가 쉽습니다.

사실 가장 중요한 이유입니다. 대부분의 파워포인트 사용자들은 테마나 슬라이드 마스터를 활용하기보다는 슬라이드를 한 장씩 따로 디자인합니다. 물론 이렇게 해도 멋진 프레젠테이션을 만들 수 있지만 일괄적으로 수정해야 할 상황이 발생하면 문제가 될 수 있습니다. 예를 들어 회사 로고 위치 변경, 제목 텍스트의 글꼴이나 위치 변경, 슬라이드의 배경을 바꿔야 하는 경우 등이 있습니다. 기존 방식대로 슬라이드를 한 장씩 작업했다면 모든 슬라이드에서 이러한 작업을 일일이 수정해야 할 것입니다. 하지만 테마와 슬라이드 마스터를 활용한 경우에는 몇 번의 클릭만으로도 원하는 작업을 쉽게 할 수 있습니다.

 **스티브 잡스형 새 슬라이드 레이아웃 만들기**

프레젠테이션의 제왕이라 불리는 스티브 잡스의 슬라이드를 보면 정보량은 엄청나게 적고, 레이아웃 또한 아주 단순합니다. 이번 장에서 배운 슬라이드 레이아웃 생성 기능을 이용하면 이러한 레이아웃을 쉽게 만들 수 있습니다.

· **준비 파일** ⓒ : 부록 CD/9장/Section03/혼자하기.pptx　　· **완성 파일** ⓒ : 부록 CD/9장/Section03/완성/혼자하기 결과.pptx

▲ 정가운데 그림

▲ 정가운데 그림, 아래쪽에 텍스트

▲ 정가운데 큰 제목, 아래쪽에 텍스트

▲ 왼쪽에 그림, 오른쪽에 큰 제목, 아래쪽에 텍스트

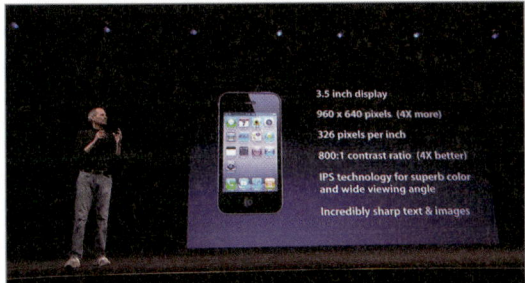

▲ 왼쪽에 그림, 오른쪽에 텍스트

위의 5장의 그림은 스티브 잡스가 가장 많이 사용하는 레이아웃입니다. 이 중에서 4개의 레이아웃은 이미 만들어놓았습니다. 이제 마지막으로 5번째 레이아웃을 만들어보겠습니다. 왼쪽에 그림이 있고, 오른쪽에 텍스트가 있는 레이아웃입니다.

1 슬라이드 마스터 편집 모드로 전환합니다.

2 왼쪽 레이아웃 탭에서 그림, 제목 및 텍스트 레이아웃을 클릭합니다.

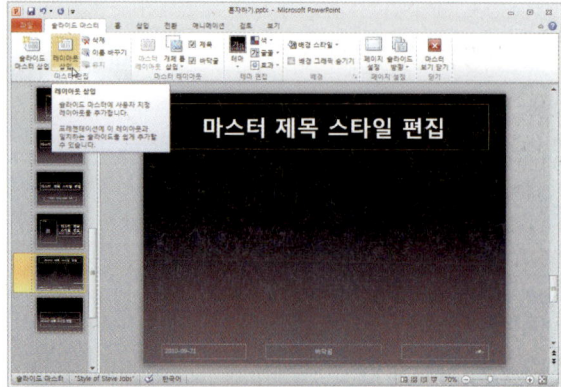

3 새 레이아웃을 삽입합니다.

4 제목과 바닥글을 모두 삭제합니다.

5 안내선을 표시합니다(단축키 : Alt + F9).

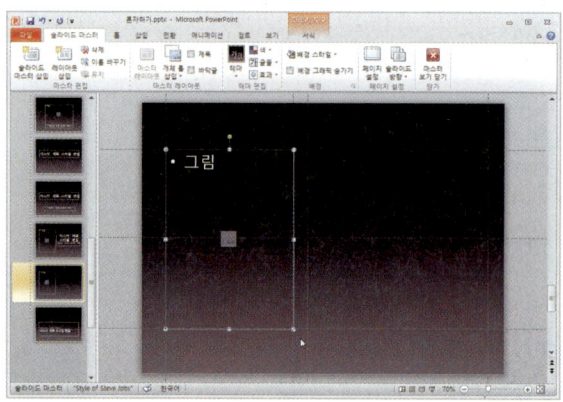

6 개체 틀 삽입에서 [그림]을 선택하고 왼쪽 안내선에 맞게 그립니다.

7 개체 틀에서 [텍스트]를 선택하고 오른쪽 안내선에 맞게 그립니다.

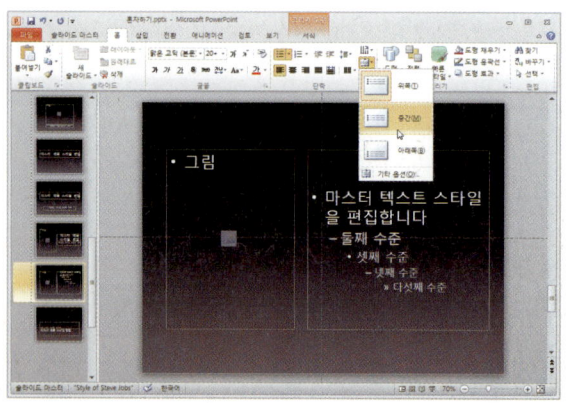

8 [홈] 탭의 [단락] 그룹에서 [텍스트 맞춤]을 [중간]으로 변경합니다.

9 레이아웃 이름을 [그림 및 오른쪽 텍스트]로 변경합니다.

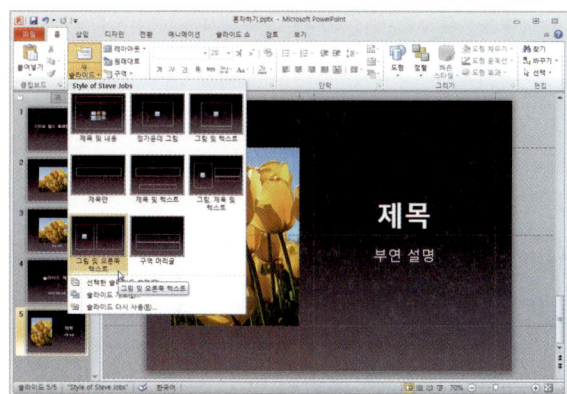

10 기본 보기로 전환하고 맨 마지막 슬라이드 다음에 새로 만든 [그림 및 오른쪽 텍스트] 레이아웃의 새 슬라이드를 만듭니다.

CHAPTER **10**

작업 속도를 높이는 나만의 환경 만들기

아무리 퀄리티가 높은 문서라더라도 기한 내에 만들지 못한다면

아무 소용이 없고, 아무리 작업 속도가 빨라도 퀄리티가 어느 수준에

이르지 못한다면 이것 또한 문제가 될 수 있습니다.

이번 장에서는 작업을 진행할 때 속도와 퀄리티를 동시에

업그레이드시킬 수 있는 노하우를 알아보겠습니다.

section

01

단축키 사용하기

• Ctrl 을 이용한 단축키 • 기능키에 적용된 단축키 • 쇼 보기에서 사용하는 단축키

작업 속도를 빠르게 하는 방법 중의 하나는 단축키를 이용하는 것입니다. 마이크로소프트 오피스 제품들은 단축키가 유사하기 때문에 한 프로그램에서 단축키를 제대로 사용할 수 있다면 다른 프로그램에서도 쉽게 응용할 수 있습니다. 버전에 따라서는 프로그램마다 거의 95% 이상 비슷한 단축키를 사용하고 있기 때문에 외워서 사용하는 것이 좋습니다.

▌ Ctrl 을 이용한 단축키 알아보기

프로그램 단축키는 기본적으로 Ctrl 과 명령의 이니셜 조합으로 이뤄집니다. 예를 들어 저장은 Save이므로 Ctrl + S 가 되고 문서 열기는 Open이므로 Ctrl + O 가 됩니다. 이 방법을 잘 기억하면 좀 더 쉽게 단축키를 이용할 수 있습니다. 물론 예외가 있을 수 있지만 규칙은 거의 비슷합니다. 다음은 파워포인트 2010의 단축키를 알파벳 순서로 배열한 것입니다.

단축키		명령	기능	비고
Ctrl	A	All	모두 선택	
Ctrl	B	Bold	굵게	
Ctrl	C	Copy	복사	
Ctrl	D	Duplicate	개체 복제, 슬라이드 복제	
Ctrl	E	cEnter	가운데 맞춤	
Ctrl	F	Find	찾기	
Ctrl	G	Group	그룹	Ctrl + Shift + G : 그룹 해제
Ctrl	H	cHange	바꾸기	
Ctrl	I	Italic	기울임꼴	
Ctrl	J	Justified	양쪽 맞춤	
Ctrl	K	hyperlinK	하이퍼링크 삽입	
Ctrl	L	Left	왼쪽 맞춤	
Ctrl	M	Make	새 슬라이드 만들기	
Ctrl	N	New	새 프레젠테이션 만들기	
Ctrl	O	Open	열기	
Ctrl	P	Print	인쇄	
Ctrl	Q	Quit	파워포인트 프로그램 종료	[파일] 탭-[끝내기] 선택
Ctrl	R	Right	오른쪽 정렬	
Ctrl	S	Save	저장	
Ctrl	T	Type	글꼴 대화상자 표시	
Ctrl	U	Underline	밑줄	
Ctrl	V	Paste	붙여넣기	

Ctrl	W	close Window	창 닫기	[파일] 탭-[닫기] 선택, Alt + F4
Ctrl	X	Cut	잘라내기	
Ctrl	Y	Redo	작업 취소를 취소	
Ctrl	Z	Undo	최근 실행한 작업 취소	

기타

Ctrl	=	아래 첨자	Ctrl + Shift + = : 위 첨자
Ctrl	[또는]	글꼴 크기 작게/크게	
Ctrl	Space Bar	서식 초기화	

기능키에 적용된 단축키 알아보기

키보드 위쪽에는 F1 부터 F12 까지 기능키가 있습니다. 이들에 적용된 단축키는 다음과 같습니다.

단축키		기능
	F1	도움말
	F4	이전 작업 반복
	F5	슬라이드 쇼 보기
Shift	F5	현재 슬라이드부터 쇼 보기
Ctrl	F5	슬라이드 쇼 브로드캐스트 시작
	F6	창 전환
	F7	맞춤법 검사 실행
Alt	F9	안내선 표시/감추기
Shift	F9	눈금 표시/감추기
	F10	리본 메뉴 바로 가기 키 표시. 또는 Alt 를 누름
	F12	다른 이름으로 저장

슬라이드 쇼 보기에서 사용하는 단축키 알아보기

[슬라이드 쇼] 탭에서 [처음부터]나 [현재 슬라이드부터]를 클릭하면 쇼 보기를 실행할 수 있습니다. 쇼 보기에서는 다음과 같은 단축키를 사용할 수 있습니다. F5나 Shift + F5를 눌러도 쇼 보기가 실행됩니다.

단축키		이니셜	기능
	B	Black	화면을 검은색으로 전환. 아무 키나 누르면 원래 화면으로 복원
	W	White	화면을 흰색으로 전환. 아무 키나 누르면 원래 화면으로 복원
Ctrl	P	Pen	펜 기능 실행. 펜 기능 실행 중 Esc를 누르면 펜 기능 종료
	E	Erase	펜 기능으로 그려진 잉크 주석 지우기
Ctrl	S	Slide	모든 슬라이드 대화상자 표시
	Home		첫 번째 슬라이드로 이동
	End		마지막 슬라이드로 이동
슬라이드 번호 입력 후 Enter			입력한 번호의 슬라이드로 곧바로 이동.
			예를 들어 10번 슬라이드로 이동하려면 1과 0, Enter를 누릅니다.

> **Tip** 슬라이드 쇼에 사용하는 단축키 표시 방법
>
> 쇼 보기에서 F1을 누르면 슬라이드 쇼에서 사용할 수 있는 모든 단축키를 볼 수 있습니다.

개체 편집 속도를 높이는 키 알아보기

다음은 개체를 편집할 때 사용할 수 있는 키 동작입니다. 단축키는 아니지만 키의 활용과 관련된 부분으로 기억해두면 작업 속도를 향상시킬 수 있습니다.

방향키 활용하기

방향키를 이용해 글자를 블록 선택하거나 개체를 이동하고 크기를 조정할 수 있습니다.

단축키			기능
		방향키	해당 방향으로 개체를 0.2cm씩 이동
Ctrl		방향키	해당 방향으로 개체를 미세하게 이동
	Shift	↑	선택된 개체의 높이가 커지게 됨
	Shift	↓	선택된 개체의 높이가 작아지게 됨
	Shift	←	선택된 개체의 너비 좁게 됨
	Shift	→	선택된 개체의 너비 넓게 됨
Ctrl	Shift	↑	선택된 개체의 높이를 미세하게 커지게 됨
Ctrl	Shift	↓	선택된 개체의 높이를 미세하게 작아지게 됨
Ctrl	Shift	←	선택된 개체의 너비를 미세하게 좁게 됨
Ctrl	Shift	→	선택된 개체의 너비를 미세하게 넓게 됨

Ctrl 활용하기

동작	기능
Ctrl 을 누른 상태에서 개체 드래그	개체 복제. Ctrl + Shift +개체 드래그하면 수평/수직 복제됩니다.
슬라이드 미리 보기 탭이나 여러 슬라이드 보기에서 Ctrl 을 누른 상태로 슬라이드 클릭	여러 슬라이드 선택
애니메이션 창에서 Ctrl 을 누른 상태로 애니메이션 항목 클릭	여러 애니메이션 항목 선택
Ctrl 을 누른 상태로 개체의 크기 조정 핸들(□, ○) 드래그	개체의 중심을 기준으로 크기 조정

Shift 활용하기

동작	기능
Shift 를 누른 상태에서 개체 클릭	슬라이드에서 여러 개체 선택
슬라이드 미리 보기 탭이나 여러 슬라이드 보기에서 Shift 를 누른 상태에서 슬라이드 클릭	첫 번째 선택한 슬라이드에서부터 Shift +클릭한 슬라이드까지 선택
애니메이션 창에서 Shift 를 누른 상태에서 애니메이션 항목 클릭	첫 번째 선택한 애니메이션에서부터 Shift +클릭한 애니메이션까지 선택
Shift 를 누른 상태에서 개체의 모서리에 있는 크기 조정 핸들(○) 드래그	가로/세로 비율을 유지한 채 크기 조정
Shift 를 누른 상태에서 개체의 회전 핸들(●) 드래그	15도씩 회전
Shift 를 누른 상태에서 개체 드래그	수평/수직 이동

Tab 활용하기

파워포인트에서는 Tab 이 의외로 많은 곳에 사용됩니다.

단축키	기능	비고
	단락에 탭 추가	Shift + Tab : 반대로
	단락 수준 내리기	
Tab	슬라이드에서 개체를 순차적으로 선택	
	표에서 다음 셀로 이동	
	대화상자에서 다음 옵션 선택	
Alt Tab	윈도우상에서 열려 있는 프로그램 창 전환	

나만의 빠른 실행 도구 모음과 리본 메뉴 만들기

• 빠른 실행 도구 모음에 자주 사용하는 명령 추가

이전 버전과 달리 파워포인트 2010은 리본 메뉴를 사용자가 마음대로 편집할 수 있습니다. 이번 섹션에서는 리본 메뉴와 빠른 실행 도구 모음을 편집해 작업 속도를 빠르게 하는 방법을 알아보겠습니다.

빠른 실행 도구 모음에 자주 사용하는 명령 추가하기

파워포인트 창 왼쪽 상단에 표시되는 빠른 실행 도구 모음에 가장 많이 사용하는 명령을 추가합니다. 빠른 실행 도구 모음에 있는 명령은 Alt+숫자 키를 눌러 실행할 수 있기 때문에 가장 많이 쓰는 9가지 정도의 명령을 추가하는 것이 좋습니다.

1 ① [▾ 빠른 실행 도구 모음 사용자 지정]을 클릭하고 ② [기타 명령]을 선택합니다.

2 ③ [다음에서 명령 선택]에서 **메뉴 목록**을 열고 ④ **항목**을 선택합니다.

1

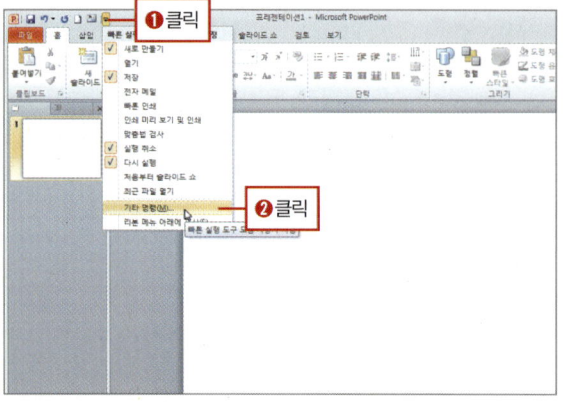

▲ [빠른 실행 도구 모음 사용자 지정] → [기타 명령] 클릭

2

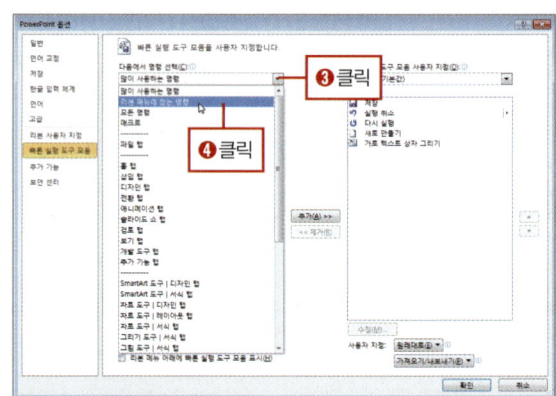

▲ [다음에서 명령 선택] 메뉴 목록 → [리본 메뉴에 없는 항목] 클릭

3 ⑤ 빠른 실행 도구 모음에 추가할 명령을 선택하고 ⑥ **[추가]**를 클릭합니다.

4 빠른 실행 도구 모음 사용자 지정에 추가됩니다.

3

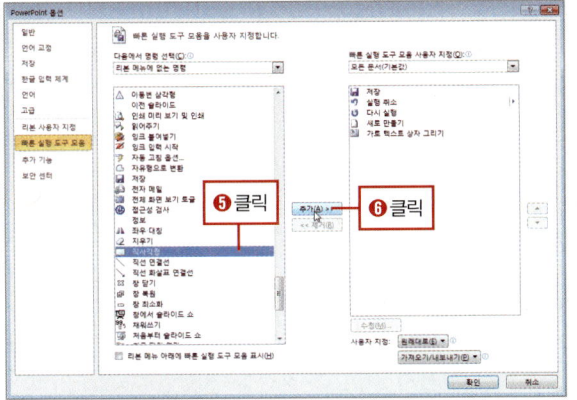

▲ [직사각형] → [추가] 클릭

4

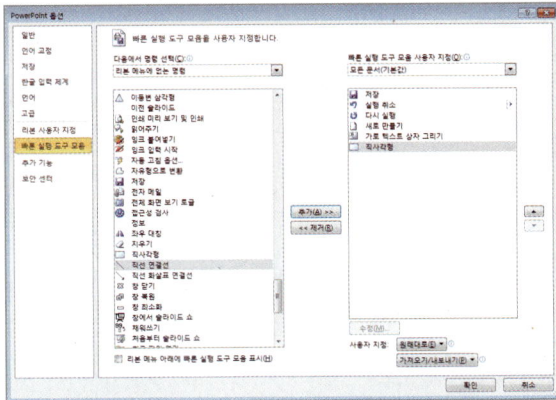

▲ [직사각형] 명령 추가

Tip 빠른 실행 도구 모음에서 명령을 삭제하는 방법

방법 1 [오른쪽 빠른 실행 도구 모음 사용자 지정] 목록에서 명령을 선택하고 **[제거]**를 클릭합니다.

방법 2 파워포인트 화면에서 삭제할 명령을 마우스 오른쪽 버튼으로 클릭하고 메뉴에서 **[빠른 실행 도구 모음에서 제거]**를 선택합니다.

5 ⑦ **명령의 순서**를 바꾸려면 명령을 선택하고 ⑧ 오른쪽에 있는 [▲ **위로 이동**] 또는 [▼ **아래로 이동**]을 클릭합니다.

6 ⑨ 명령 추가와 순서 조정을 모두 마쳤다면 [확인]을 클릭합니다.

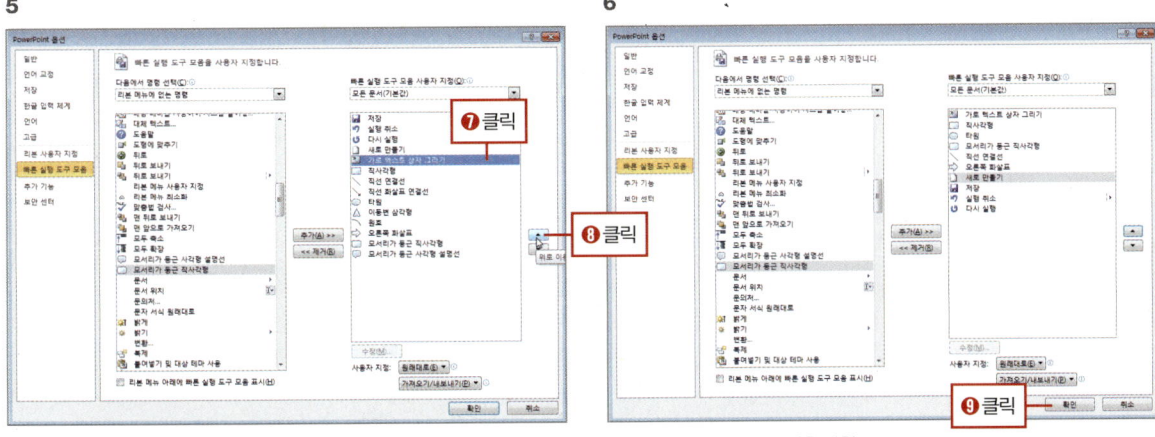

▲ 명령 선택 → [위로 이동] 또는 [아래로 이동] 클릭   ▲ [확인]을 클릭해서 조정을 마침

Tip 명령 오른쪽에 표시되는 심벌의 의미

오른쪽에 심벌이 없는 명령 : 빠른 실행 도구 모음에 명령 버튼만 생성됩니다.

▶ 이 있는 명령 : 빠른 실행 도구 모음에서 명령 버튼을 누르면 하위 메뉴가 표시됩니다.

◁ 이 있는 명령 : 빠른 실행 도구 모음에서 왼쪽에 명령, 오른쪽에 메뉴가 있는 버튼이 생성됩니다.

▭ : 빠른 실행 도구 모음에서 명령 버튼을 누르면 그룹 메뉴가 표시됩니다.

⬛▼ : 빠른 실행 도구 모음에 메뉴를 열어 선택하거나 직접 입력할 수 있는 명령 버튼이 생성됩니다.

빠른 실행 도구 모음에 많은 명령을 추가할 경우 그 명령이 모두 표시되지 못하는 경우가 있습니다. 이런 경우에는 위치를 리본 메뉴 아래로 이동하는 것이 좋습니다. [빠른 실행 도구 모음 사용자 지정]을 클릭하고 [리본 메뉴 아래에 표시]를 선택합니다. 리본 메뉴 아래에 배치된 빠른 실행 도구 모음을 원래 위치로 옮기려면 [빠른 실행 도구 모음 사용자 지정]을 클릭하고 [리본 메뉴 위에 표시]를 선택합니다.

나만의 리본 메뉴 만들기

파워포인트 2010에서 새롭게 추가된 새 리본 메뉴 만들기 기능을 이용하여 나만의 리본 메뉴를 만들고, 명령을 추가해보겠습니다.

1 ① 리본 메뉴를 마우스 오른쪽 버튼으로 클릭하고 ② [리본 메뉴 사용자 지정]을 선택합니다.

2 오른쪽 [리본 메뉴 사용자 지정]에 현재 리본 메뉴 상태가 표시됩니다. 탭 이름 왼쪽에 체크 된 것이 현재 표시되는 메뉴입니다. 이 체크를 클릭해 해제하면 탭이 감춰집니다.

1

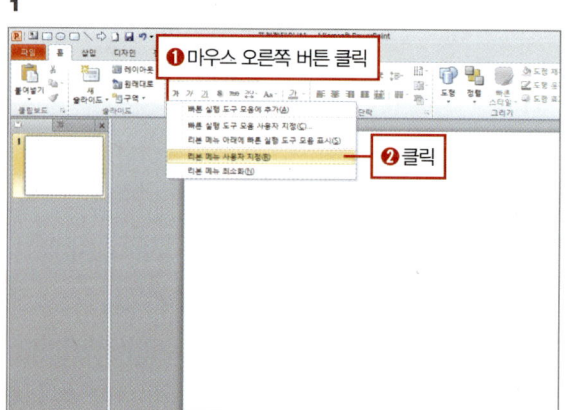

▲ 리본 메뉴 마우스 오른쪽 버튼으로 클릭 → [리본 메뉴 사용자 지정] 클릭

2

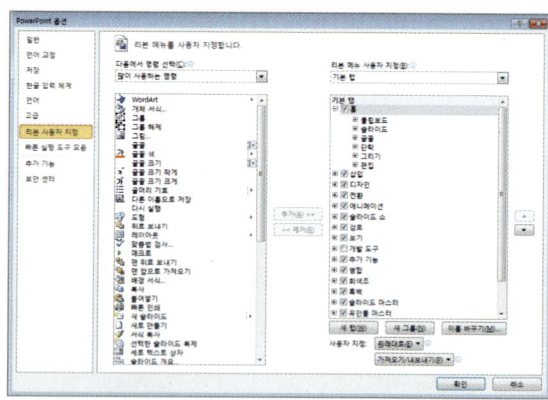

▲ 리본 메뉴 사용자 지정 창이 열림

Note 1   빠른 실행 도구 모음 명령을 실행하는 두 가지 방법

1 방법 1 명령을 직접 마우스로 클릭합니다.

2 방법 2 단축키를 누릅니다. Alt 를 누르면 파워포인트 화면에 번호가 표시되는데, 이때 빠른 실행 도구 모음에 표시되는 번호를 누릅 니다. 예를 들어 텍스트 상자가 1번이라면 Alt + 1 을 누르면 텍스트 상자 명령이 실행됩니다.

1

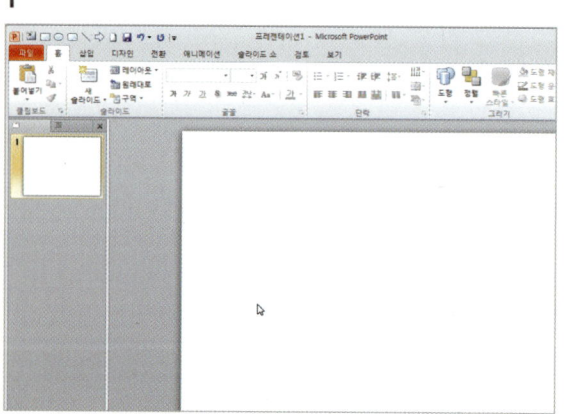

2

3 ③ [새 탭]을 클릭합니다. [새 탭 (사용자 지정)]이라는 탭과 그 아래에 [새 그룹 (사용자 지정)]이 추가됩니다.

4 ④ [새 탭 (사용자 지정)]을 선택하고 ⑤ [위로 이동]을 여러 번 클릭하여 목록의 맨 위로 이동합니다.

3

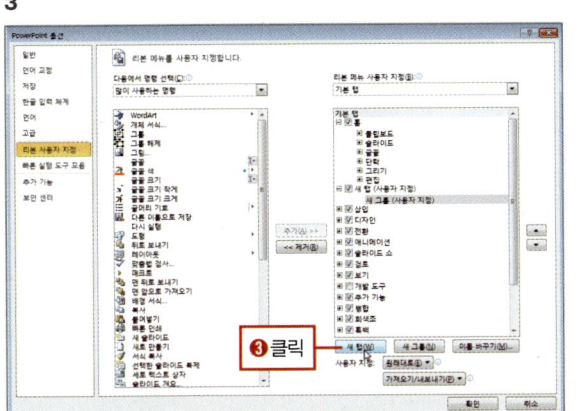

▲ [새 탭] 클릭

4

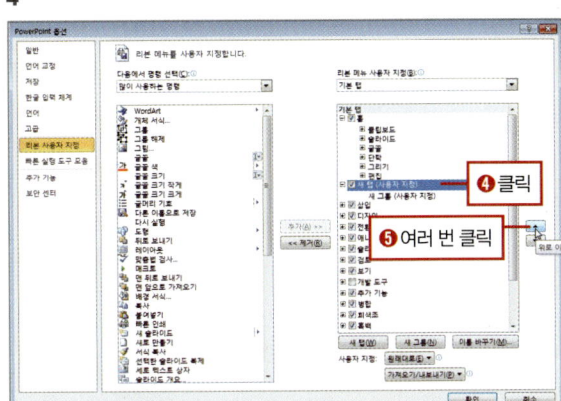

▲ [새 탭 (사용자 지정)] → [위로 이동] 클릭

5 ⑥ [이름 바꾸기]를 클릭합니다.

6 ⑦ 표시 이름을 입력하고 ⑧ [확인]을 클릭합니다.

5

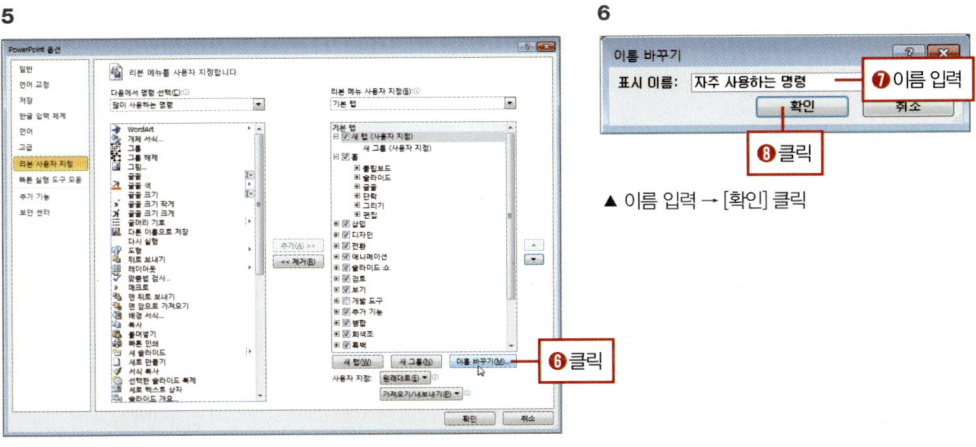

▲ [이름 바꾸기] 클릭

6

▲ 이름 입력 → [확인] 클릭

7 ⑨ [새 그룹 (사용자 지정)]을 클릭하고 ⑩ [이름 바꾸기]를 클릭합니다.

8 ⑪ 표시 이름을 입력하고 ⑫ [확인]을 클릭합니다.

7   8

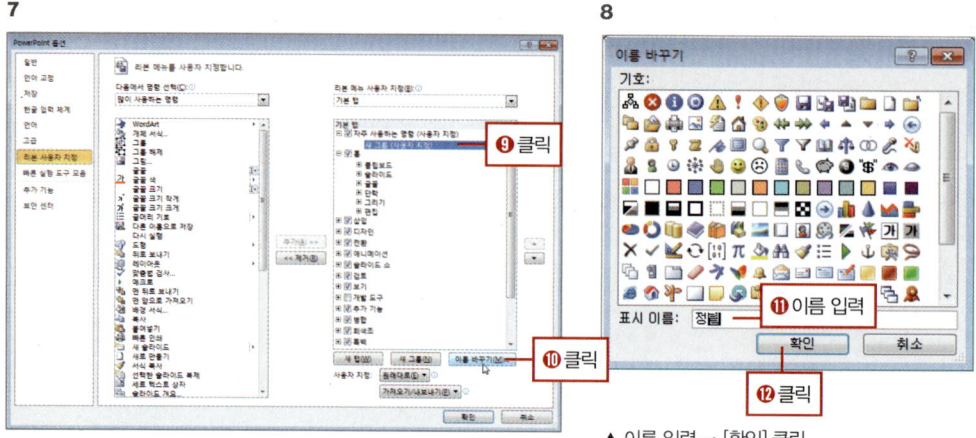

▲ [새 그룹(사용자 지정)] → [이름 바꾸기] 클릭   ▲ 이름 입력 → [확인] 클릭

9 ⑬ 명령을 추가하려면 왼쪽에서 [다음에서 명령 선택] 메뉴 목록을 열고 ⑭ [모든 명령]을 선택합니다.

10 ⑮ 명령을 선택하고 ⑯ [추가]를 클릭합니다. 같은 방법으로 필요한 명령을 추가합니다. 필요한 그룹과 명령을 같은 방법으로 더 추가한 후 ⑰ [확인]을 클릭합니다.

9   10

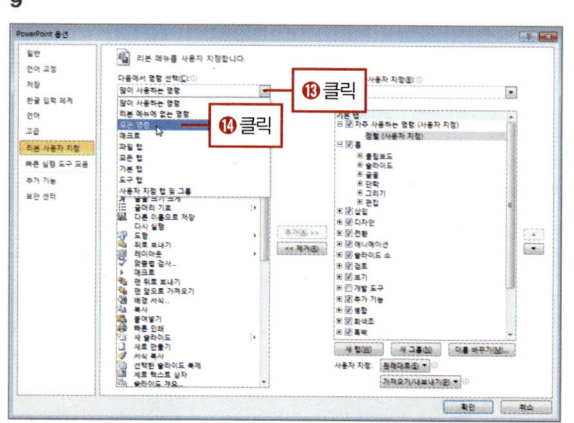   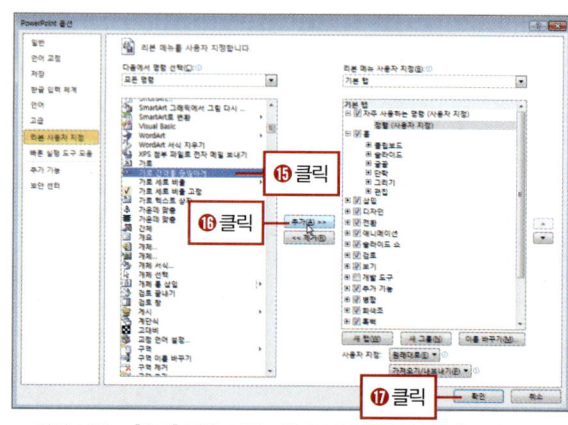

▲ [다음에서 명령 선택] 메뉴 목록 → [모든 명령] 클릭   ▲ 명령 선택 → [추가] 클릭, 모든 그룹과 명령 추가 후 [확인] 클릭

나만의 리본 메뉴와 빠른 실행 도구 모음 가져오기

리본 메뉴와 빠른 실행 도구 모음을 마음대로 변형한 뒤 파일로 저장합니다. 설정한 메뉴를 다른 컴퓨터에서도 사용할 수 있습니다.

· 준비 파일 ◎ :부록 CD/10장/Section02/자주 사용하는 명령.exportedUI

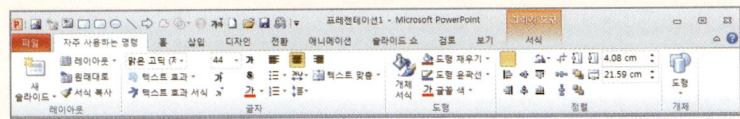

▲ 완성 화면

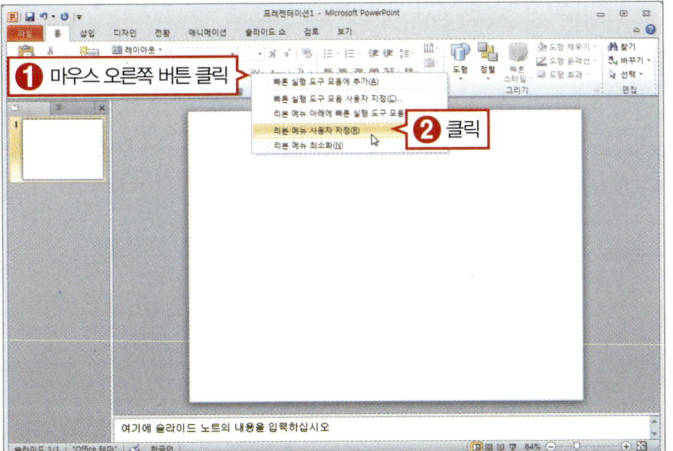

01

① 파워포인트를 열고 리본 메뉴를
마우스 오른쪽 버튼으로 클릭

② [**리본 메뉴 사용자 지정**]을
클릭합니다.

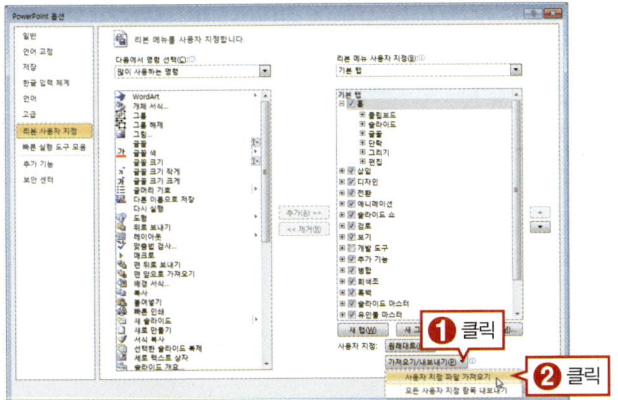

02

① [**가져오기/내보내기**] 클릭

② [**사용자 지정 파일 가져오기**]를
클릭합니다.

> **Tip** **나만의 리본 메뉴와 빠른 실행 도구 모음 저장 방법**
>
> [가져오기/내보내기]를 클릭하고 [모든 사용자 지정 항목 내보내기]를 클릭합니다. 원하는 폴더를 선택하고 이름을 입력한 후 [저장]을 클릭하면 나만의 리본 메뉴와 빠른 실행 도구 모음을 저장할 수 있습니다.

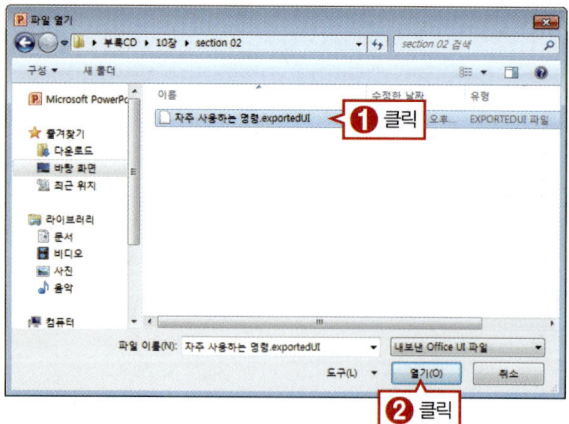

03

① 부록 CD/10장/Section02/**자주 사용하는 명령.exportedUI** 클릭

② [**열기**]를 클릭합니다.

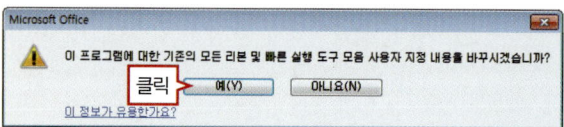

04 사용자 지정 내용을 바꾸겠냐는 메시지 창이 나타나면 [**예**]를 클릭합니다.

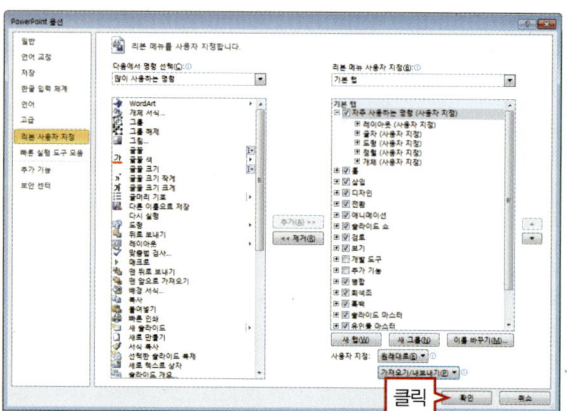

05 [**확인**]을 클릭하면 빠른 실행 도구 모음이 추가되고 [자주 사용하는 명령 모음] 리본 메뉴가 나타납니다.

Tip	리본 메뉴와 빠른 실행 도구 모음의 초기 상태

PowerPoint 옵션 대화상자의 [리본 사용자 지정] 탭에서 [원래대로]를 클릭하고 [모든 사용자 지정 다시 설정]을 선택하면 리본 메뉴와 빠른 실행 도구 모음을 초기 상태로 만들 수 있습니다. 삭제하겠냐는 확인 메시지에서 [예]를 클릭합니다.

자주 사용하는 아이템, 도해, 서식 모음집 활용하기

section **03**

• 아이템 모음집 • 도해 모음집 • 서식 모음집

파워포인트는 다른 프로그램보다 그림, 텍스트 상자, 도형을 많이 사용하기 때문에 필요할 때마다 만들려면 시간이 많이 소모됩니다. 또한 다른 파일에서 사용하고 있는 요소를 복사하려면 찾는 데 시간을 다 허비하기도 합니다. 따라서 자주 사용하는 요소는 한 파일에 모아 항상 띄어놓고 작업하는 것이 좋습니다.

자주 사용하는 요소를 담은 아이템 모음집 활용하기

• **준비 파일** ◎ : 부록 CD/10장/Section03/아이템 모음집.pptx

자주 사용하는 수평 바(Bar), 블록 화살표, 버튼, 도해, 인물 등을 카테고리별로 모아놓은 아이템 모음집을 열어놓고 필요한 것을 복사하여 사용해보겠습니다.

1 ① 부록 CD/10장/Section03/**아이템 모음집.pptx**을 열고 원하는 개체를 클릭합니다. Ctrl + C 를 눌러 복사합니다.

2 ② 작업할 파워포인트 문서를 열고 슬라이드에서 Ctrl + V 를 눌러 붙여넣습니다.

1

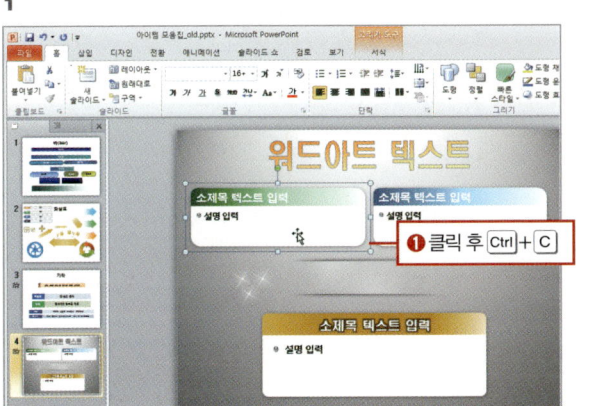

▲ 아이템 모음집.pptx 열기 → 개체 클릭 → Ctrl + C

2

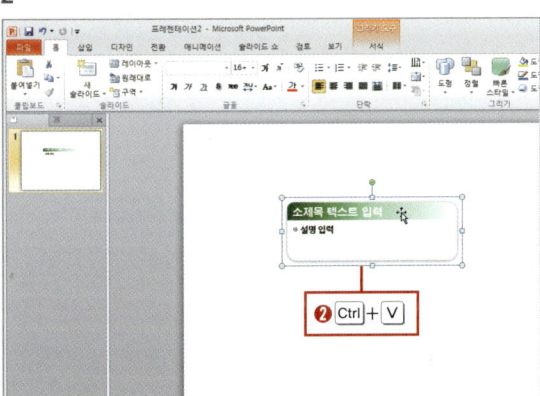

▲ 작업할 문서 열기 → Ctrl + V

아이템 모음집 파일을 활용해 자신만의 아이템 모음집을 만들어봅니다. 물론 첫 번째 슬라이드에는 가장 많이 사용하는 개체부터 배치해놓는 것이 좋습니다.

> **Tip** 단축키로 빠르게 창 전환
>
> Alt + Tab 을 누르면 가장 최근에 열었던 창이 표시됩니다.
> Alt 를 누른 상태에서 Tab 을 눌러주면 현재 열려 있는 모든 창의 아이콘이 화면에 표시됩니다. Alt 를 누른 상태에서 Tab 만 반복해서 누르면 다음 창으로 커서가 이동합니다. 원하는 창의 이름을 선택한 뒤 Alt 에서 손을 떼면 선택한 창으로 전환합니다.

자주 사용하는 도해 모음집 활용하기

· **준비 파일** ⊙ : 부록 CD/10장/Section03/도해 모음집.pptx

아이템 모음집과 마찬가지로 가장 많이 사용하는 도해들을 하나의 파워포인트 파일로 만들어
놓고 사용하면 작업 속도를 한층 빠르게 할 수 있습니다.

1 ① 부록 CD/10장/Section03/**도해 모음집.pptx**을 열고 원하는 도해를 클릭합니다. ② Ctrl
　　+ C 를 눌러 복사합니다.

2 ③ 작업할 파워포인트 문서를 열고 슬라이드에서 Ctrl + V 를 눌러 붙여넣습니다.

1

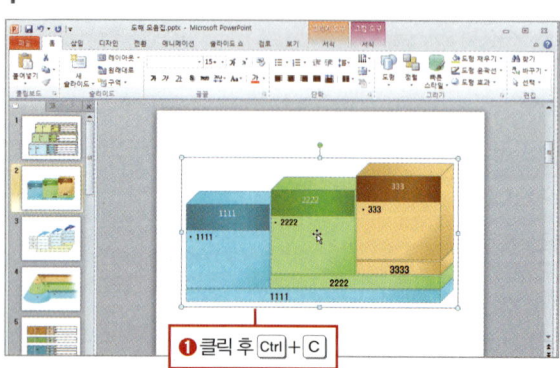

2

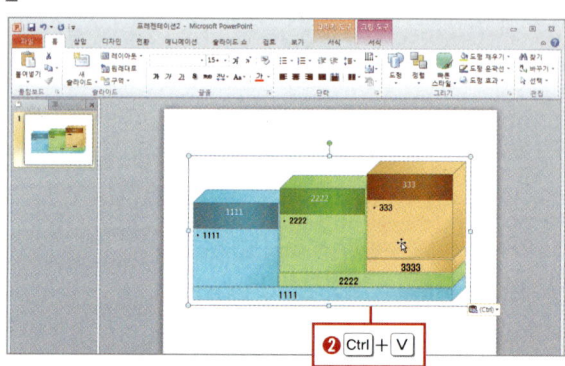

▲ 도해 모음집.pptx 열기 → 도해 클릭 → Ctrl + C 　　　　▲ 작업할 문서 열기 → Ctrl + V

자주 사용하는 텍스트/도형 서식을 담은 서식 모음집 활용하기

· **준비 파일** ⊙ : 부록 CD/10장/Section03/서식 모음집.pptx

아이템 모음집, 도해 모음집과 함께 항상 사용하는 것으로 서식 모음집이 있습니다. 서식 모음
집 또한 작업 속도를 높이는 필수 요소입니다.

1 부록 CD/10장/Section03/**서식 모음집.pptx**을 열고 ① 사용할 서식이 있는 도형을 클릭합
　　니다. ② [홈] 탭을 열고 ③ [서식 복사]를 클릭합니다.

2 ④ 작업할 파워포인트 문서(도해 모음집.pptx의 9번 슬라이드)를 열고 도형을 클릭합니다.
　　앞서 복사했던 서식이 적용됩니다. Esc 를 눌러 서식 복사를 끝냅니다.

1

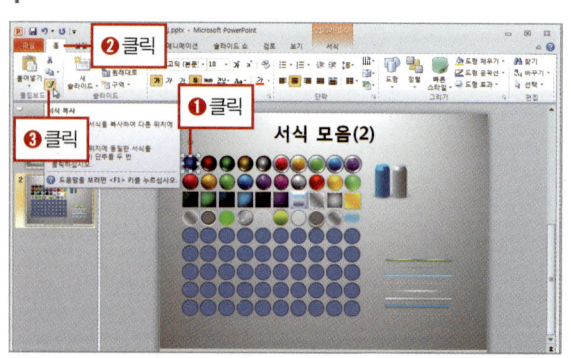

2

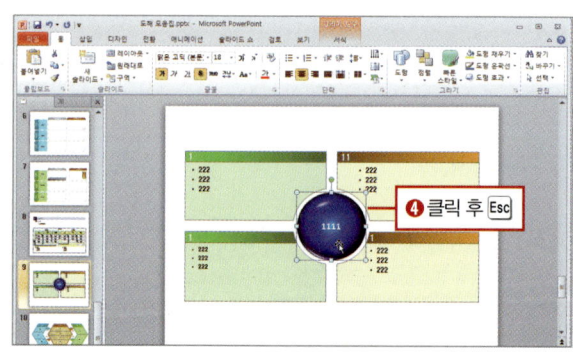

▲ 서식 모음집.pptx 열기 → 도형 클릭 → [홈] 탭 → [서식 복사] 클릭　　▲ 작업할 문서 열기 → 도형 클릭 → Esc

부록 1

파워포인트 작업 시
꼭 알아야 할 29가지 실무 지침

발표용 글꼴과 인쇄용 글꼴은 구분해서 사용하라

자주 쓰이는 폰트

프레젠테이션 글꼴	인쇄용 제안서 글꼴
HY헤드라인M	맑은 고딕
HY견고딕	돋움
맑은 고딕	굴림
HY견명조	바탕
다음체	산돌고딕B, 산돌고딕M, 산돌고딕L
나눔고딕체	가는각진제목체
윤고딕	HY을풍도M, HY을풍도B
산돌고딕B, 산돌고딕M	

위의 슬라이드에 쓰인 글꼴은 발표용 프레젠테이션과 인쇄용 보고서에서 자주 사용하는 글꼴입니다. 가장 많이 쓰이는 기본 글꼴은 어디에나 무난하게 어울리는 HY헤드라인M, HY견고딕, 맑은 고딕으로, 이 글꼴로 제작한 프레젠테이션은 다른 사람의 컴퓨터에서도 특별한 글꼴 설치 없이 바로 파일을 확인할 수 있습니다.

최근에는 기본 글꼴보다 좀 더 감각적이면서, 가시성이 좋은 글꼴을 선호하는 추세입니다. 다른 글꼴을 사용해야 하는 경우에는 유료나 회사에서 무료로 배포하는 글꼴을 활용합니다.

프레젠테이션에는 두꺼운 고딕 계열의 글꼴을 주로 사용하고, 인쇄용 제안서에는 인쇄 시 많은 내용의 글에도 눈이 피로하지 않은 글꼴을 사용합니다.

HY견명조는 명조체이나 다른 명조체에 비해 글꼴이 두껍기 때문에 감성에 호소하는 프레젠테이션이나 인용 문구 등에 활용할 수 있습니다.

다음 슬라이드는 상단과 본문 제목에 산돌고딕B를 사용하고 본문 내용에 산돌고딕L을 사용한 인쇄용 제안서입니다.

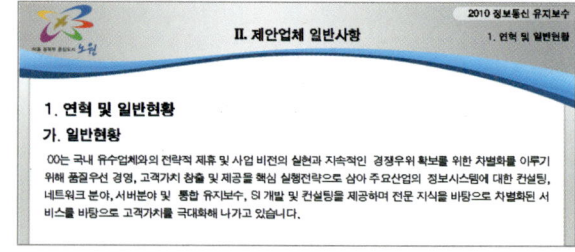

다음 슬라이드는 상단의 제목에 HY헤드라인M, 본문
내용에 네이버에서 무료로 배포하는 나눔고딕체를 사
용한 발표용 프레젠테이션 문서입니다.

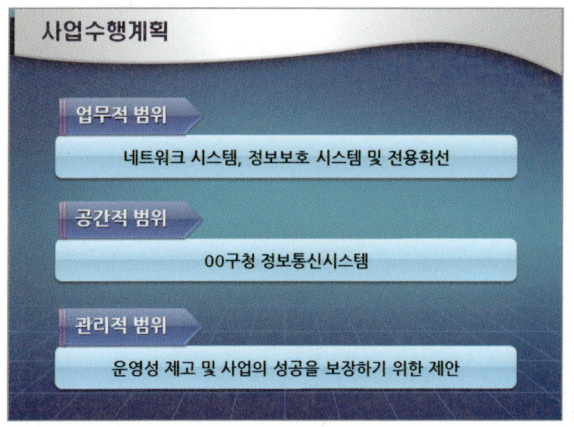

다음 슬라이드는 HY견명조를 사용했습니다. 감성에 호소하는 프레젠테이션으로 볼 수 있습
니다.

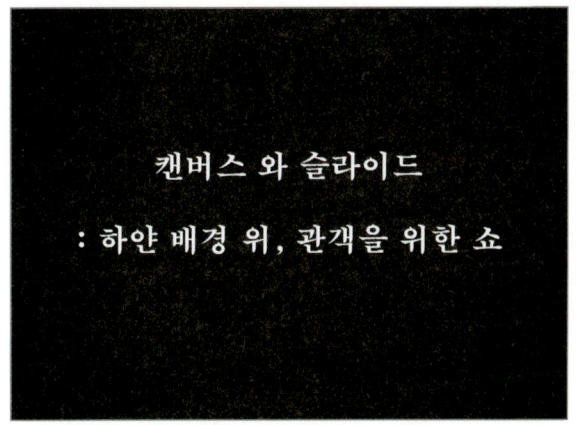

기본 글꼴과 유료 글꼴, 회사에서 배포하는 무료 글꼴 등을 적절히 활용하면 기본 글꼴만 사용
했을 때보다 훨씬 보기 좋은 슬라이드를 만들 수 있습니다.

제목, 본문 제목, 본문 내용의 글꼴 크기는 각각 다르게 지정하라

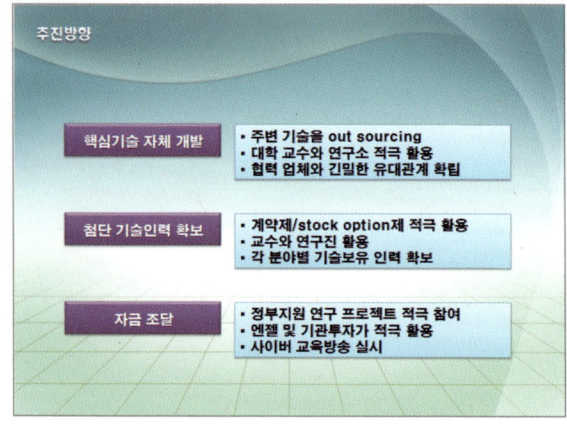

슬라이드는 제목, 본문 제목, 본문 내용으로 구성됩니다. 왼쪽 슬라이드는 제목, 본문 제목, 본문 내용이 모두 같은 크기의 글꼴로 되어 있어 본문 제목이 본문 내용을 포괄하는 대표 제목인지, 본문 내용인지 구분하기가 쉽지 않습니다. 슬라이드에 내용을 입력할 때는 모두 같은 크기의 글꼴을 사용하는 것보다 제목에 쓰는 글꼴과 본문 내용에 쓰이는 글꼴 크기를 약간 다르게 하는 것이 좋습니다. 제목 영역과 내용 영역을 한눈에 구분할 수 있기 때문입니다.

오른쪽 슬라이드는 본문 제목과 본문 내용의 글꼴 크기를 다르게 작업하여 훨씬 가독성이 높습니다.

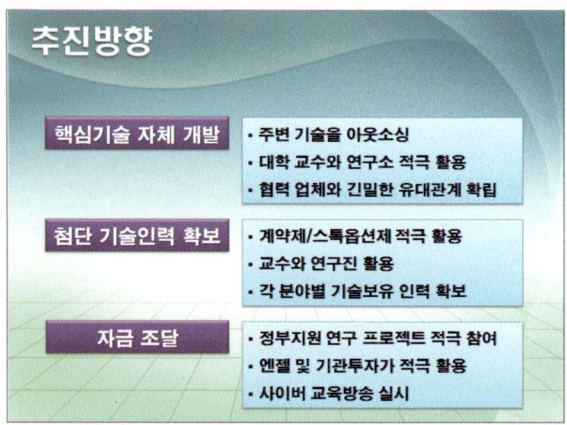

왼쪽 슬라이드는 여백에 비해 글꼴 크기를 너무 작게 설정하여 전체적으로 답답한 느낌을 줍니다. 슬라이드에서 글꼴 크기를 너무 작게 설정할 경우에는 슬라이드의 여백이 넓어져 배경 부분이 휑하게 느껴집니다.

전체적으로 슬라이드 내의 여백이 적절한지 체크하면서 글꼴 크기를 조절합니다.

슬라이드상의 텍스트는 여백과 배치를 조절하여 정돈하라

예제 슬라이드를 살펴보면 슬라이드 중심의 도해 주변에 네 줄의 텍스트가 산만하게 배치되어 있습니다. 원형 내의 텍스트 역시 줄 간격이 매우 좁아 보입니다.

예제를 수정한 슬라이드입니다. 왼쪽 슬라이드는 원형 도형 안의 텍스트를 세 줄로 만들고 줄 간격을 넓게 주었습니다. 원형 내에 텍스트를 넣을 때는 세 줄 이하로 넣는 것이 보기 좋습니다. 도해 양쪽의 텍스트는 리본 메뉴 [홈] 탭의 [그리기] 그룹에서 [맞춤] 기능을 이용해 정렬했습니다. 텍스트의 위와 아래에 가로선을 넣으면 텍스트만 있을 때보다 한층 더 정돈된 느낌이 듭니다.

오른쪽 슬라이드는 도해를 슬라이드 중심에서 왼쪽으로 옮기고, 네 줄의 텍스트를 모두 오른쪽에 배치한 뒤 [왼쪽 정렬]로 정리했습니다.

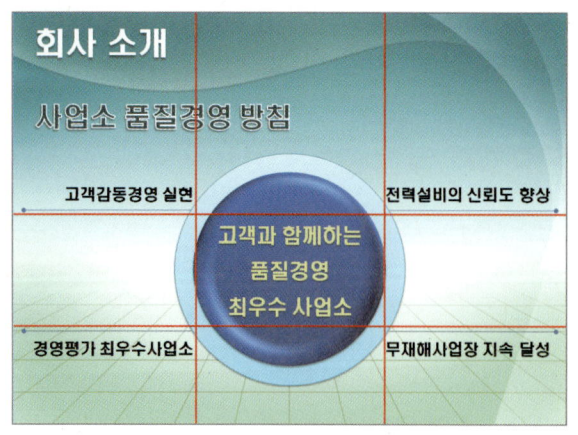 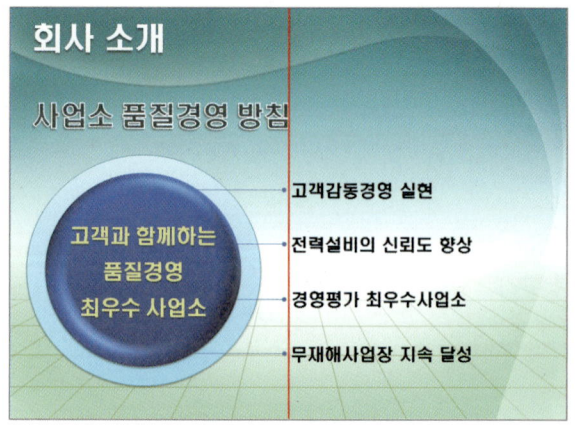

텍스트를 보기 좋게 정렬할 때는 Alt + F9 를 누르고 안내선을 사용하는 것이 좋습니다.
왼쪽 슬라이드는 가운데 도해를 중심으로 가로선과 세로선을 먼저 배치한 뒤에 텍스트를 배치
했습니다. 오른쪽 슬라이드는 텍스트 왼쪽의 세로선을 기준으로 정렬했습니다.
도해 속 텍스트의 여백이나 줄 간격을 조절하고 텍스트를 균일하게 배치하면, 훨씬 정돈된 느
낌의 슬라이드를 만들 수 있습니다.

실무 지침 04 무채색과 유채색을 활용하라

무채색인 회색은 어떤 색과도 조화롭게 배색됩니다. 또한 유채색과 함께 쓸 경우에는 유채색
을 안정시키면서도 강하게 강조해줍니다. 예제 슬라이드처럼 '구글폰'만 강조하려면 강조할 필
요가 없는 나머지 항목은 회색으로 처리하고, 강조 항목에만 유채색을 씁니다. 다른 항목에 비
해 강조 항목이 눈에 더 잘 들어옵니다.

다음의 슬라이드처럼 무채색은 슬라이드의 배경 디자인에도 많이 활용됩니다.

무채색을 활용해 슬라이드의 분위기를 차분하면서 튀지 않게 강조하는 방법은 간단하지만 실무에서 많이 사용하는 패턴 중의 하나입니다.

제목 마스터의 제목 영역에 충분한 공간을 확보하라

왼쪽은 제목 슬라이드의 그래픽 요소로 인해 제목 영역의 여백이 좁아져 보기에 답답한 슬라이드입니다. 제목 슬라이드의 제목 영역은 충분한 여백과 공간이 확보되어야만 시각적으로 안정되고 편안하게 보입니다.

예제 슬라이드에서는 오른쪽 지구 그래픽이 너무 크게 배치되어 가장 눈에 띄어야 할 제목이 오히려 위축되어 보입니다. 제목이 들어갈 부분은 그래픽 요소로 인해 방해받지 않도록 하는 것이 중요합니다. 오른쪽 슬라이드는 제목 영역 근처에서 시선을 방해하던 그래픽 요소를 제거하여 훨씬 안정감이 느껴집니다.

제목 마스터를 선택할 때는 제목 영역의 주변 공간이 충분한지, 그래픽 요소가 시선을 방해하지 않는지 등을 고려합니다.

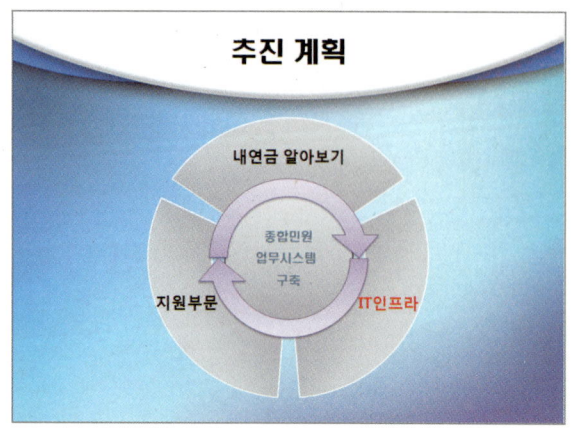
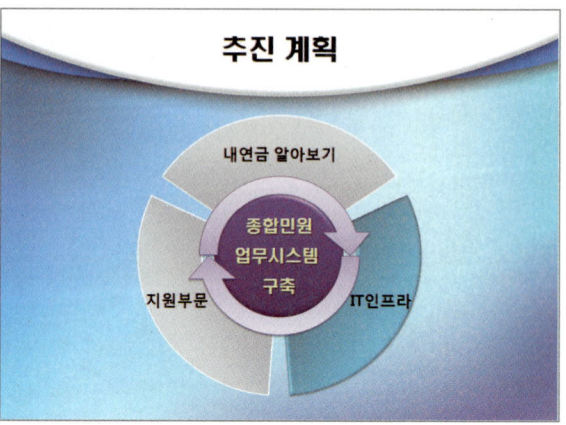

왼쪽 슬라이드는 원형 내의 텍스트와 'IT인프라'라고 쓰인 조각을 강조하기 위해 글꼴 색에 변화를 주었습니다. 그런데 강조라고 하기에는 약간 밋밋하게 보입니다. 수정한 오른쪽 슬라이드는 원형 도형을 보라색으로 채우고, 텍스트는 보라색의 보색인 노란색으로 바꿨습니다. IT인프라가 위치한 도형에도 색을 채워 강조했습니다. 훨씬 눈에 잘 띕니다.

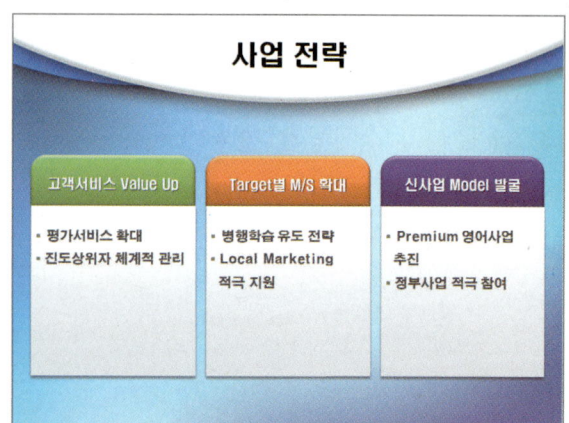

왼쪽 슬라이드의 도해에서는 강조되는 항목이 눈에 띄지 않습니다.
오른쪽 슬라이드는 첫 번째, 두 번째 항목을 회색톤으로 변경한 뒤 세 번째 항목에만 보라색을 채웠습니다. 유채색으로 포인트를 준 세 번째 항목이 강조됩니다. 이때 강조할 항목의 글꼴 크기를 다른 항목보다 크게 조정하면 보다 확실한 강조 효과를 줄 수 있습니다.

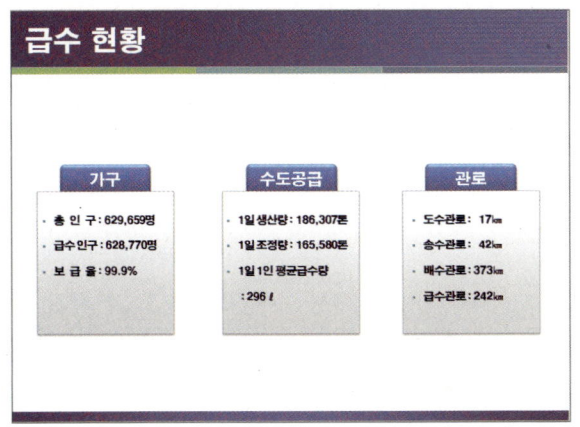

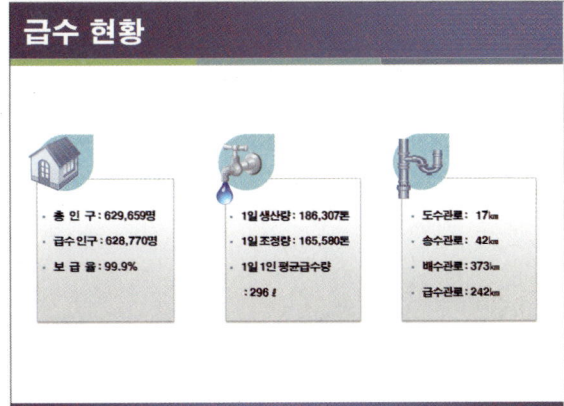

왼쪽은 텍스트로만 이루어진 슬라이드입니다. 복잡한 내용의 슬라이드가 아니기 때문에 무난하긴 하지만 조금 심심한 느낌이 듭니다.

오른쪽은 슬라이드 내의 항목이 한눈에 들어올 수 있도록 클립아트를 배치했습니다. [그림 도구] 탭의 [서식]에서 배경색과 어울리는 톤으로 클립아트를 조정하고, [삽입] 탭의 [도형 목록]–[눈물방울] 도형을 가져와 각각의 클립아트를 도형 위에 배치했습니다. 왼쪽 슬라이드보다 오른쪽 슬라이드의 내용이 눈에 더 잘 들어옵니다.

MS 오피스의 온라인 사이트에는 고품질의 클립아트가 많습니다. 내용과 관련 있는 클립아트를 잘 선별해 활용한다면 청중의 기억에 남는 슬라이드를 만들 수 있습니다.

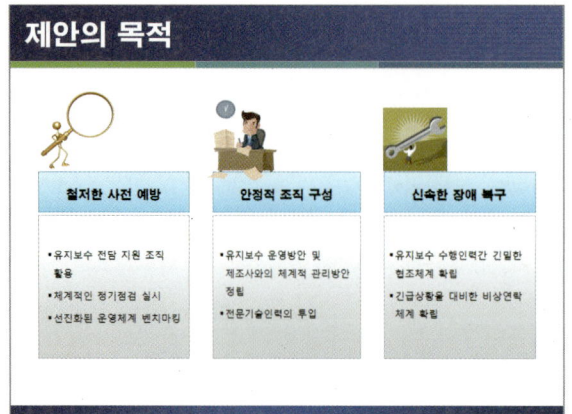

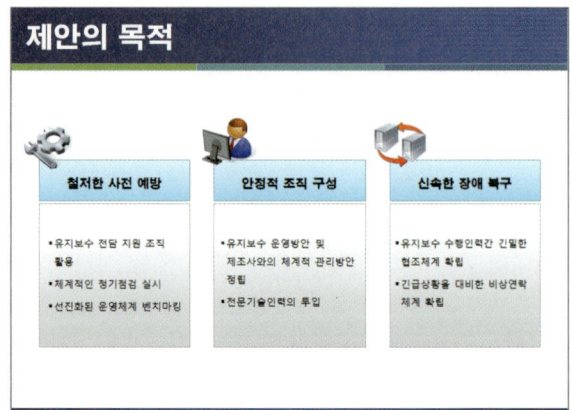

왼쪽 슬라이드에는 다양한 느낌의 클립아트가 사용되었습니다. 3D 느낌의 인위적인 클립아트와 만화 일러스트 같은 클립아트, 단순하게 상징화한 일러스트 클립아트가 모두 섞여 있습니다. 세 가지 클립아트의 스타일과 특징이 너무 강해서 내용에 집중하기 어렵습니다. 반면 오른쪽 슬라이드는 모두 같은 스타일의 클립아트를 배치하여 통일감 있고 튀지 않게 슬라이드 내용을 보조하고 있습니다.

클립아트를 검색해서 클릭하면 스타일 항목도 함께 나타납니다. 이때 번호를 클릭하면 비슷한 스타일의 클립아트가 모두 검색됩니다. 클립아트에 따라서는 스타일 번호가 없는 것도 있기 때문에 비슷한 스타일을 직접 찾아보는 것도 좋습니다.
클립아트를 활용할 때는 비슷한 스타일인지 항상 체크하고, 너무 추상적이거나 화려한 클립아트는 사용하지 않습니다. 슬라이드에는 청중이 집중할 수 있도록 복잡하지 않고 단순한 클립아트를 사용합니다.

이미지를 슬라이드에 가득 채우는 것을 두려워하지 마라

구체적인 이미지와 간단한 텍스트로 이루어진 슬라이드는 감성을 자극하는 광고처럼 쉽게 각인되기 때문에 자주 사용합니다.

왼쪽 슬라이드는 [그림 도구] 탭의 [서식]으로 이미지에 효과를 준 뒤 작게 정중앙에 배치한 슬라이드입니다. 오른쪽은 좀 더 극적인 효과를 주기 위해서 이미지를 전면에 과감히 배치하고 텍스트 역시 바다의 기울기와 비슷하게 조정했습니다.

왼쪽 슬라이드에서 청중이 그저 바라보는 입장이라면, 오른쪽 슬라이드는 청중의 마음을 독촉하듯이 슬라이드로 이끌고 있습니다. 이미지의 크기를 조정하는 것만으로도 슬라이드에서 주는 느낌과 감동이 달라집니다.

이미지의 빈 공간을 활용하라

두 슬라이드는 삽입한 이미지의 빈 공간에 텍스트를 채워넣은 것입니다. 이미지의 빈 공간을 활
용하면 텍스트 내용을 효과적으로 전달할 수 있습니다.

인물의 시선 방향에 메시지를 배치하라

왼쪽 슬라이드는 인물의 이미지와 직사각형 도형을 이용해 만든 슬라이드입니다. 인물 이미지
의 배경은 흰색이었지만 파워포인트 2010의 [배경제거] 기능을 이용해 흰 바탕을 없애고 검은
색 도형이 보이도록 수정했습니다.

두 슬라이드에서는 인물의 시선 방향에 맞게 텍스트를 배치했습니다. 이미지의 시선 방향과
움직임의 진행 방향쪽에 텍스트를 배치하면 자연스럽게 청중의 시선을 모을 수 있습니다.

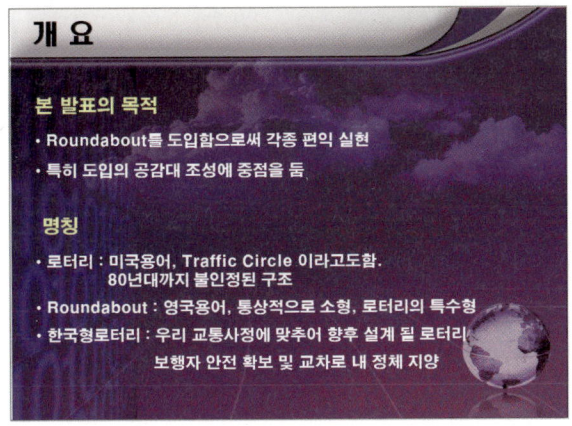
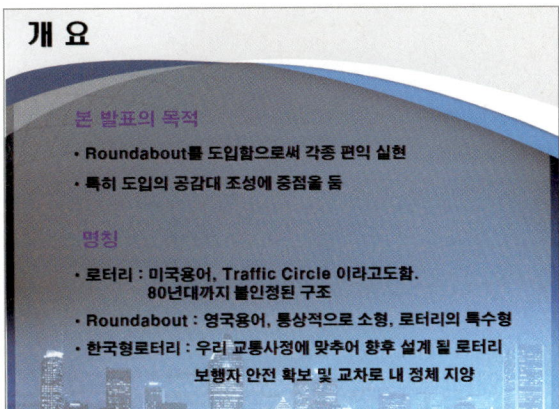

두 슬라이드는 화려한 그래픽 요소가 본문 내용을 방해하고 있는 예입니다. 왼쪽 슬라이드에는 전체적으로 그래픽 요소가 많이 들어가 있어서 산만한 느낌을 줍니다.

오른쪽 슬라이드는 그래픽 요소가 많은 것은 아니지만 하단에 실제 도시 이미지가 포함되어 있습니다. 실제 이미지가 들어간 본문 슬라이드를 사용할 경우에는 전체 본문 슬라이드에 항상 같은 이미지가 의미 없이 반복되기도 합니다. 내용상 필요한 이미지를 넣는 것이 아니라면 의미 없는 이미지가 반복되는 본문 템플릿은 사용하지 않는 것이 좋습니다.

그래픽 요소는 단순한 템플릿에 활력을 넣어주기도 하지만 그래픽에만 치중하다 보면 본문 내용에 집중할 수 없게 때문에 그래픽은 항상 은은하게 들어가는 것이 좋습니다. 그래픽 요소로 인해 내용이 방해되지 않으면서 너무 화려하지 않은 색상과 디자인의 템플릿을 선별하여 사용합니다.

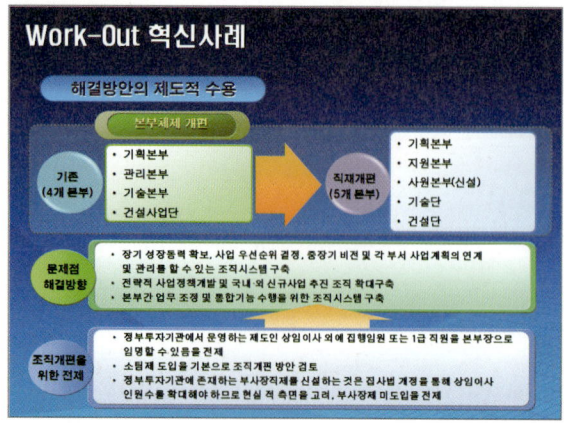

여백을 고려하지 않고 너무 많은 내용을 담은 슬라이드입니다. 한눈에 보기에도 답답하고 내
용이 쉽게 들어오지 않습니다.

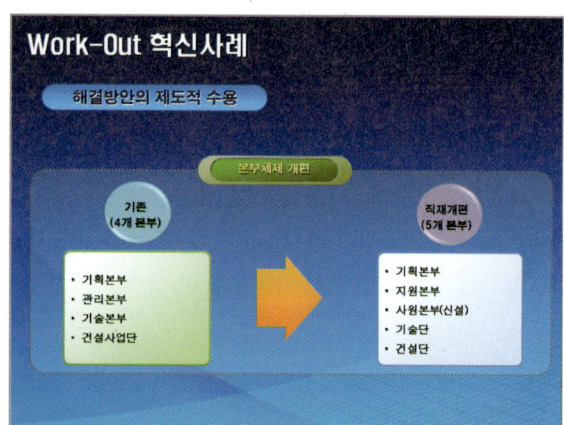

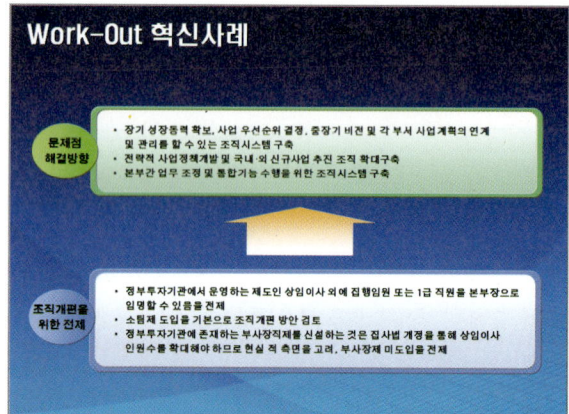

한 장의 슬라이드에 들어 있던 내용을 슬라이드 두 개 분량으로 나누었습니다. 도형의 크기와
위치를 조절하고 위/아래, 왼쪽/오른쪽에 여백을 주었습니다. 이전보다 눈에 잘 들어오는 슬
라이드입니다.

디자인 완성도를 높이기 위해 다음과 같이 수정했습니다.

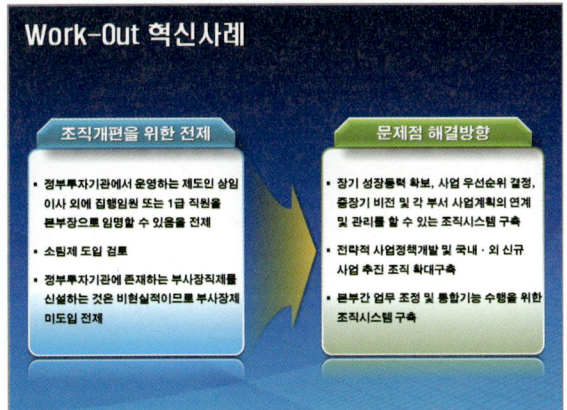

슬라이드 내에서 여백을 만들어주는 것은 매우 중요합니다. 여백은 눈에 띄지 않지만 슬라이드 내에 질서를 부여하고 보는 사람의 시선이 부드럽게 이동하도록 유도합니다.

여백을 줄 때는 슬라이드의 내용을 먼저 정돈합니다. 내용이 많을 경우에는 슬라이드를 나누고, 슬라이드 구성 요소의 내용을 고려해 서로 떨어뜨리거나 가깝게 연결합니다. 마지막으로 여백을 조정합니다.

여백은 요소를 돋보이도록 돕기 때문에 청중이 주목하도록 해줍니다. 여백은 슬라이드를 구성할 때 요소들을 연결해주고 돋보이게 하는 역할을 합니다. 또한 시선을 질서 있게 정돈해주므로 슬라이드를 만들 때 항상 염두에 두는 것이 좋습니다.

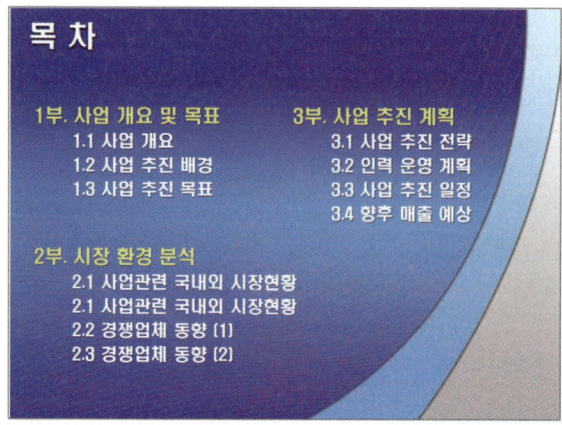

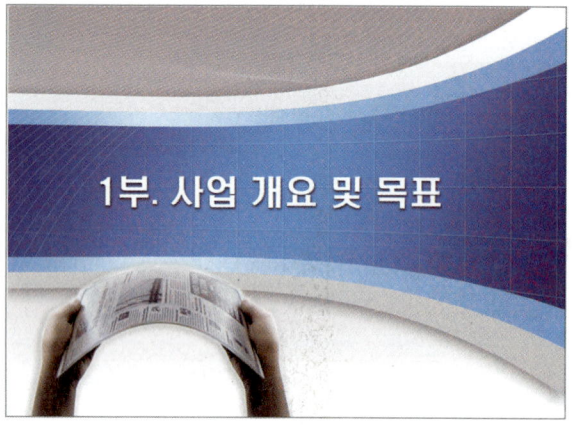

예제의 왼쪽은 목차 슬라이드이고, 오른쪽은 목차의 각 제목에 해당되는 간지 슬라이드입니다. 간지 슬라이드는 다음 단계로 전환하기 전에 한 템포 쉬는 쉼표의 역할을 합니다. 또한 다음의 진행 순서를 정확히 짚어주어 청중이 내용을 정리할 수 있도록 도와줍니다. 또한 발표자에게는 본격적인 프레젠테이션 전에 미리 마음의 준비를 할 수 있는 여유를 주기 때문에 프레젠테이션을 안정적으로 진행할 수 있습니다.

내용이 유사한 것끼리는 가까이 배치하라

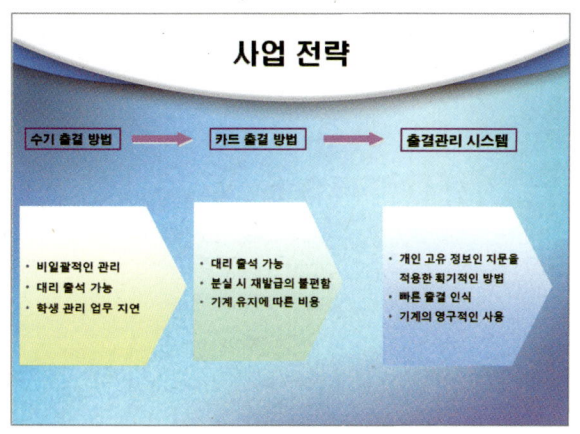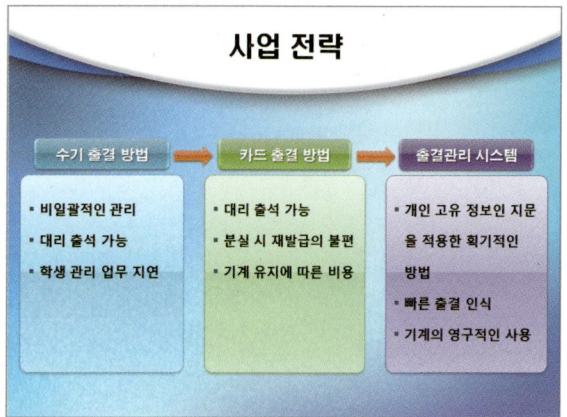

왼쪽 슬라이드에는 도형이 어지럽게 배치되어 있어 상단의 내용과 하단의 내용이 어떻게 연결되는지 알기가 쉽지 않습니다. 슬라이드에 많은 내용이 담겨질 때는 관련된 내용 항목이 서로 가깝게 배치되어 있어야 서로 연관성이 높게 보입니다. 오른쪽 슬라이드는 주제와 각각 내용을 가깝게 배치해 내용 관계를 쉽게 알 수 있도록 정리했습니다.

슬라이드 내의 내용을 질서 있게 정리하는 것이 중요한 이유는 빔프로젝트 등을 이용해 큰 화면으로 슬라이드를 볼 때 이와 같은 차이가 더 크게 보이기 때문입니다. 따라서 슬라이드의 내용을 주의 깊게 살펴보고 관련된 내용은 가깝게 배치합니다.

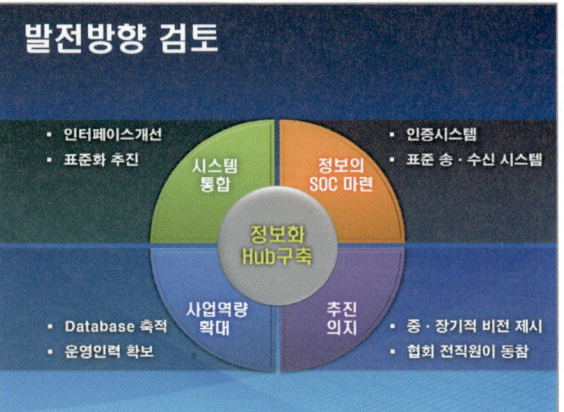

왼쪽 슬라이드는 많은 도형으로 가득 차 있는 슬라이드입니다. 직사각형 박스가 불필요하게 겹쳐 있고 테두리색도 강해서 답답한 느낌이 듭니다. 직사각형 도형은 딱딱한 느낌이 강하므로 직사각형 도형을 쓸 때는 도형 서식을 약하게 하는 것이 좋습니다. 파란색 직사각형과 녹색 퍼즐 조각 안의 내용도 중복되어 있으므로 내용을 정리합니다.

오른쪽 슬라이드는 부드러운 느낌을 주기 위해 [SmartArt]-[주기 행렬형]을 슬라이드에 삽입하고 필요 없는 부분을 삭제한 뒤 중앙에 정원을 그려 배치했습니다. 각각의 도형에 서식을 지정하고 상세 내용이 들어가는 부분은 투명한 직사각형으로 영역을 구분했습니다.

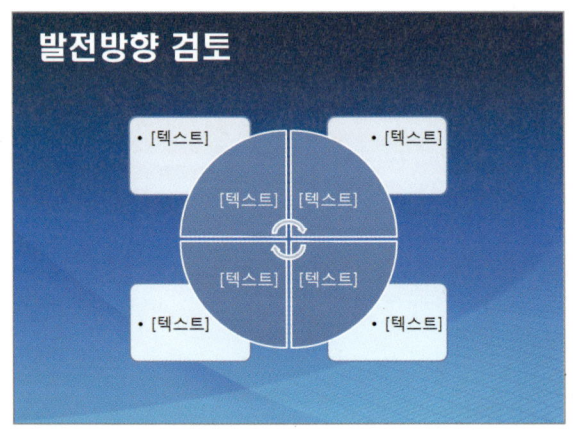

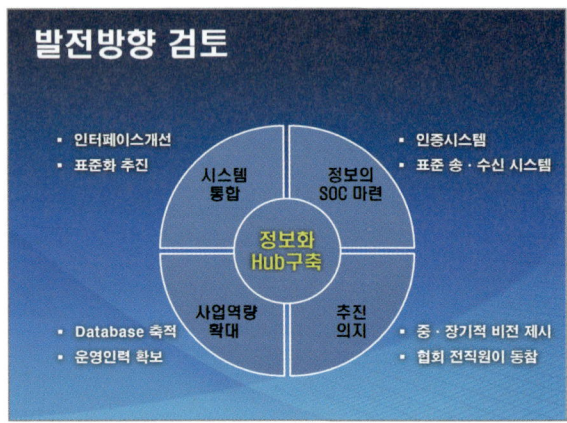

슬라이드에 도형을 넣을 때는 내용을 위해 필요한 요소인지, 장식적인 요소인지를 잘 판단하고 시선을 방해하거나 슬라이드를 답답하게 하는 요소는 수정합니다. 파워포인트 2010은 SmartArt나 다양한 도형을 활용해 도해를 손쉽게 만들 수 있습니다. 창의적이고 멋진 도해를 만드는 것도 필요하지만 도형 서식이 강할 경우에는 내용보다 도해에 시선이 더 가기 때문에 필요한 요소만 적절히 사용하는 것이 좋습니다.

한눈에 관계를 파악할 수 있는 도해를 만들어라

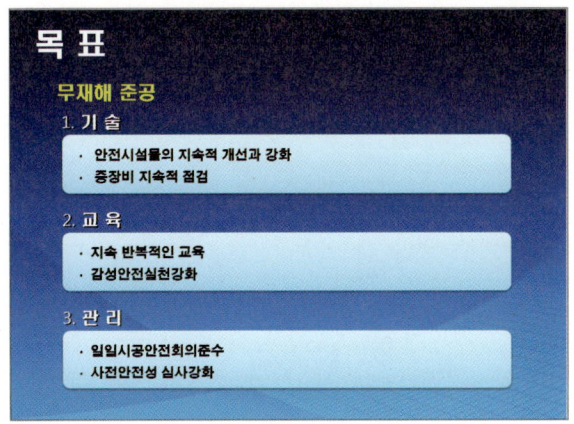
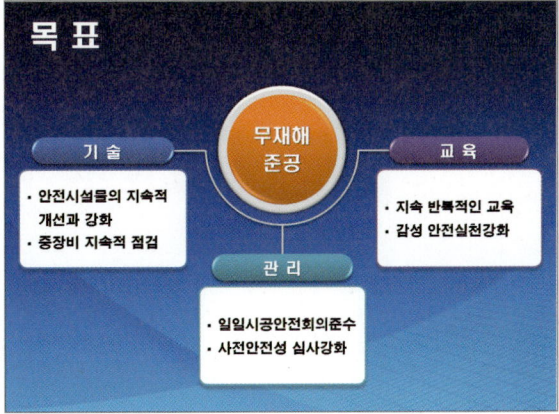

슬라이드 내용을 도해로 표현하면 전체 내용의 구조와 관계를 한눈에 파악할수 있어 내용을 이해하는데 도움이 됩니다.

왼쪽은 항목을 나열한 슬라이드로 깔끔하게 정리되어 있긴 하지만 세 항목이 서로 어떤 관계 인지는 알기 어렵습니다. 반면 오른쪽 슬라이드는 내용을 자세히 읽지 않더라도 세 개의 항목 이 서로 동등한 관계로 '무재해 준공'이라는 목표를 중심에 두고 있다는 것을 알 수 있습니다.

도해를 잘 활용해 상호 관계를 표현하면, 작성자는 내용을 명확하게 전달할 수 있고 청중은 내 용을 한눈에 파악할 수 있습니다.

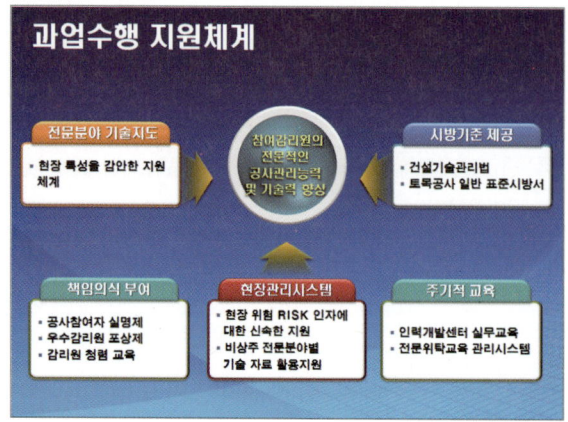 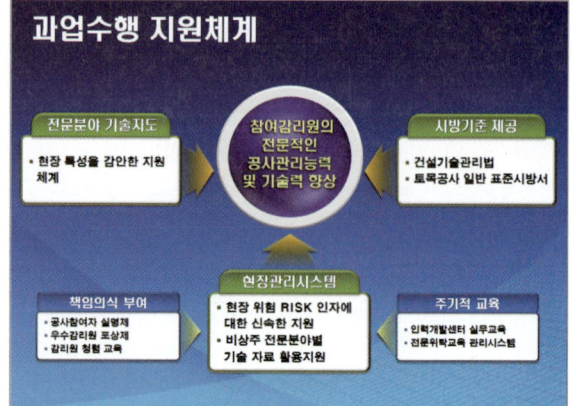

왼쪽 슬라이드는 모든 항목의 크기가 일정하고 각각의 색이 강해서 모두 중요하거나 반대로 특별히 강조하는 항목이 없는 슬라이드처럼 보입니다. 청중의 시선을 끄는 슬라이드를 만들려면 먼저 중요한 요소가 무엇인지부터 파악해야 합니다.

왼쪽 슬라이드에서는 중앙의 정원이 가장 중요한 항목이고 주변에 위치한 세 개의 화살표는 이를 뒷받침하는 요소입니다. 보조 설명 항목은 하단 양쪽에 배치되어 있으며 중요도는 가장 낮은 항목입니다.

각 요소들의 중요도를 파악한 후에 도형의 크기와 색, 글꼴 크기를 조절하여 왼쪽 슬라이드를 오른쪽 슬라이드와 같이 수정했습니다. 중앙의 정원이 중요도가 가장 크므로 크기를 좀 더 키우고 도형색과 글꼴 크기를 눈에 띄도록 작업했습니다. 화살표 주변의 세 개 항목은 색을 균일하게 사용하여 같은 수준의 중요도임을 나타냈으며 하단 양쪽의 보조 설명 역시 중요도에 맞춰 도형의 크기를 줄이고 글꼴도 작게 처리했습니다.

슬라이드 내용의 중요도를 먼저 파악하고 중요 항목은 강하게, 그 이외의 항목은 약하게 표현하면 더욱 생동감 있는 슬라이드를 만들 수 있습니다.

유사색으로 도해에 통일감을 주어라

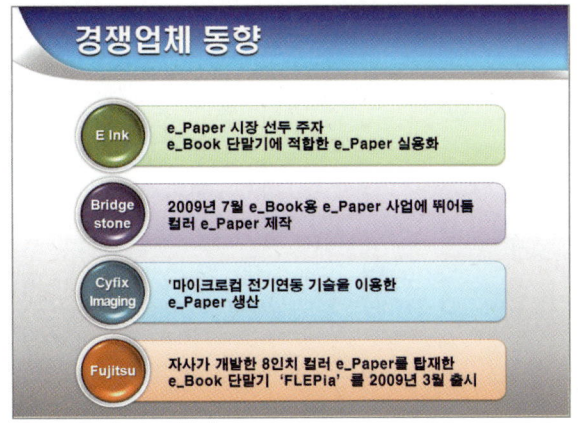
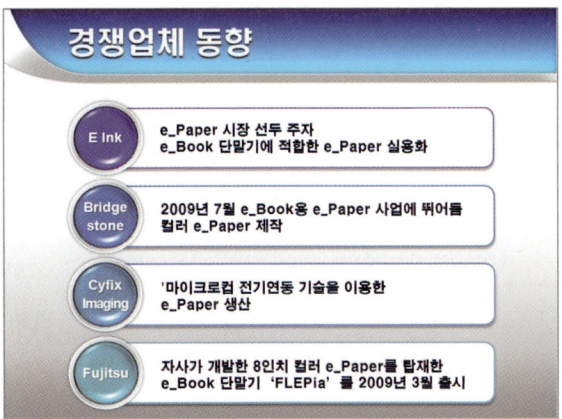

도해의 색에 따라 슬라이드의 느낌이 확 달라집니다. 왼쪽 슬라이드는 도형 전체에 색이 많이 들어가서 산만하고 통일감이 없어 보입니다. 오른쪽 슬라이드는 도해에 통일감을 주기 위해서 파란색 계열의 색을 사용하고, 내용이 많은 부분에 밝은 색을 써서 차분한 느낌을 주었습니다.

도해에 유사색을 사용할 할 때는 먼저 모든 도형을 같은 색으로 통일하고 도형 하나를 선택합니다. 마우스 오른쪽 버튼을 눌러 [도형 서식]−[채우기]−[색]에서 [다른 색]을 선택합니다. 색 대화상자에서 현재 색의 주변 색을 직접 마우스로 선택하여 색을 고르면 색 대화상자 오른쪽 아래의 [새 색]이 바뀝니다. 차례대로 각 도형을 선택하고 현재 색의 주변 색으로 변경합니다.

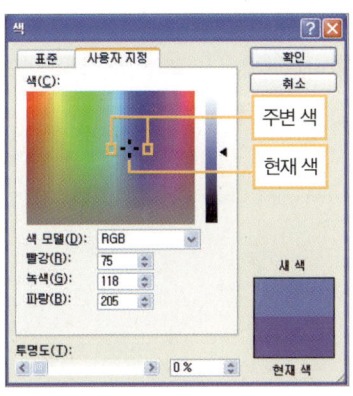

색의 명도 차를 이용해 자연스럽게 표현하라

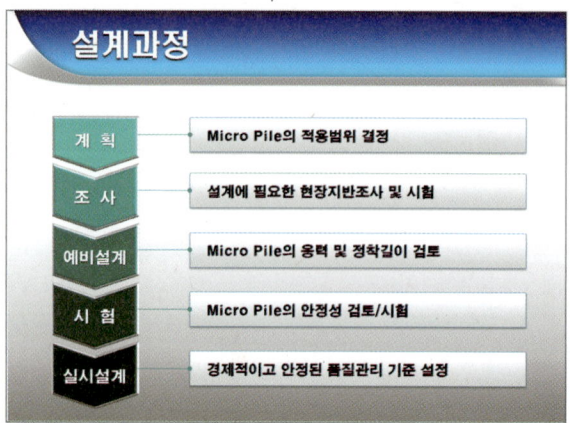

왼쪽 슬라이드에는 다섯 가지 항목이 모두 한 가지 색으로 통일되어 있어서 슬라이드가 단조롭게 보입니다. 단조로움을 피하려면 색의 명도 차를 이용합니다. 오른쪽 슬라이드를 보면 다섯 가지 항목에 한 가지 색을 사용했지만 각각 명도를 조절하여 단조로움을 피하고 통일된 느낌을 주도록 했습니다.

명도 차를 이용할 때는 밝은 순서에서 어두운 순서로, 또는 어두운 순서에서 밝은 순서로 명도를 조절합니다. 전체적으로 통일감 있는 그라데이션 효과를 얻을 수 있습니다.

도해에서 명도를 다르게 지정하려면 먼저 모든 도형을 같은 색으로 통일합니다. 도형 하나를 선택한 후 유사색 변경과 마찬가지로 [도형 서식]의 색 대화상자에서 명도를 조절합니다. 차례대로 도형을 선택해 명도를 변경해줍니다.

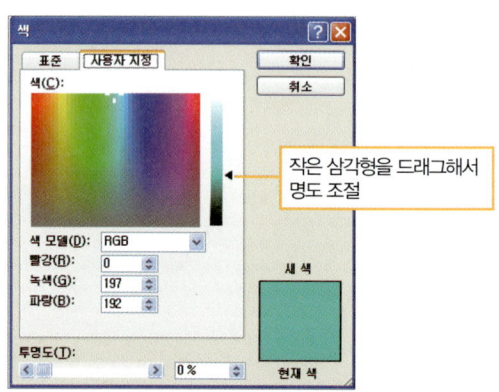

작은 삼각형을 드래그해서 명도 조절

밋밋한 배경에 원근감을 살려 넓게 보여주어라

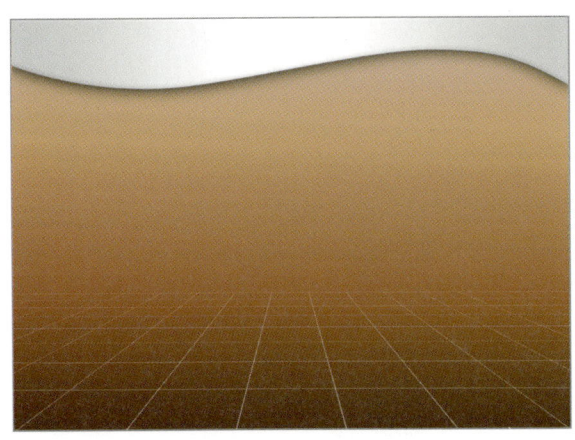

3차원 느낌의 원근망은 템플릿 디자인에 자주 등장하는 그래픽 요소입니다. 밋밋할 수 있는 배경이 탁 트여 보이고 도해에 원근감과 활력을 줄 수 있습니다. 3차원 원근망은 선과 3차원 회전 기능을 이용하면 쉽게 만들 수 있습니다. 먼저 가로선 9개와 세로선 16개를 그리고 [정렬]–[맞춤] 기능을 이용해 간격을 균등하게 배치합니다. 이때 슬라이드 창을 작게 축소하여 선들이 그림처럼 슬라이드 밖으로 빠져나갈 수 있도록 크게 그립니다. 모든 선을 선택해 흰색(투명도 : 46%)으로 변경하고 [그리기 도구] 탭의 [정렬]–[그룹]으로 묶어줍니다.

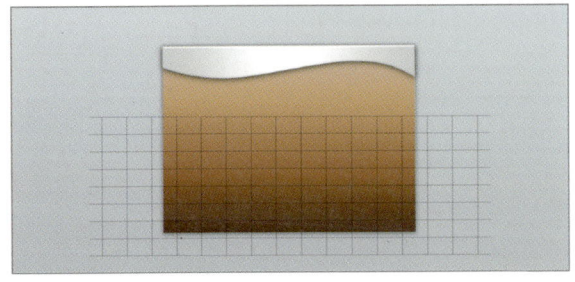 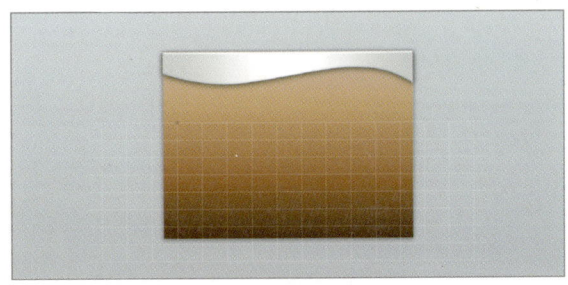

[그룹]으로 묶인 흰 선들을 선택하고 마우스 오른쪽 버튼을 누릅니다. [도형 서식]–[3차원 회전]을 선택하고 [미리 설정]에서 [원근감(낮은 경사)]를 선택합니다. [회전]의 [Y] 값은 309.6, [원근감] 값은 45로 수정하면 원근망이 완성됩니다.

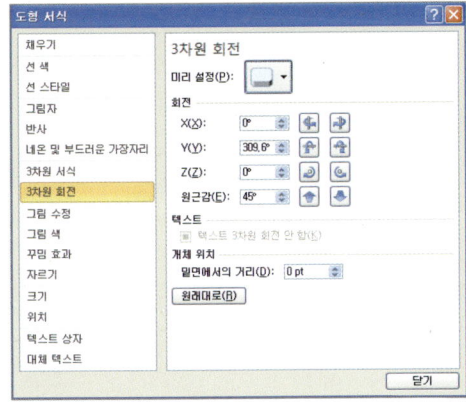

표 안의 숫자는 오른쪽으로 정렬하라

운영효과 종합 (단위 : 천원)

구 분	처리비용	개 선 율	월간 절감액	연간 절감액
재무회계	127,666	65.96%	84,207	1,010,484
구매자재	76,868	93.38%	71,782	861,384
발전운영	646,095	49.10%	317,230	3,806,760
총 계	850,629	55.63%	473,219	5,678,628

운영효과 종합 (단위 : 천원)

구 분	처리비용	개 선 율	월간 절감액	연간 절감액
재무회계	127,666	65.96%	84,207	1,010,484
구매자재	76,868	93.38%	71,782	861,384
발전운영	646,095	49.10%	317,230	3,806,760
총 계	850,629	55.63%	473,219	5,678,628

왼쪽 슬라이드는 표 안의 숫자가 모두 [가운데 맞춤]으로 정렬된 슬라이드입니다. 오른쪽 슬라이드는 표 안의 숫자를 [텍스트 오른쪽 맞춤]으로 정렬했습니다. 숫자 값의 단위가 한 줄로 맞추어져서 값을 쉽게 알아볼 수 있습니다. 표에 숫자가 들어가는 경우에는 오른쪽 맞춤으로 정렬해야 청중이 숫자를 파악할 때 도움이 됩니다.

표는 최대한 심플하게 만들어라

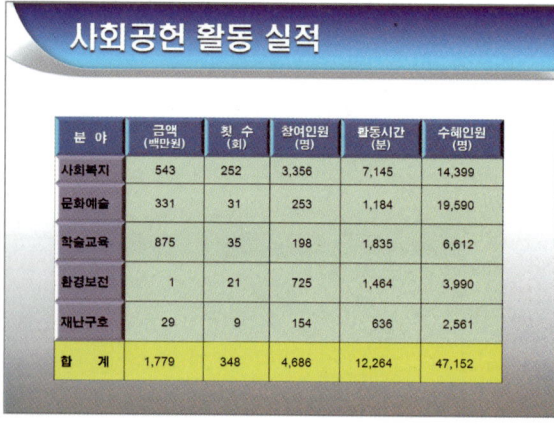

사회공헌 활동 실적

분 야	금액 (백만원)	횟 수 (회)	참여인원 (명)	활동시간 (분)	수혜인원 (명)
사회복지	543	252	3,356	7,145	14,399
문화예술	331	31	253	1,184	19,590
학술교육	875	35	198	1,835	6,612
환경보전	1	21	725	1,464	3,990
재난구호	29	9	154	636	2,561
합 계	1,779	348	4,686	12,264	47,152

사회공헌 활동 실적

분 야	금액 (백만원)	횟 수 (회)	참여인원 (명)	활동시간 (분)	수혜인원 (명)
사회복지	543	252	3,356	7,145	14,399
문화예술	331	31	253	1,184	19,590
학술교육	875	35	198	1,835	6,612
환경보전	1	21	725	1,464	3,990
재난구호	29	9	154	636	2,561
합 계	1,779	348	4,686	12,264	47,152

왼쪽 슬라이드에는 표에 색이 많이 들어가 있고, 제목 항목에도 입체 효과가 들어가 있습니다. 또한 전체적으로 불필요한 검은 선이 가로와 세로에 모두 들어가 있어 답답한 느낌이 듭니다. 오른쪽 슬라이드는 최대한 색을 자제하고 입체 효과를 없앤 표입니다. 표 전체에 들어가 있던 가로와 세로의 검은 선은 맨 윗줄과 아랫줄을 제외하고 모두 삭제했습니다. 대신 색으로 행을

구분해 해당 줄의 내용 밖으로 시선이 빠져나가지 않도록 명시성을 높였습니다.

표는 여백 없이 큰 덩어리로 이루어진 도해와 마찬가지이기 때문에 색이 많이 들어가거나 강조 효과를 넣으면 표의 내용보다 표의 외적인 요소로 시선을 빼앗깁니다. 그러므로 표는 최대한 단순하게 디자인하는 것이 좋습니다.

실무 지침 24 원형 차트에서 강조하려는 항목은 따로 분리하라

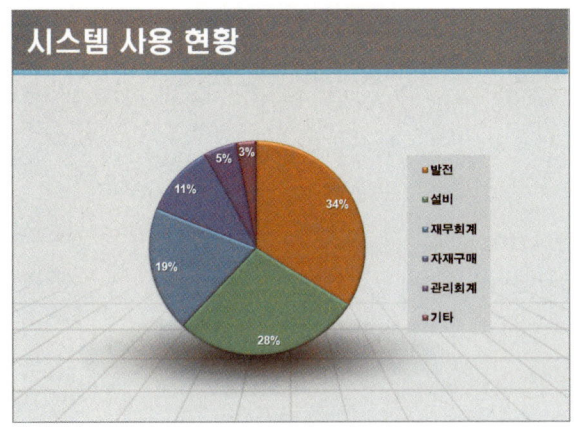 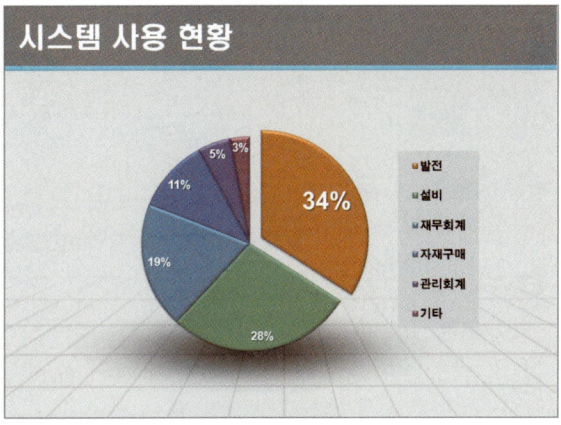

원형 차트에서 특정 항목을 강조할 때는 강조할 부분의 조각만 떨어뜨려놓는 것이 더 주목성을 높입니다. 왼쪽 슬라이드처럼 조각이 분리되지 않았을 때보다 오른쪽 슬라이드처럼 조각이 분리되었을 때 강조 항목이 눈에 잘 들어오는 것을 알 수 있습니다.

원형 차트의 특정 조각을 분리하려면 우선 분리할 조각을 더블클릭합니다. 데이터 요소 서식 대화상자가 나타나면 [계열 옵션]에서 [쪼개진 요소]를 [구분]쪽으로 드래그하여 분리하거나 원형 차트에서 직접 조각을 드래그해서 분리할 수 있습니다.

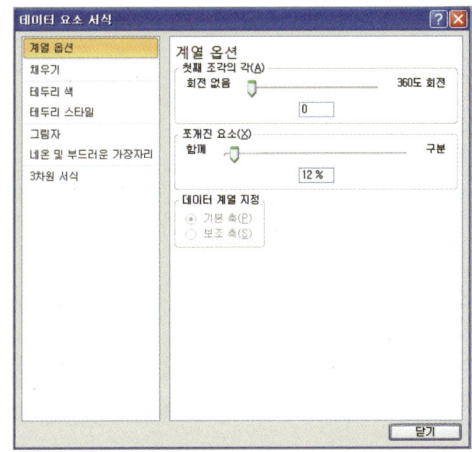

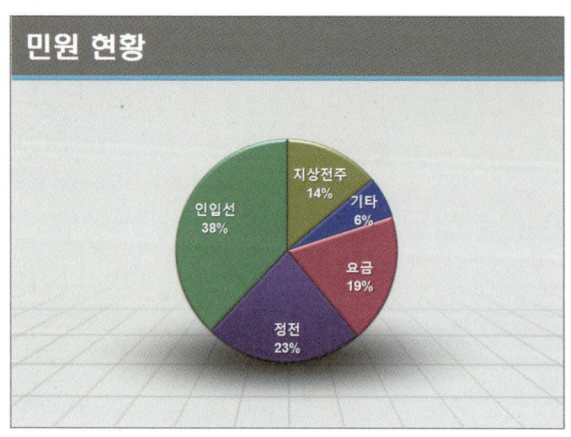

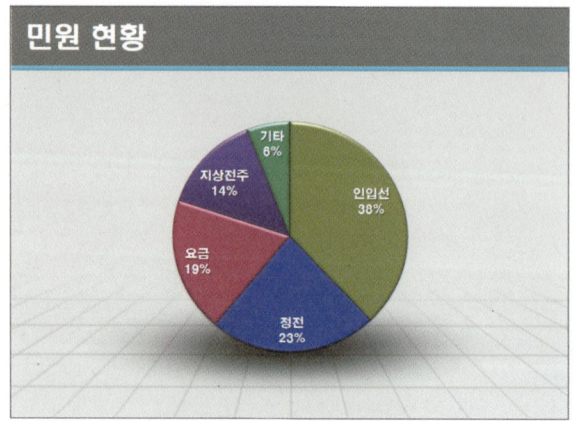

왼쪽 슬라이드는 원형 차트의 각 항목들이 크기와 상관없이 배치되어 있습니다. 큰 조각과 작은 조각이 섞여 있기 때문에 차트상의 수치를 한눈에 파악하기가 쉽지 않습니다. 오른쪽 슬라이드는 시계 방향에 맞춰 큰 조각에서 작은 조각 순서로 조각이 배치되어 있습니다. 시선이 자연스럽게 시계 방향으로 이동되면서 크기와 항목을 직관적으로 볼 수 있습니다.

원형 차트를 보기 좋게 배열하려면 차트 삽입 시 나타나는 엑셀 창에서 수치가 큰 순서대로 데이터를 입력합니다. 처음 시작하는 조각은 12시 방향에 위치하는 것이 보기 좋은데, 이는 기본 설정이므로 따로 설정할 필요가 없습니다.

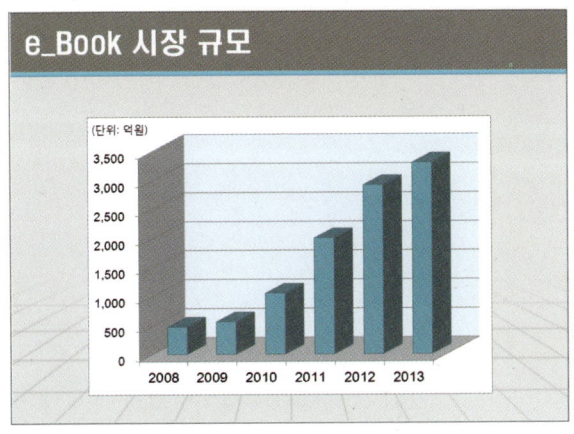

왼쪽 막대형 차트에는 과도한 입체 효과가 들어 있습니다. 입체적이고 원근감이 있게 느껴지지만 슬라이드를 보면서 수치를 파악할 때는 이러한 깊이감이 오히려 방해가 됩니다. 오른쪽 막대형 차트는 3차원 효과가 없는 그래프입니다. 단순한 형태이나 막대 그래프가 정면을 향해 있어 수치를 정확히 파악할 수 있습니다.

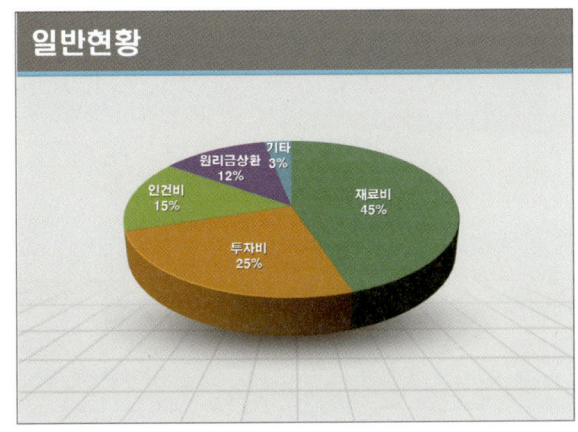

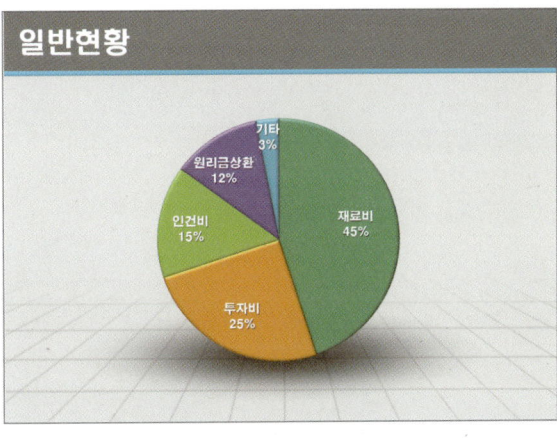

왼쪽 원형 차트는 3차원 원형 차트로 오른쪽 차트보다 훨씬 입체감이 있습니다. 하지만 수치를 정확히 전달하기에는 적합하지 않을 수 있습니다. 재료비와 투자비 항목을 살펴보면, 실제로 20% 이상 차이가 나지만 시각적으로는 별 차이가 없어 보이기 때문입니다. 3차원 원형 차트는 아래 부분이 다른 부분보다 넓게 보이므로 조각 크기만으로는 수치 차이를 파악하기 어렵습니다. 그에 반해서 오른쪽 원형 차트는 정면을 보고 있어 조각만 봐도 수치의 차이를 쉽게 파악할 수 있습니다.

차트에서 강조할 항목은 색으로 차별화하라

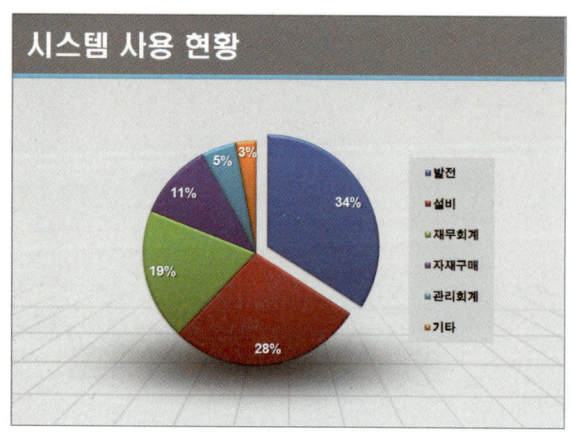

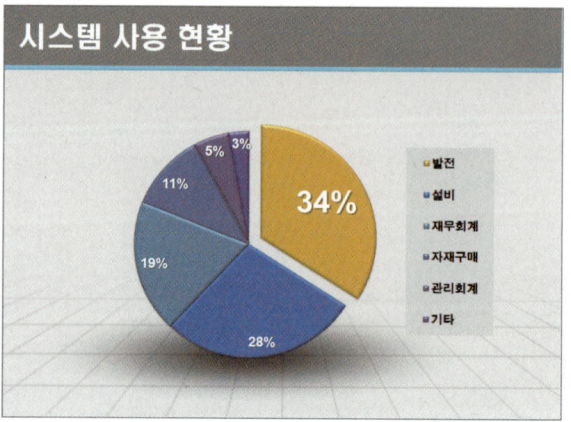

왼쪽 원형 차트는 차트 서식의 기본 설정이 그대로 적용되어 모든 항목이 강한 색으로 지정되어 있습니다. 차트를 만들 때는 기본 설정 색을 사용하기보다는 색을 적절하게 바꿔주는 것이 항목을 파악하는데 더 좋습니다. 오른쪽 원형 차트는 강조하는 항목 외에 나머지 항목들은 모두 파란색 계열로 바꾸고 강조 항목만 밝고 따뜻한 색을 사용했습니다.

막대형 차트 역시 강조하지 않는 부분은 무채색으로 통일하고 강조 항목만 유채색으로 포인트를 주었습니다. 차트에서 강조 항목과 보조 항목의 색을 서로 다르게 주면 시각적인 주목성을 높일 수 있습니다.

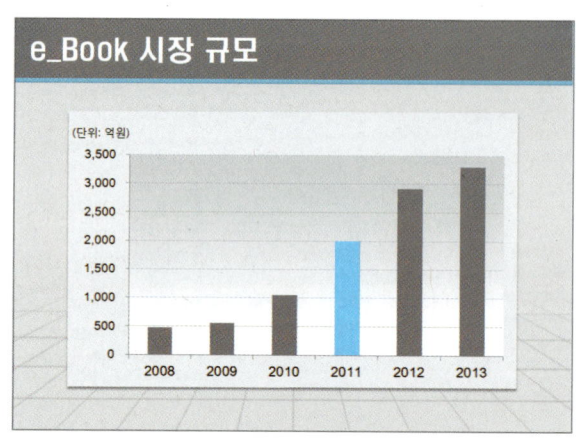

범례 상자 대신 항목을 차트에 넣어라

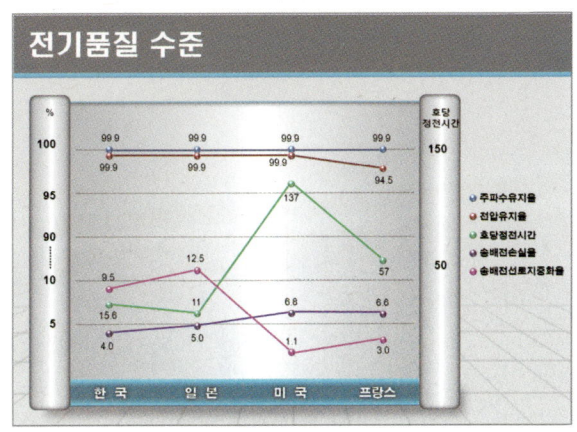
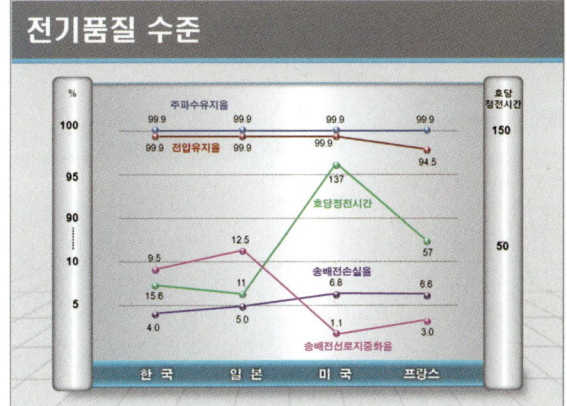

왼쪽 슬라이드는 차트 옆에 범례 상자가 있고, 오른쪽 슬라이드는 범례 상자 없이 차트에 항목이 직접 표시되어 있습니다. 왼쪽은 범례 상자 안에 항목이 정리되어 깔끔하게 보입니다. 인쇄하여 배포할 때는 이와 같은 방법이 적합하지만, 청중에게 발표할 슬라이드라면 오른쪽처럼 범례 상자 없이 직접 차트에 항목을 넣는 것이 더 좋습니다. 범례 상자에 항목을 정리한 경우에는 청중이 범례 상자와 차트를 반복해서 쳐다봐야 하므로 시선의 집중도가 떨어지기 때문입니다.

범례 상자를 쓰면 차트가 시각적으로 정돈되어 보이고 여러 항목이 반복되어 나올 때 깔끔한 느낌을 줄 수 있습니다. 그러나 발표 시에는 항목을 차트에 넣는 것이 더 효율적일 때가 있으므로 상황에 따라 적절히 판단하여 사용합니다.

슬라이드에 애니메이션 효과를 넣어서 강조하려고 합니다. 하단에 네 가지 항목을 등장시키고 화살표를 상위의 주제 상자로 연결하는 것이 목적입니다. 여기서 중요한 포인트는 녹색의 주제 상자입니다.

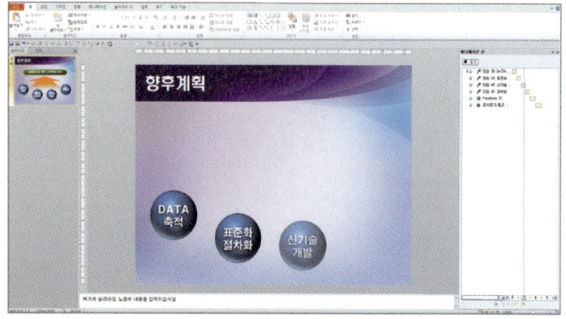
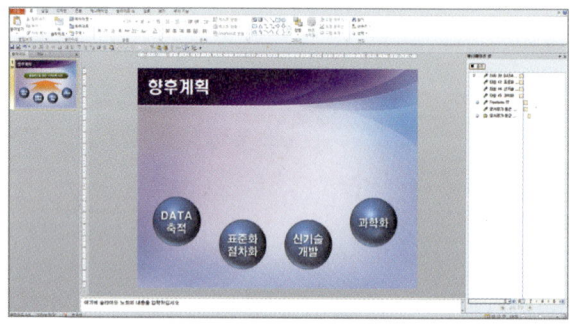

왼쪽 슬라이드에서는 하단에 네 가지 항목이 차례대로 등장한 다음, 화살표와 주제 상자가 나타납니다. 하단 항목이 하나씩 등장하면서 긴장감 없이 답답한 느낌을 줍니다. 또 부드럽게 연결되긴 하나 추진력도 그다지 느껴지지 않습니다.

오른쪽 슬라이드에서는 하단의 네 가지 항목이 공통으로 등장한 다음, 화살표와 주제 상자가 함께 등장합니다. 주제를 강조하기 위해서 마지막에는 강조 효과를 넣었습니다. 애니메이션 창을 보면 세 개의 애니메이션이 진행되는 것을 알 수 있습니다. 두 슬라이드의 상황을 비교해 보면 오른쪽 슬라이드의 애니메이션이 훨씬 속도감이 있게 느껴집니다. 하단 항목을 차례대로 등장시키지 않고 슬라이드에서 강조하고자 하는 녹색 주제 상자의 표현에 집중한 것입니다.

한 슬라이드에서 애니메이션은 3~4개 정도만 사용하는 것이 좋습니다. 특히 애니메이션을 넣을 때는 중요한 항목이 무엇인지 정한 뒤 그 항목을 제외한 나머지 항목에는 애니메이션을 과하게 사용하지 않도록 주의합니다.

부록 2

성공하는 프레젠테이션을
위한 준비

프레젠테이션을 하게 된다면 가장 먼저 하는 일이 무엇일까요? 위대한 프레젠터들은 프레젠테이션의 목표를 정하고 그 목표를 달성하기 위한 메시지를 찾습니다. 프레젠테이션에서는 목표와 메시지가 확실히 정해져야 그것을 중심으로 하는 스토리, 발표 원고 등을 작성할 수 있기 때문입니다. 그럼 다음의 실제 사례를 통해 목표와 메시지 설정이 얼마나 중요한 것인지 알아보겠습니다.

▎사례. 팝콘은 얼마나 위험한가?

미국에는 CSPI(Center for Science in the Public Interest)라는 식품 안전 증진을 위해 활동하는 비영리 소비자 권익 단체가 있습니다. 이 단체는 극장에서 판매하는 팝콘에 문제가 있다는 제보를 접수하고, 12개 극장에서 판매하는 팝콘을 수집하여 과학 연구소에 분석을 의뢰했습니다.

분석 결과, 중간 크기의 '버터' 팝콘 한 상자에는 평균 37g의 포화지방이 들어 있다는 사실이 밝혀졌습니다. 식품 관련 기준을 공표하는 미농무성(USDA)에서는 하루 20g 이하의 포화지방을 섭취하도록 권장하고 있었기 때문에 이 연구 결과는 매우 충격적이었습니다.

그렇다면 팝콘은 왜 이렇게 많은 포화지방을 함유하고 있었을까요?

대부분의 극장에서 팝콘을 '코코넛 오일'로 튀겼기 때문입니다. 코코넛 오일로 팝콘을 튀기면 보기 좋고, 먹음직스러운데다가 냄새까지 고소한 팝콘을 만들 수 있습니다. 문제는 이 코코넛 오일이 '지방 덩어리'라는 것입니다. 지방 덩어리인 코코넛 오일로 팝콘을 튀겼기 때문에 팝콘에도 당연히 지방이 많이 들어가게 되었습니다.

CSPI는 문제의 심각성을 깨닫고 기자 회견을 준비했습니다. 사람들에게 전달할 메시지는 다음과 같이 설정했습니다.

"현재 극장에서 판매되는 중간 크기의 '버터' 팝콘 한 상자에는 평균 37g의 포화지방이 들어 있으며 이것은 농무성의 기준치인 20g을 1.7배 상회하는 것이다."

이런 메시지를 들을 때 어떤 느낌이 드는지 잠시 생각해보겠습니다. 아마도 37g의 포화지방이라는 말 자체가 어떤 의미인지, 만약 나쁜 것이라면 어느 정도 나쁜 것인지 감이 잘 오지 않을 것입니다. 당연히 이러한 메시지로는 기자 회견을 한다 해도 사람들에게 큰 영향을 줄 수 없습니다.

CSPI는 '언론을 통해 팝콘의 유해함을 널리 알려 더 이상 코코넛 오일로 팝콘을 튀기지 않도록 한다'는 자신들의 목표를 이루기 위해서 무언가 다른 메시지가 필요하다는 사실을 깨닫게 되었습니다. CSPI 직원들은 몇 일간 고민에 빠졌습니다. 고민 끝에 좋은 아이디어가 떠올랐고, 1992년 9월 27일 기자 회견을 열게 되었습니다.

CSPI의 발표자는 다음과 같은 질문으로 서두를 꺼냅니다.

"저희가 조사한 바에 따르면 현재 극장에서 판매되는 중간 크기의 '버터' 팝콘 한 상자에는 평균 37g의 포화지방이 들어 있습니다. 37g의 포화지방이 무엇을 의미하는지 아십니까?"

잠시 뜸을 들여 청중의 궁금증을 극대화시킨 후 발표자는 다음과 같이 말했습니다.

"영화관에서 판매하는 중간 크기의 '버터' 팝콘에는 베이컨과 달걀을 곁들인 아침 식사, 빅맥과 감자튀김으로 이뤄진 점심 식사, 그리고 다양한 사이드 메뉴를 곁들인 스테이크가 나오는 저녁 식사보다 동맥 경화증을 유발하는 지방이 더 많이 함유되어 있습니다. 따로따로가 아니라 이 세 끼를 모두 합친 것보다 더 많은 양입니다."

여러분이 이 자리에 있었다면 어떤 반응을 나타냈을까요? 충격적인 정보를 접한 사람들은 영화관에서 팝콘을 먹지 않을 것이고, 주변 사람들도 팝콘을 먹지 못하도록 이 사실을 알릴 것입니다.

실제 기자 회견 후에는 어떤 일이 벌어졌을까요?

기자들의 반응 역시 별반 다르지 않았습니다. CNN, ABC, NBC 등의 방송국에서 앞다퉈 이 소식을 내보냈고, USA 투데이, LA 타임즈, 워싱턴 포스트 등과 같은 주요 일간지의 헤드라인이 팝콘 뉴스로 장식되었습니다. 이 사실은 주요 코미디 프로그램의 소재로 등장했으며, 뉴스를 자주 보지 않는 사람들에게도 전달되었습니다.

또한 유나이티드 아티스트(United Artiest), AMC, 로스(Loews) 등을 포함한 대부분의 대형 영화관 체인에서는 팝콘을 튀길 때 코코넛 오일을 사용하지 않겠다는 성명을 발표하게 되었습니다.

이 팝콘 사례는 메시지 전달 방식에 따라 완전히 다른 결과를 낳을 수 있다는 극명한 사례로, 칩 히스와 댄 히스의 저서 《스틱》(웅진윙스)에 수록되어 있습니다.

'팝콘 한 상자에는 평균적으로 37g의 포화지방이 들어 있습니다'라고 말했을 때는 아무도 그 메시지에 반응하지 않지만, '팝콘 한 상자에는 고칼로리의 세 끼 식사에 포함된 것보다 더 많은 양의 지방이 포함되어 있습니다'라는 메세지는 미국 전역을 떠들썩하게 만들 수 있었던 것입니다.

이 팝콘 프레젠테이션은 어떻게 만들어졌을까요? 아마 다음과 같은 단계를 거쳐 최종 프레젠테이션 슬라이드와 발표 원고를 완성했을 것입니다.

Step 1. 목표 설정

프레젠테이션을 시작할 때 가장 중요한 것은 목표를 설정하는 일입니다. 프레젠테이션의 목표가 없다는 것은 기장이 비행기 이륙 후에 '우리 비행기는 인천국제공항을 출발했습니다만 어디로 갈지는 아무도 모릅니다'라고 말하는 것과 같습니다. CSPI의 목표는 '청중에게 팝콘의 위험성을 인지시키고 더 이상 코코넛 오일로 팝콘을 튀기지 않도록 하는 것'이었습니다.

Step 2. 자료 수집 및 요약

목표를 설정했다면 다음은 자료를 수집하고 요약, 정리합니다.

> 사실 : 극장에서 판매되는 중간 크기의 버터 팝콘에 포함된 평균 포화지방 37g
>
> 원인 : 포화지방 덩어리인 '코코넛 오일'을 사용해 팝콘을 튀김
>
> 참조 : 미농무성에서 권장하는 포화지방의 하루 섭취량 20g

이 자료를 토대로 한 프레젠테이션의 결론이나 메시지는 다음과 같을 것입니다. 하지만 평범한 메시지로는 청중의 마음을 움직이기 어렵습니다.

> 예비 결론 : 포화지방 덩어리인 코코넛 오일을 사용해 팝콘을 튀김으로써 팝콘의 포화지방이 급격히 증가하게 되었고, 결과적으로 중간 크기 팝콘에는 기준치보다 17g이 더 많은 37g의 포화지방이 함유되었다.

> 예비 메시지 : 극장에서 판매되는 중간 크기의 '버터' 팝콘에는 37g의 포화지방이 함유되어 있는데, 이것은 미농무성의 하루 권장 섭취량인 20g을 크게 상회하는 것이다.

Step 3. 청중이 쉽게 이해할 수 있는 내용으로 변환

수집한 자료를 청중이 쉽게 이해하거나 청중에게 영향을 줄 수 있는 내용으로 변환하는 과정입니다. 메시지 작성 과정의 핵심이 되는 부분으로 '내가 청중이라면 무엇이 궁금할까?'라고 생각해보는 것이 중요합니다.

37g의 포화지방이 의미하는 것은 무엇인가?
'기준치를 17g 상회한다'라는 것은 정말 사람에게 치명적인가?

사실 전문가가 아닌 다음에야 '37g의 포화지방'이 의미하는 바를 정확하게 알 수 없습니다. 따라서 이 정보를 누구나 쉽게 알 수 있는 내용으로 변환하는 작업이 필요합니다.
CSPI는 평소 미국인들이 즐겨먹는 식사로 그것을 대신했습니다.

> 37g의 포화지방이 의미하는 바는 다음과 같다.
>
> 아침 : 베이컨, 프렌치프라이
>
> 점심 : 맥도널드의 빅맥 세트
>
> 저녁 : 사이드 메뉴와 함께 먹는 스테이크

'기준치를 17g 상회한다'라는 것은 정말 사람에게 치명적인가? 이 질문에 대한 대답 역시 명확합니다. 팝콘 한 상자가 세 끼 식사에 포함된 포화지방을 모두 합친 것보다 많은 포화지방을 포함하고 있습니다. 당연히 건강에 치명적입니다.

Step 4. 메시지 작성
앞 단계에서 청중에 맞게 변환한 내용을 문장으로 작성합니다. 이 문장이 바로 전달하려는 메시지입니다.

> 영화관에서 판매하는 중간 크기의 '버터' 팝콘에는 베이컨, 프렌치프라이, 오렌지 주스 한 잔의 아침 식사, 백맥과 감자튀김으로 이뤄진 점심 식사, 그리고 다양한 사이드 메뉴를 곁들인 스테이크로 하는 저녁 식사보다 동맥 경화증을 유발하는 포화지방이 더 많이 함유되어 있다.

의외로 간단합니다. 사실 이 단계는 프레젠테이션 제작 과정 중에서 가장 중요한 부분이기도 합니다. 청중에게 영향력을 줄 수 있는 메시지가 작성된다면 슬라이드 제작이나 발표가 훨씬 쉬워집니다.

Tip 메시지는 3개 이내로 제한하라!

항상 명심할 것은 청중은 사람이고, 사람은 망각의 동물이라는 사실입니다. 아무리 좋은 내용이라도 전달하는 내용이 너무 많으면 모두 기억하기 어렵습니다. 가장 좋은 것은 전달할 메시지가 딱 하나밖에 없는 것이겠지만 현실적으로 힘든 경우가 많습니다. 따라서 대부분의 프레젠터는 전달할 메시지를 3개 이내로 설정합니다. 3이라는 숫자는 무엇인가를 설명하기에 좋고, 슬라이드를 디자인하기에 편하며, 청중이 내용을 기억하기도 쉽기 때문입니다.

02 청중의 흥미를 이끌어내는 스토리를 만들어라!

프레젠테이션의 메시지가 정해지면 그것을 청중에게 각인시키는 스토리를 만들어야 합니다. 대부분의 프레젠테이션은 청중을 설득하거나 그들의 마음을 움직이기 위해 이루어집니다. 잘 알고 있는 것처럼 성인을 설득하거나 마음을 움직이는 것은 엄청나게 어려운 일입니다. 아는 내용을 그저 나열하는 것만으로는 청중을 설득하기가 어렵습니다. 청중을 설득하기 위해서는 치밀하고 구체적인 스토리가 필요합니다. 이제부터 청중을 설득할 수 있는 이상적인 스토리를 만드는 방법에 대해서 알아보겠습니다.

이상적인 프레젠테이션 스토리는?

청중을 설득하는 이상적인 방법인 스토리 작성에는 여러 가지 방법이 있겠지만, 첫 번째로는 아리스토텔레스가 사용한 설득의 5단계가 있습니다.

단계 1. 청중의 관심을 자극하는 이야기를 꺼낸다.
단계 2. 해결해야 할 문제를 제기한다.
단계 3. 제기한 문제에 대한 해결책을 제시한다.
단계 4. 제시한 해결책의 구체적인 혜택을 설명한다.
단계 5. 행동을 요청한다.

설득의 5단계를 프레젠테이션에 적용할 수 있습니다. 특히 2단계의 '문제 제기'와 3단계의 '해결 제시'는 설득에 있어서 아주 중요한 전개 방식입니다. '문제'와 '해결' 사이에는 대등한 관계가 이뤄져야 극적인 효과를 낼 수 있습니다. 영화 등을 비롯한 대부분의 스토리가 '악당'과 '영웅'의 대립 구도를 유지하는 것과 유사합니다. 한쪽이 너무 약하거나 강하면 극적인 힘이 떨어지기 때문에 문제와 해결이 서로 같은 강도로 유지되어야 청중을 움직이는 힘을 갖게 됩니다. 이제 좀 더 완전한 설득의 과정을 만들기 위해서 프레젠테이션에 참석하는 청중은 어떤 생각을 하고 있을지 가정해봤습니다.

이런 이야기를 왜 들어야 하지?
하려는 이야기가 뭐지?
그런 결론이 나온 근거는?
내가 얻을 수 있는 것은?
내가 지불해야 하는 비용은?
언제 할 수 있지?
나는 무엇을 해야 하지?

아리스토텔레스와 청중의 생각을 결합하여 7단계의 프레젠테이션 스토리를 만들어보았습니다.

단계	7 단계 스토리	청중의 생각	아리스토텔레스의 5단계
1	오프닝	이런 이야기를 왜 들어야 하지?	청중의 관심을 자극하는 이야기를 꺼낸다.
2	문제/현상		해결해야 할 문제를 제기한다.
3	핵심/해결책	하려는 이야기가 뭐지?	제기한 문제에 대한 해결책을 제시한다.
4	근거	그런 결론이 나온 근거는?	
5	혜택	내가 얻을 수 있는 것은?	제시한 해결책의 구체적인 혜택을 설명한다.
6	가격 및 일정	내가 지불해야 하는 비용과 가능한 일정은?	
7	클로징	나는 무엇을 해야 하지?	행동을 요청한다.

이와 같은 스토리로 프레젠테이션을 진행하면 우선 청중이 알고자 했거나 궁금하게 생각했던 의문을 대부분 해소해줄 수 있습니다. 일단 절반은 성공한 셈입니다. 여기에 아리스토텔레스가 제시한 설득의 핵심인 '문제-해결' 방식의 Short Story가 함께 적용되면 극적인 효과와 함께 설득력까지 높일 수 있습니다.

물론 그렇지는 않습니다. 전달할 내용에 따라서 몇 단계는 빼고 사용할 수 있습니다. 예를 들어 제품 소개의 경우라면 6번의 '가격 및 일정'이 필요하겠지만, 가격이나 일정이 없는 프레젠테이션도 있을 수 있기 때문에 이 단계는 삭제해도 상관없습니다.

사례. 스티브 잡스의 프레젠테이션

이제 7단계의 프레젠테이션 스토리를 어떻게 적용할 수 있는지 알아보겠습니다.

전 세계에서 프레젠테이션을 가장 잘하는 사람을 꼽으라면 1순위는 단연 애플의 CEO인 스티브 잡스일 것입니다. 다른 CEO와 달리 그는 제품 소개 프레젠테이션을 직접 하기로 유명합니다. 뉴욕 타임즈는 '승리하려면 스티브 잡스처럼 프레젠테이션하라!'라고 말했을 정도입니다.

스티브 잡스의 훌륭한 프레젠테이션은 사례가 많지만, 그중에서도 최고는 2007년 1월 애플 맥월드 컨퍼런스(Apple MacWorld Conference)에서 했던 아이폰 발표 프레젠테이션이 아닐까 싶습니다. 그는 이 프레젠테이션에서 진정한 프레젠테이션이란 무엇인지를 사람들에게 알려주었습니다.

2007년 1월, 샌프란시스코 모스콘 센터의 무대에 오른 스티브 잡스에게 객석을 가득 매운 수천 명의 청중은 기립 박수를 보냈습니다. 그는 만면에 미소를 띠우며 환영의 인사를 보냈고, 그동안의 실적과 애플에 일어났던 일 등을 이야기했습니다. 그리고 잠시 후, 무대의 모든 불이 꺼지고 화면에는 본론이 시작된다는 것을 알려주는 애플 로고만 나타납니다.

Step 1. 청중의 관심을 이끌어내는 오프닝

슬라이드	발표 내용
	오늘은 제가 2년 반을 기다려온 날입니다. 항상 그랬듯이 혁명적인 제품은 모든 것을 바꿔놓습니다. 이러한 혁명적인 제품 중 어느 하나라도 여러분의 손으로 만들 수 있다면 그것은 커다란 행운일 것입니다. 그런 면에서 애플은 매우 운이 좋았습니다. 몇 가지 혁명적인 제품들을 세상에 선보일 수 있었기 때문입니다.

1984년 애플은 매킨토시를 선보였습니다.
이것은 단순히 애플만 변화시킨 것이 아닙니다.
매킨토시는 컴퓨터 산업 전체를 바꿔놓았습니다.

2001년 우리는 첫 번째 아이팟을 선보였습니다.
이것은 음악을 듣는 방법만 바꾼 것이 아니라
음악 산업 전체를 송두리째 바꿔놓았습니다.

오늘 우리는 다시 한번 이런 종류의
세 가지 혁신적인 제품을 선보이려고 합니다.

첫 번째,
터치 컨트롤 방식의 와이드스크린 아이팟입니다.

두 번째,
혁신적인 휴대전화입니다.

세 번째,
한 차원 높은 인터넷 연결기기입니다.

이렇게 세 가지입니다.
터치 컨트롤 방식의 와이드스크린 아이팟,
혁신적인 휴대전화,
한 차원 높은 인터넷 연결기기

아이팟, 휴대전화, 그리고 인터넷 연결기기.
아이팟, 전화기, 눈치채셨나요?
이것들은 세 개의 따로 떨어진 기기들이 아닙니다.
이것은 하나의 기기입니다.

우리는 이것을
'아이폰'이라고 부릅니다.

오늘 애플은 전화기를 다시 발명하려고 합니다.

바로 여기에 있습니다.
이게 아닌가요?
실제로는 여기 있지만,
저기 그대로 남겨두는 것이 더 낫겠네요.

이것이 '아이폰(iPhone)' 소개 프레젠테이션의 오프닝이었습니다. 스티브 잡스는 프레젠테이션 오프닝의 진수를 보여주었습니다.

뜸과 감성

약간의 뜸(Pause)을 들이며 천천히 시작합니다. 청중들은 침을 삼키며 그의 입이 떨어지기만 기다립니다. 그는 자신이 이 제품을 얼마나 기다려 왔는지, 청중에게 얼마나 이 제품을 소개하고 싶었는지 등을 감정적으로 표현합니다.

3단계의 구성, 그리고 기대감

1984년, 애플은 매킨토시를 선보였습니다.
2001년, 우리는 첫 번째 아이팟을 선보였습니다.
그리고 오늘 다시 한번 이런 종류의 혁신적인 제품을 선보이려 합니다.

3개의 핵심 기능(목차)

첫 번째, 터치 컨트롤 방식의 와이드스크린 아이팟

두 번째, 혁신적인 휴대전화

세 번째, 한 차원 높은 인터넷 연결기기

반전(청중의 관심 배가)

이것들은 세 개의 따로 떨어진 기기들이 아닙니다. 이것은 하나의 기기입니다. 우리는 이것을 '아이폰'이라고 부릅니다.

메시지

오늘 애플은 전화기를 다시 발명하려고 합니다.

유머까지!

바로 여기에 있습니다. 이게 아닌가요?

실제로는 여기 있지만, 저기 그대로 남겨두는 것이 더 낫겠네요.

그는 프레젠테이션에서 사용할 수 있는 모든 극적인 요소를 결합해 아이폰을 소개합니다. 청중은 이제 아이폰을 보고 싶어 죽을 지경이 됩니다.

Step 2~3. 문제와 해결

슬라이드	발표 내용
	**[제목]** 아이폰의 장점은 혁신적인 사용자 인터페이스입니다.
	**[기존 스마트폰의 문제 제기]** 여기 네 개의 스마트폰이 있습니다. 그렇죠? 모토롤라Q, 블랙베리, 팜 트레오, 노키아 E62. 일반적으로 많이 거론되는 제품들입니다. 이들의 사용자 인터페이스 문제는 무엇일까요?

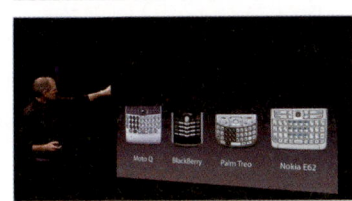

이런 기종들의 문제점은
바로 제품 하단 40% 부분에 있습니다.
바로 이 부분입니다.
이 제품들은 모두 사용자가 원하든 원하지 않든
고정된 키보드를 가지고 있습니다.
그리고 하나같이 플라스틱에 고정된 컨트롤 버튼을
갖고 있습니다.
어떤 프로그램을 사용할 때나 마찬가지입니다.
하지만 프로그램은 약간 다른 인터페이스,
거기에 꼭 맞게 최적화된 버튼의 조합이 필요합니다.
만약 여러분이 6개월 후에 기막힌 아이디어를 생각해 낸다면
어떻게 될까요?
아마 실행도 못하고, 새 버튼도 추가하지 못할 것입니다.
그럼 어떻게 될까요?
버튼과 컨트롤을 바꿀 수 없기 때문에
새로운 아이디어를 사용할 수 없을 것입니다.
각각의 응용 프로그램마다 버튼을 바꿀 수 없으며,
제품에 추가하고 싶은 좋은 아이디어가 있더라도
그것을 적용할 수 없을 것입니다.
이 문제를 어떻게 해결할 수 있을까요?

이미 우리는 이 문제를 해결했습니다.
그것도 20년 전에 컴퓨터에서 말입니다.
우리는 화면에 표시하고 싶은 모든 것을 보여주는
비트맵 스크린을 만들었습니다.
어떠한 종류의 유저 인터페이스도 올릴 수 있도록
만들었습니다.
그리고 화면 위에 요소를 클릭하기 위한 포인팅 기기는
마우스로 해결했습니다.
이런 식으로 문제를 해결했습니다.

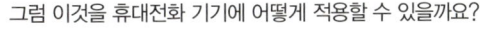

그럼 이것을 휴대전화 기기에 어떻게 적용할 수 있을까요?

[해결 방법 1]
우리는 여기 이 모든 버튼을 없애고 아주 큰 스크린만
만들었습니다.

[또 다른 문제]

그럼 이것을 어떻게 작동할 수 있을까요?

키보드가 없다고 해서

마우스를 들고 다니길 원하지는 않을 것입니다.

그럼 어떻게 하죠?

아, 스타일러스 펜이 있네요.

스타일러스 펜을 이용할까요?

절대 아니죠!

스타일러스 펜을 원하는 사람은 아무도 없습니다.

매번 넣다 빼기를 반복해야 하고 잃어버리기도 쉽습니다.

끔찍하죠.

아무도 스타일러스 펜을 원하지 않습니다.

이제 스타일러스 펜은 쓰지 맙시다.

[해결 방법 2]

대신 우리는 세상에서 가장 좋은 포인팅 기기를

사용할 것입니다.

태어날 때부터 누구나 열 개씩 가지고 태어나는 포인팅 기기,

바로 손가락입니다.

우리는 이 기기를 손가락으로 터치할 것입니다.

우리는 멀티 터치라고 불리는

높은 수준의 새로운 기술을 발명했습니다.

이것은 마치 마술처럼 작동합니다.

더 이상 스타일러스 펜 같은 것은 필요하지 않습니다.

지금까지 나온 어떤 종류의 터치 디스플레이보다 정교합니다.

잘못 누른 명령에는 반응하지 않습니다.

아주 영리한 기기입니다.

게다가 여러 손가락으로 작동할 수 있습니다.

애들아(경쟁사들), 우리가 벌써 특허를 냈단다.

훌륭한 프레젠터는 항상 '왜?'라고 질문하는 청중의 소리에 귀를 기울입니다. '아이폰은 커다란 스크린을 갖고 있습니다'라고 직접 말하지 않고 '스마트폰은 왜 커다란 스크린이 필요한가?'라는 의문을 먼저 제시한 뒤 해답을 도출해냅니다. '문제-해결'로 이어지는 스토리는 항상 청중의 관심을 끌게 됩니다.

Step 4. 근거

어떤 주장이나 제안, 해법을 제시한다면 어떤 근거로 그런 결론에 이르렀는지 역시 제시해주어야 합니다. 근거로는 다음과 같은 것들이 있습니다.

과거의 수년 동안의 의미 있는 데이터

시장 조사, 인터뷰를 통해 도출된 현황

합리적인 추론을 통한 예측

언론 보도

분야 최고 전문가의 코멘트

기존 적용 사례(성공 사례)

제품의 시연

스티브 잡스는 프레젠테이션에서 이러한 근거들을 한 다발 제시합니다. 사람들이 끊임없이 의심하기 때문에 근거는 시간이 되는 한 많이 제시하는 것이 좋습니다.

프레젠테이션 도입부는 주로 기존의 언론 보도를 소개하며, 전문가의 증언, 시장 현황 등을 소개하기도 합니다. 2010년 6월, 아이폰 4 발표 때는 시장 현황에 대해 소개하는 부분이 있었습니다. 이때 소개했던 자료를 잠깐 살펴보겠습니다.

슬라이드	발표 내용
	**[아이패드 앱 소개]** 여기 정말 멋진 앱이 있습니다 엘리먼츠라는 앱입니다. 제 친구 테오 그레이가 만든 앱이지요. 그가 제게 보낸 메일을 공개해도 좋다고 했습니다.
	**[앱 개발자의 메일을 이용해 앱 판매 현황을 알림]** 엘리먼츠를 팔아서 얻은 첫날 수익이 구글 애드센스로 periodictable.com에서 5년간 번 액수보다 큽니다.
	**[아이폰의 이베이 앱 소개]** 여기 이 이베이 앱을 강조하고 싶습니다. 이 앱이 이베이에 어떤 영향을 끼쳤는가에 대해 존 도너호가 직접 했던 말을 보실까요?
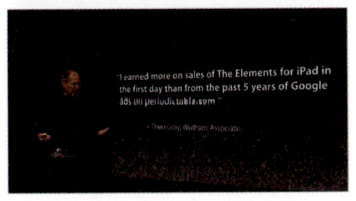	**[이베이 CEO의 메일을 이용해 매출 증대에 기여하는 앱을 알림]** 우린 작년에 아이폰용 이베이 앱을 발표했고 이 앱은 무려 1천만 건이나 다운로드되었습니다. 그 덕에 6억 달러의 수익이 생겼고, 올해는 15~20억 달러에 이를 것으로 예상하고 있습니다. 와우! 정말 대단하죠?

자신의 입이 아닌 제품을 직접 개발하고 사용했던 사람들의 입을 통해 애플의 제품이 얼마나 훌륭한지 간접적으로 증명하고 있습니다. 본인의 입으로 이야기하는 것에 비해 청중에게 더 큰 신뢰를 얻을 수 있습니다.

스티브 잡스는 아이폰4 발표 시 자이로스코프라는 기능을 소개하면서 제품의 탁월함을 증명하기 위해 그 기능이 적용된 게임을 직접 시연해보이기도 했습니다.

슬라이드	발표 내용
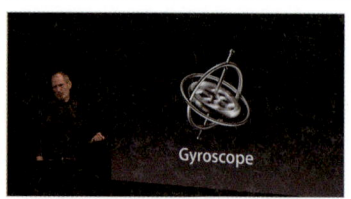	**[아이폰 4의 핵심 기능 소개]** 네 번째는 자이로스코프를 추가했다는 것입니다.
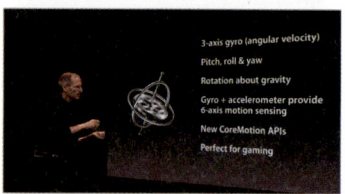	**[기능 소개]** 축이 3개인 자이로를 추가했는데 가속계, 나침반을 합쳐 모두 6개의 축에서 움직임을 감지할 수 있게 되었습니다. 게임용으로는 최고일 것 같네요.
	**[직접 게임 시연]** 지금부터 시연을 해보겠습니다. 이건 우리가 만든 앱입니다. 자, 그럼 해볼까요. 전 지금 게임을 하고 있습니다.

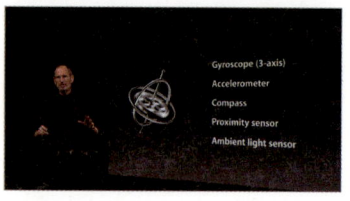	**[기능 요약]** 기존의 가속계, 나침반, 근접 센서, 주변 조명 센서와 함께 3개의 축을 가진 자이로스코프가 추가되었습니다. 스마트폰이 점점 똑똑해지고 있습니다.

Step 5. 혜택

프레젠테이션에서는 청중에게 돌아가는 혜택이 무엇인지 명확하게 알려주는 것이 중요합니다. 아무리 엄청난 제품과 기능을 제시하더라도 그것으로 인해 청중이 얻을 수 있는 것이 없다면 청중의 마음을 움직이기 어렵습니다.

가장 효과적으로 혜택을 전달하는 방법에는 '사실-의미' 전개 방식이 있습니다. 사실이나 기능만을 이야기하면 청중들은 '그래서?', '그게 나한테 어떤 의미가 있는데?'라고 생각하기 쉽습니다. 따라서 전달하려는 사실이 청중들에게 어떤 의미가 있는지 항상 알려주어야 합니다.

먼저 '사실-의미' 전개 방식을 사용한 발표 사례를 살펴보겠습니다.

슬라이드	발표 내용
	**[사실]** 현재 애플 앱 스토어에는 22만 5천 개의 앱이 올라와 있습니다.
	**[사실]** 우선 좋은 소식 몇 가지를 알려드리겠습니다. 첫 번째, 지난주 드디어 50억 번의 다운로드를 기록했습니다.
	**[기대감]** 다음으로 공개할 통계는 오늘 보여드릴 내용 중 제가 가장 좋아하는 것입니다. 우리가 수익의 70%를 개발자들에게 주는 것을 아시지요? 그래서 지금까지 얼마나 지불했을까요?
	**[핵심]** 며칠 전 우리는 10억 달러를 넘겼습니다.

앱 스토어에 22만 5천 개의 앱이 올라가 있고, 50억 번의 다운로드가 이뤄졌다는 것은 분명 대단한 일입니다. 하지만 애플에게는 좋은 소식일 수 있어도 대부분의 청중인 개발자에게도 좋은 소식일지는 아직 알 수 없습니다.

하지만 '애플이 개발자들에게 지불한 대가가 10억 달러를 넘겼다'는 이야기를 나오게 되면 이는 개발자에게도 좋은 소식인 것이 분명합니다. 기능을 소개할 때도 단순히 추가된 새 기능을 소개하는 것이 아니라 그로 인해 얻을 수 있는 혜택을 설명하는 것이 중요합니다.

2005년에 iMac 발표 때는 iSight Camera를 소개하면서 기능이 아닌 화상 회의를 진행(혜택)할 수 있다는 사실에 더 주목했습니다. 직접 몇몇 사람과 화상 회의를 진행하는 모습을 보여주기도 했습니다.

2010년의 아이폰 4 발표 때는 와이파이로 무료 영상 통화를 할 수 있게 해주는 FaceTime을 소개했습니다. 임신한 아내가 배 속에 있는 아이의 초음파를 FaceTime을 통해 해외에 주둔하고 있는 남편에게 보여주는 장면, 즉 청중이 얻게 될 혜택을 감동적인 동영상으로 표현한 것입니다.

스티브 잡스는 기기의 기능을 이야기할 때, 청중이 얻을 수 있는 혜택까지 함께 전달했습니다. 이 방법은 프레젠테이션에서 좀 더 좋은 결과를 얻을 수 있게 도와줍니다.

Step 6. 가격과 일정

제품 소개 프레젠테이션에서 가격은 상당히 중요한 요소입니다. 아무리 기능이 좋다고 해도 가격이 비싸면 구입을 꺼리는 것이 보통이기 때문입니다. 따라서 제품을 소개할 때는 가격 자체보다 제품의 가치에 비해 가격이 싸다고 느껴지도록 해야 합니다.

제품이 높은 가치를 갖고 있다면 높은 가격에도 구입하려는 사람들은 늘어나고, 가치가 낮다면 낮은 가격도 불구하고 구입하려는 사람은 많지 않을 것이기 때문입니다. 아이폰 4 발표에서 스티브 잡스가 가격을 소개하는 사례를 살펴보겠습니다.

슬라이드	발표 내용
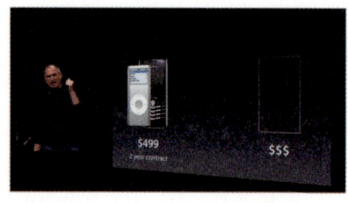	그럼 가격은 어떨까요? 이런 제품은 보통 얼마나 할까요? 잠시 아이팟에 대해 말씀드리자면 가장 인기가 있는 4GB짜리 아이팟 나노가 현재 199달러에 팔리고 있습니다. 다른 스마트폰의 가격은 어느 정도일까요? 아마 그들은 핸드폰과 인터넷을 함께 사용할 수 있다고 말할 것입니다. 물론 의문이 들긴 하지만 말이죠. 아무튼 이런 스마트폰 가격은 보통 299달러 정도입니다.
	핸드폰에도 음악 재생 기능이 있기는 하지만 핸드폰으로 음악을 듣는 사람은 거의 없습니다. 음질이 별로 좋지 않기 때문입니다. 그래서 사용자들은 결국 아이팟과 핸드폰을 사고 말지요. 그 점은 저희가 아이팟을 팔고 있기 때문에 잘 알고 있습니다. 결국 두 기기를 함께 구입하려면 499달러를 써야 합니다.

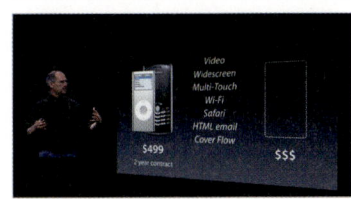

그럼 아이폰의 가격은 얼마나 높게 책정해야 할까요?
아이폰은 다른 제품들보다 더 많은 기능을 갖고 있기 때문에
당연히 가격이 높아야겠죠.
아이폰은 비디오, 리얼 비디오, 아름답고 멋진 와이드 스크린,
멀티 터치 사용자 인터페이스, 와이파이,
진정한 웹 브라우저인 사파리, HTML 이메일,
Cover Flow 등등 셀 수 없을 만큼 많은 기능을 갖고 있습니다.
아마 어마어마하게 비싸야 할 것입니다.
도대체 499달러보다 얼마나 더 높게 책정해야 할까요?

글쎄요, 저희도 이것에 대해 많이 고심했습니다.
아이폰은 정말 많은 기능을 갖고 있기 때문입니다.
좀 더 편리하게 전화를 할 수 있게 하는 주소록 관리 기능,
문자 메시지, 이메일, 리얼 웹 브라우저, 구글 맵,
대단히 멋진 아이팟, Cover Flow, 비디오.
도대체 가격을 얼마로 책정해야 할까요?

4GB 모델은…
[잠깐 뜸을 들입니다. 중요한 순간 앞에서의 잠깐의 뜸은
긴장감을 고조시킵니다.]

똑같이 499달러로 책정했습니다.
어떤 추가 옵션도 없습니다.
모두 다해서 499달러입니다.

가격이 얼마라고 바로 이야기하지 않고, 이렇게 많은 기능이 있는데 가격은 두 개의 제품을 합쳤을 때의 가격과 똑같다고 하니 정말 싸다고 느끼지 않을 수 없습니다. 이와 같이 가격을 이야기할 때는 우선 제품의 가치를 이야기하는 것이 좋습니다.

Step 7. 클로징

모든 것을 다 전달했습니다. 이제 마무리만 남았습니다. 사실 많은 사람들이 본론만 이야기하고 프레젠테이션을 끝내는 경우가 많습니다. 그러면 프레젠테이션이 갑자기 마무리되어 뭔가 허전한 느낌이 남게 됩니다. '끝이 좋으면 다 좋다'라는 옛말처럼 마지막을 제대로 끝내야 무언가 끝났다는 느낌이 듭니다. 일반적으로 클로징에서 이야기하는 것은 다음과 같습니다.

요약 : 프레젠테이션에서 전달한 내용을 간단하게 요약합니다.
메시지 : 가장 중요한 핵심(메시지)을 다시 한 번 말합니다.
행동 요청 : 필요한 경우 청중이 해줬으면 하는 행동을 정중하게 전달합니다.

인용 : 프레젠테이션과 관련된 유명한 문구를 전달합니다.

각오 : 열심히 하겠다거나 앞으로 어떻게 할 것이라는 각오를 전달합니다.

동료에게 감사 : 같이 수고한 동료들이 있는 경우 그들에게 감사의 말을 표합니다.

감사의 인사 : 청중에게 경청해주어서 감사하다는 말을 전합니다.

이 중에서 반드시 해야 하는 것은 요약, 메시지 전달, 감사의 인사입니다. 나머지는 상황에 따라 할 것인지, 말 것인지를 결정합니다.

요약

청중은 프레젠터의 설명을 모두 다 기억하지 못합니다. 따라서 프레젠테이션이 끝나기 전에 중요한 부분을 다시 한 번 각인시키는 작업이 필요합니다. 바로 요약(Summary)으로, 1시간이 넘는 프레젠테이션이라면 중간 중간에 요약을 하는 것이 좋고, 10분 안팎으로 프레젠테이션을 하는 경우라면 마지막에 요약합니다.

인용

스티브 잡스는 프레젠테이션의 마지막에 유명한 문구를 전달하며 마무리를 짓습니다.

2005년 미국 스탠포드대학 졸업 축사에서는 졸업하는 스탠포드 학생들에게 'Stay hungry, stay foolish'라는 유명한 말로 끝맺음을 했습니다. 너무 영악하게 굴지 말고, 항상 지식에 배고파하면서 바보스러울 정도로 우직하게 무언가를 해내라라는 말이었습니다.

2007년의 아이폰 제품 발표에서는 북미 아이스하키계의 전설적인 인물인 웨인 그레츠키가 했던 '나는 퍽이 있는 곳을 쫓아간 것이 아니라 퍽이 있어야 하는 곳에 있었다'라는 문구로 끝을 맺었습니다. 즉, 시장을 쫓아다닌 것이 아니라 고객이 필요로 하는 제품을 출시해 시장을 선도했으며, 앞으로도 그럴 것이라는 말을 전하며 끝을 맺은 것입니다.

2011년의 아이패드 2 발표에서는 완전한 제품을 위해서 소프트웨어와 하드웨어의 결합이 필요하며, 기술(Technology)뿐만 아니라 인문학(Humanity), 철학(Philosophy), 교양(Liberal Arts) 등이 결합되었기 때문에 아이패드와 같은 제품이 만들어질 수 있었다는 사실을 강조했습니다.

이렇게 스토리가 잘 구성되면 청중은 영화나 뮤지컬을 보는 것처럼 프레젠테이션을 듣게 되고 흥미와 재미까지 느낄 수 있게 됩니다.

메시지가 확정되고, 스토리가 어느 정도 구상되면 파워포인트와 같은 프레젠테이션 소프트웨어를 이용해 슬라이드를 만듭니다. 파워포인트를 다루는 방법은 이 책을 통해서 충분히 배웠기 때문에 여기에서는 슬라이드를 디자인할 때 명심해야 하는 3가지 요소에 대해서 알아보겠습니다.

일관성 · 통일성

디자인의 가장 기본이면서도 가장 중요한 법칙 중에 하나가 '일관성 · 통일성'입니다. 디자인은 시작부터 끝까지 일관성을 가져야 합니다. 프레젠테이션에서 통일해야 할 부분은 다음과 같습니다.

슬라이드 배경 : 표지, 중간 페이지, 본문 슬라이드의 디자인이 각각 통일되어 있어야 합니다.
글자 서식 : 글꼴, 글꼴 크기, 글꼴 색, 줄 간격, 단락 간격, 글머리 기호 등의 서식이 일치해야 합니다.
색 : 주색(Main color), 보조색, 강조색 등이 똑같아야 합니다.
위치 : 슬라이드에서 제목의 위치, 본문의 시작 위치 등이 일정해야 합니다. 안내선 기능을 적절히 사용합니다.

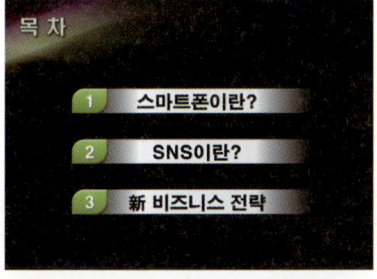

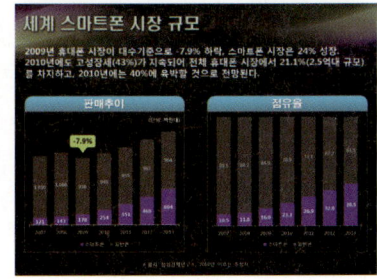

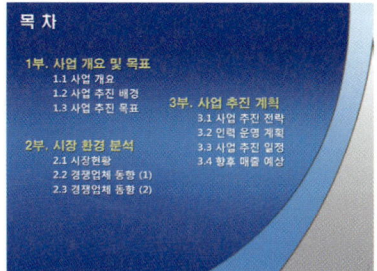

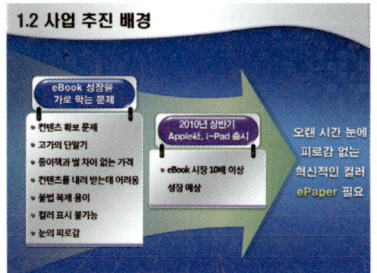
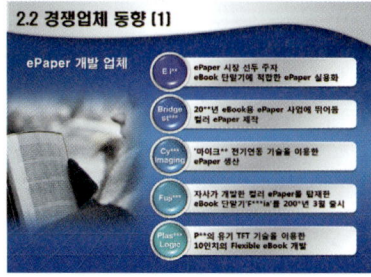
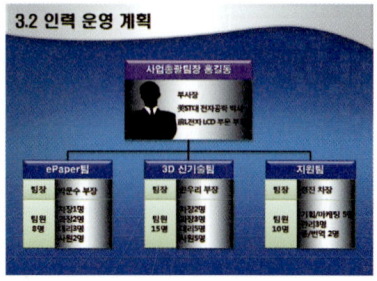

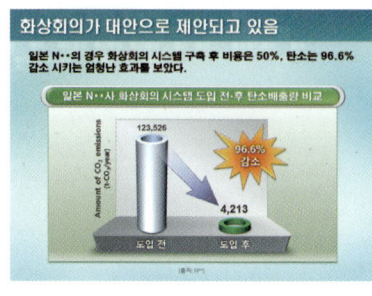

▲ 일관성 · 통일성 있는 디자인

높은 가독성

워드프로세서나 엑셀 등의 다른 오피스 프로그램과 달리 파워포인트는 프로젝터(Projector)라는 매체를 이용해서 내용을 선보입니다. 그러나 이 프로젝터의 성능은 기계마다 천차만별이고 일반적으로 지원되는 해상도가 1024x768 정도로, 슬라이드의 품질을 제대로 표현해주지 못한다는 문제가 있습니다. 따라서 슬라이드를 만들 때는 프로젝터를 통해 영사할 경우를 가정해봐야 합니다. 이때 신경 써야 할 부분은 다음과 같습니다.

프로젝터에서 잘 보이는 고딕 계열의 글꼴을 사용합니다. 프로젝터는 명조 계열의 글꼴을 잘 표현하지 못합니다. 따라서 HY헤드라인M, HY견고딕, 맑은 고딕, Arial, Tahoma와 같은 고딕 계열의 글꼴을 사용하는 것이 좋습니다.

글꼴 크기를 크게 합니다. 프로젝터로 영사해보면 모니터나 인쇄물에서 잘 보이던 것도 잘 나오지 않는 경우가 많습니다. 따라서 글꼴 크기를 더 크게 하는 것이 좋습니다. 물론 스크린의 크기, 청중의 규모, 스크린과 청중 사이의 간격 등에 따라 달라지겠지만 발표용의 경우 18pt 미만의 크기는 잘 보이지 않는 경우가 많습니다.

중요한 내용을 위쪽에 배치합니다. 스크린과 청중의 위치에 따라서 스크린 하단이 잘 보이지 않는 경우가 있습니다. 슬라이드 하단에 중요한 내용을 배치하게 되면 청중의 눈에 잘 보이지 않아 프레젠테이션에 대한 몰입도가 떨어질 수 있습니다. 따라서 중요한 내용은 제목 바로 아래 배치하거나 누구나 잘 볼 수 있도록 제목 밑에 슬라이드 요약글을 작성합니다.

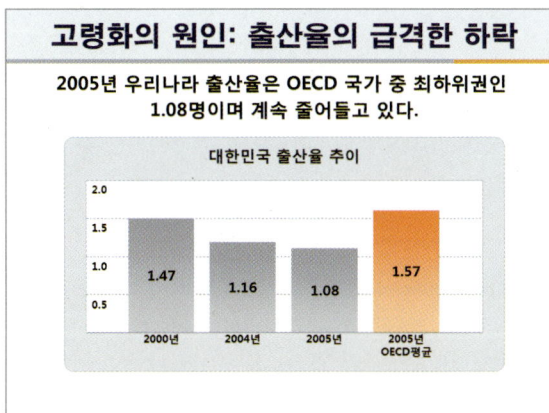 

▲ 프로젝터에서 잘 보이는 고딕 계열의 글꼴을 사용하고 글꼴 크기를 크게 한 후 제목 밑에 요약글을 삽입한 슬라이드

Tip 청중은 고속도로를 달리고 있는 차량의 운전자

청중이 스크린을 보는 것은 시속 100km 이상으로 달리고 있는 승용차의 운전자가 교통 표지판을 쳐다보는 느낌과 비슷하다고 합니다. 교통 표지판에 너무 많은 내용이 쓰여 있고, 글자 크기까지 작다면 주목도가 높지 않을 것입니다. 슬라이드는 교통 표지판을 만드는 것처럼 만듭니다.

▌ 발표할 내용과 동기화

프레젠테이션을 디자인할 때 중요한 것 중의 하나는 발표 내용과 디자인의 관련성입니다. 슬라이드에 내용이 많으면 프레젠터가 설명하는 내용이 슬라이드 내의 어떤 부분을 의미하는지 알지 못하는 경우도 있습니다. 그렇다면 발표할 내용과 청중이 봐야 하는 것을 일치시키는, 즉 동기화(Synchronizing)하는 방법에는 무엇이 있을까요? 기본적으로 다음의 세 가지를 들 수 있습니다.

첫째, 한 슬라이드에 표시할 내용을 최소화합니다.

둘째, 발표하는 흐름대로 슬라이드에 내용을 배치합니다.

셋째, 애니메이션을 사용합니다. 나타내기 애니메이션을 이용해 발표 순서대로 내용이 하나씩 나타나게 하면 청중은 발표자가 말하는 내용과 슬라이드에서 보는 내용을 일치시킬 수 있습니다. 물론 과도한 애니메이션의 사용은 피합니다.

▌ Less is more!

디자인의 요소는 가능하면 적어야 합니다.

① 한 슬라이드에서 제시되는 내용이 적어야 합니다. 한 슬라이드에는 하나의 주제, 하나의 메시지, 하나의 콘셉트만 제공합니다.

② 되도록이면 문장의 길이가 짧아야 합니다. 한 줄의 길이를 8단어 이하로 만드는 것이 좋습니다. 영미권에서는 6단어 이내로 쓰기를 권장하고 있습니다. 문장이 이것보다 긴 경우에는 줄을 바꿔 씁니다.

③ 사용되는 색의 수를 줄입니다. 색이 너무 많으면 산만하기 때문에 사용되는 색의 수를 최소한으로 줄입니다. 가장 좋은 방법은 명암을 이용하는 것입니다.

④ 필요 없는 요소를 제거합니다. 슬라이드의 빈 공간을 의미 없는 클립아트 등으로 채워놓는 경우가 많습니다. 디자인 철칙 중의 하나는 '왜 거기에 있는지 설명할 수 없다면 빼라'는 것입니다.

Tip	현실적으로 스티브 잡스의 디자인을 적용하기는 힘들다!

스티브 잡스는 1 message on 1 slide라는 전통적이면서도 가장 중요한 디자인 스킬을 보여주고 있습니다. 그러나 프레젠테이션에서 보고를 받는 상사가 이런 타입의 프레젠테이션을 좋아하지 않을 수도 있습니다. 일단 전통적인 방식을 고수하면서 필요 없는 내용을 최대한 배제하는 방식으로 디자인합니다.

04 당당하게 발표하라!

이제 발표만 남았습니다. 사실 프레젠테이션에서 가장 힘든 순간입니다. 발표는 누구에게나 쉽지 않은 일이고 대신 해줄 사람도 없습니다. 게다가 직위가 올라가면 올라갈수록 프레젠테이션의 횟수는 점점 많아지게 되고, 부담감 또한 점점 커집니다. 발표자로 지정되면 심장이 뛰고, 잠도 잘 오지 않는 날들이 반복됩니다. 이러한 부담감을 극복하고 제대로 프레젠테이션을 할 수 있는 방법을 알아보겠습니다.

▌리허설, 리허설, 리허설!

"나이키, 닌텐도, BMW의 공통점은 무엇일까요? 제 친구는 농구할 때 반드시 나이키만 신습니다. 제 조카는 닌텐도를 사기 위해 용돈을 모으고 있습니다. 제 꿈은 BMW를 타는 것이죠. 이 제품들의 공통점은 제품 이면에 어떤 이미지가 들어 있다는 것입니다. 나이키 뒤에는 마이클 조던, 닌텐도 뒤에는 참을 수 없는 재미, BMW 뒤에는 성공한 남자라는 이미지가 있습니다. 저는 이 프레젠테이션을 통해 우리의 주력 제품인 '제품A'에 어떤 이미지를 불어넣고, 결과적으로 매출을 크게 확대시킬 수 있는 전략에 대해서 말씀 드리고자 합니다."

한 제품 프레젠테이션의 리허설 현장입니다. 리허설에서는 발표할 내용이 모두 인쇄된 자료를 보면서 처음부터 끝까지 소리 내어 읽어봅니다. 리허설을 많이 하면 할수록 실전에 대비할 수 있기 때문에 발표자에게 도움이 됩니다. 리허설의 방법은 기본적으로 다음과 같습니다.

대본 읽기 리허설(Reading Rehearsal)

발표 원고를 작성하고 읽어봅니다. 시간을 체크하고, 내용이 청중에게 잘 들리는지, 문어체 표현은 없는지, 발음이 어려운 것은 없는지 확인합니다.

일반 리허설(Rehearsal)

컴퓨터를 프로젝터에 연결하고, 몇 명의 청중 앞에서 발표해봅니다. 보통 70~80% 정도 완성되었을 때 하게 되는 데 청중에게 정확한 임무를 부여해 표정, 스피치, 제스처, 슬라이드, 시간 등 모든 것을 체크합니다.

예를 들어 한 직원은 스크린에서 내용이 명확하게 보이는지, 오타는 없는지와 같은 디자인 측면을 체크하고, 두 번째 직원은 말소리가 잘 들리는지, 표정이나 몸짓은 어색하지 않은지 등과 같은 발표와 관련된 부분을 주의 깊게 체크합니다. 또 다른 직원은 전체적인 발표 구성이나 내용에 논리적인 모순은 없는지, 빠지거나 중복된 내용은 없는지 등과 같은 프레젠테이션 전체 내용을 체크합니다.

리허설을 몇 번 하다보면 확실하게 변화된 자신을 발견하게 됩니다. 피드백을 통해 필요 없는 내용을 제거하면 전달하려는 메시지가 더욱 명확해지고 내용이 분명하게 드러납니다.

가상 리허설(Virtual Rehearsal)

유명한 스트라이커들은 틈이 날 때마다 골을 넣고, 세레모니 하는 장면을 마음속으로 그린다고 합니다. 이것을 '이미지 트레이닝' 또는 '가상 시뮬레이션'이라고 하는데, 이런 훈련을 수없이 반복하다 보면 실제 경기장에서도 무의식적으로 그렇게 행동하게 되는 것입니다.

프레젠테이션 역시 마찬가지입니다. 어느 정도 완성되면 시간이 날 때마다 계속 마음속으로 프레젠테이션을 해봅니다. 이때 주의할 것은 주변을 아주 세부적으로 묘사해야 한다는 것입니다. 발표장의 전경이나 연단의 위치, 청중 중에서 구체적으로 누가 어디에 앉아 있고, 나는 어떤 표정으로 발표하고, 행동은 어떻게 할 것인지 등을 구체적으로 생각해야 실제 상황에 대한 적응력이 높아집니다.

최종 리허설(Dress Rehearsal)

모든 것이 다 준비된 상태에서 실제 프레젠테이션 상황처럼 하는 리허설입니다. 옷을 제대로 갖춰 입고 한다고 해서 '드레스 리허설'이라고 불리기도 합니다.

최종 리허설은 프레젠테이션에 대해 전혀 모르는 사람을 청중으로 삼아 피드백을 받는 것이 좋습니다. 프레젠터나 동료들은 이미 프레젠테이션에 대해 많은 정보를 가지고 있기 때문에 발표 내용 중에 부족한 부분이 있어도 자신이 알고 있는 지식을 이용해 무의식적으로 채워넣을 수 있습니다. 따라서 피드백이 적고 프레젠테이션의 부족한 부분을 인식하지 못한 채 리허설을 끝마치게 됩니다. 따라서 최종 리허설은 반드시 프레젠테이션 내용에 대해 잘 모르는 청중 앞에서 연습하는 것이 좋습니다. 또한 실제 프레젠테이션처럼 가능한 많은 청중 앞에서 연습합니다. 스티브 잡스는 두 번 정도 최종 리허설을 한다고 합니다. 리허설은 많이 할수록 좋습니다. '너무나 많은 리허설은 없다'라는 것을 기억하기 바랍니다.

발표 직전 준비

체크 리스트를 만들어라!

프레젠테이션과 같이 심적으로 부담이 큰 행사의 경우 미리 준비해놓지 않으면 뭔가를 빠뜨리는 경우가 많습니다. 따라서 발표장에 갖고 가야 할 것들이나 미리 준비해야 할 것들의 체크리스트를 만들어놓고 마지막에 하나씩 꼼꼼하게 체크하는 것이 좋습니다. 그리고 발표 직전에는 반드시 해야 할 말(키워드)이나 핵심 메시지 등을 적은 메모지를 준비합니다. 발표 직전에는 너무 긴장한 나머지 아무것도 생각나지 않는 경우가 있기 때문입니다.

장비를 확인하라!

장비 전문가가 바로 옆에 있다면 큰 문제가 없겠지만 빔프로젝터, 조명, 냉난방기기, 마이크(무선일 경우 배터리 확인), 마이크 볼륨 조정 등을 직접 조작할 수 있어야 합니다. 장비 담당자가 있더라도 틈날 때마다 장비를 다뤄보고 문제가 생길 때 바로 대처할 수 있도록 연습합니다. 만약 노트북이 자신의 것이 아닐 경우에는 프로젝터에 연결하여 화면이 제대로 나오는지, 동영상이나 소리가 제대로 재생되는지 등을 확인해야 합니다. 갑작스럽게 기계가 작동하지 않아 낭패를 보는 일도 생길 수도 있습니다.

오래된 빔프로젝터를 사용할 경우에는 색의 대비가 강하지 않으면 화면이 잘 보이지 않습니다. 따라서 흰색, 검은색, 파란색을 위주로 프레젠테이션을 구성하는 것이 좋습니다. 구형 빔프로젝터의 경우에는 미세한 색의 변화를 제대로 구현하지 못하기 때문입니다.

혼자서 프레젠테이션을 할 경우에는 '무선 프레젠터(Wireless Presenter)'를 사용해 직접 슬라이드를 전환하거나 애니메이션을 실행합니다. 발표 전에는 가능한 모든 것을 전부 체크하는 것이 좋습니다. 급히 진행할 경우에는 점검하지 못하는 내용이 있을 수 있기 때문에 메모지 등에 체크해야 할 사항을 작성해놓고 꼼꼼히 목록을 확인하면서 기기 등을 점검합니다. 최종 점검 사항이라는 제목으로 메모를 만들고 프레젠테이션의 목표, 전달할 메시지, 핵심 내용, 그리고 체크할 사항 등을 기록해 갖고 다니는 것도 좋은 방법입니다.

발표 직전, 숨을 크게 들여 마셔라!

발표 직전 모든 것이 다 준비되면 발표할 부서의 사람들은 회의실 가장 자리에, 이사진은 회의실 가운데에 놓인 테이블 뒤로 자리를 잡습니다. 그리고 프레젠테이션이 시작됩니다.

프레젠터들이 순서대로 발표를 합니다. 자신의 발표가 가까워지면 앞서 발표한 프레젠터가 너무 잘해도 걱정이 되고 너무 못해도 분위기가 좋지 못해 걱정을 하게 됩니다. 발표 직전이면 불안감은 점점 커져서 숨도 잘 쉬어지지 않고, 심장의 박동 소리가 마치 천둥처럼 들립니다. 머리까지 하얗게 변해 아무것도 생각나지 않는다면 미리 준비한 메모지를 살펴보는 것도 좋습니다. 최종 점검 사항과 함께 발표 10분 전쯤 읽을 수 있는 메모지를 준비합니다. '발표를 시작하기 직전에 읽을 것'이라고 제목을 붙인 뒤 첫 문장은 이렇게 씁니다.

1. 심호흡을 크게 한 번 한다.

쓰인 것처럼 천천히 숨을 크게 들이 쉬었다가 내쉽니다.

가장 듣기 좋은 목소리는 약간 낮은 톤의 베이스 음성입니다. 목소리 톤은 타고나는 것이지만 훈련으로도 얼마든지 좋은 목소리를 낼 수 있습니다. 가장 일반적으로 알려진 방법은 '복식 호흡'을 하는 것으로 코로 아주 천천히 숨을 들이마십니다. 숨을 배 속 깊이 내려보내고 숨을 참습니다. 2~3초 정도 참았다가 다시 코로 천천히 내쉽니다. 가능하면 많은 공기를 들이마신 후 반대로 천천히 내뱉습니다. 여러 번 하게 되면 목소리가 배에서 나오면서 중저음의 듣기 좋은 목소리로 바뀝니다. 복식 호흡은 긴장감이 커 숨조차 쉴 수 없을 때에도 많은 공기를 대뇌에 전달해주므로 머리 회전을 빠르게 합니다.

메모지의 두 번째 문장은 다음과 같습니다.

2. 핵심 메시지는?

일반적으로 긴장감이 극대화되면 무엇을 해야 하는지 잊어버리는 경우가 많습니다. 핵심 메시지를 떠올려봅니다. 기억이 난다면 이제 조금씩 안정된 상태로 돌아가는 것입니다.

이제 마지막 문장입니다.

3. 프레젠테이션을 상상한다.

눈을 감고 프레젠테이션을 가상 시뮬레이션합니다. 처음에는 잘 생각나지 않지만 조금씩 스토리가 떠오르기 시작합니다. 이렇게 준비하다 보면 자신의 순서가 돌아옵니다.

자신감 있는 발표

사회자의 호명에 따라 발표할 곳으로 이동하고 청중을 봅니다. 프레젠터를 잡아먹을 듯 노려보는 청중을 보고 있으니 용기는 사라지고 손발이 후들거립니다. 심장 소리가 어찌나 큰지 모두에게 들릴 것만 같습니다. 역시 머릿속에서는 아무것도 생각나지 않습니다. 마음속에서는 '어떻게 해야 하지? 뭐라고 말해야 하지? 제발 도와주세요!'라는 비명 소리가 들려옵니다.

청중의 신뢰를 얻어라!

사람들 대부분은 발표할 내용이 더 중요하다고 생각합니다. 물론 발표할 내용은 중요합니다만 발표자가 신뢰를 얻지 못한다면 프레젠테이션이 실패할 확률이 높아지는 것 또한 사실입니다. 이런 상황은 주변에 흔히 볼 수 있습니다.

싫은 친구가 뭐라고 얘기하면 짜증만 나고, 꼬투리 잡을 것은 없는지 생각하게 됩니다. 반면 평소 좋아하던 친구가 이야기를 하면 이상한 말을 해도 '평소 행실을 봤을 때 맞는 말이겠지' 하고 고개를 끄덕입니다. 싫어하는 정당의 정치인이 텔레비전에 나오면 아무리 좋은 말을 한다고 해도 삐딱하게 보이고, 좋아하는 정치인이 나오면 모두 맞는 말을 하는 것처럼 보입니다.

따라서 프레젠테이션을 비롯한 모든 커뮤니케이션에서는 상대방과 신뢰를 쌓는 일이 중요합니다. '저 친군 믿을 만해. 젊은 친구가 성실해 보이는군'이라고 생각하도록 만들어야 합니다. 그렇다면 청중이 잘 알지 못하는 사람들인 경우, 즉 처음 보는 사람들이라면 어떻게 해야 발표자를 신뢰하도록 만들 수 있을까요?

먼저 밝은 표정, 단정한 옷차림, 예의 바른 행동과 말투 등으로 신뢰를 줍니다. 처음에는 발표자를 잘 모르기 때문에 보이는 것으로만 그 사람을 판단하게 됩니다. 연애를 할 때도 마찬가지입니다. 이것을 초도 효과라고 합니다. 이런 부분에서 점수를 따면 다음 단계로 넘어가기가 훨씬 수월합니다.

발표자는 내용에 대한 확신이 있어야 합니다. 발표자가 발표할 내용에 대해 확신이 있다면 적어도 내용 면에서 당당함을 갖고 있을 것이고, 그런 당당함은 온몸을 통해 바깥으로 표출되어 자연스럽게 청중에게 전해집니다.

그 다음으로 주의할 점은 발표자의 자세입니다. 우선 하지 않아야 할 행동은 다음과 같습니다.

자신 없는 표정
어정쩡한 자세
먼 곳이나 땅 바닥, 또는 스크린을 쳐다보는 눈
웅얼웅얼 하는 말투

아무리 긴장되더라도 자신 있는 표정을 짓고 가슴을 쭉 편 뒤 허리를 똑바로 세웁니다. 시선은 청중을 향하고 약간은 떨리더라도 또박또박 단호한 스피치를 해야 합니다.

이와 같은 발표 능력은 처음부터 쉽게 이룰 수 있는 것이 아닙니다. 하지만 내용에 대한 확신이 있고, 벌써 몇 차례의 리허설을 가졌다면 처음에 떨린다고 해도 점차 당당하고 신뢰할 만한 모습을 청중에게 보일 수 있을 것입니다.

밝은 표정으로 청중과 눈을 마주쳐라!

프레젠테이션에서 중요한 것 중의 하나는 청중과 눈을 마주쳐야 한다는 것입니다. 사실 우리 문화에서는 다른 사람과 눈을 마주치는 것이 익숙하지 않습니다. 따라서 처음에는 청중을 죽 살펴본 후 가장 편안한 사람을 찾아 말을 건네듯 발표를 시작합니다.

조심해야 할 것은 한 사람을 너무 오래 쳐다보면 좋지 않다는 것입니다. 상대편이 당황하거나 오해를 할 수 있기 때문입니다. 한 줄의 문장이나 메시지 하나 정도를 전달하는 동안만 눈을 마주칩니다.

프레젠테이션을 하면서 계속해서 다른 청중과 눈을 마주칩니다. 피하는 분들도 있지만 대부분 눈을 마주쳐줍니다. 그럴 때마다 점점 자신감이 붙게 됩니다.

청중의 눈을 보면 발표 상태 역시 확인할 수 있습니다. 발표하는 내용을 이해하고 있는지, 재미있어 하는지 등을 청중의 눈을 보면서 알 수 있습니다. 만약 청중이 내용을 이해하지 못하는 것처럼 보인다면 다시 한 번 천천히 설명하고, 지루해하면 빠르게 다음 주제로 넘어갑니다.

발표할 때 청중의 눈을 쳐다보지 않는다면 청중의 생각을 읽어낼 수 없게 되고, 자연히 일방 통행식 프레젠테이션을 할 수밖에 없습니다. 프레젠테이션은 연애와 비슷해서 청중(애인)과의 심리적 교감이 대단히 중요합니다. 눈을 마주치는 것은 청중(애인)과의 교감을 위한 첫 단계라고 볼 수 있습니다.

몸으로 말하라!

전달할 내용과 어울리는 동작을 하면 전달력이 배가 됩니다. 거기다 슬라이드 디자인까지 어울린다면 전달력은 3배, 4배 증가하고 청중은 프레젠테이션에 몰입합니다.

스티브 잡스의 프레젠테이션을 보면 비주얼 스피치의 진수를 느낄 수 있습니다. 비주얼 스피치에는 동작뿐만 아니라 말투나 목소리 톤도 포함됩니다.

스티브 잡스의 비주얼 스피치	발표 내용
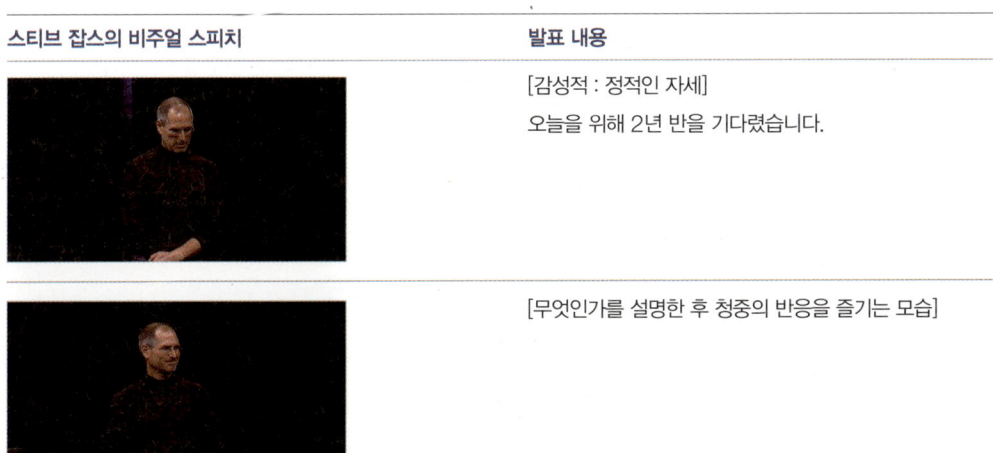	[감성적 : 정적인 자세] 오늘을 위해 2년 반을 기다렸습니다.
	[무엇인가를 설명한 후 청중의 반응을 즐기는 모습]

[설명할 때의 모습]
지금부터 ~에 대해 설명하겠습니다.

[적절한 감정 표현]
아, 스타일러스 펜이 있네요.
스타일러스 펜을 이용할까요? 절대 아니죠!
스타일러스 펜을 원하는 사람은 아무도 없습니다.
매번 넣다 빼기를 반복해야 하고 잃어버리기도 쉽습니다.
웩!

[발표할 내용에 꼭 맞는 동작]
아주 얇습니다.

[발표할 내용에 꼭 맞는 동작]
너무 많아서 목이 아플 지경이네요.

[스티브 잡스의 자신감 있는 모습]

Tip　**7% : 38% : 55%의 법칙**

우리가 다른 사람과 이야기할 때 대부분은 말이 가장 중요하다고 생각합니다. 그러나 미국의 심리학자 앨버트 메러비안(Albert Meharabian)은 의사소통에서 '대화 내용'이 차지하는 비율을 알고자 실험을 했습니다. 그 결과 단 7%의 대화만이 내용 즉, 말(Words)을 통해 이루어지고, 목소리 톤이나 말투(Tone of voice)가 38%, 나머지 55%는 표정, 태도, 몸짓(Nonverbal behaviour) 등을 통해 대화가 이루어진다는 사실을 발견했습니다. 이것을 '매러비안의 법칙' 또는 '7% : 38% : 55%의 법칙'이라고 합니다. 전적으로 이 조사가 옳다는 것은 아니지만 대화를 할 때는 상대편의 말투나 비언어적 행동에 어느 정도 영향을 받는 것이 사실입니다.

▍ 귀에 쏙쏙 들어오는 스피치

쉬운 단어로 짧게 말하라!

전문가들 중에는 너무 전문적인 용어로 내용을 전달하거나 대부분의 단어를 영어나 한자어로 사용하는 경우가 있습니다. 이때는 청중이 내용을 이해하기 어렵고 프레젠테이션에 집중하기 힘듭니다. 따라서 프레젠테이션을 할 때는 가급적 쉬운 단어를 사용하고, 가능한 한 짧게 이야기하는 것이 좋습니다. 스티브 잡스의 프레젠테이션이 탁월한 이유 중의 하나가 정확하고, 쉽고, 짧게 말한다는 것입니다.

천천히 자연스럽게 말하라!

프레젠테이션 스피치에서 중요한 것이 두 가지 있습니다.

첫 번째는 '천천히 말하라'입니다.

말이 빨라지면 생각할 시간이 줄어들어 적절치 않은 단어를 사용할 가능성이 높아집니다. 또한 청중의 귀에도 내용이 잘 들리지 않게 됩니다. 이해도가 떨어지면서 지루하고 어려운 프레젠테이션이 되는 것입니다. 발표하는 동안에는 의식적으로 말하는 속도를 조절해야 합니다.

두 번째는 '대화하듯 자연스럽게 말하라'입니다.

많은 분이 실제 말할 때와 프레젠테이션에서 말할 때 다른 방법을 사용합니다. 대화할 때는 평이하게 말하다가 발표할 때는 웅변조로 바뀌는 것입니다. 물론 웅변조가 나쁘다는 것은 아니지만 평소처럼 하는 것이 더 자연스럽습니다. 평소에 익숙한 방법대로 말하고 행동해야 발표자도 편하고, 듣는 사람도 편안해지기 때문입니다.

목소리 크기는 평소보다 약간만 크게 합니다. 마이크가 없다면 맨 뒤에 있는 청중까지 확실히 들을 수 있도록 목소리를 크게 해야겠지만 마이크를 사용한다면 평소보다 약간 크게 말하는 정도면 됩니다.

▍ 전체 요약 및 감성적인 클로징

청중은 사람이고, 사람은 망각의 동물입니다. 따라서 마무리를 짓기 전에 반드시 프레젠테이션의 내용을 요약해야 합니다. 요약은 핵심만 간단히 말하는 것이 좋습니다.

프레젠테이션의 대부분이 이성적인 부분에 호소합니다. 확실한 증거, 증언, 자료 등을 제시함으로써 청중의 납득을 이끌어냅니다. 하지만 마지막 부분에서는 약간의 감성을 전달하는 것이 좋습니다. 예를 들어 자신의 각오 등을 이야기할 수 있습니다.

> **Tip** 발표 시간은 반드시 지켜라!
>
> 프레젠테이션에서 금기되는 것 중의 하나가 바로 예정된 시간을 초과하는 것입니다. 이것이야 말로 프레젠테이션을 망치는 가장 확실한 방법입니다. 리허설에서 시간을 확실히 체크해 예정 시간의 90% 정도에서 끝날 수 있게 준비합니다. 대부분 주어진 시간보다 짧게 끝나면 좋아합니다.

찾아보기